조선표류일기

역자

이근우 (李根雨, Rhee, Kun-Woo)
서울대 동양사학과 졸업, 한국학중앙연구원 한국학대학원 석·박사 졸업. 현재 부경대 사학과 교수 및 대마도연구센터 소장. 저서로는 『전근대한일관계사』, 『고대왕국의 풍경』, 『훈민정음은 한글인가』, 『대한민국은 유교공화국이다』, 『조선지도 속의 대마도』가 있으며, 역서로는 『한국수산지』 1·3, 『일본서기』 상·중·하, 『속일본기』 1·2·3·4, 『영의해』 상·하, 『조선사료 속의 대마도』, 『『세종실록』 속의 대마도·일본 기사』 1·2가 있다.

김윤미 (金潤美, Kim, Yun-Mi)
1980년 출생. 부경대 사학과를 졸업 후 동 대학원에서 석·박사과정을 졸업했다. 저서로는 『일제시기 일본인의 '釜山日報' 경영』, 『전란기 대마도』 등이 있고, 논문으로는 「일본의 한반도 군용 해저통신망 구축과 '제국' 네트워크」, 「일본 해군의 남해안 조사와 러일전쟁」, 「일본 니가타(新潟)항을 통해 본 '제국'의 환동해 교통망」 등이 있다. 현재 부경대 HK연구교수로 재직 중이다.

조선표류일기

초판 1쇄 발행 2020년 5월 30일
초판 3쇄 발행 2021년 10월 13일
옮긴이 이근우·김윤미 **펴낸이** 박성모 **펴낸곳** 소명출판 **출판등록** 제13-522호
주소 서울시 서초구 서초중앙로6길 15, 2층
전화 02-585-7840 **팩스** 02-585-7848
전자우편 somyungbooks@daum.net **홈페이지** www.somyong.co.kr

값 66,000원　ⓒ 이근우·김윤미·아시아문화원, 2020
ISBN 979-11-5905-522-5　93910

이 책은 2017년 대한민국 교육부와 한국연구재단의 지원을 받아 수행된 연구임 (NRF-2017S1A6A3A01079869).
이 책은 국립부경대학교 인문사회과학연구소 인문한국플러스사업단과 아시아문화원 아시아문화연구소의 공동기획으로 제작되었다.

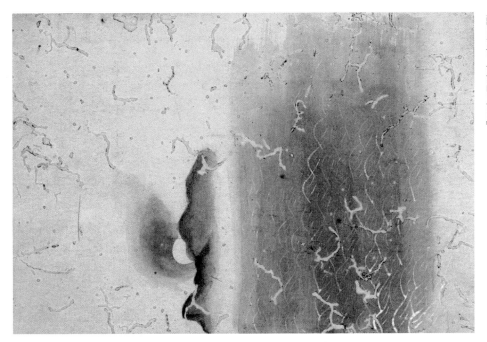

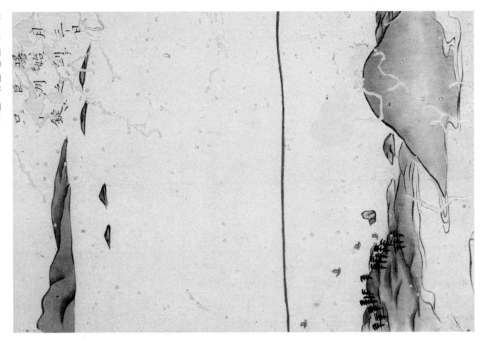

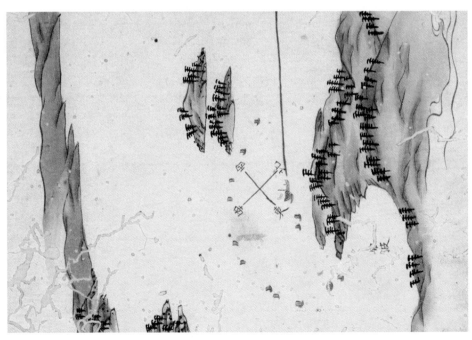

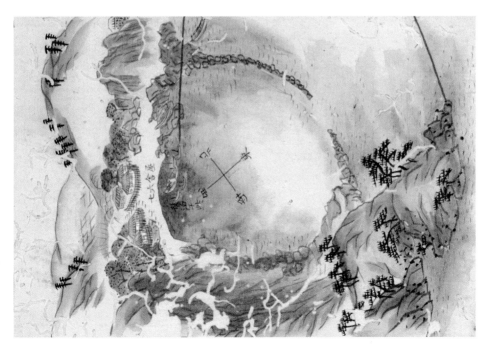

조선 관인의 망건 그림

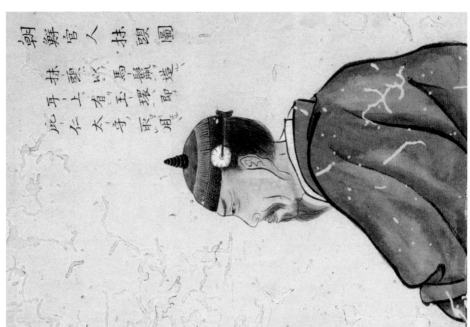

조선인의 탕건 그림

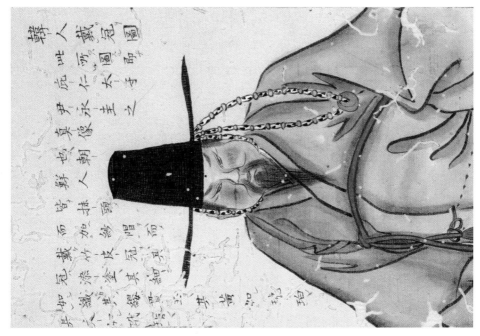

조선인이 갓을 쓴 그림

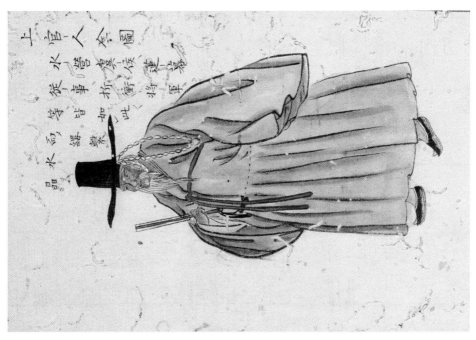

상관인의 전체 모습

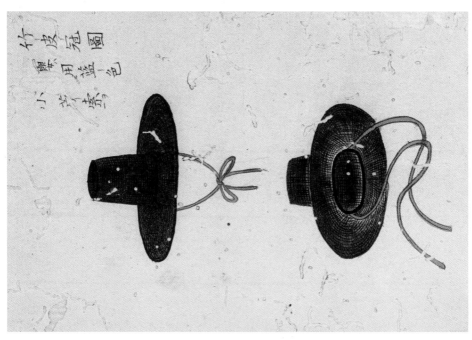

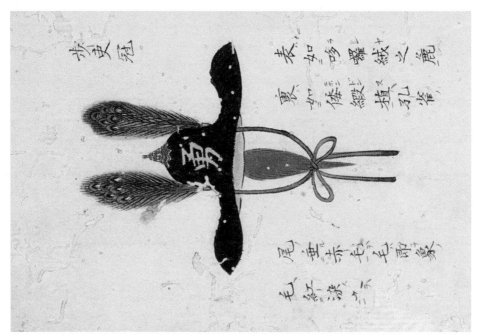

보리의 관

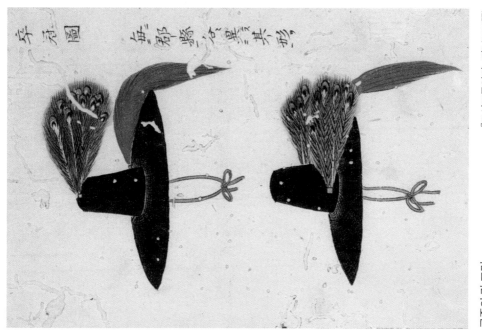

弁冠圖

令異其形在數郡縣

군졸의 관 그림

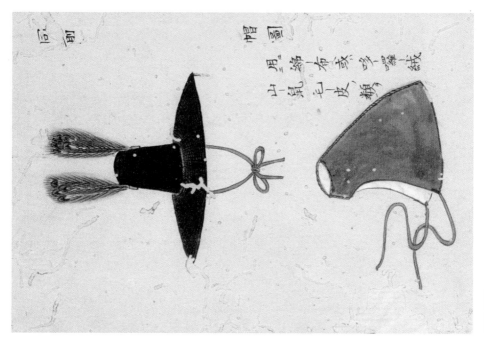

帽圖

用二錦布或多羅絨山鼠毛皮賴

同前

모자 그림

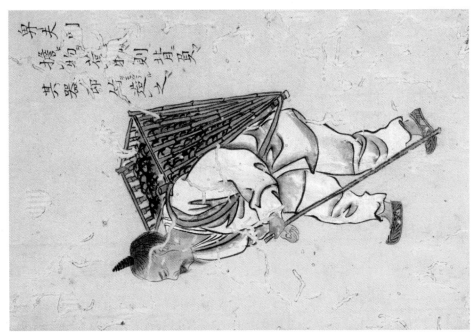

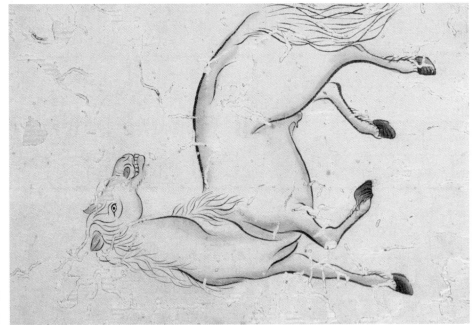

罪人을 매질하는 그림

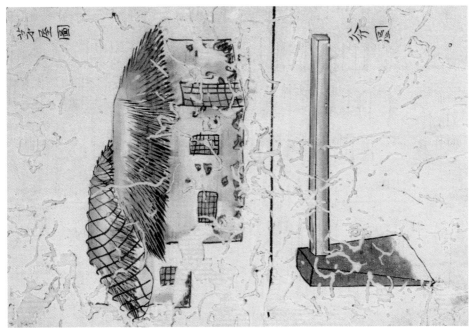

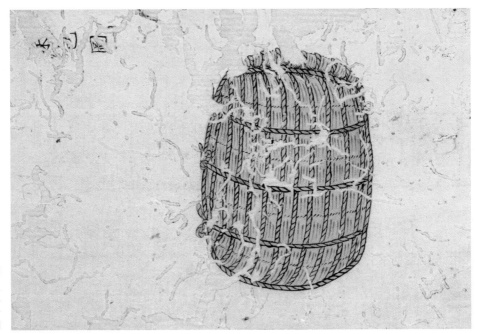

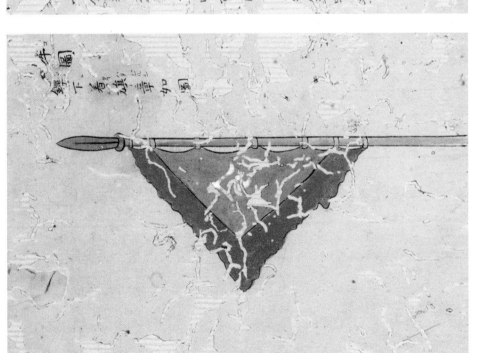

작은 칼 그림

창 그림

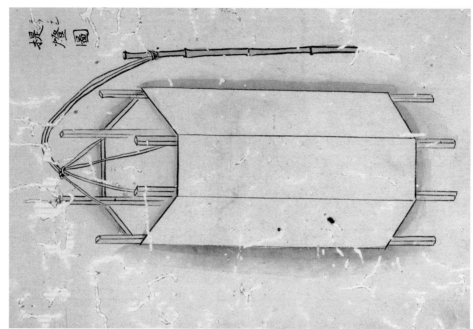

提燈 園

제등 그림

傘 不 人 十 之 十 及 而 坮 衙 招 同 卽 圖
云 云 則 言 容 之 以 油 紙 造 之

우립 그림

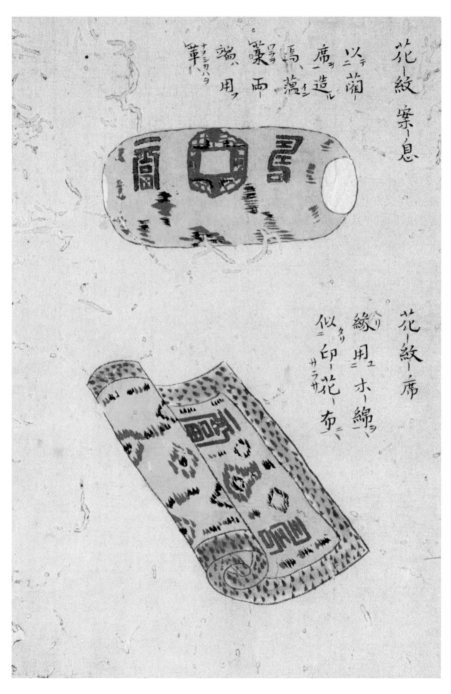

花紋茵席

以二藺一
席ヲ造ル
馬、藻ニ
藁ノ兩ヲ
端用ヰ
草ナシカハラ

花紋席

緣ニ用ユ木綿ヲ
似二印花布ニサラサ

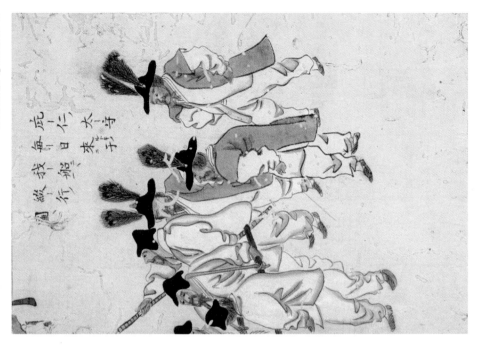

비인태수가 매일 우리 배로 올 때의 행렬도

童子四五人陛
二立持一童
童子印綾一童提一席
童一扇有
童持烟修与烟
團持扇刺
國結溥…

인장함 그림

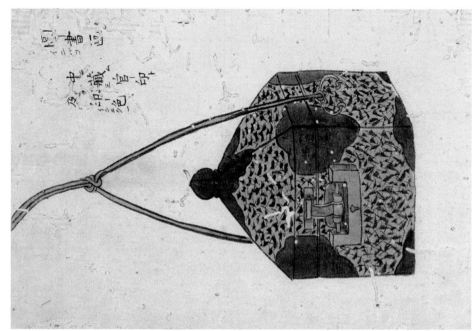

인장 그림, 비인 현감의 인장

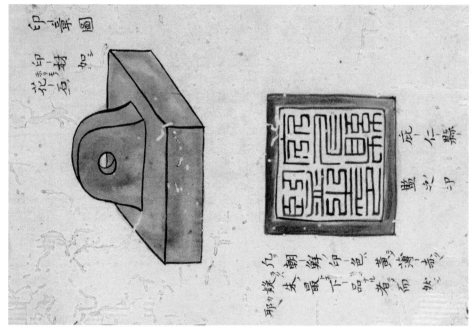

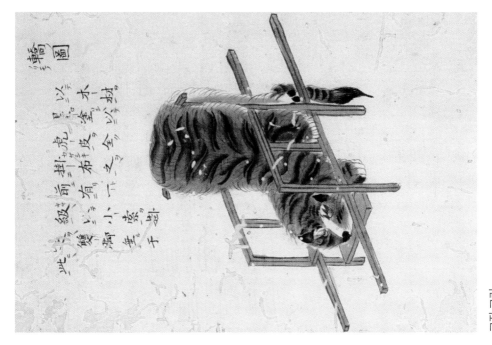

煙管圖

轎圖

『조선표류일기』 권5(340쪽)

담뱃갑 그림, 담뱃대 그림

교자 그림

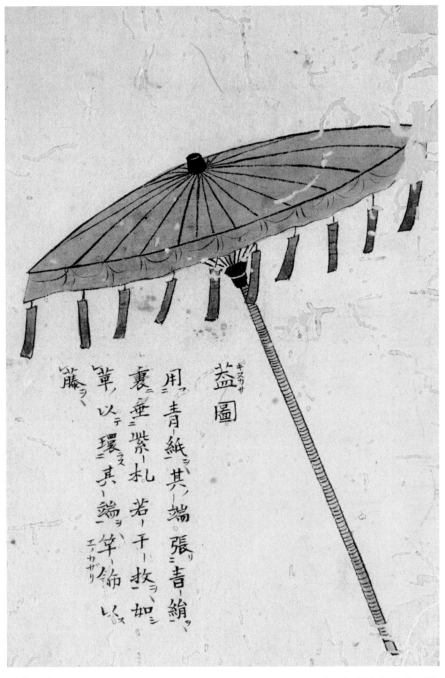

일산 그림

『조선표류일기』 권5(341쪽)

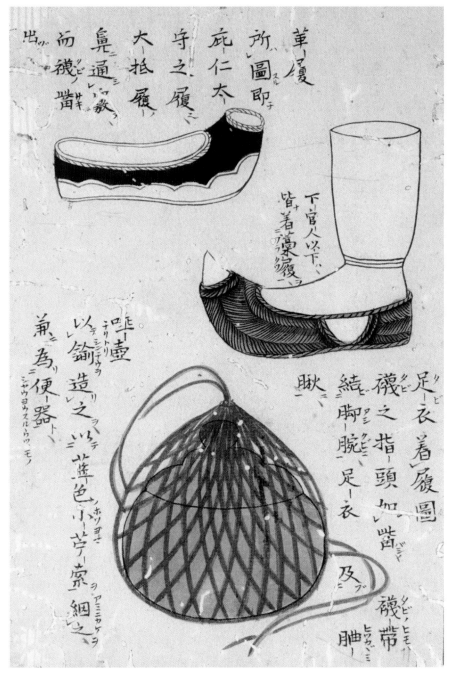

革ノ優
所圖即

庇仁太

守之履

大抵履

鼻通レ教

而襪齒

出ッ

下官人以下
皆著藁屨
ニフラシテ

足ノ衣着履圖
襪之指頭加齒
結脚腕足衣

緜

及ブ

襪帶
胛

呸ノ壺

以鋪造之

菼色小草藁綱之

蕭爲便器ト

シャウヨスルラツ、モノ

『조선표류일기』권5(341쪽)　　　가죽신 그림, 버선을 신고 짚신을 신은 그림, 침 뱉는 항아리

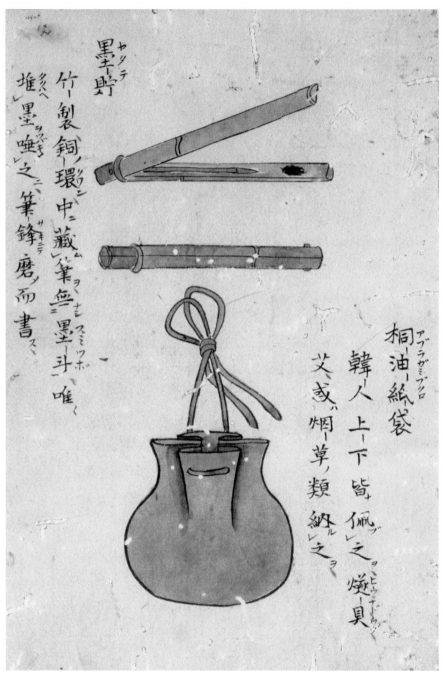

堆墨唾之筆鋒磨而書ス。
竹製銅環中ニ藏筆無墨斗唯
墨貯ヤタテ

桐油紙袋アブラガミブクロ
韓人上下皆佩之燧具
艾或烱草類納之

붓통, 유동나무 기름 종이 주머니　　　　　　『조선표류일기』 권5(341쪽)

『조선표류일기』권5(353쪽)

조선배 그림

조선배의 전면도

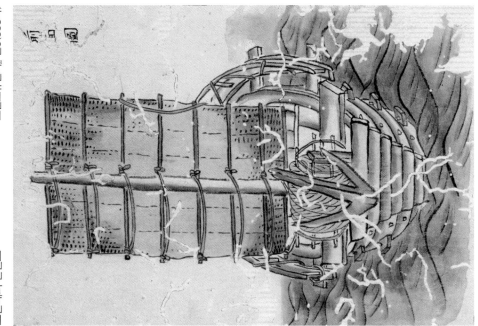

조선배의 후면도

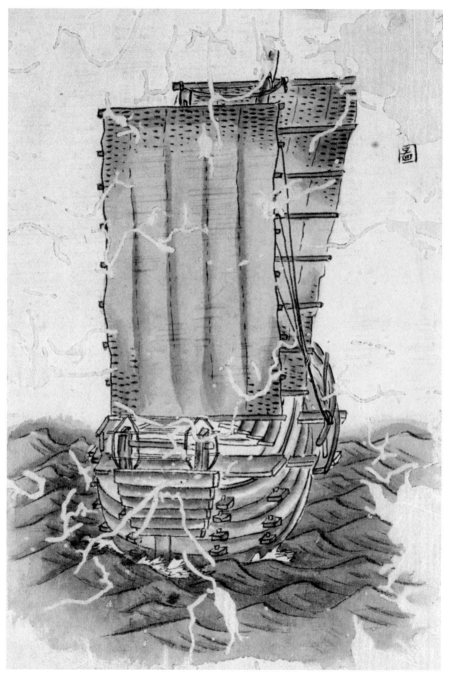

『조선표류일기』권5(353쪽)　　　　　　　　　□□□□ 그림

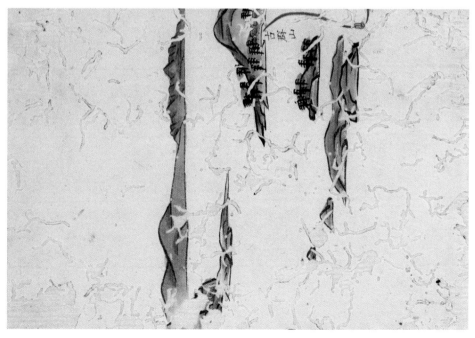

『조선표류일기』권6(367쪽)

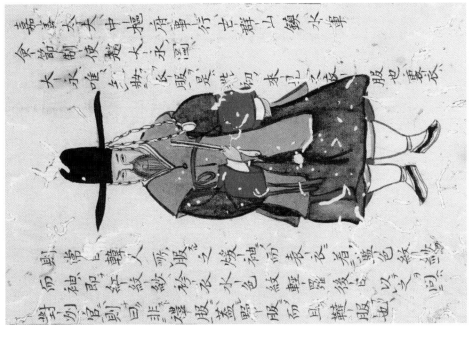

가선대부 종추부사 행고군산진 수군첨절제사 조대영 그림

朝鮮鵲圖

安波浦最多所見也捷二
崔頭者庭樹二不良人形如鵠
鵲大声如冬日鷺吃稍大也
此安波浦而未見家王飾川
乃見鳥至于全羅道古群山
亦終不見鵲但有鳥耳

頭短

明日

조선 까치도

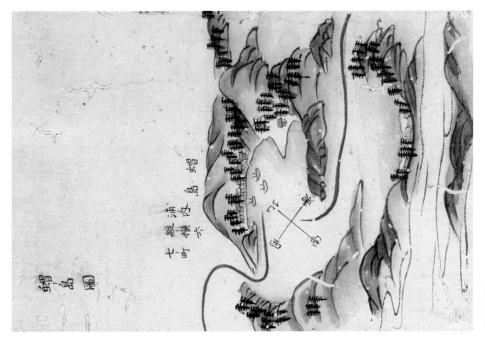

위도 그림

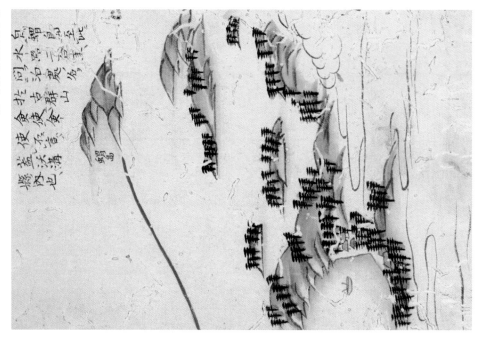

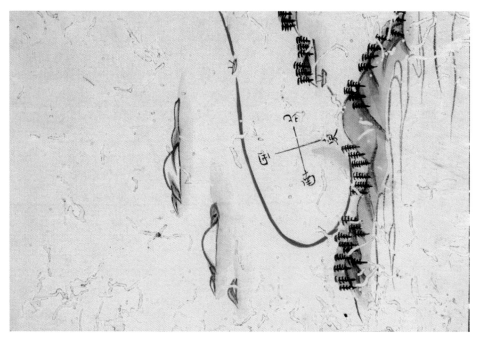

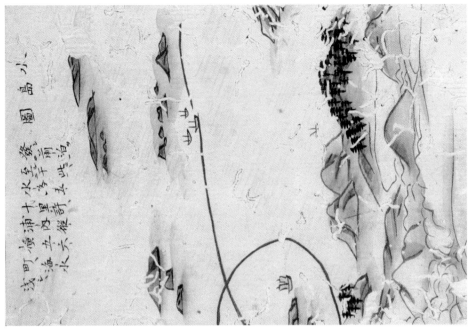

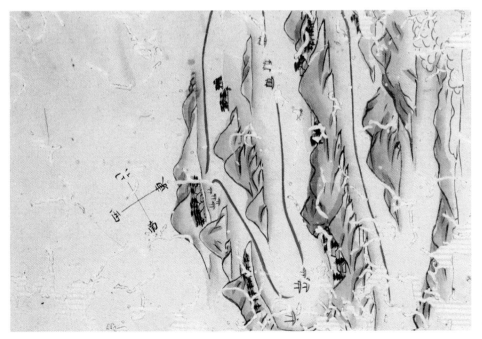

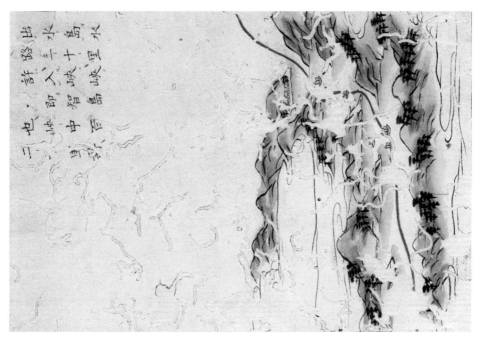

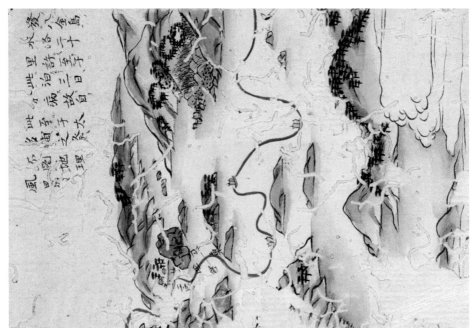

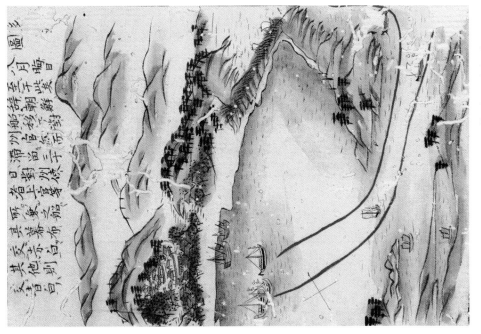

『조선표류일기』권7(455쪽)

다네포토

조선표류일기 영인 37

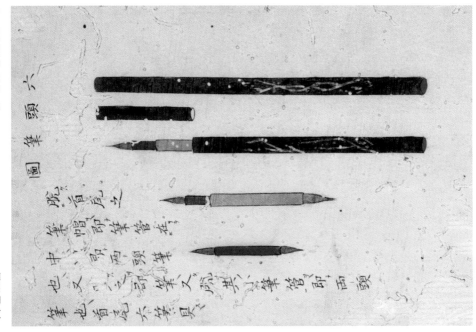

옥두필 그림

筆頭圖

硯則書房之
筆中也　卽筆
也　又看謂兩
也　謂筆頭
　看兒六筆具

접부채를 편 그림

扇暇
添壹
若紙絢攡設一
青或看墜或象玩
瑅璟　　也　玩

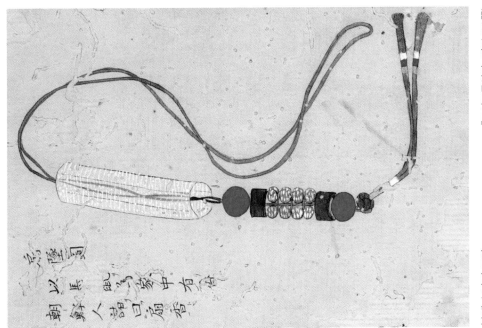

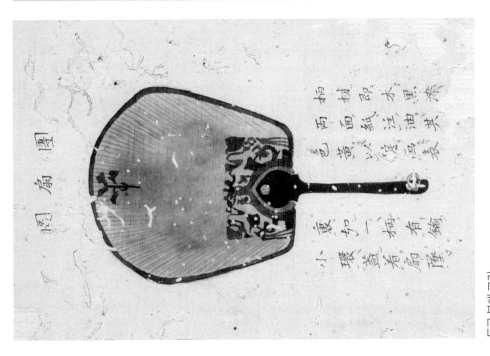

부채 손잡이 그림

둥근 부채 그림

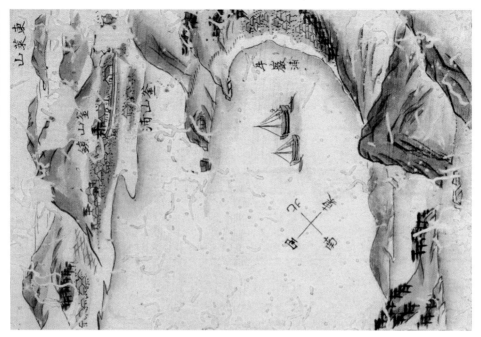

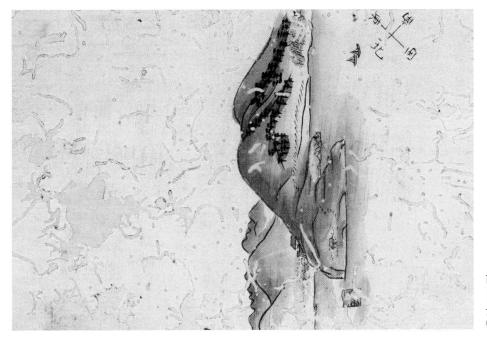

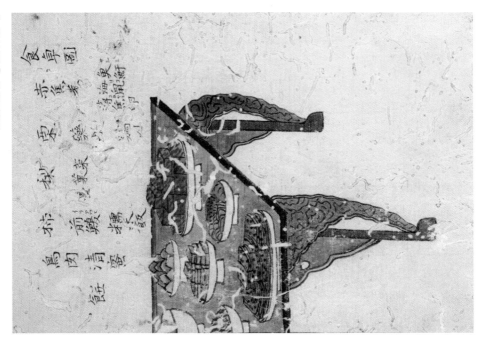

식탁 그림

젊은 여인이 물통을 이고 있는 그림

처녀 그림

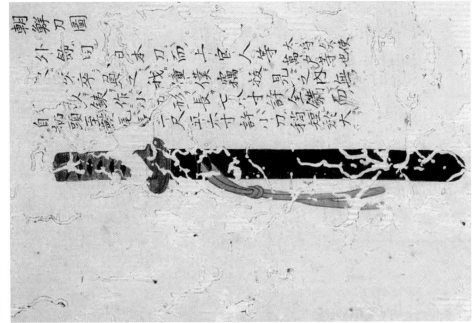

동래부사의 관인·사인 및 부관첨사 관인 그림 『조선표류일기』 권7(488쪽)

조선도 그림

부경대학교 인문사회과학연구소
해역인문학 자료총서 ／ **04** ／

조선표류일기

이근우 · 김윤미 역

A D r i f t D i a r y o n
J o s e o n K i n g d o m

발간사

　부경대학교 인문사회과학연구소와 해양인문학연구소는 해양수산 교육과 연구의 중심이라는 대학의 전통과 해양수도 부산의 지역 인프라를 바탕으로 바다를 중심으로 하는 인간 삶에 대한 총체적 연구를 지향해 왔다. 바다와 인간의 관계에서 볼 때, 아주 오랫동안 인간은 육지를 근거지로 살아왔던 탓에 바다가 인간의 인식 속에 자리잡게 된 것은 시간적으로 길지 않았다. 특히 이전 연근해에서의 어업활동이나 교류가 아니라 인간이 원양을 가로질러 항해하게 되면서 바다는 본격적으로 인식의 대상을 넘어서 연구의 대상이 되었다. 그래서 현재까지 바다에 대한 연구는 주로 과학기술이나 해양산업 분야의 몫이었다. 하지만 인간이 육지만큼이나 빈번히 바다를 건너 이동하게 되면서 바다는 육상의 실크로드처럼 지구적 규모의 '바닷길 네트워크'를 형성하게 되었다. 그리고 이 해상실크로드를 따라 사람, 물자, 사상, 종교, 정보, 동식물, 심지어 병균까지 교환되게 되었다.

　이제 바다는 육지만큼이나 인간의 활동 속에 빠질 수 없는 대상이다. 바다와 인간의 관계를 인문학적으로 점검하는 학문은 아직 정립되지 못했지만, 근대 이후 바다의 강력한 적이 인간이 된 지금 소위 '바다의 인문학'을 수립해야 할 시점에 이르렀다. 하지만 바다의 인문학은 소위 '해양문화'가 지닌 성격을 규정하는 데서 시작하기보다 더 현실적인 인문학적 문제에서 출발해야 한다. 그것은 한반도 주변의 바다를 둘러싼 동북아 국제관계에서부터 국가, 사회, 개인 일상의 각 층위에서 심화되고 있는 갈등과 모순들 때문이다. 이것은 근대 이후 본격화된 바닷길 네트워크를 통해서 대두되었다. 곧 이질적 성격의 인간 집단과 문화가 접촉, 갈등, 교섭해 오면서 동양과 서양, 내셔널과 트랜스내셔널, 중앙과 지방의 대립 등이 해역海域 세계를 중심으로 발생했던 것이다.

다시 말해 해역 내에서 인간(집단)이 교류하며 만들어내는 사회문화와 그 변용을 그 해역의 역사라 할 수 있으며, 그 과정의 축적이 현재의 상황으로 나타난다고 할 수 있다. 따라서 해역의 관점에서 동북아를 고찰한다는 것은 동북아 현상의 역사적 과정을 규명하고, 접촉과 교섭의 경험을 발굴, 분석하여 갈등의 해결 방식을 모색토록 하며, 향후 우리가 나아가야 할 방향을 제시해주는 하나의 방법이라고 할 수 있다. 개방성, 외향성, 교류성, 공존성 등을 해양문화의 특징으로 설정하여 이를 인문학적 자산으로 상정하고 또 외화하는 바다의 인문학을 추구하면서도, 바다와 육역陸域의 결절 지점이며 동시에 동북아 지역 갈등의 현장이기도 한 해역을 연구의 대상으로 삼아 실제적으로 현재의 갈등과 대립을 해소하는 방안을 강구하고, 나아가 바다와 인간의 관계를 새롭게 규정하는 '해역인문학'을 정립할 필요성이 여기에 있다.

이러한 인식하에 본 사업단은 바다로 둘러싸인 육역들의 느슨한 이음을 해역으로 상정하고, 황해와 동해, 동중국해가 모여 태평양과 이어지는 지점을 중심으로 동북아해역의 역사적 형성 과정과 그 의의를 모색하는 "동북아해역과 인문네트워크의 역동성 연구"를 제안한다. 이를 통해 우리는 첫째, 육역의 개별 국가 단위로 논의되어 온 세계를 해역이라는 관점에서 다르게 사유하고 구상할 수 있는 학문적 방법과 둘째, 동북아 현상의 역사적 맥락과 그 과정에서 축적된 경험을 발판으로 현재의 문제를 해결하고 향후의 방향성을 제시하는 실천적 논의를 도출하고자 한다.

부경대 인문한국플러스사업단이 추구하는 소위 '(동북아)해역인문학'은 새로운 학문을 창안하는 일이다. '해역인문학' 총서 시리즈는 이와 관련된 연구 성과를 집약해서 보여줄 것이고, 또 이 총서의 권수가 늘어가면서 '해역인문학'은 그 모습을 드러낼 수 있을 것으로 기대한다. 끝으로 '해역인문학총서'가 인간과 사회를 다루는 학문인 인문학의 발전에 기여할 수 있는 하나의 씨앗이 되기를 희망한다.

부경대 인문한국플러스사업단 단장 손동주

책머리에

『조선표류일기』는 야스다 요시카타安田義方라는 일본 큐슈 남단의 사쓰마번(현재의 카고시마현 지역)의 중급 무사가 조선에서 표류하게 되면서 남긴 일기이다. 현재 이 책은 고베대학 도서관의 스미다문고住田文庫에 소장되어 있으며, 전체 내용을 인터넷상에서 공개하고 있기 때문에, 자료를 활용하는 데 크게 도움이 된다.[1] 스미다문고는 해운사 연구자로 유명한 스미다 쇼이찌住田正一(1893~1868)가 모은 6,500점의 자료를 소장하고 있다. 이 번역본을 출간하는 데도, 고베대학 측에서 고화질의 화상 자료를 제공해 주었다. 지면을 빌려 깊이 감사드리는 바이다.

이미 이 자료는 이케우찌 사토시池內敏가 『사쓰마 번사 조선표류일기 — 쇄국 너머의 일한 교섭』(講談社選書メチエ 447, 2009)이라는 책자를 통해서 자세히 소개한 바 있다. 『조선표류일기』의 내용뿐만 아니라, 조선의 대일본관 등에 대해서도 많은 시사점을 제기하고 있는 책이므로, 『조선표류일기』를 제대로 이해하기 위해서는 반드시 읽어볼 필요가 있다.

이 책을 번역하는 데 여러 가지 어려움이 있었다. 우선은 행서 및 초서로 쓰인 부분이 적지 않다는 점을 들 수 있다. 특히 이 책의 작자인 야스다 요시카타는, 조선 관인으로부터 받은 글을 정리하면서, 그 내용뿐만 아니라, 서체까지도 그대로 옮겨서 남긴 것으로 보인다. 그래서 조선 관인들이 야스다에 건넨 적지 않은 글들이 이 책 속에서 초서체로 들어 있다.

---

1 http://www.lib.kobe-u.ac.jp/directory/sumita/5B-10.

또 현재 전하는 『조선표류일기』는 원래 야스다가 남긴 글을 다시 필사한 것이다. 이 과정에서 초서가 부정확하게 필사된 경우도 있는 것으로 보인다. 이처럼 초서로 된 부분을 탈초하는 데 적지 않은 어려움이 있었다. 역자의 능력으로 탈초할 수 없는 글자는 ■로 표시해 두었다. 이런 부분은 『조선표류일기』 원본을 확인할 필요가 있다.

두 번째로는 『조선표류일기』 사본이 200년 가까운 시간이 지나면서 좀이 먹은 곳이 적지 않게 생겼다. 현재는 배접褙接을 해서 자세히 보지 않으면 좀이 먹은 흔적을 잘 확인할 수 없는 경우도 있지만, 여러 글자들이 보이지 않을 정도로 좀을 먹은 곳도 있다. 글자가 보이지 않아도 추측할 수 있는 경우도 있었지만, 누가 봐도 분명한 경우가 아니면 그대로 공백으로 남겨 두었다. 좀이 먹어서 글자를 판독할 수 없는 부분은 원문과 번역문에서 □으로 표시하였다. 원문은 판독할 수 없는 글자수만큼 □을 넣었지만, 번역문에서는 문맥이 닿도록 번역하려고 노력하였다. 따라서 내용을 정확히 파악하려고 하는 독자는 원본을 반드시 확인할 필요가 있다.

세 번째로는 당시 조선과 일본의 용어나 표현이 혼재되어 있다는 점이다. 표류한 측과 표류한 사람들을 응대하는 당사자들 간에도 종종 용어를 두고 무슨 말인지 알 수 없다거나, 이런 용어를 쓰는 의도를 모르겠다는 등 당혹감을 느끼는 경우가 종종 있었다. 예를 들어 조선의 격군格軍이나 용파容疤라는 용어에 대해서는 무슨 말인지 모르겠다고 했고, 군君이나 이문儞們과 같은 용어에 대해서는 자신들을 낮추어 부르는 말이 아닌가 신경을 곤두세우기도 하였다. 또 장작 등 물품을 헤아리는 단위도 서로 다른 것이 많다. 장작을 조선에서는 단丹이라고 하였는데, 야스다는 이를 종종 속束으로 바꾸어 놓았다. 닭의 경우도 조선이 개箇라고 하면, 야스다는 우羽(와)라고 하였다. 비록 한자·한문으로 필담이 가능하다고 하지만, 미세한 부분에서는 의미가 충분히 전달되지 않은 경우가 있었다. 그래서 야스다는 종종 조선과 일본이 다르게 표현하는 데 대해서 그 차이를 지적하고 있다.

『조선표류일기』의 19세기 초의 조선의 모습을 생생하게 보여주는 자료인데 그중에서도 주목해야 할 것이 야스다가 그린 많은 그림이다. 이 책에 대한 여러 가지 논의는 기존의 연구 성과로 미루고, 무엇보다도 회화자료와 그 중요성을 지적해 두고자 한다.

『조선표류일기』에는 다양한 그림이 실려 있다. 인물을 비롯하여 여러 가지 기물, 자신이 항해한 경로, 배가 머문 포구까지도 그림으로 남겼다. 19세기 초 당시 조선의 모습을 활사活寫했다고 과언이 아니다. 여러 회화자료 중에서 조선의 풍습에 관한 새로운 내용, 야스다 일행이 충청도 마량진에서 부산의 우암포에 이르렀던 해로, 그리고 머물렀던 포구의 정보를 중심으로 살펴볼 것이다.

야스다의 관찰력은 예리하였다. 단지 지세나 풍경만 본 것이 아니라, 자신이 만난 인물들의 얼굴 모습과 복장, 관인 복장의 차이점, 일상적인 풍습까지 빠짐없이 살피고, 자세하게 그림으로 남겼다. 문인화의 전통이 강한 조선의 양반이었다면, 한 폭의 산수화로 그렸을 대상을 도화원에 속한 화원이라도 되는 양, 정밀하게 묘사한 점이 『조선표류일기』의 특징이다. 『조선표류일기』의 전체 분량은 표지 속표지를 포함해서 316장이고, 그중에서 그림은 37장이다. 표지를 제외하면 289장 중 37장으로 전체 분량의 12.8%에 해당한다.

19세기 초 조선의 모습

조선을 그린 그림은 7월 3일에 시작된다. 그 날 동틀 무렵 야스다가 탄 배는 여러 날의 표류 끝에 큰 섬 입구에 이르렀고 그곳에서 닻을 내렸다고 하였다. 야스다 일행이 운항이 불가능해진 자신들이 타고 온 배를 불태우고, 대신 조선이 제공한 배를 타고 부산을 향해 출발할 때까지 머물렀던 마량진 안파포 일대를 그린 그림이 당시의 조선을 보여주는 첫 그림이다(영인 4~5쪽). 이어서 일본인과 가장 잘 비교가 되는 조선인들의 상투와 의관을 그렸다. 조선은 유교적인 신체관 즉 우리의 몸과 터럭은 부모로부터 물려받은 것이므로 감히 훼손하지 않는 것이 효의 시작이라는 관념에 입각하여 머리카락조차 함부로 자르지 못했다.[2] 그래서 상투를 틀고 망건으로 머리카락을 고정하고 그 위에 다시 탕건을 썼다. 이에 대해서 일본은 앞머리를 깎고 뒷머리를 모아 올렸다. 야스다가 조선의 상투와 망건·탕건에 주목한 것은, 머리털의 형태와 관모야말로 두 문화를 나누는 중요한 지표였기 때문일 것이다. 특히 일본의 경우는 머리털의 일부를 깎기 때문에, 머리털을 모두 모아서 틀어 올린 상투와 이를 고정하고 보호하기 위한 망건과 탕건에 특히 주목하였을 것이다.

영인 6쪽의 상단은 조선관인말두도朝鮮官人抹頭圖 즉 말두抹頭 즉 망건을 쓴 상투 머리를 그린 것이고, 하단은 사모紗帽 즉 탕건을 쓴 모습을 그린 것이다. 망건은 말총으로 만드는데, 귀 위에 옥환이 있으며, 이는 비인태수인 윤영규가 쓰는 것이라고 하였다. 옥환은 다름아닌 관자이다. 한편 탕건에 대해서는 관인 상하가 모두 망건 위에 쓰며, 귀 위에 금환이 있는데, 이는 고군산진 가선대부가 쓰는 것이고, 그 밖에는 관인이라고 하

---

2 『孝經』「開宗明義」 "身體髮膚 受之父母 不敢毁傷 孝之始也".

더라도 놋쇠로 고리를 쓰는데, 반지처럼 생겼다고 하였다.

야스다의 관심은 다시 관인들이 갓을 갖추어 쓴 모습으로 나아갔다. 한 인대관도韓人戴冠圖는 비인태수 윤영규의 실제 모습이다(7쪽 상단). 조선인 은 모두 망건 위에 탕건을 쓰고 다시 죽피관竹皮冠을 썼는데, 관은 검게 칠 했으며, 그 가늘기가 마치 천을 짠 것 같으며, 갓끈에는 옥을 꿰었는데, 노 란 것은 호박琥珀같고 무늬가 있는 것은 대모玳瑁같다고 하였다. 다시 수영 우후 최화남崔華男을 그렸는데, 이는 관모뿐만 아니라 복장까지 전체 모습 을 그린 것이다(영인 7쪽 하단). 이 복장은 수영우후를 비롯하여, 연막종사, 절충장군이 모두 같으며, 갓끈에는 수정을 매달았다고 하였다.

이 그림에서 또 한 가지 주목해야 할 것은 관인들이 입고 있는 겉옷에 표시된 점선이다. 야스다는 조선 관인과 백성들의 복식에 대한 여러 그 림을 남겼지만, 구체적으로 어떤 경우에 입는 복식인지는 전혀 알지 못 하였을 것이다. 그렇지만 자세히 관찰하고 세밀하게 그렸다. 점선은 상 의와 주름이 많이 잡힌 하의를 연결한 재봉선이다. 영인 7쪽 하단의 그 림을 보면 점선을 경계로 아랫부분 즉 하의의 주름이 분명하게 드러난 다. 이렇게 상하의를 연결한 복장은 철릭帖裏이며, 무관들이 간편하게 입 는 복장이다. 특히 공무를 수행할 때는 융복戎服이라고 하였다. 『각사등 록』 「충청도병영계록」에서도 현감 즉 윤영규가 융복을 입고 마량진으 로 달려갔다는 기록이 보인다.[3]

2권에서는 다시 죽피관 즉 갓만을 그리기도 하였고, 하졸들의 관모를 그리기도 하였다. 야스다의 조선 관모에 대한 관심을 집요하다고 할 정

---

3 『各司謄錄』 「忠淸道兵營啓錄」 "(…전략…) 此旣異國船人, 則不可草率相接, 縣監以戎服, 董率將吏, 馳到于馬梁鎭. (…후략…)".

도이다. 죽피관 즉 갓을 아래에서 본 모습도 그렸고, 갓끈이 풀려 있는 상태와 매여 있는 상태도 그렸으며, 갓끈의 재료가 남색으로 염색된 가는 모시라고 밝히고 있다(영인 8쪽 상단). 또한 보리步吏 즉 태수 등을 호위하는 하급 관인들의 관모도 자세히 그렸다(영인 8쪽 하단). 관의 중앙에는 용勇이라는 한자가 쓰여 있고, 관 위의 양쪽에는 공작 꼬리깃털을 세웠으며, 뒤쪽으로는 붉은 털이 늘어트려져 있다. 이 붉은 털은 코끼리털(실제로는 말갈기나 실을 썼다)을 붉게 물들인 것이라고 한다. 관의 바깥은 비단천같고, 안은 왜단倭緞[4] 같다고 하였다.

또한 졸관도卒冠圖라는 제목으로 갓 위의 공작 깃털이 뒤로 누운 것과 갓 옆에 공작 깃털과 붉은 털이 함께 그려져 있는 관모를 그리고 그 정면도도 그려놓았다. 그런데 그 관모의 모양이 군현에 따라 다르다고 지적하고 있다. 야스다 일행은 조선 서해 남해 연안에서 여러 차례 배를 갈아타고 갔기 때문에, 각 지역의 관인들과 접촉할 수 있었을 것이다. 그 과정에서 공작깃털과 붉은 털을 사용하는 것은 같지만, 다는 위치나 방식이 다르다는 사실을 알게 된 것으로 보인다(영인 9쪽). 또한 겨울에 방한용으로 쓰는 남바위를 모도帽圖라는 제목으로 그렸다(영인 9쪽 하단).

관인의 관모와 복장에 관심을 가졌던 야스다는 다시 일반 서민들로 시선을 옮겼다. 서민들의 모습으로 처음 등장하는 것은 짐을 지고 있는 백성의 모습이다. 비부도卑夫圖라는 제목으로 물을 지거나 멜 때는 곧 등에 지며, 그 물건은 대나무로 만든다고 하였다. 실제 그림에서도 대나무로 광주리처럼 만든 것을 지고 있다. 흔히 등에 지고 다니는 것은 지게일 것이라고 생각하고 있는데, 색다른 자료이다(영인 10쪽).

---

4 『天工開物』 2. 緞은 일반 비단보다 두껍고 광택이 있는 것을 말한다.

3권에 실려 있는 유일한 그림은 태달죄인도答撻罪人圖라고 하여, 죄인에게 태형을 가하는 모습이다. 절충장군 이종길의 하인 한 명이 일본인의 빚을 훔치는 사건이 발생하였고, 이를 조사하는 과정에서 국문하는 모습이거나 죄를 확인한 후에 태형을 가하는 모습으로 생각된다(영인 11쪽). 죄인에게 태형을 가하는 뒤에는 첨사 이동형이 앉아있고, 그 좌우에서 하급 관인들이 머리를 조아리고 죄상을 알리는 모습이 그려져 있다. 태형을 집행하고 있는 사람들은 공작 깃털과 상모象毛 장식을 단 관을 쓰고 있다. 그 밖에도 야스다가 관심을 가지고 그림을 그리고 설명을 단 사례는 다음과 같다.

　　인장 그림(印章圖) : 인장의 재료는 화석(花石)같다. 인면에는 비인현감지인(庇仁縣監之印)이라고 새겨져 있다. 조선의 인주의 색깔은 누르면서 엷은 붉은색을 띠고 있다. 아마도 주(朱)가 최하품이라서 그런 것 같다. (영인 18쪽)

　　연초갑 그림(菸匣圖) : 연초갑은 쇠로 만들었으며, 금이나 혹은 은으로 사감(絲嵌)하였다. 그 측면에 부구정(浮漚釘)이 있어서 누르면 열린다.

　　담뱃대 그림(煙管圖) : 대는 화살대(箭篦)를 닮았고 초화문을 그렸다. (영인 19쪽 상단)

　　가마 그림(轎圖) : 목재이며 검게 칠했으며, 호피로 전체를 걸쳐 덮었다. 앞에는 층계가 하나 있으며 작은 줄을 걸었다. 쌍다리가 이곳에 달려 있다. (하단)

　　일산 그림(蓋圖) : 푸른 종이를 사용하였고, 그 끝은 푸른 비단을 둘렀다. 그 안쪽으로 보라색 조각 몇 매를 늘어뜨렸는데 마치 그 끝을 가죽으로 둘러싼

것 같다. 자루는 등나무로 장식하였다. (영인 20쪽)[5]

가죽 신발(革履) : 그림은 비인태수의 신발이다. 대체로 신발코에 구멍이 뚫려
있어서 버선코가 그곳으로 튀어나온다. 하급 관인 이하는 모두 짚신을 신는다.
버선과 신발 그림(足衣着履圖) : 버선의 끝은 부리처럼 생겼다. 버선 끈은 발목
에서 묶고, 버선은 무릎에 이른다.
타호 : 놋쇠로 만들었으며 남색으로 물들인 가는 모시끈으로 만든 그물로 감
쌌다. 변기로도 쓴다. (영인 21쪽)

붓통 : 대나무로 만들고 구리로 고리를 만들었다. 그 속에 붓을 넣는다. 자루
먹은 없고 먹을 부수어 넣어두고 침을 받아 붓끝으로 비벼 글을 쓴다.
동백기름을 먹인 종이 주머니 : 조선인은 상하 모두 이를 차고 있다. 부싯돌
쑥 혹은 연초 등을 넣는다. (영인 22쪽)

송환 해로

『조선표류일기』는 야스다 일행이 배를 타고 지나온 경로를 붉은 선
으로 직접 나타내고 있다는 점에서도 주목할 만하다. 특히 섬 사이의 좁
은 수로를 지나면서 주변 풍경까지도 묘사하고 있다는 점에서 사료적
인 가치가 높다. 야스다 일행은 자신들이 타고 온 배가 풍랑 등으로 손
상을 입어 운항할 수 없는 상태가 되었기 때문에, 조선의 배를 이용하여
부산까지 가게 되었다. 이때 조선은 체송逓送이라는 방식을 이용하였다.
즉 일정한 지점까지 배로 이동한 후 그 지점에서 다른 배로 옮겨타고 다

---

5   자루의 표면을 등나무 껍질로 감쌌다.

음 지점으로 가는 방식을 반복하는 것이다. 야스다 일행을 송환하는 방식과 수로상의 거리에 대해서는 역시 『각사등록』에 보인다.[6]

이에 따르면 야스다 일행이 머무르고 있던 마량진 안파포에서 동래부까지의 수로 상의 거리가 명기되어 있다. 『조선표류일기』를 확인해 보면, 야스다 일행은 대체로 이 경로를 따라서 체송되었음을 알 수 있다. 그러나 구체적인 여정에서는 차이가 난다. 우선 마량진에서 서천군 개야소도를 거쳐 고군산진까지는 서천포 만호인 박태무가 차송관이 되었고, 고군산진부터는 고군산진 첨사 조대영이 교대하였다. 그런데 조대영은 위도진이나 법성진에서 교대한 것이 아니라, 위도를 거쳐 수도水島라는 곳에서 지도진 만호 오자명, 임자포 첨사 박국량과 교대하였다. 즉 고군산 첨사인 조대영이 위도진과 법성진을 거쳐 지도와 임자도 사이에 위치한 수도에 이르러 비로소 박국량 등과 교대한 것이다.

한편 구체적인 항로는 역시 포구와 항로를 나타낸 그림을 통해서 확인할 수 있다. 예를 들어 고군산진에서 위도로 들어갈 때는 두 섬 사이를 동북쪽에서 진입하였고, 위도에서 빠져나올 때는 서쪽 항로를 이용한 것으로 보인다. 서울대 규장각이 소장하고 있는 「부안위도진지도」에 의하면, 위도에서는 동쪽으로 나오는 항로와 서쪽으로 나오는 항로가 표시되어 있다.[7] 서쪽 항로는 하왕등도와 안마도 사이로 뻗어 있다. 이를 『조선표류일기』「蝟島圖」와 연결하여 생각하면, 송환선은 고군산진

---

6 『各司謄錄』7.忠淸道篇 2.『忠淸兵營啓錄』"(…전략…) 越海糧段, 前路邑中, 預爲等待供饋之意, 已爲枚移, 而供饋式例, 亦爲謄送爲乎旀, 自本鎭, 距舒川介也召島, 水路爲三十里, 自介也召島, 至全羅道古群山, 爲七十里, 故每名二日糧及饌物, 磨鍊上下爲乎旀 當日巳時量, 差使員舒川浦萬戶領率發行, 而亦自邑鎭, 多發人船, 指路護送, 轉向舒川浦爲有旀, 虞候當日還鎭是如 (…후략…)".

7 서울대 규장각, 「부안위도진지도」 청구기호 奎10435.

에서 남하하여 동쪽에서 위도진에 도착한 다음, 통상적으로 생각할 수 있는 해안 방향이 아니라 외양 쪽인 하왕등도 쪽으로 나와서 안마도 방향으로 남하하였던 것으로 보인다.

이처럼 외양 항로를 택한 것은 고군산진 첨사 조대영이 야스다 일행에게 부득이한 경우가 아니면 조선의 해방海防 상황이나 해로에 대한 정확한 지식을 제공하지 않으려는 의도를 갖고 있었기 때문일 가능성이 있다. 우선 법성진 근처에 거의 의도한 것처럼 야스다가 탄 배를 바다 가운데 정박하게 한 점, 야스다가 여러 차례에 지명 혹은 목적지 등을 물어도 조대영이 대답하지 않은 점, 또한 조대영이 항해거리에 대해서 언급한 때도 실제 항해거리와 일치하지 않은 점 등을 그 근거로 들 수 있다.

특히 야스다가 『조선표류일기』의 글은 부산에 도착한 이후에 쓰기 시작했지만, 그림의 경우는 항해 과정에서 이미 작성했을 가능성이 있다. 글의 경우도 필담 때 주고받은 초안 등을 바탕으로 작성하였듯이, 그림도 스케치와 같은 초벌 그림이 있었을 가능성이 높다. 그렇지 않고는 방향이나 포구의 모습을 정확히 기억하기 쉽지 않을 것이기 때문이다. 이러한 야스다를 보고 조대영이 해로에 대해서 상세히 알 수 없도록 노력하였을 수 있다.

야스다가 여러 차례 도착한 곳의 지명과 거리 등을 물었으나, 조대영은 그 질문에 대해서는 제대로 대답하지 않았다.[8] 임자도 첨사 박국량의 경우도 마찬가지였다. 8월 9일 수도를 출발하여 100여 리를 남하한 다

---

8 "故問今日水路幾里 而到泊于何之地耶? 船未發前 告示之爲好. 僉使不答"(『조선표류일기』 6, 29쪽), "今日水路幾里而此處何道 地名何如? 幸望詳記示也"(30쪽). "余問地名已再三, 僉使終不答. 蝟島水島地名, 皆問諸他人"(33쪽). "以地名與路程示之於客, 令客安心焉. (…중략…) 彼又不答"(33쪽).

음 야스다가 박국량에게 지명을 물었으나, 그는 대답하지 않았다.[9] 그래서 야스다는 다시 타고 온 배의 선장에게 전라도인지 경상도인지를 묻자 전라도라고만 답했다. 야스다는 다시 시를 짓는 데 쓰려고 한다면서 지명을 다시 묻자 나주의 여러 섬이라고 하였다. 다시 섬 이름을 묻자 겨우 팔금도라고 일러주었다.[10]

비슷한 예로는 「水島圖」에서도 확인할 수 있다.[11] 위도의 경우와는 달리 수도에서는 동북쪽에서 수도 앞의 작은 섬을 돌아서 동남쪽으로 수도에 진입하여 정박한 다음, 출발할 때는 그대로 동북쪽으로 빠져나간 다음 크게 방향을 바꾸어 남쪽으로 내려갔다. 거리상으로 보면, 바로 동북쪽에서 수도로 들어간 다음, 그대로 빠져나오는 것이 가까운데도 불구하고, 수도 앞의 섬을 크게 우회하는 항로를 택하여 진입한 것이다.

또한 조대영은 위도에서 수도까지 200리라고 하였는데, 위도에서 바로 남쪽으로 항해하였다면, 그 거리는 150리 정도일 것이다(직선거리 65km). 그러나 하왕등도와 안마도 사이로 우회하여 남하하였기 때문에 실제 항해 거리는 200리에 가까웠을 수 있다.

수도를 출발한 송환선은 지도를 거쳐 팔금도에 이르렀다. 팔금도에서 다시 20리를 항해하여 야스다가 궁여지책으로 이가도二家島라고 이름붙인 섬에 닿았다. 이가도는 팔금도를 서쪽으로 항해하여 십자 수로로 보이는 곳을 지나 서쪽으로 빠져가는 입구에 있었다. 지도에서 남하한 송환선은 당사도 암태도를 지나 팔금도의 남쪽 수로에 진입하였다. 이곳

---

9 『조선표류일기』 7, 4쪽.
10 『조선표류일기』 7, 5쪽.
11 『조선표류일기』 6, 29~30쪽, 「水島圖」.

에서는 서진하여 현재의 노대섬이나 상사치도로 추정되는 이가도에서 머무른 다음, 다시 서진하여 비금도와 도초도 사이의 물길을 지나간 것으로 보인다.[12] 이곳에서 야스다는 발병하여 이후 다대포까지의 기록은 대단히 성글다.

조선의 포구

『조선표류일기』에는 야스다 일행이 오랫동안 머물렀던 포구의 그림이 들어 있다. 대표적으로 충청도 비인현 마량진의 안파포, 경상도 부산의 다대포, 초량, 우암포 등이다. 초량 주변은 다대포에서 우암포로 가는 과정에서 해상에서 목격한 광경을 그린 것이라 자세하지 않지만, 안파포, 다대포, 우암포는 상당 기간 동안 머물렀기 때문에 자세한 그림을 남겼다. 안파포의 경우는 내부의 상황이나 해안 마을의 모습뿐만 아니라, 방위·거리 등도 표시하였다. 다대포의 경우도 다대진의 모습을 비롯하여, 포구 주변의 상황까지 자세히 그렸다. 또한 본문에서 설명하고 있듯이 초량왜관에 상주하고 있는 대마도의 관인들이, 야스다 일행의 표류 상황 조사 및 송환을 위해서, 타고 온 배의 모습까지 그려놓았다.

야스다 일행이 마지막으로 머물렀던 곳은 부산의 우암포였다. 우암포는 현재의 부산만의 동쪽 기슭인데, 그 북서쪽에 조선 후기의 부산진이 있었다. 『조선표류일기』에도 우암포 북서쪽으로 부산포와 부산진이 보인다. 부산진은 성벽과 건물의 윗부분이 푸르게 칠해져 있는데, 이는 기와를 나타낸 것으로 생각된다. 초가를 옅은 황색으로 나타낸 것과는 구별된다. 우암포 앞바다에는 배의 측면을 흰색과 검은색을 칠한 것처럼

---

12 『조선표류일기』 7, 7~8쪽, 「八金島及二家島」.

보이는 배가 정박해 있는데, 이는 초량왜관의 대마도 하급 관인들이 탄 배이다. 흰색과 검은색으로 장식된 막포幕布라는 천을 드리운 것이다. 그 아래로 동서남북의 방위를 표시하였는데, 이는 야스다 일행이 가지고 있던 나침반에 의거한 것이다. 따라서 이는 상대적으로 정확한 것이라고 할 수 있다. 우암포 포구는 남서쪽을 향해 열려 있었음을 알 수 있다. 부산진에서 1리 정도 떨어진 우암포에는 백여 가가 있다고 하였다.

야스다 일행이 초량 왜관에 머무르지 않고 우암포에 머무르게 된 것은 초량 왜관의 대마도 사람들이 왜관 내부의 사정이 바깥으로 알려지는 것을 꺼렸기 때문이다. 9월 그믐에 이곳에 도착한 야스다 일행은 그 다음해 정월 14일까지 머무르게 되었다. 두 달 보름 가까이 머문 곳이자 여러 포구 중에 가장 오래 머물렀기 때문에, 우암포의 그림은 실상에 가까운 것이라고 볼 수 있을 것이다.

이 우암포 그림이 중요한 것은 1592년 9월 1일(음력)에 있었던 이순신 장군의 부산포해전의 현장과 관련이 있기 때문이다. 부산포 해전 당시, 부산에는 1만 명 정도의 지상 전투 병력과 8천 명의 수군, 500여 척의 군선이 집결해 있었다.[13] 또한 일본군은 정발이 지키고 있던 부산진성을 함락시킨 다음 성의 내부를 대대적으로 보수하였고, 성 밖의 동서쪽 산기슭에도 300여 채의 건물을 지어 병력의 주둔 및 방어 거점으로 삼고 있었다. 이순신은 당시 부산포 해전의 모습은 다음과 묘사하고 있다.

독전기를 휘두르며 나아갔는데, 우부장 녹도 만호 정운, 거북선 돌격장 군

---

13 『李忠武公全書』卷之二, 狀啓二, 「釜山浦破倭兵狀」, "(…전략…) 乃令小船, 馳送釜山前洋, 探審賊船, 則大槩五百餘隻. 船滄以東邊山麓岸下至列泊".

관 이언량, 전부장 방답 첨사 이순신 (…중략…) 등이 앞장서서 곧장 나아가서 선봉에 선 (일본의) 대선 4척을 우선 깨뜨리고 불태우자, 적도들이 헤엄쳐 육지로 오르므로, 뒤에 있던 여러 장수들이 곧 이긴 기세를 타서 깃발을 올리고 북을 치면서 장사진(長蛇陣)으로 앞으로 돌격하였습니다.[14]

(일본군은) 부산성 동쪽 산에서 5리 쯤 되는 언덕 밑 3개소에 선박 470여 척을 정박시켜 놓고, 군선과 성 안, 산위 굴 속에 있던 병력이 총통과 활을 갖고 모두 산으로 올라가 여섯 군데에서 (아래로) 내려다보며 응전하였습니다. 그리고 간혹 대철환을 쏘는데 크기가 모과 크기만 하였습니다.[15]

이른바 부산포해전이라고 부르는 전투이다. 이순신 장군이 부산포 앞바다에 적선 100여 척을 침몰시켜, 일본 선박에 대한 전과로는 최대 규모의 승전으로 평가할 수 있다.

임원빈은 일본의 조선침략의 거점이라고 할 수 있는 부산포까지 공격을 당하게 되자, 일본군의 조선침략 전략에 심각한 문제가 발생하였으며 평양에 있던 일본의 선봉 지상군은 명나라의 파병 조짐으로 앞으로 진격할 수도 없는 상황이 되었고, 설상가상으로 후방의 사령부격인 부산포까지도 공격받게 되는 진퇴양난에 빠지게 되었다고 보았다. 이제는

---

14 『李忠武公全書』卷之二, 狀啓二,「釜山浦破倭兵狀」, "(…전략…) 乃指旗督赴, 右部將 鹿島萬戶鄭運, 龜船突擊將臣軍官李彦良, 前部將防踏僉使李純信 (…중략…) 等, 先登直進, 先鋒大船四隻, 爲先撞破滅, 賊徒遊泳登陸時, 在後諸將, 仍此乘勝揚旗擊鼓, 長蛇突前".

15 『李忠武公全書』卷之二, 狀啓二,「釜山浦破倭兵狀」, "(…전략…) 同鎭城東一山五里許岸下. 三處屯泊之船. 大中小幷大槩百七十餘隻. 而望我威武. 畏不敢出爲白如乎. 及其諸船直擣其前. 則船中·城內·山上穴處之賊. 持銃筒挾弓矢. 擧皆登山. 分屯六處. 俯放丸箭. 如雨如雹. 至於發射片箭一如我國人. 或放大鐵丸. 大如木果者. 或放水磨石. 大如鉢塊者. 多中我船爲白良置. 諸將等益增憤惋. 冒死爭突. 天地字將軍箭, 皮翎箭, 長片[箭], 鐵丸一時齊發. 終日交戰. 賊氣大挫. 而賊船百有餘隻量. 三道諸將. 竝力撞破後. 逢箭死倭. 曳入土窟者. 不知其幾數是白乎矣. 急於破船. 斬頭不得".

조선의 영토를 장악하기 위한 지상군의 진격작전도 중요하였지만, 이에 못지않게 조선 수군으로부터 침략의 교두보인 부산포를 방어하는 것이 급선무가 되었다고 평가하였다.[16]

그러나 이러한 평가에도 불구하고 부산포해전의 현장이 어디인지에 대해서는 논란이 거듭되고 있다. 기존 연구에서는 우암포 일대 앞바다를 중심으로 전투가 진행된 것으로 보았다.

그런데 바로 『조선표류일기』의 우암포 그림을 통해서 우암포와 부산포 주변의 지리적 상황을 보다 자세히 알 수 있다.(영인 40~41쪽)

당시 배 안船中과 성 안城內, 산 위의 굴 속山上穴處에 있던 일본군들이 모두 총통과 활·화살을 들고持銃筒挟弓矢 산 위로 올라갔다登山고 하였다. 또한 산 위에서 조선 수군을 내려다 보면서俯放丸箭 공격해 왔다고 한 점에도 주목해야 한다. 즉 일본군이 해안의 높은 언덕 위에서 조선 수군에게 반격을 가한 것이다. 그러나 우암포 일대는 물론 그 좌우에 산지가 있지만, 포구는 완만한 경사지이고, 그 경사지에는 우암포 그림에서 확인할 수 있는 것처럼 100여 호의 마을이 위치하고 있었다. 즉 마을이 위치할 정도로 완만한 경사지는 산 위에 올라가서 조선 수군을 내려다 보면서 공격하였다는 지점으로 어울리지 않는다.

또한 이순신 장군은 부상을 입은 일본군들을 토굴 속으로 피신시키는 장면을 목격하였다고 했는데, 토굴을 팔 수 있고 또 해면에서 토굴로 들어가는 상황을 볼 수 있으려면, 급한 경사면이 확보되어야 한다. 즉 우암포의 완만한 경사면은 부산포해전의 현장으로 보기 어려운 점이 있다.

---

16 임원빈, 「병법의 관점에서 본 부산포해전」, 『이순신연구논총』 25, 순천향대 이순신연구소, 2016.

물론 우암포 포구의 북단에 위치한 산지는 그 후보일 수 있다.

또한 일본군의 배가 세 군데로 나누어 정박하였다고 하였으므로, 우암포에서 주로 전투가 이루어졌다는 설명은 성립하기 어렵다. 당시 일본군 함선이 500척에 가까웠으므로 분산시켜 정박할 필요가 있었을 것이다. 세 곳은 조선 후기 부산진성이 위치한 영가대 주변, 자성대 및 동천 하구, 우암포 등으로 추정할 수 있을 것이다. 특히 자성대는 해안가에 위치하고 있는 왜성으로, 증산의 부산왜성과 더불어 이미 방어시설을 구축하고 있었을 가능성이 높다. 그렇다면 일본군이 주둔하면서 전투시설을 갖춘 부산왜성이나 자성대왜성 주변에도 일본군 선박이 정박하였을 가능성이 크다. 무엇보다도 야스다의 지도에는 부산포와 우암포를 명기해 놓고 있다. 만약 이순신 장군이 일본군과 싸운 곳이 우암포가 중심이었다면 그 당시부터 우암포해전이라고 불렸을 것이다.

『조선표류일기』는 표류 당사자가 한문을 구사할 수 있는 유식자였기 때문에, 의사소통을 제대로 할 수 없었던 다른 표류자와 달리, 조선의 관인들과 많은 필담을 나누었다. 조선 측의 표류 사정 청취와 관련된 내용을 비롯하여, 표류인에 대한 음식물과 땔감의 지급 및 부산으로 송환되는 과정에 대해서도 자세히 언급되어 있다. 그리고 서해상의 송환경로의 상당 부분을 그림으로 남겼고, 그 경로는 우리가 통상적으로 생각하는 것과는 다른 양상을 보여주고 있다. 위도에서 연안 쪽을 항해하지 않고 외양 쪽으로 돌아서 남하한 경우와 팔금도에서 바로 남하하지 않고 외양으로 나간 다음 남하한 경우가 대표적인 사례이다. 그 이유가 조류의 흐름을 이용하기 위한 것인지, 아니면 항로를 일본인에게 노출시키지 않기 위한 것인지는 앞으로 밝혀야 할 부분이다.

이 글에서는 『조선표류일기』의 회화자료를 중심으로 소개하였으나, 앞으로 다양한 측면에서 『조선표류일기』를 연구해야 할 필요성이 있다. 『각사등록』 등과 연관시키면, 19세기 초반 당시의 조선의 행정시스템을 알 수도 있고, 대마도 측 자료를 연관시키면, 일본 측의 자국 표류인 송환 시스템을 알 수 있을 것이다. 또한 회화자료 자체도 다양한 색상과 정밀한 묘사에 대한 추가적인 연구가 필요할 것으로 생각된다.

또한 야스다의 필담 능력에도 주목할 필요가 있다. 그는 단순히 사실을 청취하려는 조선 관인과 기계적인 문답을 나눈 것이 아니라, 능숙하게 한시를 지을 수 있었고 심지어 조선 관인들의 한시를 평하고 글자를 고치라고 한 경우도 있었다. 또한 당시 동래부사였던 박기수朴綺壽도 야스다의 문장과 한시를 높이 평가하고 있다. 30살에 불과하고 한문은 임시로 배웠을 뿐이라고 말하는 야스다가 어떻게 조선 관인들과 정서적으로 소통할 수 있는 한문 소양을 갖게 되었는지도 밝혀봐야 할 대목이다.

야스다의 눈에 비친 1819년의 조선은 과연 어떤 모습이었을까? 그의 그림이 답하고 있다. 조선의 관인은 의젓하고 당당하다. 일반 조선인들도 자신의 생업에 충실한 모습이다. 그가 만난 거의 대부분의 조선인들을 그는 긍정적으로 평가하고 있다. 야스다가 느꼈던 조선을 우리도 느껴볼 차례다.

범례

번역본

- 『조선표류일기』의 탈초본을 바탕으로 번역하였다.
- 탈초본은 저본을 최대한 반영하였으나, 번역은 문맥이 자연스럽도록 하였다.
- 번역문과 한자가 일치하지 않을 경우에는 대괄호 속에 넣었다.
- 필담하는 내용 중 대화에 해당하는 부분에서 새로운 행으로 시작하였다.
- 저본에 없으나, 내용을 이해하기 쉽도록 내용을 추가한 부분을 소괄호 안에 넣었다.
- 원문의 그림은 책의 앞부분에 모아서 배치하고, 번역본에 관련 내용이 있는 쪽수를 표시하였다. 번역본에서도 그림이 실려 있는 쪽수를 표시하였다.

탈초본

- 탈초의 저본으로는 고베대학(神戶大學) 스미다문고(住田文庫)의 『조선표류일기(朝鮮漂流日記)』를 사용하였다. 이 자료는 타카키 모토아쯔(高木元敦)가 1824년에 필사한 것이다. 야스다 요시카타가 『조선표류일기』의 고본(稿本)을 작성한 것은 1819년 월부터 1820년 사이로 추정된다. 현재 전하는 사본이 야스다가 작성한 원본이 아니라는 사실에 유의할 필요가 있다.
- 탈초본은 고베대학이 제공하는 화상자료의 파일번호에 의거하여 배열하였다. 다만 저본에는 5B10-5018과 같이 표시하였는데, 5B10은 해당 자료의 고유기호이고, 5018의 5는 권의 차례이며, 18은 쪽에 해당한다. 쪽은 장정(裝幀)된 상태가 아니며, 장정을 푼 상태에서 낱장으로 떨어진 쪽을 의미한다.
- 저본의 세주(細註)는 소괄호 속에 넣었다. 세주에서 행이 바뀌는 부분은 / 기호로 표시하였다.
- 저본의 손상으로 인하여 글자를 확인할 수 없는 경우에는 □으로 표시하였다.
- 초서 부분 중 탈초할 수 없었던 글자는 ■로 표시하였다. 독자들의 질정을 바란다.
- 필사본이기 때문에 한자에 통용자, 약자, 이체자 등이 많이 사용되었는데, 가능한 한 저본의 한자로 나타내고자 하였다.
- 蜷은 恙, 粮은 糧으로 羣은 群으로 舡은 船으로 대체하였다.
- 일본 한문에서 동일한 한자나 어구가 반복되는 경우에 사용하는 기호는 채택하지

않고, 반복되는 한자로 채워 넣었다.

- 저본에서는 행의 첫 글자의 위치가 서로 다르게 기록되어 있기 때문에, 가능한 한 이를 반영하고자 하였다.
- 상대를 높이는 말, 국명 등에서는 한 칸의 공백을 두었는데, 이는 그대로 반영하였다. 다만 구두점의 공백과 혼동될 염려가 있다.
- 저본에는 붉은 점으로 끊어 읽을 곳을 표시하였으나 탈초본에서는 반영하지 않았다. 간혹 구독이 부정확한 부분도 있고, 손상으로 인해서 확인할 수 없는 경우도 있었기 때문이다. 구두점은 공백으로 대체하였다.
- 저본에는 '카에리텐'이라는 일본식 훈독을 위한 기호와 '오쿠리가나'라고 하는 한자의 음이 표시되어 있으나, 역시 채택하지 않았다.

차례

『조선표류일기』

『조선표류일기』 등사 서문

    타카키 모토아쯔高木元敎는 사쯔마인 야스다 요시카타安田義方가 오키노에라부지마沖永良部嶋의 근무를 마치고 돌아오는 길에 태풍을 만나 표류하다가 조선에 도착한 일기를 등사하였다. 나는 큰 종이 쳐주는 사람을 기다리는 것과 같은 기회로 말미암아, 일기를 읽을 수 있었다. 이에 무릎을 치며 탄식하여 말하기를, "확고하여 흔들리지 않는구나!"라고 하였다. 표류일기는 게을리 잠을 자다가 물길을 잃어버린 연유를 기록하기 시작하여 스스로를 허물하였고, (사쯔마국) 선공先公의 전적을 전하고 감개하여 자신의 생각을 밝힌 까닭을 마지막으로 기록하여 스스로를 다잡았다. 그 사이에 시간이 지나고 해도 바뀌었다고 한다. 다시 조선 각지의 관리들과 응대하고 논의한 것을 모두 남김없이 전하고, 그림으로 모두 자세하게 그렸다. 읽다보면 저절로 그 사람을 알게 되고, 그 뜻을 살피게 된다. 학식과 문조文藻에 있어서는 비록 충분하지 못한 부분이 있으나, 재액을 당하여도 두려움을 모르고 급한 상황에 대처하여 판단하는 데 잘못이 없었다. 그러나 그 처리하는 바가 두텁고 그 지키는 바가 견고하였던 것이 아니며, 원래 할 수 없는 것이니 당연한 일이다. 모토아쯔가 등사하고 말하기를, 내가 보지 못한 것을 보고, 내가 듣지 못한 것을 들은 것이 아니지만, 기꺼이 하루 저녁의 이야깃 거리로 삼을 수 있다. 다만 관로官路와 세상일이라는 것이 험난하고 힘들어 헤아릴 수 없다는 것을 알 수 있다. 무릇 일이란 익숙해짐으로써 통달하고, 마음이라는 것은 평상을 유지함으로써 편안해진다. 또한 어부가 물을 대하고, 사냥꾼이 산을 대하는 것과 같다. 이런 까닭에 구만리라도 붕새는 멀다 하지 않고, 한 나뭇가지에 머물러 있어도 뱁새는 좁다고 하지 않는다. 다른 사람이 보면 어렵게 보이지 않더라도 일단 급한 상황에 처하여 경황이 없을 때 그 지키는 바를 잃지 않는 사람이 얼마나 되겠는가? 이로써 보면 야스다 씨가 기록한 것은 너무나 생생하여 내가 감동하였다. 나는 비록 능력이 없으나 책 머리에 글을 하나 지어서, 그 뜻의 칭찬해야 할 부분을 칭찬하였다. 야스다씨의 풍모를 듣는다면, 비록 나약한 사람이라도 뜻을 세우지 않을 수 없기 때문이다.

갑신년 7월

오오토오 아리노리橫塘有則 씀

『조선표류일기』 뒤에 쓰다

    나니와^{浪華}[1]의 타카키 키미아키^{高木君章}가 소매에 책자 한 권을 가지고 와서 나에게 보이고, 먼저 살펴봐주기를 청하였다. 그 책은 곧 우리 사쯔마번^{薩摩藩}의 야스다 모토카타^{安田元方}[2]가 바다에서 표류한 일기였다. 내가 공경하는 마음으로 말하기를, "아, 이것이 어떻게 여기에 이르렀는가!"라 하였다. 전날 모토카타가 오키노에라부지마의 공무를 맡았는데, 돌아오는 길에 태풍을 만나 여러 날 바다에서 표류하다가 마침내 조선국에 이르게 되었다. 그 나라 사람들이 법에 따라서 나가사키^{長崎}로 돌려보냈는데, 그 표류한 기록이다. 모토가타가 스스로 말하기를, "지금은 나라의 외국에 대한 금제가 특별히 엄하고, 우리들이 다행히 나라에 돌아올 수 있다고 하더라도, 관리[有司]들이 심문하는 것도 또한 엄하다. 전후로 겪었던 일에 대하여 답을 못할까 두려워서, 바다 가운데서 어려웠던 일부터 객지에서 응대한 일 그리고 사람과 물건까지 하나하나 직접 기록해 두었다. 마침내 나가사키에 이르러 진대^{鎭臺}에서 응대한 일에 대하여 자세히 말하였는데, 모든 것이 조금도 틀림이 없으니, 관리들이 감복하였다. 표류한 사실이 관청에 보고되고 명을 받아 사쯔마로 돌아왔으나, 우리 사쯔마의 관리들 또한 심문하였는데 끝나고 다시 명하기를, '외국에 대해서는 금제가 있으니, 그 일을 누설할 수 없다. 기록한 것을 모두 태우라'고 하였다. 이에 태워 버렸다"고 하였다. 그런데 지금 타카

---

1   오사카의 옛 지명이다.
2   安田義方의 자(字) 중 하나가 元方이다.

키씨가 가지고 온 것은 태우고 남은 옛 종이였다. 사람이 훔친 것을 함부로 여기에 가지고 온 것인데, 이와 같은 것을 어찌 전할 수 있겠는가!

키미아키가 말하기를, "물론 저도 그 금제를 알고 있습니다, 그러나 야스다씨는 공무를 수행하느라 하마터면 죽을 뻔했습니다. 하늘의 보살핌이 지극하였습니다. 또한 조선인들과 응대 문답한 것을 보면, 비록 창졸간에 경황이 없는데도 적절하게 대응하였으니, 그 재주가 사방으로 내보내어 전대專對할 만하다고 하겠습니다. 이제 그 일을 상자에 숨겼다가, 자손들에게 보여준다면 어찌 불가함이 있겠습니까? 그러나 야스다의 책을 훔쳐서 남겨 두었다가 세상에 보이는 것은 이른바 관의 금제를 두려워하지 않는 것입니다. 제가 어찌 감히 이를 범하겠습니까? 다만 이는 우리들이 도문都門에 오래 있으면서, 편안하고 윤택하며 배불리 먹고 따뜻하게 입게 되었는데, 이러한 어려움이 있다는 것을 알지 못하고 있습니다. 이런 까닭에 이 책을 집에 숨겨두고 편안히 지내는 자손들에게 후국侯國에서 관직을 맡은 무사에게 이러한 어려움이 있다는 것을 알게 하고자 합니다. 우리 자손들을 경계하고 깨우치는 데, 이보다 간절히 경계하는 방법이 없을 것입니다. 그래서 소중하게 보관하고자 할 따름입니다. 어찌 감히 누설하여 사람들이 함께 이야기하는 데 쓰이게 하겠습니까?"라고 하였다.

내가 탄식하며 말하기를, "오오 키미아키의 뜻이 참으로 돈독하다!"라고 하였다. 또한 타카키씨는 우리 번에서 할아버지 때부터 우리 주군을 신종하여 두 마음을 갖지 않았다. 우리 주군 또한 대대로 빈객으로 대우하여 총애하는 예가 국신國臣과 비교해도 가볍지 않았다. 그러므로 이 책을 집에 보관하여 자손들을 경계하고 깨우치는 데 쓰는 것은 심하게 나무랄 필요가 있겠는가? 다만 나는 미사여구를 덧붙이지 않겠다. 천한 직책을 가지고 있으나 법을 알고 금제를 알고 있으므로, 멋대로 꾸며댄 글로 책머리로 삼는 일은 감히 할 수 없는 바이다. 다만 그 유서를 기록하여 책 끝에 붙일 뿐이다.

문정文政 갑신년 여름 6월 사쯔마
니이로 토키마스 햐쿠코오新納時升伯剛[3]가
나니와 객관에서 글을 쓰다

3　에도시대 후기의 무사로 안영(安永) 7년(1779) 12월생. 사쯔마의 번사로 문정(文政) 2년 사쯔마번의 오오사카 주재관이 되어 번재정(藩財政)의 재건을 담당하였다. 10년 번정개혁(藩政改革)을 번주에게 직소하려고 하다가 해직되었다. 자는 백강(伯剛), 통칭은 야타에몬(彌太右衛門), 호는 여천(如泉) 등이다. 1865년에 죽었다.

『조선표류일기』 권1

6월 14일~7월 5일

    문화文化 14년(1817) 정축년 봄에 오키노에라부지마沖永良部島[1]의 대관
代官[2] 부역附役[3]이 되어, 직무를 수행하기 위하여 섬으로 갔다. 섬은 사쯔
마薩摩 남쪽 바다 300리[4] 되는 곳에 있는데, 사쯔마번의 부용지이고, 유
구국에 속한다. 3년을 머물러 직무를 마치게 되어 돌아오게 되었다. 문
정文政 2년(1819) 기묘년 6월에 대관 히다카 요시모토日高義柄와 나의 동

---

1   큐슈 남단에서 남쪽으로 552km 떨어져 있는 섬으로 아마미 군도에 속한다. 오키나와 본
    도로부터 북으로 60km 떨어져 있다. 이 섬은 원래 유구왕국의 일부였으나, 1609년에 사
    쯔마번이 유구국에 침공하여 이 섬을 사쯔마번의 속지로 삼았다. 1690년에 이 섬에 사쯔
    마번의 대관소(代官所)가 설치되었고, 1869년까지 존속하였다.『조선표류일기』속에 등
    장하는 히다카(日高)는 이 대관소의 우두머리로서 사쯔마번에서 파견한 것이다. 이 일기
    의 저자인 야스다는 히다카의 부관으로 함께 이 섬에 파견된 것이다. 사이고 타카모리(西
    鄕隆盛)가 유배되었던 섬으로도 유명하다.
2   대관은 군주나 영주를 대신하여 일정 지역에 대한 지배를 대행하는 관리를 말한다.
3   대관을 보좌하여 각종 실무를 담당하는 역직을 말한다.『조선표류일기』의 저자인 야스다
    는 대관인 히다카의 보좌관에 해당하는 직무를 수행하였다.
4   일본의 300리는 우리의 3,000리에 해당한다. 그러나 실제 거리는 550km이다. 바닷길인
    까닭에 육지와 다른 오차가 있는 것으로 생각된다.

료인 카와카미 치카나카川上親誅와 함께 이노베진伊延津[5]에서 관선官船[6] 귀수환亀壽丸에 탔다. 포구의 입구가 협소하고 물이 얕으며 돌이 깔려 있어서, 소지품과 화물을 가득 싣자 배를 묶어둘 수 없었다. 바로 아마미오오시마奄美大島[7]의 포구로 가서 순풍을 받아 일곱 개의 섬[8]과 큰 바다를 건너고자 하였다.

14일, 오후에 동남풍을 얻어 돛을 폈다. 내가 선장인 마쯔모토 아무개[9]에게, 누군가 뱃머리에서 날씨를 살피는 사람을 정했느냐고 물었다. 선장은 반드시 누구를 정할 필요는 없고 교대로 한다고 하였다. 다시 나침반을 보는 사람은 누구냐고 물었더니, 선장은 그 또한 교대할 뿐이라고 하였다. 내가 난간에 기대어 뱃전으로 유구를 바라보니 남쪽으로 눈썹처럼 구름처럼 보였다. 토리시마鳥島[10]는 서쪽에 있는데 물 위에 떠있는 갈매기 같고, 토쿠시마德島[11]는 북쪽에 있는데 배가 나아감에 따라 기이한 경치가 나타났다. 에라부지마를 바라보니 인공으로 만든 산 같았다. 세 섬이 각각 서로 180리가 떨어져 있다고 하였다. 토쿠시마의 서쪽 여울을 지나니 해가 이미 떨어졌으나 밤새 오오시마[12]를 향해 나아갔다.

---

5 오키노에라부지마에 있는 포구의 이름이다. 현재도 이연항(伊延港)이라고 불린다.
6 사쯔마번 소유의 선박이라는 뜻이다.
7 큐슈와 오키나와 사이에는 군도이다. 아마미오오시마를 비롯하여 토쿠시마, 키카이지마, 오키오에라부지마 등의 섬으로 이루어져 있으며, 그 길이는 약 200km에 이른다.
8 토카라 열도를 뜻한다. 아마미군도와 큐슈 남단 사이에 있는 섬들이다.
9 마쯔모토 칸에몬(松元勘右衛門)으로 야스다 일행이 탄 사쯔마번 관선 귀수환의 선장이었다.
10 이오우토리시마(硫黄鳥島)로 생각된다.
11 현재의 토쿠노시마(德之島)이다.
12 아마미오오시마(奄美大島)이다.

15일, 아침에 오오시마에 10리 정도까지 접근하였는데, 검은 구름이 갑자기 일어나 지척도 분간할 수 없었다. 바람도 정동풍으로 변하고 소나기가 내렸으며, 왼쪽 돛이 동북쪽을 향했다. 항상 동쪽으로 조류가 흐르는데, 이날은 도리어 서쪽으로 흘러서, 오오시마에 도착할 수 없었다. 점점 오가미코시마尾神嶼13의 남쪽 바다에 이르러 밤새 그곳을 오르내렸다.

16일, 가벼운 먼지도 날리지 않고 얇은 비단천도 움직이지 않을 정도로 바람은 전혀 없었으나, 조류만은 서쪽으로 흘렀다.

17일, 전날과 마찬가지로 처음에는 오가미코시마로부터 10리 정도였는데, 서쪽으로 흐르는 조류를 따라서 3일이 지나자 이제는 거의 100리가 넘었다.

18일, 오후 남풍이 불자 배 안 사람들이 모두 기뻐하였다. 곧 오오시마를 향하였으나 바닷물은 여전히 거꾸로 흘렀다. 오오시마가 40리 정도 남았는데 해가 졌으나 바람은 약했다. 동쪽 바다가 구름으로 덮이고 붉은 기운이 하늘로 뻗어 올랐다. 올려다보니 달이 빛을 뿜는 듯하였고, 잠시 후 여러 색의 구름 속에서 달이 나타났다. 달과 붉은 기운은 10리 정도 떨어져 있었는데, 달이 높아지자 희미하게 빛나다가 점차 사라졌다. 전날 저녁부터 다음날 새벽까지 그런 상태가 지속되었다.(영인 1쪽) 인정人定14이 되기 전에 잠에 들었다가 한밤중에 깨어나 나침반을 보았더니 등

---

13 정확한 위치를 알 수 없다.
14 사람의 통행을 금지하는 시간을 말하며, 지금의 오후 10시경이다.

불이 희미한 가운데 뱃사람이 누워서 자고 있었다. 이에 타루에 올라가 보았더니 사람들이 모두 자고 있었고, 타수만 반쯤 졸고 있었다. 고개를 들어 바람과 구름을 살폈더니 동풍이 살랑살랑 불었다. 큰 바다는 끝이 없고 외로운 달만 높이 걸려 있어, 이른 새벽이 적막하였다. 선장을 불러, 바람이 어제 저녁 때와 다른데 뱃사람들이 모두 자고 있으니 참으로 태만하다고 하였다. 선장이 곧 주위 사람들을 깨워, 급히 왼쪽 돛을 오른쪽 돛으로 돌렸다. 나는 뱃사람들이 깨는 것을 보고 다시 잠이 들었다. 그 후에는 배가 어떻게 갔는지 알지 못하였는데, 그때 재난의 단서가 시작되었다.

19일, 동풍이 거칠게 불고 사방에서 물과 바다가 하나가 되었다. 내가 □□에게 말하기를,

"밤새 서쪽으로 떠내려 온 것이 거의 400~500리이다. 어제 오오시마에서 30리 정도 떨어졌을 때 해가 졌는데, 밤새 돛을 올리고 항해하였으니, 만약 바람을 잘못 읽지 않았다면 마땅히 오오시마에 도착했어야 한다"고 하였다. 밥을 먹은 후에 남풍이 다시 불므로 곧 돛을 올리고 오오시마를 찾아보았으나, 결국 어제의 섬을 찾지 못했다. 우리 두 사람이 뱃머리에 반쯤 누워 있으니 날씨가 개고 달이 밝았다. 밤이 깊어 4경이 되려는데, 선장이 와서,

"바람이 다시 동쪽에서 불어서 오오시마로 향할 수 없습니다. 돛을 펴서 바로 야마카와山川[15]항으로 가야합니다. 모두 그렇게 하기로 의견을 모았습니다"라고 하였다. 우리들은 안 된다고 하고 오오시마에 닻을 내

15 현재의 카고시마현 남부에 있는 포구의 이름이다.

리고 순풍을 기다린 후에 돛을 펴야한다고 하였다. 선장이 물러났다가 잠시 후 다시 와서,

"이 일을 다시 논의하였는데, 역풍이 불어 오오시마로 갈 수 없고, 야마카와로는 갈 수 있다고 하는데 어떻게 하면 좋겠습니까?"라고 하였다. 우리 세 사람이 의논해서 허락하였다. 배는 바로 북쪽을 향했다. 이때 나침반과 타를 맡을 사람을 정하고 교대로 맡도록 하되, 향 한 개가 다 타고 나면 교대하도록 엄히 명령하였다.

20일, 하늘이 개이고 구름 한 점 없었으나 섬은 보이지 않았다. 달이 기울고 다시 동풍으로 변했다. 돛을 기울이고 타를 고정시켜 계속 본국(사쓰마)으로 향했다. 날이 저무는데 해가 배와 지척 거리에 있었다. 내가 뱃머리에서 바라보니 구름이 뿔끝처럼 뾰쪽하기도 하고, 국화처럼 둥글기도 하고, 보석처럼 빛나기도 하고 쇳물이 녹은 것 같기도 하고, 낙타처럼 굽어있기도 하고 용이나 뱀처럼 똬리를 튼 것 같기도 하고 섬들처럼 이어지기도 하고 끊어지기도 하고, 나무들처럼 나란히 서있기도 하였는데, 색은 붉거나 검었다. 파도가 일어 보랏빛과 노란빛을 띠었는데, 점차 하늘빛을 따라 변화하였다. 마음과 몸이 두려움에 휩싸였는데, 이른바 해가 빠져든다는 매곡昧谷에 가까워진 것 같았다.(영인 2쪽)

21일, 망망한 바다를 떠다녔는데, 풍랑이 점차 크게 일었다. 우리들은 칠도七島 대양을 지나는 중일 것이라고 하였다. 뱃사람에게 묻고 의논하였으나, 뱃사람들은 어느 방향으로 왔는지 알지 못하였고, 어떤 이는 칠도의 서쪽일 것이라고 하고, 어떤 이는 동쪽이라고 하였다. 다만 나침반

을 보고, 북쪽으로 야마카와山川 지방을 향했다. 이미 밤이 되어 바람과 파도가 점차 진동하였다. 밝아지면서 바람이 더욱 거칠어지고, 소나기가 때때로 내렸다.

22일, 거친 바람이 돛을 찢을 듯하였고, 거대한 파도가 배를 뒤흔들어서, 본국으로 향할 수가 없었다. 돛이 돛대의 절반에도 미치지 못한 상태로 서북쪽을 향하였다. 거친 바람과 파도 속으로 배는 쏜살같이 나아가서, 결국 돛을 제대로 걸 수 없었다. 오직 타를 굳게 잡고 풍랑을 따라 서쪽으로 나아갈 뿐이었다. 해가 질 무렵 파도가 선루 위로 솟아올랐고, 밤새 거친 파도가 우레와 같은 소리를 내며 밀려와 갑판을 때렸다. 배 안에서는 부산히 움직이며 이를 막았다.

23일, 천지가 캄캄한 속에 맹렬한 바람이 갑판을 날려버리고 격렬한 파도가 집을 부쉈으며, 거의 전복될 상황이었다. 물건을 버리기로 의논하고 곧 사사로운 물건을 버리되 공물은 버리지 말도록 하였다. 한낮이 될 무렵, 바람은 더욱 나빠졌고 파도는 산처럼 높이 솟아올랐다. 뱃머리에 실은 거룻배를 큰 밧줄 세 개로 묶어두었는데, 두 줄은 이미 끊어지고 한 줄도 역시 위태로웠다. 거룻배 측면에 붙어있는 판자는 길이가 수십 척이었으나 날아가서 배꼬리를 지나 바다에 떨어졌는데, 마치 깃털과 같았다. 배의 고물과 이물이 부서지고 갑판 막이가 부서져서 돗자리로 풍랑을 막았다.

나는 신부神符를 가지고 있었는데, 그것은 가군家君[16]이 주신 것으로,

16 자신의 아버지를 가리킨다.

가군께서 대승원大乘院[17] 의액義額 법인法印 스님으로부터 받은 것이다. 원래 그것은 궁중[禁闥]에서 온 것이라고 한다. 전에 듣자니 수난을 만났을 때 바다에 띄워 보내면 그 어려움을 면할 수 있다고 한다. 이에 그릇에 물을 받아 신부를 띄운 다음 기도하고 다시 넣었다. 선장에게 그릇의 물을 바다에 쏟도록 하였는데, 기도하기 위함이었다.

내가 천창天窓으로 목을 내밀어 살펴보니, 바람은 화살처럼 빠르고 파도는 만 길의 산을 이루었다. 올려다보면 배가 구천의 바닥에 있는 것 같았는데, 갑자기 천길 벼랑이 되어 몸이 구천의 위에 서있는 것 같았다.(영인 3쪽) 선장과 선부 5~6인이 타를 잡고 소리 높여 외치기를 파도와 바람을 감당하기 어렵다고 하였다. 이윽고 종자들과 뱃사람이 모두 상투를 잘라서 기도하였다. 또한 돛대를 자르기로 하였으나, 사나운 바람이 얼굴을 때리고 노한 파도가 사람을 쓰러뜨려 돛대를 자를 수 있는 사람이 없었다. 또한 도끼가 예리하지 못해서 히다카가 가지고 있던 도끼날 몇 개에 자루를 끼워 잘랐다. 돛대가 좌우가 흔들리다가 부러졌는데 뻥하는 소리가 났다. 치란읍知覽邑[18] 출신으로 산시로오三四郎라는 자가 있었는데, 뱃사람 중에서 제일이라고 하였다. 날카로운 칼을 찾으러 왔으므로 내가 가지고 있던 절골단도截骨短刀[19]를 꺼내어서 주면서,

"너는 돛대 밧줄을 자르는 데 익숙하냐?"고 물었더니,

"그렇지 않으나, 이러한 위급한 때를 당했는데 저 말고 누가 있겠습니까!" 하고 절하고 허리춤에 칼을 꼽고 바로 물속을 들락거리는 뱃고물

---

17 현재의 鹿兒島縣 鹿兒島市 稻荷町에 있었던 眞言宗 계통의 사찰이다. 사쯔마번 번주 가문의 존숭을 받았던 절이었지만, 1869년 廢佛毀釋 때 폐사되었다.
18 카코시마현의 지명이다.
19 뼈도 자를 수 있는 날카로운 칼이라는 뜻이다.

로 가서, 산시로오가 우뚝 서더니 올려다보며 그 상황을 살펴보니 돛대 밑둥치가 잘려서 막 쓰러지려고 하였다. 칼을 뽑아 돛대 밧줄을 자르자, 밧줄이 끊어지고 돛대가 넘어지면서 오른쪽 난간 판을 부수고 바로 바다에 빠졌다. 큰 소리가 세 번이나 울리니 사람들이 넋이 빠졌다.

배의 고물과 이물은 이미 깨지고 부서져 물결이 밀려 들어왔다. 타의 날개가 좌우로 움직이면서 배는 곧 부서지려고 하였다. 그래서 밧줄로 타를 묶어서 놓아 보냈다. 만약 타가 반이 빠진 상태에서 큰 파도를 만나면 종종 배가 부서지기 때문에, 뱃사람들은 모두 타루에서 전전긍긍하며 그 방법을 쓰고자 하였다. 다행히 파도 사이로 그것을 던져놓을 수 있어서, 다시 큰 밧줄로 뱃고물에 묶어 두었다. 쇠닻 2개와 큰 밧줄 하나도 같이 뱃고물에 내려두었다. 배가 뒤집히지 않도록 하려는 것이다.

그 후 뱃머리가 바람을 받았다. 이처럼 배를 구하려는 수단을 다 썼는데도 괴이한 바람은 여전히 그치지 않았다. 높은 물결이 솟아오르고 바닷물이 배에 넘쳐들어 왔다. 모든 사람들이 두려워하는 가운데, 어떤 사람은 시신처럼 누워있기도 하고, 어떤 사람은 바다에 뛰어들려고 하고, 어떤 사람은 염불을 외웠다. 비록 조금 영기英氣가 있는 자도 우산을 펴고 자리를 덮고 손을 모은 채 망연자실한 모습이었다. 오직 교대로 물을 퍼내는 것을 도울 뿐이었다. 갑자기 큰 파도가 우현을 부러트렸다.

히다카日高는 처음 배를 탄 이후 일어나지 못했는데, 이때 겨우 일어나서 막았다. 카와카미川上의 시종인 헤이스케平助가 힘을 한창 쓸 나이로 배 안을 종횡으로 뛰어 다닐 정도여서 함께 일어나 막았다. 이때 뱃사람 산시로오가 혼자 뱃고물에서 서있었는데, 선장이 왜 서있느냐고 묻자, 산시로는 말하기를 고기를 낚는다고 하였다. 선장이 꾸짖자 고기를 먹은 지 오래되어 물고기라도 잡아 배를 채우고자 한다고 하였으니, 여유로운 모습을 족히 알 수 있었다. 조금 있다가 물을 퍼내던 장정 3~4명이 창백하게 질려서 배 아래에서 나와서

"배 안에 스며든 물이 벌써 목까지 차올라 퍼내도 소용이 없고 사람 힘으로 어쩔 수가 없습니다. 어찌 하면 좋겠습니까?"라고 하였다. 우리들은 두려워 떠는 자들을 꾸짖기를,

"만약 살고자 한다면 반드시 물을 퍼내야 한다. 일어나지 않는 자는 목을 자르겠다"고 하였다. 이에 배 안의 사람들이 모두 놀라 일어나 힘을 모아 물을 퍼냈다. 그러나 물은 여전히 없어지지 않았다. 그래서 구멍이 뚫린 게 아닌가 염려하여 뱃사람을 시켜 살펴보도록 하였다. 뱃사람들이 앞의 선창으로 가보기로 의논하였는데, 아끼쯔키무라秋月邑의 센스케仙助라는 자가 배를 다루는 기술이 아주 뛰어났는데, 마침 선루 위에 있었다. 곧 와서 말하기를,

"앞 선창을 가서 볼 수 없습니다. 성난 파도에 부서진 것은 반드시 뱃고물일 것입니다"라고 하였다. 센스케가 머리를 묶고 초를 들고 배 바닥에 들어갔다가, 잠시 후에 소리치기를 판자가 부서져 물이 폭포수처럼 들어오고 있다고 하였다. 곧 돛의 천을 잘라서 틈을 막으니 스며드는 물이 조금 줄어들었다. 그러나 배는 더욱 부서지고 바람과 파도는 더욱 맹렬해져서 기력이 이미 쇠진하였다. 나는 다시 신부神符를 꺼내 바로 바다에 띄워 보내고 하늘의 도움을 빌었다. 배 안 사람들이 모두 말하기를,

"천자天子의 부적이니 천지가 어찌 감응하지 않겠는가?" 하였다. 밤 2경에 이르자 바람과 파도가 조금 잦아들었음을 느낄 수 있었다.

24일, 여전히 파도가 선루까지 솟아오르기도 하였으나 점차 파도 소리가 배 난간 아래에서 들렸다. 그래서 배에 탄 사람들이 모두 기뻐하였다. 바람이 멎고 파도가 진정되자, 비로소 배가 한쪽으로 기울었음을 알게 되었다. 선루가 좌현으로 기울어져 있었다. 그리고 닻과 타는 모두 잃어버렸다. 그래서 다시 쇠닻 2개를 뱃머리에 내렸다. 뱃사람들이 말하기를, "아마도 서쪽으로 수백 리를 흘러왔습니다"라고 하였다. 내가 선루에 올라 사방을 살펴보았으나, 어느 곳의 바다인지 알 수 없었다. 모두 말하기를 "이렇게 어둡지 않다면 마땅히 당산唐山이 눈에 보여야 할 것입니다"라고 하였다. 이미 밤이 되었고 더 이상 파도는 치지 않았다.

25일, 남풍이 조금씩 불었으나 파도는 일지 않았다. 어두운 안개가 더욱 심해졌다. 뱃사람들이 작은 돛을 뱃고물에 걸고, 서로 의논하기를 타도 없고 돛대도 없으니 어떻게 바다를 항해할 수 있겠는가? 힘을 다해서 만들어야 할 것이라고 하였다. 뱃사람들이 의논하여 키 막대로 키 손잡이를 만들고 판자를 이어서 키판을 만들었다. 끈으로 묶고 깎고 자르고 기워서 얼기설기 엮어서 만들었다. 크기는 비록 작지만 역시 쓸 만하였다. 갑고甲篙[20]로 돛대를 만들고 그 끝은 요승繚카으로 만들어 요승繚繩(감는 밧줄)을 통하게 하니, 참으로 교묘한 기술이었다. 돛 20폭을 12폭으로 줄이고 키를 조절하고 돛을 움직여, 바람을 믿고 북쪽을 향하게 되니, 제법 살 수 있는 길을 찾게 되었다.

그러나 폭풍을 만났을 때 물통 3개를 잃어버리고 오직 1통만 남아 있었다. 그 또한 심하게 움직이는 바람에 물이 반으로 줄었다. 3일 동안 갈

---

[20] 돛대에 돛을 걸기 위한 가로대 중 가장 긴 것 혹은 가장 위에 있는 것으로 생각된다.

증을 달래기도 어려운 양이니, 어려움이 긴박한 상황이었다. 쌀을 볶아서 먹고 마시는 물은 작은 잔으로 제한하였다. 그리고 서로 의논해서 취사를 맡은 쇼지로正次郎로 하여금 물통과 물그릇을 지키게 하였다. 그리고 배 안에서 물을 얻을 수 있는 방법을 강구하였다. 선장이 말하기를, "몇 해 전 이런 어려운 경우를 만났을 때 바닷물을 끓여 물을 얻었습니다. 그 방법이 술을 만드는 방법과 똑같습니다"라고 하였다.

주부舟附인 나카스케仲助와 단련鍛錬 젠노스케善之丞라는 자가 그 용기를 만들었는데, 나무통을 시루로 삼아, 통 바닥에 구멍을 하나 내고 통 안에 솥을 하나 뒤집어 놓았다. 증기가 통 바닥으로 새지 않도록 하고 옆에 작은 관을 설치해서 증기를 끌어들일 수 있도록 하였다. 큰 솥으로 바닷물을 끓이고 솥 위에 시루를 올린 다음, 증기가 올라가서 통 속의 작은 솥으로 가도록 하였다. 그러자 증기가 물이 되어 작은 관을 통해서 방울방울 맺혔다. 그것을 다른 통으로 받았다. 야마카와무라의 요베이與兵衛라는 자가 이를 맡아서 밤마다 자지 않고 주야로 물을 받아 1말 정도가 되었다. 간신히 밥을 지을 수 있었으나 갈증을 해소하기에는 충분하지 않았다.

26일·27일·28일, 여전히 남풍이 불어 북쪽을 향했다. 이날 오시 무렵 짙은 구름이 남쪽에서 일어나더니 갑자기 배에 비가 내렸다. 배 위에 있던 사람들이 모두 기뻐하며 오목한 그릇을 들어 빗물을 받아 1말 가량이 되었다. 모두 고래처럼 그 물을 마셨다. 다음날이 되어 설사를 하는 자가 절반이 넘었다.

29일, 햇빛이 비로소 밝아졌고, 바닷물 빛 역시 맑아졌다. 모두들 기뻐하며 말하기를, 여기는 일본해 같다고 하였다. 내가 처음 에라부에 있을 때 잠자리에 영험한 신을 모셨는데, 배를 타기에 이르러 칼 상자 안에 넣어두었다. 배안이 혼잡할 때 간 곳을 몰랐는데, 이 날 찾아서 다시 잠자리 곁에 두고 태만함을 사죄하고 오로지 귀국할 수 있기를 기원하였다.

그믐날 한낮 무렵 남풍이 점점 서풍으로 바뀌었다. 선장이 점을 쳐서 동남쪽이 길하다는 점괘를 얻었다. 그래서 곧 동남쪽을 향했다. 저녁 무렵 선루에 올라 멀리 살펴보니, 서쪽에 섬 같은 것이 있었다. 내가 뱃사람에 손가락질하며 가리켰더니, 뱃사람들이 비로소 산을 찾기 시작하여 밤낮으로 쉬지 않았다. 모두 말하기를,

"바다에서 여러 날동안 어려움을 겪은 터라 눈이 피로해서 산인지 구름인지 아직 분간할 수가 없습니다"라고 하였다. 나는 믿어 의심하지 않았다. 술을 따르면서 혼자 기뻐하였다.

7월 초하루 신유, 해가 뜰 무렵 뱃사람이 이르기를,

"두 섬이 보이는데 100리 정도입니다"라고 하였다. 내가 선루에 올라서 바라보고 있는데, 뱃사람들이 "일본의 히젠肥前 고토열도五島列島일 것입니다"라고 하였다. 모두 산을 바라보며 물을 얻을 생각하면서 자신도 모르게 눈물을 흘렸다. 그 즐거워하는 모습은 말도 다 표현할 수 없었다. 배를 바로 그 섬으로 향하도록 하였다. 선장이 신에게 술을 올리고 마친 다음 그 술을 마셨다. 배로 튀어 오른 물고기가 있었으므로 헤이스케가 작살을 던져 빙어冰魚 2마리를 잡았는데, 길이 1척 남짓이었다. 아침에

삶아서 모두들 웃는 얼굴로 먹었는데 맛이 참으로 훌륭하였다.

이 날 바람은 약하고 조류를 따라 동쪽으로 흘러가서 그 섬 근처 10리 정도까지 접근하였다. 두 섬 사이의 거리는 1.8km 정도였다. 직경은 각각 10리 정도였고 바위가 험준하였다. 뱃사람이 다시 말하기를,

"일찍이 고토의 서쪽 바다 480리 되는 곳에 남도男島와 여도女島가 있다고 들었는데 아마도 이것일 것이다"라고 하였다. 뱃사람 중 나이가 많은 쇼에몬正右衛門이 말하기를,

"그렇지 않습니다. 일본의 산세와 다릅니다"라고 하였다. 그 섬에 점차 접근하는 도중에 해가 저물고 암초와 여울이 두려워 섬에 닿을 수 없었다. 밤이 되자 서북풍이 불었고 밤새 바람에 배를 맡겼다.

2일 새벽, 선루 위에서 떠들썩하게 말하기를 어제 본 것은 아마도 남도 여도가 아닌 것 같다고 하였다. 섬이 많아서 배 앞에 바둑판처럼 펼쳐져 있었다. 미시未時에 이르러 다시 말하기를,

"동쪽에 두 봉오리가 있는데 '갈고리가 달린 막대'[21]처럼 생겼고 남쪽에 큰 섬이 있는데 검푸른 빛을 띠고 있습니다. 남쪽은 히젠의 코토五島이고 동쪽은 히지키시마比時歸山일 것입니다" 하였다. 그밖에 동남쪽 방향에 두 섬이 있었는데 크기가 서로 달랐다. 북쪽 방향에도 두 섬이 있었는데 형제 같았다. 곧 두세 섬 옆을 지나가게 되었다. 선장이 말하기를 히젠의 오시카섬南鹿島이라고 하였고, 어떤 사람은 에지마繪島라고 하였고, 늙은 뱃사람은 감히 말하지 않았다. 저녁 무렵 한 산이 동북쪽에 있

---

21 원문은 箭括으로 되어 있다. 矢筈이라고도 하며, 높은 곳에 족자같은 걸 걸기 위해서 족자의 끈을 걸어서 올리는 도구를 말한다. 끝이 두 갈래로 벌어진 화살처럼 생겼다.

있는데 높고 크기가 하늘을 찔렀고, 높이 구름에 닿았다. 늙은 뱃사람은 "일본 서북쪽 바다에서 이와 같이 큰 산을 보지 못했습니다. 아마도 조선국일 것입니다"라고 하였다. 동북쪽 바닷가는 모두 산이고 아득하게 하늘 끝으로 닿아 있었다. 모두 얼굴이 일그러지며 두려워하였다.

내가 그들을 위하여 말하기를, "산을 보지 못한 날이 이미 오래되었고, 어려움을 겪느라 또한 제대로 잠도 자지 못했다. 그런데 저녁 무렵 안개로 사방이 어슴푸레하여 작은 것도 또한 큰 것 같고 가까운 것도 먼 것 같다. 비록 표류하느라 기준으로 삼을 것이 없어졌으나, 나침반으로 동남쪽으로 향해서 3일 만에 이곳에 왔다. 조선이 동쪽에 있다는 말은 듣지 못하였다. 또한 비록 오랑캐의 땅이라고 하더라도 무슨 거리낌이 있겠는가? 단지 똑바로 나아갈 따름이다"라고 하였다. 밤새도록 동남쪽으로 나아갔다.

7월 3일, 새벽에 큰 섬 입구에 닿았다. 사방을 둘러보니 푸른 산악이 끝없이 이어져 있었다. 배 안이 한편으로 놀라고 한편으로 의심하였으나 며칠 동안의 갈증을 달래고자 하여 오랑캐의 나라도 꺼리지 않았다. 돛과 닻을 내리고 활과 총을 준비하고 거룻배를 물에 띄우고 노를 갖추고 동정을 살폈다. 잠시 후에 작은 배가 동쪽 서쪽 해안에 나타났는데, 배는 모두 두 개의 돛을 달았다. 이십여 척에 이르는 배가 우리 배 수백 보까지 접근하였다. 어떤 배는 바람을 받으며 항해하였고, 어떤 배는 돛을 내리고 멈추어서 우리 배를 둘러쌌다. 그 배를 보고 그 나라를 짐작하려고 하였는데, 뱃사람들이 말하기를,

"전에 조선의 배가 모두 돛이 2개이고 돛대는 뒤로 비스듬하게 기울

어졌는데, 다랑어를 낚는 배의 돛대와 비슷하다고 하였다. 아마도 조선 배인 것 같다"고 하였다. 배에 탄 사람들이 모두 기뻐하였다. 잠시 후 작은 배 2척이 다가왔다.(영인 4쪽)

나는 어릴 때부터 글을 쓰는 일에 익숙하지 않았다. 그러나 에라부를 떠난 이후로 배 안에서 한자를 조금 익혀 경험한 일을 조금씩 기록하기 시작하였다. 스스로 생각해도 포복절도할 만한 일이다. 또한 다른 나라에 표류해 왔으니, 어쩔 수 없이 이방인과 필담을 하지 않을 수 없었다.

그 문장이 대부분 앞뒤가 맞지 않아 말이 되지 않는 것이 부끄러웠지만, 한인韓人들이 대충 내 뜻을 살피고 사정을 헤아려 이해하였다. 도착한 지 이미 이틀이 지났으며, 그 후에도 히다카와 카와카미는 병으로 손님을 맞이할 수 없었다. 그러므로 혼자 판단하고 혼자 결정하면서 여러 손님들과 글로 싸웠으니, 귀국하기 위해서 어쩔 수 없는 방법이었다. 만약 글로 쓴 내용에 잘못이 있다면 곧 나의 죄이다.

조선인들이 나라 사정에 관한 일을 물었을 때는 다른 두 분과 의논한 다음에 답하였다. 밤낮으로 몸과 마음으로 힘쓰며 칼을 어루만지고 이를 악물고 굴하지 않는 사쯔마 무사의 기개를 드러내고자 힘썼다. 처음부터 일본어 통역관을 여러 차례 요청하여 경역관京譯官이 왔으나 역관의 말은 조금도 통하지 않았다.

배에 관한 일도 많았고 조선 관리도 점점 많아져서 한편으로 응대하고 한편으로 답하느라 글을 정리할 겨를이 없었다. 어떨 때는 잠시 틈을 내어 옮겨 쓰기도 하고 혹은 사람을 시켜 베끼도록 하였다. 그런 까닭에 빠진 문장이나 잘못된 글자가 또한 많았다.

돌아오는 길에 부산포에 여러 달 체류하면서 그곳에서 전에 필담했던 글을 정리하여 일기 사이에 맞추어 넣었다. 나의 글을 살펴보니, 읽을 수 없는 것이 반이 넘었다. 그러나 그 뜻은 이미 통하였고 일은 이미 끝났다. 그래서 한 글자도 감히 바꾸지 않았다.

그 작은 배는 이미 우리 배 가까이에 이르렀다. 타고 있는 사람들은 모두 흰 옷을 입었는데, 그 모습을 보니 두말 할 것도 없이 조선인이었다(우리 번 사쓰마에는 조선 사람들이 있었다. 이들은 토요토미 히데요시가 조선을 공격하였을 때 우리 선공先公이 조선인 몇 사람을 붙잡아 왔는데, 나에시로가와苗代川村 마을에 살았다. 지금도 여전히 그 복식과 수염 두발을 바꾸지 않고 있다). 그중에서 긴 소매에 높은 관을 쓴 사람이 글로써 나에게 보여주었는데, 그 글에는,

"당신들은 어느 나라 어느 곳 사람입니까? 무슨 일로 바다에 나와 이곳에 표류해 왔습니까?"라고 하였다.

내가 글로 답하기를,

"대일본국의 배입니다. 역풍을 만나서 큰 바다에서 여러 날을 고생하다가 오늘 천행으로 귀국에 도착하였습니다. 이 나라가 어느 나라인지 알지 못하겠습니다. 배 안에 물이 없어서 갈증이 심하니 자비로운 은혜를 빌며 가련히 여겨주실 것을 바랍니다. 손을 모아 삼가 아룁니다"라고 하였다.

곧 조선 배가 물을 많이 싣고 와서 친절하게 건네주었다. 배안에서는 갑자기 맑은 물을 보자 단비를 만난 것처럼 사람마다 크게 기뻐하였다. 그릇을 들고 마셔보더니, 서로 말하기를 천하제일의 물이다. 물맛 역시 대단히 좋다고 하였다. 그가 다시 글을 쓰기를,

"이곳은 조선국 공청도公淸道 비인庇仁 땅입니다. 그런데 당신들은 무슨 일로 바다에 나왔습니까? 뱃사람은 몇 사람입니까? 자세히 써서 알려주십시오"라고 하였다.

내가 답하기를,

"조선 공청도 비인 땅이라는 것을 가르쳐 주셔서 비로소 귀국의 이름을 듣고 배에 탄 사람들이 모두 걱정을 놓았습니다. 대단히 감사합니다. 저희 배가 무슨 일로 바다에 나왔으며 뱃사람은 몇 명이냐고 물으셨는데, 저희 배는 일본 사쓰마국의 배이며 부속된 작은 섬을 순회하기 위하여 본국을 출발해서 동쪽으로 갔는데, 역풍으로 서쪽으로 떠내려와, 표류하여 이제 귀국에 이르렀습니다. 뱃사람은 25인입니다"라고 하였다. 대개 글로 써서 답하고 주고받았다. 그가 다시 글로 써서 묻기를.

"글로 쓰신 것을 보고, 삼가 살고 계신 곳을 알았습니다. 그런데 배를 가지고 사람을 갖춘 이유는 장사를 하기 위한 것입니까, 포구를 왕래하는 배입니까? 상세히 알려주십시오. 그리고 귀국에서 몇 월 며칠에 출발하여, 몇 월 며칠에 어느 지방을 향했는지요? 역시 상세히 알려주십시오"라고 하였다. 내가 글로 답하기를,

"사쓰마주에 속한 작은 섬을 순찰하기 위하여 6월 14일에, 동남풍을 얻어 주 내의 작은 섬인 에라부지마를 출발하였습니다. 그런데 바다 가운데서 사나흘 동안 바람이 없었습니다. 21일에 동풍이어서 북쪽을 향하여 돛을 올렸습니다. 22일부터 동풍이 사납게 바뀌었고 거친 파도가 배를 부술 듯하였습니다. 그래서 서쪽으로 표류하였습니다. 돛대를 잘라 쓰러트리고, 키는 버리고 흘러다녔습니다. 25일에 서남풍을 얻어, 임시로 돛을 걸고 키를 만들었습니다. 29일에 이르러, 같은 바람으로 북동

쪽 사이를 향하여 표류하였습니다. 7월 그믐에 서풍을 얻었고, 지난밤에 이르러 북서풍으로 인하여 오늘 아침에 이곳에 이르렀습니다"라고 하였다.

그는 나의 글과 배가 부서진 것을 보았다. 아마도 그는 내가 말하는 내용과 실상이 다르지 않은 것을 알았을 것이다. 각각 우리 배의 누각에 올라왔다. 그중에 다른 사람과 의관이 다른 사람이 있었는데, 그는 마량진馬梁鎭 첨사 이동형李東馨이라는 사람이었다. 우리들은 배 안에 있었는데, 그가 글로 써서 보이기를,

"조선의 작은 배로 귀하의 배를 연결해서, 안파安波라는 곳으로 끌고 들어가려고 하는데, 귀하의 뜻은 어떠하십니까?"라고 하였다.

내가 그 글을 번역해서 배 안에서 일을 의논하였더니, 어떤 이는 말하기를,

"포 안으로 배를 옮겨준다면 다행입니다. 그들에 의지해서 키와 돛대를 만들어 부서진 것을 수리하고, 물을 싣고 우리나라로 가는 방향을 묻는다면, 그들에 기대지 않고 스스로 돌아갈 수 있을 것입니다"라고 하였다. 이에 나는 글로 답하기를,

"오랫동안 바다 가운데서 고생을 하여, 배에 탄 사람들이 심히 피로합니다. 바라옵건대 작은 배로 묶어서 포구 안으로 들어가서 쉴 수 있다면, 참으로 다행스럽겠습니다"라고 하였다. 그가 곧 글로 답하기를,

"지금 당장은 바람과 조류가 모두 좋지 않으므로, 아직 배를 움직일 수 없습니다. 그러나 오시나 미시에 이르면 조류가 다소 순조로워질 것입니다. 그런 다음에 우리가 큰 밧줄로 귀하의 배를 묶어서 안전한 곳으로 옮겨 가겠습니다. 잠시 기다려주시면 어떠하겠습니까?"라고 하였다. 내

가 답하기를,

"귀공의 뜻에 맡기겠습니다. 마땅히 오시·미시가 되기를 기다리겠습니다"라고 하였다.

바람이 좋아지고 조류도 순조로워지기를 기다리고 있는 동안, 배 안과 배 위에 구경하러 온 자가 몇 명 있었는데, 시끄럽기가 시장통과 같았다. 반은 노예와 뱃사람들이었다. 그들은 나의 연적갑 속에 인주 덩어리가 있는 것을 보고, 손짓발짓으로 얻고자 하였다. 곧 잘라서 서너 명에게 주었다. 그러나 나중에 요청한 사람은 얻지 못했다. 연적갑 중에 인주가 있는 것을 보고, 그들은 몰래 가져가서 다투어 맛을 보았다. 내가 독이라는 글자를 써서 사람들에게 보여주자, 놀라서 급히 돌려주었다. 술과 고기를 이미 절반 이상 먹었다. 또한 넓은 소매옷을 입은 자가 있었는데, 아마도 하급 관인일 것이다. 내가 글로 묻기를,

"공청도 비인이라는 땅은 귀국의 서쪽입니까, 동쪽입니까, 북쪽입니까? 이곳으로부터 왕도까지는 이수가 얼마나 됩니까?"라고 하였다. 그가 글로 답하기를,

"서남쪽 귀퉁이에 있습니다"라고 하였다. 내가 글로 쓰기를,

"그것이 이곳이 위치한 곳입니까? 왕도는 어떠합니까?"라고 하였다. 그가 글로 답하기를,

"왕도로부터 440리 떨어져 있습니다"라고 하였다.

내가 글로 묻기를, "여기서부터 일본까지는 어느 방향의 바람으로 타고 배를 띄워야 합니까?"라고 하였다.

그가 글로 답하기를,

"이곳에서 일본으로 가는데, 어떤 바람을 타야 하는지 자세히 알지 못

합니다"라고 하였다. (내가) 글을 쓰기를,

"귀국에는 일본의 말을 통역하는 사람이 있습니까, 없습니까?"라고
하였다. 그가 글로 답하기를,

"통역하는 사람은 도성에 많이 있습니다"라고 하였다. 그는 글로 나의
이름을 물었다. (그 글은 잃어 버렸다.) 내가 써서 보이기를,

"성은 미나모토源이고, 씨는 야스다安田이며, 자는 키토오타喜藤太이며,
이름은 요시가타義方입니다"라고 하였다. 나도 또한 그의 성명을 물었
다. (그 글은 잃어 버렸다.) 그가 쓰기를,

"성은 김金이고 이름은 시기始基이고 자는 자유子由입니다"라고 하였다.

우리 배 안에는 유구인이 6명 있었는데, 모두 에라부지마 사람이었다.
타키나田儀名, 지로카네次郎金, 야마也麻, 나카자토中里, 마사麻坐, 미노사토糞
里이다. 처음 조선배가 왔을 때, 그들 여섯 명은 배 밑바닥에 있었다. 이
윽고 조선인이 배에 가득 차게 되자, 여섯 명은 숨어 있었고, 시간이 흘
러도, 감히 기침을 하거나 콧물을 훌쩍거리지도 못하고, 엎드려 꼼짝하
지 못하였고, 웅크려 몸을 펼 수도 없었다. 앞서 물이 왔을 때 다른 사람
들이 물을 마시는 소리를 듣고 갈증이 더욱 절박하였을 것이니, 그 고통
은 가히 상상할 수 있다.

조선인들을 모두 내 보내고 싶어서, 목욕한다는 핑계를 대고자 하였
다. 그래서 글로 관인에게 써서 보이기를, "배 안이 좁고 누추하여 편안
히 있을 곳이 없습니다. 또한 여러 날 물이 없었는데, 오늘 귀한 은혜를
베풀어 많은 물을 얻었습니다. 그래서 목욕을 하고자 하니, 그대들은 선
창22에서 나가서 누각에 올라가시기 바랍니다. 잠시 밖에 나가주실 것

22 원문은 櫓下이다. 櫓는 원래 성곽에 총이나 활을 쏘기 위해서 설치한 공격 및 방어시설이

을 바랍니다"라고 하였다. 관인이 지휘하여 조선인이 모두 밖으로 나갔다. 이에 선창을 굳게 닫고, 유구인을 밖으로 나오게 하였다. 타기나와 야마와 마사는 관계綰髻[23]를 보계保髻[24]로 만들었다. 지로카네는 원래 유구의 소년이었는데, 일본의 소년 상투로 바꾸었다. 나카사토와 미노사토는 이미 뱃바닥에 있으면서 수염을 밀었고, 나와서는 보계로 만들었다. 조선인들이 틈 사이로 들여다 보았으므로, 이에 종복과 뱃사람으로 하여금 창틀을 두드려서 보지 못하도록 하였다. 여섯 명의 유구인은 비녀를 찌르고 깊이 숨었다. 우리들도 또한 수염을 밀었다. 조선인들이 다시 우리를 엿보므로 나는 또 금하도록 하였다. 일을 마치고 창을 열자, 조선인들이 다시 배 안으로 들어왔다. 때는 이미 오시를 지났다. 그가 글을 쓰기를,

"때가 오시·미시가 되었고, 바람이 비록 역풍이지만 조류가 아주 순조롭습니다. 그대들 배의 온전한 밧줄을 빌려서 우리 배에 묶은 다음, 안전한 곳으로 끌고 들어가려고 합니다. 끌어당길 수 있는 밧줄을 우리에게 내어주신다면 다행이겠습니다"라고 하였다. 그는 다시 글을 쓰기를,

"그대들 배의 격군格軍과 우리들이 힘을 합쳐서 배를 움직이면 아주 좋겠습니다. 온전한 밧줄과 격군을 원하오니, 속히 명령하여 보내주시면 어떻겠습니까?"라고 하였다. 이에 내가 글로 묻기를,

"격군이라는 두 글자를 모르겠습니다. 다시 설명해 주십시오"라고 하

다. 일본의 경우는 배에도 이러한 櫓를 설치하였다. 櫓는 누각처럼 생겼으므로, 그 아래는 선창에 해당한다.

23 유구인은 일본인과 다르게 머리의 일부를 자르지 않고 전체 머리카락을 모두 정수리 쪽으로 모아 묶었다. 이를 총발(總髮)·의계(欹髻)라고 한다. 전체적으로 조선의 상투에 가까운 형태였을 것이다.

24 일본식 상투를 말한다.

였다. 그는 글로 답하기를,

"우리나라에서는 배 안에 있는 사람을 격군이라고 합니다"라고 하였다. 내가 쓰기를, "우리 배의 온전한 밧줄과 격군을 보내어 힘을 합치도록 하겠습니다. 오직 그대들 배의 힘에 의지할 따름입니다"라고 하였다.

조금 있으니 조선의 작은 배 여러 척이 와서 우리 배와 밧줄로 연결하여 끌었다. 나는 닻을 올려 호응하였다. 그가 손을 들어 돛을 올리라고 하는 것 같았다. 이에 내가 글로 묻기를,

"돛을 올리면 배가 바람 부는 방향으로 떠내려가게 되어 운항을 할 수 없습니다. 또한 배의 노가 온전하지 못합니다. 이 때문에 좌우로 조종할 수 없습니다"라고 하였다. 그가 글로 답하기를,

"그대의 배는 돛을 올리지 않아도 됩니다. 다만 닻을 올린 후에 밧줄로 우리 배에 묶어서, 우리 배가 돛으로 가거나 노를 저어갈 것이니 조금도 염려하지 마십시오"라고 하였다.

우리 배를 끌고 나아가서 물길로 5리쯤 가자 포구에 도착하였다. 마을에서 100보 정도 떨어져 있었다. 닻을 내린 후에, 포구에서 음악소리가 들렸다. 그래서 뱃사람들에게 선루 위에 자리를 만들게 하고, 우리 세 사람은 여복旅服을 갖추어 입고, 동자로 하여금 패도를 지니도록 하였다. 위의를 갖추고 자리에 나아가 기다리고 있었다.(영인 5쪽)

한 무리가 마을을 나오는데, 선두에는 창과 노부를 들고, 음악을 연주하고 가마를 타고 푸른 일산과 활을 들고 패도佩刀를 가진 행렬이 무릇 50~60인 정도였다. 물가에 이르러, 가마를 내려서 배에 올라타려고 하였는데, 그때 흰 옷을 입은 사람이 배 끝에 서 있었다. 좌우에서 소리치며 그를 붙잡아 끌어다 모래 위에 엎드리게 하고 매로 때렸다. 이윽고

배를 출발시켰는데, 철포 여러 발을 쏘고 음악을 연주하며 우리 배에 이르렀다. 그래서 사다리를 내리고 예를 갖추어 맞이하였다.

그 사람은 볼이 통통하고 수염이 좀 나고 눈동자가 또렷하며 단정하였다. 와서 자리에 앉았는데, 온화하고 공손하며 넉넉하고 여유가 있었다. 그는 비인태수 윤영규尹永圭라는 사람이었다. 동자가 좌우에 있었는데, 태수가 글을 써서 동자로 하여금 전하게 하였다. 그 글에 이르기를,

"이곳은 조선국 공청도 비인에 속한 마량진馬梁鎭입니다. 그대들은 어느 나라 사람이며 무슨 연유로 이곳에 이르렀습니까? 먼 바닷길에 여러 날 고통을 겪은 듯한데, 배 안의 사람은 손상이 없는지, 같이 탄 사람은 몇 사람인지, 그 연유를 듣고자 합니다"라고 하였다. 내가 곧 글로 답하기를,

"우리 작은 배는 일본 사쯔마국의 배입니다. 딸린 섬을 순찰하기 위하여 에라부지마에 갔다가 교대하고 돌아오는 길에, 6월 21일부터 23일까지 동풍이 거꾸로 불어 돛대는 베어내고 노를 자르며, 힘들게 서쪽으로 3일 동안 표류하였습니다. 임시로 돛대와 노를 만들어 7월 1일부터 3일 새벽까지 북풍 서풍을 얻어 귀국에 표착하게 되었습니다. 배 안의 사람은 25인이고 손상은 없습니다. 물으신 데 따라 그 대강을 기록하였습니다"라고 하였다.

태수가 또한 글로 이르기를,

"여러 날 험한 바다에서 배 안의 사람은 손상이 없으니 심히 다행스럽습니다. 그런데 지금 이 배가 머물고 있는 곳은 물길이 험하고 바람이 거스르므로 조금 해안 쪽으로 가서 편안히 정박하는 것이 좋겠습니다"라고 하였다. 내가 글로 답하기를,

"지금 우리 배가 있는 곳이 물길이 험하다고 하시니, 모래사장 가까이 가야하겠습니다. 그러나, 조금 전에 밧줄을 내려 그 깊이를 재어 보았더니, 여기서 포 안까지 깊이가 대체로 3길 정도입니다. 깊은 곳이 있는지 아시는지요? 만약 썰물 때 깊이가 3길이라면 모래사장 쪽으로 가까이 가도 좋습니다. 그 깊이를 가르쳐 주시기 바랍니다"라고 하였다. 그가 또 글로 이르기를,

"그대들은 또한 장유의 구별이 있습니까? 25인 중에서 윗사람이고 나이가 많은 사람은 몇 명이고 그 이름은 무엇입니까? 모두 사쯔마 사람들입니까? 그렇지 않으면 각지의 사람들이 모인 것입니까? 그 나이와 성명을 하나하나 자세히 알려주십시오. 또한 지금 머문 곳은 마침 물이 빠져 나아가기 힘든 곳이지만, 내일 새벽에 밀물이 가득 차면 마침 3길이 됩니다. 때를 기다려 들어가는 편이 좋겠습니다"라고 하였다.

조선 관인의 망건(抹頭) 그림 : 망건은 말총으로 만든다. 귀 위의 옥환은 비인태수(윤영규)가 쓰는 것이다. (영인 6쪽 상단)

조선인의 탕건 그림 : 관인은 상하 모두 상투를 틀고 망건을 쓴다. 귀 위의 금환(관자)은 고군산진 가선대부가 쓰는 것이다. 그밖에는 관인이라도 놋쇠환을 쓰는 데 반지처럼 생겼다. (하단)

조선인이 관을 쓴 그림 : 여기서 그린 것은 비인태수 윤영규의 모습이다. 조선인은 모두 망건 위에 탕건을 쓰고 다시 갓(竹皮冠)을 쓴다. 갓은 옻칠을 하였으며, 가늘기가 실같다. 갓끈에는 옥을 꿰었는데, 누른 것은 호박같고, 그 무늬는 대모같다. (영인 7쪽 상단)

내가 글로 하기를,

"물으신 대로 상하장유의 구별이 있습니다. 25인은 모두 사쯔마주 사람이며 여러 지역 사람이 모인 것이 아닙니다. 이름과 나이는 내일 자세히 쓰는 것이 좋지 않겠습니까?"라고 하였다. 그가 또한 이르기를,

"그대의 배가 정박한 상황을 상사에게 시급히 보고해야 합니다. 등불 아래서라도 잠시 써주십시오"라고 하였다. 배와 관련된 일도 어지럽고, 해도 이미 기울었지만, 조선인들은 나이와 성명을 써 줄 것을 더욱 재촉하였다. 나는 창졸간에 선장 마쯔모토 이하의 성명과 나이를 쭉 불렀다. 마쯔모토가 마음대로 말하면 나는 그것을 받아썼다. 또한 미노사토는 산스케三助, 나카사토를 나카에몬中右衛門, 타기나를 타에몬田右衛門, 지로카네를 지로次郎, 야마를 야마스케山助, 마사를 마사에몬政右衛門이라고 하였다. 모두 마쯔모토가 마음대로 이름을 바꾼 것이다. 나이 또한 마찬가지였으니 엉터리였음을 알 수 있다. 그 글에 이르기를,

"배에 탄 사람의 나이와 성명을 다음과 같이 기록합니다. 무사는 3인으로 히다카 요이찌자에몬 요시타카日高與一左衛門義柄 25세, 카와카미 히코쥬로 치카나카川上彦十郎親誅 28세, 야스다 키토오타 요시카타安田喜藤太義方 30세입니다. 중인은 3인으로 마쯔모토 칸에몬宋元勘右衛門 40세, 나라노 나카스케猶野仲助 20세, 요시무라 젠노죠吉村善之丞 19세입니다. 하인 19인으로 마사에몬 50세, 센스케 30세, 쇼지로 18세, 나가지로 18세, 카쿠베 35세, 나가이짜 34세, 산시로 42세, 토시스케 30세, 요헤 51세, 야

스타로 31세, 고지에몬 60세, 곤자에몬 25세, 헤이스케 28세, 산스케 40세, 나카에몬 28세, 타에몬 17세, 지로 13세, 야마스케 15세, 마사에몬 18세입니다"라고 하였다. 그는 그 글을 다 보고 다시 글을 쓰기를,

"배 안에 있는 증거 서류와 함께 보여주십시오"라고 하였다. 내가 답하여 쓰기를,

"증거 서류에 관한 것은 속도屬島를 순찰하는 길이고 요시타카가 상사이며, 본인이 직접 이 배를 탔으므로 따로 증거 서류가 없습니다"라고 하였다. 그가 글을 쓰기를,

"25명에 대하여 그 수를 헤아려 보려고 다시 왔습니다. 원컨대 여러분들이 순서대로 모여서 줄 지어 앉아 주시면 좋겠습니다"라고 하였다. 내가 재촉하였으나, 사람들은 모두 모이려고 하지 않았다. 그가 다시 글을 쓰기를,

"배에 탄 사람들로 하여금 수를 헤아리게 하여 상세히 알려주십시오"라고 하였다. 내가 글을 쓰기를,

"무슨 일 때문에 알려드려야 합니까?"라고 하였다. 그가 글을 쓰기를,

"상사에게 보고해야 하는 일입니다"라고 하였다. 그는 거듭 모이라고 말하였으나, 그 글은 모두 기록한 것이 아니었다. 급히 배 안의 사람들에게 명령하여 갑판 위로 나오도록 하였다.

그리고 내가 글로 써서 보이기를,

"사무라이가 한 번 말을 뱉었으면 다시 무엇을 의심하겠습니다. 하물며 글로 써서 주었으니, 비록 수를 헤아리지 않아도 이미 쓴 것과 같습니다. 그렇지만 귀국의 법규 때문입니까? 그러므로 거절하지 않고 급히 모두 모이게 하였으니 들어가서 살펴보십시오"라고 하였다. 25인으로

하여금 갑판 위에 줄지어 앉도록 하였다. 그리고 나는 전에 쓴 글에 의거하여 차례대로 이름과 나이를 부르자, 사람들은 답을 하고 절을 하였다. 태수가 글을 쓰기를,

"아래에 앉은 세 사람은 나이가 어립니까?(답서는 잃어 버렸다)"라고 하였다. 또한 말하기를,

"무사 세 사람은 누구입니까?"라고 하였다. 답하여 쓰기를,

"히다카 요이찌자에몬 요시타카日高與一左衛門義柄, 카와카미 히코쥬로 치카나카川上彦十郎親誅, 야스다 키토오타 요시카타安田喜藤太義方입니다"라고 하였다. 다시 말하기를,

"손으로 가리켜 보십시오"라고 하였다. 나는 손으로 가리켰다. 다시 말하기를,

"중인 세 사람을 가리켜 보십시오"라고 하였다. 나는 다시 전과 같이 가리켰다. 그리고 내가 글을 쓰기를,

"수를 헤아리는 것이 끝이 났으니, 모인 자리에서 떠날 수 있도록 하면 어떻겠습니까?"라고 하였다(그의 답서를 잃어 버렸다. 이미 자리에서 물러나게 하였다). 태수가 글을 쓰기를,

"히다카는 누구입니까? 관직명이 있습니까?"라고 하였다. 내가 답하여 쓰기를,

"히다카는 관직명이 아닙니다. 성입니다"라고 하였다. 태수가 말하기를,

"히다카가 성이라는 것은 이미 알고 있습니다. 관직명이 있습니까?"라고 하였다. 답하여 쓰기를,

"관직명은 에라부지마 대관代官입니다"라고 하였다. 태수가 또한 말하기를,

"카와카미와 야스다도 또한 관직명이 있습니까?"라고 하였다. (내가) 답하기를,

"관직명이 있습니다. 두 사람은 모두 대관 부역附役이라고 합니다"라고 하였다. 태수가 다시 말하기를,

"대관은 몇 품의 관직입니까?"라고 하였다. (내가) 답하기를,

"대관직은 대체로 제7품에 해당하며, 한 품 안에는 관직명이 많이 있습니다"라고 하였다. (태수가) 다시 말하기를,

"관직은 대판성大坂城에 속한 것입니까? 대마도[馬島]에 속한 것입니까?"라고 하였다. 내가 답하여 쓰기를,

"대판성과 마도馬島라는 말을 이해하기 어렵습니다. 그래서 답할 바를 모르겠습니다"라고 하였다. 태수가 쓰기를,

"대판은 곧 황제가 도읍한 곳이고, 마도는 도주가 사는 곳입니다"라고 하였다. 이에 내가 답하기를,

"사쯔마주薩州(사쯔마번)는 곧 사쯔마주의 제후가 분봉된 나라입니다. 그러므로 관직은 모두 사쯔마주 제후에 속한 것입니다(대판성과 마도는 내가 전혀 그 의미하는 바를 알지 못했다. 그래서 내가 그와 같이 대답한 것이다. 다른 날 조선인의 글을 보고 대마도를 마도라고 칭하였으므로 대판성大板城은 아마도 대판성大坂城을 일컫는 것 같다. 그 의미하는 바를 살피지 않고 갑자기 답한 것이 한스럽다)"라고 하였다. 속관이 글을 쓰기를,

"밤사이 잘 주무시고, 내일 다시 뵙겠습니다"라고 하였다. 태수 또한 글을 쓰기를,

"내일 다시 뵙겠습니다"라고 하였다. 나도 답하여 쓰기를,

"다시 오시기를 기다리고 있겠습니다"라고 하였다.

해가 지기 시작하고 썰물이 되어, 배가 모래바닥에 붙었다. 2경에 조선인들이 모두 돌아갔다. 그런데 뱃사람들이 모두 말하기를,

"이곳은 배를 묶어둘 수 없습니다"라고 하였다. 이에 서로 의논하기를 밀물이 들어오기를 기다렸다가 닭이 울고 만조가 되면, 곧 배를 포구 바깥 수백 보 되는 곳으로 옮겨 닻을 내리고 정박하고자 하였다.

이는 1819년(문정 2년) 기묘년 12월 16일 사쯔마
야스다 키토오타 요시카타가 조선 부산포에서 쓴 것이다.[25]

7월 4일 해가 뜨자, 조선인들이 포구에 모여 들었다. 바로 작은 배 몇 척이 다가와 우리의 닻을 올리고, 그들의 밧줄로 묶어서 우리 배를 끌기 시작했다. 손짓발짓을 했지만 무슨 말인지 알 수 없었고, 막을 방법이 없었다. 마침내 전날 머물렀던 곳에 끌어다 놓고 그들은 우리 닻을 내렸다. 또한 작은 배들은 우리 배를 둥글게 에워싸고 지켰다. 태수 윤영규, 첨사 이동형이 왔으므로, 세 사람이 나가서 만났다. 태수가 글을 쓰기를, "밤새 안녕하셨습니까?" 라고 하였다. 내가 사례하기를,

"대단히 감사합니다. 함께 축원합니다"라고 하였다.

히다카가 말하기를,

"제가 창병이 있어서 바로 앉아 있을 수가 없습니다. 편안히 앉아있고자 합니다"고 하였다. 그래서 내가 글로 써서 보이기를,

"히다카 요시타카는 비로 인한 습기 때문에 몸이 상하여 작은 종기가 났습니다. 그래서 발을 펴고 앉을 터인데, 이를 용서해 주십시오"라고

---

25 이 부분까지는 야스다가 부산의 우암포에 머물러 있을 때 쓴 것임을 알 수 있다.

하였다. 태수가 쓰기를,

"그대의 병이 염려됩니다. 스스로 편하게 지내십시오"라고 하였다.

어제 포구 안으로 들어가기를 요구하였는데, 밤사이에 알리지도 않고 포구를 빠져 나왔다. 오늘 새벽에 그들이 다시 이전 장소에 끌어다 놓았다. 마쯔모토가 이르기를,

"험난한 표류 끝에 배가 반이 부서졌습니다. 또한 모래 위에 있으면 곧 부서지고 썩어버릴 것이 손바닥 보듯 뻔합니다"라고 하였다. 내가 이를 알리고자 하여, 글로써 보이기를,

"다행히 하늘의 도움을 얻어 열 번 죽을 상황에서 벗어나 다시 소생하였습니다. 우리 배는 귀국에 표착하였고, 배 안에는 25인이 있습니다. 태산을 베개로 삼은 듯 편안합니다. 일마다 은혜를 베풀어 주지 않은 것이 없습니다. 그래서 안파포의 해변에 배를 묶었습니다. 포구 안이 물이 얕다고 말할 수 없으나, 배 밑바닥이 땅에 닿아서, 배가 위태롭습니다. 대인께서 배 위에 계시니 아실 것입니다. 그대는 모르십니까? 우리 배는 무거운 물건을 실었을 때는 썰물 때 물이 빠지는 곳에 있으면, 하루도 되지 않아 배가 부서집니다. 이제 은혜를 입어 안전한 곳으로 가고자 합니다. 어찌 도망치거나 숨으려는 뜻이겠습니까? 제발 염려하지 마십시오. 어젯밤에 배의 밑바닥이 땅에 닿아 밤에 알리지 않고 닻을 들어 안전하게 배를 세울 수 있는 곳으로 옮긴 것입니다. 그런데 다시 바닷가의 물이 얕은 곳으로 끌어놓으셨습니다. 생각건대 배가 다시 땅위에 있게 되었으니, 마음이 실로 불안합니다. 원컨대 너그럽게 용서하셔서 어려움이 없는 곳에 배를 매어, 우리 배의 사람들을 안심시켜 주십시오. 만약 불가하다면 그 이유를 자세히 설명해주십시오"라고 하였다. 태수가

답하여 글을 쓰기를,

"귀국과 우리나라는 이미 수호를 맺은 사이입니다. 그래서 피아를 따지지 않고, 이와 같은 조난을 당하면, 어찌 좌시하여 구하지 않겠습니까? 어젯밤에 배의 정박 위치를 옮겼는데, 참으로 배를 안전하게 하려는 방법이었는데, 우리 아랫사람들이 참뜻을 알지 못하고 잘못 아뢴 결과입니다. 어떻게 사과할지 모르겠습니다. 어찌 의심한 것이겠습니까? 모래가로 끌어 놓은 것은 물살이 험하고 바람이 급한 때문입니다. 배가 갯벌 위에 있으면, 흔들리지도 않고 뒤집어지지도 않으니, 부서질 염려는 하늘이 기울어질까 근심하는 것과 가깝습니다. 염려하지 마십시오"라고 하였다.

배 안의 야채와 물이 부족하여 내가 이를 얻고자 하여, 글을 쓰기 시작하였다. 글을 다 쓰기도 전에 작은 배가 물을 싣고 왔다. 그래서 내가 사례하면서 이르기를,

"우리 배 안에 물과 채소와 어육魚肉이 모두 떨어졌습니다. 속히 마련해 주시기를 바랍니다. 무엇보다도 오늘 아침에도 물이 떨어졌으니, 날마다 주도록 명령해 주신다면 다행이겠습니다. 이미 물을 싣고 왔으니 참으로 기쁩니다. 채소와 고기도 또한 주셨으면 감사하겠습니다"라고 하였다. 그가 글로 답하기를,

"그대들이 물과 채소와 어육을 청하나 우리나라의 법도로는 상사에게 보고하여 허락을 얻은 다음에 시행할 수 있습니다. 그러나 물과 채소는 잠시라도 없으면 안 되는 것입니다. 그러므로 채소와 우물물은 먼저 보내겠습니다. 그러나 어육은 갑자기 마련하기 어려우니, 상사의 처분을

잠시 기다리는 것이 좋겠습니다"라고 하였다. 내가 사례하기를,

"어려움에 처해있는 까닭에 급히 물과 채소를 요구하며 입은 은혜를 잊어버렸습니다. 상사에게 보고하지 않고 이미 물과 채소를 주시니 아름다운 정을 어떻게 사례할 수 있겠습니까? 다만 자애와 연민을 바랄 뿐입니다. 대단히 감사합니다"라고 하였다.

조선인은 우리를 '이문你們'이라고 불렀다. 나는 심히 마음이 편하지 않았다. 그래서 글로 묻기를,

"이문이라는 글자는 우리나라에서는 평소에 쓰지 않기 때문에 그 뜻을 알지 못하겠습니다. 그 격식이 어떠합니까? 자세히 써서 보여주시면 좋겠습니다"라고 하였다.

그가 글로 답하기를,

"이문은 나에 대하여 상대를 뜻하는 호칭입니다. 나를 말할 때는 오문吾們이라고 하고, 그대들을 말할 때는 이문이라고 합니다"라고 하였다.

아침 식사가 준비되어 내가 글로 밥을 먹겠다고 알리니, 태수도 글로, 밥을 먹은 다음에 다시 이야기하자고 하였다. 우리 세 사람은 배 안으로 들어가서 밥을 먹었다. 그리고 나는 다시 선루에 올라갔는데, 태수가 돌아와서 뱃전에 서 있었다. 내 자리 위에서 봉서封書가 하나 있었는데, 제목은 첩帖이라고만 쓰여 있었다. 열어서 보니, 그 글에 이르기를,

"비인태수가 삼가 술과 안주로 작은 정성을 히다카 카와카미 야스다 세 대관들께 표하고자 합니다. 웃으면서 받아주시기 바랍니다.

말린 생선 2마리,

소주 1병

큰 새우 2마리와 부족한 것은 오징어[烏魚] 5마리로 대신합니다.

기묘 7월 4일 윤영규가 머리를 조아립니다"라고 하였다.

보내준 물건 4가지는 한인들이 자리 위에 마련하였다. 태수가 또한 자리에 앉자 내가 몸짓으로 사례하였다. 태수가 돌아가려고 하므로, 내가 글로 김시기金始基에게 사례하기를,

"천천히 즐기시라고 태수에게 청해주십시오"라고 하였다. 시기가 글로 완緩이라는 글자는 천천히 마시라는 뜻이냐고 하였다. 내가 글로 답하기를 그렇다고 하였다.

태수가 돌아가자 그 속관이 배 안으로 와서 글로 술을 청하였다(그 글은 잃어버렸다). 내가 글로 답하기를,

"나는 술이 있는지 알지 못합니다. 뱃사람들이 주었는지 이 또한 알지 못합니다"라고 하였다. 내가 비록 그렇게 답했지만, 이미 뱃사람으로 하여금 술을 내오게 하였다. 또한 태수가 보낸 물품으로 안주를 삼았다. 김기방과 장천규는 일본 술을 아주 좋아하였다. 천규가 이에 글로,

"막 술 생각이 나서 많은 술을 마셨습니다. 감사해 마지않습니다"라고 하였다. 내가 글로,

"마시는 모습이 큰 고래가 모든 강물을 빨아들이는 것 같습니다"라고 하였다. 기방이 글로 안주라고 적었다. 내가 답하기를,

"고기와 채소가 모두 다 떨어졌습니다"라고 하였다. 그가 또

"이 어육은 어디에서 난 것입니까?"라고 하였다. 내가 글로 답하기를,

"비인 태수가 주신 것입니다"라고 하였다.

한낮 무렵에 태수가 다시 와서, 내가 나가서 맞이하였다. 내가 글로,

"귀국의 아랫사람들이 어제부터 오늘까지 구경삼아서 밧줄을 주면서 배에 오르려고 하고 혹은 배 난간을 붙잡고 배에 오르려고 하고, 혹은 배 뒤쪽에 함부로 돌을 던져넣기도 합니다. 그대들이 오셔서 배 위에 있을 때는 그렇게 하지 않습니다. 우리 작은 배는 에라부지마로부터 우리 사쯔마주 제후에게 바치는 물품을 무겁게 싣고 있습니다. 그런 까닭에 우리들이 대단히 귀중하게 다루고 있습니다.

그런데 제지해도 되지 않고 몸짓을 해도 개의치 않고, 함부로 배 위에 오릅니다. 우리 일본선은 무거운 물건을 싣고 있으므로 모래 위에 있을 수 없습니다. 혹시 오늘처럼 모래 위에 있으면, 배 위를 걸을 때 발을 높이 들지 않고 걸어야 하며, 발 뒤꿈치를 가볍게 해야 합니다. 바라옵건대 귀국의 존귀한 위엄으로써 제지해주신다면 다행이겠습니다. 전에 이미 제지하였다고 들었으나, 많은 아랫사람들이 아직 그치지 않습니다. 원컨대 용무가 있는 사람 이외에 배에 오르는 자를 엄금해 주십시오. 삼가 아룁니다"라고 하였다. 태수가 글로 답하기를,

"우리나라 아랫사람들이 귀국 선박의 아름다움과 인물의 성대함을 보고자 하여 의도치 않게 심려를 끼치고 불안하게 하였습니다. 제후에게 바치는 물품이 없다고 하더라도 어찌 감히 엄금하지 않겠습니까? 마땅히 단단히 타이르도록 하겠습니다. 편안히 생각하십시오"라고 하였다.

히다카가 뒤에 나오자 태수가 글로

"병환은 좀 나으셨습니다. 아직 직접 뵙지 못하여, 가슴이 답답하였는데, 또한 이렇게 뵙게 되니 제 마음이 놓입니다"라고 하였다.

내가 글로 대마도와 부산포 압록강 등의 방위와 거리를 물었다(지금 그 원고는 잃어버렸다). 태수가 글로 답하기를,

"부산은 우리나라의 지방이지만 그 거리는 자세히 알지 못합니다. 문 정관問情官이 내려오기를 기다려 다시 물어보면 어떻겠습니까? 압록강 은 그 이름을 처음 듣는데, 어느 방향에 있는지 알지 못하겠습니다. 대마 도는 우리나라 동래부와 마주 보는 곳인데, 이곳으로부터 1천여 리 떨 어져 있습니다"라고 하였다. 또 (태수가) 말하기를,

"이곳은 바위가 있고 암초가 있는 곳이어서, 배를 대기 불안한 곳입니 다. 조금 더 포구 가까이로 들어가면 어떻겠습니까?"라고 하였다.

태수가 물은 내용으로 선장 마쓰모토와 의논하니, 마쓰모토가 말하기를,

"모래사장에 가까이 가는 것이 좋습니다. 그리고 그들에게 모래밭을 깊이 파달라고 해서 배를 모래 속에 반쯤 묻으면 배가 손상될 우려가 없 습니다"라고 하였다. 이에 내가 글로 답하기를,

"은혜에 깊이 감사드립니다. 속히 닻을 올리고 포구 가까이로 가겠습 니다. 우리 작은 배가 역풍에 크게 시달려 어렵고 위태롭지 않은 곳이 없습니다. 그러므로 귀국 포구 가까이 가서 마음을 놓고자 합니다. 끌어 서 포굿가로 옮겨주십시오"라고 하였다. 그가 또한 말하기를,

"정박지를 옮기면 곧 물을 길어 드나들기에 편할 것입니다"라고 하였다.

곧 닻을 들고 안쪽 포구에 들어가 배를 댔다. 태수가 글로 이르기를,

"그쪽 뱃사람이 전과 같이 닻을 내렸는데 무슨 일입니까?"라고 하였 다. 내가 글로 답하기를, "출입하고 물 긷기에 편리하도록 배를 세울 장

소로 옮겨주시려는 것은 고마운 뜻입니다. 다만 뱃사람들이 전과 같이 닻을 내린 것은, 이 배만 그런 것이 아닙니다. 일본 배는 모두 이와 같이 닻을 내립니다. 즉 주표舟表에 의거하여 내립니다. 앞에 닻을 내리면 바람이 동남에서 불면 배도 동남을 향하고, 바람이 서북에서 불면 배도 서북을 향합니다. 모든 배가 다 그렇습니다. 또한 우리나라의 선박은 고물이 땅을 향하는데, 이 또한 모두 같습니다. 어길 수 없습니다. 지금 바람이 서북쪽에서 부는데, 배가 서북쪽을 향하지 않고 있는 것은 고물에 밧줄을 묶었기 때문입니다. 전과 같이 닻을 내린 것은 이상한 일이 아닙니다. 걱정하지 마십시오"라고 하였다. 태수가 말하기를,

"닻을 내리는 방법이 그러하다면 또한 앞으로 나아가고 뒤로 물러날 필요가 없겠습니다. 지금 서 있는 곳에 세워도 좋습니다"라고 하였다.

그가 글로 말하기를,

"국법에 따라서 배 안의 물품 종류를 점검해야 합니다"라고 하였다(그 글을 잃어버렸다). 나는 승낙하였으나 배 안에서는 의견이 달라 끝내 합의하지 못했다. 이에 내가 글로 쓰기를,

"글이 통하지 않는 것은 아니지만, 은혜를 베풀어 일본 통역을 불러서 응대를 분명히 할 수 있다면, 우리 배 안의 기쁜 마음에 무엇을 더 할 수 있겠습니까? 삼가 일본 통사를 불러 속히 응대할 수 있기를 청합니다"라고 하였다. 그가 말하기를,

"배 안의 물건을 점검한 후에 우리 조정에 계달하면 곧 통사通事가 와서 다시 문정問情할 것입니다. (일단 물품 조사를 마치고 통사가) 오기를 기다리면 어떻겠습니까?"라고 하였다. 내가 말하기를

"점검하지 않으면 통사가 오지 않습니까?"라고 하였다. 그가 말하기를,

"통사가 오든 오지 않든 간에 먼저 점검을 하는 것이 우리나라의 법제입니다. 만약 점검하지 않으면 양 쪽 책임자에게 큰 일이 생깁니다"라고 하였다. 내가 글로 쓰기를,

"양 쪽 책임자에게 일이 생긴다는 말이 이해하기 어렵습니다. 자세히 말씀해주십시오"라고 하였다. 그가 글로 답하기를,

"일이 생긴다는 것은 상관에게 죄를 짓는다는 뜻입니다. 그러므로 점검하지 않을 수 없습니다. 조사를 허락해 주시면 다행이겠습니다"라고 하였다. 태수가 또한 글을 쓰기를,

"점열한 후에 상사에게 문서를 올리는 것은 단지 일시적으로 급한 일이 아닙니다. 만약 지체하고 늦으면 우리 두 사람의 죄가 무슨 변에 이를지 알 수 없으니, 어찌 걱정하지 않을 수 있겠습니까? 그러하니 주객主客의 정을 보아 속히 열어 보여주시기 바랍니다. 삼가 바랍니다"라고 하였다. 내가 글로 답하기를,

"귀하의 뜻에 따라 열어 보여드리겠습니다. 마쯔모토 칸에몬이 뱃사공의 우두머리입니다. 마쯔모토 칸에몬으로 하여금 응대하도록 하겠습니다"라고 하였다. 태수가 글로 말하기를,

"그대들을 괴롭히려고 하는 것이 아닙니다. 배 안에 있는 물품 종류를 상세하게 수효를 기록한 다음 주상께 아뢰는 것이 예로부터 우리의 국법입니다. 그러니 어렵게 여기지 않으시면 다행이겠습니다. 열어서 보여주시기 바랍니다"라고 하였다.

나는 뱃사람들의 논의를 살피지 않고, 바로 가복家僕을 불러 열어 보이

도록 명하였다. 또한 선장 마쯔모토에게 점열을 관장하도록 명하였다. 언어가 통하지 않아 그가 알지 못하자 속관인들이 또한 글로,

"해가 이미 저무려고 하니 급히 해야합니다"라고 하였다. 내가 글로 답하기를,

"이미 명하였으나, 당신들이 살펴보라"고 하였다.

가복과 선장이 김시기 등을 이끌고, 배의 전창前倉으로 가려고 하였다. 태수가 글로 말하기를,

"고마운 마음에 많이 도움을 받았습니다. 속히 열어 봅시다. 해가 이미 저물려고 합니다"라고 하였다.

속관인들이 전창으로 가자 가복들이 상자를 열고 점열하였는데, 조금 있다가 그들이 와서 글로 말하기를,

"물건이 있으나 이름을 알지 못하고, 글이 있으나 알지 못하는 글자입니다. 원컨대 수고롭게 모두 가시지 마시고 상세하게 알려주시기 바랍니다"라고 하였다. 또한 글로 말하기를,

"상자의 주인의 이름을 각각 알려주십시오. 1번壹番은 사람 이름입니까?"라고 하였다.

상자 속의 물품은 모두 일본 문자로 기록하여 그 궤짝이나 상자 안에 넣은 것이다. 또한 1번 2번으로 그 뚜껑에 기록한 것인데, 그들이 이해하지 못하여 나에게 직접 가르쳐 주기를 청한 것이다. 나는 승낙하지 않고 다만 글로 "글씨는 일본 글자이고 1번이라는 것은 그 상자의 순서입니다"라

고 하였다. 그가 글로, "그래서 알 수가 없습니다"라고 하였다. 또한 글로,

"만약 다 보지 못하면, 상관과 우리들이 모두 중죄에 저촉되게 됩니다. 불쌍하지 않습니까?"라고 하였다. 내가 답하기를,

"알아들었으니 그 뜻에 따르겠습니다"고 하였다.

그가 다시 가서 검열하였고, 태수와 첨사와 속관인들은 선루 위에 있었다. 히다카가 글로 태수에 묻기를,

"비인은 상사께서 계시는 곳인데 거리가 얼마나 됩니까?"라고 하였다. 태수가 글로 답하기를,

"글씨가 훌륭합니다. 비인은 상사가 있는 곳으로 여기에서 30리입니다. 있는 곳은 군주郡州입니다."

히다카가 다시 글로,

"마음대로 선물을 하는 것은 귀국에서 금하지 않습니까?"라고 하였다. 그가 글로,

"이 중에 어찌 도적질하는 자가 있겠습니까?"라고 하였다.

히다카가 처음 글을 써서 나에게 보여주었는데, 나는 괜찮겠다고 하였다. 히다카가 바로 그에게 보여주었는데, 그가 글로 답한 것이다. 다시 행초서[行草]²⁶로 글을 써서 나에게 보여주었는데, 나의 답은 처음과 같았다. 히다카가 곧 태수에게 보였는데, 태수는 답하지 않았고, 속관인이 글로 따졌다. 글 속의 증贈이라는 글자가 올바르지 않아서, 그가 아마도 증을 적賊으로 쓴 것 같다. 내가 곧 해명하는 글로 그에게 보여주기를,

26 행서와 초서의 중간 서체를 말한다.

"거친 글씨와 짧은 말이며 실제로 그렇지 않습니다"고 하였다. 태수가 글로,

"등은 폭염으로 힘들고, 배도 갑자기 뜨겁고, 살갗도 타는 것이 마땅히 가다듬은 다음에 다시 필담을 합시다"라고 하였다. 내가 말하기를,

"햇볕이 이러니 몸을 드러내더라도 허물하지 마십시오. 편히 하십시오"라고 하였다. 태수가 말하기를,

"그렇다면 뜻에 따라 옷을 벗겠습니다"라고 하였다.

태수는 겉옷을 벗어서 오른쪽 뱃전에 걸어 놓고, 주객이 함께 담배를 피웠다. 김달수가 글로,

"우리나라에서는 윗사람 앞에서 감히 담배를 피우지 않습니다(상관인이 와서 앉으면, 속관인은 감히 담배를 피우지 않았다)"라고 하였다. 내가 글로 답하기를,

"그것은 예입니다. 우리나라도 또한 그렇습니다. 저는 온 세상이 다 그러하리라고 생각합니다"라고 하였다. 달수가 이르기를,

"그대들 중에 노래를 부를 수[吟詠] 있는 사람이 있습니까?"라고 하였다. 내가,

"노래를 부른다는 것은 가요歌謠를 말합니까?"라고 하였다. 달수가 몸짓으로 그렇지 않다고 하였다. 내가 다시 글로,

"그렇다면 시부詩賦를 짓는 것입니까?"라고 하였다. 달수가 그렇다고 하였다. 내가 글로,

"지을 줄 압니다. 제가 최근에 지은 것이 있습니다"라고 하였다. 달수가 글로,

"보고 싶습니다"라고 하였다.

내가 에라부지마를 다니는 중에 지은 시문의 초고를 엮은 책이 있어서, 꺼내어 보여주었다. 김달수가 보더니 조금 있다가 글로,
"한가할 때 화답을 해도 좋겠습니다"라고 하였다. 내가 글로 답하기를,
"부디 답하는 글을 지어주십시오. 화답해 주신다면 큰 다행이겠습니다"라고 하였다.

태수가 또한 책자를 보고 글로,
"비록 성속盛速²⁷이 없더라도, 감히 빨리 나아가지 않겠습니까? 시를 짓자면 마음속의 걱정거리²⁸를 없애야 합니다"라고 하였다. 다시 말하기를,
"좋은 시인 것이 분명하니 운을 따라도 좋겠습니까?"라고 하였다.

내가 답한 내용은 그 초고를 잃어버렸다. 태수가 글로 이야기를 나누어 보자는 말이 있어서, 마주 앉았는데 더위가 너무나 심하였다. 내가 찬 술을 내어 오게 하여 권하였다. 태수가 글로,
"받을 수 없습니다. 다만 편안히 잠을 잤으면 합니다"라고 하였다.

김달수가 그 자리에서 절구를 써서 주었다. 내 책 머리에 강정江亭에서 밤에 지은 시가 있어서, 그가 그 운을 따라 시를 지은 것이다.

---

27 초청·초대라는 뜻이다.
28 배 안의 물품을 검열하는 일을 말하는 것으로 생각된다.

삼가 강정(江亭)의 운을 따르다.

봄을 즐기니 꽃과 새 따뜻하네
칼을 어루만지니 눈과 서리 차도다
한가로이 누워있으니 티끌 하나 걸리적대지 않은데
시원한 바람 아름다운 난간에 밀려드네
(조선인이 쓴 시는 종종 이와 같았다.)

비인 사람 김달수 쓰다

　내가 감상하고 사례하였다(지금 그 원고는 잃어버렸다). 물품 종류를 점검하던 조선인이 와서 글로 말하기를, "상자를 반쯤 열었는데 물건 이름을 쓴 글자를 알지 못하겠습니다. 아래에 있는 알기 쉬운 물건을 먼저 보면 어떻겠습니까?"라고 하였다. 내가 글로 답하기를, "당신들 뜻대로 하십시오"라고 하였다. 그가 묻기를, "우리나라에서 군君이라는 글자는 지위가 낮거나 어린 사람에게 씁니다"라고 하였다. 내가 답하기를, "우리 일본에서는 그렇지 않습니다. (그럴 때는) 등等이나 배輩를 씁니다"라고 하였다. 내가 다시 글로 묻기를, "전날 우리 배에 왔던 우두머리의 성명은 무엇입니까? 관직이 있다면 관직의 품제品第는 어떻게 됩니까?"라고 하였다. 속관인이 글로 답하기를, "한 사람은 비인 태수로 성은 윤이고 이름은 영규입니다. 한 사람은 마량첨사로 성은 이고 이름은 동형東馨인데, 모두 3품관입니다"라고 하였다.

　해가 곧 지려고 하는데, 물품 종류를 검열하는 관인들이 전창前倉으로부터 와서 골풀자리의 수를 물었다(그 글을 잃어버렸다). 내가 글로 답하기를, "배 안에 실은 풍석(조선인들은 우리 골풀자리를 풍석이라고 하였다. 그래서 나도 또한 그렇게 답한 것이다)은 900여 다발입니다. 배가 작아서 배 안에서 헤아릴 수 없습니다. 가지고 있는 풍석을 당신들 땅을 빌려 모래밭에 내려놓고자 합니다(모래 위에 내려놓는 일은 조선 관리가 끝내 허락하지 않았다. 지금 그 글을 잃어 버렸다)"라고 하였다. 그가 글로, "아직 다 확인하지 못했습니다. 내일 다시 하겠습니다"라고 하였다. 내가 글로, "당신들 뜻대로 하겠습니다. 감사합니다"라고 하였다.

이미 밤이 되어 점열을 마쳤다. 조선 관인이 글로 묻기를, "사쯔마국薩摩國은 일본에서 그 거리가 얼마나 되며, 어느 방향에 있습니까? 에라부지마는 사쯔마국에서 거리가 얼마나 되며, 또 어느 방향에 있습니까?"라고 하였다.

대답한 초고는 잃어버렸다. 그러나 나라에 관한 일은 두 분과 상의하여 답하였다. 그래서 기억하고 있다. 내가 답하기를

"사쯔마국은 곧 일본국 제도帝都(경도)에서 19,000여 리 떨어져 있고, 서쪽에 있습니다. 에라부지마는 사쯔마국에서 해로로 4,800여 리 떨어져 있으며 사쯔마국의 남쪽에 있습니다(유구에 속하는 에라부지마는 곧 사쯔마의 남해 3,000여 리에 있고 오키노에라부지마라고 칭한다. 사쯔마에 속한 에라부지마는 곧 사쯔마의 남해 300여 리에 있는데, 구찌노에라부지마라고 한다. 곧 이를 가지고 답한 것이다)"라고 하였다.

그가 다시 사쯔마가 섬이라는 설을 물었다(그 글을 잃어 버렸다). 내가 글

로 답하기를,

"일본에 사쯔마라는 섬이 있다고 전해 들었다고 하는데, 실은 전문의 큰 잘못입니다. 무릇 일본에는 66국國(쿠니)[29]이 있는데, 서쪽 방향으로는 서해도西海道 9국이 있습니다. 사쯔마, 오오스미, 효오가, 히젠, 히고, 치쿠젠, 치쿠고, 부젠, 분고를 서해도의 9국이라고 합니다. 다시 의문을 갖지 마십시오"라고 하였다. 태수가 글로,

"내일 아침에 다시 만납시다"라고 하였다. 내가 글로, "삼가 오시기를 기다리겠습니다"라고 하였다.

7월 5일, 태수가 아침에 왔다. 히다카와 카와카미가 말하기를,

"우리가 모두 병이 들어서, 누상에서 조선인을 응대할 수 없겠다"고 하였다. 내가 나가서 응대하였다. 태수가 글로, "히다카 대관의 병은 밤새 어떠합니다. 모두 편안히 주무셨다는 경하드릴 일입니다(사례한 글은 잃어버렸다)"라고 하였다.

오늘 아침에 찧은 쌀이 모자라서, 쌀통을 털어서 겨우 아침 식사를 지을 수 있었으므로, 저녁 식사를 지을 수 없게 되었다. 그래서 우리 뱃사람이 육지에 내려가서 벼를 찧고자 하여, 태수에게 요청하였다(그 초고는 잃어버렸다). 태수가 글로 답하기를,

"샅샅이 털어서 밥을 지었다니 그 어려움을 가히 알겠습니다. 쌀을 찧는 일은 조수가 들어오기를 기다려서, 우리 배 위에서 그대 쪽 뱃사람과 함께 양식을 찧으면 좋겠습니다. 그대 쪽 뱃사람이 땅에 내리는 일은 전

---

29 대명(大名)이 지배하는 번(藩, 한)을 말한다.

에 상사의 관문을 요청하였으니, 마음대로 행할 수 없습니다"라고 하였다. 내가 또 글로,

"우리나라 사람들은 아침 점심 저녁 3번 밥을 먹습니다. 이미 말한 것처럼, 오늘 아침에 다 뒤져서 밥을 먹었습니다. 점심 식사도 이미 밥을 지을 쌀이 없습니다. 비록 모래사장 위에 갈 수 없더라도, 배 아래 바다 가운데 물이 빠진 곳에서 벼를 찧고자 합니다. 은혜로이 허락하여 우리들의 점심 식사를 할 수 있게 해서 부족함이 없도록 해주신다면 다행이겠습니다. 비록 사정을 듣기는 했지만 다시 호소하오니, 관용을 베풀어주십시오"라고 하였다. 태수가 답하기를,

"이미 점심 식사를 할 수 없으니, 또한 임시방편을 취하지 않을 수 없습니다. 속히 찧기를 마쳐서 상사가 잘못을 적발하여 탈을 잡지 않도록 한다면 좋을 것입니다"라고 하였다. 내가 다시 묻기를,

"이미 임시방편으로서 배 아래 물이 빠진 곳에서 벼를 찧은 것은 괜찮다고 허락해주셨습니다만, 다시 구체적으로 설명해주십시오"라고 하였다. 태수가 글로 답하기를,

"배 아래 물이 빠진 곳에 벼를 찧어도 좋습니다"라고 하였다.

이에 절구를 배 아래에 내려 뱃사람으로 하여금 벼를 찧게 하였다. 나는 날마다 조선 관인들을 접할 때 반드시 의복을 갖추고 지로로 하여금 뒤에서 칼을 들고 시종토록 하였다. 태수가 글로 말하기를,

"뒤에서 칼을 든 사람은 성은 어떻게 되고 이름은 무엇입니까? 나이는 몇 살이나 되었습니까? 바른 자세가 변하지 않습니다"라고 하였다. 내가 전에 앉았던 자리에 의거해서 이름을 알려주었다. 글로 답하기를,

"히다카 요시가타의 뒤에서 칼을 든 자는 타에몬인데, 히다카 요시가타의 가동家童이며, 나이는 17세입니다. 카와카미 치카나카의 뒤에서 칼을 든 자는 야마스케인데 역시 가동이며 나이는 15세입니다. 야스다 요시가타의 뒤에 칼을 든 자 역시 같으며 지로라고 하고 나이는 13세입니다. 물으셔서 간단히 알려드렸습니다만, 가동들은 모두 성이 없는 노예와 같은 부류이기 때문입니다"라고 하였다.

태수는 차랑次郞이라는 글자의 음을 물었다. 내가 일본어로 '지로'라고 알려주자, 태수는 여러 차례 따라하여 마침내 이름을 익혔다(그 후에 태수가 올 때마다 배 아래 사다리에 와서 반드시 일본음으로 위를 보면서 지로를 불러서 손을 잡고 배에 올랐다). 자리에 담뱃대가 있었는데, 태수가 글로 말하기를, "그대의 담뱃대를 살펴볼 수 있겠습니까?(조선인은 연관烟管을 연대烟臺라고 하였다)"라고 하였다.

내가 담뱃대 3개를 내어 보여주고, 또한 사쯔마 국부國府의 연초를 담아 주었다. 그리고 글로 "세 담뱃대는 모두 제가 가지고 있는 것입니다"라고 하였다.

태수는 담뱃대를 살펴보고 연기를 빨아들이고는 돌려주었다. 또한 자신의 담뱃대를 나에게 주었다. 담뱃대를 빨아보았는데, 길이는 3자 정도이고 대체로 당산唐山의 담뱃대와 비슷하였다. 태수가 글로 말하기를, "담뱃대 3개를 보여주시고 담배도 주셔서 맑은 향기를 느꼈습니다. 제 담뱃대와 담배도 드리겠습니다"라고 하였다(조선인은 '연초煙草를 연다煙茶'라고 하였다).

태수가 김달수로 하여금 시를 쓰게 하니, 달수가 써서 태수에게 보여주었다. 태수가 하차下次라는 구절을 회차回次로 고쳐서 나에게 보여주었다.[30] 그 시에 이르기를,

삼가 바칩니다.

비록 의관에 있어서 제도가 다르나
종이와 붓으로 시와 글을 말하기 좋아하며
칼을 든 시동이 좌우에 열지어 있으니
대부의 풍채가 그대와 같기가 드물도다

이 시로 수고로움을 잊으십시오. 답시가 어떠합니까?

라고 하였다. 내가 글로 사례하기를,
"그대의 뛰어난 시는 격조가 있습니다. 훌륭한 기풍이 유려하고도 고매합니다"라고 하였다. 달수가 또한 글로 말하기를,
"어제 드린 시에 답해주시겠습니까?"라고 하였다.(나에게 준 시는 앞에 있다) 내가 글로 답하기를,
"여러 가지로 피곤하고 정신도 몽롱하여 시흥이 끊어졌습니다"라고 하였다. 태수가 글로,
"식사가 이미 준비되었으니, 밥을 먹은 다음에 다시 이야기합시다"라고 하였다.

---

30 下次는 차운한 시를 내려달라는 뜻이고, 回次는 차운한 시로 답해달라는 뜻이다.

내가 선루를 내려가겠다고 양해를 구하자, 태수는 돌아갔다. 오후에 태수가 다시 물품의 수를 점검할 사람들을 데리고 왔다. 이에 내가 맞이하였다. 그보다 먼저 우리 뱃사람들이 천으로 된 돛을 저들의 모래사장 위에서 말리고 있었다. 그는 거두어들이라고 하였다. (그 글은 잃어버렸다.) 내가 글로 간청하기를,

"여러 날 돛이 빗물에 젖었으므로, 잠깐 말린 다음에 배에 올리겠습니다. 양해해 주십시오"라고 하였다. 그가 글로 답하기를,

"그 말에 따르지 않는 것이 아닙니다. 그러나 또한 우리나라 사람들이 번다하게 그것을 보려고 할 것입니다. 그대를 위하여 그렇게 한 것입니다"라고 하였다. 태수가 글로,

"표류한 배를 점열하는 것은 국법입니다. 만약 지체되면 반드시 대단히 큰 죄율罪律에 연좌됩니다. 어제 점열할 때 그대의 뱃사람들이 불편해하는 모습이 있었습니다. 이는 서로 공경하여 법을 따르는 의리가 아닙니다. 오늘은 오로지 예에 따라서 물건 하나하나를 편안하게 보여주라고 잘 타일러주시면 어떠하겠습니까?"라고 하였다.

조선인이 국법에 따라서 점열하고자 하는데, 우리 배 안에서 함부로 거부하였다. 태수의 말이 이와 같으니, 비록 말이 통하지 않으나 배 안에서 원만하게 진행되지 않으면 심히 부끄러운 일이다. 또한 기슭과 물 위에서 보는 사람들이 저자와 같으며, 노예들은 거칠어 혹은 마시고 혹은 날뛰고 있었다. 이에 내가 태수의 말에 따라, 아래 선창에 있는 상자들을 모두 점열토록 하고 또한 그가 요구하는 대로 옷과 천과 각종 물품의 이름을 글로 써서 보여주도록 했다. 내 상자를 열어서 그가 살펴보았다. 내가 글로,

"이 사람(나를 스스로 일컬은 것이다)은 귀한 물건은 하나도 없습니다. 단지 글 쓰고 시 짓는 사람의 물품입니다"라고 하였다.

칼 상자 안에 나의 장부가 있었는데, 그가 자세하게 살펴보았다. 내가 글로,

"우리 집 사람들이 에라부지마로 보내준 품첩品牒입니다. 키자에몬喜左衛門은 저의 아버지이고, 키지로喜次郎는 저의 아우입니다"라고 하였다.

김기방 장천규 김시기가 칼을 뽑아서 보여달라고 하였다. 내가 글로, 안된다고 하였다.

세 사람이 빈번히 칼을 뽑기를 청하였다. 이에 내가 다시 글로, 금하는 일이지만 간절히 원하므로 뽑아보겠다고 하였다.

먼저 그 바깥의 장식을 보여주니 세 사람이 기뻐하였다. 내가 시종들에게 조심시키기를 불이 난 것처럼 두려운 일이나 보는 사람들은 엄숙해야 된다고 하였다. 내가 조용히 칼을 잡고 오른쪽 무릎을 세우면서 신속하게 칼을 뽑으니 서릿발같은 칼날이 번개처럼 번득였다. 오른손을 어깨로 올려 칼끝을 무릎 아래로 비스듬히 그어 내리자, 세 사람은 놀라고 두려워하였다. 천규는 뒤로 넘어졌고, 시기는 안색이 변해 입을 벌리고 몸을 움츠렸다. 기방은 목을 움츠리고 땅을 머리에 대고 두 손을 모았다. 손짓발짓으로 빨리 칼을 넣으라고 하였다. 나는 곧 칼을 칼집에 넣었다. 그러자 비로소 세 사람의 안색이 돌아왔다. 태수는 선루 위에 있어서 그때까지 반나절동안 만나지 못했다.

태수가 글을 나에게 보내기를,

"너무 복잡해서 잠시도 조용히 쉴 시간이 없습니다. 물풀이 서로 만나는 것도 그 업보와 인연이 비록 무겁지만, 갑자기 속취俗趣가 없어서, 뜻이 자못 개탄스러우나, 그러나 법이 있는 것을 어찌하겠습니까? 귀하가 가지고 있는 문방구 중 좋은 물품을 즐기고 싶으나 지금 점열을 하고 있으니, 뜻을 이룰 수가 없을 따름입니다"라고 하였다. 내가 답하기를,

"말씀하신 바와 같이 일각도 조용히 쉴 수가 없습니다. (제가) 일각도 조용히 쉴 수가 없다는 것을 공께서 보고 아셨습니까? 실로 일이 많아 붓을 놓을 겨를이 없습니다. 향기로운 분 옆에 가까이 있고 싶으나 아직 그렇게 할 수가 없습니다. 다만 점열 문답 등의 일은 마음대로 할 수 없는 까닭에, 자못 좋은 기회를 놓쳤습니다. 일이 조금 진정되면 다시 귀한 뜻에 응하겠습니다. 야스다 요시카타가 아룁니다"라고 하였다. 태수가 다시,

"반나절을 만나지 못하니 크게 비린함을 느낍니다. 무료하게 혼자 앉아 있으니, 일각이 삼추 같습니다. 지시하고 응대하다 보니, 표류한 끝에 다시 아픈 사람들이 있으니, 액운이 다하지 않아서 그런 것일까요. 비록 오로지 염려를 다하고 있으나 도울 수 없으니 제가 어찌하겠습니까? 다만 빨리 끝나서 맑은 가르침을 받기만을 바랍니다. 이는 필시 구구한 세상입니다. 비인의 제가 감히 다시 보냅니다"라고 하였다.

점열이 이미 끝나고 내가 선루에 올랐더니 태수가 아직 있었다. 히다카와 카와카미가 병에 걸려 있으므로 글로 의사를 청하였다.

"히다카 요시타카와 카와카미 치카나카가 병에 걸렸습니다. 배 안에 의원이 없으니 좋은 의사를 불러서 약을 줄 것을 명해 주실 것을 청합니다. 그렇게 된다면 우리들에게 참으로 다행이겠습니다. 삼가 청을 드립

니다. 속관인이 글로 답하기를, 내일 양의를 불러 와서 약을 복용하게 할 계획이라고 하였다. 태수가 이르기를,

"히다카 대관의 병은 아직 차도가 없습니까? 능력이 없음을 근심합니다. 직접 위문하고 싶은데 뜻이 어떠하신지 모르겠습니다"라고 하였다.(나의 답글은 잃어버렸다).

저녁 무렵, 포구에서 음악 소리가 나고 행렬이 나타났다. 바로 우리 배로 오더니 관인이 갑판에 올라왔다. 그 사람됨이 매의 눈에 백발이었으며, 갓끈에는 백옥을 달았다. 태수가 자리를 사양하는 것을 보니 상당히 고관인 듯하였다. 자리에 앉자 붓을 들었는데, 얼굴빛이 교만하고 경솔하였고, 쓴 글은 말이 되지 않으니 대체로 범속한 인물이었다. 내가 옆 사람에게 그 관직과 성명을 물었더니, 옆 사람은 성명은 알지 못하고, 다만 관직명이 우후虞候라고 답하였다. 내가 글로,

"우후군께 삼가 아룁니다. 우리 작은 배는 이리저리 부는 폭풍을 만나 귀국에 표류하여 도달하였습니다. 전날부터 아름다운 은혜를 이미 입었습니다. 오늘 공 또한 영광스럽게 오셨는데 불볕더위가 심히 염려됩니다. 친절한 마음씨에 진실로 깊이 감사드립니다. 아울러 평안하심을 하례 드립니다. 공경하여 사룁니다"라고 하였다.

우후가 답하여 말하기를

"나는 수영 집사관입니다. 일꾼들이 수 천리 바닷길로 이곳에 표도하게 되어 심히 가련합니다."

그가 또 묻기를,

"대양大洋에서 표류한 동안에 질병에 걸리거나 익사한 사람은 없습니까?"

내가 답글로써,

"여러 날의 위험한 재난이 닥치고 보니 히다카 요시타카가 병으로 침상에 누워 있고, 카와카미 치카나카도 같이 침상에 누워 있습니다. 그래서 멀리 나가 삼공을 배알하는 것이 어렵습니다. 바라건대 실례를 너그러이 용서하시면 정말 다행이겠습니다. 야스다 요시카타가 삼가 사룁니다."

우후는 이화남[31]이다. 그는 하인을 시켜 글을 쓰게 하여 나에게 표류의 경과를 물었다.

나는 글로써 답하였는데, 그 글은 전일에 답한 바와 거의 같았다. 그래서 그 내용을 기록하지 않는다. 그가 글로 묻기를,

"배 안의 집기나 물건은 잃은 것이 없습니까?"라고 하였다. 내가 글로 답하기를,

"싣고 있던 자리는 바닷물에 많이 던져버렸는데, 현재로서는 던져 버린 수가 얼마인지 모릅니다. 전에 말한 것처럼 배의 돛대도 베어 던져 버렸습니다. 또 노도 손상되어 그것을 버렸으니, 기둥과 노는 귀국의 은혜를 얻어 다시 그것을 만들고 싶습니다. 일이 많아서 그 일에는 미치지 못했습니다." 그가 글로,

"말씀하신 대로 할 것이니, 걱정하지 마십시오"라고 하였다. 내가 말하기를

"□ 깊이 감사드립니다." 그가 또 글로써 묻기를

"이 배는 관선입니까? 개인 배입니까?" 내가 글로 답하기를,

"사쓰마 제후의 관선입니다. 개인 배가 아닙니다." 그가 또 글로써 묻

31 최화남의 잘못이다.

기를

"제후는 무엇을 가리킵니까?" 내가 글로 답하기를,

"주나라 시대의 제도로, 공후백자남公侯伯子男의 작위가 있습니다. 이 예로써 일본에서 부르고 있습니다. 사쯔마 제후는 사쯔마薩摩 오오스미 大隅 휴가日向 세 나라의 제후로 봉해졌습니다." 그가 글로 묻기를,

"어떤 물건들이 배안에 실려 있습니까?" 내가 글로 답하기를,

"풍석風席32입니다. 이것이 제일 많습니다. 에라부지마永良部島에서 사쯔마 제후에게 바치는 물건입니다. 배 안의 사람들이 각각 소지하는 물품도 있고, 그밖에 상자와 도자기 종류가 있습니다. 많아서 자세히 모릅니다. 태수와 첨사의 아랫사람들이 그것의 절반을 이미 열어보았습니다." 그가 글로써 묻기를.

"돛은 하나뿐입니까? 둘입니까? 셋입니까?" 내가 글로 답하기를,

"둘인데 앞의 것은 작은 것으로 지금 있습니다. 가운데 것은 큰 것인데 베어서 바다에 던져 버렸습니다." 그가 또 묻기를

"당신의 배는 길고 넓습니다. 갑판의 좌우가 얼마나 되나요?" 내가 글로 답하기를,

"나는 뱃사람이 아니라서 잘 모릅니다. 선장에게 물어서 답해야 할 것 같습니다." 그가 또 묻기를,

"가운데 돛대와 노를 수리하여 고칠 나무는 13심 3척으로 긴 목재인데 갑자기 찾기는 어렵습니다. 우리가 윗사람에게 보고하여 소나무를 구해서 드리려고 하는데 의향이 어떠하십니까? 그리고 배안에 돛을 만들 수 있는 목공은 있습니까? 소나무 외에 다른 나무는 제법 긴 것이 없

---

32 돛으로 쓰는 돗자리를 말한다.

기 때문입니다"라고 하였다. 내가 글로 답하기를,

"삼가 가르침을 받았으니 오늘 밤에 의논하여서 내일 아침에 그것을 알려드리겠습니다. 깊이 감사드립니다."

천으로 된 돛을 모래밭에서 볕에 말렸다. 한인이 아마도 그 길이를 재 보았기 때문에 글로 쓴 것이 이와 같았을 것이다. 자리 옆에 다관砂鑵이 있어서, 이미 차를 권하였으나 새로 온 사람이 마시지 않고 내가 차를 마시는 것을 보기만 했다. 그가 묻기를,

"많이 먹으면 속이 상하지 않습니까?" 내가 답하기를,

"많이 먹는다고 하신 것은 차를 마시는 것을 말씀하시는 것입니까?" 라고 하였다.[33] 그가 말하기를,

"그렇습니다"라고 하였다. 내가 말하기를,

"아무리 여러 번 마셔도 속이 상하지는 않습니다. 음식을 대신하면 간과 폐를 보양할 수 있습니다"라고 하였다. 그가 다관砂鑵을 가리키며 그 이름을 물었다. 내가 답하기를,

"토병이라는 것으로 차를 달이는 데 쓰는 것입니다. 흔히 다가茶家라고 말합니다." 태수가 글로써 묻기를,

"밥은 드셨습니까?"라고 하였다. 내가 글로써 답하기를,

"배 안에는 일이 많아서 평일에 갖추어 먹는 것과 같을 수 없습니다. 다만 만들어진 것을 먹습니다." 태수가 글로써,

"식사가 이미 준비되었다면, 손님을 접대한다고 사양하지 마시고, 식

---

33 우리는 음식물을 먹는 것과 마시는 것을 엄격히 구별하지 않으나, 일본에서는 상대적으로 마시는 것을 좀더 엄격히 구분한다.

사를 하신 다음에 다시 이야기하는 게 좋겠습니다. 제 청만 그대로 따르다가 피곤하고 힘들지 않으시겠습니까?"라고 하였다. 내가 사례하며, "귀공의 친절하고 애틋한 마음에 깊이 감사드립니다"라고 하였다.

촛농이 두서너 줄 녹아내릴 시간이 되자, 태수와 두 관인은 돌아갔다. 문정관의 아랫사람은 여전히 남아 있었다. 내가 태수에게 답하는 것을 보고는 글로써 묻기를

"더위 때문에 밥을 드시지 않는다고 하셨는데, 타향에서 우울하셔서 그런 것입니까?" 내가 글로 답하기를,

"타향에서 우울한 까닭이 아니라 정신과 몸이 모두 피로하기 때문입니다. 어지럽고 때로 앞이 보이지 않으니, 어찌하겠습니까?"라고 하였다. 그가 또 글로써,

"지금 우리들이 와서 문정하는 것은 우리 국왕께 상달해야 하는 일입니다. 밤낮을 헤아리지 않고 반드시 긴급하게 문정해야 합니다. 이 뜻을 배 안의 모든 사람에게 말해 주십시오. 배에서 내려가 식사한 후에 나만 다시 와서 밤새 문정을 마치기를 바랄 따름입니다. 깊이 살펴 주십시오"라고 하였다. 내가 답하기를,

"좋습니다"라고 하였다. 그가 글로 배에서 내려가겠다고 하였다.

밤 2경(밤 9시에서 11시 사이)이 될 무렵에 문정을 행하는 관인이 다시 와서, 나는 접대하러 나갔다. 내가 수 일 간의 필담으로 지쳤고, 또 지난번에 태수 등의 글에서 말하기를, 문정은 내일을 기약하겠다고 하였다. 나는 하급 관인의 문정이 싫었다. 그래서 글로 말하기를,

"여러 날의 문정에 대답하는 것은 오직 나 한 사람뿐입니다. 본래 넓은 바다에서 어려움을 겪어 힘들었고, 많은 질문과 답이 이어졌습니다. 사람의 정력도 한계가 있는데 어찌 견딜 수 있겠습니까? 간청하건대 많은 질문을 하지 마십시오"라고 하였다. 그가 답하여 말하기를,

"문정은 시급합니다. 질문을 많이 하지 말라고 하시니, 우리가 일이 생길까 두렵습니다. 이를 어찌 하면 좋겠습니까?" 라고 하였다. 내가 글로 써 이르기를,

"상관 세 사람의 문정이 아니라 그대들이 물어서 일이 마무리될 수 있다면 비록 수고롭더라도 열심히 답을 하겠습니다. 전에 듣건대 문정은 내일 세 분이 와서 묻는다고 하였습니다. 그래서 의아하게 생각한 것입니다. 원컨대 오늘 밤에는 누워서 담소하면서 내일을 기약할 수 있으면 다행이겠습니다"라고 하였다. 그가 글로써 말하기를,

"우리들이 오기 전에 번다하고 힘들었겠지만 대답했던 것은 쓸모가 없습니다. 지금부터 소상히 문답하면 힘들지 않을 것이니 귀공께서 반드시 속히 귀국할 수 있는 방법을 행하십시오. 피하지 말고 상세히 대답하는 것이 좋습니다"라고 하였다. 또 글로써 말하기를

"귀공께서 오신 이후로 여러 날 동안 수고스럽게 질문하고 대답하셨으나, 우리들의 긴절한 문답을 하는 것보다 못할 것입니다. 우리가 일찍 오지 않는 것을 한스러워 하실 것입니다"라고 하였다.

내가 또 답하여 말하기를,

"오랫동안 대양에서 고생하고 오직 본국의 일로 돌아가는 일만 밤낮으로 바라고 있습니다. 그대들이 잘 살펴주십시오. 그대들이 문정을 급하게 하시는 것이 오히려 다행입니다"라고 하였다. 그가 글로 묻기를,

"앞에서 보여준 중에서 갱대更代[34]라는 두 글자는 그 뜻이 무엇입니까?"라고 하였다. 내가 글로써 답하기를,

"갱대라는 말은, 전직 관인이 맡은 공무와 일을 보던 관사官舍를 뒤에 오는 관인에게 물려주고, 뒷사람이 앞사람의 일[35]을 대행하는 것을 말합니다. 앞사람은 돌아가고 뒷사람이 그 직무를 담당하게 됩니다"라고 하였다. 그가 묻기를,

"배는 공선公船입니까? 사선私船입니까?"라고 하였다. 내가 답하기를,

"사쯔마국 제후에 소속된 관부선官府船이며, 사선의 선장은 성이 없습니다. 또 비록 있더라도 칼 두 자루를 차지 못합니다. 또한 (이 배에는) 성이 있는 사람도 무릇 세 사람입니다. 성이 마쯔모토라는 자는 선장인데, 칼 두 자루를 찼으며. 나라노猶野라는 자는 부선장[船付]인데, 칼 두 자루를 찼습니다. 요시무라라고 하는 자는 호가 단련鍛鍊인데, 칼 두 자루를 차고 있습니다. 사선이라면 선장도 오히려 칼 두 자루를 찰 수 없는데, 하물며 그 아랫사람은 말할 나위도 없습니다. 이것이 공선이라는 증거입니다"라고 하였다. 그가 묻기를,

"이 배가 관선이라면 근거가 될 수 있는 표문標文이 있습니까?"라고 하였다. 내가 답하여 말하기를,

"한 섬의 상관으로서 스스로 이 배를 탔습니다. 표문이 어떻게 있겠습니까?"라고 하였다. 그가 묻기를,

"성은 뭐라고 하며 이름이 무엇입니까?"라고 하였다. 내가 답하여 말하기를,

---

34 교대, 교체라는 뜻이다.
35 원문은 를이다. 事와 통용된다.

"히다카日高, 카와카미川上, 야스다安田 및 마쯔모토松元, 나라노猶野, 요시무라吉村는 성입니다. 요이치자에몬與一左衛門, 히코쥬로彦十郎, 키토타喜藤太 및 칸에몬勘右衛門, 나카스케仲助, 젠노스케善之丞는 이름으로 통용됩니다. 자字라고 하는 것과 같습니다. 요시모토義柄, 치카나카親誅, 요시카타義方는 곧 실명實名입니다. 이른바 이름名입니다. 다른 허다한 사람들은 성이 없고 실명도 없습니다. 단지 통명뿐입니다. 서민의 부류는 성과 실명이 없는 것이 우리 일본의 통례입니다"라고 하였다.

그가 우리나라의 성에 대해서 물었다. (그 글을 잃어버렸다.) 내가 글로 답하여 말하기를,

"일본의 대성은 네 가지입니다. 미나모토源, 타이라平, 후지藤, 타찌바나橋이고, 그 다음 가는 성은 너무 많아서 상세히 알지를 못합니다. 히다카와 야스다는 즉 미나모토 성에 속하고 카와카미는 후지 성에 속합니다"라고 하였다. 내가 묻기를,

"이전에 부산포는 대마도에서 가깝다고 들었습니다. 조선에서 대마도까지의 거리는 몇 리입니까?"라고 하였다. 그가 답하여 말하기를,

"이곳에서 부산까지는 조금 멀지만 자세히는 모르고, 대마도 또한 멀고 역시 자세히는 모릅니다"라고 하였다. 내가 묻기를,

"부산포는 어느 방향에 있습니까?"라고 하였다. 그가 답하여 말하기를,

"동남 사이에 있습니다"라고 하였다. 내가 묻기를,

"대마도는 어느 방향에 있습니까?"라고 하였다. 그가 답하여 말하기를,

"역시 동남 사이에 있습니다"라고 하였다. 내가 묻기를,

"귀국의 종이는 일본에서 생산한 반지半紙라고 하는 종이와 같은데 혹시 대마도에서 생산한 것입니까?"라고 하였다. 그가 답하여 말하기를,

"그렇지 않고 우리나라에서 생산한 것입니다"라고 하였다. 그가 묻기를

"돛과 돛대가 부서진 것을 개조한다면 곧 돌아갈 수 있겠습니까?"라고 하였다. 내가 답하여 말하기를,

"돛과 돛대가 만들어진 것이 확인된다면 속히 돌아가고 싶습니다. 이 두 가지가 수리되기를 기다리는 것이 진실로 하루가 삼년 같습니다"라고 하였다. 그가 묻기를,

"히다카, 카와카미, 야스다가 배를 같이 탄 것은 무슨 까닭입니까?"라고 하였다. (나는 답하지 않았다.) 그가 또 묻기를,

"야스다는 에라부지마를 순찰하고 돌아가는 도중이라 한다면, 하다카 와 카와카미는 배를 함께 탈 이유가 없지 않습니까?"라고 하였다. 내가 답하여 말하기를

"그렇지 않습니다. 아주 잘못 아셨습니다. 지금 상세하게 아래에 쓰겠 습니다. 히다카에 대해서 말씀드리자면, 에라부지마의 대관이라는 직분 입니다. 카와카미, 야스다 두 사람은 에라부지마의 대관의 부역附役입니 다. 세 사람이 배를 함께 탄 경위는 섬의 일에 있어서 일을 집행하고 판 결하기 때문입니다"라고 하였다. 그가 말하기를,

"앞에서 (대관은) 상관上官이라는 뜻이고, 부역附役은 즉 아관亞官을 말하 는 것입니까?"라고 하였다. 내가 답하여 말하기를,

"그렇습니다"라고 하였다.

그가 또 글로써 순찰하는 일에 대해서 물었다.(그 글을 잃어버렸다.)

"백성에게 권하여 농사일을 부지런하게 하여 공물을 바치는 일이 지 체됨이 없도록 하고, 섬에서 순찰하는 것이 보통 일이 아닙니다. 이른바 순찰 길에서는 섬 주민들로 하여금 충신효제가 있으면 찾아내어 보고

하고, 반역하고 악한 자가 있으면 징계하기도 합니다"라고 하였다. 그가
또 묻기를.

"사쯔마번에서 대마도까지 거리가 몇 리나 되는지 알려 주실 수 있겠
습니까?"라고 하였다.

내가 마쯔모토에게 이 일을 전하여 두 사람과 의논하게 하였다. 세 사
람이 그 거리를 헤아려 글로 써서 나에게 알려주었다. 나는 그 거리를 가
지고 답하여 말하기를,

"사쯔마번에서 대마도까지는 960여리 정도이며, 대마도에서 돛을 달
고 북풍이 불어오면 3일 정도면 볼 수 있다고 합니다"라고 하였다. 그가
또 묻기를,

"25인의 성명은 그 상중하를 무엇으로 구별합니까?"라고 하였다. 내
가 글로 답하여 말하기를,

"사농공상士農工商이 있고 그 안에 또한 등급이 있습니다. 우리나라의
정법政法으로써 구별하는 것입니다"라고 하였다. 그가 묻기를,

"세 사람은 누구이며 따르는 종복의 성명은 무엇입니까?"라고 하였
다. 내가 글로 답하여 말하기를,

"히다카 요이치자에몬의 종복은 야스타로, 산스케, 고지에몬, 덴에몬
이고, 카와카미 히코쥬로川上親誅의 종복은 헤이스케, 쇼오에몬, 야마스
케입니다. 야스다 키토타 요시카타의 종복은 곤자에몬, 지로, 츄우에몬
입니다"라고 하였다.

내가 우리들 세 사람의 이름을 가리키며, 조선 글자 음을 물었다. (그 초

고를 잃어버렸다.) 그가 말하기를,

히다카 요이찌자에몬 요시모토日高與一左衛門義柄 일고오 야엘자이몬 이 뱡,

카와카미 히코쥬로오 치카나카川上彦十郎親訣 친상 온십낭 친걍,

야스다 키토타 요시카타安田喜等太義方 안치엔 히톤타이 에뱡

요시무라 요시노죠오吉村善之丞가 내 곁에 있었는데, 자신의 이름을 읽는 법을 듣고자 하여, 내가 물었다. 조선인들이 그 이름을 읽기를, '기쯔치은 텐찌에 치요우'라고 하였다. 지로가 내 칼을 들고 뒤에 있어서, 내가 지로의 이름을 물으니, 그가 읽기를, '쯔아랑(사아랑)'이라고 하였다. 그가 글로 나에게 봉지[公封] 내의 넓이와 거리(그 글은 잃어버렸다)를 물었다. 내가 답하기를, 천천히 확인해서 나중에 쓰겠다고 하였다.

이윽고 초고가 만들어져서 내가 또한 글로 그에게 보이기를,
"넓이와 길이 및 이수를 이제 적었습니다. 히다카와 카와카미에게 물어서 좀더 자세히 하려고 하니 잠시 내려가겠습니다"라고 하였다.

갑판을 내려가서 두 사람과 상의한 다음 올라와서 글로 답하기를,
"사쯔마주의 봉강封疆은 둘레 5천리 남짓인데, 사쯔마국은 남북 길이 279리, 동서 180리, 오오스미국은 남북 길이 155리, 동서 83리, 효오가국 봉내는 남북 길이 285리, 동서 80리입니다"라고 하였다. 그가 글로 묻기를,
"사쯔마가 이미 일본국에 속하는데 사쯔마를 다시 국이라고 칭하는

것은 잘못된 것이 아닙니까?"라고 하였다. 내가 글로 답하기를,

"일본은 66개국으로 이루어져 있습니다. 사쯔마국은 그중 하나입니다"라고 하였다. 그가 다시 글로,

우리 공의 존호를 물었다. 내가 간단히 답서를 쓴 다음, 갑판을 내려가서 두 사람에게 보이고 나와서 다음과 같이 답하였다.

"사쯔마의 제후는

마쯔다이라松平 분고노카미豊後守[36] 정4위상 중장中將 미나모토노나리오키源齊興[37] 공입니다. 한 사람으로서 세 주州에 봉해졌는데, 습봉襲封한지 6백여 년이 되었습니다. 세 주에 봉해져서 잠시도 끊어진 적이 없습니다." 그가 글로 이르기를,

"우리들은 이미 귀공과 세세하게 문답하여 빠진 것이 없습니다. 상관에게 보고할 계획입니다. 그래서 배 안의 사람들이 가지고 있는 물품과 종류를 직접 열어보지 않으면 안됩니다. 내일 왔을 때 꺼려하지 마십시오"라고 하였다. 내가 글로 묻기를,

"좋습니다. 이미 전일부터 태수와 첨사의 부하들이 점열하였는데, 다시 점열하는 것입니까?"라고 하였다. 그가 글로 답하기를,

"각각 그 소지한 사람이 열도록 할 것입니다"라고 하였다. 내가 글로 알았다고 답하였다. 그가 글로 이르기를,

"벌써 닭 우는 소리가 들리니, 주무시지 못하겠습니다"라고 하였다. 내가 글로 답하기를,

---

36 豊後國의 장관이라는 뜻으로 무사들의 지위를 나타내는 武家官位이다.

37 시마즈나리오키(島津齊興, 1791~1859)로, 시마즈 씨 제27대 당주. 사쯔마 번 제10대 번주였다. 1809년에 아버지의 뒤를 번주의 자리에 올랐다. 쇼와 천황의 황후, 코쥰(香淳) 황후는 나리오키의 외증손녀이다.

"여러 날 힘들었지만, 급한 문정이 있으니, 졸음이 쏟아지는 것도 꺼릴 처지가 아닙니다"라고 하였다.

배 안의 사람들은 모두 자고 있었다. 오로지 지로와 야마스케가 내 칼을 들고 있었다. 내가 글로 이르기를,

"내 등 뒤에 있는 아이들은 체력이 아주 강합니다"라고 하였다. 그가 글로 이르기를,

"기특하고 신기합니다"라고 하였다. 그가 또한 말하기를,

"우리 세 사람은 내려갈 테니 편안히 주무십시오"라고 하였다. 내가 글로 답하기를,

"바로 편안히 자겠습니다"라고 하였다.

5경에 조선 관인들이 돌아갔다. 이에 밤낮으로 쓴 원고를 거두어 잠자리에 들었다. 자려고 하는데 일찍부터 일어나 떠드는 통에 결국 잠을 이루지 못했고, 동쪽이 이미 밝아왔다.

『조선표류일기』 권1 끝

『조선표류일기』 권2

7월 6일~9일

7월 6일, 밤새 문답이 5경에 이르렀다. 내가 막 자려고 하는데, 바닷물이 이미 차올라서 전창前倉까지 스며들었다. 뱃사람들이 소란스럽게 움직여서 잠을 잘 수 없었다. 곧 일어나서 서로 의논하여 개인 물품을 바다에 던져 버리고자 하였다. 이에 편지로 세 관인에게 말하기를,

"우리 배가 귀국의 생각대로 부득이하게 썰물 때 물이 빠지는 곳에 머물렀습니다. 우리나라의 배는 물품을 싣게 되면, 썰물 때 이와 같이 물이 빠지는 얕은 곳에 머물 수 없습니다. 이미 전날부터 여러 차례 말씀드렸습니다. 우리들이 말한 바와 어긋남이 없어, 배가 크게 훼손되어, 이 때문에 물이 배 안으로 들어왔습니다. 만약 바닷물이 솟아오른다면, 이 큰 어려움을 능히 막아낼 수 없습니다. 이에 실은 물품은 바다에 던져 버렸습니다. 일단 글을 써서 알려드립니다. 7월 6일 세 분 상관인 족하에게 삼가 바칩니다"라고 하였다. (○ 배가 손상될 것이라는 우려를 전일 거듭 말했으나(지금은 그 초고를 잃어버렸다), 조선 관인은 우리 배가 포구에 밀리 있는 것을 허

락하지 않아, 부득이하게 이곳에 머물렀다.)

마침내 개인의 물품을 바다에 약간 버리니, 조선인이 크게 놀랐다. 김기방이 글을 써 말하기를,

"걱정하는 바가 어느 정도입니까? 전에는 배 안에 물이 들어올 걱정이 없었습니까? 배 안에 물이 가득 차서 넘칠 걱정은 언제부터 시작되었습니까?"라고 하였다. 내가 답을 써서 말하기를,

"방금 세 관인께 글을 보내 드린 것과 같습니다. 전날부터 오직 이것만 걱정하여, 그 때문에 배에 사람이 많이 타는 것을 제지한 것만 해도 수십 차례였습니다. 처음 바다 한가운데서 조난을 당하는 어려움이 있을 때부터, 물이 배 안에 들어왔습니다. 하루 한 번 물을 퍼냈는데 물을 퍼내다 보면, 날이 밝을 지경이었습니다. 모래 위[1]에 머무른 지 사흘이 지났고, 사람이 많이 탄 것 또한 사흘입니다. 이미 배는 크게 훼손되었기 때문에 어제부터 전날보다 배나 많은 물이 들어왔습니다"라고 하였다.

몇 명의 조선 사람이 와서 물이 새어 나오는 어려운 상황을 위문해 주었다. (위문한 글은 비록 많았지만 모두 뜻은 같았다. 다만 각자의 표현이 다를 따름이었다. 이 때문에 모두 기록하지 않았다.)

태수가 와서 글로 써서 말하기를,

"조금 전에 글이 올라온 것을 받았습니다. 그대의 배가 망가진 것에 대해 위로의 말씀 드립니다. 비록 인력이 미칠 수 있는 바는 아니나, 주인 된 마음이 매우 편치 못합니다. 밤사이에 잡인들이 폐를 끼친 일도 또한

---

1 마량진 포구 일대는 모래사장이 아니고, 갯벌로 이루어져 있다. 바닷물이 빠지면 수백 미터에 걸쳐 갯벌이 드러나는 곳이다.

저희에게 잘못이 있으니 낯이 뜨거울 정도로 부끄럽습니다"라고 하였다.

내가 답을 써서 말하기를,

"일마다 자애로운 마음을 번거롭게 하지 않는 것이 없습니다. 우리들 또한 부득이하여 그대 나라의 사정을 따른 것입니다. 잡인들이 폐를 끼친 일이 어찌 감히 공의 잘못이라 하겠습니까? 다만 우리들의 기박한 운명일 따름입니다. (그대의) 애틋한 마음에 우러러 감사드립니다"라고 하였다.

태수가 아래와 같은 것을 주었다.

참외 20개

호박 5개

가지 10개

부족하게나마 작은 정을 표합니다. 내가 글로써 그에게 감사하였다. (지금은 그 초고를 잃어버렸다.)

태수가 글을 써서 말하기를,

"히다카씨와 카와카미씨 두 관인이 근심하는 바는 오늘 어떠합니까? 변변찮고 작은 물품들이 어찌 사례가 되기에 충분하겠습니까?"라고 하였다.

내가 글을 써서 배가 부서져 쌀이 부족한 일을 말하였다.(그 원고는 잃어

버렸다.) 태수가 글로 답하기를,

"주판舟板이 파손된 일과 먹을 쌀을 도정해야 하는 일은 모두 잠시도 늦출 수 없는 일이니, 조수가 물러날 때를 기다렸다가 즉시 그것을 행하여, 그대의 마음을 편하게 해드리겠습니다"라고 하였다.

태수가 또한 글을 써 말하기를,

"그대의 나라와 우리나라가 이미 수호修好하는 사이이고, 지금 또한 수액水厄으로써 잠깐 주인과 손님 사이가 되었습니다. 마음을 논하고 정을 말하여 사귄 정분이 깊지는 않으나, 일이 있고 어려움이 있으면 반드시 그것을 서로 알려 서로 두루 편하게 하고, 너그럽게 용서하기에 힘써서 피차 갈등에 이르지 않고자 하는 것이 장부의 심사인데, 아직 그대의 뜻이 어떠한지 알 수 없습니다"라고 하였다.

내가 답을 써 말하기를,

"(두 나라가) 오래도록 수호해 온 까닭에, 비록 수액을 당하였지만 마치 태산의 편안함에 의지하는 것 같습니다. 잠깐의 주인과 손님이지만 마음은 오래 전부터 알던 사이인 듯하니, 편안함과 위태로움은 알리지 않을 수 없겠습니다. 비록 오늘 일어난 일은, 우리들은 이미 전날부터 징조가 있다는 것을 알았습니다. 쇠밧줄로도 또한 묶을 수 없는데, 하물며 칡과 등나무의 덩굴은 어떻겠습니까? 장부의 심정은 늘 고요하여 다급하게 굴지 않는 것이니, 바라건대 공께서는 심려치 마십시오"라고 하였다.

이윽고 태수가 돌아가고, 여러 관인들이 물품을 점검하러 배 안으로 왔다. 그중 새로 온 사람이 있었는데, 말 수가 적고 얼굴이 매우 붉었는데,

그의 갓끈에는 백옥이 달려 있었다. 내가 글을 써서 성명과 옥을 달고 있는 까닭을 물으니, 김기방이 답을 써서 말하기를,

"(백옥은) 우리나라에서 절충장군이라는 직함을 가진 사람이 달 수 있는 것입니다"라고 하였다. 내가 또한 물어 말하기를,

"원컨대 절충장군의 성명을 글로 보여주시면 다행이겠습니다"라고 하였다. 기방이 말하기를,

"절충장군은 곧 3품의 직함입니다. 성은 이씨요, 이름은 종길입니다"라고 하였다.

장천규가 오므로, 내가 또한 글을 써 말하기를,

"밤사이 잠을 자지 못해 마음이 매우 피로합니다"라고 하였다. 천규가 글을 써 말하기를,

"저 역시 잠을 자지 못했습니다"라고 하였다.

천규가 글을 써서 묻기를,

"히다카 씨가 가지고 온 상자의 수는 몇 개입니까?"라고 하였다. 내가 답하여 말하기를,

"잘 모르겠습니다. 히다카 씨는 잠이 들었으니, 일어나면 물어서 그것을 기록해 드리겠습니다"라고 하였다. 천규가 묻기를,

"카와카미 씨가 가지고 있는 상자의 개수를 감히 묻건대, 가르쳐 주시기를 바랍니다"라고 하였다.

나는 카와카미에게 물어보고 답하기를,

"평소에 입는 옷과 잡화류가 있고, 적지 않은 물품을 바다에 버렸기 때

문에, 그 남은 수를 알 수 없습니다"라고 하였다.

천규가 말하기를,

"오늘의 점열은 반드시 물품마다 다 열어 보지 않습니다. 대강 글로 기록하고자 하니, 감히 상자의 수를 정확히 알려주시는 것에 힘써주시기 바랍니다. 제 상사上司에게 죄를 짓는 일에 이르지 않을 수 있기를 바랍니다"라고 하였다.

내가 카와카미의 종복에게 물어보고 답하기를, "비록 바다 속에 버렸으나 지금 카와카미의 가복을 불러 물어보았더니, 남아 있는 바를 알고 있었습니다. 카와카미가 가지고 있는 상자의 수는 크고 작은 것 4개입니다"라고 하였다.

천규가 말하기를, 각각 어떤 물건이 들어있느냐고 하였다. 내가 다시 물어 보고 답하여 말하기를,

"두 상자는 의류이고, 한 상자는 문서·장부牒簿와 천 종류 그리고 그릇들이고, 한 상자는 도기입니다"라고 하였다.

천규가 말하기를,

"히다카의 상자의 수도 정확하게 말씀해주십시오"라고 하였다. 히다카가 자다가 일어났으므로 내가 물어보고 글로 답하기를,

"히다카가 가지고 있는 상자의 수는 8개입니다"라고 하였다.

천규가 말하기를,

"각각 어떤 물건이 들어있었습니까? 자세히 기록해서 보여주시기를 바랍니다"라고 하였다. 내가 또한 물어서 답하기를,

"한 상자는 에라부지마永良部島에서 공무를 수행하는 중에 작성한 공문서와 장부牒簿들입니다. 두 상자는 의류이며, 한 상자는 붓과 먹, 종이 등

이 들어 있습니다. 나머지 한 상자는 편지尺素와 평소에 쓰는 기물입니다. 두 상자는 도기이고, 한 상자는 서적 등입니다. 이상 8개입니다"라고 하였다.

천규가 선장과 뱃사람들의 상자에 대하여 물었다. 내가 그 주인에게 물어서 글로 써서 보여주었는데, 지금은 그 내용을 생략한다.

천규가 선창[倉]을 가리키며 글을 써서 말하기를,

"이 속에 든 여러 가지 물건을 열어서 보여주실 수 있습니까?"라고 하였다. 내가 답하여 말하기를,

"마땅히 열어 드릴 테니, 다시 점검해 보십시오. 배 위에서 방해가 되어 적재하여 두는 것이 어렵게 되면 아래로 던져 버리겠습니다. 그래서 그런 생각을 그대에게 알려드립니다. (지난번 점열에서는 각각 그 수를 기록했다. 나중에 내가 방해가 되어서 바다에 던져 버린다면, 그 수가 차이 나게 될 것이 걱정되었다. 그래서 이와 같이 답한 것이다.)

천규가 말하기를,

"그렇다면 앞 칸[前間]²에 실은 물건을 글로 써서 보여주시는 것은 어떻겠습니까?"라고 하였다. 내가 말하기를, "어떨지 잘 모르겠습니다. 오늘 제가 쓴 것들은 신변의 물건이어서 버릴 필요가 없었습니다"라고 하였다. 내가 또한 말하기를,

"물어서 그것을 알려드리겠습니다. 묻지 않은 것은 알 수 없습니다"라고 하였다.

2　일본의 전통선박은 선창이 4~6개 정도의 칸으로 이루어져 있다. 『조선표류일기』에서는 前間·前倉 등의 용어가 보인다.

천규가 얼굴빛이 크게 변하여 글로 말하기를,

"비록 천 일이 지난다 해도, 점열하지 않으면 상사에 보고하지 않겠습니다"라고 하였다.

종복들이 명을 따르지 않으므로 물건의 종류를 열어 보는데 크게 어려움이 있었다. 이 때문에 점열이 이루어지지 못했다. 천규의 말이 이와 같음에 이르므로, 나는 짐짓 그 치욕을 숨기고, 거짓으로 한 가지 생각을 내어 글로 쓰기를,

"누가 점열을 어렵게 하려고 하겠습니까? 뜻대로 열어보십시오. 만약 연고가 있어서 우리들을 붙잡아두시더라도 이理에 있어서 도리에 합당하다면 천 일, 만 일이 걸려도 꺼리지 않을 것입니다. 앞의 글에서 점열을 어렵게 한다는 말이 결코 있을 수 없습니다. 무슨 이유로 이런 말을 하시게 되었습니까? 다시금 그 뜻을 자세히 묻고자 합니다"라고 하였다. 천규가 말하기를,

"배 안의 여러 사람이 다 모이면, 용모와 특징[容疤]을 쓰고자 합니다"라고 하였다. 내가 말하기를,

"용파容疤라는 글자가 무슨 말인지 모르겠습니다. 바라건대 상세히 해석해주십시오"라고 하였다. 천규가 말하기를,

"용모容皃를 자세히 살펴보려한다는 뜻입니다"라고 하였다. 내가 말하기를, "보시는 바와 같습니다. 격군과 신종臣從은 잠시도 틈이 없었습니다"라고 하였다. 천규가 말하기를,

"지금 일제히 모이기 어렵다면, 어제 보여 주신 성명이 적힌 기록을 다시 보여주십시오"라고 하였다. 또한 (천규가) 말하기를,

"각각 이름과 나이를 써 주십시오"라고 하였다. 내가 말하기를,

"긴요한 일이 있어서 배 안에 있는 사람들을 모두 여기에 모았습니다. 바라건대 그대들은 이 자리를 잠시 떠나주셨으면 합니다"라고 하였다.

내가 홀로 상궤箱櫃를 열어 보였으나, 남아있는 게 하나도 없었다. 천규라면 점열하기 어려웠을 것이다. 어제 태수가 이미 그것을 책망하였는데, 오늘 천규도 화가 나서 하는 말이 이와 같았다. 이에 나의 마음속이 격렬해져, 배 안의 다른 사람들이 잘못될 것을 돌아보지 않고, 오직 천규를 나무라고, 바로 한 칼에 천규를 찌르고 조선인을 모두 죽이고 싶었다. 먼저 천규로 하여금 자리에서 물러나도록 하고, 두 사람과 배 안의 모든 사람에게 일을 의논하였는데, 의논이 결정되지 않았다. 돌이켜보니, 이제까지 사흘을 자지 못해, 노하고 근심하느라 바른 생각을 하지 못했던 것 같았다. 이에 스스로 그 자리를 피하여 선루[樓]에 올라서, 다시 그 과정을 생각해보니, 일이 모두 천규와 관련이 없음을 깨닫고, 이에 마침내 그만두었다. 마침 우후 김기방이 선루에 올라와서, 배에 물이 스며든 일을 물었고, 또한 뱃사람들을 모아서 용모와 그 특징을 기록하였다. (지금은 그 글을 잃어버렸다.)

오늘 아침부터 오시午時에 이르기까지 개인의 물품 중에서 골라서 바다에 버렸다. 이동형이 우리의 배 위로 급하게 올라 와서, 손을 휘둘러 그것을 제지했다. 그러나 우리 뱃사람들은 내 명령을 지키려고 멈추지 않았다. 동형이 크게 답답해 하고 근심하며, 다시 다른 사람으로 하여금 글을 써 묻기를,

"앞 칸에 있던 도자기들을 던져 버리셨는데, 그 이유가 무엇입니까?"
라고 하였다. 내가 곧 글을 써 말하기를,

"이 배는 곧 우리 제후의 배입니다. 배가 장차 부서지려고 하는데 재물
을 아낄 때가 아닙니다"라고 하였다.

이에 조선 관인이 물품을 버리는 것을 금하지 않았다. 몇 척의 배가 돌
면서 우리가 버린 물품을 주워서, 모래사장 위에 모아놓고 뜸[3]으로 덮었
다. 선장이 말하기를,

"물건을 버리는 것이 비록 배를 온전하게 하려는 계책이기는 하지만,
공물은 (배) 위에 있습니다. 이를 버리지 않으면, 아래에 실려 있는 것을
버릴 수 없으므로, 배가 크게 위태로워 질 것입니다"라고 하였다.

이에 의논하여 태수에게 편지를 보냈다. (아침부터 태수가 와서 선루 위에
있었다. 내가 물품 종류를 점열한 일을 처리하고 있느라, (내가) 선루 아래에 있어서
서로 볼 수가 없었다. 태수가 이미 돌아갔으므로, 내가 편지를 쓴 것이다.) (내가 편지
를 써) 말하기를,

"배 위에 무거운 물품이 실려 있었기 때문에, 오늘 아침부터 개인 물품
은 바다로 던져 버렸습니다. 그러나 에라부지마가 바치는 공물은 그렇
게 할 수 없습니다. 공물은 원래 보내야 할 곳이 정해져 있습니다. 이에
공물을 실어두고 또한 다른 물품들도 실은 상태로는, 모래 위에 배를 머
물러 있도록 하기가 어렵습니다. 바라건대, 공물은 바닷가의 모래 위에

---

3   원문은 篷이다. 짚이나 띠, 부들 따위로 거적처럼 엮어 만든 물건으로, 비나 바람·햇볕을
막는 데 쓴다. 왼쪽에 일본어로 '토마(トマ)'라고 쓰여 있다. 이 또한 苫 즉 뜸이나 이엉 등
을 뜻하는 말이다.

두는 것을 허락해주시겠습니까? 만약 그것을 허락해주신다면 우리들은 매우 다행이겠습니다. 원컨대 관용을 베풀어 주십시오"라고 하였다. 태수가 답하기를,

"반나절동안 외로운 배에서, 오락가락하면서 한참을 기다렸으나, 그리던 그 사람을 만나지 못했습니다. 단지 점심 때가 되어 돌아감을 알리고, 쓸쓸히 돌아왔습니다. 그런데 보내신 편지가 갑자기 도착하니, 얼굴을 맞댄 것과 마찬가지입니다. 참으로 아름다운 마음을 느낄 수 있습니다. 의원이 오기를 기다리느라, 해가 저물어 가는데 (배로) 다시 가겠다고 말씀드릴 수가 없습니다. 참으로 한탄스럽습니다. 조만간 마땅히 다시 나아갈 것이니, 모두 나중에 만나서 말씀 나누겠습니다. 삼가 감사드립니다"라고 하였다. (의원을 청하였기 때문에, 오늘 아침에 태수가 의원을 거느리고 왔다. 그리고 글로 말하기를, "지금 바야흐로 침의針醫를 맞이하여 와서 증세를 살펴보려 하는데 어떻게 하시겠습니까? 약의藥醫는 아직 맞이하여 올 수 없었습니다"라고 하였다. 그러나 히다카와 카와카미가 모두 꺼려하며 보려고 하지 않았다.)

잠시 후에 태수가 다시 왔다. 이때 바닷물이 점점 빠져서 배가 모래 바닥에 내려앉았다. 태수가 직접 배의 바깥 부분을 두루 살펴보고, 배가 썩고 파손된 부분을 가리켰다. 배에 올라와 글을 써 말하기를,

"배가 손상된 곳을 두루 보았는데, 그대의 배가 상한 곳이 비록 세월이 오래되어서 썩고 문드러졌다지만, 주인된 도리로 마음이 매우 편치 못합니다. 또한 지금 정박한 곳은 지형이 한쪽으로 기울어져 있고 모래와 돌이 매우 많습니다. 또한 사면이 바람을 받는 땅이어서, 만약 남풍이 크게 불면 쉬이 모두 부서질 것입니다. 이에 서쪽 바닷가로 100여 보 떨어

진 땅이 곧 정박할 곳으로 좋습니다. 산으로 둘러싸여 있고 물이 흐르며, 땅이 막아주어 바람이 적습니다. 여러 달 배를 정박시켜도 상하거나 부서질 걱정이 조금도 없어질 것이니, 오간午間에 밀물이 들어오기를 기다렸다가, 그곳으로 배를 옮기시면 매우 편하고 좋을 것입니다. 여러분들의 뜻은 어떠십니까? 회답하여 보여주십시오"라고 하였다.

이에 곧 서쪽 바닷가로 배를 옮기고자 하여, 선장 마쯔모토와 선로船老인 쇼에몬正右衛門을 보내 그 좋고 나쁨을 보게 해주길 청하였다. 태수가 허락하였다. (지금 그 원고를 잃어버렸다.)

곧 조선 군졸 5명으로 하여금 호위하게 하고 또 인도하게 하였다. 선장과 선로가 이에 가서 서쪽 만의 정박할 곳을 보고 보고하기를 여기보다 제법 낫다고 하였다.

내가 곧 글을 써 말하기를,

"이미 물이 들어오는 때에 이르렀습니다. 바라건대 그대 나라의 배로 우리 배를 안전하게 할 곳으로 끌어다 주십시오. 서둘러 주셨으면 합니다. 원컨대 자비로운 은혜를 입게 해 주소서"라고 하였다. 조선 관리가 글을 써 말하기를,

"이 배는 뜹니까?"라고 하였다. 내가 뜰 수 있다고 하니, 조선 관인이 말하기를, (배가) 뜨면 옮겨 가자고 하였다.

태수가 문득 배를 끌도록 명하자, 잠시 후에 작은 배 15척이 앞다투어 와서 큰 소리를 내며 당기기 시작했다. 그 끌어당기는 줄을 혹은 뱃머리에 매었고, 혹은 뱃고물에 매었다. 이 때문에 배가 한 자리에서 돌기만 하

고 앞으로 나아갈 수 없었다. 우리 뱃사람들이 선루 위에 서서 손짓을 하며 지휘하였는데, 좌우에 선 조선 관인들도 유달리 시끄럽게 큰 소리를 질렀다. 조선 관인이 글을 써 말하기를,

"바닷길에 익숙한 것은 저들이 우리들만 못합니다. 이곳 마량진의 사람들에게 일임하시고, 그대 배의 격군은 번거롭게 당기는 일을 □□"라고 하였다.

이에 우리 뱃사람들은 지휘를 하지 않았다. 그들의 가운데 있는 작은 배에서 악기를 연주하며 가더니, 잠깐 사이에 그 오목한 정박지에 도착하였다. 곧 글로 써서 감사하며 말하기를,

"지금 그대의 배가 끌어 옮겨와서, 우리 배가 안전한 곳에서 닻을 내려, 우리의 마음을 편안하게 해주시니, 기쁘고 또 기쁩니다. 삼가 매우 감사드립니다"라고 하였다. 조선 관인이 글을 써 말하기를,

"물이 들어오는 것이 아침에 비하면 적습니까? 배의 격군을 불러서 물어보십시오"라고 하였다. 내가 답하여 말하기를,

"지금은 바닷물이 밀려와서 배가 떠 있는 상태입니다. 그러므로 오늘 아침과 비교하여 많은지 적은지는 분명히 살피기 어렵습니다. 배가 바닥에 내려앉은 때에 이르러야 알 수 있을 것입니다. 생각건대, 오늘 아침부터 살펴 보니 반드시 줄어들 수 있을 것입니다. 선장이 이와 같이 말했습니다"라고 하였다. 그가 말하기를,

"조금이라도 줄어든다면 매우 다행이겠습니다"라고 하였다. 태수가 글을 써 말하기를,

"히다카와 카와카미 두 관인께 직접 병세를 물어보고자 하는데, 허락

해 주실지 모르겠습니다"라고 하였다. 내가 태수와 함께 배 안으로 들어왔다. 태수가 글로 묻기를,

"배의 이름이 있습니까? 알려주십시오"라고 하였다. 내가 글로 답하여 말하기를,

"있습니다. 이름은 귀수환龜壽丸이라고 합니다"라고 하였다. 태수가 말하기를,

"이상한 모양이 있는데, 무엇입니까?"라고 하였다. 내가 답하기를,

"귀수는 곧 선계僊界를 본뜬 것입니다. 영해瀛海와 창주滄洲와 같은 뜻이 아닐까요?"라고 하였다. 태수가 묻기를,

"담배를 무엇이라고 합니까? 담배를 일컬어, 타바쿠多葉苦입니까?"라고 하였다.[4] 답하여 말하기를, "쿠苦라는 음은 조금 잘못되었습니다. 변토邊土의 사람들은 혹은 그와 같이 말하기도 한다는데, 타바코多葉粉나 타바코多葉古와 같은 음입니다"라고 하였다. 자리에 대나무를 그린 부채가 있었다. 태수가 물어 말하기를,

"그림은 모두 스스로 그린 것입니까?"라고 하였다. 답하여 말하기를,

"그렇지 않습니다. 부채를 만든 사람이 그렸는데, 그린 사람을 알지 못합니다"라고 하였다.

카와카미가 병을 앓은 지 오래되었는데 복용하는 약이 없었다. 내가 인삼을 가져와 밤낮으로 달여서 그것을 먹였다. 카와카미의 베갯머리에 아

4　담배를 일본어로 무엇이라고 하는지를 물어본 것이다. 태수가 '타바쿠'라고 하느냐고 묻자, 야스다는 苦의 일본어 음이 '쿠'이기 때문에 古(일본어 음 코)나 粉(일본어 뜻으로 코)의 발음에 가깝다고 한 것이다.

직 달이지 않은 것이 있었는데, 태수가 그것을 보고 이름을 물었다. 내가 답하여 말하기를,

"혹은 광동廣東 인삼이라고도 하고 혹은 양산洋山 인삼이라고도 하는데 모두 같습니다"라고 하였다. 태수가 말하기를,

"이 물건은 무엇이며, 잘라서 그것을 복용합니까? 약으로 씁니까?"라고 하였다. 답하여 말하기를,

"얇게 썰어 달여서 그것을 복용합니다"라고 하였다. 태수가 말하기를,

"배 안에 물이 들어차는 것은 전에 비해 조금 줄어들었습니까?"라고 하였다. 답하여 말하기를,

"물이 들어오는 것은 크게 줄어들었습니다. 지금은 오늘 아침과 비교해 보면 3분의 1이 감소했다고 선장이 말했습니다"라고 하였다. 태수가 말하기를,

"여러 날 동안 정신없이 응대하느라, 매우 피곤하지 않으셨습니까?"라고 하였다. 내가 말하기를,

"비록 정신을 차리려고 힘썼으나 어제 저녁에는 잠을 자지 못하였습니다. 오늘은 잠시나마 편안하고 한가로우니, 마치 꿈인 듯 현실인 듯합니다. 힘들지 않다고 말하고 싶지만, 도저히 그럴 수가 없습니다. 매우 실례인 것 같지만 솔직한 심정을 썼으니, 바라건대 공들께서는 웃지 말아주십시오"라고 하였다.

해가 기울려고 하는데, 한 관인이 새로 왔다. 내가 태수와 더불어 선루로 올라갔더니, 그 관인이 막 자리에 이르렀다. 태수가 자리를 양보하고 앉았다. 그 사람은 온윤溫潤하고 정아靜雅하였으며, 얼굴은 윤태수와 같은

풍치風致가 있었다. 붓을 적셔 조용히 글을 써, 그것을 나에게 보여주었다.

"본도의 순찰사 합하께서 연막종사蓮幕從事를 위임하여 보내어 상관인 세 사람이 바다를 건너온 수고로움을 위문하도록 하셨습니다. 그러므로 제가 온 것은, 곧 명령을 받든 것입니다. ('봉령奉令'은 원래 '유차由此'로 되어 있었는데, 글을 다 쓰고난 후에 스스로 '봉령'으로 고쳤다.)[5]

내가 글로 감사하며 말하기를,

"찌는 무더위 속에 찾아와 주셔서 존안을 삼가 대면할 수 있게 되었습니다. 태평하시기를 기원합니다. 아울러 자애로운 은혜에 감사드립니다"라고 하였다. 그가 말하기를,

"우의는 이웃나라가 서로 돕는 데서 나오는 것입니다. 어찌 감사할 것이 있겠습니까?"라고 하였다. 내가 말하기를,

"대인께서는 순찰사 합하의 명을 받들어 찾아오셔서, 우리들 세 명의 사정을 살펴봐주시니, 실로 은혜를 입고 있습니다. 순찰사 합하께서 평정平靜하시기를 축원드립니다. 우리들은 위태로움과 어려움을 겪었지만, 다행히 그대의 나라에 표류하여 날마다 여러 분들의 은택을 입고 있으니, 하늘이 도우셨을 따름입니다. 히다카 요시모토日高義柄와 카와카미 치카나카川上親誩가 병질을 앓았는데, 날로 안색이 좋아지고 있으니, 공께서는 걱정하지 마십시오. 수고롭게 찾아와 주시니 감당하기 어렵습니다. 소략하나마 답글을 드립니다. 7월 6일 야스다 요시타카安田義方가 공손히 인사드립니다"라고 하였다. 그가 말하기를,

"다만 바다를 건너온 수고로움뿐만 아니라 고향을 그리는 마음 또한

---

5 연막종사가 순찰사의 명령에 따라 파견되어 왔는데, 처음에는 내가 온 것은 이로 말미암은 것이라고 썼다가, 내가 온 것은 명령을 받든 것이라고 글자를 고쳐 쓴 것이다.

간절할 것 같습니다"라고 하였다.[6] 내가 말하기를,

"실로 공의 말과 같습니다"라고 하였다. 그가 말하기를,

"사시는 곳은 전에 이미 들어서 알고 있습니다. 연세가 어떻게 되십니까? 관직은 어느 위치에 있고, 부모는 집에 계십니까? 아들과 딸은 몇 명입니까?"라고 하였다.

나는 이전에 (조선 관인들이) 신문한 내용을 보고 아뢰기를,

"저의 나이는 30살입니다. 에라부지마의 대관代官 부역직附役職입니다. 일본 문화文化[7] 14년 정축 정월에 본국에서 출발하였습니다. 3년의 임기가 차서 복귀하게 되었습니다. 저의 가친은 살아계시고, 친어머니는 제가 5살 되던 해에 이미 돌아가셨습니다. 그러나 계모가 계시는데, 생모와 같으며, 1남 2녀를 두었습니다"라고 하였다. 나는 담배와 차로 그를 대접하였다. 그가 글을 써 말하기를,

"두 종류의 차와 향이 입에 가득 차서 저의 마음에 감동이 느껴집니다"라고 하였다. 내가 말하기를,

"맛을 칭찬하시는 것이 지나치신 듯합니다"라고 하였다. 그가 말하기를,

"급하게 달려오느라 속이 좋지 않고 기분도 매우 편치 못합니다. 그러므로 육지에 올라 먼저 돌아가겠습니다. 모름지기 오늘 밤을 편안하게 지내시기 바랄 따름입니다. 오늘 아침에 다시 와서 꾸짖음을 듣겠습니다. (오늘 아침의 '금今'은 내일의 '명明'의 오자일 것이다)"라고 하였다. 내가 말하기를,

---

6 원문은 陟岵인데, 민둥산에 오른다는 뜻으로 타향에 있는 자식이 고향의 부모가 그리워 자주 산에 올라가 고향 쪽을 바라보는 것이다(『詩經』「魏風」"陟岵").
7 1804년부터 1818년까지 사용된 일본의 연호이다. 야스다 일행이 에라부지마에 파견된 것은 1817년의 일이었다.

"아름다운 마음에 감사드립니다. 내일이 오기를 우러러 기다리겠습니다"라고 하였다.

그는 충청도 순찰사 비장裨將 이응호李應祜[8]이다. 이윽고 태수, 첨사, 비장이 모두 돌아갔다. 이날부터 이번 달 25일까지 조선 군졸 두 명이 밤마다 우리 배에서 숙직을 섰다. 이 날 김시기金始基가 나의 소책자 속의 시의 운을 차운하여 시를 지어 주었다.

삼가 드립니다.
배를 보니, 가볍고 또한 튼튼하나
몇 번이나 차가운 눈바람을 겪었을까
마치 천상에 앉은 듯하니
어찌 경치 좋은 누란(樓欄)을 부러워하겠는가 (조선인의 시를 쓰는 법이 종종
이와 같았다.)

내가 감사하며 말하기를,
"여운이 길고, 미묘한 정취가 있습니다"라고 하였다. 또한 말하기를,
"몸이 피로하여 바로 답시를 드리지 못합니다"라고 하였다. 시기가 말하기를,
"여유가 있으시다면 원컨대 답하여 주십시오"라고 하였다. 내가 말하기를,
"그대가 아시는 바와 같이 여가가 어찌 있을 수 있겠습니까? 다만 잠에 들고 싶을 뿐입니다"라고 하였다.

---

8   원문에는 枯로 되어 있으나 『조선표류일기』의 뒷부분을 보면 호(祜)임을 알 수 있다.

7일 장천규와 두세 명이 일찍 왔다. 어제 내가 그로 하여금 자리에서 물러나게 한 후에 스스로 성찰해보니, 일의 발단이 나에게 있었고 그에게 있지 않았다. 그는 며칠 동안 나의 사정을 위해 더욱 정성스레 대하였는데, 무슨 상관이 있었겠는가! 이에 글로 감사하기를,

"그제 하루 종일 잠을 자지 못하였습니다. 어제도 새벽부터 온 종일 묻고 대답하기를 천 번 답하고 만 번 응대하였으니, 마음이 매우 지쳐있어 마치 꿈인 듯 현실인 듯하였습니다. 지금 어제를 살펴보니, 분노가 폭발하여 거친 말로 크게 실례를 범하였습니다. 오래도록 자애로운 은혜를 입었는데, 이러한 실례를 범하였으니, 참으로 죄송합니다. 엎드려 바라건대, 손님의 마음을 너그러이 봐 주시고 용서해 주십시오. 야스다 요시카타安田義方가 머리를 조아립니다"라고 하였다. 천규가 말하기를,

"실례하고 실경하셨다고 말씀하시니 도리어 참으로 불안합니다. 우리들도 먼 곳으로부터 달려와 연일 잠을 자지 못하고, 힘들여 문서를 만드느라, 정신이 온전치 못하였을 것이니, 과연 예를 잃은 점이 많았을 것입니다. 바라건대, 귀공께서는 헤아리는 마음으로 너그럽게 용서해주시면 어떻겠습니까? 장천규가 머리를 조아립니다"라고 하였다.

천규 등이 곧 돌아가려는데, 포구 위에서 갑자기 음악 소리가 들렸다. 그들이 글을 써 말하기를,

"조금 전 세 사람은, 태수가 오셨으므로, 아직 돌아가라고 말하지 않으셨으나, 돌아가는 편이 좋을 것 같습니다"라고 하였다. 내가 말하기를,

"뜻대로 하셔도 괜찮습니다"라고 하였다.

곧 태수와 우후와 비장이 오니, 내가 나가서 접견하였다. 태수가 글을 써 말하기를,

"밤새, 양 관인께서는 병의 차도가 어떠합니까? 그리고 야스다安田 관인께서는 편안하십니까? 우리들은 편안하게 왔습니다"라고 하였다.

우후의 속관이 글로 표류의 상황을 묻기를,

"서쪽으로 표류하게 되면, 반드시 서쪽 바다로 표류해 들어옵니다. 우리나라의 경계를 멀리 지난 후에 술풍戌風을 얻어 이곳에 표도하였습니까? 그렇지 않았다면, 일본은 (조선에서) 남쪽으로 떨어져 있는데, 일본에서부터 표류할 때 술해풍戌亥風을 타고 어떻게 서북의 경계로 도달할 수 있습니까? 다시 상세히 그것을 말씀해주십시오"라고 하였다. 내가 답하여 말하기를,

"표류하여 도착하게 된 모든 일은 전날 문답한 내용에 들어 있습니다. 그러므로 다시 답할 필요는 없을 따름입니다"라고 하였다. 그가 따져 물었으나, 나는 답하려 하지 않았다. 이에 김기방에게 이르기를,

"조금 뒤에 답할 수 있습니다. 엎드려 바라건대 속히 전의 글을 가지고서 여러 공께 그것을 말하게 해 주십시오"라고 하였다. 기방이 허락하였으나, 그는 여전히 멈추지 않았다. 이에 선장 마쯔모토에게 물어서, 그가 말로 한 내용을 적었다.

"6월 14일 사오巳午의 바람으로써 돛을 올리고 일본을 향했습니다.

같은 달 15일 거의 사시巳時에 이르렀는데 바람은 같았습니다. 이윽고 바람이 멈추고 조류가 움직이지 않아서, 배가 한 곳에 머물러 있었습니다.

같은 달 16일, 전날과 같았습니다.

같은 달 17일, 전날과 같았습니다.

18일에 바람이 불지 않다가, 미미하게 동쪽에서 바람이 불었고, 밤에 동풍이 불었는데, 바람이 강하지 않았습니다. 서쪽으로 조류가 흐르는 것이 강물이 넘치는 것과 같았습니다. 배는 신유申酉의 사이로 떠내려갔습니다.

19일, 해가 떠올랐으나, 본국은 물론이고 작은 섬, 작은 땅이 있는 것조차 볼 수 없었습니다. 밤에 야쿠시마屋久島의 방향을 살펴, 배를 움직였습니다. 그러나 야쿠시마를 찾지 못하였고, 술시·해시에 이르러서 바람이 인묘寅卯의 방향에서부터 불어왔습니다. 야쿠시마의 방향에 도달할 수 없어서 돛을 기울여 해자亥子의 방향을 향하여 항해하였습니다. 우리 일본 배는 돛을 비스듬하게 하면 배가 빨리 가지 못하는데, 지금 이 배도 돛을 횡으로 걸면 제대로 나아가지 못합니다.[9] 다른 배가 가는 거리의 반으로 줄어듭니다. 밤에도 낮과 마찬가지였습니다. 조류는 서쪽으로 매우 빨리 흘렀습니다.

20일, 전날과 같았습니다.

---

9 횡으로 돛을 단 배는 순풍에는 빨리 나아갈 수 있으나, 측풍에는 속도가 떨어지고, 역풍에는 아예 나아갈 수 없다. 이에 대한 종으로 돛을 단 배는 순풍에서 속도가 빠르지 않으나, 역풍을 이용해서도 앞으로 나아갈 수 있다.

21일, 전날과 같았습니다.

22일, 진사辰巳 시부터 풍랑이 점점 강하고 사나워졌으므로, 본국의 방향으로 배를 나아가게 할 수 없었습니다. (그래서) 동풍이 부는 곳을 따라 돛을 걸고 신유술申酉戌의 방향으로 떠밀려갔습니다. 이윽고 태풍의 위태로움과 어려움이 23일에 이르러서 배로 심해졌습니다. 고래 같은 파도가 몇 번이나 선루를 넘어 와서 돛을 걸 수 없었고, 배의 여러 곳이 파손되었습니다. 이때가 가장 위급한 상황이었습니다. 이 날이 오시午時·미시未時경에, 돛대를 베어 내 바다에 그것을 던져버렸고, 배의 키 또한 훼손되었기에 그것도 버렸습니다. 밤에 이르러서도 전과 마찬가지였습니다.

24일, 비록 바람이 조금 그쳤으나, 파도가 높고 커서 어찌하기가 어려웠습니다. 바람이 사오巳午의 방향으로 불어왔는데, 바람이 부는 대로 표류하였습니다.

25일, 바람이 잔잔하게 남쪽으로부터 불어와서, 임시로 키를 만들고 돛대를 세워 축인丑寅의 방향으로 향했습니다. 이 돛과 키가 온전하지 못하였으므로, 일본이 있는 방향으로 가기 어려웠기 때문입니다.

26일, 전날과 같았습니다.

27일, 전날과 같았습니다.

28일, 바람이 불지 않았습니다.

29일 그믐날, 전날인 25일 26일과 같았습니다.

7월 1일, 술해戌亥의 바람을 이용하여 인묘寅卯의 방향을 향해 배를 움직였습니다.

같은 달 2일, 바람이 자子의 방향에서부터 불어오므로, 인묘진寅卯辰의 방향을 향해 배를 움직였습니다.

같은 달 3일, 귀국에 표도하였습니다."

이곳에 처음 표도할 때부터, 이미 유구琉球에 속한 에라부지마가 사쯔마주의 소속이 되었다고 그들에게 답하였다. 그래서 지난번에는 그 거리가 또한 아주 가깝다고 하였다. 그런데 지금 이렇게 답을 한 것이다. 14일부터 23일까지 바다 위에 있는 날이 오래되었다. 만약 큰 섬에 도착하려고 토쿠시마와 (아마미)오오시마, 미신섬尾神嶼 사이를 오르내려서, 만약 바로 갔다면 마땅히 하루가 되지 않아서 본국에 도착할 수 있었을 것이다. 또한 배 안에 유구인이 있어서 내 마음이 편치 않았으므로, 아마미오오시마奄美大島를 야쿠시마屋久島라고 한 것이다. 자기를 속이고 붓 끝으로 남을 속였다. 글이 아직 다 끝나지 않았는데, 우후가 갑자기 글을 써 말하기를,

"오직 물은 일을 답하시는 것이 지금 마땅할 진대, 하필 장황히 거듭

말하시는 겁니까?"라고 하였다. 내가 바로 글을 써 답하기를,

"물으신 일은 곧 귀국에 표도한 한 가지뿐입니다. 지금 글을 쓴 문장 중에서 표류에 대한 이야기가 아닌 것이 없고 귀국에 표도하기에 이르 렀다는 이야기를 언급하지 않은 것이 없습니다. 다시 무슨 내용이 있겠 습니까? 다만 지금 물으신 일에 대하여 답할 뿐입니다. 하필 장황히 거 듭 말한다고 하십니까?' 그 말에 대해서 다시 상세히 설명해 주십시오" 라고 하였다.

우후는 붓 끝을 크게 멈칫거리며 능히 답하지 못했다. 드디어 생각을 바꾸어 글을 써 말하기를,

"칸우에몬勘右衛門과 어떤 문답을 하였습니까?"라고 하였다. 내가 말하 기를, "배를 움직인 순서를 쓰는 것에 대해서 문답하였습니다. 칸우에몬 이 말하기를, '제가 와서 도리어 방해되십니까?'라고 하므로, 내가 말하 기를, '그렇지 않소. 배를 움직이는 일이라면 칸우에몬이 그것을 잘 알고 있지 않소. 내가 잘못했소. 자네가 와서 다행이네. 지금 잠시 이곳에 머 물러 있게'라고 하였습니다"라고 하였다. 우후가 말이 없자, 태수가 이 에 글을 써 말하기를, "칸우에몬이 곧 배를 이끈 사람이라면, 배가 가는 순서는 오로지 칸우에몬이 말하는 바에 의거하면 좋겠습니다"라고 하 였다.

이 문답이 끝나고 앞의 질문에 답한 내용을 쓰기를 마쳤다. 태수가 말 하기를,

"처음과 끝이 매우 상세합니다"라고 하였다. 우후가 말하기를,

"이 답글 중에서 서쪽으로 흐른 것이 사흘이라고 말하였는데, 사흘 동

안 어느 곳에 머물렀습니까?"라고 하였다. 내가 답하여 말하기를,

"큰 바다 중에 떠다니고 있어서 어느 곳이었는지 모르겠습니다. 사방을 바라보아도 섬이나 뭍은 보이지 않았습니다. 물의 색깔은 누렇게 흐렸고, 파랑波浪은 얕았습니다"라고 하였다. 태수가 물어 말하기를,

"대양에 표류하여 흘러가고 있었고 수면과 하늘은 한 가지 색이라 동서남북을 판단하지 못했을 터인데, 어떻게 술해戌亥의 바람이라는 것을 알았습니까?"라고 하였다. 내가 답하여 말하기를,

"방향을 살펴보는 침이 있었습니다"라고 하였다. 태수가 말하기를,

"곧 지남철指南鉄입니까?"라고 하였다. 내가 말하기를,

"그렇습니다. 침의 뾰족한 부분이 북을 가리킵니다. (반대쪽에) 두 가지가 있는데, 이는 남쪽으로 향하는 것입니다"라고 하였다. 태수가 말하기를,

"식사를 한 후에 구경할 수 있겠습니까?"라고 하므로, (내가) 말하기를, 좋다고 하였다. 태수가 말하기를,

"식사를 한 후에 다시 오겠습니다"라고 하였다. 내가 말하기를,

"우러러 기다리겠습니다"라고 하였다.

세 명의 상관이 같이 돌아갔다. 절충장군과 속관은 여전히 머물러 있었다. 절충(장군)이 글을 써서 말하기를,

"물을 막는 방법을 어찌 쓰지 않으셨습니까? 빨리 하도록 하십시오"라고 하였다. 내가 말하기를,

"아! 누군들 어쩔 수 있겠습니까? 이미 배의 판이 부서지고, 중요한 부분의 재목들이 부러졌습니다. 어찌할 도리가 없습니다. 여러분들을 □□ 아닙니다. 물어보셨기 때문에 말해본 것뿐입니다"라고 하였다.

대나무 껍질로 만든 관 그림 : 갓끈은 남색과 가는 모시 끈을 사용한다. (영인 8쪽 상단)

보리(步吏)의 관 : 겉은 다라융(哆囉絨)의 거친 것과 같고, 속은 왜단(倭緞)과 같았다. 공작 꼬리를 세우고 붉은 털을 늘어트렸는데, 털은 코끼리털이고 붉게 염색하였다. (하단)

군졸의 관 그림 : 매 군현마다 그 형태가 각각 다르다. (영인 9쪽 상단)

전과 같은 그림[10]

모자 그림 : 면포(綿布) 또는 다라융(哆囉絨)을 사용하였다. 다람쥐 털가죽 종류이다. (하단)

쌀가마니가 물에 많이 젖었다. 그래서 절충(장군) 이종길에게 글로 이르기를,

"우리 작은 배에 적재한 쌀이 모두 젖었습니다. 이 젖은 쌀을 지금 그대로 둔다면 썩고 싹이 틀 것입니다. 배 위에서 말리는 것은 어려우니, 모래사장에 돗자리를 펼쳐 깔고 거기에서 말리기를 원합니다. 엎드려 바라건대, 이 일을 허락해주십시오. 이 일로써 몇 분의 공께 속히 알려주신다면 매우 다행이겠습니다. 엎드려 공경하며 사룁니다"(절충장군의 답서는 지금 잃어버렸다)라고 하였다. 절충장군이 돌아갔다.

잠시 후 태수가 순찰 비장과 함께 왔다. 내가 막 밥을 먹는 중이라 빨리 나가서 만나지 못했다. 태수가 배 안으로 글을 보내어 말하기를,

---

10 다른 지역의 군졸의 관을 그린 것이다.

"약의藥醫가 어제 와서 기다렸으나 맞이하지 않으셔서 돌아갔습니다. 그래서 곧 다시 맞아주실 것을 청합니다"라고 하였다.

식사가 아직 끝나지 않아 속히 답할 수 없었다. 태수가 또한 글을 써 말하기를,

"의원이 왔습니다. 서로 의논할 일이 있으니, 잠깐 오십시오"라고 하였다. 내가 이에 나와서 답하여 말하기를,

"의원이 왔다고 알려주셨는데, 식사를 하느라 지체되었습니다. 바라건대 의논할 바를 들려주십시오"라고 하였다. 태수가 말하기를,

"의원이 이미 왔습니다. 청컨대, 맞이하셔서 증세를 살펴볼 수 있도록 해주십시오"라고 하였다. 내가 말하기를,

"명을 받들어 그렇게 하겠습니다"라고 하였다. 이에 선루에서 내려가서 두 사람에게 말하고 다시 나와서 감사를 표하며 말하기를,

"방금 그대의 뜻을 두 사람에게 알리니, 두 사람이 (그대의) 따뜻한 마음을 공경히 받들었습니다. 제가 선내에 갈 때, 맞이하는 것이 마땅할 것 같습니다. 잠시 기다려주시면 참으로 좋겠습니다"라고 하였다. 태수가 말하기를, "그대의 배의 젖은 쌀은 바닷가[海干]에 자리를 깔고, 물이 들어오기 전에 볕에 쬐어 말리는 것이 좋겠습니다"라고 하였다.(전에 이 일을 절충에게 알렸다. 그래서 이러한 말을 한 것이다.) 내가 말하기를,

"삼가 그 말을 따르겠습니다, 감사드리고 또 감사드립니다"라고 하였다.

내가 마츠모토에게 명하니, 마츠모토가 말하기를, "지금 바닷물이 가득 차려고 합니다"라고 하였다. 내가 이에 글을 써 말하기를,

"오늘은 이미 바닷물이 가득 차는 시기에 가까워져, 내일 그것을 행하

겠습니다. 바라건대 저의 뜻과 같다면 다행이겠습니다"라고 하였다. 태수가 말하기를, 좋다고 하였다.

비장 이응호가 글을 써 말하기를,
"바다는 넓은데 동남쪽에 배 한척이 서로 보이는구나. 이틀 동안 청담을 나누었는데, 이에 부세의 연이 없겠는가?"라고 하였다.
내가 태수와 더불어 의원을 이끌고 선루에서 내려갔다. 이응호가 내가 기행 중에 쓴 시의 원고를 청했다. 내가 말하기를,
"하리下里와 파조巴調[11]처럼, 제가 쓴 시는 문장을 이루지 못하였고, 격조가 아름답지 못하여 여러분들이 보시기에 부끄러울 따름입니다. 바라건대 천천히 봐 주십시오"라고 하였다.

히다카와 카와카미가 나에게 의원을 만나길 청하였다. 내가 태수에게 글을 써 일러 말하기를,
"바라건대 의원을 불러주시면 제가 또한 존공을 모시고 함께 선내로 내려가려고 하는데, 그대의 뜻은 어떻습니까?"라고 하였다. 태수가 승낙하고, 일어나서 의원을 이끌고 선루 아래에 이르렀다. 태수가 글을 써서 말하기를,
"두 관인께서는 병의 증세가 어떠합니까? 히다카는 종기로 앓고 있고 카와카미는 설사병을 앓고 있습니까?"라고 하였다. 내가 그렇다고 하였다. 이에 히다카가 말한 바를 글로 쓰기를,
"히다카는 병을 앓은 지 오래되지 않았습니다. 지금 이 배 안이 빗물로

---

11 세간에서 유행하는 천박하고 쉬운 노래를 말한다(『文選』「宋玉對楚王問」).

인한 습기 때문에 (몸이) 상한 것일까요? 배를 탄 지 여러 날이 지나면서 이런 작은 종기가 생겼습니다. 몸이 조금 따뜻해지면, (가려워서) 종기를 손톱으로 긁게 되니 매우 마음이 쓰입니다. 또한 바람을 쐬고 싶지 않습니다. 때로 (바람만 쐬어도) 아픕니다. 머리를 포함해서 그 가장자리가 붉은 부분은 통증이 있습니다. 이른바 습기로 인해 생긴 종기일까요? 잘 살펴보시고 약을 지어 주신다면 다행이겠습니다"라고 하였다. 태수가 말하기를,

"의원이 자리에 앉으면, 종기가 난 곳을 가리켜 보여주십시오"라고 하였다. 히다카가 다리를 벌려 그곳을 보여주었다. 태수가 말하기를,

"의원이 옴[疥瘡]이라고 하는데, 과연 그렇습니까?"라고 하였다. 내가 말하기를,

"과연 그렇습니다"라고 하였다. 태수가 의원의 말을 써서 말하기를,

"조금 따뜻해지면 가렵고 바람을 맞으면 아픈 것은 습창濕瘡이 아니고, 곧 옴의 증세라고 합니다"라고 하였다. 내가 말하기를,

"의원이 말한 바와 같이 실로 이는 옴이 분명합니다. 바라건대 약을 주십시오"라고 하였다.

태수가 물어 말하길,

"배 안에 옴을 앓는 다른 사람이 있습니까?"라고 하였다.

내가 답하여 말하기를, "조금씩 옴을 앓는 4명이 있습니다"라고 하였다. 태수가 말하기를,

"그렇다면 반드시 전염될 것입니다"라고 하였다.

내가 다른 일이 있어서 선루로 올라갔다. 응호가 글을 써 말하기를,

"시를 보니 좋았으나 홀로 앉아있으니 편치 못하였습니다. 그대를 따르는 사람들의 제지를 당할까 걱정했을 따름입니다"라고 하였다.

조선인이 우리 배로 멋대로 들어오자, 곧 종복과 뱃사람들로 하여금 그것을 금지하였고, 침입한 자는 그를 때려서 던졌다. 곤자權左와 헤이스케平助가 그 일을 맡고, 야스타로오安太郎와 쇼오지로오庄次郎가 그들을 도왔으므로, 응호가 그것을 말한 것이다. 응호가 시를 주었는데, 다음과 같았다.

> 묻노니 그대는 어느 곳에서 오셨는가
> 하늘이 돛배에 바람을 보내니,
> 이웃의 사귐이 지금 도리가 있으니.
> 글로 서로 통하고자 하노니

나는 창졸간에 글을 써서 답하여 말하기를,
"이웃이 사이좋게 지내는 데 도리가 있으니, 다만 물과 바람에 맡겼을 뿐입니다. 사해四海가 형제이니 글로도 뜻이 통합니다"라고 하였다.
내가 다시 선루에서 내려왔다. 태수가 글을 써 말하기를,
"같은 증세의 종기는 같은 약으로 다스리는 것이 좋겠습니다"라고 하였다.

> 옴 처방 약
> 수유나무 기름 2홉

유황 가루 2돈

백반 2돈 (앞의 두 종류는 수유나무 기름에 넣는다. 검어지도록 달여서 천천히 따뜻하
게 하여 칠하면 곧 효력을 발휘한다.)

내가 글을 쓰기를,

"바라건대 카와카미의 맥을 살펴주십시오"라고 하였다. 태수가 말하
기를,

"카와카미는 의원으로 하여금 맥을 살피게 하겠습니다"라고 하였다.
내가 카와카미가 말한 바를 쓰기를,

"카와카미는 이미 열흘 넘게 설사병을 앓았습니다. 설사를 자주하지
만 변은 편하지 않습니다. 하루 종일 서른 번 정도를 거듭하였는데, 변에
피가 섞여 나오고, 허리와 항문이 부어올라 고통스럽습니다. 배 안에서
오랫동안 고통을 받았기 때문인지, 기분이 항상 취한 것 같았습니다. 술
을 좋아하는 성격이나, 마시고 싶지 않았습니다. 오래 앉아있을 수도 없
었는데, 앉으면 곧 피곤해집니다. 밤낮으로 편안히 잘 수도 없으니, 바라
건대 약을 베풀어주시면 다행이겠습니다"라고 하였다. 의원이 맥을 짚
고 배를 만져보지 않았다. 내가 말하기를,

"카와카미의 뱃속을 살펴보지 않으십니까?"라고 하였다. 태수가 말하기를,

"이미 맥을 진찰하였으니 따로 배를 살피는 일은 없을 것입니다"라고
하였다.(카와카미의 약제는 지유탕地楡湯과 익원산益元散이었다. 태수가 그것을 써
서 보여주었는데, 그 글은 카와카미가 받았다.)

응호가 선루 아래에 오기를 청하므로 내가 그것을 허락하였다. 응호
가 선내에 이르러서 글을 써 말하기를,

"두 분께서는 병이 나아지셨습니까? 걱정이 됩니다. 의원에게 진찰을 받고 약을 복용하고 편안한 마음으로 조리한다면, 어찌 하루가 지나지 않아 병이 낫는 효험이 없겠습니까?"라고 하였다.

내가 두 사람에게 그것을 말하니, 두 사람은 나로 하여금 그것에 감사하도록 하였다. 이에 글을 써 말하기를, (곧 두 사람의 각자 말한 바로써, 내가 그것을 글로 썼다.)

"그대의 정에 대단히 감사드립니다. 병은 조금 심해진 듯하나, 상하거나 괴로운 곳은 없습니다. 바라건대 그대의 마음을 편안케 하소서. 히다카 요시모토가 공경히 사룁니다.

문병해 주시니 은혜에 우러러 감사드립니다. 엎드려 감사드립니다. 카와카미 치카나카가 공경히 사룁니다"라고 하였다.

태수가 약품의 유무를 물었다. 내가 답하여 말하기를,
"오직 유황뿐입니다. 다른 것은 없습니다"라고 하였다. 태수가 알겠다고 말하였다. 내가 우리나라에서 만든 국수주麴水酒와 유구의 포성주泡盛酒와 설탕을 태수와 의원에게 권하며 글을 써 말하기를,
"히다카와 카와카미의 질병 때문에 술을 마시지 못하지만, 두 사람이 조졸하나마 작은 뜻을 표하고자 합니다. 그래서 제가 술을 권하고자 합니다"라고 하였다. 태수가 말하기를,
"본래 술을 배우지 않아, 조금만 마셔도 바로 취하니, 그대의 뜻에 따를 수가 없습니다. 의원에게 대신 권하시지요"라고 하였다. 태수가 유구주의 이름을 묻기에 답하여 말하기를,

"유구국에서 생산하는 것인데, 포성주라고 합니다"라고 하였다. 태수가 한 방울 맛보고 글을 써 말하기를,

"향이 배나 강합니다. 어째서 포성泡盛이라 부릅니까?"라고 하였다. 답하여 말하기를,

"주둥이가 작은 그릇으로 잔에 따르면 잔 속에서 거품이 일어난다고 하여 그렇게 부릅니다"라고 하였다. 이에 잔에 술을 부었는데 거품이 일어나지 않았다. 내가 바로 글을 써 말하기를,

"포성주는 그 품질이 좋지 않거나, 혹은 배 안에서 흔들려서 손상을 입어서 거품이 일어나지 않은 것입니다. 얼굴이 붉어지고 얼굴이 차갑습니다"라고 하였다.

태수가 말하기를,

"얼굴이 붉어지는데 얼굴이 어찌 차갑겠습니까?" 하며 미소를 지었다. 내가 크게 웃으며 차다는 '한寒'이라는 글자를 (먹으로) 지우고 땀날 '한汗'이라는 글자로 바꾸었다.

태수가 담배 주머니를 꺼내어 나에게 담배를 주었다. 내가 글을 써 말하기를,

"전날 피워본 담배도 원래 좋았는데, 지금 이 담배는 향기와 맛이 또한 전날보다 배나 좋습니다"라고 하였다. 태수가 말하기를,

"오늘 담배는 질이 낮은 물건이나, 그 맛이 그대의 입에 맞으신가 봅니다. 다 피우셔도 괜찮습니다"라고 하였다. 내가 말하기를,

"지극히 감사드립니다. 다시 담배를 채워서 피워보겠습니다. 만일 그대의 뜻이 괜찮으시다면, 다시 일본의 담배를 넣어서 바꿔보고자 하는

데 괜찮겠습니까?"라고 하였다. 태수가 말하기를,

"피차 정을 드러내는 것인데, 어찌 반드시 하찮은 물건으로써 서로 바꾸겠습니까?"라고 하였다.

내가 말하기를, 어찌 담배만 바꾸겠느냐, 담배주머니도 함께 바꾸는 것이 좋겠다고 하고, 이에 일어나서 국분國分[12]의 연초를 골라서, 담배주머니에 채워서 태수에게 주었다. 태수가 또한 그 담배주머니를 대신 주었다. 또한 글을 써 말하기를,

"우리나라에서는 그것을 연갑이라 합니다"라고 하였다.(지금은 그 원본을 잃어버렸다.) 태수가 또한 우리나라의 용어를 물었다. 내가 글을 써 말하기를,

"연입煙入이라고 칭하고, 초갑草匣이라고도 말합니다"라고 하였다. 태수가 그것을 가리켜 그냥 '타바코煙'라고 하였다. 내가 글을 써 말하기를,

"일본은 따로 연입煙入이 있습니다. '타바고이레多葉古以禮'라고 말합니다(일본어이다)"라고 하였다. 태수가 소리내어 말하기를, '다바고위리多婆古衛利(타바코이리)'라고 하였다.

앉은 자리 오른쪽에 진립陣笠[13]이 있었다. 이응호가 물어 말하기를,

"그대가 항상 쓰는 관은 가죽입니까?"라고 하였다. 내가 말하기를,

"소가죽을 두드려 그것을 만듭니다"라고 하였다. 태수가 물어 말하기를,

---

12 사쯔마에서 생산한 담배를 말한다.
13 중하급무사들이 쓰는 철제로 된 모자이다. 칠을 하기도 하였으며, 천을 늘어뜨려 햇빛을 가리기도 하였다.

"히다카는 7등이라면, 카와카미와 야스다는 모두 몇 품입니까? (태수가 이 질문을 했었는데, 나는 마땅히 7품으로써 답을 말하였으나, 두 사람에게 의논하니 히다카가 8품이 옳을 것이라고 하였다.)

내가 답하여 말하기를,

"둘 다 8품이 맞습니다"라고 하였다. 태수가 말하기를,

"그대의 나라의 품계는 1품에서부터 몇 품까지 있습니까?"라고 하였다. 답하여 말하기를,

"15품까지 있습니다"라고 하였다.

태수가 물어 말하기를,

"그대의 배에는 화약이나 연환鉛丸이 있습니까?"라고 하였다. 내가 답하여 말하기를,

"모두 있습니다. 부속된 섬支島에서 비상시에 대비하기 위하여, 세 사람의 관인이 모두 갖추고 있습니다"라고 하였다.

태수가 말하기를,

"그렇다면 배 안의 총은 어떤 곳에 사용됩니까?"라고 하였다. (내가 물어 말하기를, "어느 곳은 곧 어떤 일과 같은 것입니까?" 하니 태수가 이에 때 '시時' 자를 그 옆에 추가해 주었다.) 내가 답하여 말하기를,

"배 안에서 정해진 것은 없습니다. 이는 비상으로 준비한 것입니다. 혹시 부속된 섬에 살고 있는 사람이 제멋대로 하여 거스르거나, 바다 위에서 적선이 있는 경우와 같은 비상시에 그것을 사용합니다. 감히 그것을 가벼이 사용하지 않습니다"라고 하였다. 태수가 물어 말하기를,

"이미 아홉 개의 화살이 있는데 어찌 화살촉은 없습니까? 또한 활은

있습니까?"라고 하였다. 내가 답하여 말하기를,

"아홉 개의 화살은 상자 안에 보관하고 있는 것을 말씀하십니까? 그것은 적시的矢라고 칭합니다. 궁술을 연습하는 화살이지 싸우기 위한 도구가 아닙니다. 그러나 그것을 사용하려고 하면 쏠 수는 있습니다. 화살촉이 있습니다. 없지는 않습니다. 그 화살촉을 일러 말하기를, 시두矢頭라고 합니다. 화살에 장착하여 가지고 있습니다. 이 외에는 12개를 가지고 있는데, 이는 전투를 위한 도구이며 화살촉 또한 있습니다"라고 하였다. 태수가 물어 말하기를,

"아홉 개의 화살 외에 또 12개가 있습니까?"라고 하였다. 그렇다고 답하였다.

태수가 물어 말하기를,

"활은 몇 자루입니까? 각궁입니까, 목궁입니까, 죽궁입니까?"라고 하였다. 답하여 말하기를,

"활은 10자루인데, 이 중 4자루는 또한 벌레가 좀먹어서 쓸 수 없습니다. 여섯 자루는 쓸 수 있는데, 각궁도 아니고 목궁도 아닙니다. 우리 일본 활은 대와 나무를 결합시켜 만듭니다"라고 하였다. 태수가 말하기를,

"납으로 만든 총알이 있다면 몇 개입니까?"라고 하였다. 답하여 말하기를,

"수를 점검하지 않아 기억하지 못하므로, 그 수를 알기 어렵습니다. 만약 그 개수를 알아야 한다면 헤아려 상세히 알 수 있을 것입니다"라고 하였다.

그의 속관 2~3명이 그것을 헤아려 보고, 김기방이 글을 써 말하기를,

"연환은 합하여 93개입니다"라고 하였다. 그것을 나에게 보여주므로,

내가 말하기를,

"그대들이 헤아린 수는 제가 알지 못하였습니다"라고 하였다. 태수가 말하기를,

"이는 주상께 보고하여야 하는 일이기 때문에, 비록 괴로움을 끼칠 것을 알지만, 상세하게 하지 않을 수 없습니다"라고 하였다. 태수가 손가락으로 가리켜 묻기를,

"이것의 이름은 무엇이라 합니까?"라고 하였다. 답하여 말하기를, 철포점사(鐵砲簽[14]筍)라고 합니다. (또는 말하기를, 옥약점사玉藥簽[15]筍라고 한다.)

날이 곧 저물려고 하였는데, 이응호가 글을 써 말하기를,

"순찰사 합하께서 먼 나라의 사람을 생각하시어, 아침저녁으로 양찬을 계속 지급하라는 명이 있어 관주官廚로 하여금 날마다 전달하도록 하였습니다. 염매塩梅를 드린 것이 귀인의 입에 맞지 않을까 걱정스럽습니다. 생것과 마른 것으로 준비하고자 하는데, 귀인의 뜻을 알 수 없으니, 어떠하십니까?"라고 하였다.

이 사이의 필담은 모두 기록하지 않았다. 이 날, 의원을 맞이하였기 때문에 태수가 선내에 앉아 있었다. 얼마 지나지 않아 몇 사람이 왔는데, 곧 날이 저무려 하자, 선내의 사람이 덥고 복잡한 탓에 힘이 들어 편히 머무를 수 없었다. (이에) 망루 뒤로 자리를 피하여 사사로이 대화하였다. 나는 평소에 현기증이 나는 병이 있었는데, 이때 갑자기 증세가 나타나 심신

---

14 의미로 보아 돗자리를 뜻하는 簽보다는 대광주리를 뜻하는 篝이 옳은 것으로 생각된다.
15 화승총을 쏠 때 쓰는 화약을 넣은 통을 말한다.

이 마치 취한 것 같았다. 이 때문에 응호의 글을 해석하지 못하였다.

태수가 글을 써 말하기를,

"순찰 합하께서 명하셨으므로, 일을 헤아려 대응하는 책임策應은 저 자신에게 있습니다. 상세히 그것을 보여주시지요"라고 하였다. 내가 답하지 않자 태수가 또한 말하기를,

"양식은 말린 것으로써 보내어 드리면 되겠습니까? 반찬은 익힌 것으로써 드리면 되겠습니까? 한 가지를 골라서 알려주십시오. 편하신 대로 알려주시면 됩니다"라고 하였다.

내가 끝내 대답하지 않았다. 태수가 말하기를,

"날이 이미 저물었으나 글은 말을 다 표현하지 않아, 그 뜻이 상세하지 않습니다. 내일 또 마땅히 그 행할 것을 세세히 말하겠습니다. 지금은 잠깐 물러날 것을 고합니다"라고 하였다. 태수가 이에 비장과 더불어 돌아갔으므로, 나는 곧 평상에 엎드렸다.

8일, 사정을 묻는 조선 관인 몇 사람이 새벽에 들이닥쳤다. 나는 여전히 잠자리에 있었다. 두 사람에게 이르기를,

"오늘 아침 불행히도 어지럼증을 앓아 손님을 접대할 수 없습니다"라고 하였다. 마침내 이불을 덮고 누웠는데, 식사 때까지 여전히 일어나지 못하였다. 조선 관인이 모두 망연자실하였다. 내가 비록 불초하나, 오로지 다른 나라에 국명國名을 욕보이지 않을 것만을 생각하고, 또한 속히 돌아갈 길을 헤아렸으니, 밤낮으로 마음으로 근심하여 감히 수고로운 것을 마다하지 않았다. 알지 못하는 자들은 대개 문장과 시가를 좋아하여 문필을 뽐낸다 생각하는데, 내가 어찌 문장과 시가를 좋아하겠는가?

어쩔 수 없었던 것이다. 만일 문장과 시가만을 힘쓴다면 여러 조선인이 주는 시에 대해서 화답하는 것이 마땅한데, 한 번도 화답하지 않았다. 눈앞에 손님은 항상 가득했고 배 안의 자리는 비지 않아 오직 배와 관련된 일에만 힘썼으니, 내가 어찌 저 노예들이 표류한 것과 같겠는가? 만일 외국을 대하는 일이 아니었다면, 나는 마침내 필담을 중단하고, 애쓰지 않고 마음이 느슨해졌을 것이다. 그러나 어찌 자신을 깨끗하게 하고자 하여 스스로 욕되게 할 수 있겠는가? 필요에 응한 것이니, 문자에 답한 바를 밝히자면 다음과 같다.

조선인이 글을 써 말하기를,

"밤새 병이 있으셨다니 걱정이 많습니다. 묻고 답하는 일은 다른 사람으로 대신하지 않을 수 없었습니다. 그런 후에 상사의 책임을 면할 수 있었으니, 엎드려 바라옵건대 저의 사정을 살피어 알아주소서"라고 하였다. 또한 말하기를,

"(야스다의) 병증은 어떠하십니까?"라고 하였다. 히다카가 글을 써 말하기를,

"의원이 없으면 알지 못합니다"라고 하였다. 조선인이 말하기를,

"어제부터 야스다 군이 현기증을 앓고 있다고 합니다"라고 하였다. 또한 말하기를,

"밤 사이에 두 존공의 병세가 다시 어떠합니까?"라고 하였다.

히다카가 말하기를,

"조금 괜찮아졌습니다"라고 하였다. 조선인이 말하기를, "어제 차도가 있음을 보니 매우 기쁩니다"라고 하였다. 또한 배에 있는 쌀이 어디에서 생산된 것인지를 물었다. 히다카가 답하여 말하기를, 우리나라에서 생

산된 것이라고 하였다. 조선인이 다시 큐슈九州가 현의 이름인지, 주가 아홉 개가 되어 큐슈인지를 물었다. 히다카가 답하기를, 큐슈는 이른바 구국九國이라고도 말합니다. (내가 살펴보건대 히다카가 위소謂所라고 쓴 것은 어순이 바뀐 것 같다.)¹⁶ 조선인이 쌀이 생산된다면 또한 다른 곡식이 있는지를 물었다. 히다카가 배 안에 다른 곡식은 없다고 답하자, 조선인이 말하기를,

"배 안의 물품을 묻는 것이 아닙니다. 그 나라에서 나는 바를 물었습니다"라고 하였다. 히다카가 오곡이 모두 생산된다고 하자, 조선인이 다섯 가지의 이름을 물었다. 히다카가 글을 써 말하기를, "하나는 쌀이요, 하나는 조이고, 하나는 대맥, 하나는 소맥, 하나는 대두입니다"라고 하였다.(내가 외우고 있는 바는, 곧 쌀, 조, 콩, 보리, 기장인데 히다카가 왜 그것을 잘못 말하였을까?)

절충장군 이종길이 장천규, 김기방과 더불어 서둘러 와서 내가 병으로 누워있는 것을 보고, 물어 말하기를,

"공경히 사룁니다. 밤사이 병으로 누우셨으니, 놀라고 답답함을 이기지 못하겠습니다. 어찌하면 차도가 있겠습니까? 절충 이종길이 올립니다"라고 하였다.

내가 누워서 답하여 말하기를,

"오늘 아침 병을 앓아 어지러워서 그대의 뜻에 답할 수 없었습니다. 원

---

16 원문에서는 히다카가 謂所라고 썼는데, 이는 所謂를 잘못 쓴 것이라고 지적한 것이다. 일본에서는 所謂를 '이우도코로'와 같이 말하다라는 위(謂)를 먼저 바 소(所)를 나중에 읽기 때문에 히다카가 어순을 착각한 것이다.

컨대 너그러운 뜻으로 보아주소서. 우러러 바랍니다"라고 하였다. 얼마 뒤에 종길이 또한 나의 침상에 다가와 물어 말하기를,

"야스다 앞에 공경히 사룁니다. 그 사이 병세에 차도가 있습니까? 오로지 안타깝고 가슴이 답답할 뿐입니다. 절충 이종길이 올립니다"라고 하였다.

내가 감사하며 말하기를,

"두 번이나 은혜로이 물어주시니, 그대의 따뜻한 정이 실로 두텁고 소중합니다. 오늘 아침 어지러움이 심하였으나, 지금은 그 병의 통증이 조금 감소하였습니다. 그대의 마음을 편안히 하소서. 엎드려 깊이 감사드립니다. 야스다 요시타카가 올립니다"라고 하였다.

식사 때에 이르니, 태수 윤영규가 와서 글을 써 말하기를,

"야스다의 어지러운 증세가 걱정이 되어 잠깐 얼굴을 뵙고 물러가겠습니다"라고 하였다. 태수가 바로 머리맡에 이르러 은근하게 나의 손을 잡았다. 내가 병 때문에 누워있었지만, 화가 나는 것은 나이고 그가 아니었다. 그는 진실로 그것을 알지 못하고 답답해하고 근심하며 위문하였다. 나는 다른 나라와 상대하고 있기 때문에, 그래서 병이 든 몸으로 힘들게 숨을 쉬면서도, 태수를 만나고 있는 것이다. 내가 곧 글을 써 말하기를,

"오늘 아침은 손발이 모두 차가웠는데 지금은 조금 따뜻합니다. 바라건대, 공께서는 심려를 놓으십시오. 대단히 감사합니다"라고 하였다. 태수가 말하기를,

"어지러운 증세는 과로에서 비롯된 것 같습니다. 또한 매일 문답하시느라 힘드셨습니다. 지극한 염려를 이길 수 없습니다. 다만 다려 드시던

인삼차는 어떻겠습니까?"라고 하였다.

내가 답하여 말하기를,

"이미 혼자 인삼탕을 복용해 보았는데, 효험이 있는 듯합니다"라고 하였다. 태수가 나의 손을 어루만져주었다. 내가 또한 말하기를,

"오늘 아침에는 맥이 미세하여 마치 없는 것 같았습니다"라고 하였다. 태수가 말하기를,

"손이 여전히 차갑습니다. 모름지기 잘 조섭하셔야 합니다"라고 하였다. 내가 감사하며 말하기를,

"대단히 감사드립니다. 작은 것도 소홀히 하지 않겠습니다"라고 하였다.

계속해서 비장과 첨사가 왔다. 내가 이에 일어나서 앉았는데, 이종길과 장천규, 김기방이 일찍 와서 자리에 있었다. (그들은) 나에게 상표上表 하나를 보여주었다. 나는 병에 걸려있었기 때문에 능히 답할 수 없었다. 곧 글을 써 말하기를,

"오늘 제가 병을 앓고 있는데, 지금은 세 분이 보러 오셨기 때문에 일어나서 앉았습니다. 이미 피로함이 심합니다. 비록 깊이 감사를 올리고자 하나, 할 수 없겠습니다. 다시 내일을 기약하여 답장할 것이니, 바라건대 너그러이 용서해 주십시오"라고 하였다.

이응호가 내가 에라부지마에서 지은 시의 원고를 청하여, 그것을 펼쳐 보고, 9월 13일 밤에 달을 보고 지은 시를 문득 읊었다. 몇 개의 구절을 손가락으로 가리켰는데, 그중에 9월 13일 밤 누대에 오른다는 구절이 있었다. 내가 말하기를,

"9월로 시작하는 시구는 아직 온전하지 못합니다"라고 하였다.

태수가 말하기를,

"청컨대 히다카의 활을 보고 싶습니다"라고 하였다. 내가 이를 히다카에게 말하니, 히다카가 활시위를 걸어 가지고 나왔다.

내가 그의 말을 써서 말하기를,

"비록 쓰기에는 부족하나 청하신 것에 따라 받들어 보여드립니다"라고 하였다.

태수가 말하기를,

"어찌 그 가운데를 잡지 않으시고, 양 끝을 사용하십니까?"라고 하였다.

내가 말하기를,

"쏘는 데 정묘함이 있습니다. 쏘아보면 그 잡고 있는 곳이 중요한 곳이 됩니다"라고 하였다. 태수가 말하기를,

"이것은 어떤 석궁입니까?"라고 하였다.

내가 말하기를,

"삼인장三人張이라고 합니다.[17] 석궁이라고 부르지 않습니다"라고 하였다. 태수가 (시위를) 당기며 말하기를, 강하지 않다고 하였다. 태수가 물어 말하기를,

"그대 나라는 문文을 숭상합니까? 무武를 숭상합니까?"라고 하였다. 내가 답하여 말하기를,

"무를 숭상합니다"라고 하였다. 내가 또한 말하기를, "일본에도 공자·맹자의 도로써 문으로 여기는 자들이 있습니다. 그러나 일본에는 원래 국학國學이 있어서 그것으로써 문을 삼습니다. 비단 한학漢學만을 뜻하지

17 세 사람이 힘을 합쳐야 활시위를 걸 수 있는 활이라는 뜻이다.

않습니다"라고 하였다.(두 사람은 한자로써 응대할 수 없었는데, 내가 그로 하여금 부끄럽지 않도록 하고 싶어서 이에 이와 같이 글을 썼다.) 태수가 말하기를,

"그대들 세 명 중 누가 문이고 누가 무입니까?"라고 하였다. 내가 대답하지 않았다. 태수가 말하기를,

"야스다는 무인 같지는 않습니다"라고 하였다. 내가 말하기를,

"저는 문인이 아닙니다. 임시로 배운 것입니다"라고 하였다. 히다카가 말하기를,

"저에게 강한 활이 있습니다"라고 하며, 태수에게 보여주고자 하자 카와카미도 좋다고 하였다. 두 사람이 일어나 활을 굽히고자 하였으나, 활이 뒤집어져서 활시위를 걸 수 없었다. 내가 또한 일어나서 그들을 도왔는데, 끝내 활시위를 걸지 못하고 그만두었다. 내가 이에 글을 써 말하기를,

"아직 옻칠을 하지 않았고 또한 물의 기운에 젖어있기 때문에 활시위를 걸 수 없는 것입니다"라고 하였다. 태수가 곧 글을 써 말하기를,

"이 활은 이름 짓기를, '세 명이 활시위를 걸 수 없는 활'이라고 해야겠습니다"라고 하였다. 이응호가 말하기를, "활시위가 풀린 채로 걸 수 없으면, 좋은 활이 아닙니다"라고 하였다.

히다카의 활이 능히 휘지 않으니 나는 매우 부끄러워 이에 패도佩刀를 보여주고자 하였다. 글을 써 말하기를,

"우리들의 칼을 보여드려도 되겠습니까?" 하니, 태수가 좋다고 하였다. 내가 말하기를,

"먼저 이 바깥쪽의 장식을 보여드리겠습니다"라고 하였다.

태수가 칼을 뽑는 시늉을 했다. 내가 말하기를,

"진짜 칼날을 보여드려도 되겠습니까?" 하니, 태수가 허락하였다. 내가 곧 칼을 집어 천천히 그것을 뽑았다. 세워서 그 안팎을 보여주니, 태수가 말하기를,

"진실로 보배로운 검입니다. 칼빛이 별까지 비칩니다"라고 하였다. 내가 이에 칼을 거두어들였다.(이것은 우리 가문의 보물인데, 분고 유키히라豊後行平)[18]가 제작한 것이다.)

히다카가 또한 칼을 가지고 나왔다. 내가 그의 말을 전하여, 히다카의 칼을 보여드리겠다고 하니, 태수가 허락하였다.

히다카가 칼을 잡고 칼날을 뽑고는, 눈을 부릅뜨고 이를 악무는 모습을 보였다. 태수가 글을 써 말하기를,

"검을 만지며 무섭게 노려보는 것은 필부의 용맹에 불과합니다"라고 하였다.

내가 히다카에게 이르기를,

"족하께서 지금 협사의 용맹이 있기 때문에 이와 같이 말한 것입니다"라고 하였다.[19] 히다카가 말하기를,

"만 사람을 벨 수 있다는 뜻을 보여준 것이다. 문법에 맞게 쓰려면 어떻게 해야 하는가?"라고 하였다. 내가 그것을 보이며 가르쳐 주었더니, 히다카가 곧 글을 써 말하기를,

"나의 한 칼은 마땅히 만 사람을 벨 수 있습니다"라고 하였다. 태수가 글을 써 말하기를,

---

18 12~13세기에 활약한 刀工으로 그가 제작한 칼 중에서 중요문화재로 지정되어 있는 것도 있다(동경국립박물관).
19 이 부분은 야스다가 윤영규 태수의 말을 부드럽게 표현한 것이다. 칼로 들고 눈을 부릅뜨는 것은 필부의 용맹에 불과하다고 하였는데, 야스다는 이를 俠勇이라고 표현해 준 것이다.

"훌륭하십니다!"라고 하였다. 태수가 말하기를, "야스다는 문력文力과
정력精力이 5석石이나 무게가 나가는 활을 충분히 감당할 만합니다"라고
하였다.

때가 곧 점심 무렵이 되려하는데, 이응호가 글을 써 말하기를,
"우리들은 내일 병영으로 돌아가야 합니다. 3일 동안 좋은 이야기를
나누어 가히 덧없는 세상의 운치 있는 일라고 할 만하지만, 작별에 임하
여 마음이 허하고 한탄스러우니, 어찌 다른 나라 사람인 것이 문제가 되
겠습니까? 오히려 바라건대, 무사히 돛을 올려, 가을바람을 좇아 순조롭
게 돌아가시기를 빕니다. 식사 후에 반드시 다시 오겠습니다. 물러남을
알립니다"라고 하였다.(이 때에 시를 준 것이 있었는데, 권말에 실었다.) 태수가
말하기를, 식사가 갖추어졌으니 물러나겠다고 하였다.

나는 헤어진 다음, 자는 곳으로 물러났다. (이 곳을 '쯔쯔노마筒之間'라고 한
다.) 이종길, 김기방, 장천규가 자는 곳까지 왔다.

기방이 글을 써 말하기를,
"오늘 내일 안으로 문정관이 왕명을 받들어 찾아 올 것입니다. 배 안의
실은 물품을 점열할 것인데, 전에 이미 하나하나 점열하는 내용을 마음
깊이 새기십시오. 말을 했는데 일에 혹 착오가 생긴다면 우리들에게 반
드시 일이 생기게 될 것입니다"라고 하였다.

내가 답하여 말하기를,
"가르쳐주신 내용을 따르겠습니다. 오늘 내일 안으로 문정관이 왕명
을 받들어 와서 찾아온다고 말씀하셨습니다. 점열하는 일은 그대 나라
의 여러 관인들이 이미 점열하여 기록한 바와 같습니다. 어찌 오류가 있

겠습니까? 또한 우리 세 명이 몸에 지니고 있는 물품과 같은 것은 야스다 요시카타가 가지고 있는 것은 일일이 보여주었고, 히다카와 카와카미가 가지고 있는 것은 문정을 행하는 관인 중의 한 사람이 전날 물어서 그것을 기록하였습니다. 이는 대체적인 숫자이고 자세하지 않습니다. 또한 전날 바다에 물품을 던져버린 것은 지금 없습니다. 모두 그대들이 보고 아는 바이니, 감히 이러한 사정을 알려드립니다. 공손히 사룁니다" 라고 하였다.

그가 말하기를,

"전날 여러 관인이 물품을 점열할 때, 야스다가 소지한 물품은 그것을 보았고, 그밖에 히다카와 카와카미가 소지한 물품과 각 사람들이 소지한 물품은 열어 보기에 어려움이 있었습니다. 다만 상자의 수와 궤짝의 수만 위에 보고하였습니다. 문정관이 와서 혹시 다시 그것을 검열하고자 하면, 태수와 첨사가 이미 점열을 하였다는 사실을 강하게 주장하여, 일체 열어보이지 마실 것을 엎드려 바랄 뿐입니다. 혹 착오가 있다면 우후, 태수, 첨사 세 명은 반드시 신상에 큰 죄가 있을 것이니, 명심해주시고 그렇게 해주시면 어떻겠습니까?"라고 하였다. 전에 그가 나에게 상표문의 초안을 보여주고 말하기를, 다른 사람에게 보여주지 말라고 하였다. 내가 본디 허락하였으므로, 감히 그것을 베껴 쓰지 않았다. 그밖에 달리 문답한 여러 내용도 지금은 그것을 생략한다.

오시午時에 태수와 비장이 다시 왔다. 나는 여전히 잠자리에 있었다. 태수가 물어 말하기를,

"낮 사이에 어지럼증의 정도는 또한 어떻습니까? 우리들이 병환을 문

기 위해 다시 왔으나, 뵈올 수 없으니 가히 한탄스럽습니다. 익원산益元散을 지금 새로 조제하여 왔는데, 이는 카와카미가 복용할 약입니다. 히다카와 카와카미는 낮 사이 조금이라도 차도가 있습니까? 아울러 가르쳐 주십시오"라고 하였다.

내가 답하여 말하기를,

"몇 번이나 은혜로운 문안을 받습니다. 두터운 정에 어떻게 감사해야 할지 모르겠습니다. 저의 어지러움은 지금 꽤 줄어들었으니, 공께서는 생각을 편히 하십시오. 다만 문답을 하지 못하는 것을 근심할 따름이니, 공께서는 그것을 헤아려 살피십시오. 또한 카와카미가 복용할 가루약 세 첩을 내려주시니, 카와카미가 그 은혜에 깊이 감사하였습니다. 카와카미의 병은 조금 나아졌습니다. 히다카도 또한 조금 좋아진 듯합니다. 실로 은혜를 입습니다. 엎드려 깊이 감사드립니다. 야스다 요시타카가 공경히 사룁니다"라고 하였다.

태수가 말하기를,

"그대의 배가 우리 고을에 도착한 지 이미 엿새가 되었습니다. 한 그릇의 음식이라도 차려서 마음을 표현하지 못하여, 마음이 무척이나 부끄럽고 한탄스럽습니다. 이 때문에 오늘 조촐한 술과 떡으로 세 분의 대관인과 여러 뱃사람들에게 작은 뜻을 표시하고자 합니다. 힘드시더라도 나와주시면 좋겠으나, 병으로 아직 바람을 쐴 수 없으시다면 우리들은 마땅히 돌아갈 것입니다"라고 하였다. 내가 감사하며 말하기를,

"그대의 뜻으로 주찬酒饌을 내려주시는 일을 들었습니다. 곧 이제 나가서 뵙고 감사를 표하고자 합니다. 삼가 매우 감사드립니다"라고 하였다.

태수가 말하기를,

"병이 드셨고 날도 더우니, 반드시 의복을 갖추지 않으셔도 됩니다"라고 하였다. (매일 손님을 대할 때 마다, 반드시 여복旅服을 갖추어 입었기 때문에 태수가 그렇게 말한 것이다. 그러나 여전히 옷을 엄히 갖추었다.)

우리 세 명이 같이 선루 위로 나갔다. 히다카와 카와카미는 병 때문에 며칠을 접객하지 못하였는데, 이 날 잠깐 나와서 접객한 것이다. 막 음식을 차리려고 하는데, 조선인이 글을 써 물어 말하기를,

"배 안에 물이 스며드는 것은 전과 비교해서 어떻습니까?"라고 하였다.

내가 답하여 말하기를,

"물이 스며드는 것은 전 날에 비하여 10배입니다. 이 일에 대해서는 자세히 다시 아뢰고자 합니다. 뱃사람들의 논의가 복잡하고 세세하였던 까닭에, 그것을 미처 알려드리지 못했습니다"라고 하였다. 히다카가 글을 써 말하기를,

"우리나라는 남색男色을 좋아하는데 그대의 나라는 어떻습니까?"라고 하였다.

태수가 말하기를,

"호색한 마음은 사람이 모두 같은 바입니다"라고 하였다. 동자가 나와서 음식을 바치므로, 이에 그들이 요구하는 데 따라서, 내가 뱃사람들로 하여금 또한 아랫자리에 열을 짓도록 하였다. 이에 글을 써 말하기를,

"배 안의 사람들은 자리를 함께 할 수 있는 자들이 아닙니다. 그러나 배 위에는 자리가 갖추어져 있지 않으므로, 세 분의 뜻에 따라, 그들로 하여금 아랫자리에 모두 앉도록 하였습니다. 그래서 그 사실을 삼가 알려드립니다. 공경히 사룁니다"라고 하였다.[20]

20 태수 윤영규는 일본 뱃사람들도 함께 음식을 먹고자 하였으나, 야스다는 신분의 차이로

사람마다 각각 상 하나를 주었다. 상은 네 다리가 달린 높은 소반[21]이었고, 도기陶器 7개(나무그릇, 질그릇 접시가 섞여 있었다)가 놓여 있었는데, 하나는 흰 떡이고, 하나는 꿀이었으며, 또 하나는 국수이고, 하나는 삶은 쇠고기[22]이고, 하나는 쇠고기 채소 국이며, 하나는 가지인데, 된장으로 버무린 것이었고, 하나는 수박이었다.

젓가락을 들기 전에 소주를 한 차례 마셨다. 내가 말하기를,

"두터운 정의 지극함을 확실히 알겠습니다. 그런데 우리들은 본디 진실로 다른 나라의 식사 예절을 알지 못하여 다만 먹기만 할 뿐입니다. 그대 나라의 예에 맞지 않는 것은 오만함이 아닙니다. 특별히 이 사실을 받들어 알려드립니다"라고 하였다. 태수가 말하기를,

"이 과일은 곧 수박입니다. 설사병에 많이 먹으면 아주 효험이 있으니, 바라건대 카와카미에게 많이 권하심이 어떻습니까?"라고 하였다. 또한 말하기를,

"까마득히 멀리 떨어져 있는 곳에서 서로 만났으니, 이는 즐거운 일입니다"라고 하였다.

태수가 배 안에서 노래를 부르는 자가 있는지를 물으므로, 내가 답하여 말하기를, 없다고 하였다. 태수가 말하기를,

"하지 않는 것이지 할 수 없는 것이 아닙니다"라고 하였다. 태수가 바로 한 동자를 시켜 노래를 부르게 했다. 내가 이에 나라노楢野와 요시무

함께 자리를 할 수 없다고 하였다. 그러나 태수가 원하므로, 뱃사람들을 선루보다 낮은 자리에 모두 앉도록 한 것으로 생각된다.
21 원문은 高盤四足이다. 사람마다 음식을 차린 小盤을 하나씩 마련한 것이다.
22 원문은 牛水煎이다. 水煎은 물에 끓이는 것을 말하므로, 쇠고기 수육으로 생각된다.

라吉村를 재촉하니, 두 사람이 나와서 노 젓는 노래를 시작했다. 비장 이응호가 내일 자신의 본영으로 돌아가므로, 내가 술을 권하고 글을 써 말하기를,

"이별하는 마음을 나타내기 위하여. 다시 받들어 술을 권하오니, 한 잔을 마셔 주신다면, 다행多幸이겠습니다"라고 하였다. 응호가 사례하며 말하기를,

"바닷가23에서 전별하는 예를 받습니다. 매우 감사드립니다"라고 하였다.

내가 히다카와 카와카미와 함께 서로 의논하여 응호에게 파초포芭蕉布24 두 필을 주어 전별하니, 응호가 진심으로 사양하며 말하기를,

"주인으로서 객을 전별하는 것은 옛날의 예가 있으나, 객이 주인을 전별하는 것은 그 예를 뒤집는 것이니, 비록 공손하지 못한 일이지만, 오직 바라건대 (제 뜻을) 잘 살펴주십시오"라고 하였다. 내가 말하기를,

"보여주신 뜻은 잘 알았습니다. 우리들이 손님의 입장인데 (주인에게) 전별하면 비록 예가 아닌 것 같습니다만, 그러나 (지금은) 그대가 우리들보다 먼저 떠나가시고, 잠시나마 이 땅에 머무르는 것은 우리들입니다. 사양하지 마시고 (우리의) 작은 뜻을 받아들여 주신다면 다행이겠습니다. 그러나 물품은 참으로 보잘 것 없는 것이라 억지로 권할 수조차 없습니다. 다만 감히 저희들의 마음을 거듭 밝히오니, 엎드려 바라옵건대

---

23 원문은 海國이다. 일본이라는 뜻일 수 있으나, 문맥상으로는 전별하는 바닷가를 뜻하는 것으로 보인다.
24 파초를 이용하여 짠 천을 말한다. 유구 왕국의 중요한 수출품이었다.

받아 주십시오"라고 하였다. 응호가 말하기를,

"예를 말하는 데 어찌 주옥과 비단이 문제가 되겠습니까? 그대들의 따뜻한 정은 이미 물건을 꺼내기도 전에 받았습니다. (예가) 어찌 반드시 물건에 있겠습니까? 원컨대 다시 거두어 들이시어, 그로써 이 마음을 편안하게 해 주십시오"라고 하였다. 내가 말하기를,

"그대의 뜻을 따라 거두어들이겠습니다"라고 하였다.

언어는 비록 서로 통하지 않았으나, 진심이 통하였으므로 모두 기뻐하였고, 서로 친근한 눈빛으로 바라보았다.[25] 다행히 이 날 저녁에 조각달이 넓은 바다를 비추어, 금빛으로 빛나는 물결이 외로운 배를 출렁이니, 즐거운 흥취가 또한 많았다. 태수가 글을 써 말하기를,

"집으로 돌아가 이 달을 보면 능히 이 날의 일을 생각할 수 있겠습니까?"라고 하였다. 내가 말하기를,

"저 달이 본디 고향의 달이겠지만, 집으로 돌아가면 다시 그대 나라의 달이 될 것입니다. 저런 조각달빛을 볼 때마다, 마땅히 이 청담淸談을 나눈 저녁을 기억할 것입니다"라고 하였다. 응호가 말하기를,

"이미 그대의 술로 취하고 그대의 덕으로 배불렀습니다. 이 정다운 사람들을 아끼는데 곧 돌아감을 노래하는 시를 짓지 않는다면,[26] 오늘 저녁 자리의 의미를 제대로 드러냈다고 할 수 있겠습니까?"라고 하였다.[27]

---

25 원문은 靑眼이다. 晉의 阮籍이라는 사람이 가까운 사람은 靑眼으로 맞이하고 거만한 사람을 보면 白眼 즉 눈의 흰자위를 드러냈다는 고사에서 온 표현이다.

26 원문은 不卽歸之詩이다. 卽詩는 그 자리에서 지은 즉흥시를 말한다. 여기에서는 야스다 일행이 돌아가기 전에 베풀어진 술자리에서 시를 짓는다는 뜻이다.

27 원문은 可謂今夕著題語이다. 題語는 머리말이라는 뜻이지만, 머리말을 써서 책 전체의 내용을 잘 드러내거나 호를 지어 그 사람됨을 드러낸다는 뜻으로 쓰인다.

내가 말하기를,

"오늘 밤 시구가 완성이 되면, 내일 새벽에 마땅히 그것을 드리겠습니다"라고 하였다. 응호가 말하기를,

"제가 가는 것은 마땅히 내일 아침입니다. 한 번 이별한 후에는 서로 만날 기약이 다시없으니, 바다의 구름과 섬의 나무조차 저의 섭섭한 회포를 돋우지 않는 것이 없습니다. 내일 떠나가는 길에 뱃머리에 말을 세우고, 다시 여한이 없도록 이 마음을 드러낼 것입니다. 밤사이 마음을 편안히 하시고 병환을 다스리시기를 바랍니다"라고 하였다.

2경에 세 사람이 돌아갔다. 이 날 이응호가 시를 주기를,

> 바닷가에서 그대를 만난 저녁, 서쪽 하늘엔 때마침 달이 흐르고.
> 같은 글을 쓰는 기자국에, 다른 옷을 입은 살마(薩摩) 배로다.
> 주옥같은 글이 말을 대신하나, 칼 주인이 병이 들어 근심이네,
> 신명(神明)께서 가는 곳마다 도와주시고, 밝은 해는 마음 길 비춰주소서.
> 고래와 상어의 소굴을 지나고 또 지나니,
> 꿈에 놀라 깨어나도 찬 바닷물 소리 들렸으나
> 푸른 바다로 돌아가는 배 띄우는 날,
> 붉은 산초가 난간을 덮는구나.

기묘년 7월 8일,

조선국 금성(錦城) 연막종사(蓮幕從事) 구성(駒城) 후인 이응호가 삼가 글을 씀

그 겉봉에 글을 쓰기를

"야스다의 운을 따라 사쯔마주 세 분의 대관인에게 이별을 고합니다"
라고 하였다.

내가 물어 말하기를,

"동문同文은 곧 주나라 시기의 비간과 기자의 문예를 같이 배운다는 것
을 말하는 겁니까? 다른 복장이라는 것은 곧 다른 의복의 복제를 말하
는 겁니까?"라고 하였다. 응호가 말하기를,

"그렇습니다. (내가 또한 운을 따른 바의 시를 물었는데, 응호가 말하기를, "하나
는 '강변문행江邊問行'인데, 곧 동자가 구호口號를 청후하게 요청한 데 따른 것입
니다. 하나는 곧 '강정야작江亭夜作'의 운입니다"라고 말하였다.)

9일, 내가 새벽에 세 명의 관인에게 편지를 써 말하기를,

"오늘도 평안하시길 공손히 바랍니다. 전날 점열하셨던 궤와 상자에
는 착오가 있지 않았습니다. 그대들에게 속한 여러 관리들이 아직 묻지
않았고, 우리 신종臣從들도 아직 열어서 보여주지 않은 궤와 상자가, 배
안에 허다합니다. 모두 모래사장과 바닷물에 짐을 던진 후에야 볼 수 있
었던 것인데, 신종들도 또한 전날 위태롭고 어려운 때에 바다에 던졌는
지 아닌지 알지 못했기 때문에, 상세히 기록할 수 없었습니다. 그러므로
공의 아래에 있는 여러 관리들이 능히 알 수 없었던 것은 여러 관리들의
태만함 때문이 아닙니다. 감히 이 말로써 알리오니, 바라건대 당연한 계
책으로써 그대의 뜻대로 하시면 좋겠습니다. 공경히 사룁니다"라고 하
였다.

이종길, 김달수, 장천규 등이 일찍 왔다. 달수, 천규가 같이 글을 써 말하기를,

"눈병이 쾌유되셨다니 다행입니다. 우리 두 사람이 어제 오지 않은 것은 귀공의 배와 돛대, 노를 새롭게 만들 목재를 청하여 얻는 일을 위해, 문서를 만들어 상관에게 보고하느라, (이 때문에) 여가가 없어 오지 못한 것입니다. 허물하지 마십시오"라고 하였다. 내가 말하기를,

"어지럼증은 나아졌습니다. 다만 머리가 아플 뿐입니다. 감히 문답에 방해가 되게 하지 않겠습니다"라고 하였다. 그들이 물어서 말하기를,

"배 안에 물이 들어오는 것은 전의 열배나 된다고 하시니, 놀라고 걱정되는 마음을 이길 수 없습니다. 끝내 만일 이 물이 들어오는 것이 줄어들지 않는다면 장차 어떻게 하시겠습니까?"라고 하였다. 내가 말하기를,

"마땅히 성의誠意로써 여러분들께 아뢰겠습니다. 나중에 다시 상세히 말씀드리겠습니다. 돛대와 노의 일도 또한 관련된 일이니, 다시 상세히 기록하겠습니다"라고 하였다. 내가 묻기를,

"순찰사 합하의 비장이 나에게 준 시구 중에서, '붉은 산초가 난간을 덮는다는 구절이 있는데, 아직 이해하지 못하였습니다. 해석하여 가르쳐주신다면 참으로 다행이겠습니다"라고 하였다. 달수가 말하기를,

"초화椒花가 열릴 때를 말합니다"라고 하였다.[28] 내가 초화에 대해서 묻기를,

---

28 야스다가 홍초라는 표현을 이해하지 못하여 김달수에게 물었는데, 김달수가 홍초를 산초나무 꽃이 필 때라는 뜻이라고 잘못 답하였다. 우선 紅椒는 초피나무를 뜻한다. 그러나 이를 붉은 산초나무 열매로도 해석할 수 있다. 산초나무의 열매나 초피나무의 열매 껍질은 붉고, 그 안에 검은 색 씨가 들어 있다. 초피나무는 열매의 껍질을 향신료로 쓴다. 일본에서 산쇼오(山椒)라고 하여 향신료로 쓰는 것도 사실은 초피나무 열매 껍질이다.

"그대의 나라에서는 어느 달에 열려서 봉오리가 터집니까?"라고 하였다. 달수가 말하기를,

"그대의 나라를 말하는 것입니다. 우리나라에는 없습니다. 중국은 또한 그것이 있습니다"라고 하였다. 내가 말하기를,

"청국에서는 어느 때에 열리는지는 잘 모르겠습니다"라고 하였다. 달수가 말하기를,

"저도 잘 모르겠습니다"라고 하였다. 내가 또한 묻기를,

"산초화山椒花는 있습니다만, 홍초紅椒는 의문스러울 따름입니다"라고 하였다. 달수가 말하기를,

"산초가 곧 홍초입니다"라고 하였다. 내가 말하기를,

"비로소 그 구절을 이해하였습니다"라고 하였다. 천규가 말하기를,

"저와 함께 왔던 우후공이 병이 생겨서 식음을 전폐하고 누워서 일어나지 못하고 있습니다. 걱정스럽고 또 걱정스럽습니다. 이 때문에 다시 오지 못하였습니다"라고 하였다. 내가 말하기를,

"이제서야 우후공이 병에 걸리셨다는 이야기를 들었습니다. 식음을 전폐하고 누워서 일어나지 못하는 것은 실로 그대들의 깊은 근심이겠습니다. 병의 증세는 어떠합니까? 우리들도 심히 걱정이 되고 크게 놀랐습니다. 가서 병문안을 드리고 싶으나 그럴 수 없습니다. 엎드려 바라건대, 두 분이 이 말로써 알려주신다면 다행이겠습니다. 원컨대 마땅히 보양을 더하시어, 빨리 병을 고치셨으면 합니다. 세 사람이 삼가 아룁니다"라고 하였다. 종길이 말하기를,

"배 안에 물이 들어오는 것이 더합니까? 제일 먼저 저는 그 일을 근심합니다"라고 하였다. 내가 말하기를,

"염려를 끼쳐드렸습니다. 물이 들어오는 것은 전 날보다 열배입니다. 이 때문에 이 일의 시작과 끝으로써 여러 공들께 알려드리고자 하였습니다. 그러나 의론을 하고 있으나 결론을 내지 못해 오늘에서야 이제 받들어 아뢰고자 합니다"라고 하였다. 종길이 말하기를,

"선체를 상세히 보면 상한 곳이 많습니다. 목판으로 덧대어 고치면 구할 수 있는 방법이 있겠습니까?"라고 하였다.

배가 모래 위에 머무른 지 여러 날이 되었고, 일찍이 풍파에 손상을 입고 또한 무거운 물품을 싣고 있어서, 배의 판자가 날로 쪼개지고, 관목貫木이 날마다 헐거워져서, 전날부터 조수가 많이 스며들었다. 이에 선장, 선로舡老와 배 안에서 경험이 있는 자들과 의논하였더니, 모두 말하기를,

"처음에는 이처럼 배가 낡고 썩은 것을 미처 알지 못하였습니다. 오늘 아침 포판包板을 벗겼는데 이미 못을 칠 수가 없는 상태였습니다. 또한 무릇 배의 모양은 본디 위로 휘어져야 합니다. 그런데 지금은 배의 고물과 이물이 내려앉아 도리어 아래쪽으로 휘어져 있습니다. 이와 같은 상태는 우리나라의 선박 장인들도 오히려 수리할 수 없습니다. 하물며 다른 나라의 서툰 장인은 어떻겠습니까? 전에 개인의 물품을 버렸고 또 어쩔 수 없이 공물을 버렸습니다. 그런데도 배를 보전하기 어려운 것은 실로 우리들의 불행이니, 우리 배를 불태우고 조선 사람들의 배에 의지하여 돌아가는 것만 못합니다. 여럿이 의논하여 결론을 내린 것입니다"라고 하였다.

문득 이종길이 (그 일에 대해서) 물어오므로, 그래서 답하여 말하기를,

"구할 수 있는 방법이 없습니다. 선체는 곧게 뻗어 있어야 할 것이 늘

어져 버려, 선형이 이미 무너졌습니다. 못은 부러지고 판은 부서졌으며, 관목은 제 자리를 벗어나 버렸습니다. 아아 어찌할 도리가 없을 따름입니다. 본선과 소선과 적재한 물품은 모두 불태우고, 관물 세 상자와 관청의 장부 상자 하나, 또한 각자 신변의 물품을 가지고, 귀국의 국법을 따라 육지로든 혹은 수로로든 돌아갈 수 있는 큰 은혜를 얻고자 합니다. 그리고 세세한 일에 대해서는 수시로 그 내용을 받들어 알리겠습니다. 엎드려 공경히 사룁니다"라고 하였다. 종길이 말하기를,

"태수께 말을 전하겠습니다"라고 하였다.

바닷물이 이미 선내에 넘쳐서 석판席板이 둥둥 떠다니니, 조선인이 또한 보고 놀라서 얼굴 빛이 변하였다.

김기방이 말하기를,

"상관 세 분은 밤새 병세가 다시 어떠합니까?"라고 하였다. 내가 답하여 말하기를,

"히다카는 병세가 전날보다 조금 나아졌습니다. 카와카미 또한 아프고 괴로운 것이 조금 줄었습니다. 저의 어지럼증은 나아졌습니다. 다만 두통만이 있을 뿐입니다. 그대의 걱정에 매우 감사드립니다"라고 하였다.

기방이 말하기를, "지금 배 안에서 물이 들어온 양이 크게 많아진 것을 보았는데, 너무 놀라 할 말이 없습니다. 옷을 넣는 상자[衣藏器]와 반찬거리를 담는 그릇[饌需器]과 장 그릇[醬器]은 종인과 하인으로 하여금 모두 아울러 윗갑판으로 옮겨 두게 하였습니다"라고 하였다.

내가 말하기를,

"뱃사람으로 하여금 젖지 않게 하겠습니다. 그대의 정에 매우 감사드

럽니다. 바라건대 마음을 편히 하십시오"라고 하였다.

새벽이 되어 이언배李彦培라는 자가 왔다. 김기방이 나에게 알려주기를,

"태수의 친족입니다"라고 하였다. 내가 관직을 물으니 말하기를,

"이군과 같습니다(종길을 말하는 것이다. 아마 그 또한 절충장군일 것이다)"라

고 하였다.

내가 술을 권하였다. 언배가 돌아갈 것을 알리며 말하기를,

"저는 나랏일로 여기를 우연히 들른 것인데, 두터운 은혜를 많이 입습

니다. 감사하고 또 감사합니다. 이제 돌아가고자 하나, 발길이 떨어지질

않습니다. 편안하게 귀국으로 돌아가시길 바랍니다. 이언배가 올립니

다"라고 하였다. (지금 그 원고를 잃어버렸다.)

순찰비장 이응호가 전날 저녁에 말한 것과 같이 섬 끝에 말을 세우고,

울 배에 올라와 이별을 고하며 말하기를,

> (신분이) 낮은 사내의 그림 : 운반하는 짐은 모두 등에 졌다. 그 도구
> 는 곧 대나무로 만든 것이다. (영인 10쪽 상단)
>
> 말 그림 (하단)

"지금 제가 곧 출발하려고 하는데, 슬픈 마음을 이기지 못하겠습니다.

바라건대, 부디 순조롭게 잘 돌아가십시오. 세 분의 대관인께 이별을 고

합니다"라고 하였다.

이 날 뱃일이 특히 번잡하여, 두 선비가 아쉽게 이별하는 뜻에 답할 수

없어 한스러웠다.

웅호가 또한 말하기를,

"사람의 이해와 영욕은 하늘의 뜻이 아닌 것이 없습니다. 바라건대, 모름지기 있는 대로 받아들이시고 마음을 편안히 하시다면 다행이겠습니다. 어찌 고진감래의 날이 없겠습니까?"라고 하였다.

내가 대답하지 않으니, 그가 능히 읽지 못하는 것인가 의아해 하는 것 같았다. 내가 곧 구두점을 찍고 감사하며 말하기를,

"이해와 영욕은 모두 하늘이 행하는 일이므로, 또한 편안합니다"라고 하였다.

조선인이 말하기를, "밤새, 세 분의 병환은 어떠합니까? 배 안에 물이 들어차는 일은 또한 어떻습니까? 걱정이 매우 큽니다"라고 하였다. (이 질문은 지금 어떤 사람이 했는지 잊어버렸다.)

내가 말하기를,

"물이 스며드는 것은 전 날보다 열 배나 됩니다. 이 때문에 오늘 다시 이 일의 시작과 끝으로써 아뢰고자 하였는데, 그 원고가 아직 완성되지 않았으니, 원고가 완성되면 삼가 마땅히 받들어 아뢰겠습니다"라고 하였다.

전 날 청한 대로 젖은 쌀을 말렸다. 가을볕이 바야흐로 더워져서, 뱃사람들이 더위를 견디고 이기지 못하니, 모래 위에 베로 만든 돛으로써 그늘을 만들었다.

조선인이 글을 써 말하기를,

"앞서 돛으로 쓸 대나무를 짊어지고 오기 위해서, 뱃사람들이 육지로 내려왔다고 합니다. 마땅히 그들이 내려가지 못하게 분부하시는 것이

어떻겠습니까?"라고 하였다.

선장 마쯔모토가 말하기를,

"양미糧米가 스며든 물 때문에 여러 차례 젖었습니다. 찌지 않으면 부패합니다. 전날 모래 위에 큰 솥을 두었으니, 청컨대 그것을 가지고 와서 젖은 쌀을 찌게 해 주십시오"라고 하였다. 내가 글을 써 말하기를,

"큰 솥은 지금 모래사장 위에 있고 젖은 쌀은 찌지 않으면 부패합니다. 그러므로 그 솥을 사용하여 찌고자 합니다. 우리 뱃사람이 가고자 하면 이를 금지하시고, 또한 귀국의 사람들이 가지고 오지 못하게 하시면, 도대체 어떻게 해야 좋겠습니까?"라고 하였다.

그가 말하기를,

"모래 위에 둔 돛은 귀국의 사람들이 가지고 올 것이니, 하필 우리나라 사람으로 하여금 실어 오게 하여 쓸 데 없는 힘을 낭비할 필요가 있겠습니까?"라고 하였다.

내가 말하기를,

"이미 여러 공들께서 말로 허락해주셨기 때문에 돛을 져서 모래사장 위에 가져다 두었습니다. 그리고 다시 여러 공의 허락을 얻어 돛을 져서 배에 올렸습니다. 그런데 지금 또한 여러분들께서 실로 신신당부하시니, 뱃사람들에게 엄중히 명령하여 내려가지 않게 하겠습니다. 바라옵건대, 귀국의 여러 사람으로 하여금 큰 솥을 지고 우리 배 위로 이르도록 해 주시면 매우 다행이겠습니다. 그렇지 않으면 쌀이 장차 썩을 것입니다"라고 하였다. 조선인이 솥을 지고 왔다. 그가 글을 써 말하기를,

"관물 4상자는 그대의 주군인 사쯔마 제후에게 가서 바칠 물품입니까? 상자 안의 물품은 또한 어떤 물품입니까?"라고 하였다. 내가 답하여

말하기를,

"관물 4상자 중 3상자는 곧 해마다 우리 사쯔마 제후의 명으로써 관인官人이 문서를 기록하여 대관代官에게 아뢰는데, 대관이 명령하여 마련한 파초포芭蕉布입니다. 하나는 곧 대관이 섬 전체를 다스린 내용에 관한 여러 문서와 일기 등입니다"라고 하였다.

그가 말하기를,

"4개의 상자가 곧 그러한 관물이라면 지금 상부에 보고하여야 하므로, 점열하지 않을 수 없으니, 바라건대 일일이 열어서 보여 주십시오"라고 하였다.

관물에 대해서는 진실로 두 분(히다카와 카와카미)과 더불어 열어서 보여 주지 않기로 맹세하였다. 그가 여러 번 열어 보일 것을 재촉하였으나, 감히 열어서 보여주지 않았다. 이에 글을 써 말하기를,

"그 상자들은 마땅히 보여드리겠습니다. 그러나 봉한 것을 열어서 보여드리는 일은 할 수 없습니다"라고 하였다.

곧 그 상자들을 꺼내니 5상자였다. 그러므로 또한 글을 써 말하기를,

"전에 글에는 상자가 4개라고 기록하였는데, 지금 그 현물을 보니 5상자입니다. 하나는 세법으로 정해진 벼[籾]가 들어가 있는데, 잊어버려서 그 수가 달라졌으니 죄가 많습니다. 지금 그 상자의 수를 알려드립니다"라고 하였다. 그가 말하기를,

"이미 그 상자를 보여주셨는데, 어찌 열어 보이는 일은 어렵습니까?"라고 하였다. 내가 답하여 말하기를,

"우리 제후께서 사용하시는 물품이므로, 에라부지마에서 대관이 감직

監職과 더불어 함께 그것을 봉하였습니다. 이 때문에 열기 어렵습니다. 이렇게 말씀드리는데도 안 된다고 하시면서, 그것을 억지로 열라고 명령하실 수 있습니까? 우리 제후가 쓰시는 물품이므로 열기 어려움을 다시 한 번 받들어 아룁니다. 우러러 바라건대 우리들의 사정을 살펴주시면 다행이겠습니다"라고 하였다.

그가 말하기를,

"그대의 제후가 사용한 바이며, 대관과 감직이 함께 그것을 봉하였기 때문에 열어 보이기 어렵다면, 다섯 상자는 반드시 각각 문서를 만들어 빠트리지 말고 하나하나 알려주십시오. 그것으로써 상부에 보고하겠습니다"라고 하였다. 내가 이에 두 분과 의논하고 대략 그 물품과 수를 써서 보여주었다.

한낮 무렵, 태수와 첨사가 왔다. 내가 글을 써 말하기를,

지난번에 절충(장군) 이군을 통해서 우리 배가 이미 부서지고 무너지고 있음을 받들어 아뢰었는데, 삼가 공들께서 찾아주시니 다시 그 일을 말씀드립니다. 오래도록 거친 물결과 강한 바람으로 손상을 입었기 때문인지. 늘 물이 스며들고 스며드는 물이 증가하여 오늘은 전 날보다 50배입니다. 또한 곧게 뻗어야 할 선체는 본래의 모습이 아니고, 쇠못은 부러졌고 판은 부서졌으며 관목 또한 2촌 정도 제 자리를 벗어나 있습니다. 오늘 낮에 배 안의 물이 이미 앞 칸[前間] 판석板席 위까지 차올랐습니다. 전날부터 오늘에 이르기까지 그대들의 마음을 많이 번거로이 합니다. 이번 일 또한 실로 귀국이 번거로워짐을 알고 있습니다. 그렇지만 지금 우리의 작은 배가 절대로 쓸 수 없게 되었습니다. 이 때문에 우리 배

와 적재한 물품은 모두 불태우고, 다만 관물의 작은 상자 4개와 신변의 물품만 가지고, 25명이 함께 귀국의 법을 따라 육지로 가든 물길이든 지시하시는 대로 하겠습니다. 우리들을 보내주시어, (본국으로 돌아) 갈 수 있는 곳으로 이르도록 해 주십시오. 삼가 우러러 은혜를 입고자 합니다. 또한 세세한 일에 이르러서는 매일 받들어 아뢰겠습니다. 진실로 황공하여 공손히 사룁니다. 7월 9일"이라고 하였다.

속관인이 이에 글을 써 말하기를,

"지금 글로 알려주신 내용을 보고, 매우 놀랐습니다. 처음 표류하여 도착하였을 때는 다만 돛대와 노 두 물건을 수리하면 된다고 말씀하셨는데, 지금 여러 날이 지난 후에 이르러 배 자체가 파손되고 상하여 쓸 수 없다고 하시니, 어찌 그 전후가 이렇게 상반됩니까? 상세히 그 연유를 알려주십시오"라고 하였다.

내가 답하여 말하기를,

"이 일은 그대들도 또한 장차 자세히 살펴보셔야 할 것으로 생각하실 것입니다. 그러나 지금 상세히 기록한 것은 이러한 이유로 그대의 뜻에 응한 것입니다. ('이러한 이유是故' 이하는 빠지고 잘못된 것이 있다. 내가 묻고 답하는 것이 번거로이 많아, 글을 정리할 여유가 없었다. 두 분과 마츠모토 등이 옆에서 급히 베낀 것이기 때문에 오류가 많다. 나는 또한 그 내용을 잊어버려서 지금 감히 보충하여 적지 않았다. 아래에서도 마찬가지이다.)

무릇 우리의 작은 배는 여러 날 거대한 바다의 풍파로 고통을 겪으면서 표류하다가 간신히 귀국에 도착하였습니다. 아침에 선장 칸에몬勘右衛門[29]이 또한 말하기를,

---

[29] 선장 마쯔모토의 이름이다.

'참으로 하늘이 도와서 운이 좋았습니다. 잠시라도 바다에 더 머물렀다면, 여기에 이를 수 없었을 것이고 그 재앙은 헤아리기 어려웠을 것입니다'라고 하였습니다.

이 때 비로소 배가 이와 같이 썩고 손상되었음을 알았습니다. 우리들은 본래 그 파손됨의 많고 적음을 알지 못하였으니 선장도 오히려 놀랐습니다. 다만 처음부터 끝까지 이 배에 의지하여 우리나라로 돌아갈 것을 생각하였습니다. 어찌 배를 버리고 그것을 불태우게 될 것이라고 생각하였겠습니까? 25명은 물이 스며들어올 때마다, 가슴이 아프고 매우 슬픕니다. 만약 다만 이 배에 의지할 수 있다면, 비록 얼마 되지 않는 관물과 우리 물품을 싣고 우리나라로 돌아갈 것입니다. 그래서 돛대와 노만 그대의 은혜를 얻어 고치려 한 것입니다. 지금 또한 배와 적재한 물품을 불사르도록 아뢴 것은, 실로 그대의 생각과 같이 전후가 상반됩니다. 그대의 마음을 번거롭게 할 것이라고 여겼기 때문에, 이 일을 의논하는 데 이틀 낮 이틀 밤이나 걸렸습니다. 지금 어쩔 수 없이 저희들의 사정을 이와 같이 아룁니다. 엎드려 바라건대 이 뜻을 명확히 살펴 알아주십시오. 머리를 조아려 삼가 말씀드립니다"라고 하였다.

태수가 곧 붓을 들고 글을 쓰기를,

"이미 이군李君의 말을 듣고 그대의 뜻을 충분히 알았습니다. 지금 또한 오는 길에 그대의 배를 상세히 살펴보았는데, 건조한 지 이미 11년이라는 세월이 지났고, 판을 덧대고 수리한 것도 또한 썩고 손상되었습니다. 큰 바다에서 바람을 만나 표류하다가 이곳에 도착하여, 다행스럽게도 모두가 죽을 위기를 벗어났으니, 하늘이 주신 행운입니다. 일이 이미 여기에 이르렀으니, 또한 어찌하겠습니까? 육지로 가거나 물길로 가는 일은 아래에서 마음대로 처리할 일이 아닙니다. 마땅히 이 뜻으로써 상사에게 보고하여 국왕에게 아뢸 것이니, 조정의 처분을 기다리십시오. 그대들은 마음을 편히 하시고, 병을 다스리시어, 지나치게 염려하지 마십시오"라고 하였다.

내가 감사하며 말하기를,

"그대의 뜻을 삼가 받드니, 실로 은혜로운 정이라 감사할 바를 모르겠습니다. 우리들이 지금에 이르러 어찌할 바를 모르는 상태인데, 그대들의 은혜와 가련하게 여기는 마음이 있었기 때문에 25명은 심신이 편안할 수 있게 되었습니다. 지금 또한 상사에게 보고하여 그대의 왕에게 아뢰는 일을 들었으니, 실로 이는 우리들에게는 하늘이 도와주시고 신이 도우는 것과 같습니다. 마음을 편안히 하고 잘 판단하여 허락해주시기를 기다리겠습니다. 엎드려 매우 감사드리면서, 삼가 말씀을 올립니다"라고 하였다.

이 날 조선왕이 음식을 내려주었다. 태수가 글을 써 말하기를, (지금 음식의 차림새는 기록하지 않는다.)

"귀국의 떡은 모두 달고 향기로웠는데, 우리나라의 떡은 맛이 매우 담백하여 그대의 입에 맞을지 모르겠습니다"라고 하였다. (내가 감사를 표시한 원고는 지금 그것을 잃어버렸다.) 태수가 말하기를,

"변변치 않은 음식인데, 어찌 사례하십니까? 도리어 부끄러워집니다"라고 하였다. 또한 말하기를,

"배 안의 사람들 중에는 체발剃髪[30]한 사람도 있고 체발하지 않은 사람

---

30 剃髪은 머리를 다 깎는 것이 아니라 일부를 남겨놓고 깎는 것이다. 당시 일본에서는 무사 계층을 비롯하여 남자들은 대부분 체발을 하였다.

도 있는데, 이는 무슨 의미입니까?"라고 하였다. 내가 답하여 말하기를,

"체발한 자를 '니사이二才'라고 합니다. 체발하지 않은 자는 '합총合惣'이라고 또한 총발惣髮이라고도 합니다. 우리 일본에 많이 있습니다. 또한 만일 의원醫人으로서 도가의 학문을 배운 자라면 모두 총발입니다. 또한 16~17세 이하는 모두 총발을 하는데, '와카슈우若衆'라고 부릅니다. 또한 지호知互라고도 합니다. (곧 '아兒'라는 글자이다.) 일반적인 풍속이 이와 같습니다. 배 안에 나이가 많은 세 명은 우리들 세 명의 종자입니다. 전날 밤 말한 바와 같습니다"라고 하였다. 태수가 말하기를,

"16~17세의 사람은 총발을 하고 그들을 일컬어 '지호'라고 한다면 배 안에는 또한 나이가 서른에 가까우나 체발하지 않은 사람도 있는데, 이들은 도가입니까? 의원입니까?"라고 하였다. 내가 말하기를,

"도가와 의원은 모두 총발을 합니다. 혹은 10명 중 1명은 완전히 삭발을 하는데, 소위 스님과 같은 사람입니다. 이러한 사람은 드뭅니다. 그러므로 대체적인 상황을 말씀드렸을 따름입니다. 지금 배 안의 동자 외에 두 명은 곧 도가나 의원이 아닙니다. 우리들을 시종하는 자들이 서너 명 있는데, 그중 한 사람은 일반적인 총발입니다. 그러나 그것은 관례가 아닙니다. 대체적으로는 이와 같습니다"라고 하였다.

해가 저물자 태수와 속관이 돌아갔다.

이날 새벽 김기방이 나에게 알려주기를,

"한 선비가 있는데, 존공의 성의盛儀를 듣고 와서 뱃머리에 앉아 있었는데, 들어가지 못하게 해서 들어가지 못하고 있습니다"라고 하였다.

내가 답하여 말하기를,

"그대가 가서 같이 데리고 오십시오"라고 하였다. 그가 곧 가서 함께 왔는데, 그 사람이 시를 주었다. 그 내용은 다음과 같았다.

삼가 드립니다.
만 리 떨어진 곳에 터를 잡은 나라가 무슨 일로 이르렀는가
남쪽 바닷가에 배 한 척 묘연하니, 무엇이 떠돌아다니는 객을 방해하겠는가
진실로 풍파에 시달려 길을 잃은 이여, 자주 얼굴을 대하니 정이 오래된 듯하구나. 한 잔 차와 술에 새로운 맛이 많도다.
돌아보니 해 지려는데 고향의 산은 멀기만 하니, 몇 번이나 흰 구름을 바라보며 늙은 부모를 생각하는구나.

조명원(曹蓂遠)

내가 글을 쓰기를,
"조군께서 칠언율시를 저에게 주신 것에 답합니다. 생각건대, 그대는 지금 지학志學의 나이를 지난 지, 겨우 2~3년이 되었을 것 같은데, 지은 바가 실로 두보의 풍취가 있습니다. 앞으로 마땅히 귀국의 보배가 되어 마침내 비단옷을 입게 될 것으로 생각합니다, 멋대로 품평하였으니 실로 죄가 많습니다. 다만 관용을 베풀어 주십시오"라고 하였다.
명원이 말하기를,
"크게 칭찬해 주시니 감당할 수 없습니다. 그리고 (저의) 나이는 이제 스물넷입니다"라고 하였다. 또한 말하기를,
"저의 시가 어그러지고 잘못되어 보여드리기에 부족한데, 창화唱和의 가르침에 우러러 감사드립니다. 만일 답시를 지어 주신다면, 마땅히 아

름다운 글을 받들어 읽을 수 있다면, 백 명의 벗이 부럽지 않을 것이니, 그 감동이 어떻겠습니까? 답하는 시를 재촉할 생각은 없습니다. 어느 편에 부쳐주시겠습니까?"라고 하였다. 내가 말하기를,

"칠언 율체는 모든 사람들이 어려워하는 바인데, 지금 왕발과 이태백의 풍골風骨을 보았으니, 기쁘고 또 기쁩니다. 차운次韻하는 일은 바라건대 잠깐 그것을 미루어주십시오. 후일 그대의 뜻을 받들어 응대하겠습니다. 허물하지 마시기를 바랍니다"라고 하였다.

기방이 또 두 수의 시를 가져와 그것을 보여주었다. 그 시의 내용은 다음과 같았다.

삼가 드립니다.
그대의 집에는 부모님이 계실 텐데
아침저녁으로 문에 기대어 바라보리라
기자국을 어찌 알았는가
외로운 배 이른 물결에 떨어지네

구응현(丘應賢)

천리를 표류한 몸을 탄식하지 말지니
하늘이 그대와 내가 하나로 서로 친해지게 하였네
부상(扶桑)의 그림자 아래 홍초국이 있으니
태백의 구름 의연한 지 몇만 번의 봄날(萬春)이런가

구응로(丘應魯)

그 사람은 오지 않았는데, 기방이 글을 써 말하기를,

"오지 않은 사람의 두 수의 시인데, 어떻게 답을 하시겠습니까?"라고 하였다. 내가 이에 감사하며 말하기를,

"두 구군께 답합니다. 삼가 간절하고 두터운 마음을 받았습니다. 다만 태백太伯이라는 글자는 그 말미암은 바를 알지 못하겠습니다. 오국吳國에 태백이라는 자가 있었다고 합니다만, 모습과 실체를 알 수 없는 말입니다. 다시 형편되는 대로 그것을 해석하여 보여주실 수 있다면 다행이겠습니다. 오직 그 마음과 같으니 매우 감사드립니다. 감히 그것으로써 부쳐 보냅니다. 기묘년 7월 9일 일본 야스다 요시카타가 공손히 사룁니다"라고 하였다.

한낮 무렵, 또한 이종길을 통해서 시를 준 사람이 있었다. 그 시는 다음과 같다.

삼가 드립니다.
요임금 당시 단군의 나라가 있었고, 은나라의 현자인 기자가 머물렀도다.
다스리기를 멈추고 효제를 바라니, 참으로 힘써 여러 책을 얻었네.
바람이 삼산(三山)의 아래로 이끄니, 객은 만리 바깥에서 오셨네,
사내아이는 장성하여 세월을 취하는데, 시를 짓는 풍속은 과연 어떠할까

칠언절구
지금 천하가 성진(腥塵)으로 흐린데, 한 조각 청구(靑邱)가 예악으로 새롭구나.
그대가 중원에서는 갈 곳이 없음을 알아서,

바람과 돛 때문에(올 래(來)를 까닭 고(故)로 스스로 고친 것이다) 마량진에 머물렀도다.

칼을 휘두르자 슬픈 노래가 일어나는구나.

서남쪽의 큰 바다는 깊은데,

나라에 충성하는 뜻을 미루어,

그대를 위로하고 그대의 마음을 기억하려네.

진강거사(鎭江居士) 조택(趙澤)

나는 종길을 통하여 감사하며 말하기를,

"조택께서 지어서 보내주신 시를 잘 받았습니다. 요일堯日, 성진腥塵, 격검擊劒의 문장은 모두 유창하고 고혼高渾하여, 감히 답하지 않을 수 없었습니다. 그러나 지금 우리 배 안은 실로 일이 복잡하게 얽혀있어 그 자리에서 답시를 보낼 여유가 없습니다. 다시 짧은 틈을 얻게 되면 마땅히 답시를 보내겠습니다. 부족하나마 저의 마음을 표합니다.

기묘년 7월 9일 야스다 요시카타가 인사드립니다"라고 하였다.

문정文政 2년(1819) 기묘년 12월 28일 조선의 부산포에서

사쯔마 야스다 키토타 미나모토노 요시카타安田喜藤太源義方

『조선표류일기』 권2 끝

『조선표류일기』 권3

7월 10일~16일

    7월 10일, 아침에 화물의 종류를 점열點閱하는 여러 관리들이 왔는데, 문답問答이 매우 많았다. 지금 그 글 중 한두 가지를 들어본다. 그 글에 이르기를,

    "전날 물품의 종류를 점열할 때 대강을 기록하여 상부司에 보고하였고, 자세하게 점열하지 않았습니다. 곧 역관譯官이 도착하여 다시 점열할 때 혹 틀리고 어긋난 것이 있는지 전날 기록한 문서를 가져와서 보여드릴 테니 명심해서 살펴보십시오. 후에 이것으로 소상昭詳하게 답변해야 합니다. 삼가 바라고 바랄 뿐입니다"라고 하였다. 내가 말하기를,

    "삼가 바라옵건대, 존공尊公 등이 기록한 바를 보여주시면 매우 다행스럽겠습니다"라고 하였다. 그가 말하기를,

    "어제 말씀하신 바, 배를 버리고 (본국으로) 돌아가기를 요청하였는데 슬프고 측은합니다. 귀공들께서 만리타국萬里他國에 이르러 (본국으로) 돌아가고 싶은 마음이 가슴 속에 가득할 것입니다. 일각一刻이 삼년같이 길

게 느껴지는 이때에 속히 돌아가는 방법을 모색해야 합니다. 그래서 배에 실린 물건과 노천露天에 놓아둔 물건들을 수습收拾하여 모아서 한 상자[器] 혹은 두 상자 혹은 세 상자에 담아 돗자리로 단단히 봉해서 마침내 돌아갈 때 함께 가지고 가는 것이 좋겠습니다"라고 하였다. 내가 말하기를,

"배를 버리고 본국으로 돌아가기를 요청한 뜻(사정)을 알아서 살펴주시고 마음으로 측은惻隱하게 여겨주셨습니다. 실로 일각이 삼년 같이 길게 느껴져 본국으로 돌아가고자 하는 탄식이 귀공貴公이 말한 바와 같습니다. 교시敎示에 따라 거두어 모아 담고, 있는 힘을 다해 줄여서, 귀국貴國의 번거로움이 적도록 하겠습니다. 여러 가지 일들로 이웃나라끼리 수호修好하는 두터운 정을 입었습니다. 어찌 행복하지 않겠습니까? 삼가 깊이 감사드립니다"라고 하였다. 그가 말하기를,

"문답수보問答修報와 각종조기各種調記를 가져왔으니, 하나하나 옮겨 쓰고, 귀공貴公들이 가지고 있는 실수實數와 비교하여, 경역관京譯官이 내려와서 문답할 때, 조금이라도 어긋나서 일이 생기지 않기를 바랍니다. 어떻겠습니까?"라고 하였다. 내가 말하기를,

"문답수보問答修報와 각종조기各種調記를 보여주신다는 말을 듣고 깊이 감사드립니다. 경역관이 내려왔을 때 마땅히 전날과 어긋나지 않도록 답변하겠습니다. 오직 여러분들께서 안심安心하시기를 바랍니다"라고 하였다.

오시午時에 태수[윤영규]가 와서 말하기를,
"세 분이 점차 증세가 나아져서 매우 다행입니다. 제가 종일 위염胃炎,

중알中暍[1]과 설사병泄患으로 심히 괴로웠습니다"라고 하였다. 내가 그 증세를 물었더니, 태수가 말하기를,

"이는 아침저녁으로 달라지는 증세이니 지나치게 염려하지 마십시오. 걱정해 주셔서 깊이 감사드립니다"라고 하였다. 내가 말하기를,

"우리 때문에 그렇게 되신 것입니까?"라고 하였다. 태수가 말하기를,

"제 병이 어찌 여러분들 때문에 생겨난 것이겠습니까? 이것은 더위로 생기는 체증인데, 체증을 삭히고 더위를 씻는 약 몇 첩을 달여 먹었습니다. 점점 나아질 것이니, 지나치게 염려하지 마시기 바랍니다"라고 하였다. 나를 안심시키려고 한 것이다.

동자 지로는 항상 내 옆에서 힘써 시중들었다. 태수가 특별히 예뻐하여 은근하게 바라보며 글로 물었다.

"지로의 부모가 살아계십니까? 부모에게 한창 의지할 나이인데 불쌍하고 가엾습니다"라고 하였다. 내가 답하기를,

"지로의 아버지는 살아계시고 어머니는 지로가 태어난 지 한 달이 못되어 이내 돌아가셨습니다" 하였다.

태수가 말하기를,

"마쯔모토松元는 능통하고 숙련된 사람이라 매우 마음에 듭니다" 하였다. 내가 답하기를,

"배에 관한 일에 능통하고 부지런하게 일을 합니다"라고 하였다. 태수가 말하기를,

---

1   가볍게 더위를 먹은 것을 말한다. 땀을 많이 흘리게 된다고 한다.

"단지 배에 관한 일에만 능통한 것이 아니라, 다른 일도 능숙하게 해결합니다. 또한 술 마시기를 매우 좋아하며 사람 됨됨이가 초초草草하지 않습니다"라고 하였다. 태수가 히다카의 나이를 물었다.

내가 말하기를, "스물다섯 살입니다"라고 하였다. 태수가 말하기를,

"그 분의 나이는 스물다섯 살이고 제 나이는 갑절 많습니다"라고 하였다.

내가 그 상세한 내용을 물었다. 태수가 말하기를,

"쉰 살입니다"라고 하였다. 내가 이내 축하하며 말하기를,

"(나이에 비해) 장건壯健하십니다"라고 하였다. 태수가 말하기를,

"흰머리가 희끗희끗하며 머리가 벗어지고 이가 빠져 사이가 벌어져있는데 어찌 장건하겠습니까?"라고 하였다. 태수가 곧 갓을 벗고 입술을 벌려 그의 이와 머리털을 보여주었다.

태수가 글로 말하기를,

"우리 국법에 의하면, 표류한 배가 와서 머물게 되면, 상부[司]에 보고해야 합니다. 그런 다음에 양식과 반찬[糧饌]을 지급해 주라는 공문[題]을 받으면, 당일부터 헤아려 따져서 양식과 반찬을 지급합니다. 이번에는 초엿새에 양식을 지급하라는 공문[題]이 왔습니다. 초엿새부터 오늘(7월 10일)까지 5일입니다. 매일 삼시, 매시 1인 1되씩이며, 합계 25인의 1일 양식[糧米]은 7말 5되입니다. 5일치를 합하면 2섬 7말 5되가 됩니다. 오늘 받으실 수 있습니다"라고 하였다.

내가 이내 두 사람(히다카, 카와카미)에게 알려서, 세 사람이 함께 나아가 감사드렸다. 내가 곧 글로 말하기를,

"귀국의 국법에 의해서 양식과 반찬을 지급받게 된 일에 대하여, 삼가 그 뜻을 받들겠으며, 귀국왕의 자혜로운 은혜를 입게 되어 절을 올립니다. 은택恩澤이 한없이 깊고 한없이 높아서 말할 바를 알지 못합니다. 마땅히 삼가 공손히 받고, 국법의 은혜에 감사드립니다. 히다카 요시모토日高義柄, 카와카미 치카나카川上親訣, 야스다 요시카타安田義方가 진실로 황공하여 삼가 말씀 올립니다"라고 하였다.

내가 또 두 사람과 의논하여 글로 쓰기를,

"이미 은의恩意를 입어, 내려주신 양식과 반찬을 받게 되었습니다. 비록 도리어 실례인 듯하오나, 저희들의 뜻을 전합니다. 우리 배에 가지고 있는 양미糧米가 지금 아직도 많이 있습니다. 이미 국법의 지극한 도를 알고 있습니다. 그렇지만 비축해 둔 양미糧米가 있는데 또 오늘 지급해 주신 것을 받는다면, 실로 과중한 은혜[重惠]입니다. 이런 까닭에 삼가 받들어 아룁니다. 우리 배 창고의 양미糧米가 줄어들면, 다시 아뢰어서 그때에 이르러 내려주신다면 어떻겠습니까? 제가 그 가부可否를 알지 못합니다. 만약 이 말씀을 옳게 여기신다면, 엎드려 바라옵건대 오늘 이후 아뢰기를 기다렸다가 다시 지급받고자 합니다. 그렇지만 귀국의 뜻하는 바를 따를 뿐입니다. 교시敎示를 바랍니다"라고 하였다. 태수가 답하기를,

"지금 이 양미糧米의 지급은 곧 국가 사이에 교린交隣하는 성덕盛德과 미의美義이니, 물리치는 것은 공손하지 못한 것이고, 지체하면 명령을 업신여기는 것입니다. 감히 편한 것을 꾀하지 말고[自下擅便] 다시는 받기를 사양하지 마시고, 저를 불안하게 만들지 마십시오"하였다. 내가 말하기를,

"(귀국의) 뜻을 삼가 받들겠습니다. 우리들이 또한 비록 공손하지 못한 것이라고 생각하였지만, 일단 그 뜻을 여쭤 보고 마땅한 것에 따르고자 하였습니다. 지금 이미 그 뜻을 알려주신 다만 이것을 따르겠습니다. 감히 제 뜻대로 함부로 처리하지 않겠습니다"하였다.

조금 뒤에, 김달수金達秀가 작은 배에 양식과 반찬을 싣고 와서, 글을 태수에게 바쳤다. 태수가 그것을 내게 보여주었다. 그 글에 이르기를,

기묘 7월 초열흘, 양미를 헤아려 지급합니다.
장(醬) 2말,
호박 3개,
석어(조기) 1속,
금월 초엿새부터 초열흘까지 5일 간의 양식과 반찬

이라고 하였다. 태수가 글로 말하였다.

"이것입니다. 지금 마땅히 양을 헤아려 받아주십시오"라고 하였다. (내가) 우리의 작은 배를 내서 영수領受해오라고 명했다. 이에 선장 마쯔모토에게 받아오라고 명령했다. 마쯔모토가 뱃사람[舟人]을 거느리고 나가서 영수領受하였다. 태수가 또 글로 말하기를,

"이미 마쯔모토에게 받아가도록 하였는데, 1섬은 15말이 되므로 2섬 7말 5되는 37말 5되가 됩니다"라고 하였다.

마쯔모토(송원)가 말하기를,

"급미給米 받는 것을 마쳤고, 이미 우리의 배에 실었습니다" 하였다. 우리 세 사람(야스다, 히다카, 카와카미)은 함께 삼가 감사의 뜻을 표하였다[拜謝]. 내가 또 글로 말하였다.

"'선장(마쯔모토)이 이르기를, 지금 하사해주신 것을 공손히 받았고, 지금 여기에 있습니다' 하였다. 귀국이 은혜로이 내려주신 것을 엎드려 감사드립니다. 진실로 황공하여 삼가 사룁니다"라고 하였다.

태수가 말하기를,

"오늘은 설사 증세로 지쳐서 편안하게 이야기할 수 없습니다. 물러감을 아뢰고 내일 다시 뵙겠습니다"라고 하였다. 내가 말하기를,

"속히 돌아가셔서, 보양保養하시길 빕니다"라고 하였다. 태수가 말하기를,

"두터운 염려에 매우 감사드립니다" 하였다. 태수가 돌아갔다.

11일, 태수가 일찍 왔는데 마침 땔나무[薪]가 부족하므로 청하기를,

"전날 배를 모래사장[沙地]에 매었고 우리들의 노[楫]와 돛대[帆桁]를 (그곳에) 두었습니다. 선중船中에 땔나무가 모자라 이곳으로 옮겨서 땔감으로 사용하고자 합니다. 바라옵건대 귀국貴國의 격군格軍 등으로 이곳에 옮겨주시길 엎드려 빕니다(표류[困厄] 이래, 남은 돛대를 잘라서 땔나무로 사용하였다. 1일, 모래사장에 두었는데 마침 만조滿潮가 되었으므로 이렇게 요청하였다)"라고 하였다. 태수가 말하기를,

"노와 돛대를 옮기는 것은 어렵지 않지만 이미 수열搜閱 중에 들어가 있습니다. 그러므로 역관譯官이 내려오기 전에 함부로 땔감으로 사용해서는

아니 됩니다. 잠시 기다려 주십시오"라고 하였다.

이 날, 태수가 와서 선내船內에 편안하게 앉았다. 내가 소장하고 있는 화축畵軸이 마침 앉은 자리 우측에 있어서, 곧 배의 벽에 걸었다. 하나는 나니와 소센浪華狙仙[2]의 그림이었고 또 하나는 도읍의 화가[京師] 쯔키오카 셋사이月岡雪齋[3]의 그림이었다. 먼저 소센狙仙의 그림을 펼쳐보았다.

태수가 (그림을) 보면서 글로 말하기를,

"이것은 원숭이[猿猴]입니까? 털의 형세形勢가 생동감 있고 실물과 흡사하니, 과연 훌륭한 그림이고 좋은 족자簇子입니다"라고 하였다.

다시 셋사이雪齋의 그림을 걸었다. 태수가 글로 말하기를,

"작약선연綽約嬋娟한 자태姿態가 바라보니 마치 한 폭의 관음觀音인 듯합니다" 하였다. (태수가) 또 말하였다.

"매우 정교합니다. 무릇 여자의 화려한 꾸밈새[凝粧]와 같은데 어찌 모두 산발散髮입니까? 한묵翰墨에 노니는 것이 아마도 여자의 솜씨가 아닐 것입니다" 하였다.

내가 (그때) 답한 초고草稿는 잃어버렸다. 태수가 말하기를,

"귀국의 오오사카성에 버드나무[楊柳]와 꾀꼬리[黃鳥]를 잘 그리는 19

<hr>

2 에도시대 후기의 화가이다(1747~1821). 오오사카를 중심으로 활동하였으며, 그가 남긴 작품은 90%가 원숭이 그림이며 동물화에 능하였으나 인물화는 거의 없다. 원래 소센(祖仙)이라고 하였는데 1807년에 소센(猪仙)으로 바꿨다.

3 에도시대 후기의 화가이다(?~1839). 오오사카에서 활동하였으며, 통상적으로는 타메사브로오(爲三郞)라고 불리웠으며, 정식 이름은 슈우에이(秀榮), 자는 대소(大素)이다. 1780년대부터 1840년대 초반까지 활동하였다. 인물화와 화조화, 미인화에 능하였다.

세 여류화가가 있다는데 지금 그 이름[名字]을 잊어버렸는데 아십니까?(지난번 태수 글에 대판성의 의미를 내가 알지 못하여 해석을 청하였다. 태수가 말하기를, "대판은 곧 황제가 거처하는 도성都城입니다" 하였다. 내가 이미 들은 말을 가지고 대답하느라 제도帝都의 통칭이라고 답했다. 비록 후회해도 무익(無益)한 일이지만 매우 부끄러웠다)"라고 하였다.

내가 답하여 말하였다.

"제도에 그림을 잘 그리는 19세 여류화가가 있다고 말씀하시는데 그 이름을 알지 못합니다. 우리나라에 그림을 잘 그리는 여류화가는 제도와 무사시[武藏國] 등에 매우 많이 있습니다. 그 이름을 일일이 다 기억하지는 못합니다." 태수가 말하기를,

"(그림을 잘 그리는 여류화가가) 매우 많은데 한 명도 이름을 기억할 수 없다면 야스다[安田]의 풍류風流도 □□□라고 하겠습니다. 우습기 그지없습니다"라고 하였다. 태수가 또 말하기를,

"조복을 □□ 수 있습니까?"라고 하였다. 내가 답하여 말하였다,

"조복朝服이 모두 갖춘 것이라면 없습니다. 관과 옷[冠服]이 있는데 또한 다른 종류입니다. 지금은 여행 중이기 때문에 간편한 것을 각각 가지고 있습니다." 곧 나의 조복을 보여주었다. 태수가 말하기를,

"색이 서로 같지 않은데 생각건대 이것은 아래에 입는 옷[下裳]입니까?"라고 하였다. 내가 말하기를,

"색이 서로 같지 않은 것은 그때그때 예가 같지 않기 때문입니다. 그것이 곧 아래에 입는 옷입니다"라고 하였다. 태수가 말하기를,

"관冠은 없습니까?"라고 하였다.

내가 사관士冠의 그림을 그려 보여주면서 말하기를,

"이것이 곧 우리들의 관冠인데 조정朝廷에 나아가 절할 때[朝拜] 쓰는 것입니다"라고 하였다.

태수가 말하기를,

"존공尊公이 또한 (그림) 솜씨가 뛰어나십니다"라고 하였다. (내가) 답하여 말하기를,

"제가 그림을 배우지 못하였습니다"라고 하였다. 태수가 말하기를,

"식사가 이미 준비되어 (이제) 물러감을 아룁니다"라고 하였다.

태수가 돌아가고 물품을 점열點閱하는 여러 관리들이 왔다. 그리고 자주 글로써 물품[品物]이 전날과 다름이 없어야 한다고 하였다.

내가 답하여 말하였다.

"많으면 조금 덜어내어 감히 (귀하의) 초고草稿의 수와 다름이 없도록 하고, 적으면 마땅히 채워서 그 물품(초고의 물품의 수)과 다름이 없도록 하겠습니다. 어떻습니까? 비록 그러하지만 제 생각 중에 큰 계책[大術] 이 있습니다. 너무 염려하지 마십시오." 그가 말하기를,

"진실되게 털어놓지 않은 것은 대개 존공尊公의 잘못이고, 우리들 역시 대신해서 막아준 죄[代防之罪]가 있습니다"라고 하였다. 내가 말하였다.

"말씀하신 대로입니다[如意如意]. 또한 상세하지 않은 것은 역시 존공의 잘못이 없지 않습니다. 마찬가지로 그 죄를 대신하는 것은 한 사람이 곧 만명[萬人]을 대신하는 것입니다." 그가 말하기를,

"임의任意대로 하십시오" 하였다.

갑자기 배 아래에서 싸우는 소리[喧嘩之聲]가 들렸는데 배 안팎으로 큰

소동驟動이 있었다. 김기방金基昉이 글로 말하기를,

"어제 우리들의 하예[下隷]가 빗[梳]을 가지고 있는 죄로 귀공의 하예 등이 방금 벌떼처럼 일어나 벌하고자 하는데, 금[禁止]하는 것이 어떠하겠습니까?"라고 하였다.

어제 그의 하예가 우리 하인[僕]의 빗을 훔쳐 담뱃갑[煙匣]에 숨겼다. 이 일이 □□ 발각되었는데 그 죄를 글로 써서 밝혔다. 내가 글로 말하기를, "귀하의 하예가 훔친 것이 아닙니다[非貴下隷之盜也]. 그 빗[梳]을 구경하다가 빗이 떨어져 그 담뱃갑[煙匣]에 들어간 것이 아니겠습니까? 어찌 죄가 있겠습니까?"라고 하였다.

죄인을 매질하는 그림
첨사(僉使), 만호(萬戶) 등의 관인이 왕왕(往往) 심문을 행한다. 하급 관인(官人)이 좌우에 엎드려 그 내용을 알리고, 보리(步吏)가 그 볼기를 친다. (영인 11쪽)

그 잃어버린 물건을 기록한 글에서, 모두 말하기를

"저 빗[梳]을 훔친 자의 소행所行입니다. 각각 □□□ 드디어 모래사장[沙上]에서 붙잡았습니다. 야스타로[安太郎], 헤이스케[平助], 곤자에몬[權左衛門]이 번개처럼 쫓아가 잡았습니다[逮捕]"라고 하였다. 첨사 이동형李東馨이 사변沙邊에 있었는데 (그를) 용서해줄 것을 빌었습니다. (그러나) 세 사람이 허락하지 않고, 사로잡아 우리 배 위로 끌고 와 수발手髮을 묶어 매었다. 내가 배의 창窓으로 바라보았는데 곧 죄인이 나를 보고 머리를 조아렸다. 김기방이 분주奔走하게 두 배 사이를 다니면서 크게 근심하고 두려워하였다[憂懼]. 또 글로 말하였다.

"우리들이 하예의 잘못을 막지 못하였습니다. 우리들이 매우 죄가 많습니다. 우리들 하예를 두루 엄하게 벌하고자 합니다. 그리고 작은 배를 탄 귀하의 사람들이 (우리 하예를) 풀어주지 않는데 청하옵건대 지금 풀어주도록 해주십시오. 지금 또한 그 죄를 헤아려 엄하게 다스리겠습니다"라고 하였다.

그[도둑]가 묶인 채로 도망가려 했고, 조선인[韓人]도 다가와 도망갈 수 있도록 도와주려고 했다. 우리들의 하인[僕] 세 사람[야스타로, 헤이스케, 곤자에몬]이 드디어 사로잡아 배의 키[柂]에 묶으니, 소리치며[號呼] 소란스럽게 움직였다[喧動]. 내가 글로 말하기를,

"귀국의 하예를 움직여 옮기지 못합니다. 그리고 마땅히 우리 작은 배에 두어야 합니다. 그런 다음에 다시 죄를 밝히게 하고 또한 풀어줄 것입니다. 오직 귀하의 뜻과 같습니다"라고 하였다.

내가 또 글로 말하기를,

"어제부터 죄가 없도록 하고자 하였습니다. 그러나 우리 하예들이 듣지 않아서 지금과 같이 되었습니다. 이미 귀하의 뜻을 들었으니, 풀어주라고 하여, 귀하의 뜻에 따르도록 하겠습니다. 조금 벌을 주면 좋을 것 같습니다"라고 하였다. 기방이 이르기를,

"지금 막 때려죽이려고 합니다. 우리들의 심정을 말로 다할 수 없습니다. 대단히 부끄럽습니다"라고 하였다. 내가 이르기를,

"부끄럽다고 하는 귀군의 뜻은 잘 알았습니다. 다만 지나친 노여움을

거두십시오. 곧 명령을 해서 풀어주도록 하겠습니다"라고 하였다. 다시
말하기를,

"죽이려 해도 죽일 수 없는 것은 분명하지만, 크게 상처입히지 않도록
부탁하겠습니다. 오직 염려를 하지 않는 것이 좋겠습니다"라고 하였다.
기방이 말하기를,

"이 일은 이군으로 하여금 다스리게 하겠습니다"라고 하였다.

바로 풀어주도록 명령했다. 조선 나졸들이 바로 그를 끌고 가서, 모래
사장에 꿇어앉혔다. 첨사 이동형이 심문하였고, 곧 죄인을 모래사장에
엎드리게 하였다. 그의 나졸들이 좌우에 서서, 바지를 벗기고 엉덩이를
드러내었다. 왼쪽에 있는 자가 몽둥이로 누르고 왼쪽에 있는 자가 서너
대 매질을 하였다. 그러자 죄인이 훔친 천을 내놓았다. 다시 서너 대를
때리자 포 두세 폭을 내놓았다. 또 서너 대를 때리고 그쳤다. 매는 나뭇
가지로 만들었는데, 길이는 오륙 척이고, 두께는 5푼이고 넓이는 4촌 5
푼이었다. 모양은 마치 □□ 접는 부채 같았다. 그 자루 □□□ 네모지고
전체가 조금 휘어 있다. 일전에 매를 맞는 자는 서너 명이었는데, 이후에
는 □□□ 없었다. 오늘 물건을 훔친 자는 이종길의 하예라고 한다. 종길
의 성품은 본래 단정하고 과묵한데 크게 부끄러워한 기색이 있었다. 그
래서 글을 쓰기를,

"부끄럽기 짝이 없습니다. 무슨 면목으로 귀공을 보겠습니까?"라고
하였다. 내가 말하기를,

"하예의 허물입니다. 그러나 귀하의 마음과 참으로 같습니다. 지금 그
죄를 엄히 다스렸으니, 죄를 다스린 다음에야 또한 무슨 염려와 부끄러
움이 있겠습니까? 그대가 편안히 생각하시기를 바랍니다"라고 하였다.

종길이 말하기를,

"분한 마음이 솟구칩니다. 돌아가서 다시 엄히 다스릴 요량입니다. 그러나 낯부끄러워서 머리를 들 수 없습니다"라고 하였다. 내가 말하기를,

"우리들 역시 그대가 심히 부끄러워하는 것처럼 분함이 있습니다. 다만 그대의 마음을 잘 알았으니 충분합니다"라고 하였다. 종길이 말하기를,

"저 하예의 죄는 그냥 다스리고 그칠 일이 아닙니다. 집에 돌아가서 관에 고발하여 죽여야 할 것입니다. 너그럽게 용서해 주십시오"라고 하였다. 내가 말하기를,

"귀국에서 죄를 다스리는 법을 알지 못하지만, 비록 죽이든 살리든 제가 알 바는 아닙니다. 그러나 죽음에 이르지 않게 하는 것이 차라리 좋을 듯합니다"라고 하였다.

조선 관인들이 모두 돌아갔다. 물이 스며들어 뱃사람들이 음식을 만들고 목욕을 할 수 없었다. 그래서 작은 목재를 모래사장에 설치하여 돛으로 덮은 다음, 그 아래에서 취사를 하였다. 이때 뱃사람들이 우리 세 사람에게 알리지 않고, 몰래 그 아래에서 술을 마시고 또 조선 사람들도 마시게 하였다. 날이 저녁이 되려고 하는데, 하급 관인들이 서간을 가지고 왔는데, 그 글에 이르기를,

"어찌 그 무례함이 이렇게 심합니까? 우리들에게 상의하지 않고, 마음대로 땅에 내려오는 것은 개탄스럽습니다. 내일부터는 한 사람도 땅에 내려오는 일이 없어서, 책임을 따지는 데 이르지 않는 것이 어떠하겠습니까?"라고 하였다. 내가 글로 말하기를,

"세 상급 관인들의 말입니까?"라고 하였다. 그가 글로 그렇다고 하였

다. 내가 글로 말하기를,

"이미 땅에 내리는 일을 금하였는데, 어찌 무례하다는 말을 하십니까? 내일 태수공과 두 분 관인을 직접 만나서 하나하나 상세하게 아뢸 것이니 답은 줄이겠습니다"라고 하였다.

저녁 8시 무렵에 이종길과 김기방이 왔다. 기방이 글로,

"삼가 아뢥니다.

잠깐 사이에 평안하셨습니까? 귀하의 뱃사람들이 뭍에 내려서 밤새 머물려고 하였다고 합니다. 듣고 놀라움을 금할 수 없었습니다. 염려가 대단히 큽니다. 우리 국법에는 이와 같이 뭍에 내려 밤새 머무는 일은 있을 수 없습니다. 지금 당장 배에 타고 있어야 한다는 뜻을 뱃사람들에게 단단히 일러두십시오. 만약 뭍에 내려서 밤새 머물게 되면 후에 세 분 관인에게 큰 책임이 따를 것입니다. 지금 속히 배에 오르십시오"라고 하였다. 내가 답하기를,

"뱃사람들이 뭍에 내린 일은 감히 밤을 보낼 작정이 아니었습니다. 배 안이 협소하여 씻거나 밥을 먹는 일을 할 수가 없습니다. 그래서 배 주변의 갯벌[海沙] 위에서 씻고 밥을 지은 것입니다. 지금은 이미 마치고 배에 오르려고 합니다. 그리고 이미 엄하게 꾸짖으라고 하는 귀하의 뜻을 들었으니, 속히 명령하여 각각 배에 오르도록 하겠습니다. 깊이 염려하지 마시기 바랍니다. 삼가 아뢥니다"라고 하였다.

어제 글로 병을 치료하는 방법을 물어온 조선 사람이 있었다. 내가 글로 답하였는데, 오늘 다시 청해 왔다(어제 내가 모른다고 답을 했다. 그런데 오늘 다시 이렇게 물어온 것이다). 어제 준 글에 이르기를,

"혼자 사는데 오직 아들이 하나 있으나 나이가 서른이 넘었고 또한 집안을 이을 손자도 없습니다. 그런데 재작년 가을부터 춥다고 하다가 덥다고 하고 항상 신음을 하며, 사이사이에 괴롭게 기침을 했습니다. 작년 9월에 이르러서는, 대단히 추워하여 떨면서 아파하였습니다. 누워서 올해 3월에 이르렀는데, 한결같이 고통스러워합니다. 4월에 있어서는 온몸이 부어오르고 또한 사이사이에 기침을 하였습니다. 지금은 온몸이 다 부어올라 심지어 고환에 이르렀습니다. 식음을 전폐하고 말소리 또한 분명하지 않습니다. 지금 보니 한 가닥 남은 목숨이 목구멍에 걸려서, 이 순간도 견딜 수 없을 것 같습니다. 그러는 중에 설사로 점차 누렇게 되기에 이르러, 이레 여드레에 이릅니다. 무릇 전후로 여러 가지 약과 탕제를 쓰지 않은 것이 없는데, 조금도 효험이 없습니다. 도대체 무슨 병입니까? 대국에 사시니, 이러한 병을 반드시 본 적이 있을 것이라고 생각합니다. 온 세상이 모두 형제이니, 사소한 수고로움을 아끼지 마시고 좋은 약을 일러주십시오. 바라고 바라옵니다"라고 하였다. 내가 다시 글을 쓰기를,

"나를 의원이라고 생각하시는 듯합니다. 하하. 나는 의사가 아닙니다. 어찌된 일입니까? 그 궁박함은 크게 걱정이 됩니다. 더 보양하고 양의를 얻어서 치료하면 좋을 것 같습니다"라고 하였다. 그는 오늘 다시 다음과 같이 청하였다.

삼가 다시 인사드립니다.

저의 병이 어찌 할 수 없는 증세에서 비롯된 것입니다. 두 해 동안 심한 통증에 온몸이 부었습니다. 이제는 죽을 수밖에 없습니다. 부모가 계시는데 죽

어도 눈을 감을 수 없습니다. 그 사이에 샅샅이 의사를 찾고 약을 구하였습니다만, 아직 효험을 얻지 못하였고, 병이 오히려 깊어졌습니다. 그런데 어제 글로 알린 것은, 식견이 뛰어나실 뿐만 아니라, 무릇 귀국의 약 처방이 조선과 달라서 좋은 효과가 많다고 하여, 그래서 우러러 알린 것입니다. 말씀하신 중에 의원이 아니라는 내용이 있었는데, 실로 간절히 바라는 바입니다. 다시 병을 헤아려 좋은 약을 일러주시기 바랍니다. 삼가 만 번 절하며 바랍니다. 병이 깊어 이만 줄입니다.

기묘년 7월 11일 병인 조인국

손 모아 절을 올립니다

내가 다시 글을 쓰기를,

"다시 주신 글을 여러 번 읽고, 이미 간절한 마음을 잘 알았습니다. 그대가 병으로 여러 해 동안 고통을 겪으니 참으로 나도 가슴이 아픕니다. 만약 의술을 조금이라도 알고 있다면 마음을 다하여 가르쳐 드리고 싶습니다. 그러나 어제 말씀드린 바와 같이, 의술은 전혀 알지 못합니다. 안타깝지만, 어찌할 수가 없습니다. 생사를 걱정하고 온 세상이 형제라는 생각을 하니, 눈물이 그치지 않습니다. 돕고 싶지만, 치료하는 법을 알지 못하는 것이지, 내가 알고 있는 것을 아끼는 것이 아닙니다. 단지 걱정할 따름이니, 이 마음을 살펴주십시오. 말할 바를 알지 못하겠습니다. 우리 일본의 의술이 다른 나라에 비하여 더욱 뛰어납니다. 만약 우리 배 안에 인술에 통달한 자가 있다면 바로 그대가 오래 살 수 있도록 할 수 있습니다. 그런데 우리 배 안에 의술을 아는 사람이 없습니다. 진실로 탄식하고 슬퍼하지 않을 수 있겠습니까? 일본 야스다 요시카타가 삼가 답장을 드립니다"라고 하였다.

12일, 밤새 바람이 불고 비가 내렸다. 오늘 아침은 하늘빛이 평소와 같지 않았다. 선장 말이

"바람이 매우 거칩니다. 전에 정박한 곳에 지난번에 쇠닻 3개를 그냥 두었습니다. 저들로 하여금 그것을 옮겨주도록 청합니다." 그래서 편지를 쓰기를,

"세 분 관인 합하께 삼가 아룁니다. 거친 파도가 바람의 기세를 재촉하여 구름 색이 다른 날과 다르니, 배가 위태로울까 크게 근심됩니다. 전날 배를 세웠던 바다에 쇠닻 3개가 방치되어 있습니다. 닻 없이 배를 세울 수 있는 방법이 없습니다. 귀국의 배와 귀국의 사람으로서 밀물 때 쇠닻 3개를 실어 이곳까지 옮기라고 속히 명령 주시지 않겠습니까? 이내 우리 배는 또 더욱더 부서지게 될 것입니다. 엎드려 바라옵니다. 7월 12일 삼가 아룁니다."

그가 답하기를,

"세분 존공 앞에 삼가 아룁니다. 밤새 병후는 쾌차하셨는지요? 날이 밝아 바로 가서 위로하고자 하였으나, 우리들 역시 이곳은 객지입니다. 우구雨具를 구하기 어려워 가서 만나 뵙지 못하니 매우 한탄스럽습니다. 모래사장에서 말린 쌀 포대가 젖지 않도록 풍석으로 다시 덮었습니까? 아랫사람들에게 명하여 착착 그것을 착실히 해나가는 것이 어떠하겠습니까? 우리들은 비가 그치기를 기다렸다가 바로 갈 계획입니다. 귀하의 배의 물품 중에서 내려놓은 것은 비록 미미한 물건이라도 남김없이 하나하나 우리 하예들을 시켜서 수습하여 잘 보관하여 수습할 것이니 염

려하지 마십시오. 알려주신 쇠닻은 말씀하신 대로 밀물을 기다려 귀하의 배까지 옮기겠습니다. 알아두시면 좋겠습니다.

글을 보시고 여부를 이 인편에 다시 알려주시면 좋겠습니다.

7월 12일 이종길 김기방 장천규. 두 손 모아 인사드립니다"라고 하였다.

잠시 비가 심하게 내렸는데 조선인이 이미 와서, 모래사장에서 말리던 쌀과 배의 물품들을 돗자리로 덮었다.

내가 다시 글을 쓰기를,

"다시 그 편지를 자세히 읽어보고 삼공三公께서 밤새 평안하셨다니 매우 기쁩니다. 폭우에 피해가 없으니 또한 다행입니다. 말리고 있던 물품들은 온정 덕분에 모두 덮었습니다. 매우 감사합니다. 쇠닻의 일은 물이 들어오기를 기다려 옮긴다는 귀하의 뜻을 우리는 편안하게 생각합니다. 만나 뵙고 그것을 사례해야 마땅하나 일단 편지를 드립니다. 세 사람이 손 모아 인사드립니다"라고 하였다.

태수가 앞의 편지에 답하기를,

"답변드립니다.

세 분 대관이 머무는 곳에 가뭄 끝에 단비가 내려 사람을 깨어나게 하니, 생각건대 다른 때보다 점점 더 뱃전의 창가에 어린 여수旅愁가 다른 때보다 배는 더할 것이라 그것이 염려됩니다. 알려주신 쇠닻은 말씀하신 대로 우리 뱃사람들이 귀하의 배까지 옮기도록 할 것입니다. 그리고 귀하의 배가 이미 해변에 정박해 있으니 아무리 거친 파도와 폭풍이 있더라도 어찌 다시 근심이 있겠습니까? 스스로 편안히 생각하시고 지나치게 염려하지 마십시오. 비가 그치면 나아가 머물면서 모시겠습니다"

라고 하였다. 내가 사례하기를,

"가뭄 끝에 단비가 내려 소생하는 것 같습니다. 여러분이 객지의 근심을 씻어주시니 다시금 매우 기쁩니다. 배 안의 나그네는 (근심이) 배가 되기를 바라지 않습니다. 쇠닻의 일로 귀하의 정에 사례 드립니다. 우선 안심이 됩니다. 누차 비가 그치면 배알할 것을 기약합니다. 야스다 요시카타가 다시 두 손 모아 인사드리며 답합니다."

아침식사 후 비가 조금 잦아드니 이종길, 김기방, 장천규가 와서 글을 쓰기를,

"경역관이 바야흐로 몇 십리 근처까지 왔으니, 머지않아 여기에 도착할 것입니다"라고 하였다. 내가 글로써,

"이제야 귀국이 법을 집행하는 것이 빠르다는 것을 알고 모두 크게 기뻐하고 있습니다"라고 하였다. 그가 말하기를,

"존공의 귀국을 정함이 역관의 문답에 달려있으니 서로 문답할 때 말을 잘 하십시오"라고 하였다. 내가 말하기를,

"잘 알겠습니다"라고 하였다. 그가 말하기를,

"역관을 볼 때 맞이하여 볼 때 삼공은 장복章服[4]을 갖추고 대하십시오"라고 하였다. 내가 말하기를,

"원래 스스로 장복을 갖추고 보고자 하였습니다. 예예"라고 하였다. 그가 말하기를, "귀공들은 다시 귀국으로 돌아가면 다시 어떠한 관직을 맡게 됩니까?"라고 하였다. 내가 말하기를,

"알 수 없습니다. 우리들이 귀국하여, 상을 받을지 벌을 받을지는 미리알 수 없습니다. 즉 히다카, 카와카미, 야스다 세 사람은 야나기노마[柳

---

4   격식을 갖춘 예복이라는 뜻으로 썼다.

間나 시세쯔마四節間에서 함께 근무하는 지위에 있습니다. 만약 상을 받게 된다면 히다카는 본국의 대관代官이 될 것입니다. 카와카미와 야스다는 부역이 되기 전에 본래 감관監官의 직책이었으니 또한 복귀할 것입니다. 그러나 포상을 받을지 폄탈될 지는 아직 알 수 없습니다"라고 하였다. 그가 말하기를,

"예예, 다행히 포상을 받아 높은 관직에 이르기를 바랍니다. 우리들이 깊은 밤에 하늘을 우러러 바라고 바라겠습니다"라고 하였다. 내가 묻기를,

"경역 합하가 오시는 것은 내일입니까? 만약 내일이라면, 식사를 마친 후에 천천히 오셨으면 좋겠습니다"라고 하였다. 그가 답하기를,

"아직 도착하지 않았지만, 오늘 오실 것입니다"라고 하였다. 그가 다시 말하기를,

"우리들이 나눈 문답 기록은 모두 감추어 번거롭지 않게 하십시오. 그리고 우리들의 문답은 오로지 존공의 정이 두터운 때문이며 비밀스러운 정담情談이니 번거롭지 않게 하는 것이 좋겠습니다"라고 하였다. 내가 답하기를,

"나도 또한 오로지 두 분의 두터운 정에 의지하였을 따름입니다. 비밀스러운 이야기는 또한 두 분의 마음속에 있습니다. 저도 따를 수 있습니다. 공들께서도 가볍게 하지 않으신다면 큰 다행이겠습니다. 그가 말하기를,

"고국으로 돌아갈 때 육로로 가겠습니까? 물길로 가겠습니까? 크게 중요한 일이니 신중히 하시고, 대충 말씀하시면 안됩니다. 존공들을 염려하는 뜻입니다"라고 하였다. 내가 답하기를,

"이미 귀국의 혜택을 이와 같이 많이 입었으니, 지금 우리들은 물길이

나 육로에 차이가 없다고 생각합니다. 오직 귀국에 번거로움을 줄이는 방법을 따르겠습니다. 돌아가기만을 바라고 감히 요구하여 존공의 심려를 끼치지 않기를 바랄 뿐입니다. 귀한 뜻이 대단히 감사합니다. 삼가 대답드립니다"라고 하였다. 그가 말하기를,

"육로로 간다면 각종 물품을 태워버려야 할 텐데 어떻겠습니까?"라고 하였다. 내가 답하기를,

"만약 육로로 가야 한다면 마땅히 육로로 가고, 물길로 가야 한다면 마땅히 물길로 가겠습니다. 새삼 요구하는 바는 없습니다. 만약 육로로 간다면 신변의 물품과 관물뿐입니다. 그러므로 나머지 물품을 태워도 무슨 번거로움이 있겠습니까? 비록 물길로 가더라도 또한 많은 물품은 없습니다. 다만 가지고 있는 술과 돼지고기 등이 육지로 갈 때보다 많을 뿐입니다. 바라옵건대 다만 귀국이 번거롭지 않은 방법으로 돌아가기를 청할 따름입니다"라고 하였다. 그가 말하기를,

"어제 귀하의 뱃사람들이 뭍에 내려왔으므로, 배로 올라가라는 뜻으로 알려드렸습니다만 불안한 마음이 있습니다. 우리 국법으로는 외국인 표류해오면, 마음대로 뭍에 내려올 수 없습니다. 그런데 전날 금하지 않은 것은 특별히 가련히 여기는 뜻이 있었기 때문입니다. 역관이 이곳에 오면, 다시는 뭍에 내려오지 않도록 하는 것이 좋겠습니다"라고 하였다. 내가 답하기를,

"감히 불안하게 만들 뜻은 없습니다. 삼가 귀국의 국법을 따르겠습니다. 오늘부터는 뭍에 내려가지 않겠습니다. 하물며 역관 합하께서 오셨을 때는 감히 뭍에 내려가지 않겠습니다"라고 하였다.

그가 장난스럽게 글을 써서 술을 청하여 말하기를,

"제 술을 어찌 내어 놓지 않습니까? 독이 든 것이 아닙니다"라고 하였다. 내가 말하기를,

"우리 물건이지만 아까지는 않습니다. 달라고 하면 공경하지 않는 뜻이 있는 것입니까?"라고 하였다. 그가 말하기를,

"조금도 불경하거나 불공한 뜻은 없습니다" 하고, 또 말하기를,

"우리들은 존공에 대하여 어찌 조금이라도 소홀히하는 뜻이 있겠습니까?"라고 하였다. 내가 말하기를,

"귀하의 뜻에 어찌 감사해야 할지 모르겠습니다. 삼가 승낙드립니다"라고 하였다. 그가 말하기를,

"우스개 소리를 좋아합니다"라고 하였다. 내가 말하기를,

"25명 중에서 술을 가장 좋아하는 것은 카와카미이고, 두 번째는 히다카이고, 세 번째가 야스다입니다. 병 때문에 두 분이 드시지 못합니다. 그래서 제가 날마다 두 분에게 큰 소리치고 건방을 떨었습니다"라고 하였다. 그가 말하기를,

"귀하의 술잔을 아끼지 말고 장천규군에게 허락한다면 곧 나는 아무런 유감이 없을 것입니다"라고 하였다(술잔이 아직 천규에게 미치지 않았기 때문에 그가 그렇게 말한 것이다.). 그가 말하기를,

"우리나라는 은나라의 후예입니다. 기자가 우리나라의 평양에 도읍하고, 사람들에게 예의를 가르쳤으므로, 의관이 모두 그 유제입니다"라고 하였다. 내가 말하기를,

"비로소 기자의 현명함이 지금에 이르렀음을 알게 되었습니다"라고 하였다.

한낮에 태수가 와서 묻기를,

"세 분 관인의 질병은 밤사이에 조금 차도가 있습니까?" 하고, 또

"두 관인의 병은 여전히 차도가 없으니 걱정스럽습니다. 비가 그치기를 기다려, 다시 전날 병을 살펴보았던 의원을 불러, 약을 지어 바치도록 다시 명하겠습니다. 잠시 기다려주십시오. 의원이 있는 곳이 여기에서 이십 리가 떨어져 있습니다"라고 하였다. 또한 말하기를,

"문정관이 곧 들어온다고 합니다. 앞으로는 존공들의 뜻을 전하는 것이 필담을 나누는 것보다 편할 것 같아서 크게 다행입니다"라고 하였다. (내가 답한 글은 모두 잃어 버렸다.) 태수가 다시 말하기를,

"아랫사람들이 뭍에 내리는 것을 금지해 주십시오. 전날 내려오는 것을 금하지 않은 것은 쌀을 찧기도 하고 물을 긷기도 하였기 때문입니다. 그 사이에 얼굴로 익힌 정이 없지 않아서, 임시방편을 쓴 것입니다. 그러나 뭍에 내려와서 밤을 지내는 것은 더욱 함부로 허락할 수 없습니다. 어제 아랫사람을 보내어 글로 알린 일이 있었습니다만, 문정관이 도착한 이후에는 한 사람이라도 함부로 내려와서는 안됩니다. 또한 전일에 우리들이 문정한 내용이 만약 혹시 어긋나게 되면 반드시 일이 생길 것입니다. 전과 똑같이 해야 할 것입니다(역시 답한 글을 잃어 버렸다)"라고 하였다. 태수가 또한 글로 말하기를,

"마쯔모토가 한 배의 선장으로서 뱃사람들이 뭍에 내리는 것을 제대로 통제하지 못하였으니 매우 못마땅합니다. 벌로 술 한 잔을 마시는 것이 좋을 듯한데, 마시고도 벌인 줄 모르고 취해서 기분좋다고 하면, 또한 배로 못마땅할 것입니다. 하하"라고 하였다. 내가 답하기를,

"귀공의 말처럼 하는 것이 좋을 것 같습니다. 귀공의 말처럼 하는 것이

좋을 것 같습니다. 통제를 제대로 하지 못한 것은 (마쯔모토가) 취했기 때문입니다"라고 하였다.

이에 마쯔모토를 불러서 마시게 하였더니, 태수가 기뻐하였다. 내가 말하기를,

"벌주는 것을 허용해주셔서 큰 다행입니다. 다시 벌을 줄 때는 시를 짓지 못하면 술을 마시도록 해야겠습니다"라고 하였다. 태수가 말하기를, "어제 오늘 이틀치 양식과 반찬을 받아왔는데, 마쯔모토에게 명하여 받아오도록 하면 어떻겠습니까? 마쯔모토가 지금 벌주를 마셨으나 징계가 되었는지 알지 못하겠습니다. 만약 술을 마시고 싶을 때 일부러 죄를 범하면, 무슨 벌을 줘야 할까요?"라고 하였다.

기묘 7월 12일 양식과 반찬으로 지급한 물품의 종류

백미 1석

호박 4개

된장 1두 5승

7월 11일부터 12일까지 양식과 반찬

내가 사례하기를, "어제와 오늘 이틀간의 양식과 반찬을 내려주신 것을 받았습니다. 삼가 은의에 감사드립니다. 곧 지금 마쯔모토에게 명하여 물품을 받고 다시 깊이 감사드리겠습니다"라고 하였다.

양식과 반찬을 받을 때마다 선장이 나가서 받고 들어와서 (우리에게) 알렸다. 우리 세 사람은 의관을 갖추고 태수에게 절하면서 사례하였다. 이

날도 또한 마찬가지로 절하고 받았다. 내 자리 오른쪽에 술잔이 있어서
태수에게 보여주고 글로 쓰기를,

"이 그릇은 앵무배鸚鵡杯라고 하는데, 제가 자리 오른쪽에 두고 소중하
게 간직하고 있으며, 아울러 금琴과 검劍 두 가지 물건을 갖추어 놓고 있
습니다. (이 술잔은) 비면 서고, 반이 차면 뒤집어지고, 다 채우면 다시 섭
니다. 이는 이른바 성현들이 가지고 있었던 비딱한 그릇[宥器]⁵처럼 변
화합니다. 이런 까닭에 또한 사특함을 금하고 경계하는 형상을 하고 있
어서, 귀중한 물건으로 갖추어 둡니다"라고 하였다. 태수가 만져보다가,
글로 말하기를,

"받침대는 없습니까? 스스로 경계하는 잔이라고 할 만합니다"라고 하
였다.

내가 드디어 물을 채워 절반이 되었는데 뒤집어지지 않았다. 내가 심히
부끄러워 두세 번 채워보았으나, 끝내 뒤집어지지 않았다.
그래서 글을 쓰기를,

"마치 제가 속인 것 같습니다. 식은땀이 나고 부끄럽습니다. 너그럽게
용서해 주십시오"라고 하였다.

내가 가지고 있은 지가 오래되었다. 그래서 이 잔이 서고 뒤집어진다는
것을 알고 있었다. 오늘 이처럼 서거나 뒤집어지지 않은 것을 살펴보고
물을 조금씩 부어서 천천히 채우니, 말한 대로 반이 차니 뒤집어지고 다

---

5 의기(欹器)라고도 하며, 중심을 잡기 어려운 그릇으로 물을 조금 부으면 기울어지고
   적당히 채우면 똑바로 서고 가득 채우면 뒤집혀, 교만을 경계하는 데 썼다.

채우니 다시 섰다. 내가 글로 쓰기를,

"이제 처음 말한 것처럼 되었으니, 참으로 다행입니다. 마치 속인 듯이 심신을 상하게 하였습니다"라고 하였다. 태수가 말하기를,

"이미 끝난 일인데 어제부터 오늘까지 이렇게 마음을 쓰시다니, 대단히 감동적입니다"라고 하였다.

동자 세 사람이 자리에 있었다. 태수가 묻기를,

"이 아이들은 통인通引입니다"라고 하였다. 내가 말하기를,

"통인이라는 두 글자를 알지 못하겠습니다"라고 하였다. 태수가 말하기를,

"사령使令에 대한 명칭입니다"라고 하였다.

해가 이미 기울려고 하는데, 갑자기 포구에서 음악 소리가 들렸다. 조선인이 말하기를,

"경역관이 왔습니다"라고 하였다. 우리 뱃사람이 모두 기뻐하였다. 잠시 후 푸른 옷을 입은 사람이 와서 막 사다리 아래에 이르렀다. 선장 마쓰모토가 부축하여 배의 선루에 올랐다. 그 사람이 일본어로 이르기를,

"하지메테, 하지메테(처음 뵙겠다는 말이다)"라고 하였다. 바로 선루를 내려와 선내에 이르렀다. 그 모습이 비속하고 경박하였으며, 원숭이 눈에 눈동자가 흐릿하였다. 갑자기 태수 곁에 앉으니, 태수와 모든 관인이 숙연하였다. 우리 세 사람이 장복을 입고 일본어로 상견례를 행했다. 그가 또한 말하기를,

"처음 뵙겠습니다. 처음 뵙겠습니다"라고 하였다. 내가 일본어로,

"우리 배가 바다 가운데서 폭풍을 만났으나, 다행히 위난을 면하고, 귀국에 표류해 왔습니다. 첫날부터 오늘까지 은혜를 입었습니다"라고 하였다. (내가 일본어로 말한 것을 지금 한자로 번역하여 기록한 것이다. 아래에서도 이렇게 하였다). 그가 말하기를,

"그렇습니다"라고 하였다. 내가 일본어로 말하기를,

"배가 위태롭고 험한 곳을 지나와서 이미 부서지고 상했습니다. 그래서 귀국의 은혜를 입어 돌아가고자 합니다"라고 하였다. 그가 대답하기를,

"그렇습니다"라고 하였다. 그가 답하는 바가 오로지 이와 같을 따름이었다. 다른 말은 모두 우리말이 아니었다. 우리들이 귀를 기울여 들었으나, 하나도 통하지 않았다. 내가 또 말을 하였는데, 그는 단지

"그렇습니다"라고만 답하였다. 우리 세 사람은 의논하여, 다시 말을 해보았고, 또한 선장 마쓰모토로 하여금 말하도록 하였고, 경역관 또한 여러 차례 말을 하였으나, 서로 통하지 않았다. 모두 말하기를,

"필담이 아니면 통할 수 없다"고 하였다. 그래서 내가 글로 쓰기를,

"우리 작은 배가 이미 돛을 잘라서 바다에 버렸고, 노를 버리고 표류하였습니다(다음 여섯 글자가 분명하지 않다. 마쓰모토가 내가 쓴 것을 보고 옆에서 보면서 베껴 썼다. 이런 까닭에 읽을 수 없는 곳이 있었다. 그래서 삭제하고 굳이 보완하거나 바로잡지 않았다.). 거센 바람과 거친 파도로 배가 위태로웠으나, 다행히 하늘의 도움을 얻어 귀국에 도착하게 되었습니다. 은혜를 입어, 이곳에 배를 댈 수 있게 되었습니다. 처음에 뱃사람들이 돛대와 노를 새로 만드는 데, 조선의 은혜를 입어, 본국으로 돌아가려고 하였습니다. 그런데 배를 댄 지 5~6일 만에 스며드는 물이 점점 늘어나서 배 안으로 많이 들어오게 되었습니다. 이미 배가 부서진 곳은 관목貫木이 빠져나가고,

쇠못은 부러졌습니다. 비로소 바다에서 풍랑으로 부서진 정도가 심한 것을 알게 되었습니다. 지금은 스며드는 물이 배의 앞 칸의 판석板席 위까지 넘치게 되었습니다. 그래서 전일에 다시 귀국의 큰 은혜를 입어서, 우리 25인으로 하여금 각각 신변의 물품과 관물官物을 가지고, 본국으로 돌려보내 줄 것을 청하였습니다. 지금은 배가 부서져서 쓸 수가 없기 때문에, 실은 물건은 관물과 신변 물품을 제외하고 큰 배 작은 배와 함께 모두 태워 버린 다음 단지 귀국의 은혜를 입는 방법 말고는 다른 방법이 없습니다. 우리들과 뱃사람들의 실정이 이와 같습니다. 엎드려 바라옵건대 자혜로운 은택을 내려주시기를 25인은 바랄 뿐입니다. 손을 모아 절하며 삼가 아룁니다"라고 하였다. 역관이 글로 말하기를,

"귀국의 배가 우리 지경에 이르러 정박하게 되면, 그 배의 부서진 바를 보고, 훼손된 데 따라서 보수하는 것이 관례였습니다. 배를 온전히 새로 만들어서 보내는 예는 없습니다. 다시 의견을 알려주십시오"라고 하였다. 내가 글로 답하기를,

"지금 곧 선장에게 명령하여, 그러한 예가 있는지를 확인하도록 하겠습니다. 자세히 듣고 답하겠습니다"라고 하였다.

이에 마쯔모토에게 의논하였더니, 마쯔모토가 이런저런 말을 하였다. 내가 글로 쓰기를,

"돛이나 노 등의 일이라면, 다른 나라에 갔을 때 또한 요청하여 새로 만든 예가 있습니다. 배 전체를 수리하거나 만들어서 다른 나라로부터 돌아온 예는 아직 없습니다. 더구나 우리 작은 배는 크게 파손되어 사소한 손상이 아닙니다. 배의 형태가 늘어나고 바로 펴졌으며, 전에 말씀드

린 대로, 나무판이 깨지고 관목이 빠져 나왔으며, 쇠못은 이미 부러졌습니다. 수리하려고 해도, 아마도 불가능할 것입니다. 실로 이는 크게 부서진 것입니다. 또한 이미 말씀드린 대로 배 전체를 수리한 예가 없습니다. 단지 귀국의 자혜로운 은혜를 얻어 귀국의 배와 뱃사람으로 하여금 우리 25인을 돌아갈 수 있게 해주십시오. 엎드려 빌며 삼가 아룁니다"라고 하였다.

문정관(역관이다)은 언어가 통하지 않을 뿐만 아니라 필담 역시 할 수 없었다. 또한 통하지 않는 글에다 통하지 않는 말을 섞어서 일을 번거롭게 하는 것이 지겨울 정도였다. 그가 글로 말하기를,

"배의 물품 중에 고칠 것이 있거나 혹은 돛이나 노와 같은 것은 부서지고 손상된 것을 수리해 주는 것이 후의입니다. 배는 한 곳도 손상된 곳이 없으니 다행입니다. 다시 알려주십시오"라고 하였다. 내가 답하기를,

"배가 부서지고 손상된 곳이 허다합니다. 다음과 같이 상세히 기록합니다. 배 앞 칸 제3구역의 관목이 빠져나갔고, 가운데 칸의 아래쪽에 있는 관목이 빠졌습니다. 뱃바닥의 큰 세로나무가 이물에서 앞부분까지 무릇 10여 척이 파손되었고, 근판根板, 根棚이 앞머리부터 후미까지 모두 남김없이 부서져 유실되었습니다. 좌우의 난창欄窓 아래도 모두 부서졌습니다. 4매호四枚戶 쌍방도 각각 무너지고 부서졌습니다. 이물판 후면의 좌우가 부서졌습니다. 쇠못이 각각 부러진 것 같습니다. 자세한 것은 알 수 없으나, 보이는 바는 대략 이와 같습니다. 돛대와 노는 이미 말씀드렸습니다"라고 하였다.

문정관의 문답은 번잡하여 일일이 거론할 겨를이 없다. 그는 품속에서 작은 책 한권을 가지고 있었는데, 때때로 꺼내어 몰래 보고 질문을 했다. 우리 뱃사람들이 뒤에서 훔쳐보니, 곧 『대하환(우리 관선의 이름이다) 표류수조지기大河丸漂流數條之記』였다.

그가 글을 쓰기를,

"바다에서 어느 나라 섬을 보았습니까?"라고 하였다. 내가 답하기를,

"7월 1일에 가까이서 두 섬을 보았는데, 우리 배로부터 북쪽이었습니다. 그 두 섬을 떠나서 동북쪽으로 세 작은 섬이 있었습니다. 7월 2일에는 동북쪽으로 작은 섬 서너 개가 점점이 있었습니다. 저녁에 이르러 동북쪽으로 섬이 많았습니다. 7월 3일 새벽에 이 지역 바다에 이르렀습니다"라고 하였다. 그가 쓰기를,

"그대가 사는 곳에서 하는 일이 무엇입니까?"라고 하였다. 내가 쓰기를,

"우리들은 대대로 녹을 받는 사무라이입니다. 그래서 공적인 업무를 봅니다. 쉬는 날에는 무술을 수련하고 글을 익히는 것을 업으로 삼고 있습니다"라고 하였다. 그가 쓰기를,

"표류하였을 때 배 안의 양미는 얼마나 있었습니까?"라고 하였다. 내가 쓰기를,

"표류하였을 때, 배 안에 비축한 양미는 아마도 100여 포였습니다. 배가 위태로워서 바닷물에 던져 넣었습니다. 귀국에 표착한 이후에 점검해 보니 쌀 포대가 모두 65포였습니다. 절반 이상은 물에 젖어서 볕에 말렸습니다. 또한 이미 먹은 분량이 있기 때문에, 65포대는 또 물에 젖기도 해서 그 양이 줄어들었을 것입니다. 남아 있는 분량은 자세히 알지 못합니다"라고 하였다.

문정관의 물음은 실로 일의 본질을 파악하지 못한 것이었다. 그 말 가운데 우리말과 비슷한 것이 있었지만, 더 계속되지는 않았다. 그리고 문정관의 글은 손으로 박박 찢어버리기도 하고 혹은 자기 품속에 넣기도 하고 혹은 종이를 구겨서 바다에 던져 버리기도 하였다. 그래서 지금 남아 있는 것이 적다. 그 문답은 저녁 무렵부터 초경까지 이어졌다. 우리들이 술로 그를 위로하였다. 그는 술을 좋아하여 사양하지 않고 마셨는데, 취한 얼굴이 대단히 추했다. 그런데 태수는 특히 엄숙한 자세로 감히 술잔을 들려고 하지 않았다. 내가 그에게 말하기를,

"비인공께서는 술을 좋아하지 않으시니, 설탕을 권하고자 합니다"라고 하였다.

2경에 조선 관인들이 모두 돌아갔다.

이상의 문장은 이듬해인 3년 경진년 정월 9일에 조선국 부산포에서 썼다.

7월 13일, 아침에 내가 편지를 쓰기를,

"삼가 여러분들께 알립니다. 우리 작은 배는 전일에 말씀드린 것처럼, 나무판이 깨어지고 관목이 빠지고 쇠못이 부러졌습니다. 그래서 스며드는 물이 날마다 배로 늘어나고 있습니다. 처음에 우리들과 뱃사람들은 귀국의 지시가 있을 때 시종 배 안에서 기거하고자 하였습니다. 그러나 배가 이미 부서지고 훼손되어 전에 말씀드린 것과 같습니다. 또한 히다카 요시타카와 카와카미 치카나카는 병을 앓고 있어서, 배 위에서 생활하는 고통을 견뎌낼 수 없는 것 같습니다. 아울러 계절을 생각해 보면,

계절이 이미 초가을이고 큰 바람이 불고 높은 파도가 이는 때입니다. 일마다 비록 번잡스럽게 해드립니다만, 해변의 빈 땅에 집 하나를 임시로 짓게 하여, 뭍에 내려서 거처할 수 있도록 하여, 우리의 걱정을 편안히 해주십시오. 그렇게 된다면 크게 다행이겠습니다. 무슨 복을 더할 수 있겠습니까?

만약 우리들이 원하는 바를 허락해 주신다면, 히다카와 그가 거느리고 있는 사람 중 3명, 카와카미와 그가 거느리고 있는 사람 중 2인, 야스다와 그가 거느리고 있는 사람 중 2인, 모두 10인이 각각 신변의 물품과 관물 5상자를 가지고 그 지어놓은 집으로 옮겨서, 무릎을 편히 움직일 수 있는 자리로 가고자 합니다. 우리들이 비록 잔약하지만, 한 울타리 안에서 생활하면서, 귀국이 우리 25인을 돌려보내줄 때를 기다리겠습니다.

만약 바람이 갑자기 불거나 파도가 문득 일어나면, 비록 후회한다고 한들 무슨 소용이 있겠습니까? 그 때에 이르러 뭍에 내릴 것을 청하여 비록 허락을 얻는다고 해도, 지어놓은 집이 없고 또 일상적으로 쓰는 물품이 없으면, 어찌 하루라도 견딜 수 있겠습니까? 또한 바람이 불고 파도가 칠 때에 이르면, 뱃사람들과 같은 경우는, 바다 위에서 하는 일을 업으로 하는 까닭에, 비록 크게 바람이 불고 파도가 쳐도 또한 목숨을 잃을 염려는 없습니다. 그러나 우리들과 어린 시동들은 실로 대단히 어려운 일입니다. 또한 풍파가 일 때를 당해서 비록 물품을 가지고 배를 내리고자 해도 불가능할 것입니다. 만약 변고가 있으면 오로지 앉아서 죽기를 기다리는 방법 이외에 어찌 다른 수가 있겠습니까?

이런 까닭에 이것저것 돌아보지 않고 요청드립니다. 또한 배와 뭍 사이에 용무가 있어서 왕래할 때는 하나하나 알리고, 귀국 사람으로 하여금 도로를 지키고 왕래하도록 하면 괜찮을 것입니다. 단지 위태로운 배를 염려하고 풍파를 걱정하는 것만이 아닙니다. 두 사람의 병자의 근심과 고통을 또한 염려하면서 보고 있습니다. 속히 임시 숙사를 만들어 뭍에 내려 거처할 수 있기를 우러러 바랍니다. 엎드려 허락해주실 것은 원합니다. 7월 13일 히다카 요시모토, 카와카미 치카나카, 야스다 요시카타가 삼가 아룁니다"라고 하였다.

전날부터 바람과 파도가 강해졌다. 아울러 비까지 내렸다. 이날 한낮 무렵 밀물이 또 넘쳐 들어와 후창後倉의 자리판이 떠서 움직였다. 근심과 고통이 말할 필요가 없었다. 그런데 조선인은 아직 글에 답하지 않았다. 그래서 다시 편지를 쓰기를,

"이미 조수가 커지는 때가 되었습니다. 이런 까닭에 오늘 또한 낮 시간의 밀물이 자리판 위로 크게 넘쳐 올랐습니다. 날마다 빗물이 스며들어서 자리 주변이 모두 물이 차서 나쁜 기운이 섞여 올라오고 있으며, 푹푹 찌는 더위가 뼈에 스며듭니다. 배 안에서는 고통과 걱정이 늘어나고, 피로와 근심이 배가 되었습니다. 비록 귀국의 국법을 알지 못하지만, 환난을 도와주고 질병과 고통을 보살펴주는 것이 사람의 마음이 그만 둘 수 없는 바입니다. 하물며 수호한 지가 오래된 사이에서야 두말 할 나위가 있겠습니까? 귀국의 법을 따라서, 집을 하나 지어서 머물게 하고, 만약 외출을 하지 않는다면, 가령 둘러친 담이 없더라도 우리들에게 그 지역을 정해주면 충분할 것입니다.

이미 뭍에 내리는 일로 아뢰었으나, 절박함을 견딜 수 없습니다. 다시 제공의 판단이 오래 걸리는 것을 견디지 못하여, 오늘의 일을 상세히 다

시 알립니다. 7월 13일, 히다카 요시모토, 카와카미 치카나카, 야스다 요
시카타"라고 하였다.

태수가 다시 글을 쓰기를,

"아침에 보내주신 편지에 말한 일에 대해서 답을 하지 못하여 바야흐
로 걱정이 되던 참에 곧 다시 글을 받으니 생각이 짧았습니다. 막사를
지어 뭍에 내리는 일은 알려주셨습니다. 오늘 두 차례 밀물 때를 당하여
객지의 근심과 고통이 전보다 갑절이 되었습니다. 환난을 서로 구해야
하고, 질병을 서로 도와줘야 함을 알지 못하는 것이 아니지만, 나라에는
약조가 있어서 서로 어길 수 없으니, 마음이 더욱 근심스럽습니다. 아끼
지만 도울 수 없으니 어찌 하면 좋겠습니까? 바야흐로 이 일로 좋은 도
리가 되는 방법을 생각하고 있습니다. 장대 위에서 한 걸음 더 나아간다
는 뜻을 다시 생각하셔서, 위험에 처하는 것을 안락으로 여겨서 잠시 기
다리시면 어떻겠습니까? 글은 말을 다 표현하지 못합니다. 하신 말씀은
모두 잘 알았습니다"라고 하였다.

2시 무렵에 바닷물이 점차 빠지면서 스며들었던 물도 또한 따라서 말
랐다. 배 안은 한결 지내기가 나아졌다. 아픈 사람들이 고통스러울 때마
다 생선과 고기를 원해서 나에게 요구하였다. 내가 글로 요청하기를,

"양식과 반찬을 내려주셔서 은의를 입어서, 지급해 주신 것이 아직 여유
가 있습니다. 남아 있는 것을 요청하는 것이 아닙니다. 오랫동안 배 안에
있다가 보니 몸 안의 기가 손상되고 힘이 떨어져서 고기로 이를 보충하
고자 합니다. 부디 생선과 닭을 다시 지급해 주십시오. 사람마다 복용하
여 정기를 보하고 질병을 없애는 바탕으로 삼고자 합니다. 많이 바라지

않습니다. 3일에 한 번씩 사람 수에 따라서 주시면 족합니다. 또한 히다카와 카와카미 두 병자는 푸른 채소를 좋아합니다. 파, 부추, 가지, 오이 같은 것이 있는 대로 지급해 주신다면 이 또한 큰 다행이겠습니다. 엎드려 삼가 아룁니다"라고 하였다.

밤이 이미 2경이 되었는데, 밀물이 다시 밀려와 잠자리까지 다다르려고 하였다. 그래서 뱃사람을 지휘하여 배를 모래사장으로 나아가게 하였다. 모래사장이 경사져서 선미가 조금 높아졌다. 우리 세 사람은 후창에 몸을 웅크리고 있었는데 그 고통을 감내하기 어려웠다. 밤중에 조선 관인에게 편지를 쓰기를,

"배 안의 물이 오늘밤에는 우리 잠자리까지 넘쳐 올랐습니다. 그래서 신변의 물품을 각각 선루 위로 옮기고 또한 모래사장으로 옮겼습니다. 오로지 분한 마음으로 스스로 멈추지 못하고, 근심과 걱정이 가슴에 가득합니다. 비는 내리고 물은 솟아올라, 배 위에서 머물 수 없습니다. 그래서 내일 아침에 우리들은 육지로 내려갈 것입니다. 특별히 알려드립니다"라고 하였다.

나와 히다카·카와카미는 서로 상의하기를, 비록 뭍에 내리더라도 집이 없으면 기거할 수가 없으니 이에 초막을 지을 재료를 (줄 수 있는지) 물어보기로 하였다. 선장도 의견을 말하였다. 내가 편지를 쓰기를,

"돗자리(귀국의 작은 배에 비가 올 때 덮는 물건입니다) 100장, 긴 나무 50개를 은혜로이 빌려주실 것을 청합니다. 그 두 가지 물건을 빌려, 우리 뱃사람들로 하여금 임시로 거처할 곳을 만들도록 하겠습니다. 엎드려 두

가지 물건을 빌려주실 것을 청합니다. 원컨대 속히 빌려주십시오"라고 하였다.

또한 의론하여 말하기를,

"모래 위를 보니 넓은 장소가 없는 듯하다. 또한 비록 있다고 하더라도 저들에게 알리지 않고 짓는 것은 예가 아니다"고 하였다. 이에 다시 편지를 쓰기를,

"우리들은 빈 땅이 있는 곳을 알지 못합니다. 그대들이 와서 지시해 주시는 것이 좋겠습니다. 지체되어서 우리의 마음을 번거롭게 하지 바랍니다. 엎드려 빕니다"라고 하였다.

밤사이에 저들에게 세 차례가 편지를 보냈으나, 저들은 끝내 답이 없었다. 동쪽이 이미 밝아오고 바닷물이 이미 물러가니 분한 마음 또한 따라서 사라졌다. 밤새 다시 배를 모래 쪽으로 나아가 있어서 어려움이 덜게 되었음을 조금 깨닫게 되었다.

14일, 아침에 문정관 조주부가 다시 편지를 보내기를,

말씀드립니다. 가을비가 지루하게 내립니다. 여러분들께서 연일 배 위에서 평안하시다니 지극히 위안이 됩니다. 저는 여러 날 여행을 한 끝이라, 심히 고단합니다. 그제 문정한 내용도 잘 정리가 되지 않으니, 매우 한탄스럽습니다. 뭍에 내리겠다고 알려오셨으나, 본래 약조한 내용과 다릅니다. 또한 여러분들의 배는 훼손된 곳을 수리하는 일은, 어제 조정에 보고하기 위하여

수본(手本)을 작성하여 올려 보내고, 조정의 처분을 기다리고 있습니다. 여러 분들께서는 비록 배 안에서 견디기 힘든 일이 있더라도 기다려주시면 어떠 하겠습니까? 비가 이렇게 내리니, 날이 개인 후에 나아가 (문정내용을) 작성하 겠습니다. 갖추지 못하였습니다.

기묘 7월 14일 문정관
명오(明五)
조주부(趙主簿) 도장의 내용 한산조씨(韓山趙氏)

조주부는 스스로 서울 사람이라는 사실을 내세워 심히 오만하였다. 조선 관인 중에서 가장 속물이었다. 그리고 간사하고 잔꾀를 부리며 욕심도 많았다. 특히 어려운 일을 만들고 또한 일을 이해하지 못했다. 처음에 여러 관인들이 우리 배가 부서진 것을 보고 이미 우리에게 육로와 수로 어느 쪽으로 가겠냐고 물어보았다. 그런데 조주부는 도리어 우리 배를 수리하겠다고 말하였다. 우리들은 심히 불쾌하였다. 내가 즉각 답을 하기를,

"삼가 답을 드립니다.

축하해 주시는 말씀 대단히 감사합니다. 우리들은 평안하지 않습니다. 병으로 아프고 근심으로 고통받으며, 어려움과 위험으로 핍박받고 있습니다. 빗물과 바닷물이 거듭 옷을 적십니다. 존공께서는 여행으로 고단하다고 하시니, 근심과 염려가 실로 많습니다. 답하는 뜻에 두서가 없고, 대단히 슬픕니다. 뭍에 내리는 일이 약조한 일이 아니면 다시 무슨 일이겠습니까? 말은 반드시 믿기 어렵고 행위도 반드시 결과를 얻게 되는 것은 아닙니다. 하물며 하늘이 하는 일과 사람이 하는 일의 변화가

활발함에 있어서는 두말 할 나위도 없습니다. 이치와 도의에 비추어 방편을 써서 바른 방안을 정하는 것이 이때가 아니겠습니까? 만약 잘못을 고치는 도가 없다면, 대장부가 무엇 때문에 현혹되겠습니까? 살갗이 찢겨도 움츠리지 않고, 눈동자를 찔러도 피하지 않으며 저 하늘을 즐길 따름입니다. 오늘의 일은 헤쳐나가는 데 도가 있고 행하는 데 이치가 있습니다. 아, 어찌하여야 하겠습니까? 배가 혹시 부서진다면, 단지 나무 조각을 타고 바다 위에 있으면서 귀국 조정의 처분을 기다려야 합니까? 낮에 밀물이 들어오면 모래 위의 한 구역을 빌어서, 뭍에 내려 머물고자 합니다. 여러분들은 나무라지 마십시오. 세 사람이 함께 삼가 아룁니다"라고 하였다.

조금 있다가 주부가 와서 글로 쓰기를,

"와서 배 안을 보니, 곧 빗물이 배 안에 들어와 있고, 여러분들의 힘든 상황이 이와 같으니, 마음이 심히 아픕니다. 그러나 뭍에 내리는 일은 우리들이 임의로 스스로 결정할 수 없습니다. 잠시 기다려주시기 바랍니다. 여러 날이 되지 않아서 조정의 처분이 있을 것입니다. 잠시만 기다려주시면 어떻겠습니까?

여러분들은 이를 깊이 생각하십시오. 그렇지 않으면, 우리들은 죽을 죄에 해당합니다. 살펴주십시오"라고 하였다. (나는 답글을 잃어 버렸다.)

그가 글로 에도에서 사쯔마주까지의 거리를 물었다. 내가 모른다고 답하였다. 그는 또한 관초關抄에 대해서 물었다. 나는 글로 모른다고 답하였다. 그는 다시 에도의 사정을 물었다. 내가 답하기를,

"도회지라는 사실을 들었을 뿐입니다"라고 하였다. 그는 다시 에도의

장관壯觀에 대해서 물었다. 내가 글로 답하기를,

"스모相撲과 희장戲場이 있습니다"라고 하였다. 그가 말하기를,

"피차에 필담을 나눈 문서가 있으면 모두 내놓으십시오"라고 하였다. 내가 글로 답하기를,

"문답을 나눈 글은 모두 여러분들에게 있습니다. 그 글을 보시면 될 것입니다"라고 하였다. 내가 또 글을 써서 닭과 생선을 요청하였다. 그가 글로 답하기를,

"청하신 바는 자세히 보았습니다. 아래 관리들에게 명령하겠습니다. 걱정하지 않으셔도 됩니다"라고 하였다. 그가 다시 글로 말하기를,

"볼 만한 물건이 있으면 보여주십시오"라고 하였다. 내가 글로 답하기를,

"볼 만한 물건이 조금 가지고 있습니다. 그런데 지금 빗물이 걱정되고 혼잡합니다. 다시 다른 날을 기다리시는 것이 어떻겠습니까?"라고 하였다.

이윽고 주부가 돌아갔다. 한낮 무렵에 밀물이 만조에 이르려고 할 무렵 조선인이 편지로 이르기를,

"어제 보내오신 글을 받으니, 아름다운 얼굴을 대한 것 같습니다. 그런데 귀공들의 마음과 상황을 헤아려보니, 안타깝고 슬픈 마음을 어찌 잠시라도 놓을 수 있겠습니까? 경역관과 함께 가서 문정하고 배에서 내려온 후, 각종 문서와 장부가 많아서 눈코 뜰 사이가 없었고 몸을 뺄 겨를이 없었습니다. 객지라서 비옷을 빌리기도 어려워, 며칠 동안 다시 가서 위로드리지 못하니 매우 한탄스럽습니다. 또한 함께 온 우후공의 병환이 점점 위중하여, 여러 날 식음을 전폐하고 있습니다. 그래서 우리들이 잠시도 그 곁을 떠나지 못하고 병구완을 하느라 분주하였습니다. 대단

히 걱정스럽습니다. 존공이 뭍에서 내리는 일은, 우리들이 결코 마음대로 할 수 없고, 들어줄 수 없습니다. 이 일을 어찌할 수 없는 것이 한스럽습니다. 우리들을 허물하지 않으셨으면 다행이겠습니다. 간절히 바랍니다. 이 인편으로 회답을 하실 수 있겠습니까? 머리 조아려 삼가 알립니다"라고 하였다.

　내가 글로 답하기를,

"보내신 서간을 보았습니다. 거듭하여 간곡히 알립니다. 이미 우리들의 사정을 아셨을 것입니다. 배 안에서는 빗물과 스며드는 바닷물로 견딜 수 없습니다. 실로 헤아리시는 바와 같이 어려움이 하늘로부터도 오고 땅으로부터도 옵니다. 일각이 천년 같고 백보가 한 걸음 같습니다. 원컨대 속히 귀조정의 처분을 받아 뭍에 내려 우리의 마음의 고통과 질병의 상처가 주는 어려움을 면하고자 합니다. 두터운 정을 받들어 다시 어려움을 넘기고 위태로운 생각을 견디고자 합니다. 견딜 수 있을지 없을지 모르겠습니다. 그래서 귀하의 생각을 번거롭게 함을 돌아보지 않고, 물품을 바닷물에 던져 넣었습니다. 이는 스며드는 물을 막기 위한 방법입니다. 꾸짖지 마시기 바랍니다. 경역관공이 와서 물을 때, 배를 내려간 후에는 문서와 장부를 열지 말라고 하신 일은 명심하여 따르고 있습니다. 염려하지 마십시오. 우후공의 병환이 더욱 위태롭다고 하시니, 존공들의 근심과 염려가 많으실 것 같습니다. 우리들도 또한 우려할 따름입니다. 잘 보양하시기 바랍니다. 귀하의 글을 다시 받고 삼가 아룁니다(문서와 장부를 열지 말라는 내용은 이 글과 관계된 것이 아니고, 그가 전에 금한 바였으므로 말한 것이다.)

이날 내가 배 바닥을 살펴보니, 쌓인 물건이 아직도 많았다. 곧 뱃사람에게 명해서, 배 바닥을 비우고 (바깥에) 던지도록 하였다. 해가 질 무렵 태수의 속관이 와서 글로 묻기를,

"곧 장교長校의 말을 들으니, 배 안의 더러운 물건을 모두 모래사장에 던졌다고 합니다. 병에 해롭기 때문에 그리한 것입니까?"라고 하였다. 내가 답하기를,

"더러운 물건의 악취가 나서 병인이 모두 견디기 어렵습니다. 단지 견딜 수 없을 뿐만 아닙니다. (물건을) 버리면, 배가 가볍게 뜨게 되어, 스며드는 물이 줄어들기를 바란 것입니다. 그래서 그렇게 하였습니다. 뭍에 내려갈 수 없고 하루를 또 배 위에 있어야 하니 스며드는 물을 줄이기 위해서는 그렇게 하지 않을 수 없었습니다. 그래서 던져버린 것입니다"라고 하였다.

밤에, 배 안이 모두 잠들었다. 닭이 울었는데, 전창前倉에서 갑자기 소동이 일어났다. 내가 깨어서 보니 스며든 물이 잠자리에 이르렀다. 뱃사람과 종복들은 각각 옷을 벗고 물품을 선루 위로 옮기기도 하고 작은 배에 싣고 해변에 이르렀다. 통과 항아리는 유실되고 자리와 판자가 떠다녀서 배 안에서 있을 수 없었다.

시동을 데리고 선루에 올랐는데 곧 선루 위에 물품을 옮겨둔 곳이었다. 이미 돗자리로 덮어두었다. 바람이 특히 심하였고 머물 곳이 없었다. 뱃사람이 촛불을 들고 와서 돗자리를 덮은 틈을 살피더니,

"여기에 틈이 있습니다. 3~4척 정도인데 있을 만합니다"라고 하였다. 내가 거기로 기어들어가서, 머리를 숙이고 무릎을 굽혔다. 시동 지로는

내 옆에 허리를 숙이고 있었다. 히다카 역시 그곳으로 굽히고 들어왔다. 함께 자리를 덮고 바람과 비를 피했다. 카와카미는 선루 뒤쪽에 있었는데 변을 보기 편하기 위함이었다. 내가 등을 켜고 붓을 들어 조선 관인에게 편지를 보내기를,

"존공들의 죄과를 없애기 위해서, 우리들은 대단히 힘들고 위험합니다. 지금은 큰 어려움이 닥쳐왔습니다. 상관인들께서 각각 오셔서 직접 보시기 바랍니다"라고 하였다.

그러나 그는 오지 않았다. 화가 나서 다시 글로 알리기를,

"문선왕文宣王(공자)이 말씀하시기를, 지사志士와 인인仁人은 삶을 구하느라 인을 해치는 일이 없고, 자신을 죽여서 인을 이루는 일은 있다고 하였습니다. 존공들이 우리들에게 어찌하고 있습니까? 마음대로 할 수 없다고 하지만, 또한 도의가 있어야 하고, 법을 지키는 것도 또한 도리가 있습니다. 당연한 도의를 등지고 사람으로 하여금 죽도록 한다면, 군주의 상과 벌이 어떠하겠습니까? 도의에 말미암아 사람을 위기에서 벗어나게 한다면 군주의 상벌이 또한 어떠하겠습니까? 조선국의 일을 나는 알지 못하니, 또한 어찌하겠습니까?"라고 하였다.

그는 끝내 오지 않았고, 또한 답서도 없었다. 밤이 새려고 하고, 비도 또한 조금 그쳤다. 다시 편지를 보내고자 하여 글은 이미 이루었으나 보내지 않았는데, 주부의 글이 도착했다.

15일, 그의 글에 이르기를,

"말씀드립니다. 보내주신 글을 받고 위로가 되었습니다. 밤새 여러분

들께서는 평안하셨습니까? 위안됨이 어찌 끝이 있겠습니까? 말씀하신 일은 우리들이 어찌 공의 일을 뒤로 하겠습니까? 다만 임의로 할 수 없습니다. 곧 조정의 처분을 기다리시고, 공들은 우리들의 허수를 책망하지 마십시오. 글을 보내나 갖추지 못했습니다.

기묘년 7월 15일 문정관 명오 조주부"라고 하였다.

내가 답하기를,

"엎드려 생각건대, 일을 처리하라고 보낸 관인은 우리 표류선의 일을 처리하기 위함입니다. 이웃나라 간에 수호하는 예가 지극합니다. 우리들이 뭍에 내릴 것은 요청하였으나 허락하지 않았습니다. 여러 차례 요청하였는데, 여러 차례 존공들의 의견에 따라서 뭍에 내리지 않은 것은 곧 우리들의 예가 또한 지극한 것입니다. 밤새 큰 어려움이 있었기 때문에, 여러분들께서 멀리까지 와서 우리 배를 보라고 하였는데, 오시지 않았습니다. 오늘 아침 잠시 비가 그친 것은 실로 하늘이 도운 것일 따름입니다. 만약 비가 오면 머무를 땅도 없고 밥을 지을 땅도 없습니다. 여러분들이 빨리 와서 우리들의 고난을 봐주십시오. 보시고도 여전히 뭍에 내리는 일을 판단해 주시지 않는다면, 우리들도 각자 대처할 요량입니다. 우리의 방법을 실행하였을 때는 공들은 지시하거나 말하지 마십시오. 지금 이러한 우리의 뜻을 알리고자 합니다. 이미 보내신 편지를 보았으므로 아울러 감사드리며, 우리들의 뜻은 이와 같습니다. 세 사람이 함께 삼가 아룁니다. 기묘년 7월 15일"이라고 하였다.

비가 그치고 썰물이 되었으나, 나와 히다카는 여전히 자리를 덮은 틈

사이에 있었다. 배 안은 자리와 판자가 떠다니고 관목이 흐트러져 있었다. 이때 첨사 이동형과 절충장군 이종길, 김기방, 장천규 등이 와서 우리 배를 바라보고 글을 보내기를,

"갑작스럽게 글을 씁니다. 보셨습니까? 우리들이 아직 배 안을 보지 못하였으나 심히 부끄럽습니다. 청판聽板이 이미 훼손되어 올라가서 볼 수가 없습니다. 그래서 글로 알려드립니다. 두 분께서는 지금 오실 것입니다"라고 하였다.

조금 있다가 태수와 첨사와 역관이 물가에 와서 우리 배를 바라보았다. 이날 태수가 풍악을 연주하지 않았기 때문에 내가 그가 온 줄을 알지 못했는데, 갑자기 그가 배 아래에 있는 것을 보았다. 글을 보내기를,

"지금 세 분께서 와서 우리 배가 부서진 것을 봐주시니, 심히 다행입니다. 배에 들어오셔서 자세히 살펴보십시오"라고 하였다.

조선 관리들이 우리 배를 자세히 살펴보았는데, 몹시 슬퍼하였다. 이때 병인들이 또한 고통스러워하였고, 또한 어육을 원하여 빈번히 나를 재촉하였다. 그래서 글을 쓰기를,

"어제 요청한 닭과 생선은 주시는 것입니까? 답을 해주십시오. 아직 우리 배에 두 물품이 온 것을 보지 못했습니다. 만약 줄 수 없다면, 줄 수 없다고 바로 말하셔도 괜찮습니다. 줄 수 있다면 바로 주셔도 괜찮습니다. 다시 주저하지 마십시오"라고 하였다. 태수가 답하기를,

"양식과 반찬은 지방관이 주선하는 것인데, 이곳이 읍치에서 멀리 40리나 떨어져있습니다. 그래서 명하신다고 바로 드릴 수 없습니다. 어제

하예들로 하여금 영을 따르도록 하였습니다. 그런데 아직 오지 않았습니다. 그러한 사정을 헤아리지 않고 인색하다고 꾸짖으시니, 어찌 뜻밖이 아니겠습니까? 파와 마늘, 닭과 생선은 오는 대로 보내겠습니다. 부추와 가지 오이는 그 이름을 알 수 없으니 어찌하겠습니까?"라고 하였다. 내가 다시 글을 쓰기를,

"지방관이 이 읍에서 떨어져 있는 것을 알지 못하고, 주는지 안주는지 의사를 물어서 뱃사람을 안심시키기 위하여 방금 글을 다시 드려서 물은 것입니다. 인색하다고 한 것이 아닙니다. 가지고 있는 것으로 주시면 족합니다. 파 가지 오이는 후일에 자세히 말하겠습니다. 감히 다시 답글을 보냅니다"라고 하였다.

조금 있다가 태수가 우리 배로 왔다. 우리들은 아직 자리를 덮은 사이에 있었다. 곧 사람을 시켜서 자리를 걷도록 하였다. 자리 아래는 낮아서 머리를 들 수가 없었다. 태수가 크게 근심하는 기색이 있었다. 내가 곧 글을 쓰기를,

"자리가 매우 협소합니다"라고 하였다.

태수가 나의 옆으로 와서, 바깥에서 내 손을 잡고 오랫동안 걱정하였다. 그리고 글을 쓰기를,

"날씨는 비가 오고 밀물이 밀려오는데, 세 분 대관代官께서 배 안에서 몹시 비참하게 계시니 사람으로 하여금 콧날이 시큰해지도록 합니다. 그런데 병세의 정도는 어떠합니까?"라고 하였다. (이상, 조주부의 글부터 이 태수의 글까지 5장의 정문正文은 히다카에게 주었다). 내가 답하기를,

"존공의 말과 같이 좋아졌습니다. 실로 대단히 감사합니다. 병에 대한 근심과 빗물과 스며드는 바닷물은 모두 걱정이 되고 피로하게 만듭니다. 가련히 여겨주십시오, 불쌍히 여겨주십시오"라고 하였다. 태수가 말하기를,

"비록 초나 월나라 사람이라고 하더라도 이러한 환난을 당하면, 오히려 좌시할 수 없을 텐데, 하물며 수호하는 사이에 10여 일 동안의 주객이야 더할 나위가 있겠습니까? 가련하게 여기지 않는 것이 아니고, 불쌍히 여기지 않는 것이 아닙니다. 국가가 금하는 바에 구애되어 비록 마음대로 할 수 없지만, 이러한 광경을 보고 어찌 마음이 저리고 슬프지 않겠습니까?

존등이 그러한 사정을 알지 못하고 단지 눈앞의 고통만 생각하여 마음에 없는 말로 책망하시니 오히려 부끄럽고 한탄스럽습니다"라고 하였다. 내가 말하기를,

"비록 마음에 없는 말로 책망한 것 같으나, 참으로 이는 우리들의 심정입니다. 이미 존공들께서 마음대로 할 수 없는 것을 알고 있습니다. 그러나 비리非理가 없다면 권도權道를 쓰는 방법이 있지 않습니까? 그래서 권도로써 허락해 줄 것을 요청한 것입니다. 이것이 곧 우리의 본마음입니다. 이미 존공들이 가장 가련히 여기고 가장 불쌍히 여기는 것을 알고 있습니다. 그러나 그 결과를 보지 못했습니다. 아~ 하늘이여. 수호하는 의리가 깊고 두터우므로 그 어려움과 위험을 견디고자 하나 이미 불가능합니다. 아아~"라고 하였다.

태수가 자세히 보았다. 김기방과 장천규도 옆에서 그 글을 보았다. 기방이 곧 글을 써서 묻기를,

"견딜 수 없다면 어찌하면 좋겠습니까?"라고 하였다. 내가 답하기를,

"전에 이미 아뢴 대로 우리들이 각각 <u>스스로</u> 대처할 방법이 있습니다. 다시 허물하지 마십시오"라고 하였다.

태수가 글을 쓰기를,

"상황이 이러하니, 조선의 배 몇 척에 견고하게 지붕을 덮고, 옮겨 머물면 어떠하겠습니까?"라고 하였다. 내가 답하기를,

"'견고하게 지붕을 덮고 옮겨 머물면'이라는 말을 다시 자세히 써주시면 좋겠습니다"라고 하였다. 태수가 말하기를, "배 위에 견고하게 지붕을 덮어서 빗물이 들어오지 못하게 하고 조선 배로 옮겨가는 것입니다. 그러면 그 사이에 처분이 있을 것입니다"라고 하였다. 내가 즉시 답하지 않았다. 태수가 말하기를,

"배를 옮기는 뜻은, 참으로 부득이한 권도에서 나온 것입니다. 여러분들의 뜻은 어떠합니까?"라고 하였다.(나는 여전히 답하지 않았다.) 태수가 말하기를,

"뭍에 내리는 일은 만약 마음대로 할 수 있다면, 어찌 이처럼 구차하게 배를 옮기는 계책이 필요하겠습니까? 여러분들은 사정을 잘 아시고 널리 양해해 주십시오"라고 하였다. 내가 답하기를,

"존공의 뜻을 대단히 감사합니다. 맹자가 말한 바 오십보백보입니다. 땅이 귀국의 땅이고 배도 귀국의 배입니다. 비록 빗물이나 스며드는 바닷물은 없더라도 병인들이 습기를 감당할 수 없고, 배 위에서 불편하게 거처해야 합니다. 병은 날로 심해지고 바른 기운은 날로 쇠하고 있습니다"라고 하였다. 태수가 말하기를,

"땅도 우리나라 땅이고, 배도 우리나라 배입니다. 오십보백보라는 말이 참으로 맞습니다. 뭍에 내리는 일은 조정의 명령이 아니면 마음대로 정할 수 없습니다. 그러므로 배를 옮기는 것과 뭍에 내리지 않는 것은 차이가 있습니다. 그래서 부득이한 권도에서 나온 것입니다. 존공들의 병은 비록 습기에서 온 증세이지만, 물이 스며드는 이 부서진 배를 버리고, 마르고 깨끗한 온전한 배로 옮겨 간다면, 반드시 병이 심해질 우려는 없을 것입니다. 또한 우리들이 처벌받지 않을 지점을 생각하십시오. 이 또한 주객이 모두 편한 길입니다. 깊이 헤아려주십시오"라고 하였다.

비인태수 윤영규는 무릇 조선의 거벽일 것이다. 그 사람됨이 엄숙하고 의젓하고 반듯하고 발랐다. 예를 갖추며 스스로 겸손하고, 너그러우면서 진심을 다할 수 있고, 조화로우면서 관대할 수 있었다. 두터운 정이 얼굴에 드러나서 내가 깊이 감동을 받았다. 오늘 문답을 나누는 사이에, 내가 마침 시 한 수를 지었다. 그 시에 이르기를,
"이미 태수가 자애로움과 어짊을 지키는 것을 알았으니
　　배 탄 객이 그대를 부모처럼 여기고 맞이하네
　　세상에서 오래도록 기자의 의리를 들었더니
　　사람 사는 온 세상이 모두 형제 사이로다"
글로 써서 내 무릎 아래 두었다. 태수가 말하기를,
"지금 쓰신 절구絶句를 보니 어짊을 지키는 관인이라는 말이 그 사람에게 어울리지 않는 듯하여 스스로 부끄러울 따름입니다. 스스로 땅을 나누는 의에 구애됩니다. 속을 시원하게 보여드릴 수 없는 것이 한탄스럽습니다"라고 하였다.

태수가 손짓으로 시를 달라고 청하였는데, 내가 3구와 4구를 지우고 말하기를,

"아직 완성되지 않았습니다. 다시 고쳐 쓰겠습니다"라고 하였다.

바로 그 글을 보여주었더니 태수가 보고 내려두었다. 조금 있다가 태수가 글을 쓰기를,

"세상만사가 이치 바깥의 일이 없고, 일은 알기 어렵지 않습니다. 만약 존공의 뜻대로 뭍에 내리면, 비록 병을 치료하고 몸을 두기에는 편할 것입니다. 그러나 그 때문에 우리들이 마음대로 일을 처리하고 직무를 제대로 수행하지 못한 죄에 해당하여 죽어도 남을 죄에 처해진다면, 이는 실로 나 때문이지만. 존등의 마음은 편안하시겠습니까? 다시 깊이 의론하고 자세히 상의하여 모두 편한 길을 택하십시오"라고 하였다. 내가 답하기를,

"배 안에서 깊이 의론하고 자세히 상의한 다음에 다시 처분에 답하겠습니다. 귀공이 근심해 주셔서 대단히 감사합니다"라고 하였다.

태수가 인사를 하고 갔다. 이에 히다카와 카와카미와 더불어 배 안에서 의론을 하였다. 카와카미는 오래도록 아파서 작은 배를 타고자 하지 않았다. 히다카는 배가 흔들리는 것으로 고생을 하여 의론이 하나로 정해지지 않았다. 선장이 말하기를,

"저 물을 가둔 곳에 큰 배를 세우면 우리의 큰 배와 다르지 않습니다. 또한 모두 함께 타면 편리할 것이니 마땅히 이로써 청하는 것이 좋겠습니다"라고 하였다.

그래서 태수에게 편지로 말하기를

"뭍에 내리는 것은 함부로 할 수 없으므로, 물이 스며들어 파손된 배를 버리고 건조하고 깨끗한 온전한 배로 옮기고자 하시는 뜻과, 이에 더하여 주객이 함께 편하게 되는 방법을 가지고, 배에서 이 일로 논의하였는데 이는 부득이한 권도에서 나온 것입니다. 잘 살피지 않을 수 없습니다. 다시 귀하의 뜻에 따르겠습니다. 그래서 배 안의 25인이 각자의 여러 물품을 가지고 함께 귀국의 배로 옮기고자 합니다. 처음에 뭍에 내리겠다고 청한 것은 윗사람과 아랫사람 10명이었습니다. 그러나 보시는 바와 같이 배는 나날이 부서지고 물건과 양식과 반찬이 각각 젖어서 둘 곳이 없습니다. 밤사이에 배 위의 판석板席 위에 제일 얕은 물이 한 척 남짓하고 그 외에는 허리를 적시고 가슴에 이릅니다. 배의 창 4개도 물속에 있습니다. 그래서 25명이 귀국의 배로 옮길 것을 청합니다. 전에 한 말과 다른 것을 허물하지 마십시오. 이는 곧 배에 물이 스며드는 것이 전날과 다르고 그 변화가 전과 달랐기 때문입니다. 또한 옮겨갈 귀국의 배가 아직 어떤 배인지 알지 못합니다. 저 물을 가둔 곳에 세워져 있는 큰 배에 머물 수 있도록 하신다면, 귀하의 뜻처럼 배를 옮기겠습니다.

그렇지 않으면 히다카는 이전부터 배를 타지 못했습니다. 조금만 흔들려도 식음을 전폐하고 구역질하거나 토하여 마치 병이 든 것 같습니다. 만약 떠있는 작은 배라면 옮겨 탈 수 없습니다.

저 큰 배는 25명이 한 곳에 있을 수 있으니 매사 편리합니다. 만약에 물을 가둔 곳 사이의 큰 배에 머무는 것을 허락하신다면 지금부터 즉시 귀국인으로 하여금 이엉으로 배의 들보舟梁을 덮고 상床을 꾸며서 일을 마치게 되면, 비록 해가 져서 저녁이 되어도 속히 옮겨 타겠습니다. 두터운 정으로 일러주신 바에 따라 회답을 드립니다. 급히 간청하며 회답드

럽니다. 세 사람과 배 안의 22명은 함께 절을 올리며 아룁니다.

　비인태수공 궤하机下

　김기방, 장천규가 먼저 왔다. 배 밑에서 우리가 버린 물건을 주워 와서 글로써 말하기를,

　"이 물건의 이름을 알지 못합니다. 그래서 감히 묻고자 합니다"라고 하였다. 내가 대답하여 말하기를 "그것은 울금강황입니다"라고 하였다.

　기방이 말하기를,

　"이것은 약재로서 약국에서 희귀하게 사용되는 물건입니다. 그러나 물에 잠겨서 매우 애석합니다. 또한 말하기를 밤사이에 물품을 많이 바다에 던졌다고 하는데 놀람을 이길 수가 없으며 흑설탕 그릇이 상당히 많았다고 하는데 그렇습니까?"라고 하였다. 내가 답하기를 "귀하의 말과 같습니다. 밤에 일어난 것이 아니라 어제 낮의 일입니다. 어떤 물품이 많았는지는 알지 못합니다"라고 하였다.

　이종길, 김달수 등 서너 명이 와서 글로써 말하기를,

　"지금 세 분의 상태를 보니 보지 않는 것만 못합니다. 눈물이 흐르고 목이 메어 형언할 수 없습니다. 서로가 앉아서 이야기를 나누기 지극히 어려우니, 심정을 다 표현하지 못하고 돌아서 내려가고자 합니다. 내려간 후에 글로 다시 자세히 알려드리겠습니다. 이는 아마도 사람의 운이 미치지 못하는 것이고 팔자에 관계된다고 하겠습니다. 어려운 상황을 겪었으니 어찌 분명하고 확실한 운이 없겠습니까? 고생을 감수하고 마음 편히 조처를 하는 것이 어떻겠습니까?"라고 하였다.

김기방, 장천규 등은 이미 돌아갔다. 김달수가 글로써 말하기를,

"위에는 비가 내리고 아래는 물에 젖어서 어떻게 감내하겠습니까? 우리들이 일이 너무 바빠서 자주 위로드리지 못하였습니다. 너무나 한탄스럽습니다. 이제 비로소 와서 보게 되었으니 도리어 부끄러워 할 말이 없습니다. 제발 양해해 주시고 탓하지 말아주시기를 빕니다"라고 하였다.

내(야스다)가 답하기를,

"부서진 배에 대해서 물어주시니 감사드립니다"라고 하였다.

달수가 말하기를,

"그대에게는 당나라 문장의 풍이 있습니다. 그래서 저[小子]와 매일 말을 나누다 보니 비록 깊은 경지를 알지 못하지만 오래된 친구와 같은 생각이 듭니다. 공도 역시 저와 같은 마음을 가지고 있습니까?"라고 하였다(그 원고는 잃어 버렸다).

태수는 사람을 시켜 약 및 양식과 반찬을 보내오자, 김달수가 받아와서 전해주었다. 태수의 글에 이르기를,

"갑자기 글을 보냅니다. 제 마음을 다 하지 못하여 가슴 아픕니다. 잠시 후 하늘이 맑아지고 날이 좋아지면, 귀하의 배의 근심스럽고 고통스러운 생각도 배로 맑고 새로워질 것이라고 생각합니다. 그렇게 되도록 기원하겠습니다. 평소와는 비교하지 마십시오. 지유탕을 새로이 조제해 오도록 해서 먼저 보내 드립니다. 피곤을 달랠 수 있을 것입니다. 카와카미의 병환은 어떠합니까? 백반 1푼쭝을 역시 보내 드립니다. 청하신 여러 가지 물품은 오는 대로 보내드릴 터이니 잠시만 기다려주십시오. 닭세 마리와 양식과 반찬을 종이에 기록하였으니 아울러 살펴보시고 받

아주시면 좋겠습니다. 보내드립니다.

> 기묘년 7월 15일 양식과 반찬 헤아려 지급함을 기록함
> 쌀 1석 7두 5되
> 장 2두 2되 5합
> 호박 6개
> 13일부터 15일까지 3일 치

내가 감사하며 말하기를,

"비는 그치고 하늘은 맑게 개이니 근심이 조금 줄어든 것 같습니다. 기원하여 주셔서 대단히 감사드리며, 지유탕 5첩을 베풀어 주신 것을 잘 받았습니다. 카와카미 치카나카川上親訣가 받았습니다. 아울러 명반 일 푼은 히다카 요시모토가 마찬가지로 수령하였습니다. 닭 세 마리와 양식과 반찬을 기록한 문서는 각각 마쯔모토 선장으로 하여금 절하고 받게 하였습니다. 각각 대단히 감사드리며 부족하나마 고마운 마음에 감사의 뜻을 표하며 아룁니다"라고 하였다.

조선인들이 배 2척을 이끌고, 내가 있는 배까지 와서 글로 말하기를,
"감히 아룁니다.

연일 풍파와 침수가 대단히 심하였습니다. 존공 등의 괴롭고 힘든 것을 말로 다할 수 없겠지만, 지금은 곧 풍파가 점차 가라앉고 하늘빛도 밝고 맑아졌으니, 기뻐할 만합니다. 그러나 밤사이에 혹은 전일처럼 풍파가 일 염려가 있습니다. 우리나라 배 두 척을 좌우에 정박시켜놓고 자

리를 마련하여 기다리겠습니다. 밤바람이 부는지 불지 않는지를 살펴보아, 마음이 편안하고 몸이 편안하면 어떻겠습니까?"라고 하였다.

내가 말하기를, "바람이 그치고 파도는 잔잔하니 조금 근심을 덜었습니다. 좋은 말씀에 모두 다 감사드립니다.

또한 풍파가 일 염려 때문에, 귀국의 작은 배 두 척이 우리 배 주변에 정박해 있으면서 있을 자리를 만들어주신 일은 비록 우려와 근심으로 배려해 주신 것이지만, 우리들은 감히 탈 수가 없습니다. 이렇게 하지 않으셔도 괜찮습니다. 도리어 우리 배의 번거로움이 됩니다. 작은 배에는 탈 수 없다는 사실은 지금 즉시 상세히 써서 세 관인의 궤하에 알리겠습니다. 앞에 보낸 글의 답이 아니라는 것은 명백합니다. 그 아뢴 글을 잘 읽어보고 답하여 주시면 좋겠습니다. 감히 감사드리며 삼가 말씀드립니다"라고 하였다.

그 조선인은 돌아가고 그 배는 여전히 우리 배 앞에 있었다.

내가 이전 편지에서 배를 옮겨 타는 일에 대하여 말하였는데, 이제 그 답신이 왔다. 그 글에 말하기를,

"귀공의 글을 받아보고, 주인과 나그네가 서로 편한 방법을 깊이 생각하게 되었습니다. 귀하가 우리들의 심사를 잘 알고 계시는 것을 진심으로 감사드립니다. 그리고 보시듯이 물을 막은 사이에 매여 있는 그 배는 비상시에 쓰는 것이라 감히 함부로 편리하게 쓸 수가 없고 또한 육지에 내리는 일도 마찬가지입니다. 그렇다면 그 불가하다는 사실은 미루어 짐작하실 수 있을 것입니다. 어떻게 함부로 허락할 수 있겠습니까? 이미

배를 옮겨 타는 일을 허락하였는데, 어찌 이 배 저 배를 택할 수 있습니까? 존등께서는 이미 사리를 분명히 아시니, □□ 깊이 양해를 해 주시기 바랍니다. 게다가 물에 떠 있는 배는 비록 크기가 작다고 해도 두 배를 묶게 되면 크게 쓸 수가 있고 바닷가의 다소 높은 곳에 □ 머무르면 흔들리거나 출렁거릴 염려는 없습니다. 히다카 대관과 그의 시동 두 명은 비록 배를 탈 수 없더라도 무엇이 병을 위한 이치이겠습니까? 이미 우리 뱃사람을 시켜서 □ 배에 지붕을 덮어서 옮겨 머물 수 있도록 하였으니 많은 말은 필요가 없다고 생각합니다. 일을 마치기를 기다렸다가 옮겨 타서, 손님은 위험을 벗어나서 편안한 곳으로 나아가는 기쁨이 있고, 주인은 죄를 면하고 무사한 처지가 된다면 크게 다행이겠습니다. 세 사람이 머리를 조아려 삼가 답을 드립니다"라고 하였다.

　내가 배에 탄 사람들에게 이르기를,
　"태수의 정에 깊이 감동하여 마땅히 그의 말에 따라서 물로 인한 어려움을 피해야겠습니다"라고 하였다. 모두가 말하기를,
　"빗방울이 뜸해 져서 일상생활이 자못 편해졌으니 다만 물품들을 작은 배로 옮겨서 우리 뱃사람들로 하여금 지키게 하는 것이 괜찮겠습니다"라고 하였다.
　내가 이에 글로써 다시 말하기를,
　"이제 귀공이 보낸 글을 받아보니, 물을 막은 속에 정박해 있는 배는 평소에 쓰는 것이 아니고 또한 마음대로 할 수는 없으므로 작은 배 두 척을 묶어서 자리를 만들어 옮길 자리를 갖추어 주신다는 계획은 참으로 두터운 정입니다. 그러나 전에 말씀드린 것처럼 히다카 요시모토와

시동 두 명은 배의 흔들림을 감당하지 못합니다. 그러므로 지금 제가 뱃사람 서너 명으로 하여금 그 작은 배로 옮겨서 그 머무를 장소와 지붕을 덮은 상태나 흔들림의 좋고 나쁨을 살펴보고자 합니다. 그리고 내일 옮길 수 있는지 혹은 옮길 수 없는지를 또한 그 좋아하고 싫어하는 데 맡기고자 합니다. 비록 귀하께서 염려해 주셨으나, 이전에 말씀드린 순서에 의하여 이제 이렇게 하고자 하며, 크고 작은 일은 내일을 기다려야 하니, 자세히 말씀드릴 수 없습니다. 감히 세 분께 삼가 답을 드리며 머리를 조아립니다"라고 하였다.

태수는 직접 글을 다시 써서 말하기를,
"연이어 보내주신 글을 받으니 얼굴을 맞댄 것과 다른 것이 없으며 크게 다행스럽습니다. 배를 옮겨 타는 일은 이미 우리들이 이를 부담스러워하는 마음을 알고 있으며, 종전에 얘기하신 따뜻한 정에 의거하여 여러분께서 일의 흐름을 알고 계시니 감사하게 여깁니다. 오늘밤에 귀하의 뱃사람 두세 명으로 하여금 흔들리는 것을 시험해 보겠다고 하셨는데, 시험해 보고 싶으면 즉시 시험하십시오. 오늘밤에 밀물일 때 우리 뱃사람들에게 내가 명령하여 다시 물이 없는 바닷가에 끌어다 두도록 하겠습니다. 어찌 흔들리는 것이 염려가 되겠습니까? 부디 걱정하지 않으셔도 될 것입니다. 또한 돗자리 8장을 빌려드리도록 명령하였습니다. 익힌 쇠고기는 세 근을 삼가 드리니, 받아주십시오"라고 하였다.

선루 위에는 자리를 덮었지만 기둥을 세우지 않았고 또한 장벽이 없었다. 그래서 처마를 높이려고 앞서 먼저 돗자리 8매를 청하였더니, 태수의 답이 여기에 이른 것이다.

내가 글로써 사례하며 말하기를,

"(조선의 돗자리는 짜임이 조밀하고 넓고 길며, 8장이 우리 50매에 해당하였다.) 연이어 답합니다. 귀하의 뜻에 맞아서 더욱더 다행입니다. 우리 배 두세 사람으로 하여금 저희들이 원하는 데 따라서 시험해 보도록 하겠습니다. 또한 은혜로이 빌려주시는 돗자리 8장을 속히 베풀어 주셨습니다. 그리고 익힌 쇠고기 3근도 함께 받았습니다. 일마다 두터운 정이 넘칩니다. 특히 밀물이 들어올 때에 물이 없는 바닷가로 끌어와 두겠다고 하시는 뜻을 통해서, 참으로 우리들을 깊이 아껴주심을 알았습니다. 지금 어떻게 감사해야 할지 모르겠습니다. 내일 다시 자세히 저희 생각을 쓰겠습니다. 삼가 회답을 올립니다"라고 하였다.

저녁에 조수는 이미 불어나고 비도 다시 뿌리기 시작하였다(안파포 바다의 조수 간만은 시간이 일정하지 않아서 보름에는 신시(오후 3시 전후)에 만조가 되었다), 조선 관인 몇 명이 와서 두 배를 지휘하여 우리 배 좌우에 세웠다. 내가 이에 시종들과 뱃사람에게 그 결구한 것을 살펴 보게 하였더니, 지붕을 덮은 것이 제법 좋았다. 곧 물품을 그 배로 옮기니 배 안 전체가 거의 모두 편안할 수 있었다.

16일, 새벽에 내가 상관인에게 편지를 써서 말하기를,

"오늘 세 상관 공을 뵙지 못하였습니다. 평안하시기를 축원드립니다. 우리들은 평안하니 걱정하지 마십시오.

배에 어젯밤보다 물이 배나 스며들었습니다. 배의 선루 오른쪽 난간

위까지 조수로 가득 차서, 왼쪽 난간과 판하板下에 이르렀습니다. 단지 이물 주변이 조금 바닷물 밖으로 나와 있습니다. 넋이 나갈 만큼 근심이 되고 간담이 서늘해졌습니다. 그러나 귀하의 배려 덕분에, 온전한 배 두 척이 우리 양쪽에 매여 있어서, 몸과 마음이 편안할 수 있었습니다. 그러나 조수가 크게 올라와, 배의 앞 칸에 있던 물품들이 반은 유실되었습니다. 부서진 배에 앉아 있기 어려우니, 두터운 마음에 의지하여 오늘 귀하의 배로 옮기고자 합니다. 밤사이에 뱃사람으로 하여금 살펴보게 하였더니 결구한 것은 비록 좋으나, 조금 뜻에 맞지 않는 부분도 있는 듯하였습니다. 또한 카와카미 치카나카가 오래도록 습리濕痢로 피가 섞여 나오는데, 일을 보는 것이 밤낮으로 수십 차례입니다. 그래서 용무를 볼 수 있는 곳을 만들고자 합니다. 또한 이 기회에 상하가 머물 곳을 배정하고자 합니다. 우리 뱃사람 서너 명으로 하여금 귀하의 배에 건너가도록 해도 괜찮겠습니까? 감히 허락해 주실 것을 청합니다. 또한 조수가 크게 차올라서, 만약 지난밤보다 조금만 더 늘어난다면 선루 위의 물품이 또한 모두 바닷물 속에 들어가 버릴 것입니다. 이 때문에 물품도 귀하의 배로 옮기고자 합니다. 그러므로 뱃사람 또한 모두 배를 옮겨 타지 않으면 사람들이 불안할 것입니다. 이 물품을 한 배에 싣고, 25인이 아침저녁에 먹을 음식과 싣다가 남은 물품을 한 배에 싣고, 신변의 물품을 가지고 우리들이 시종들을 데리고 한 배에 타고자 합니다. 많은 혜택을 입고 입는데도 아이가 자애로운 어머니에게 칭얼대는 것 같습니다만, 엎드려 원컨대 배 한 척을 더 주십시오. 실로 번거롭게 하려는 뜻이 없고, 염려를 끼치려는 것이 아닙니다. 우러러 자애로운 은혜를 내려주시기를 바라며, 역시 생각하신 대로 따르겠습니다. 그런 다음에 말씀하신 대로 물이 없는 해변으로 끌어다 세우고 귀국 조정의 처분을 기다리면 또한 좋을 것 같습니다. 은혜를 어찌 더할 수 있겠습니까? 오로지 세 분의 연민을 바랄 뿐입니다. 7월 16일 손을 모아 절하며 삼가 아룁니다"라고 하였다.

어제 저녁부터 오늘 아침까지 실었던 물품을 저들의 작은 배로 옮기고, 밧줄로 묶고 자리로 덮었다. 우리 배 위는 또한 지붕이 높았다.

태수가 와서 글로 말하기를,
"히다카의 창병과 카와카미의 설사병은 어제 약을 든 이후에 차도가 있습니까? 야스다는 어제 소식을 들으니 감기에 걸린 것 같다고 하던데, 밤새 덧나지는 않으셨습니까?"라고 하였다.
내가 답하기를,
"감기가 든 것 같다는 소식은 일이 많고 마음대로 할 수 없어서 여러 차례 탄식을 한 것뿐입니다. 실례하였습니다만 허물하지 않으시기를 바랍니다"라고 하였다.

조선인들이 생선을 주었는데, 그 서류에 이르기를,
생선 3마리
마늘 20개
파 3단
이라고 되어 있었다.

태수가 다시 글로 말하기를,

"오늘은 날씨가 청랑할 뿐만 아니라 귀하가 앉아 있는 앞처마의 기둥이 어제의 낮고 머리를 숙여야 하던 때와 비교하면 높으니, 광경이 아주 훌륭합니다. 이를 축하드립니다. 조금 전의 생선 세 마리는 그 이름을 다 쓰셨습니까? 생선들은 이 바다에서 나는 것이 아니고 육칠십 리 바깥에서 사서 가져온 것입니다. 저절로 날이 지나게 되었으니, 지연된 것을 허물삼지 마십시오"라고 하였다.

내가 답하기를,

"말씀하신 대로 날씨가 밝고 맑으며, 더하여 처마가 높아서 머리를 숙여야 하는 어려움이 해소되었으니, 기분이 전날보다 낫습니다. 마음으로 축하해 주시니 깊이 감사드립니다. 또한 세 마리 생선은 아직 그 이름을 알지 못합니다. 비로소 먼 곳에서 왔다는 사실을 들으니, 귀하의 배려가 실로 두텁습니다. 그 이름을 알려주신다면 다행이겠습니다. 늦은 것을 어찌 염려하십니까? 실로 그 두터운 정을 알게 되었을 따름입니다"라고 하였다.

태수가 말하기를,

"세 마리 생선 중에서 큰 것은 우리나라에서 민어라고 하고, 작은 두 마리는 입이 크고 비늘이 잔잔한데 그 이름은 농어입니다. 곧 송강松江에서 나던 민물농어의 남아 있는 종류입니다"라고 하였다.

태수가 다시 말하기를,

"여러분들이 우리나라에 표류해 온 지 반달이나 되었습니다. 배의 노가 부러졌으나 아직 고치지 못하였으니 고국으로 돌아갈 일이 아득히 기약이 없습니다. 하루 이틀 세월이 덧없이 흘러 한 달이 지나면, 곧 바람이 높고 파도가 거칠어져서, 바다를 건너기 어렵습니다. 그 때에 이르러 늦어진 것을 후회해도 소용이 없습니다. 어찌 뱃사람들과 충분히 논의하지 않으십니까? 빨리 돌아갈 수 있는 방법을 생각하여 우리들에게 알려주시면, 조정에 보고하여 처분을 기다려야 합니다. 실로 이 때문에 답답합니다"라고 하였다.

내가 답하기를,

"높은 뜻을 교시받았습니다. 여러 날 오로지 현혹되고 걱정되어 크고 작은 실언을 하였습니다. 또한 배 안의 다툼으로 또한 특히 마음대로 할 수 없었습니다. 알려주신 바는 골수에 새기고 받아들이겠습니다. 감히 가벼이 하지 않겠습니다. 엎드려 감사드립니다"라고 하였다.

태수가 이르기를,

"보내주신 글의 내용을 보니 글의 의미가 자세하지 않은 듯합니다"라고 하였다.

내가 답하기를,

"보내신 글의 내용을 이해하였습니다. 이제 대강을 써서 다시 보냅니다. 자세히 쓰지 않아서 실로 귀하의 마음을 소홀히 한 듯하지만, 그렇지 않습니다. 다시 글로 알리고자 합니다"라고 하였다.

시동이 입이 크고 비늘인 작은 생선을 쩌서 반찬으로 올렸다. 내가 글로 태수에게 사례하여 말하기를,

"송강의 남은 종류(농어)를 쩠으니, 실로 저희들의 아취있는 보물입니다. 제 뱃속에 잘 저장하겠습니다"라고 하였다.

태수가 이르기를,

"관을 동문東門에 걸지 않으면 어찌 저 맑은 복을 얻겠습니까?"라고 하였다. 내가 말하기를,

"부모님이 연로하시기 때문에 말단 관리의 직무를 편안히 여기고 있지만, 원래 산과 물, 악기와 글을 좋아합니다. 존공께서는 잘 알고 계실 것입니다"라고 하였다.

태수가 이르기를,

"부모 때문에 서리의 직책에 만족한다는 것은 효자의 도입니다. 감탄하지 않을 수 없습니다. 산수의 즐거움을 벗하면서, 이러한 수액을 만났으니, 혹시 지혜가 부족해서 그런 것은 아닙니까? 악기와 글을 벗하시는데, 글을 남음이 있지만 악기는 없으니, 혹시 악기는 줄이 없는 악기가 아닙니까? 하하!"라고 하였다.

내가 답하기를,

"감당할 수 없습니다. 그러나 힘써 노력하겠습니다"라고 하였다.

내가 붉은 먹을 갈아서 악기가 없다는 글 10자 아래에 점을 찍었다.

태수가 이르기를,

"어진 사람은 산을 좋아하고, 지혜로운 사람은 물을 좋아한다 하였는데, 그대는 이러한 재난을 만났으니, 이는 지혜가 부족한 것입니다"라고 하였다. 내가 말하기를,

"과연 그렇습니다"라고 하였다.

조선인들이 작은 한 척을 더 끌고 와서 우리 배에 묶었다. 태수가 말하기를,

"이미 어쩔 수 없는 권도를 써서, 여러분들의 조양調養하려는 뜻을 편

하게 하고자 하는데, 배 한 척을 더 주어서 돕는 것에 무슨 어려움이 있겠습니까? 말씀하신 대로 할 것이니 걱정하지 말고 안심하시고, 조정의 처분을 기다리십시오"라고 하였다.(지금은 그 답글을 잃어 버렸다.)

태수가 히다카가 배 위를 걷는 것을 보고 나에게 글로 알려 말하기를, "히다카 대관의 기개와 넘치는 힘이 족히 만군 가운데서 마음대로 휘젓고 다닐 만합니다. 그런데 작은 배를 탈 수 없다고 하시니 이는 어른이 나뭇가지를 꺾지 못한다고 하는 것과 같습니다. 어찌 고달프겠습니까?"라고 하였다.

내가 말하기를, "히다카는 가히 태산을 끼고 북해를 뛰어넘을 수 있습니다. 그런데 배를 타지 못하니, 비록 나뭇가지를 꺾는 부류는 아니더라도 스스로 의문스러울 따름입니다"라고 하였다.

히다카가 선내로부터 선루에 올라왔는데 허리와 다리를 절뚝거렸다. 태수가 보고 글로 말하기를, "지금 히다카 대관이 배를 탄 것을 보니, 마치 말을 탄 것 같습니다. 배를 탈 수 없다는 것으로 참으로 잘못된 것 같습니다"라고 하였다.

내가 답하기를, "소위 하지장賀知章과 같은 사람이 히다카입니다"라고 하였다.

태수가 말하기를, "바다와 강을 뛰어넘을 수 있는데 배를 타지 못한다는 것은, 장작을 실은 나무를 보지 못하는 것과 같습니다. 하지 않는 것이지, 하지 못하는 것이 아닙니다"라고 하였다.

내가 말하기를,

"술을 좋아하지 않는 사람에게 억지로 술을 권하고 취하지 말라고 말하는 것과 같습니다. 히다카가 배를 타는 일이 바로 그렇습니다"라고 하였다.

태수가 말하기를,

"좋아하지 않는 사람에게 억지로 술을 권한 사람이 태수 스스로 일컫는다고 말할 수 있겠습니다"라고 하였다.

내가 말하기를,

"술이 태수의 배를 좋아하지 않는 것 같습니다. 지금 만약 존공에게 술을 억지로 권하는 사람이 있다면, 그가 (태수에게)

"그대는 술에 취하지 마십시오"라고 할 것이니, 그와 같은 상황입니다"라고 하였다.

태수가 말하기를,

"존공과 즐겁게 나누는 말이 끊이지 않아서[娓娓] 버리기 아까우나, 해도 이미 저물고 식사도 준비되었으니 그만 물러가겠습니다"라고 하였다. 내가 미미娓娓라는 글자를 물었다.

태수가 말하기를,

"미미는 끊이지 않는다는 뜻입니다"라고 하였다. 태수가 돌아가려고 하였다.

내가 말하기를,

"전에 교시한 바를 선장에게 알렸습니다. 다음에 자세히 알려드리겠습니다"라고 하였다.

태수가 말하기를,

"글로 알려주기를 기다리는 것입니까? 내가 글로 알려드리는 것을 기다려야 할 것입니다"라고 하였다.

태수가 돌아갔다. 그 후 배 안에서 의논하였다. 그리고 그 내용을 정리하여 보내기를,

"일본 사쯔마국 에라부지마 대관 히다카 요시모토, 동 대관 부역 카와카미 치카나카, 야스다 요시카타가 삼가 머리를 조아리며 아룁니다. 우리 제후의 관부선官府船이 오래도록 큰 바다의 풍파의 위기를 겪고, 하늘의 도움을 얻어, 다행히 귀국의 안파포에 표착하였습니다. 그날로부터 관직을 맡은 여러분들의 도움을 받고 두터운 정을 입었으니, 태산을 베고 누운 것처럼 편안하였습니다. 그런데 큰 바다에서 폭풍노도를 만났을 때, 돛대를 베어 바다에 버리고 노가 손상되어 내버렸습니다. 실었던 물품도 많이 던져 버렸습니다. 오직 에라부지마가 우리 제후에게 바치는 물품만 남아있습니다. 그런데 거친 파도가 선루를 넘치자, 모두 젖어버렸습니다. 이 포구 안에 정박하기에 이르러서는, 배에 날마다 물이 많이 스며들어서, 부득이 그 공물도 버리기에 이르렀습니다. 관선과 공물은 그 경중이 서로 다릅니다. 개인 물품은 본래 스스로 □ 버렸습니다. 배가 가벼우면 손해 역시 적기 때문에 그렇게 한 것입니다. 그러나 폭풍노도로 손상을 입어서, 배의 목재들이 파손되고 관목이 빠지고 쇠못이 부러졌으며, 오른쪽 옆이 늘어졌고, 선체가 벌어졌으며, 골격을 이루는 목재도 벌어져 떨어졌습니다. 앞뒤의 간재幹材와 체판體板이 갈라지고 떨어졌습니다. 시일이 지나 이렇게 되었습니다. 처음에 볼 때는 목재의 곳

곳이 썩어 있었는데, 지금은 스며드는 물이 선루까지 넘치게 되었는데, 이는 여러분들께서 밝게 보신 바입니다.

처음에는 이와 같은 줄 알지 못하였는데, □ 할 수 없는 데 이르렀습니다. 다만 이런 배를 가지고 본국으로 돌아가고자 하였기 때문에 귀국의 은혜를 얻어서 돛대와 노를 수리할 수 있기를 바란 것이었습니다. 앞서 개인 물건을 버렸을 뿐만 아니라, 이를 악물고 공물도 버려서 단지 관물 5상자와 신변에 필요한 물품만 남겼을 따름입니다.

지금의 상황은 전날 드린 말씀과 달라져서 심히 부끄럽습니다. 여러 차례 의논하였는데, 말씀드릴 바를 모르겠습니다. 관대하고 인자하고 은혜롭고 너그럽게, 전날 드린 말씀과 달라진 점을 헤아려주시고 용서해주십시오. 이미 공물을 버리고 개인 물품을 포기하였습니다. 그런데도 배를 보존하지 못하였으니, 하늘이 내린 명일까요? 우리들의 운이 좋지 않은 것이니 울어봐도 어쩔 수가 없습니다.

이런 까닭에 부득이 큰 배와 작은 배와 배의 물품과 밧줄과 쇠못 등을 모두 태워 재로 만들고자 합니다. 이 부서진 배로는 큰 바다를 향해서 나아갈 수 없습니다. 비록 돛대와 노를 고친다고 하더라도, 부모님이 남겨주신 몸이자 나라에 보답해야 할 몸으로 이런 배를 탈 수는 없습니다.

우러러 바라옵건대 이웃나라가 수호하는 의리로써, 배 안의 25인 모두 관물 5상자와 각각 신변에 필요한 물품을 가지고, 귀국의 배와 귀국의 뱃사람으로 하여금 일본국 안의 대마도까지 보내주십시오. 이러한 은의를 입지 못한다면, 25인은 태어난 나라로 돌아가서 주군과 부모에게 절할 길이 없습니다. 돌아가기를 □ 것이 실로 일각이 천추같습니다. 사랑하고 불쌍하게 여겨 주시지 않으면, 다시 살아날 방도가 없습니다.

황공하옵게 세 상관공에게 바라오니, 이러한 뜻을 측은히 여겨 살펴주시고 조정에 아뢰어, 귀국 왕의 은혜로운 허락을 입어, 25인을 보내어 속히 대마도에게 이를 수 있게 해주십시오. 엎드려 빕니다.

　기묘년 7월 16일"

　글을 다 쓰니 해가 지려고 하였으나, 조선 군졸을 통하여 보냈다. 태수가 즉시 답하기를,

　"해질 무렵 글을 받아서, 봉투를 열어 읽어 보았습니다. 낮에 미진하였던 회포를 풀 수 있었습니다. 글 속에 든 귀하의 뜻을 대체로 이해하였습니다. 그러나 일은 편지 한 장으로 결정할 수 없습니다. 날이 밝은 후에 직접 얼굴을 뵙고 상의하겠습니다. 모두 만나서 자세히 말씀드리고 하겠습니다. 삼대관께서 밤새 편안히 주무시기를 □ 바랍니다.

『조선표류일기』 권3 끝

『조선표류일기』 권4

7월 17일~24일

7월 17일, 카와카미川上가 설사가 밤낮으로 그치지 않아서 오늘 아침에 그를 위하여 쑥을 청하였다. (글을 잃어 버렸다.)

나는 쑥 '애艾' 자를 잘못하여 겨자 '개芥' 자로 썼으나 그(태수)가 쑥을 주었다. 아마도 나의 글 중에 뜸을 뜬다는 내용이 들어 있어서 쑥을 달라는 줄 알았을 것이다. 정오 즈음에 태수와 문정관이 왔는데 태수가 말하기를,

"조금 전에 백초개白草芥라는 것을 요청하셨는데, 곧 카와카미에게 뜸을 뜨려는 것입니까? 사용해 보시겠습니까?"라고 하였다.

태수는 쑥을 꺼내서 보여주면서 말하기를,

"이 물건은 곧 우리나라의 약쑥입니다. 뜸을 뜨는 데 사용하는 것입니다. 존공께서 말씀하신 백초개가 이 물건입니까? 한 봉지 드리겠습니다"라고 하였다. 태수가 또 말을 하기를,

"삼대관의 병증이 밤사이에 나빠지지 않으셨습니까? 카와카미도 오랫동안 얼굴을 보지 못해서 심히 마음이 아픕니다"라고 하였다.

내가 답하여 말하기를,

"밤새 우리들 히다카日高와 야스다安田의 병이 더 심해지지는 않았습니다. 카와카미만 설사로 잠을 못 자니 참으로 근심입니다. 안부를 여쭈어 주시니 대단히 감사합니다"라고 하였다. 내가 또 말하기를,

"삼가 은혜를 입고 귀하의 배 세 척을 우리 배 주변으로 끌어 다 놓고 이미 물품은 두 척의 배에 옮겼습니다. 존공들께서 보시는 바와 같이, 우리 배의 선루舟樓에 물건이 없으니 자리를 마련할 수 있게 되었습니다. 그래서 은혜로이 빌려주신 돗자리로 들보를 올리고 지붕을 덮었습니다. 지금처럼 풍파가 없다면 견딜 수 있습니다. 또한 밤사이에 역시 뱃사람들에게 배가 흔들리는 것을 살피게 하였더니, 우리 배보다 흔들리는 정도가 배나 되었습니다. 풍파가 인다면 이 부서진 배를 타고 있을 수가 없습니다. 바라옵건대 귀하의 배 세 척을 우리[此] 배 주변에 있게 하여서 지금처럼 풍파가 없다면 귀하의 배에 타지 않아도 될 것이고 번거로운 일도 없을 것입니다. 귀공의 생각은 어떻습니까? 선루 위는 물이 새는 곳에서 제법 멀리 있습니다. 이와 같은 말로 알린다면 뜻하는 바와 같습니다"라고 하였다.[1] (이 역시 마쯔모토가 옆에서 보고 내가 초고를 쓰는 것을 보고 베껴 쓴 것이다. 그러므로 종종 순서가 잘못되거나 빠진 게 많아서 읽어도 의미가 통하지 않는다. 지금은 감히 고쳐서 바로 잡지 않았다.) 태수가 답하여 말하기를,

"귀공이 탄 배에 실려 있던 물품들은 이미 우리 배 두 척에 옮겼습니

---

1 安田이 직접 밝히고 있는 것처럼, 이 부분에는 문맥이 자연스럽지 않은 곳이 있다.

다. 이 배의 선루 위는 텅 비었습니다. 지붕을 덮고 자리를 마련하니 삼대관의 거처가 될 만합니다. 어찌 반드시 우리 배로 옮겨 탈 필요가 있겠습니까? 우리 배의 동요는 귀하의 배보다 배나 됩니다. (우리) 배가 가볍기 때문입니다. 조수는 내일에 이르면 밀물이 크게 밀려오겠지만, 그 후에는 그러하지 않을 것이니 풍파의 고통은 없을 것입니다. 너무 걱정하지 마십시오"라고 하였다. 내가 말하기를,

"지금 귀하의 글을 보니 풍파가 없다면 마땅히 이 선루에서 지내야 하겠습니다. 그러나 뱃사람과 신종臣從 서너 명은 물품을 지키기 위하여 마땅히 귀공의 배 두 척에 타야 합니다. 만약에 풍파가 있다면 우리들 3인도 반드시 귀공의 배로 옮겨야 할 터인데 괜찮겠습니까?"라고 하였다.

태수가 괜찮다고 답하고 다시 말하기를,

"파손된 배의 수리와 보수를 하여 주는 것은, 나라에 선례가 있으나, 배를 새로 건조하거나 배를 주는 것은 나라에 선례가 없습니다. 여러분들은 어찌 빨리 돌아갈 수 있는 방책을 생각하지 않고, 구차한 방책을 요청하는 것입니까? 한 차례의 문답으로 하루 밤낮을 허비하니 내가 유감이 아니라 존공께서 심히 유감일 것입니다. 어찌 이렇게 지체하시면서도 여유로우십니까? 만약 이와 같다면 세월은 흐르는 물처럼 언제까지 머물러야 할지 모릅니다. 바람이 강해지고 파도가 험해지는 계절에 이르고 나서는, 빨리 돌아가고자 해도 그것이 가능하겠습니까! 이것은 초나라를 위한 것이고 조나라를 위한 일이 아닙니다. 반드시 숙고하셔야 합니다"라고 하였다. 문정관問情官 조주부趙主簿가 글로써 말하기를,

"병인년에 당신의 나라 사쯔마 번에서 배 한 척이 우리나라 지경地境에 표착하여 □□ 비록 이와 같았으나, 돛대와 키를 수리하여 고치고 선체의

손상된 부분을 보수하여 돌려보냈습니다. 이번에 귀공의 배가 이 지역에 표도漂到하게 된 것도 즉 병인년의 일과 같은데 어찌하면 좋겠습니까? 배에 탄 사람들과 잘 상의하여 알려주시면 우리들이 조정에 보고하겠습니다"라고 하였다. 나는 답을 하지 않았다. 그는 또 글을 쓰기를,

"배를 보수하는 일은 후에 다시 알려 주십시오"라고 하였다. 역시 대답하지 않았다. 그가 또 말하기를, "배를 수리하는 등의 일과, 배의 노를 수리하고 고친 후에 출발하는 일입니다"라고 하였다. 나는 끝내 답을 하지 않았다.

나는 전날부터 여러 번 조선 배를 타고 돌아가기를 간청하였다. 역관 조주부는 그 글을 볼 때마다 머리를 가로저으며 수긍하지 않았다. 오직 우리 배를 보수하겠다고 말하였다.

태수가 말하기를,

"지난 글에서 우리나라의 배와 우리 배의 노 젓는 사람으로 귀국의 땅에 도착할 수 있도록 청하였습니다. 하지만 그런 선례가 없으므로 새롭게 시작할 수는 없는 일입니다. 우리들이 비록 존공의 사정을 불쌍하게 여기지만 어찌 감히 선례에 없는 일을 가지고 조정에 함부로 아뢸 수가 있겠습니까? 비록 그 사정을 불쌍히 여기지만, 함부로 아뢰는 것은 일에 보탬이 되지 않을 뿐만 아니라, 우리들도 도리어 아무런 선례 없이 함부로 아뢰는 죄를 짓게 되므로 참으로 어찌하겠습니까?" 라고 하였다.

이 문장은 태수가 평소에 말한 뜻이 아니었다. 아마도 조주부가 피차에 주고받은 글의 내용을 이해하지 못하고 말을 만들어 방해하였기 때문에,

그러한 말을 하기에 이르렀을 것이다. 내(야스다)가 답하여 말하기를,

"선내에 있는 여러 사람들과 잘 의논하여 다시 답하도록 하겠습니다"
라고 하였다.

조선 관인들은 각각 위가 볼록한 갓을 썼는데, 어제 우리 배의 처마의
끝은 제법 높지만 설치해 둔 선반은 오히려 낮아서 저들은 모두 관을 기
울여 쓰고 앉았다. 태수가 글로써 말하기를,

"귀공의 배의 지붕과 처마가 작고 얕습니다. 조금 전에 우리들이 배로
올라올 때 엎드려 기어왔습니다. 포복하여 구한다는 뜻입니까? 참으로
우습습니다"라고 하였다.

내(야스다)가 말하기를,

"포복은 역시 전날에 고개를 숙였던 것[縮額]보다 낫습니다. 단지 존공
들이 포복하게 된 것은 또한 우리들이 의도한 것이 아닙니다. 도리어 다
시 □□?"라고 하였다.

태수가 말하기를,

"여러분이 고개를 숙인 것은 하늘이 시킨 일이고, 우리들이 포복하게
된 것은 사람이 시킨 일입니다"라고 하였다. 내(야스다)가 말하기를,

"진실로 그러합니다"라고 하였다.

태수가 말하기를,

"전날 지으신 절구絶句는 어찌 글로 써서 주지 않습니까?" 라고 하였
다. 내가 말하기를,

"마땅히 여러 번 시문을 읊어본 다음 내 마음에 흡족하면 드리겠습니
다"라고 하였다.

태수가 말하기를,

"좋은 붓과 좋은 종이로 훌륭한 초서체로 마음껏 글을 써 주시면, 소중하게 간직하여 잘 보는 것이 소망입니다"라고 하였다. 내가 말하기를,

"귀공의 뜻대로 하겠습니다"라고 하였다.

카와카미川上가 복용 중인 약제 중에 석약石藥이 들어 있어서 내가 물으니, 태수가 말하기를, "과연 석약이고 효능은 변을 편하게 합니다. 가루로 만들어 곡물 가루처럼 매끄럽습니다"라고 하였다.

태수에게는 항상 동자 네 명이 따르는데 모두가 얼굴이 잘생겼다. 내(야스다)가 말하기를, "미동이 무척 사랑스럽습니다"라고 하였다. 태수가 말하기를,

"얼굴은 비록 아름답지만 엉덩이는 아름답지 않습니다"라고 하였다. 내가 말하기를,

"얼굴은 아름다운데 엉덩이는 어찌 아름답지 않습니까?"라고 하였다. 태수가 말하기를,

"나는 심히 불쾌합니다"라고 하였다. 내가 크게 웃으니 태수 역시 크게 웃었다. 내가 말하기를,

"쌀 포대가 각기 물에 젖었습니다. 간청 드리오니 지상으로 보내서 귀국 사람으로 하여금 말리고 햇볕을 쬐도록 해주시기를 바랍니다"라고 하니, 태수가 말하기를,

"말씀하신 대로 하겠습니다. 마쯔모토로 하여금 쌀 포대를 가지고 오게 하여 우리 뱃사람에게 주라고 하십시오"라고 하였다.

마쯔모토가 나가서 지휘하였다. 태수가 말하기를,

"마쯔모토가 나를 보고도 절을 하지 않으니 심히 무례합니다. 술 한 잔 마시는 벌을 주어야 합니다"라고 하였다.

내가 술이 있는지 물으니 뱃사람이 말하기를,

"그저께 바닷물이 술통에 들어갔습니다"라고 하고, 즉시 그 술을 가지고 나왔다. 내가 태수에 이르기를,

"술통에 바닷물이 들어갔으니 술이 짜졌을 것입니다. 벌로 좋을 것 같습니다"라고 하였다. 태수가 말하기를,

"술통에 바닷물이 들어갔다니 참으로 애석합니다만 벌로서는 좋겠습니다"라고 하였다.

저녁밥이 준비가 되어서 옆 사람들이 막 먹으려고 하는데, 나는 아직 먹지 못하였다. 이에 내가 옆 사람을 대신하여 글로써 말하기를,

"저녁밥이 준비되었으니. 비록 실례인 줄 알지만 밥을 먹고자 합니다"라고 하였다. 태수가 말하기를,

"주인은 흰 밥을 먹고 손님은 맑은 차를 마시니 누가 탐욕스럽고 누가 검소합니까? 하하하"라고 하였다. 내(야스다)가 말하기를,

"탐욕스러운 것도 없고, 청렴한 것도 없습니다. 우리 배의 손님이 조금 멋대로인 것 같습니다. 하하하"라고 하였다.

이윽고 태수와 문정관 등이 돌아갔다. 우리들은 전에 이미 조선 배에 의지하여 돌아갈 것을 부탁하였으나, 문정관은 선례가 없어서 어려운 일

이라 하고, 태수는 또한 그렇게 말하였다. 나는 선장으로 하여금 그 선례를 조사하게 하니, 선장이 말하기를,

"선례가 있습니다. 경오년(1810년) 7월에 마쯔무라 요시에몬松村良右衛門 선장이 이 지역에 표착하였는데, 배가 파손되어 조선배로 쓰시마對馬로 송환하였습니다. 15~16년 전에는 선장 나카무라 히코우에몬中村彦右衛門이 관선官船 영수환永壽丸을 타고 이 지역에 표도漂到하였는데, 배가 부서져서 조선 배로 쓰시마로 송환되었습니다. 이는 (조선이) 우리를 보내준 근래의 선례입니다. 20년 전에는 남녀 여러 명이 탄 조선배가 우리 야쿠시마屋久島에 표착하여 야마카와山川로 송환하였고, 그런 다음 본부本府(사쯔마번) 사관士官 하나다 겐스케花田源助, 선장 에나미 로쿠베榎並六兵衛가 관선으로 나가사키長崎까지 송환한 것이 그들을 보낸 가까운 사례입니다. 지금 문정관이 말하고 있는 사례는 병인년(1806년)에 선장 야마모토 젠조山本善藏가 관선인 대천환大川丸을 타고 이곳에 표착한 사례입니다"라고 하였다. 내가 말하기를, "당신(선장)이 잘 기억하였소. 즉시 글로 써서 자리 곁에 두었다가 문정관의 힐문에 대비하시오"라고 하였다. 다시 글을 써서 돌아가기를 간청하며 말하기를,

"삼가 생각건대 귀국 왕은 귀국을 인仁으로써 감싸고, 그 예는 이웃나라까지 미치고 있습니다. 그 명성을 오래도록 떨치니 저와 같은 귀머거리도 들었습니다. 우리의 작은 배는 힘겹게 위급하고 어려운 상황을 견디면서 표류하여 이 바다에 도착하였습니다. 그 때는 마침 물이 고갈된 지 며칠이 지난 시점이었는데, 비로소 나라가 있는 게 보였습니다. 배 안의 사람들은 모두 말하기를 조선국이기를 하늘을 우러러 바란다고 하였습니다. 조선이라면 우리 배로 고국으로 돌아갈 수 있다는 사실을 진정

으로 의심하지 않았습니다. 또한 비록 배는 부서지고 훼손되었지만 수호
修好하는 도가 있기 때문에 쓰시마對馬까지 보내준다는 것을 또한 이미 들
었습니다. 조선의 배가 우리나라에 오더라도 역시 돌려보내준다는 말을
또한 이미 들어서 실로 걱정이 없었습니다. 물이 고갈되고 또한 돛대와
키가 없어도, 은혜를 입어서 마땅히 돌아갈 수 있을 것이라 여겼기 때문
입니다. 조선이라는 사실을 듣고 나서는, 25인이 다시 살아난 것과 같았
습니다. 그런데 여러 날 정박해 있다가 보니, 지금과 같이 점점 배가 부서
지고 훼손되었습니다. 비록 수리하고 보수를 하더라도 이 배를 타고 대
양을 건너는 것은 불가능합니다. 혼자 가만히 생각해보니 귀국의 조정에
함부로 아뢸 수 없다고 하신 말씀은 모두 존공 등 여러분의 뜻입니다. 이
미 거듭 반복하셨으니, 그 말씀하신 뜻은 지극히 잘 알았습니다. 부득이
해서 호소하는 것은 우리들의 죄가 아니면 무엇이겠습니까? 다만 사실
로 애걸할 뿐입니다. (여러분들이)직접 결정하여 처리할 수 없다면, 사정을
들어서 귀국 조정에 전하는 일은 무릇 여러분들의 임무가 아니겠습니까?

생각건대 함부로 아뢰는 죄를 짓게 된다는 사실을 생각하면, 실로 어
찌하기 어렵습니다. 오늘 비록 자세하게 오래도록 논의하였으나, 우리
의 파손된 배와 같은 경우는 우리나라 목수도 수리할 수 없습니다. 귀
국의 배와 다릅니다. (갑자기 글을 쓰느라 전후에 빠진 내용이 있는데 지금은 감
히 보충하지 않는다.) 그러므로 그 어려움을 잘 알고 있습니다. 지금 만약에
우리들이 배가 부서져서 배를 잃고 헤엄쳐서 조선에 왔다면 (어찌 처리하
셨겠습니까?) 비록 배가 있지만 그것을 사용할 수가 없으니 존재하지 않
는 것과 같습니다. 그러므로 불쌍히 여겨주시기 바랍니다. 히다카 요시
모토日高義柄, 카와카미 치카나카川上親訣, 야스다 요시카타安田義方가 참으

로 황송하여 머리를 숙여 삼가 아룁니다"라고 하였다.

이 날 시를 써서 보낸 사람이 있었다. 그 시는 다음과 같았다.

해가 지는 서쪽에 나라가 있으니 해동국
그 가운데 천리에 걸쳐 큰 바다가 있네
본디 하늘이 남과 북의 경계로 나누었으나
교린하여 스스로 형제의 맹약을 맺으니
물풀의 귀한 만남같은 기이한 인연이라
아름다운 거울은 두 나라의 깊은 마음을 비추네
일본은 그대가 돌아가야 하는 길이니
언제 금계(金鷄,[2] 조선)에 기쁜 소식 알려올까?

충청도 비인현 선비 조희원(曹喜遠)이 쓰다.

또 보내준 시가 있었는데 그 내용은 다음과 같다.

고래같은 파도와 상어같은 물살 때문에 멀리서 서로 만나게 되었네
주인과 손님은 동남쪽에서 그 만남을 즐거워하니
돌아가 우리나라 소식을 알리는 날에는
의관과 문물이 소중화라고 전하소서
(이 시는 지금 지은 사람의 성명은 잊어버렸다.)

---

2   금계는 김알지 신화에서 비롯된 것이고 신라 즉 한반도를 가리키는 것으로 생각된다.

위의 시 두 수를 각각 직접 준 것이어서, 내가 반복하여 읊어 보았는데. '해가 지는日下' 시는 처음에는 후련後聯이 없었다. 나는 그 시가 칠언율시체인데 (8구가 아니라) 6구이므로 의아해하였다. 조희원은 즉시 그 시를 달라고 해서 평수萍水와 조감藻鑑으로 시작하는 2구를 써넣었다.[3]

내가 글을 쓰기를,

"자못 성당인의 풍골이고 오묘합니다"라고 하였다. 조희원이 말하기를,

"칭찬이 과하시니 감당하기 어렵습니다. 무척 송구스럽습니다"라고 하였다. 내가 말하기를,

"처음에는 6구여서 의아하였습니다. 그렇지만 시의 격조가 없는 것은 아니었습니다. 2구를 더 하니 정말 아주 좋습니다"라고 하였다. 내가 또 말하기를,

"두 분이 방문해주시고, 시를 논하도록 해주시니 참으로 감사드립니다. 제가 귀국에 표류하여 배는 부서지고 일은 많아서 왼쪽으로는 응대를 하고 오른쪽으로는 답을 하느라 하루 종일 피로합니다. 때문에 배의 일과 문정의 일이 아니면 답을 하지 않기로 이미 스스로 결심했습니다. 바로 차운하여 답시를 써드리고 싶습니다. 그런데 이러한 말로 답한 것이 사람마다 두세 차례였습니다. 그러므로 예의에 어긋나는 듯하지만, 운으로써 답할 수 없습니다. 부디 용서해 주시기 바랍니다. 나중에 배의 일로 인한 문답은 마치고 다시 귀하의 운에 화답하고자 합니다. 청컨대 저의 마음을 잘 살펴주십시오"라고 하였다.

---

3   조희원이 칠언율시를 6구만 써서 보인 것은 야스다가 한시의 체재를 아는지 시험해 본 것으로 생각된다.

그는 여러 차례 그 자리에서 답시를 써 줄 것을 요구하기를 그만두지 않았다. 나는 답하지 못했다. 그는 내가 시를 쓸 수 없는 것인가 아닌가 의아하게 여겼다. 내가 글을 쓰기를,

"저는 오로지 답하지 않을 뿐입니다. 한시를 짓거나 혹은 문장을 짓는 일을 싫어하지 않습니다. 수많은 질문과 답변을 하느라 답시를 지어드릴 수 없는 것이니 잘 살펴주십시오. 간청 드립니다"라고 하였다.

내가 두 사람에게 담배와 술을 권하니, 두 사람은 이를 즐겼다. 이윽고 돌아가기에 앞서 글을 쓰기를

"천리 타국에서 여러 날을 머무시느라, 나그네의 정한을 억누르기 어려우실 것입니다. 더군다나 귀하의 배에 날마다 물이 스며들고 있지 않습니까! 참으로 존공을 위하여 걱정하는 바입니다. 언제 나라에 돌아가실지는 오로지 조정의 처분에 달려 있습니다. 삼가 편안히 돌아가시고 몸을 보중하시기를 바라는 바입니다. 할 말은 비록 많지만 여전히 바쁘신 듯하여 필설로 일일이 다 통하지 못하는 것이 매우 한탄스럽습니다. 저 또한 손님이라서 마음을 표시할 물품이 없는데, 단지 귀국담배의 지극한 맛만 보게 되었으니, 한편으로 부끄럽고 한편으로 감사드립니다"라고 하였다.

이상은 문정文政 3년 경진년 봄 정월 18일 대마도 하내포河內浦에서 쓴 것이다.

18일, 잠자리와 물품이 많이 내린 비와 스며든 물 때문에 흠뻑 젖었다.

그래서 편지를 쓰기를,

"전날 아래로 던져둔 돗자리(조선인들은 인석茵席을 풍석風席이라고 불렀다) 젖지 않은 것으로 여덟 개를 지급하여 주시기를 원합니다. 물품마다 모두 젖어서 매우 심각합니다. 그러므로 새로 덮어야 합니다. 또한 침상도 모두 마른 곳이 없으므로. 다시 고쳐 깔고자 합니다. 간청 드립니다"라고 하였다.

전날에 햇볕에 말린 쌀이 여전히 모래사장 위에 있었는데 이 날은 날씨가 청명하였다. 선장이 말하기를,

"마땅히 쌀을 싸서 거두어 들여야 합니다"라고 하였다. 그래서 편지를 쓰기를,

"전날 햇볕에 쬐어 말리고 혹은 쪄서 귀하의 땅 위에 둔 곡식을, 다시 싸서 배위로 거두어들이고자 합니다. 곡식은 어떤 것은 썩고 어떤 것은 말랐고 어떤 것은 쪘고 어떤 것은 떴습니다. 썩거나 말랐거나 찌거나 뜬 쌀에 대해서 비록 우리 배 위에서 귀국인에게 지시를 하고자 하더라도 쌀을 가려서 담을 수가 없습니다. 이런 까닭에 삼가 바라옵건대 오늘 낮에 조수가 물러갔을 때, 제가 뱃사람에게 명령하여 바다 속의 모래 위에 내려가서 그 좋고 나쁜 것을 살펴보고 쌀을 거두어들이고자 합니다. 만약에 서로 섞이면 먹을 수가 없습니다. 우리 뱃사람들은 감히 땅에 내릴 수 없으니 허락해주실 것을 앙망합니다. 오직 바다 가운데 배 가장자리에 있는 썰물 때 물이 빠지는 모래 위에 내리겠습니다. 간청 드립니다"라고 하였다.

오시에 태수가 왔다. 내가 글로 쓰기를,

"여러분께서 태평하셨기를 바랍니다. 우후공의 병질이 어떠합니까?"
라고 하였다. 태수가 말하기를,

"우리들은 편안하게 잘 잤으나, 우후공의 병환이 한결같아서 심히 답답합니다. 깊이 생각해 주셔서 감사드립니다. 밤새 삼대관의 신상은 태평하셨습니까? 카와카미川上의 병증은 어떠한지 심히 염려됩니다. 내(야스다)가 말하기를,

"여러 공들이 평안히 주무셨다는 말을 들었습니다. 참으로 축하를 드립니다. 우후공의 병환은 변함이 없다고 하시니 우리들도 역시 심히 걱정이 됩니다. 히다카日高는 병이 조금씩 나아지고 있습니다. 카와카미의 병은 한결 같아서 밤이 되면 역시 잠은 자지 못합니다. 우리들도 서로 염려하고 답답해하고 있습니다. 후의에 감사드립니다"라고 하였다.

김달수가 작은 배로 양식과 반찬을 실어 왔다. 태수가 말하기를,
"곡식과 반찬을 받아 왔습니다. 마쯔모토에게 명하여 받아 가십시오"
라고 하였다. 태수는 이에 지급한 합계를 기록한 문서計給記를 보여주었다. 그 내용은 다음과 같았다.

쌀 한 섬 7말 5되,
장 2말 2되 5홉,
호박 6개
16일부터 18일까지

마쯔모토에게 명령하여 그것을 받아들이게 하고, 모두 함께 절하며 사례하였다. 태수가 말하기를,

"카와카미의 병증이 적지 않게 우려됩니다. 일전에 드린 약쑥은 효과가 있었습니까? 지난달에 제卑職가 그런 증세로 한 달 이상 고생을 했습니다. 마침내 (약쑥으로) 배꼽에 뜸을 놓았더니 차도가 있었습니다. 시급히 그 방법을 써 보십시오"라고 하였다.

카와카미가 마침 그 자리에 있어서 내가 태수의 말을 전하였다. 태수가 배꼽을 드러내어 뜸을 뜬 흔적이 가득한 배꼽을 보여주었다. 카와카미가 절을 하며 사례하였다. 나는 그 말을 전달하였다. 태수는 또 글로 말하기를,

"약쑥을 달여서 마시면 배 속이 아프지 않고 심히 편안합니다"라고 하였다.

조금 있다가 태수의 시동이 작은 항아리를 들고 왔다. 태수가 글로 말하기를,

"저의 시중을 드는 아이 하나가 어제 귀하의 뱃사람과 더불어 사적으로 주고받은 물건이 있다는 것을 오늘 아침에 비로소 알게 되었습니다. 그래서 이미 먼저 대충 벌을 주었습니다만, 혼을 내지 않을 수 없습니다. 그러므로 이제 또한 귀인이 보는 곳에서 또 볼기를 치고자 합니다"라고 하였다. 내가 답하여 말하기를,

"비로소 이 일을 듣게 되니, 우리들도 또한 크게 놀랐습니다"라고 하였다.

내가 즉시 옆에 있는 사람을 시켜 배 안에 물어보게 하였더니 보고하기를, "히다카님의 종자인 야스타로安太郎가 어제 우연히 설탕 한 항아리를 주었다고 합니다"라고 하였다. 내가 이에 글로 말하기를,

초가집 그림, 도끼 그림 (영인 12쪽 상단)

쌀가마니 그림 (하단)

작은칼 그림 : 조선은 사인(士人) 이상은 허리에 □□ 차는데, 칼코등이는 없고 쇠로 된 칼집은 검은 옻칠 □ 새긴 □이 있다. 이 그림에 그린 것은 □ 구리에 박쥐를 새겼다. (영인 13쪽 상단)

창 그림 : 날밑 아래에 매단 깃발과 무늬는 그림과 같다. (하단)

"지금 설탕을 준 자가 있다고 알려주셨는데, 저는 그 사실을 미처 알지 못했습니다. 알려주신 말씀을 듣고 깜짝 놀랐습니다. 즉시 선장에게 죄를 따져 문도록 명하였습니다"라고 하였다. 선장 마쯔모토는 야스타로安太郎에게 상황을 들은 후에 나에게 보고하니 내가 글로 태수에 이르기를, "뱃사람 중에 설탕 단지를 동자에게 준 자가 있습니다. 미천한 자가 별 뜻 없이 이 일을 저질렀으니 저에게도 죄가 있습니다. 비록 의도치 않게 일어난 일이지만 그 죄를 다스려야 합니다. 준 사람이 있으니, 어린 동자 역시 아무 생각 없이 그것을 받았습니다. 이미 대략 벌을 주었다고 들었습니다. 그래서 청하오니 동자가 어려서 무지한 까닭이니 그의 볼기를 치는 일은 용서해 주십시오. 간청 드립니다. 귀국의 법을 어기려 하는 것이 아니라 우리들이 간절히 청하오니 은혜로이 사면하여 그 죄를 용서

해 주십시오. 그렇게 해주신다면 우리들의 마음이 편안할 것입니다"라고 하였다. 태수가 말하기를,

"동자가 무지한 까닭으로 그 죄를 용서해줄 것을 청하시니 참으로 좋은 뜻입니다. 비록 주는 사람이 있다고 하더라도 관에 알리지 않고 받았으니, 그 죄는 큽니다. 선이 적다고 하지 말아서는 안 되고, 악이 적다고 해서는 안 된다는 것이 옛 성인의 가르침입니다. 비록 □□한 일이라고 하더라도 대략 벌을 주고 그만 둘 일이 아닙니다. 제지하지 마시기 바랍니다"라고 하였다. 내가 말하기를,

"한나라 소열제昭烈帝의 말씀은 진실로 타당합니다"라고 하였다.

나는 다시 마쯔모토를 불러서 말하기를,

"태수가 매질을 하지 않으면 그만 두지 않으려고 하네. (동자가) 이유 없이 그것을 받은 것인지 또 아무런 이유 없이 준 것인지, 다시 자세히 알아보고 알려주게"라고 하였다. 마쯔모토가 대답하고 물러갔다. 내가 글을 쓰기를,

"지금 바로 명령을 내려 선장 칸에몬에게 다시 그 일을 물어보도록 하였습니다. 잠깐만 기다려주시기 바랍니다"라고 하였다.

태수는 이미 매질을 재촉하니 조선 군졸들이 곧 서로를 불러 모래사장 위에 이르렀다. 태수가 글을 쓰기를, "뱃사람이 설탕을 준 것은 (동자를) 아끼고 좋아한 뜻이니, 어찌 규문할 필요가 있겠습니까? 부디 따져 묻지 말아 주십시오"라고 하였다.

나는 이에 마쯔모토를 다시 부르니 마쯔모토가 왔다. 내가 글을 쓰기를,

"준 사람이 없었다면 동자가 어찌 설탕을 받는 과오를 저질렀겠습니까? 준 사람이 있기 때문에 동자의 허물이 있게 된 것입니다. 비록 일이 서로 뜻하지 않은 데서 일어났으나, 준 것과 받은 것은 그 비롯된 바가 뱃사람에게 있습니다. 태수께서 따져 묻지 말라고 하시므로 저도 규문하지 않겠습니다. 태수께서 또한 제가 은혜로이 용서해 달라는 간청을 들어주셔서 너그럽게 사면해주셨으니 참으로 다행입니다. 원하건대 매질하지 않기를 바라겠습니다"라고 하였다. 태수가 이에 알겠다고 하고는 마침내 매질을 하지 않았다. 태수가 말하기를,

"귀하의 배가 손상되고 파손되어서 배를 타고 바다로 나가지 못하는 이유를 오늘 조정에 전달하였으니 마음 편히 처분을 기다리면 됩니다"라고 하였다. 내가 즉시 두 사람과 선장에게 알리고, 함께 감사를 표하였다. 평소에 밀물이 들 때에 작은 물고기들이 헤엄치며 다니면, 조선인들은 물가에 나와서 낚시질을 하였다. 동자들이 그것을 보고서는 배 위에서 낚싯줄을 드리웠는데, 지로次郎가 작은 물고기 한 마리를 잡았다. 내가 태수에게 글로 이르기를,

"저들을 보십시오. 귀국인들이 낚시하는 것을 보고 동자들이 배워서 한 마리를 낚으니 기묘한 일입니다"라고 하였다. 태수가 말하기를,

"동자가 낚시를 배운 것은 □을 얻은 것입니다. 제자가 스승으로 얻는 게 반드시 없지 않다고 할 수 없는 것입니다. 아주 좋습니다"라고 하였다.

지로次郎가 곁에 있었는데, 태수가 말하기를,

"이 아이의 용모로 보아 반드시 오래 다른 사람의 하인으로 있지 않을 것입니다"라고 하였다.

나는 지로에게 태수에게 절을 하게 하였다. 태수가 말하기를,

"오늘 관아로 돌아갈 일이 있습니다. 내일 저녁에 꼭 오겠습니다. 내일 낮에는 뵙지 못하게 되어 마음이 아프지만 밤에는 편히 주무시기를 바랍니다"라고 하였다.

내가 답변한 원고를 잃어버렸다. 태수가 또 말하기를,

"여러분들의 일은 내가 진심으로 처리하고 있습니다. 여러분들께서는 그 사실을 알고 계십니까?"라고 하였다. 내가 답하여 말하기를,

"존공의 진심은 고개를 들어 우러르며 보았고 내려다보며 살폈으니 이미 대충 알고 있었습니다만, 오늘 직접 쓰신 글을 보고 능히 알았습니다. 실로 큰 은혜가 넓고도 넉넉합니다"라고 하였다. 태수가 말하기를,

"지금 관아로 향하고자 하니 그만 물러가겠습니다"라고 하였다. 태수는 돌아갔다. 무릇 비인은 현縣이다. 그런데 다음날 조주부의 글에 태수가 군郡에 올라갔다는 내용이 있으므로, 곧 군은 순찰사巡察使가 머무는 곳이다. 아마도 역관譯官이 사정을 어렵게 만들자, 태수는 관아로 돌아가서 직접 군영郡營에 가서 이러한 상황을 전달하여 조정에 보고한 것으로 생각된다. 이응호李膺祜 역시 그와 함께 (우리의 일을) 꾀하고자 하였다. 따라서 응호의 글에서 이런 저런 말이 있었다. (지금 그 글을 잃었다.) 태수의 정은 실로 감동적이었다.

19일, 날씨가 밝고 맑았다. 뱃사람이 말하기를,

"어제 쌀을 담을 물품과 깨끗한 자리를 청하였으나, 저들이 아직 자리를 보내오지 않았습니다. 닭과 생선이 또한 부족합니다"라고 하였다. 그래서

역관에게 편지를 썼다. (그 원고는 잃어버렸다.) 역관이 답하여 말하기를,

"여러 물품과 닭과 활어를 요구하셨습니다만, 본 읍의 태수가 군에 올라갔으므로, 내일 마땅히 보내드릴 것입니다. 헤아려주시면 좋겠습니다. 이만 줄입니다.

당일(19일) 문정관 조주부 배상"

그는 또 편지를 쓰기를

간단히 아룁니다(口上)

편지를 주시니 크게 위안이 됩니다. 말씀하신 내용 중 일전에 아래로 던져 놓은 자리 중에서 마른 것으로 여덟 묶음을 말씀하신 대로 보내드립니다. 물에 잠겼던 쌀 중에 마른 것은, 뱃사람들로 하여금 제각기 햇볕에 말려서 드리겠습니다. 부디 염려하지 않으시면 좋겠습니다. 나머지는 마땅히 식후에 조금씩 처리하겠습니다. 이만 줄입니다.

기묘년 7월19일

명오(明五)

조주부(趙主簿) (도장의 글씨는 앞에 있다)

오시(11시~1시) 사이에 역관이 와서 문답을 나누었다. 그가 쓴 글은 직접 찢어버리거나, 혹은 이로 깨물어서 버렸기 때문에, 남아있는 글은 드물다. 내가 답한 글 중에 하나가 남아 있는데 그 내용은 다음과 같다.

"견디기 어려운 것 같습니다. 오로지 기를 기르는 데 힘써야 할 따름입니다. 그런데 어제 이미 상달上達하였다고 들었습니다. 기쁜 정이 실로

넘쳐서, 배 안에서 술을 내어 축하하였습니다. 지금은 크게 견디기 쉬워졌습니다. 여러 공들의 두터운 정에 참으로 감사드립니다."

전에 파초포芭蕉布 두 필을 이응호에게 선물하려고 하였으나 응호는 고사하고 받지 않았다. 그 포가 여전히 자리에 있었는데, 조주부가 보기를 청하고 몇 번이나 보았다. 그것을 보고 욕심이 있음을 알았다. 내가 두 분과 의논하여 그것을 주기로 하여 글을 쓰기를,

"이 파초포를 드리고자 합니다. 존공께서 받아주시겠습니까?"라고 하였다. 조주부가 글로써 답하여 말하기를,

"귀한 물건으로 정을 나타내시려는 것은 깊이 감사드립니다만, 어찌 허물되는 일을 저지를 수 있겠습니까?"라고 하였다. 내가 글을 쓰기를,

"괜찮습니다. 좋습니다. 작은 정성을 표시할 수 있게 되니 좋습니다"라고 하였다. 그(조주부)는 글을 쓰기를,

"아주 좋습니다"라고 하였다. 즉시 증정하니 그가 글을 쓰기를,

"귀하의 마음으로 정성을 표시해주시니 참으로 감사합니다"라고 하였다.

조주부가 돌아가고, 장천규, 김기방, 김달수, 이종길 등이 왔다. 또 새로운 사람이 왔다. 김기방이 글을 쓰기를,

"태수의 친척입니다"라고 하였다. 그 사람이 글을 쓰기를,

"삼가 말씀 드립니다. 저는 수곤절도영水閫節度營의 좌막佐幕입니다. 우리 절도공節度公께서 귀공들이 여러 날을 체류하고 있는 것에 대하여 불쌍히 여겨서, 나를 보내어 위문하도록 하였습니다. 그 사이에 고생이 심해지는 일은 없었습니까? (국왕께서) 내려주신 식량과 반찬을 보내드렸

는데 구차하거나 어려운 일은 없습니까?"라고 하였다. 내가 글로 감사하며 말하기를,

"삼가 받들겠습니다."

수곤절도 합하께서 존공으로 하여금 저희들이 여러 날 동안 체류하고 있는 것을 위문하게 하시니, 실로 두텁고 은혜로운 정을 입었습니다. 이렇게 물어주시는데 어찌 힘든 일이 더 있겠습니까? 편안히 계시기를 바라오며, 찾아와 물어주시니 다행입니다. 세 사람이 머리를 조아리며 공경히 사룁니다"라고 하였다.

천규, 기방, 달수, 종길 등이 글로써 말하기를,

"두 존공의 병환은 어떠하십니까?"라고 하였다. 내가 말하기를,

"히다카는 좀 나아졌고, 카와카미는 마찬가지입니다. 감사드립니다"라고 하였다. 그가 말하기를,

"밤에는 자리風席로 병풍을 대신하여 사방으로 바람을 막으면, 바람을 쐬거나 감기 때문에 비롯된 병환이 없어질 것입니다. 그렇게 하셨습니까?"라고 하였다. (나는 답한 글을 잃었다.)

그들은 일본 술을 좋아하였다. 기방이 장난스럽게 글을 쓰기를,

"제 술은 남아 있습니까?"라고 하였다. 내(야스다)가 답하여 말하기를,

"그대의 술은 지금 어디에 있는지 그 있는 곳을 알지 못합니다"라고 하였다. 그(기방)가 말하기를,

"그렇다면 존공의 술도 없습니까?"라고 하였다. 답하여 말하기를,

"그러합니다"라고 하였다.

나는 이에 술을 가져오라고 명하니 동자는 가지고 와서 그에게 권하였다. 달수가 글로 말하기를,

"우리들은 마음을 표시하는 물품을 드릴 수 있는 것이 없는데 마실 술을 번거롭게 청하니, 너무나 염치가 없습니다. 부끄럽기도 하고 또한 얼굴이 붉어집니다. 존공들이 위로하고 보호하는 도를 받게 되니, 편안하지 않고 찜찜한 마음을 이길 수 없어 한탄스럽습니다"라고 하였다. 새로 온 사람이 글을 쓰기를,

"지난번에 하직하고 돌아갔으나, 마음을 놓을 수가 없었습니다. 그 사이에 여러 날이 지났는데, 여러분들은 어떻게 감내하셨습니까?"라고 하였다. (나는 그 답글을 잃어버렸다.) 기방이 말하기를,

"존공은 늘 굶어서 뱃속이 비고 살이 찌지 않았습니다. 수척하여 심히 약한 것 같으셔서, 무척 가련합니다"라고 하였다. 내가 말하기를,

"약하지 않습니다. 그것은 곧 하늘에서 내려주셔서 받은 바입니다. 두터이 생각해 주셔서 감사드리지만, 약하다는 말에는 심히 분합니다. 하하하하"라고 하였다. 기방이 말하기를,

"약한 게 아니라 강골이고 지혜롭습니다"라고 하였다. 내가 한 번 웃고 말았다. 새로 온 사람이 말하기를,

"우리 절도공께서 존공들의 안부를 알지 못하여, 저를 보내놓고 돌아오기를 학수고대하고 있습니다. 그래서 이제 돌아가야 하겠습니다. 원컨대 여러분께서는 평안히 고국으로 돌아가실 수 있다면 참으로 다행이겠습니다"라고 하였다. 내가 감사하며 말하기를,

"수곤절도 합하께서 평안하시기를 봉축드립니다. 귀국 왕의 큰 혜택으로서 내려주신 양찬을 잘 받았습니다. 배 안의 25명은 매번 그 인자한

은혜에 공손히 사례드립니다. 지금은 구차하고 힘들고 고통스러운 일은 없습니다. 엎드려 감사드립니다"라고 하였다. 기방이 말하기를,

"답해 주신 말씀은 절도공께 올릴 것입니다. 글씨를 잘 써주십시오"라고 하였다. 내가 곧 반듯하게 글씨를 써주었다.

20일, 전날에 태수가 관아로 돌아왔다. 어제 산 위에서 봉화불이 줄지어 피어오르고, 취각 소리가 멀리서 들렸는데, 곧 이는 태수가 다시 돌아왔다는 뜻이다. 이날 사패(오전 11시경)에 태수가 우리 배로 왔다. 내가 말하기를,

"어제는 배알하지 못하였는데, 저녁에 취각과 피리 소리를 듣고는 뱃사람들이 모두 기뻐하였습니다. 무더위 속에서 먼 길을 다녀오시느라 수고롭지 않으셨습니까? 태수의 모습은 건강해 보이십니다. 귀하의 집안 식구 역시 잘 지내셨기를 모두 함께 봉축 드립니다"라고 하였다. 태수가 답하여 말하기를,

"어제는 만나지 못하여 마찬가지로 섭섭하였습니다. 왕래하면서 더위를 먹어서 아침에 일찍 일어나지 못했습니다. 이제야 비로소 와서 문안드립니다. 죄가 아주 많습니다. 며칠 사이 히다카의 종기와 카와카미의 설사병은 차도는 있습니까? 돌아가 집을 살펴보니, 관아의 손님은 등창을 앓고 있고, 아이들은 눈병을 앓고 있어서 여러 가지로 걱정이 많습니다. 참으로 근심스럽습니다. 선어 3마리를 사 왔으므로 받들어 올리겠습니다"라고 하였다. 내가 말하기를,

"히다카의 종기는 날이 갈수록 차도가 있습니다. 카와카미 또한 뜸으로 다스려서 차도가 있습니다. 귀하께서는 전혀 염려하지 마십시오. 존

공(태수)은 우리 배가 체류함으로 말미암아 오랫동안 이 일을 맡게 되었습니다. 귀 관아의 아이와 손님이 눈과 등의 병을 앓고 있다는 것도 잘 알았습니다. 또 생선 세 마리를 은혜로이 지급하여 주시니 엎드려 감사드립니다"라고 하였다. 태수가 말하기를,

"두 관인(히다카와 카와카미)이 모두 차도와 효험이 있으니 축하를 드립니다. 축하를 드립니다"라고 하였다.[4]

우리들이 오랫동안 나랏일을 지체시키고 있으니, 어떻게 심려를 끼칠수 있겠습니까?"라고 하였다. 또 말하기를,

"이미 마음으로 주시니, 어찌 감히 받지 않겠습니까. 대단히 감사합니다"라고 하였다.

나의 자리 오른쪽에는 『주역대전周易大全』이 있었다.

태수가 보고서는 글을 쓰기를,

"무직武職에 있는 사람은 단彖[5]을 말하거나 상象을 말하는 데 관여하지 않는 법입니다"라고 하였다. 내가 말하기를,

"괘효단상卦爻彖象은 역易의 전부입니다. 관여하지 않아야 한다는 두 글자인 단彖과 상象은 더더욱 자세히 모르겠습니다"라고 하였다. 태수가 답하여 말하기를,

"각궁과 목궁은 분수 안의 일이고, 단과 상은 분수 바깥의 일이라는 뜻입니다"라고 하였다.

---

4 이 부분에 탈락된 부분이 있는 것으로 생각된다.
5 단은 흔히 단사·단전이라고도 불린다. 한대 이후의 학자들은 「십익」을 공자의 저작이라고 여겨왔다. 따라서 단전은 『역경』을 보다 쉽고도 심오하게 해석한 십익의 일부분이다. 상(象)은 주역에서 卦象을 말한다.

내가 말하기를,

"존공의 뜻이 어쩌면 옳을 수도 있습니다. 일찍이 좌문우무左文右武 즉 문과 무를 겸비하는 것을 '무'라고 한다고 들었습니다. 만약 하나를 폐한다면 우리나라의 무武의 본래 뜻이 아닙니다. 우리들은 무사의 직분입니다. 그렇지만 나라를 다스리는 데 있어서 또한 경위를 펴는 것이 곧 (일본) 무사의 직분입니다. 따라서 가까이에 두고 있는 것입니다"라고 하였다. 태수가 말하기를,

"문무를 아울러 쓰는 것이 오래 갈 수 있는 방법입니다"라고 하였다. 또 말하기를,

"글자를 모르는 영웅이 없지만, 그렇다면 글 쓰는 것은 이름밖에 몰랐던 항우는 영웅이 아니라고 해야 할 것입니다. 장막 안에서 계획을 꾸며서 천리 밖의 일을 정한다고 하는 자방子房[6]이 무술을 한다는 말을 듣지 못하였습니다. 천하를 다스리는 일은 사士의 임무입니다. 즉 사와 무는 서로 대립되는 말이고, 두 가지를 겸할 수 있는 명칭이 아닙니다. 그러므로 공의 말은 지나친 것입니다. 저 역시 무직武職입니다. 따라서 역시 괘효단상의 심오한 뜻을 감히 강구하지 않습니다"라고 하였다. 내(야스다)가 말하기를,

"일본의 기외畿外에 있는 공후백자남公侯伯子男이 다스리는 제후의 나라에는 오직 무사뿐입니다. 그러므로 무사이면서 겸하여 두 가지(무와 문)를 아울러 쓰는 것입니다. 지금 존공은 괘효의 심오한 뜻은 감히 강구하지 않으신다고 말씀하셨는데, 참으로 이는 좋은 뜻인 듯합니다. 만약에 우리들이 문文을 주로 하고, 무武를 그 다음으로 한다면, 우리들이 죄

---

6 한의 고조 유방의 軍師였던 張良을 말한다.

인이 될 것입니다. 귀하의 뜻은 참으로 지극히 좋습니다"라고 말하였다. 태수가 말하기를,

"패관서稗官書[7]는 없습니까?"라고 하였다. 내가 말하기를,

"패稗라는 글자를 알지 못하겠습니다"라고 하였다. 태수가 말하기를,

"성경현전聖經賢傳의 글이 아니라, 집에서 읽는 잡기雜記나 고담古談같은 책입니다"라고 하였다. 내가 말하기를,

"가지고 있는 것이 많습니다. 다만 우리나라 말과 우리나라 글자로 대부분이 쓰여 있습니다"라고 하였다. 태수가 말하기를,

"우리들이 보기에 난해합니까?"라고 하였다. 내가 답하기를,

"난해한지를 알지 못하겠습니다. 그러나 아마도 난해할 것입니다"라고 하였다. 태수가 말하기를,

"일단 한번 보겠습니다"라고 하였다. 내가 곧 두 세권을 내어 놓으니 태수는 제법 오랫동안 보다가 글을 쓰기를,

"이는 모두 병서兵書입니다. 그리고 사이사이에 귀국의 글자 때문에 도저히 이해할 수가 없습니다"라고 하였다. 내가 말하기를,

"제가 오랫동안 병학을 배워서 그 뜻을 제법 탐구하여 알고 있습니다. 스스로 이렇게 말합니다. 하하하"라고 하였다. 태수가 말하기를,

"잘 모르겠습니다. 별로 의미 있는 말은 아닙니다"라고 하였다. 내가 말하기를,

"오로지 일본 글자로만 쓰여서, 도리어 보시기에 번거로운 듯합니다"라고 하였다.

---

7 패관서는 유교경전 등에 관한 책이 아니라 흥미 위주의 소설 등을 말한다.

그 때에 히다카는 자리에서 좀 떨어져서 혼자 포성주泡盛酒를 마시고 있었다. 태수가 보고는 글을 쓰기를,

"히다카 대관이 혼자 술을 마시고 있는데 이는 술을 주고받는 주례酒禮가 아닙니다"라고 하였다.

나는 부끄럽게 여기면서 히다카를 위하여 말하기를,

"지금 일본주를 (가져오도록) 명하였습니다. 지금 저 술은 히다카가 평소에 약으로 마시는 것이니 허물하지 마십시오.

태수가 물어서 말하기를,

"귀국의 여인들은 치아에 검은 칠을 하는데 어떤 의미가 있습니까?"라고 하였다. 내가 답하여 말하기를,

"음陰입니다. 그러므로 그 음을 표시하여 진심으로 경계한다는 뜻입니다"라고 하였다. 태수가 그러면 남자는 왜 치아를 붉게 칠하지 않습니까?"라고 하였다. 내가 말하기를,

"본래 양입니다. 따라서 양을 중복시키지 않습니다.[8]"라고 하였다. 태수가 말하기를, "술이 아직 덜 깨서 내일 다시 보기로 하고 이만 물러가겠습니다"라고 하였다. 내가 말하기를,

"편안히 잠드시고 내일 광림하시기를 기다리겠습니다"라고 하였다. 태수는 돌아갔다

---

8 원문은 不重九이다. 양의 가장 큰 수인 九를 거듭하지 않는다는 뜻으로 사용하였다. 그러나 일반적으로 重九는 양이 가득한 것으로 여겨 重陽節과 같이 상서로운 것으로 간주하였다. 따라서 야스다의 설명은 반드시 옳은 것이라고 하기 어렵다.

21일, 아침에 태수에게 편지를 쓰기를,

"오늘 여러분의 태평하심을 삼가 축하드립니다. 히다카日高의 병환도 차도가 있으나 카와카미川上는 어제와 마찬가지입니다. 배 안에는 다른 일이 없습니다. 조금도 염려하지 마십시오. 우리 배가 가지고 있던 소금을 이미 거의 다 썼습니다. 지급하여 주시기를 간청 드립니다. 또 전날에 문정관께 간청한 돗자리를 아직 지급받지 못하였습니다. 또 양식 포대를 새로 만들어 배안으로 거두어들이는 일도 전날에 상세히 적었는데 같이 간청하겠습니다. 허락을 해주신다면 정말 다행이겠습니다. 그것들을 아울러 청하며, 삼가 사룁니다"라고 하였다.

태수가 답하기를,

"밤새 히다카日高와 카와카미川上의 병증이 점차 차도가 있다고 하시니 기쁨을 이기지 못하겠습니다. 다행히 우리들도 어제와 마찬가지입니다. 소금과 자리의 일은 식사 후에 보내드리도록 하겠습니다. 편지로 하신 말씀은 모두 다 잘 알았습니다. 만나 뵙고 말씀드리겠습니다. 삼가 답신을 보냅니다"라고 하였다.

식후에 김, 장, 이 등이 왔다. 기방이 글로 묻기를,

"최근에 얼굴이 좋지 않습니다. 무슨 일이 있습니까?"라고 하였다. 내가 답하여 말하기를,

"깊은 후의에 감사드립니다. 다만 피로할 따름입니다. 병은 아닙니다"라고 하였다. 그(기방)가 말하기를,

"고향을 생각하는 마음이 지나친 것입니까?"라고 하였다. 내가 말하기를,

"진실로 정말 그러합니다"라고 하였다. 그가 말하기를,

"일전에 돗자리 8묶음을 지급해 달라고 분부하였습니다. 들어왔습니까? 마른 쌀은 모두 햇볕에 쬐었다고 하는데, 들여오라고 분부하셨습니까?"라고 말하였다. 내가 답하기를,

"1묶음[束]은 10장입니다. 아직 받지 못하였습니다. 전날에 마른 쌀에 사용한 자리는 6장이었는데, 어제 거두어 들였습니다. (나머지) 쌀은 지금 곧 거두어들어야 합니다. 뱃사람 3명에게 명령해서 배 아래의 바다 모래 위에서 거두어도 되겠습니까?"라고 하였다. 그가 말하기를,

"지금 마땅히 우리 사람들로 하여금 거두어들이도록 분부하겠습니다"라고 하였다. 내가 말하기를,

"어떤 것은 말랐고, 어떤 것은 썩었고, 어떤 것은 일전에 찐 것이고 어떤 것은 쓸 수 없는 것입니다. 이 네 가지가 만약에 섞이면 모두 먹을 수가 없습니다. 그러므로 우리 배의 사람들을 해변에 내려가게 하여서 그것을 골라서 나누도록 하겠습니다"라고 하였다. 그(김기방)가 답하기를, 좋다고 하였다. 그가 또 말하기를,

"마른 돗자리를 지급해 달라고 하셨는데 받지 못하셨다고 하셨습니다. 어떻게 된 일입니까?"라고 하였다. 내가 말하기를,

"마른 것이 아니었습니다. 안은 젖어 있었습니다. 그래서 받지 않은 것입니다"라고 하였다.

곧 마른 돗자리 8속을 받았다. 그가 글로 말하기를,

"반찬거리들은 특별히 부족하지 않습니까?"라고 하였다. 내가 말하기를,

"참으로 친절하십니다. 소금, 간장, 나물, 생선, 닭은 충분합니다"라고

하였다. 그가 말하기를,

"소금과 간장은 매일 들어옵니까?"라고 하므로, 답하기를,

"소금은 격일로 들어오는데 괜찮습니다"라고 하였다.

이윽고 태수가 와서 글을 쓰기를,

"귀공의 배에 들여오는 것은 양미로부터 반찬거리의 여러 종류에 이르기까지 무릇 백여 가지가 들어옵니다. 이들 모든 것은 제가 직접 주관합니다. 만약 요청하실 것이 있다면 저에게 직접 요청하십시오, 나는 문정관의 소관(속한 관리)이 아니어서 그의 말을 받들어 행할 수가 없습니다. 후에는 그렇게 하지 마십시오. 닭 세 마리를 올려드리니 수령하십시오"라고 하였다. (나는 답한 글을 잃어버렸다.)

이날 태수의 글에서는 조정에서 하사한 음식賜饌[9]에 관하여 말하였다. (그 글과 사례한 초고는 지금 잃어버렸다.) 태수가 글을 쓰기를,

"마쯔모토는 부르면 오고 부르지 않으면 오지 않습니다. 나를 대하는 태도가 무정하여 가증스럽습니다. 마땅히 벌로써 큰 잔에 한 잔 주는 것이 어떻겠습니까?"라고 하였다.

내가 즉시 술을 가져오라고 명령하니, 술이 막 이르렀다. 태수가 말하기를,

"마쯔모토는 사람됨이 통련通鍊하여 모르는 바가 없습니다. 부르지 않아도 와서 봐야하고 보면 곧 절을 해야 하는 예를 알지 못하는 것이 아닙니다. 그가 술을 좋아하기 때문에 요행히 벌주를 받을 수 있을까 하여

9　예전에, 임금이 아랫사람에게 음식을 내려 주는 일이나 그 음식을 이르던 말이다.

일부러 실례를 범하는 것입니다. 이처럼 알고도 의도적으로 무례를 범하는 것이 더욱 가증스럽습니다. 하하하!'고 하였다.

마쯔모토가 마시고자 하였다. 내가 글을 쓰기를,

"마쯔모토는 오히려 큰 가뭄에 비를 얻었소"라고 하였다. 태수가 말하기를,

"비를 만났으니 그친 후에 말합시다. 단비를 만났다고 해도 좋겠습니다"라고 하였다. 태수가 말하기를,

"히다카는 침착하고 무게가 있으며, 카와카미는 순박하며, 야스다는 총명하고 성격이 차분하십니다. 본받을 만하고 사랑스럽습니다. 스스로 여러 날 동안의 피로한 고통을 잊게 됩니다"라고 하였다. 내가 말하기를,

"카와카미가 순박하다는 것은 실로 타당하지만, (히다카를) 침착하고 무게가 있다고 형용하신 것은 아마 조금 어긋난 듯합니다"라고 하였다. 태수가 말하기를,

"안에서 지키는 바가 없으면 바깥으로 침중하지 않습니다. 이른바 얼굴에 밝게 드러나는 것입니다"라고 하였다.[10] 내가 말하기를,

"그대가 보신 것과 같습니다"라고 하였다. 태수가 말하기를,

"귀하(야스다)는 총명하고 성격이 차분하다고 본 제 눈은 어떻습니까?"라고 하였다. 내가 말하기를,

"오직 바르고 곧음으로써 스스로 힘쓰기를 그치지 않고 있습니다만, 아직 편안하지는 않습니다. 존안이 저를 보시는 것이 오히려 지나치십니다"라고 하였다. 태수가 말하기를,

---

10 원문은 粹面이다. 『맹자』 진심(상)에 "君子所性 仁義禮智根於心 其生色也 睟然見於面 盎於背"에서 비롯된 말이다.

"평소에 배운 것이 총명하고 차분하지 않다면 어찌 스스로 정직에 힘 쓰겠습니까? 존공과 같은 분은, 또한 하늘을 본받는 훌륭한 선비이기를 포기하지 않으실 것입니다"라고 하였다. 내가 말하기를,

"비로소 태수님의 안목이 크신 것을 알았습니다, 다시 힘써 행하고 노 력하여 목표한 자리에 도달하고자 합니다. 엎드려 감사드립니다"라고 하였다.

내 옆에 칼이 있었는데, 태수가 그것을 살펴보았다. 그리고 글을 쓰기를, "이 칼은 빛이 나고 날카로워서 가히 두렵습니다"라고 하였다. 나는 이에 연갑硯匣에 넣었다.

조금 있다가 작은 배가 소반에 올린 음식을 싣고 왔다. 태수가 곧 글을 쓰기를, "음식은 이미 갖추어졌으나 이 배는 매우 좁습니다. 아랫사람 19명은 우리 배에 음식을 차리도록 하면 어떻겠습니까?"라고 하였다.

19명은 그 작은 배 위에서 자리를 마련하고, 우리 배에 있던 사람과 우 리 세 사람은 장복章服을 입고 절을 하며 받았다. 조선 동자가 음식을 올 리고 술잔을 돌렸는데, 술은 엷은 황색이었다. 맛은 마치 유구국의 포성 주[11]와 같아서 술의 향과 맛이 참으로 좋았다. 내가 글을 쓰기를, "술의 향기와 맛이 좋은데 술 이름이 있습니까?"라고 하였다. 태수가 답하기를,

11 오키나와의 소주(증류주)인 포성주(泡盛酒)로 '아와모리'라고 한다.

"계당주桂糖酒인데 품질이 좋고 귀한 종류입니다"라고 하였다. 내가 말하기를,

"상등의 품질이고 귀한 종류여서 실로 우리들도 매우 소중하게 여기고 있습니다. 지금 이 말씀을 들으니 더욱 은혜롭고 두터운 정을 느낍니다. 두 명의 병든 사람이 말하기를, '병이 나은 듯하다'고 합니다. 삼가 깊이 감사드립니다"라고 하였다. (내가 두 사람의 말을 글로 쓴 것이다.) 태수가 말하기를,

"한 잔 술에 어찌 감사를 받겠습니까?"라고 하였다.

사람마다 식탁이 하나씩이었는데, 도자기 그릇이 여덟 개였다. 하나는 떡이고, 하나는 면이고, 하나는 쇠고기 육포이고, 하나는 감 조각이고, 하나는 생꿀이고, 하나는 식초이고, 하나는 전복이고, 하나는 수박이었다. 잔은 바로 당산唐山의 서양제였다. 이에 먹고 마시며 술을 몇 잔을 기울이니, 흥취가 제법 넉넉하였다. 태수가 글을 쓰기를,

"한 잔 한 잔 또 한 잔, 꽃을 꺾어 산가지 삼아 무진장 마시자고 명하지 않으시니 어찌된 일입니까?"라고 하였다. 내가 말하기를,

"제가 사양하는 듯합니다. 다시 한 잔 더 주신다면 참으로 다행이겠습니다"라고 하였다. 내가 그 잔을 살펴보다가 글을 쓰기를,

"중국에서 만드는 것은 안이 구리인데, 이 그릇의 이름이 무엇입니까?"라고 하였다. 태수가 말하기를,

"잔을 비우십시오"라고 하였다. 내가 그 고기를 먹으면서 말하기를,

"말린 전복이 아닙니까?"라고 하였다. 태수가 말하기를,

"생전복입니다"라고 하였다. 내가 말하기를,

"전복은 우리나라에서도 생산되는데 대단한 진미입니다"라고 하였다. 태수가 말하기를

"귀국의 구리로 만든 그릇[12]은 이러한 그릇의 문양이 마치 물고기 비늘과 같습니다"라고 하였다. 내가 말하기를,

"그렇습니다, 그려 넣은 문양이 있습니다"라고 하였다. 곧 나의 찻잔에 그 술을 부어서 마셨다. 그리고 말하기를,

"이것은 바로 우리나라에서 만든 것입니다"라고 하였다. 태수가 말하기를,

"술을 들고 눈을 부릅뜨고 푸른 하늘을 바라봅시다"라고 하였다. 내가 말하기를,

"마치 좌상左相[13]이 마시는 것과 같습니다"라고 하였다.

뱃사람 요시노죠善之丞가 상자를 정리하였는데 그 상자 속에는 희장충신장도화戱場[14]忠臣藏圖畫 12장이 들어 있었다. 태수는 청하여 그것을 보고는 그 이야기(고사)를 물었다. 나는 일찍이 잡극雜劇을 본 적이 없어서 그린 까닭을 알지 못하였다. 그래서 요시노죠에게 물어서 답하였다. 태수는 하나를 가리키면서 글로 물었다. 내가 글로 답하기를,

"자신의 주군의 원수를 포박한 것입니다"라고 하였다. 또 다른 것을 물으므로, 답하기를,

"그것은 원수가 돈을 빼앗고 사람을 죽이는 것입니다"라고 하였다. 또 물으므로 답하기를, "아들이 도적을 토벌하고, 카루메輕女(돈주인의 딸)는

---

12 원문은 中銅이다. 앞에서는 그릇 안을 구리를 사용하였다는 말이 있으나, 그 의미가 분명하지 않다.
13 左相은 좌의정을 말하는데, 여기서는 그 의미가 분명하지 않다.
14 劇場이라고도 한다. 극장은 일본의 전통 예능인 노나 가부키를 공연하는 장소를 말한다.

경성傾城[15] 방중坊中에서 몸을 팔았습니다"라고 하였다. 또 물으므로 답하기를,

"충신의 부인과 딸이 지아비를 쫓아가는 길입니다"라고 하였다. 또 물으므로 답하기를,

"노예입니다"라고 하였다. 또 물으므로 답하기를,

"탔습니다"라고 하였다. 또 물으므로 답하기를,

"그 언니가 카루메를 죽이고자 하고 있습니다. 그녀 또한 충절한 부인인데, 동생의 곧은 마음이 사실인지를 시험한 것입니다"라고 하였다.

배 안에서 새끼 양 한 마리를 길렀는데 태수에게 주고자 하여 이에 내가 태수에게 글을 쓰기를,

"우리들이 어린 양 한 마리를 길렀는데 전부터 물이 스며들어서 기를 수가 없습니다. 기를 수가 없어서 선물로 드리는 것은 아닙니다. 애완용으로 기르는 짐승을 여러 날 동안의 두터운 정을 위로하기 위하여 이를 드리고자 합니다. 손님으로서 선물을 드리는 일은 막지 마시기 바랍니다. 앉아서 살아있는 짐승[生類]이 물에 빠져 죽는 것을 견딜 수 없기 때문입니다. 또한 기르면서 귀여워하던 것을 차마 죽일 수 없기 때문입니다. 부디 받아주시기 바랍니다. 만약에 받으실 수 없다면 산과 들에 풀어주어서 죽지 않게 될 수 있다면 참으로 다행이겠습니다"라고 하였다. 태수가 말하기를,

"후의에 감사드리며 역시 은혜가 짐승에게도 미친다고 할 만합니다. 그러나 어린 양이 비록 가축이라고 하지만, 지금 풍파에 표류할 때부터

---

15 京城의 잘못일 가능성이 있다.

만경창파 속에서 더불어 생사를 같이하였으니 타국에 버리는 것은, 비록 살리려고 하는 좋은 뜻에서 나온 것이라고 하더라도, 또한 서로 그리워하는 정이 없지 않을 것입니다. 어린 양이 먹을 먹이는 계속 지급해 드릴 터이니, 잘 길러서 함께 고국으로 돌아가게 되면 좋을 것입니다"라고 하였다.

곧 조선인들이 푸른 풀을 베어서 왔다. 태수가 글을 쓰기를,
"방금 사람을 시켜서 양이 먹을 여러 가지 풀 한 다발을 베어서 지급합니다"라고 하였다. 또 글을 쓰기를,
"내일 다시 뵙겠습니다. 물러나도록 하겠습니다"라고 하였다.

태수는 돌아가니, 이미 밤이 되었다. 그런데 이종길, 김기방, 김달수, 장천규 및 임시형 등이 왔다. 기방 등이 글을 써서 순영巡營의 상사上使가 장차 도착할 것이라고 말하였다. (그 글은 지금 분실하였다.) 내가 답하여 말하기를,
"여러분들께서 친절하게 순영 상사가 올 것이라는 것을 알려주시니, 두터운 정에 무척 감사드립니다. 바야흐로 가르쳐주신 것에 따라서, 묻는 대로 마땅히 상세히 답할 것입니다. 여러 가지로 대단히 감사합니다"라고 하였다. 그가 말하기를,
"귀공은 다른 배[他舡]로부터 빌려 가지고 온 물건의 적재 숫자가 얼마인지, 벼는 얼마인지, 또 다른 물품은 얼마인지를 반드시 아셔야 합니다. 역력하게 하나씩 하나씩 상세히 보여주십시오. 간청 드립니다"라고 하였다. 내가 말하기를,

"잘 알겠습니다. 마땅히 실제의 사정으로 답하겠습니다"라고 하였다. 그가 글을 쓰기를,

"모두 원래의 수를 잃어버리지 않았으니 깊이 구명할 필요는 없습니다. 그러나 우리나라의 배에 옮겨 둔 숫자가 적지 않은데 어찌 지적하지 않겠습니까? 이와 같다면 밤새 힐란詰亂해도 비교하여 바로잡을 수 없을 것입니다. 잠을 참으며 이처럼 감내하고 있는데, 밤 사이에 끝나지 않으면, 우리들은 논책의 단서를 피할 수가 없으니 어찌 걱정이 되고 또 걱정이 되지 않겠습니까? 노고를 잊고 빠르게 확인하고 배에 내려갈 수 있기를 우러러 간청합니다"라고 하였다. 내가 답하여 글을 쓰기를,

"전일에 처음 쓴 글을 지금 확인하고 있는데, 한 가지도 틀리지 않습니다. 마땅히 이로써 대답하면 어떻겠습니까?" 라고 하였다. 그가 말하기를,

"오늘 밤 다시 묻는 것이, 다만 우리나라 배를 잠시 빌어서 옮겨놓은 물건이고, (표류선에 실렸던) 원래의 숫자를 하나하나 확인하는 것이 아니라면, 많은 말이 필요 없습니다. 다른 배를 빌어서 비치해 둔 물건을 기록한 서류를 보이면 됩니다. 그러니 왼쪽 편 배에 적재된 물건의 수와 주인을 분명히 기록하고, 오른쪽 편에 배에 적재된 물건과 그 주인을 분명히 기록하여 상세히 보여주십시오. 밤이 깊기 전에 내려가서 문서를 작성해야 합니다. 간청 드립니다"라고 하였다. 내가 말하기를,

"처음부터 알고 있습니다. 그렇지만 지금 또한 (선장) 칸에몬에게 다시 점검하도록 명령하겠습니다"라고 하였다.

밤이 이미 깊었지만, 뱃사람들에게 좌우의 조선 배와 우리 배의 물품을 기록하게 명령하였고, 내가 그 전체의 숫자를 써서 조선인에게 보여주었

다.(그 글은 생략하였다.) 내가 글을 쓰기를,

"밤새 여러분들께서 수고해 주셔서 감사드립니다"라고 하였다. 그가 말하기를,

"피차 어려움이 있으니 서로의 고통을 잘 알고 있습니다. 그러나 정확하게 파악하고자 하는 것은, 상급 관사와 주고받는 문서와 장부에 하나도 어긋남이 없는 것이며. 오로지 존공을 위하는 일입니다. 이와 같이 정신을 소비하고 힘을 다하여 깊은 밤에 이르게 되었으니, 우리들이 이 무슨 고생입니까? 이제 이미 일이 끝났으니 배불리 먹을 음식을 크게 차리고 아낌없이 많이 내어놓으십시오. 그렇지 않으면 다시 오지 않을 것입니다. 이러한 뜻을 여러분 모두 앞에서 밝혀야겠습니다"라고 하였다.

오늘 조정이 하사한 떡과 고기가 아직 먹고 남은 것이 있어서, 술을 데워 오라고 하여, 그것을 먹고 마셨다. 내가 술기운이 올라 휘파람을 부니, 김기방이 글을 쓰기를,

"휘파람을 부는 것은 어떠한 뜻입니까? 그것은 손님을 싫어한다는 뜻입니까? 고향을 생각한다는 뜻입니까?"라고 하였다. 내가 말하기를,

"고향이 아니면 또한 무엇이겠습니까?"라고 하였다. 내가 또 말하기를,

"하늘이 이 피곤한 저를 수고롭게 하니 어찌된 일입니까?"라고 하였다. 장천규가 말하기를, "남아는 천지天地 이를 싫어하지 않습니다"라고 하였다.

닭이 울었으나, 다시 술을 데워서, 조선의 선비들은 함께 마셨다. 김달수가 글을 쓰기를,

"취하여 붉어진 얼굴로 정을 논하고 배위에서 가벼운 술잔은 주고받습니다"라고 하였다. 내가 글로써 말하기를,

"입과 배에 술은 향기롭고 떡은 달콤합니다. 이미 태수의 술에 취하고, 이미 태수의 음식과 덕으로 인하여 배가 불렀습니다"라고 하였다.

천규가 담배(연초)를 청하니 기방과 달수 또한 함께 청하였다. 각자 담뱃대에 채워 그들에게 주었다. 천규, 기방은 다시 스스로 담배를 채우려고 하였지만, 나는 주지 않고, 글을 쓰기를,

"담배가 거의 다 떨어져갑니다"라고 하였다. 기방이 글로 말하기를,

"어찌 그리 인색하십니까?"라고 하였다. 내가 말하기를,

"우리 배 안의 사람들은 담배가 고갈된 지가 이미 여러 날이 되었습니다. 저만 오로지 가지고 있는 담배가 있습니다. 그 담배를 나누어서 배 안의 사람들에게 주었습니다. 지금은 나도 다 떨어져 가는데 어찌 인색한 것이겠습니까?"라고 하였다. 그들은 모두 머리를 조아리며 사죄하였다.

내가 글을 쓰기를, 순영巡營 합하께서는 관품이 몇 품입니까? 내일 아침에 분명히 오시는 것입니까? 아니면 오늘 밤에 오십니까?"라고 하였다. 그는 답을 하지 않았다.

그들이 글을 쓰기를,

"우리들 이름을 아십니까 모르십니까?"라고 하였다. 내가 말하기를,

"나는 현기증이 나고 기억을 못하는 병이 있는데 오늘도 이 병이 발발하니 그래서 선 자리에서 다 잊어버립니다. 참으로 죄가 많습니다"라고

하였다. 그가 말하기를,

"무정함은 알 만합니다"라고 하였다.

그들은 이에 붓을 들고 자신들의 성명을 썼다. 내가 이름의 조선음을 듣고 우리나라의 카타카나로 기록하였는데, 다음과 같다.

키무기방 챵탼기우 이총기리 키무타루스우
김기방, 장천규, 이종길, 김달수

배에 탄 사람들의 담배는 이미 다 소진되었다. 나는 아직 가지고 있어서 그것을 달수에게 나누어 주었다. 달수는 붓을 잡고 연초烟草를 노래하였는데 다음과 같다.

　　신령스러운 풀이 멀고먼 남쪽으로부터 왔는데
　　시지도 않고 싱겁지도 않고 그렇다고 달지도 않은데
　　염제(炎帝)께서 식물들의 맛을 보실 때 어찌 담배만 빠트렸을까
　　푸른 연기 다 빨아들이니 목이 아프고 담이 끓지만

　　간청하오니 한 대만 은혜로이 베풀어 주소서

　　　　　　　　　　　　　　　　　　　　　　　김달수 삼가 쓰다

임시형이 지어준 시의 내용은 다음과 같았다.

바람 급하여 가을터럭에 슬프고

기러기 돌아오니 고향의 들이 그립네

천리를 떠나 온 여러분이 가련하네 (조선의 시서법은 전에 보았다)

어느 날 고향의 뜰에 이를까?

또

그대의 넓은 옷 소매 부럽고

나의 포의(布衣) 추운 것 부끄럽네

다행히 구름과 산이 접한 곳에 이르렀으나

난간에 달 뜨는 것 알지 못하였네

시형이 글을 쓰기를,

"오늘 밤 배를 내린 후에는 태수가 금하였으므로, 다시 얼굴을 접할 희망이 없습니다. 한 번 헤어지면, 바닷물은 차디차고 구름에 닿은 산은 겹겹이 이어져 있으며, 또 소식을 전할 길은 끊어지게 될 것이니 한스럽고 슬픈 마음을 이길 수가 없습니다. 아무 탈 없이 무사히 돌아가실 수 있으시면 다행이겠습니다.

조선인 임시형

내가 감사하며 말하기를,

"한 번 헤어지면, 바닷물은 차디차고 구름에 닿은 산은 겹겹이 이어져 있으며, 또 소식을 전한 길은 끊어지게 될 것이라는 말씀은, 참으로 저를 슬프고 쓸쓸하게 만들었습니다. 이제 이렇게 헤어지면, 바다 바람에 수염과 머리카락은 나부끼고, 찬 기운은 나그네의 옷을 파고 들 것입니다. 사나이의 굳센 마음조차 아픈데, 서늘한 달이 술잔에 들어와 흔들립니다. 이 또한 천재일우의 만남입니다"라고 하였다.

> 제등도(손에 드는 등의 그림) (영인 14쪽 상단)
>
> 우립도(비 올 때 쓰는 삿갓 그림) : 이를 접어서 품고 다니는데, 기름종이로 만들었다. 그리고 죽피관 위에 이를 쓴다. 상관인이 아니면 우산이 허용되지 않는다. (하단)

조선 손님들은 흥이 나서 술을 마시느라 닭이 이미 빈번히 울 때가 되었다. 그들은 글을 쓰기를,

"내려가서 편히 취침하시기를 바라겠습니다"라고 하고는 조선 손님들은 모두는 돌아갔다. 나도 역시 잠을 자려고 하였는데, 오직 깨어 있는 자는 동자 지로次郞와 야마스케山助였다. 다른 사람들은 모두 잠이 깊이 들었다.

22일, 아침은 벼락이 치면서 비가 너무 심하게 내렸으나 밥을 먹은 후에는 날이 개었다. 태수가 와서 글을 쓰기를,

"아침에는 천둥과 번개가 크게 치고 소나기가 거세게 내렸는데 삼대관께서는 어떻게 견디며 지내셨는지 걱정이 적지 않았습니다. 밤새 병증의 정도는 또한 어떠하셨습니까? 삼가 여쭈어 봅니다"라고 하였다.

나는 그에게 감사하였다. 태수는 또한 전날 문정관이 무엇을 묻고 어떻게 답을 하였는지를 물어보았다. 내가 즉시 답하기를,

"그제, 스무 날에 배 아래 모래밭에서 우리 뱃사람들이 썩고 훼손된 재목을 베어내어, 적당히 잘라서 땔감으로 쓰고자 하였습니다. 그런데 문정관의 종이 문정관에 알렸습니다. 이에 (문정관께서) 말씀하시기를, '마땅히 제지해야 합니다'라고 하였습니다. 그래서 바로 중지하였습니다. 문정관께서 말씀하시기를 '땔감이 부족합니까?'라고 하시므로, 답하여 말하기를, '배의 땔감이 부족합니다'라고 하였습니다. 문정관께서 말씀하시기를, '마땅히 지급해 드리겠습니다. 부디 작은 재목이라도 베어내지 마십시오'라고 하셔서, (이에 야스다가) 감사하여 말하기를, '간청을 드리니 장작을 지급하여 주십시오.'라고 말씀드리니, 문정관께서 승낙하셨습니다. 그제 있었던 일은 이와 같았습니다. 귀공이 물으시므로 삼가 답변드립니다"라고 하였다. 태수가 말하기를,

"그런데 어찌 저에게 알리지 않으셨습니까? 한 번 식사할 때 한 단씩 매일 세 단으로 계산하여 지급하겠으니 그렇게 받으시면 됩니다"라고 하였다. 내가 감사하기를,

"알리지 못해서 죄가 아주 큽니다. 너그럽게 용서하시고 도리어 땔감까지 주시려고 하시니 실로 두터운 정입니다. 엎드려 삼가 감사드립니다"라고 하였다.

조금 후에 김달수가 와서 태수에게 글을 올리니 태수가 말하기

"양식과 반찬거리를 받아 왔습니다. 마쯔모토에게 명하여 영수하게 하십시오"라고 하였다. 그 계급기計給記는 다음과 같았다.

쌀 두 섬, 장 세 말, 호박 여덟 개, 땔나무 세 단

19일에서 22일까지.

태수는 또 글을 쓰기를,

"마쯔모토에게 전체 숫자를 물어 보십시오"라고 하였다. 내가 말하기를,

"기록된 물품을 수령하였습니다"라고 하였다. 태수가 글을 쓰기를,

"귀하의 배(표류선) 좌측의 물품을 적재하고 있는 우리 배는, 조성된 지오래 되어 배 바닥은 나무가 썩고 손상되었는데, 바닷가의 돌과 모래 위에 정박하고 있습니다. 장차 부서질 염려가 있습니다. (배를) 물려서 귀하의 뱃머리 아래 물이 있는 곳[16]에 머무를 수 있다면 다행이겠습니다. 어떻겠습니까?"라고 하였다. 내가 선장을 불러 그 일을 명하였다. 그리고 답하기를,

"지금 선장에게 귀공의 의견과 같이 명령하였습니다"라고 하였다. 잠시 후에 태수가 또 글을 쓰기를,

"지금 배를 대어 놓은 곳은 전과 비교하면 조금 내려가서[17] 전혀 해롭지 않았습니다. 게다가 더 밑으로 배를 대면 출입이 편하지 않을 것이니 그대로 두고자 합니다"라고 하였다. 태수가 또 말하기를,

"피부병에는 참기름을 화약가루에 섞어서 여러 차례 바르면, 참으로 신비로운 효험이 있습니다"라고 하였다. 내가 글을 쓰기를,

"화약 한 가지는 히다카가 이미 옴이 난 곳 한 곳에 발랐더니, 바른 즉시

---

16 원문은 沮洳이다. 낮고 물기가 많은 곳을 뜻한다. 즉 바닷물이 항상 들어오는 곳을 말한다.
17 원문은 稍下이다. 조금 내려가다라는 뜻이므로, 돌과 모래가 있던 얕은 곳에서 항상 바닷물이 들어오는 좀더 깊은 곳으로 이동하였다는 의미로 생각된다.

신기하게 나왔습니다. 그러나 아직 기름은 사용해 보지 않았습니다. 마땅히 화약과 기름을 섞어서 사용해 보겠습니다. 신기한 효험이 있는 처방을 가르쳐 주시니 대단히 감사합니다"라고 하였다. 태수가 말하기를,

"참기름은 있습니까? 귀하의 나라에서는 따로 화약을 무엇이라고 합니까?"라고 하였다. (내가) 답하기를,

"참기름이라는 말을 들어본 적이 없습니다. 아마도 참깨 기름인 것 같습니다. 우리나라에도 참깨기름이 생산되지만, 배안에는 없습니다. 화약은 염초鹽硝라고 합니다"라고 하였다.

앉은 자리에 네모난 베개가 있었는데 종이로 싸두었다. 태수가 그것을 보고 글을 쓰기를,

"우리나라 담배南草 봉지와 마찬가지입니다"라고 하였다. 내가 묻기를,

"남초는 담배입니까?"라고 하였다. 태수가 그 이름을 물었다. 내가 말하기를,

"각침角枕입니다"라고 하였다. 태수가 말하기를,

"우리나라에서는 목침木枕이라고 이릅니다"라고 하였다. 태수는 돌아가려고 하였다. 내가 말하기를,

"날마다 은혜로이 찾아 주시니 두터운 정에 감사하기 이를 데가 없습니다"라고 하였다. 태수가 돌아갔다.

23일, 아침에 태수에게 편지를 보내기를,

"오늘은 아직 귀한 얼굴을 뵙지 못하였습니다. 밤새 평안하셨기를 축원드립니다. 우리들은 각기 무탈합니다. 걱정하지 마십시오. 걱정하지

마십시오. 무릇 배 안에서 담배를 피우는 사람들은 각자가 가지고 있던 담배가, 혹은 물에 유실되거나, 물이 스며들어 젖어 버려서, 남아 있는 것을 피웠으나, 그 또한 이미 소진되었습니다. 배 안에 담배가 떨어진 것이 며칠이 지났습니다. 오로지 야스다 요시카타는 적은 양을 가지고 있었습니다. 그래서 그것을 배 안에 있는 사람에게 나누어 주어, 식후에 두 세대를 피울 수 있도록 하였을 뿐이었습니다. 지금은 야스다도 담배가 떨어지려고 합니다. 야스다는 흡연벽(습관)이 있어서, 잠시라도 피우지 않으면 정기精氣가 쇠하는 듯합니다. 그렇지만 지금은 조금밖에 남지 않았습니다. 카와카미 치카나카도 야스다와 마찬가지로 많이 피웠으나, 얼마 전부터 담배가 떨어졌습니다. 체증[18]과 설사로 매일 밤 열 번 이상이나 홀로 앉아 오직 담배만을 벗 삼았는데, 애석하게도 야스다의 담배도 차츰 고갈되어 역시 마음대로 피울 수가 없게 되었습니다. 바라건대 담배로 은혜를 베풀어 주신다면 행복이 더할 나위 없을 것입니다. 매사에 오직 귀공의 배려에 의지합니다. 전일에 간청한 소금은 격일에 한 되와 삼분의 일을 내려주실 것을 전날 이미 아뢰었습니다. 그래서 편안한 마음으로 기다리고 있었습니다. 그런데 담배가 떨어져서 다시 이렇게 부탁하기에 이르렀습니다. 다만 이 일은 급하게 요구하는 것은 아닙니다. 배에 소금이 바닥난 지 여러 날이 되었습니다. 그러므로 함께 아룁니다. 손을 모아 절을 올리며 삼가 아룁니다.

　7월 23일 정오 무렵 문정관이 와서 평안을 축하하였다. 이에 내가 글로 묻기를,

---

18 원문은 瘩이다. 체하는 病이라는 뜻으로 쓴 것으로 생각된다.

"땅을 밟지 않은 지 40여 일이나 되었습니다만, 오직 바닷물의 습기가 괴로울 뿐이며, 우러러 조정의 처분만을 기다리고 있습니다. 아직도 아무런 명령이 내려오지 않았습니까? 어떠합니까?"라고 하였다. 문정관이 글로 답하기를,

"우리는 공들을 위하여 힘을 다하여 주선하였습니다. 조금만 기다려 주십시오. 머지않아 조정의 처분이 있을 것입니다"라고 하였다. 그가 또한 글로써 말하기를,

"쌀은 어제 이미 들어왔습니다. 땔나무는 오늘 들어옵니다"라고 하였다.

쌀과 간장, 소금, 땔감은 곧 태수가 계속 마련해주는 것으로 문정관이 관여하는 일이 아니었다. 그러나 조주부는 자신이 은혜를 베푸는 것처럼 말하여, 이처럼 그 공을 차지하려는 것이다. 가증스럽기가 이를 데가 없었다. 이윽고 땔감을 싣고 왔다. 그 문서는 다음과 같았다.

　　기묘년 7월 23일 땔감 3단.
　　내가 감사하기를,
　　"은혜로이 오늘 불 때는 나무 3묶음(즉 丹이다)을 주셨습니다. 바로 마쯔모토에게 명령하여 영수하겠습니다. 대단히 감사합니다. 기묘년 7월 23일 세 사람이 함께 손 모아 절하며 삼가 사룁니다. 야스다 요시카타 (도장을 찍음)
　　답을 올립니다.
　　비인태수 합하."

태수가 담배와 소금을 보내면서 글로써 말하기를,

"삼대관께 용서를 바랍니다.

오늘 제가 병으로 직접 만나 뵐 수 없어서, 바야흐로 그리움과 보고 싶은 생각이 간절하였는데, 정이 담긴 편지를 받았습니다. 삼가 편지를 읽고 밤새 모두 편안하셨음을 알게 되어, 위안과 기쁨을 헤아릴 수 없습니다. 말씀하신 담배와 소금은 이에 분부하신대로 보냅니다. 그러나 우리의 담배는 귀공의 담배와 비교하면 상당히 독하고 냄새가 나서 질이 좋지 않습니다. 내일 다시 뵙고 말씀드리기로 하고 이만 줄입니다.

기묘년 7월 23일 비인 태수가 머리를 조아립니다.

담배煙茶 10량, (이 두 줄 글자 위에 태수의 관인을 찍었다.)
흰 소금 3되"라고 하였다.

그가 연다煙茶라고 이르는 것은 바로 연초煙草다, 우리나라本邦에서 교연초絞煙草라고 하는 것과 같은 것으로 새끼줄로 담배를 엮었다.[19]

내가 글로 감사하기를,
"비인 태수 존전尊前에 감사드립니다. 배 안의 소금과 담배가 소진되어, 은혜로이 베풀어 주실 것을 아뢰었는데, 즉시 소금 세 되와 담배 열 냥을 지급하여 주셨습니다. 귀하의 배려로 말미암지 않은 일이 없습니다. 진실로 두터운 은혜입니다. 게다가 담배 맛이 우리나라의 담배를 이길 수 없다고 위로해 주셨습니다. 목이 마르면 이것저것 가릴 수가 없습니다. 하물며 귀국의 담배와 우리나라의 담배는 호각지세[牛角]입니다.

---

19 담배잎을 말려서 새끼줄로 묶은 것이다. 이를 작두 등으로 썰어서 피웠다.

내일 다시 감사드릴 것을 기약합니다. 또 땔감을 구하다가 병이 드셨다는 말을 들었는데, 바라옵건대 정양하시기 바랍니다. 기묘년 7월 23일 세 사람은 동시에 머리를 조아리며 삼가 사룁니다. 야스다 요시카타가 삼가 글을 썼습니다(도장)"라고 하였다.

조주부가 글로 묻기를,

"귀 고을은 어느 고을 다음에 있습니까?"라고 하였다. 내가 글로 답하기를,

"히고국肥後國과 오오스미국大隅國 다음에 있습니다"라고 하였다. 그는 글로 쓰기를,

"히고와 오오스미에서는 어떤 물건이 납니까?"라고 하였다. 내가 말하기를,

"물품이 많아서 자세히 모릅니다"라고 하였다. 그가 쓰기를,

"귀공의 여러 가지 비단 중에 혹시 남색 빛깔의 명주나 혹은 홍색 빛깔의 명주로 파는 것이 있으면, 보여주시면 어떻겠습니까?"라고 하였다. 내가 글로써 말하기를,

"팔려는 비단은 아니지만 보여드리겠습니다"라고 하였다.

얇은 비단과 명주 등의 종류를 꺼내서 보여주었다. 그는 글로 어제 태수와의 문답에 대해서 물으므로, 내가 글로 답하기를,

"쓸모 있는 일은 적습니다. 다만 쌀과 반찬을 내려주시는 일, 물건 등 중에서 이름 있는 물건, 담배와 술 등의 일에 대한 문답이었을 뿐이었습니다"라고 하였다.

해질녘에 김기방이 왔는데, 한 명의 동자가 따라왔다.

이 날은 비가 내렸는데 밤에 더욱 심해졌다. 그래서 육지에 내리는 일에 대하여 태수와 여러 관인들에게 물어보고자 하여 글로써 말하기를,

"밤새 여러분의 태평을 봉축합니다. 우리들은 무탈합니다. 단지 비바람으로 힘들었을 따름입니다. 그래서 육지에 내리는 일에 대해서 묻고자 합니다. 귀조정에 보내는 문서가 갔다가 돌아오기를 오래 기다렸는데, 처분은 어떻게 되었습니까? 요청하고 이미 여러 날이 지났습니다. 엎드려 원하옵건대 알려주십시오. 앞으로 있을 어려움과 위급함을 감당할 수 없습니다. 그러므로 감히 여쭈어봅니다.

또한 우리 물품을 옮겨 실은 귀선이 파도가 칠 때마다 심하게 움직여, 배 바닥이 바다의 모래에 닿아서, 밧줄이 끊어지고 닻줄이 잘립니다. 그 배에 타고 있는 우리 뱃사람은 무사한 것 같습니다만, (조선) 뱃사람이 말하기를, 물건이 실린 배의 손상이 심히 두렵다고 합니다. 만약 육지에 내리는 것을 허락하신다고 처분하신다면, 양쪽이 모두 온전하고 크게 행복한 일입니다. 세 사람이 모두 삼가 아룁니다"라고 하였다. 글쓰기를 마치고 배 아래에 있는 사람이 부르니, 김기방은 옆에서 보고 물었다. 내가 글로 답하기를,

"당연히 귀국인들에게 가지고 가야합니다"라고 하였다. 기방이 말하기를,

"하인을 시켜 태수에게 보내겠습니다"라고 하였다. 내가 대단히 감사드린다고 하였다.

기방은 곧 내가 쓴 글을 가지고 돌아갔다가 얼마 되지 않아 다시 왔다.

내가 글로 묻기를,

"우후공의 병환은 차도가 있습니까?"라고 하였다. 그가 답하여 말하기를,

"한결 같습니다. 존공의 일을 와서 보지 못하는 것이 참으로 한탄스럽습니다"라고 하였다. 내가 말하기를,

"진실로 염려되며 참으로 두터운 정입니다. 다만 뜨거운 날씨 중에 너무 염려하지 않으시기를 바랄 뿐입니다"라고 하였다. 기방이 말하기를,

"여기에 온 지 여러 날이 지났습니다. 자식이 어젯밤에 내가 와있는 이유를 알고자 하였으므로, 존공 앞에 절을 하고자 무릎을 꿇고 옆에 앉아 있습니다"라고 하였다. 내가 말하기를,

"참으로 사람의 아들된 마음을 느낄 수 있습니다. 용모가 단정합니다"라고 하였다. 기방은 마른 전복 한 개를 품에서 꺼내었다. 그리고 글로 말하기를,

"(아들이) 내가 먹기를 원하여 딱 세 개를 가지고 왔습니다. 두 개는 같이 온 세 사람이 나누어 먹고, 한 개는 꼭 존공께 바치고자 가지고 왔습니다. 약소하다고 허물하지 마시고 세 분이 나누어 드시면 어떻겠습니까? 이것은 오백리 바깥 바다에 있는 섬에서 나는 것이어서 쉽게 얻을 수 없는 물건입니다. 작은 것이라 싫어하지 마시고 정으로 맛있는 음식을 나누고자 합니다. 삼가 바랄 뿐입니다"라고 하였다. 나는 히다카에게 한 조각을 주었는데 히다카는 먹으려고 하지 않았다. 그래서 히다카日高의 말을 글로 쓰기를,

"이는 진미인 까닭에 밥을 먹을 때 같이 먹고자 합니다"라고 하였다. 또한 내가 쓰기를,

"아드님이 존공께서 드시라고 오백리 바깥에서 나는 것을 가지고 왔는데, 다시 존공께서 우리 세 사람에 주시니, 참으로 깊은 정입니다. 작은 것이 아니라 그 마음이 참으로 큽니다"라고 하였다. 기방이 말하기를,

"다만 섬에서 나기 때문에 그래서 귀한 물건이라고 말을 합니다. 어찌 감히 진미라고 할 수 있겠습니까? 맛이 나쁘지 않습니까?"라고 하였다. 내가 말하기를,

"향과 맛이 지극합니다"라고 하였다. 내가 기방의 아들에게 술을 권하면서 아드님의 이름이 무엇이냐고 물었다. 기방이 말하기를,

"홍언洪彦입니다"라고 하였다. 히다카도 술을 따라 그에게 권하였다. 기방이 글로써 말하기를,

"보통 때는 술을 마시지 않는데, 히다카 존공께서 친히 술을 따르시니 받아서 다 마시니 신기합니다"라고 하였다. 내가 글로써 말하기를,

"아드님은 술을 즐기지 않는 것 같습니다. 이미 얼굴이 붉어졌습니다"라고 하였다. 기방이 말하기를,

"나는 아들이 술을 마시는 것을 보지 못했습니다"라고 하였다.

나는 홍언에게 당필唐筆 두 자루를 주었다. 앉은 자리 가운데 유구에서 만든 원반圓盤이 있었는데, 기방이 그것을 보고 글을 쓰기를,

"우리나라에는 없는 물건입니다. 이것은 정말로 돈이 있어도 사기 어렵습니다. 만약에 매매할 수 있는 길이 있다면, 돈을 드리고 한 개를 사서 가지고 싶지만 원래는 사고파는 물건이 아니라 사고판다는 말 자체를 논할 수가 없습니다. 다만 간절히 부러워할 따름입니다. 집에 돌아가서도 눈에 삼삼하겠습니다. 한스러움을 어찌하겠습니까?"라고 하였다.

기방은 빈번히 이를 감상하였다. 내가 두 분(히다카와 가와카미)과 의견을
나누고 쓰기를,

"감히 값을 논할 수 없습니다. 존공이 좋아하시니 마땅히 하나를 드리
겠습니다. 사양하지 말고 받아주시면 다행이겠습니다. 변변치 않으나
작은 정성을 표하고자 합니다. 또한 대가로는 작지만 귀한 물건 하나를
청하고자 합니다. 혜량하여 주시면 정말 좋습니다"라고 하였다. 기방이
글로써 말하기를,

"크게 잘못될 일입니다. 제가 존공의 따뜻한 마음을 받아들여, 지금은
이 물건을 받으면 사람의 마음이 맑지 못하여 어떤 사람은 시기하는 마
음으로 흠을 찾아서, 내가 물건을 훔쳤다고 말을 지어내면, 그 말에 대해
서 사실을 밝히기도 전에 헤아릴 수 없는 허물을 뒤집어쓰게 될 것이니,
참으로 조심해야 합니다. 존공께서 친필로 이 물건을 주시려는 일에 대
해서 써주시면 어떻겠습니까?"라고 하였다. 내가 좋다고 하였다. 기방
이 말하기를,

"태수께서 전에 청하신 담배를 받으셨는지 못 받으셨는지 모르겠습니
다만, 제가 내려가서 이곳에서 파는 것을 구해서 얼마간의 담배를 보내
드리도록 하겠습니다"라고 하였다.

그는 또한 아들을 시켜서 한 가지 물건을 사서 나에게 주겠다는 말을
하였으나, 지금 그 글은 생략한다. 내가 말하기를,

"연초를 애써 보내주신다고 하셨으니, 좀 전에 말씀드린 귀한 물품으
로 작은 것은 요구하지 않겠습니다. 그만두셔도 괜찮습니다. 어찌 아드
님을 번거롭게 하겠습니까? 다만 담배를 조금 구해주시면 충분합니다.

기방이 말하기를,

"첨사공이 사람을 시켜 급히 나를 찾으니, 그 물건은 이곳에 두고 내려가겠습니다. 첨사를 만난 후에 아들과 함께 다시 올 터이니 잠시만 기다려주십시오"라고 하였다.

기방은 배에서 내려갔다가 잠시 후에 담배 한 묶음을 가지고 와서 글을 쓰기를,

"담배가 겨우 이것밖에 없었습니다. 그래서 이것만 바칩니다. 세 분께서 며칠 피울 거리로 삼으시면 어떻겠습니까? 장천규도 담배가 떨어졌다는 말을 듣고는 내가 가지고 오는 것을 보고 금방 또 구해서 내일 바치겠다고 하였습니다"라고 하였다. (그 답변한 글은 잊어버렸다.) 기방이 또 말하기를,

"좀 전에 써두라고 부탁드린 것은 쓰셨습니까? 주신 물품에 대하여 정을 표시하기 위하여 주는 것이라고 쓰지 않으시면, 다른 사람들이 물어보면 어려움이 있습니다. 이 물품은 다른 것으로 바깥을 싸서 어떤 물건인지 모르게 받아가는 것이 좋을 것 같습니다"라고 하였다. 그래서 내가 종이로 그것을 싸서 주었다. 또한 글을 다음과 썼다.

"안은 홍색이고 바깥은 청색이며 야식용 접시 1개.

앞의 물건은 변변치 않으나 마음을 표하기 위하여 드리는 것이며, 뇌물을 주려는 뜻이 아닙니다. 부디 이를 받아주십시오. 기묘년 7월 23일 사쯔마주 세 사람이 삼가 아룁니다."

조선 군졸들은 관 뒤쪽에 붉은 털을 드리우고 있었다. 내가 묻기를,

"아랫사람들의 관 위의 붉은 털은 물들인 것입니까, 아니면 원래 붉은 털입니까? 털이 아닌 다른 물건입니까?"라고 하였다. 기방이 말하기를,

"코끼리 털을 붉은 색으로 물들인 것입니다"라고 하였다. 내가 묻기를,

"적색을 오래 유지할 수 있습니까? 적색은 오래가도 변하지 않습니까?"라고 하였다. 기방이 말하기를,

"나라 법이 정한 표시입니다. 다시 염색하고는 합니다"라고 하였다.

육언사구의 시를 지어서 김홍언金洪彦에게 주었는데 그 내용은 다음과 같았다.

한 번의 이별에 몇 줄기 눈물
다시 만날 수 없음은 모두 알고 있으니
이별 후 구름 산은 천리러니
다정한 마음도 오로지 이때뿐이니라

야스다 요시카타 취해서 쓰다.

이 날 김달수가 시를 주었다. (전날에도 여러 차례 증정하였는데, 오늘 한 종이에 새로 고쳐 써서 주었다.)

삼가 강정의 운을 답하다(강정야작(江亭夜作)이라는 시는 곧 내가 에라부지마에 있을 때 지은 시인데, 달수가 그 시를 차운한 것이다).

따뜻한 봄날을 희롱하는 꽃과 새 (조선시의 서법을 앞에서 보았다.)

칼을 어루만지니 눈과 서리가 차고

한가로이 누워 속세의 근심 잊으니

청아한 바람은 아름다운 난간으로 들어오네

묵을 읊어 정을 표함

아름다운 그대의 몸은 동백기름과 어울리니

그윽한 향으로 다스리나 터럭만한 땅도 없네

벼루님[鳳咮]은 손님이고 종이님[楮君]은 벗이라

또 이 새로이 영예를 얻은 분은 곧 묵후(墨侯)이시다.

연초를 읊어서 얻기를 청함

신령한 풀은 멀고먼 남쪽에서 나왔으니

신 것도 아니고 싱겁지도 않고 또한 달지도 않네

염제(炎帝)가 맛볼 때엔 어찌 홀로 빠졌을까?

담배 연기 길게 들이 마시니 목이 찢어지는 듯하네

삼가 바침

해가 뜨는 부상(扶桑)에서 왔다고 하네

낯선 곳에서 문답을 나누며 서로 듣기를 즐기니

노래짓는 법과 말소리가 다른들 어쩌리

대체로 나라가 터잡을 때 동북으로 나뉘었으니

처음엔 맑은 술 향기로 공손히 예를 다하고

다시금 붓을 들어 자세히 글을 논하니

삼공(三公)은 곧은 신하가 절개 있음을 알고 있으니

홀(笏)을 들고 조정의 끝에 서서 어떻게 임금을 도울까?

(율시를 쓰는 법 또한 이와 같다.)

다시 쓰다

술자리에 사람이 와서 오늘 얼굴을 대하니

자욱한 안개 속의 배는 고향을 생각하는 마음에 머물고

양친은 천리 밖에 있으니 이별은 한이 되어

고요한 밤 밝고 맑은대 눈물이 끊이질 않네

　지금 다섯 편의 시는 삼가 회답을 바랍니다. 태양의 빛으로써 반딧불의 그림자를 가리면 어떻겠습니까?

　조선국 충청도 비인현 사람 김달수 삼가 글을 씀

뱃머리에서 바다의 경치를 바라보며 겨우 글을 써서 삼가 올립니다.

은빛 바다 경치를 흰 갈매기에게 물어보는데

긴 뱃고동 소리 갈대 꽃 가을에 울리고

작은 배에 강과 호수의 비친 달을 가득 싣고

돌아가는 길은 아득한 구름과 물이 맞닿은 곳

김달수 쓰다

내가 글로 감사하기를,

따뜻한 봄처럼 격조 높은 6편을 지어 보내주시니, 전날의 글은 내일 마땅히 돌려드리겠습니다. 또한 반딧불로써 이와 같이 비개인 하늘의 달과 밝은 빛과 겨루는 일은 후일을 기약하고자 하니 잠시 기다려주시면 다행이겠습니다. 야스다 요시카타 올림

달수가 글로써 말하기를,

"삼가 바친 시 여섯 장은 처음에는 품평을 하지 않으시고 매번 이태백 두보의 풍격으로 지나치게 높여주시니, 저의 마음에 부끄러움이 많습니다. 삼가 바라건대 다른 종이에 귀인이 생각하시는 바를 써주셔서, 우매한 마음을 깨우쳐주시면 어떻겠습니까?"라고 하였다. 내가 답하기를,

"오히려 제가 부끄럽습니다"라고 하였다. 달수가 말하기를,

"다른 종이에 논하여 알려주시면 어떻겠습니까?"라고 하였다. 내가 말하기를,

"귀하의 뜻과 마찬가지입니다. 후일에 천천히 논평할 것이니, 잠시 기다려주시면 좋겠습니다"라고 하였다. 달수가 말하기를,

"후일에는 제가 시간이 없습니다. 오늘 좋든 나쁘든 간에 다른 종이에 논하여 보여주십시오. 꾸미지 말고 글을 써주십시오. 시의 격식詩體이 용렬하고 난삽하여, 용문龍門을 사호蛇戶라고 하고 죽마竹馬를 소참篠驂[20]이

---

20 소참(篠驂)은 죽마(竹馬)와 같은 뜻으로, 아이들이 장난할 때 말처럼 두 다리로 걸터타고 다니는 대막대기를 말한다. 서삽체(徐澁體)는 당나라 서언백이 글을 지으면서 많이 변경하여 새로운 것을 구했다. 그래서 용문은 사호로 죽마는 소참으로 고쳐서 쓰니, 후진들이 그를 서삽체라 하였다.

라고 하였으니, 이와 같으면 어찌 두소斗筲²¹와 박뢰樸櫔²²와 같은 재목을

면할 수 있겠습니까? 삼가 바라건대 논하여 보여주십시오"라고 하였다.

내가 대답하기를,

"존공께서 쓰신 시에 대하여 논평해 달라고 끊임없이 요청하시지만,

저는 시에 대한 배움이 고루하고 성글어서 쓰신 시의 좋고 나쁨을 도저

히 논평할 수 없습니다. 그렇지만 여러 날 마음을 열고 서로 기쁨의 말

을 나누었으니, 어찌 천리千里의 청안靑眼이라 이르지 않겠습니까? 사양

할 수 없어서, 거울 주인의 모습을 평해봅니다. 나중에 허물하지 마십시

오. 야스다 요시카타."

그가 기뻐하면서 간절히 청하였다. 내가 이에 다음과 같이 썼다.

"강정江亭의 운에 답한 시는, 첫 번째 구[起句]는 그 체體를 얻었으나, 둘

째 구[承句]는 뜻이 일관되지 못하였고, 셋째 구[轉句]는 자못 그 참됨을

얻었고, 결구結句에는 결함[病]이 있으니, 청풍淸風을 다시 향풍香風, 경풍

輕風, 호풍好風 등의 글자를 쓰면, 좋을 것 같습니다.

아름다운 난간畵欄은 곧 부귀貴富를 말하거나 혹은 여성이 거주하는 곳

을 말하는 것입니다. 전체적인 시의 의미는 은일隱逸이거나 혹은 강개慷

慨한 뜻을 담은 것이니, 이른바 비유로 시작하여 자신의 뜻을 밝힌 것입

니다[比而興]. 조금만 퇴고를 하면 마땅히 그 취지를 얻게 될 것입니다.

7절 한 수에 대해서는 전날에 비록 이를 해석한 적이 있습니다만, 아

---

21 두(斗)는 한 말. 소(筲)는 한 말 두 되들이의 대그릇이다. 그래서 변변하지 못한 사람이나
도량이 좁은 사람을 뜻하게 되었다.

22 박속(樸㯏)을 잘못 쓴 것으로 보인다. 박속은 무더기로 자란 작은 나무를 말하는 것으로
평범하고 하찮으며 보잘 것 없는 사람을 비유하는 데 쓰인다.

직도 그 취향은 잘 알지 못하겠습니다. 구의 운격韻格은 성당盛唐의 풍미가 아닙니다.

담배를 노래한 한 수는 묘수이니, 소동파[東坡]와 황정견[山谷]²³의 기상을 얻었는데, 즉석에서 쓴 시이니 그 빼어난 재주에 감동할 따름입니다.

부상扶桑으로부터 왔다는 율시의 뜻과 흥이 넉넉하여 아무리 읊조려도 싫증이 나지 않으니, 송유宋儒²⁴의 시체詩體를 얻은 듯합니다.

술자리酒欄를 찾아온 사람이라는 절구 한 수는 진심을 담았으니, 사람으로 하여금 눈물로 옷깃을 적시게 하니, 나그네의 심정을 잘 드러내었습니다.

뱃머리가 바다를 바라본다는 시 한 수는, 곧 기상이 호방하고 고매하며, 구의 격이 유창하여 매우 감상할 만합니다. 다만 궁지진窮地盡이라는 세 글자(처음에 이 시의 전구轉句에 이 세 글자가 있었다)는 다시 고쳐서 정풍正風²⁵과 아체雅體에 어울리는 글자로 바꾼다면, 이태백과 두보의 시에도 부끄럽지 않을 것입니다. 김달수가 쉬지 않고 논평을 요청하므로, 그 자리에서 부족하나마 대충 논평하여 드립니다. 후일에 저의 부족을 허물하지 마십시오.

---

23 원문은 산곡(山谷)이다. 황정견(黃庭堅, 1045~1105)의 호이다.
24 송시(宋詩)는 당시(唐詩)와 비교하여 철리화·산문화·평담화(平淡化)·통속화를 들 수 있다. 이 시대에 탁월하게 일가를 이룬 시인들이 많이 나왔다. 북송에는 시문의 대가인 소동파와 강서시파(江西詩派)의 대표작가인 황정견(黃庭堅) 등이 있으며, 남송에는 우국충정을 노래한 애국시인 육유(陸游 : 1125~1210) 등이 있다. 특히 육유는 2만여 수(현존하는 것은 약 9,000여 수)에 달하는 방대한 작품을 남긴 송대에는 시인들이 대부분 사(詞)를 짓는 데도 뛰어났는데, 사는 일반 문인들과 민간의 중시를 받아 마침내 당당히 송대 문학의 주류로 자리 잡았다. 이 시기의 대표적인 사인(詞人)으로는 북송의 유영(柳永)·소동파·주방언(周邦彦)과 남송의 이청조(李淸照 : 1108~55?)·신기질(辛棄疾 : 1140~1207) 등이 있다.
25 국풍(國風)의 시(詩)로서 중국 고대의 시집『시경』에 나오는 각지방의 민요인 국풍 가운데 주남과 소남 등 25편의 시가를 이르는 말이다.

일본 사쓰마주 야스다 요시카타가 대충 논평합니다."

24일, 아침부터 바람이 일어 비를 재촉하고 파도가 점점 높아졌다. 우리가 타고 있는 조선 배에 물이 심하게 스며들어 우리 뱃사람들이 물을 퍼내었고, 조선인은 겨우 두세 사람이 배에 남아 있었다. 그래서 편지를 쓰기를,

"귀국의 배에 물이 스며드는 것이 전날보다 더하여, 우리 뱃사람들과 물을 퍼 올리고, 쌓아둔 물건을 나누어 두었습니다. 귀공의 뱃사람과 선장이 급히 오도록 명령을 해주시면 좋겠습니다"라고 하였다.

얼마 되지 않아 조선의 뱃사람들이 왔고 또 김달수가 땔나무를 주러 왔다. 그 기록은 다음과 같았다.

기묘년 7월 24일 (두 행의 글자 위에 태수의 관인을 찍었다.)
땔나무 세 단

내가 답글을 쓰기를,
"땔나무 세 단을 마쯔모토로 하여금 영수하도록 명령하였습니다.
기묘년 7월 24일 야스다 요시카타가 글을 씀. (묶음枳이라는 글자 아래, □□ 작은 도장을 찍었는데, 모두 □□ 같았다.)

김달수가 글로써 말하기를.
"이 포구는 비록 물결이 잔잔해서 배를 안전하게 정박할 수 있는 곳이

라고 하지만, 큰 바람이 세차게 불고 노한 파도가 □□□□ 지나니, 대단히 우려됩니다"라고 하였다.

김달수는 우리 배의 일로 수고를 하면서 은근히 정을 다 하였다. 그래서 그가 와서 볼 때마다 매번 내가 반드시 술을 권하여 위로하였다. 달수가 글로써 말하기를,

"제가 도착하면, 곧 귀인께서는 마쯔모토에게 특별히 명을 내려서, 매번 술과 떡을 먹게 해 주십니다. 위로하고 치하해주시는 것이 감사하기 이를 데 없습니다. 이로 보아서 귀인께서는 군자가 사람을 사랑하는 풍모를 가지고 계셔서, 특히 치하해주십니다"라고 하였다. 달수는 또 글로써 말하기를,

"날마다 귀인과 더불어 풍월을 읊고 싶지만, 공적인 일로 말미암아 뜻을 이룰 수 없었습니다"라고 하였다.(내가 답한 원고는 잃었다.)

오후 2시가 되기 전에 태수가 와서 내가 접견하였다.(선루 위는 원래 좁은 데다 나누어 앉으므로, 상자로 경계를 삼았다. 태수 및 조선 관인들이 오면 다른 두 분은 반드시 그 뒤쪽으로 옮겼다. 병 때문에 □□.) 태수가 글로써 말하기를,

"귀하의 배는 썩어서 못쓰게 되었으므로 조정이 처분하기를, 우리나라의 배와 우리 선원으로 하여금 연해의 각 읍과 각 도를 차례대로 체송替送하여 귀국의 강역으로 보내기로 하였습니다. 이는 교린의 성스러운 덕으로 일반적인 사례와는 참으로 크게 벗어난 것입니다. 존공들께서는 과연 감사하고 축하해야 하는 일인지 알고 계십니까? 지금 우리들은 존공들을 위하여 크게 기뻐하고 있습니다. 부족하나마 한 항아리의 엷은

술이라도 가져와서 그 기쁜 마음을 축하하십시오"라고 하였다.

내가 글로써 감사하기를,
"갑자기 은덕을 받드니, 참으로 기쁠 뿐만 아니라 천만다행입니다. 절반은 존공들의 간절한 마음으로 인하여 특별히 돌아갈 수 있는 길을 얻게 되었습니다. 감사하기 그지없습니다. 좋은 술로써 축하하고자 합니다. 세 사람이 머리를 조아립니다. 삼가 그 은의에 감사드리며, 사룁니다.

나는 글로 감사하였고, 히다카와 카와카미 역시 나와서 절을 하고 축하주를 마셨다. 우리들 역시 술로써 축하하였다. 내가 이에 글로써 말하기를,
"우리들은 역시 은혜에 감사드리며, 한 잔의 술을 권해 올립니다"라고 하였다. 또 글로써 쓰기를,
"빨리 나라로 돌아갈 수 있는 은혜로운 소식을 삼가 받드니, 기쁘고도 남음이 있습니다. 그러나 또한 이별해야 하는 근심이 있으니, 장차 어찌하면 좋겠습니까?"라고 하였다. 태수가 글로써 말하기를,
"속히 고국으로 돌아가게 된 것은 축하할 일이니 축하해야 합니다. 이별을 슬퍼하는 마음은 피차일반입니다. 멀리 바다에 뜬 구름을 바라보면서, 저는 당신을 많이 생각할 것입니다"라고 하였다.

태수는 평생 술을 좋아하지 않으나 이 날 네다섯 잔을 기울였다. 히다카日高가 자리에 있으니 태수가 마시기를 권하였으나, 히다카는 마시려고 하지 않았다. 나에게 글을 써주기를 원하여, 내가 그를 위하여 글을 썼다.
"히다카는 비로 인한 습기로 병이 들었고, 또한 뇌에 미쳤다고 합니다.

그래서 술을 마시면 가렵습니다. 그래서 사양하겠습니다."

카와카미川上도 원래 설사병을 앓고 있었기 때문에. 스스로 자중하였다. 나 혼자 몇 잔의 술을 기울였다. 그리고 글로 말하기를,
"술을 마시는 것은 카와카미는 고래이고, 히다카는 암고래이고, 야스다 요시카타는 소위 잔 생선과 같은 부류입니다. 지금은 두 사람이 병이들어서 저 야스다 요시카타가 제일인 것처럼 잘난 척하고 있습니다"라고 하였다.
태수가 글로 말하기를,
"이른바 범이 없는 동굴 안에서는 살쾡이가 호랑이 노릇을 하는 것입니다"라고 하였다.

동자 지로次郎가 술을 따랐는데, 태수는 늘 그를 사랑스럽게 여겼다. 태수가 글로써 말하기를,
"지로를 이곳에 두고 가십시오. 내가 그를 부리고자 합니다"라고 하였다. 내가 글로써 답하기를,
"미천한 몸(야스다)은 둘 수가 있지만, 지로次郎는 잠시도 떠날 수 없으니 간절히 사양하겠습니다"라고 하였다. 또 글로써 말하기를,
"저도 지로를 보면 오히려 아들 같습니다"라고 하였다.
태수가 말하기를,
"그를 자식처럼 본다고 하니 지로라는 이름이 헛되이 얻은 것이 아닙니다"라고 하였다.

태수의 시동 다섯 명은 용모가 사람마다 사랑스러웠다. 그중 한 동자가 우연히 내 옆에 있어서, 내가 글로써 말하기를,

"동자의 성명은 무엇입니까?"라고 하였다. 태수가 글로써 말하기를,

"성은 조曹이고 이름은 계승繼承입니다"라고 하였다. 내가 글로써 말하기를,

"실제 이름을 가르쳐 주십시오"라고 하였다. 태수가 말하기를,

"잇고 받든다는 뜻입니다"라고 하였다.

이미 돌아가게 되었다는 말을 듣고, 바로 상자를 포장하고, 쓸 것과 버릴 것을 고르느라, 배 안은 크게 번잡하고 어지러웠다. 배의 일은 크든 작든, 모두 나에게 물어서 결정하였다. 나는 오른손으로는 붓을 휘둘러 글을 써서 조선 손님에 대하여 또 귀국을 축하하는 술을 마셨고, 왼손으로는 선장과 신복臣僕을 지휘하였다. 태수가 나의 행동을 보고서 글을 쓰기를,

"그대는 이른바 한 번 머리감는 동안 세 번이나 이를 중지하고 젖은 머리를 잡은 채로 손님을 대하는 격26입니다"라고 하였다.

술을 몇 잔 마시고는 태수 일행은 돌아갔다. 조금 있다가, 태수가 글을 써서 보내기를,

"갑자기 돌아가시게 되니 슬픔이 큽니다. 산초山椒 21푼을 이에 올리고자 하니 받아서 써주십시오. 제가 날마다 쓰는 다관[茶鑵]이 부서져서 차는 달일 수가 없습니다. 이에 귀하가 사용하는 토기 다관[茶家] 한 벌은 베

---

26 어진 사람이 성품이 겸손하여 남을 대하는 태도에 성의가 있음을 비유적으로 이르는 말로 주공(周公)의 고사에서 비롯되었다.

풀어 주실 수 있는지를 여쭤봅니다. 여분이 없다면 그만두셔도 무방합니다. 내일 다시 뵙겠습니다. 비인 태수가 머리를 조아립니다"라고 하였다.

나의 다관(이는 도자기 다관의 속칭이다) 중에서 새 것은 혹은 깨어지고 혹은 손상되어 온전한 것은 하나밖에 없었는데, 뚜껑이 없었다. 매일 쓰는 다관은 마침 온전하였으므로, 그것을 씻어서 새 다관의 뚜껑으로 삼아 주었다. 또한 내가 이전에 후추를 청하였는데 그래서 이런 선물을 준 것이다. 내가 답한 편지는 잃어버렸다.

신시가 되기 전에 역관 조주부(조명오)가 와서는 글로써 말하기를,
"어제 저녁에, 조정의 처분이 내려왔습니다. 우리나라 배 두 척을 준비하여 물건을 싣고 차사원差使員을 분정分定하여 차례차례 여러 지방을 거쳐 고국에 돌려보내기로 하였습니다"라고 하였다. (나는 답글을 잃어버렸다.)

주부가 또 글로써 말하기를,
"전례를 상고해 보니, 조선의 배가 고국에 도착하면 목출目出을 내는 것이 있는데, 어떻게 하면 좋겠습니까?"라고 하였다. 내가 답하여 말하기를,
"제가 마땅히 내어야 하는 것입니까? 아니면 귀공이 내야하는 것입니까?"라고 하였다. 주부가 글로써 말하기를,
"우리나라의 표류민이 에도江戶에 이르러, 표류한 배가 파손되지 않았으면 그 배를 호송하여 돌려보내고, 만약 그 배가 부서졌다면 귀국의 배

가 우리나라의 경계까지 이끌고 옵니다. 이 경우에는 배를 탄 비[駕船價米]용으로 쌀 50가마를 받아갑니다. 귀국 사람들은 이런 전례에 따라 목록을 제시합니다"라고 하였다. 그는 또 글로써 말하기를,

"귀국의 목록법은 금은이나 혹은 구리 종류를 내는데, 지금은 배 안에 있는 여러 가지 물품을 내도 상관없습니다"라고 하였다. 내가 글로 답하기를,

"상세히 논의해 보고 답하겠습니다"라고 하였다.

조주부가 예가 아닌 것으로 말을 하고, 여러 차례 나에게 이와 같이 따지므로, 이에 두 분(히다카와 카와카미)과 의논하여 말하기를,

"이전에 던져 놓은 돗자리[繭席]가 그쪽 땅에 있습니다. 비록 던져버린 것이지만, 우리들이 본래 가지고 있던 것입니다. 따로 재물이 한 가지도 없고, 금전 또한 비축한 것이 없습니다. 이 인석을 주부에게 드리고자 합니다"라고 하였다. 주부는 안 된다고 하였다. (피차가 주고받은 글은 지금 잃어 버렸다.) 다음날 내가 주부의 글을 태수에게 보여주니, 태수가 보고 글로 묻기를,

"누구의 글입니까?"라고 하므로, 내가 답하기를,

"문정관의 글입니다"라고 하였다.

다음날 주부가 와서 그 글을 빼앗아 갔다. 내가 그 글 한 두 가지를 베껴두었다. 후에 다른 사람이 물을 때 증거로 삼기 위한 것이었다. 이날 주부는 돌아갔고, 태수의 속관과 문정을 행하는 관인들이 왔다.

내가 글로 묻기를,

"이곳에서는 어느 방향의 바람이 불어야 돛을 펼쳐 출발합니까?"라고 하였다. 그들이 글로써 말하기를,

"동서남북 어느 쪽이라고 따지지 않고, 바람이 좋으면 또한 배를 끌고 갈 수도 있습니다"라고 하였다. 내가 또 묻기를,

"몇 번을 묵어야 대마도로 건너가는 포구에 도착합니까?"라고 하였다. 그들(태수의 속관 등)이 답하기를, "차례차례 인계하여 보내므로, 바람을 기다리는 형편에 따라 날짜가 □□ 배가 출발합니까?"라고 하였다.

나는 배 안의 사람들과 의논하였더니, 모두가 내일 배를 옮기는 것은 불가하며, 26일에 이르러야 출발할 수 있다고 하였다. 내가 즉시 이 말을 써서, 답으로 삼았다. (지금 그 글을 잃어버렸다.) 그는 또 한 권의 책자를 꺼냈는데, 그것은 지난날에 점열한 물품의 종류를 기록한 것이었다. 그가 글로 쓰기를,

"이 책 위에 가지고 갈 물건을 붉은 점으로 표시하십시오. 그리고 상사에 보고하는 일이 시급하니 즉시 알려주시기를 바랍니다"라고 하였다. 내가 글로 답하기를,

"우리 세 사람과 마쓰모토가 같이 점을 찍겠습니다"라고 하였다. 그는 또 글로써 말하기를,

"가지고 갈 수 있는 것은 가져가시고, 불에 태울 것은 태울 것이니, 모든 물품 기록마다 하나하나 점을 찍어주십시오"라고 하였다. 내가 알았다고 하였다. 그는 또 말하기를,

"가지고 가고자 하는 것은 붉은 먹으로 위에 동그라미를 표시하고, 불에 태울 것은 붉은 먹으로 아래에 점을 찍으면 됩니다"라고 하였다.

이에 두 분과 선장과 더불어 결정하여 권점圈点을 찍었다. 3경에 이르러 마쳤다. 그 사이의 문답은 다 기록하지 않았다.

『조선표류일기』권4 끝

『조선표류일기』 권5

7월 25~26일

7월 25일, 아침에 임시형林時亨이 왔다. (증답한 내용은 이 날의 말미에 기록하였다.) 또 작은 배가 장작과 고기를 싣고 왔다. 그 기록에는

"기묘년 7월 25일, 땔나무 3단, 생닭 3마리, 생선 3마리"라고 적혀 있었다.

태수가 글로써 말하기를,

"밤새 세 분께서는 평안하셨습니까? 어제 은혜로이 다관[茶家]을 주시니 후의에 깊이 감사드립니다. 생닭 3마리, 생선 3마리와 장작 3단을 드립니다. 받아주십시오. 식사 후에 자세히 말씀드리겠습니다"라고 하였다.

내가 글로써 사례하기를,

"신문하신다고 수고하셨습니다. 깊이 사례 드립니다. 존공께서도 밤새 평안하셨습니까? 우리들은 아무 탈 없습니다. 부디 염려하지 마십시오. 땔나무 3단, 생닭 3마리, 생선 3마리를 지금 마쯔모토松元에게 수령

하라고 명하였습니다. 기묘년 7월 25일 야스다 요시카타安田義方가 글을 쓰고 도장찍음"이라고 하였다.

밥 먹을 때, 김달수가 쌀과 채소, 생선을 가지고 왔는데, 그 기록에는 "쌀 1섬 7말 5되, 호박 6개, 굴비 2속 5마리. 23일부터 25일까지"라고 쓰여 있었다.

오전 10시가 지나서, 태수와 우후虞候가 왔는데 태수가 글로써 말하기를,

"세 분께서 밤새 평안하셨습니까? 다만 떠날 차비를 하는 일이 많이 신경쓰이고 복잡할 것이니 삼가 근심스럽습니다. 우후공께서는 아직 병이 낫지 않았지만, 그대들과 작별하기 위하여 오늘 병을 무릅쓰고 만나러 오셨습니다"라고 하였다. 내가 답하여 글로써 말하기를,

"두 사람은 편안히 잤습니다만, 카와카미川上는 병환으로 쉬지 못하였습니다. 과로하여 생긴 병勞傷이 날이 갈수록 심합니다. 우리는 매우 답답하고 염려스럽습니다. 또한 우후공께서 병이 아직 낫지 않았는데도 병을 무릅쓰고 작별하러 와주셨다고 하니 정이 두텁습니다"라고 하니, 태수가 글로써 말하기를,

"카와카미의 병이 참으로 걱정스럽습니다. 혹시 남색男色을 좋아하여 그 때문에 병세가 더한 것이 아닙니까?"라고 하므로, 내가 글로써 말하기를,

"예전에 받은 약쑥은 이미 다 쓰고 없습니다. 청컨대 약쑥을 조금 더 주십시오. 간곡히 부탁드립니다"라고 하였다.

태수는 사람을 시켜 약쑥을 가져오게 하여 주도록 하였다. 나는 그것

을 받아서 카와카미군에게 주었다.

히다카는 이날 우후를 처음 만났다. 나는 히다카의 요구에 따라 다음과 같이 글을 썼다.

"히다카 요이찌자에몬 요시모토日高與一左衛門義抦는 질병이 있어 만나 뵙지 못하였습니다. 실례가 많았습니다."

히다카가 이 글을 우후에게 보이니, 우후가 글로써 말하기를,

"그대들의 배가 건조된 지 오래되어 부서져서 그 배를 타고 바다를 건 널 수 없습니다. 우리나라 배로 돌아가십시오. 만 리 먼 바다를 나가는 것은 어렵습니다. 배의 집물 중에 잃어버린 것이 많다고 하니 그 역시 험한 파도 때문입니다"라고 하였다.

김시기金始基도 왔다. 내가 글로써 말하기를,

"3일 동안 뵐 수 없었습니다만, 평안하시니 축하드립니다"라고 하니, 김시기가 글로써 말하기를,

"나는 그동안 잘 지냈습니다만, 그대의 사는 형편이 중요합니다"라고 하였다. 내가 글로써 말하기를,

"나도 평온합니다"라고 하고, 나는 우후에게 여쭈었다.

"아직 존공의 성명을 모릅니다. 바라오니 성명을 적어 주십시오"라고 하니, 우후가 글로써 말하기를,

"공청도 수군우후水軍虞候 최화남崔華男입니다"라고 하였다. 내가 묻기 를,

성이 "'최崔'이고 이름이 '화남華男'인가요?"라고 하니, 우후가 그렇다고 하였다.

잠시 후 시동이 상을 차려 왔다. 태수가 글로써 말하기를,
"그대들은 내일 출항해야 합니다. 부족하나마 전별하는 음식을 준비하였습니다, 이것은 조정의 우대하고 근심하는 은덕입니다. 받아주시면 다행스럽겠습니다"라고 하였다. 내가 글로써 사례하며 말하기를,
"귀국 왕의 우대하고 근심하는 은덕으로 전별하는 음식을 내려 주시니 은총에 깊이 사례 드립니다"라고 하였다.

전날 던져 놓은 돗자리는, 조선 사람이 모래사장 위에 띠 풀로 덮어 놓았다. 이것은 전날 밤 물건의 품목에 점을 찍어 표시한 것이었다. 그런데 그들이 옮겨와서 우리 배 아래에 겹겹이 쌓아놓았다. 이는 불을 지르기 위한 것이었다. 내가 글로써 말하기를,
"돗자리를 모두 세어 이곳으로 옮겨 주시니 정말로 사려의 정이 두터우십니다"라고 하였다.

그 돗자리를 덮어놓은 곳은 (배와) 서로 200여 보 정도 떨어져 있었다. 첨사 이동형이 선장 마쓰모토를 불러내어 그 곳에 이르러 빠진 물건이 없는 것을 보여주었다. 태수가 글로써 말하기를,
"조금 전에 히다카가 존공을 '국토노國土老[1]'라고 부른 것입니까?"라고 하여, 내가 글로써 말하기를,

---

1   원문에는 國土老라고 되어 있으나, 土는 土의 잘못으로 생각된다.

"그렇지 않습니다"라고 하였다.

히다카는 항상 나를 부를 때, '키토오도노喜藤殿'라고 한다. (일본어로 토노殿는 토나이登內와 비슷하다.) 그 소리가 대략 한음韓音의 '국토노國土老'와 비슷하기 때문에 그렇게 말한 것인가?

이화남[2]이 글로써 말하기를, "여기에 표착하여 지금 돌아가기까지 있었던 일의 중요한 내용을[3] 자세히 기록하여 상사上司에 알리는 것이 어떠합니까?"하였다. (나는 무슨 말인지 몰라서 답하지 않았다.) 태수가 글로써 말하기를,

"그대의 배가 표류하다 도착한 때로부터 처음 쌀을 지급한 것이 몇 월 며칠이며, 이곳에 도착하여 며칠 동안 머물렀는지, 우리나라 배를 타고[4] 그대의 나라로 생환하게 되는 모든 것이 '귀국의 은덕'이라는 뜻의 문장으로 써주십시오"라고 하였다. 나는 바로 초고를 써서 말하기를,

"우리의 관부선은 힘겹게 대양의 역풍을 헤치면서 표류한 지가 수 일 만에 기묘년 7월 3일 귀국의 바다에 도착하였는데, '안파포구安波浦口에 배를 세우라'라고 하였습니다. 그리고 또 지시가 있어서 배를 안파포구의 정박지 안으로 끌어서 넣었습니다. 그래서 오늘 7월 25일에 이르렀는데, 모두 23일이 되었습니다. 모든 일에 귀국의 은혜와 은총이 있었습니다. 배 안의 25명이 하루 한 사람의 한 끼로 쌀 한 되와 넉넉한 장醬, 그리고 채소, 생선, 닭과 장작을 주셔서, 배 안은 각자 생각을 편안하게 하

---

2 崔華男의 오기이다.
3 『莊子』「養生主」의 '긍계肯綮' 즉 뼈와 살이 접한 곳이라는 뜻으로 쓴 것으로 보인다.
4 원문에서는 騎我國으로 되어 있으나 騎我國船과 같이 船이나 舟가 있는 것이 자연스럽다.

고 근심하지 않으면서, 오늘에 이르렀습니다. 또 배가 부서지고 훼손되어 타기가 어렵게 되었는데, 원래 이웃나라끼리 수호하는 의가 있었기 때문에, 귀국의 배로 송환토록 하여 우리나라로 돌아가게 되었습니다. 내일 바야흐로 출발하게 되니 처음부터 끝까지 진실로 이는 두터운 성은이며 깊은 인덕입니다. 글을 쓰려고 해도 말해야 할 바를 알지 못하겠사오나, 다만 내려주신 은총과 복을 삼가 받듭니다. 참으로 황공하여 머리를 조아리며 공경하는 마음으로 아룁니다. 기묘년 7월 25일 히다카 요시모토^{日高義柄}, 카와카미 치카나카^{川上親訣}, 야스다 요시카타^{安田義方}"라고 하였다. 내가 그 글을 태수에게 보이면서 말하기를,

"이렇게 하면 괜찮겠습니까?"라고 하니, 태수가 좋다고 하면서,

"인장을 찍어야 합니다"라고 하였다. 석인^{石印}은 나만 가지고 있었고 다른 두 분은 석인을 지니지 않았다. 그래서 내가 글을 쓰기를,

"야스다 요시카타^{安田義方} 한 사람만 찍어도 되겠습니까? 두 사람의 석인은 이미 짐 속 깊이 넣어 싸두었습니다"라고 하였다. 태수는 좋다고 하였다.

우리 세 사람은 함께 태수와 작별하는 일본노래[5]를 지어 주고자 하였는데, 글이 이미 완성되었다, 그 사실을 태수에게 말하였더니 태수는 아주 기뻐하였다.

나는 곧 작은 종이^{短冊}[6]에 써서 주었다.

---

5   원문은 倭歌이고 일본의 전통시인 和歌를 말한다.
6   短冊은 좁고 길게 자른 종이 조각을 말한다. 현재의 책을 뜻하는 말이 아니다.

흰 구름 끊임없이 펼쳐져 있는데도 고국에 돌아가게 된 것은
그대의 인정이 깊었기 때문이리라[7] 요시카타義方

태수가 그 글을 보고 글로써 말하기를, "과연 용과 뱀이 날아오르듯이 아주 잘 쓴 글입니다. 이것이 (그대)나라 글입니까?"라고 하여, 내가 글로써 말하기를,

"우리나라 글입니다. 칭찬이 과하십니다"라고 하니, 태수가 해석을 부탁하였다. 내가 글로 쓰기를,

"흰 구름은 십만 리요 그대의 나라에서 나를 보내려 하나니 고향 가는 길을 얻었구나. 고국으로 돌아갈 기회를 얻은 것은 진실로 존공의 정이 깊고도 두터운 덕이었습니다. '카모かも'라는 두 글자는 맛이 깊고 말의 기세가 여의餘意[8]를 지니고 있습니다"라고 하였다.

히다카 역시 단책에 썼다.

헤어지고 나면 함께 보았던 달빛을
바라보며 그대를 그리워하지 않으랴[9] 요시모토義柄

태수가 또 해석을 부탁하므로 내가 글로써 말하기를,
"작별 후 다시 만날 기약이 없으니 바라건대 함께 달을 바라보며 오늘

7　ししくものやへたつをちにかへりみは / きみかなさけのふかきゆゑかも
8　말끝에 함축되어 있는 속뜻을 말한다.
9　わかれてハともに見しよのつきかけに / よせてそきミをしのひやハせん

의 지극한 정을 그리워하리라는 뜻이고, "'야하센やㅅせん'이라는 네 글자는 말소리와 뜻에 넉넉한 뜻이 있습니다"라고 하였다.

나는 일본 시가를 배우지 못했다. 그래서 다른 사람이 읊은 시가를 해석하기 어려워서, 히다카日高에게 그 뜻을 물어서 글을 써서 태수에게 보여준 것이다.

카와카미川上도 역시 노래를 썼다.

어느 때인들 깊이를 헤아릴 수 없는 산 속의 우물같은
깊은 인정을 잊을 수 없으리[10] 치카나카親誂

내가 그를 위하여 해석하기를,
"평생 어찌 잊을까[生涯焉忘]! 그 깊이가 천 길의 물속과 같구나. 참으로 지극한 정이라, 어느 때 어느 시절에도 어찌 그 지극한 정을 잊겠는가?"라고 하니, 태수가 다시 '야하센やㅅせん'과 '가모がも'의 뜻을 해석해 달라고 하였다. 나는 카와카미가 설명하는 말을 다시 번역하여 보여주었다. (지금은 그 글을 잃어버렸다.)

태수가 글로써 말하기를,
"인장을 찍어야 합니다"라고 하여 내가 글로써 말하기를,
"일본노래는 인장을 찍는 예가 없습니다"라고 하였다. 또 글로써,

10　いつのよにそこひもなけのやまの井の / ふかきなさけをわすれはてゝん

"성명을 쓸까요?"라고 하니, 태수가 글로써 말하기를,

"성명을 뿔이나 옥석에 새기고 주홍색 먹을 칠하여 찍는 것입니다. 전일 물표物標에 찍은 것입니다"라고 하였다.

내가 그 요구에 응하여 성명姓名, 표자表字, 실편屋扁 (곧 인수인引首印이다. '습취정拾翠亭'이라는 글자를 새겼다.) 그리고 유인遊印을 단책의 아래 위에 찍었다.[11] 태수가 보고 글을 쓰기를,

"어찌하여 전田[12] 자를 새기지 않습니까?"라고 하므로, 답하기를,

"두 글자 성姓인 경우에 아래 한 글자를 빼는 것이 통례입니다"라고 하자, 태수가 글로써 말하기를,

"습취정拾翠亭은 곧 그대의 당호堂號입니까?"라고 물었다. 내가,

"그렇습니다"라고 하니, 태수가 말하기를,

"아름다운 이름입니다" 하고, 또 말하기를,

"노래와 읊은 글을 사람에게 주는 것은 곧 서로 잊지 않는다는 뜻입니다. 성명과 사는 곳 혹은 당호堂號의 인장을 찍어야, 연후에 그 도장을 보고 그 사람을 생각하는 것입니다. 그대의 나라에서는 어찌하여 낙관落款을 찍지 않고 주는 관례가 있는 것입니까? 히다카와 카와카미의 두 시가에도 낙관이 없으니, 심히 아쉽습니다"라고 하였다. 내가 글로써 말하기를,

---

11 야스다는 4개의 낙관용 인장을 사용하였다. 낙관으로는 자신의 성명을 새긴 성명인, 자신의 자나 호를 새긴 표자인, 좌우명이나 잠언 등을 새겨서 글이나 그림 등의 우상단에 찍는 인수인(室扁印 혹은 關防印이라고 한다), 그리고 마음대로 찍을 수 있는 유인(遊印)이 있다.

12 야스다의 이름은 한자로 安田인데, 인장에는 安만 새겨져 있고 田이 없으므로 태수가 물어본 것이다.

"귀공의 의견과 같습니다. 귀공의 의견과 같습니다. 낙관이 없는 것을 매우 안타깝게 생각합니다. 그렇지만 이전에 말씀드린 것처럼, 전통 시가에 낙관을 찍지 않는 것은, 즉 우리나라 시가의 통례입니다. 잊지 않겠다는 뜻은 참으로 말씀하신 바와 같습니다"라고 하였다. 또 말하기를,

"옛 사람이 지은 노래를 쓸 때는 두 행으로 된 노래에서, 첫 글자를 후행에서는 한 자 내려서 씁니다. 스스로 시가를 지은 때는, 두 행의 첫 글자를 나란히 쓰고 그 아래 이름을 이와 같이 써넣은 것이 통례입니다"라고 하였다.

이에 태수가 기뻐하였다. 내가 문득 태수에게 글로 말하기를,

"우리 일본국 사람으로 칸승상菅丞相[13] 미찌자네공道眞公이란 분이 있습니다.[14] 우리나라에서는 이 사람을 성인이라고 부릅니다, 이미 돌아가신 지 일천 여년이 되었지만, 지금까지 저술한 글이 많이 남아 있습니다. 노래와 시 또한 있습니다. 덕이 두텁고 남긴 책들도 뚜렷하니 공적은 크고 덕은 깊습니다. 우리들의 국학國學[15]은 그 유파로부터 비롯되었습니다. 나라의 글자 역시 그 분으로부터 배운 것입니다. 오늘 바로 칸공菅公의 기일 제사를 지내는 날입니다. 그런데 노래를 읊은 까닭에 관공을 생각하게 되었고, 마침내 칸공의 기일에 이르게 되었습니다"라고 하였다. 태수가 그 성과 이름의 구분을 물으므로, 답하기를,

---

13 스가하라(菅原)라는 성의 첫 자만 쓴 것이다. 이런 경우에는 '스가'라고 읽지 않고 음으로 읽는다.
14 천만궁(天滿宮) 신사의 제신(祭神)인 스가하라 미찌자네(菅原道眞)을 말한다.
15 일본의 전통적인 학문을 말한다. 유교 불교 도교와 다르게 신도 및 고유한 사상 등에 입각한 것이라고 할 수 있다.

"칸瞢은 성이며 승상죠相은 관직이며 '미찌자네道眞'가 이름입니다"라고 하였다.

최화남은 나이가 이순耳順이 다되어 가는데다 병 또한 아직 낫지 않았지만, 배 위에 앉아 있으려 힘쓰고 있는데 얼굴색이 상당히 쇠하였다. 내가 글로써 말하기를,

"우후공께서는 병을 무릅쓰고 애써 오시니 참으로 두터운 정입니다만, 염려가 절실합니다. 무리하지 마시고 임시 군영으로 돌아가, 편안히 몸을 뉘이시고 요양하시는 것이 어떻겠습니까?"라고 하였다. (그가 답한 글은 지금은 잃어버렸다.)

다음날 타고 갈 배는 서천군으로부터 낸다는 말이 있었는데, 어제 이미 와서 포구 밖에 머무르고 있었다. 호송하는 관인은 서천 만호(관직명이다.)였다. 조선인이 글로써 말하기를,

"서천포 만호(관사의 장관이다.)가 함께 배를 타고 인솔해 가서 차례대로 체송하여 보냅니다"라고 하여, 내가 글로써 말하기를,

"이제 물품을 귀국의 배에 옮기고 싶습니다. 이 일을 귀국 사람들에게 명령해 주십시오. 귀국 사람들이 물건 쌓는 것을 허락하지 않으니, 서천 사람들에게 명령하여 허락하는 것이 어떠하십니까?"라고 하였다. 조선인이 글로써 말하기를,

"서천 만호께서 금방 오신답니다"라고 하였다. 내가 글로써 말하기를,

"아직 오시지 않았습니까? 오시면 곧 명령내리시면 좋겠습니다"라고 하였다. 내가 또 글을 써서 태수에게 알리기를,

"오늘 밤 밀물 때를 기다려 배와 돗자리를 불사를까 합니다. 또한 가까운 곳에 있는 귀국의 배에 화염이 미칠 수 있습니다. 그러므로 삼가 아뢰옵니다"라고 하였다. 태수가 답하여 말하기를,

"두터운 정에 감동하였습니다. 불사를 때 우리 사람들이 함께 불태울 것입니다"라고 하고, 또 말하기를,

"옮길 수 있는 것은 차례대로 거두어들이십시오"라고 하였다. 내가 말하기를,

"지금 마쯔모토松元에게 명령하겠습니다"라고 하고, 또 말하기를,

"만호께서는 아직 오시지 않으셨습니까? 이곳에 오시면 귀국의 배에 물품을 옮길 수 있도록, 속히 오라고 명하신다면 무척 다행이겠습니다"라고 하였다.

나는 앉은 자리 우측에 있는 상자를 정리하였다. 상자에는 나의 벗인 '죽태녕竹太寧'의 그림이 몇 장 들어 있었다. 내가 꺼내어 태수에게 보이면서,

"나의 벗인 타케시타 요시타케竹下義岳의 그림입니다. 요시타케의 자는 태녕太寧이고 호는 '청계靑溪'입니다. 만약 여러 공이 뜻이 있다면 가지고 가셔도 좋습니다"라고 하였다. 태수가 말하기를,

"그림은 좋은 그림입니다. 그런데 이는 존공의 친구가 준 것입니다. 남에게 주는 것은 사람의 정을 빼앗는 일이라 불가합니다. 감히 가지려는 생각을 가질 수 없습니다"라고 하였다. 태수가 말하기를,

"그중에서도 특히 헤어지기 어려운 사람이 조계승曹繼承이지요"라고 하였다. 내가 말하기를,

"진실로 그러합니다"라고 하였다.

해가 막 기우려고 할 때 서천 만호가 왔다. 내가 글을 써서 만호에게 보이기를,

"처음 뵙습니다. 평안하시니 감축 드립니다. 뱃길에 여러 가지로 마음을 써 주셔서 정말 깊이 감사드립니다"라고 하였다. (만호의 답글은 다음 날 기록한 내용 중에 있다.)

날이 이미 저물어 배를 옮길 수 없었다. 내가 글로써 조선인에게 이르기를,

"날이 이미 저물어 배안이 어두워서 물품을 옮길 수 없으니, 내일 새벽에 날이 밝으면 옮겨 싣는 것이 어떻습니까?"라고 하니, 그가 답하기를,

"날이 저물어 실을 수 없으니 내일 아침 일찍 싣도록 하겠습니다. 그런데 이 책에 기록된 물품의 종류가, 하나도 어긋남이 없습니까? 딱 맞는지 어긋나는지의 여부를 자세히 알려주십시오"라고 하였다. 이 글의 원고는 청에 따라 주었다. 나는 곧 글로써 말하기를,

"그대의 배에 옮긴 것과 휴대하고 있는 물품은 어제 동그라미[圈]로 표시하였으며 동그라미 표시를 한 것은 하나도 틀림도 없습니다. 그러나 이미 상자에 넣고 궤짝에 넣어서 단단하게 쌌으므로, 상자와 궤 안에 들어 있는 것은 그 주인도 또한 일일이 알기 어렵습니다. 오직 상자의 수와 물품의 수만 기록한다면 다행이고 좋겠습니다. 이렇게 바랍니다"라고 하였다.

만호가 내려가고, 태수와 우후 역시 작별하고 떠났다. 김기방과 장천규는 배에 남아 있었는데, 김기방이 글을 쓰기를,

"□을 먹고, 내일 다시 오겠습니다. 그런데 지금은 달이 없어 캄캄하니 배에서 내릴 때 종자로 하여금 등불을 빌려주도록 하시고, 배에서 내린 뒤에 다시 등을 걸도록 하는 것이 어떻겠습니까?"라고 하였다. 내가 글로 답하기를 좋다고 하였다.

하루 종일 바쁘게 보냈다. 글을 쓰는 일이 그치지 않아서 심신이 매우 피로하였다. 그 때 두 손님[16]이 뭔가 말을 하려는 듯하였다. 나는 곧 베개를 어루만지며 글을 쓰기를,

"고단합니다. 고단합니다. 용서해 주십시오"라고 하였다.

마침내 누웠는데, 기방이 글로써 말하기를,

"내일 많은 일로 얽히고 번잡하여 글로 회답할 틈이 없을 것입니다. 그러므로 지금 이렇게 먹는 것도 참고 있습니다. 그대가 엎드려서 답하는 것도 허물하지 않겠습니다. 누워서 보고 엎드려 답 글을 써도 됩니다"라고 하였다. 내가 답하여 말하기를,

"누워있는 것이 이미 크게 예의를 잃었는데, 또한 엎드려 답을 쓰는 일은 나는 참을 수 없습니다. 만약 질문이 있으면 마다하지 않겠습니다. 일어나 앉아서 답하겠습니다"라고 하였다. 김기방이 글로써 말하기를,

"날마다 아주 힘든 것은 이미 잘 알고 있습니다. 부디 누워서 읽고 누워서 답하십시오. 태수공의 일을 한 장 쓰시고, 첨사공의 일을 한 장 쓰시고, 우후공의 일을 한 장 쓰십시오. 잊었습니까?"라고 하였다.

(그가 지난번에 '태수와 첨사, 우후에게 반드시 야식용 접시夜食盆를 나누어 주어야

---

16 김기방과 장천규이다.

한다고 말했다. 지금은 그 글을 분실하였다.) (내가) 답하기를,

"어찌 감히 잊겠습니까? 뜻을 표하는 일에 어찌 감히 다른 사람의 지시나 가르침指教이 필요하겠습니까? 그 일이라면 즉시 답하겠습니다. 많은 말이 필요 없습니다"라고 하였다. 김기방이 말하기를,

"그러면 귀공의 글씨로 써서 저에게 주십시오. 그러면 물품과 함께 지금 바로 가지고 가서 바치겠습니다"라고 하였다. 답하기를, "지금은 너무 피곤합니다. 두 분 또한 크게 피곤하실 것입니다. (물건을) 골라서 포장하고 글을 써서 보내는 일은 감당할 수 없습니다. 제발 내일 아침을 기약하여 제가 다시 살아날 수 있도록 해주십시오. 불경함이 심하지만, 허물하지 마시기 바랍니다"라고 하였다.

나는 바로 누웠다. 김기방과 장천규가 발끈하였다. 김기방이 글을 쓰기를, "나는 그대의 귀한 말을 받들어 태수공께 나아가 알려야 하는데, 허황함을 면하지 못하였으니, 화가 납니다"라고 하였다. (내가) 답하기를,

"그대가 가서 태수공께 알리신다면 다행입니다. 그런데 무엇이 허황되고 무엇이 진실한 말인지, 그대는 마땅히 보고 알아차려야 합니다"라고 하였다. (어제 그에게 야식용 접시를 준 일이 있었다. 그가 혼자 받았으므로, 심히 두려워하여 굳이 다른 사람에게 주도록 하려는 것이다.)

장천규가 바로 말없이 앉아 있었다. 나는 글을 써서 장천규에게 말하기를, "선물을 주는 뜻을 표하고자 하는 것은 이미 이전에 한 말과 같습니다. 다만 오늘 저녁에 그 일을 감당할 수 없을 따름입니다. 오직 망연할 뿐입니다"라고 하였다. 장천규가 말하기를,

"그 일은 청하지 않겠습니다"라고 하였다. 내가 말하기를,

"퍼지는 말은 어찌하기 어렵습니다. 어찌 헛되이 내 마음이 있다고 하더라도 이루어지지 않겠습니까? 아아~"라고 하였다. 장천규가 말하기를,

"그것을 말하는 것이 아닙니다. 도리어 참으로 놀라울 따름입니다. 부디 허물로 삼지 마십시오"라고 하였다. 또 말하기를,

"밤이 깊었으니 돌아가고자 합니다. 내일 아침에는 서로 만나기 어려우니 세 분께서는 평안히 가십시오. 이제 영원히 작별해야 하겠습니다"라고 하였다. 내가 말하기를,

"참으로 슬픕니다. 술 한 잔을 권하고자 합니다"라고 하였다. 장천규가 말하기를,

"식전이라 배가 비어서 술을 마시기 어렵습니다"라고 하였다. 내가 말하기를,

"우리들도 역시 많이 피로합니다. 억지로 권하지는 않겠습니다"라고 하였다.

두 손님은 돌아가고, 나도 잠이 들었다. 그런데 한밤중에 배 아래에서 갑자기 야스다, 야스다하고 부르는 소리가 났다. 내가 잠에서 깨어나서 응답하니 이동형李東馨과 이종길李宗吉이 이미 베갯머리에 와 있었다. 히다카와 카와카미川上는 깊은 잠에 빠져 깨어나지 않았다. 김종길이 붓과 종이를 달라고 하여 글을 쓰기를,

"태수공께서 존공들과 이별을 위하여 음식을 준비하여 지금 오시려고 합니다. 그래서 우리들이 먼저 왔습니다. 이 또한 지극히 두터운 정입니다"라고 하였다. 내가 사례하여 말하기를,

"작별하기 위하여 태수공께서 음식을 준비하셨군요. 진실로 두터운 정이 지극하십니다. 비록 이미 누워서 자고 있었지만, 일어나 앉아서 서로 맞이하겠습니다. 그 은혜로이 내려주시는 것을 삼가 받들겠습니다" 라고 하였다.

나는 즉시 일어나 두 분을 불러 깨워서 태수가 온다는 말을 하였다. 그리고 자리를 준비하고 태수를 기다렸다. 김종길이 또 글로써 말하기를, "우리들은 여러 날을 그대들과 서로 이야기를 나누고 서로 즐거워했습니다. 내일이면 뱃머리에서 서로 작별해야 합니다. 그 마음을 형언할 수가 없습니다. 어느 때에 다시 서로 만나겠습니까?"라고 하였다. 내가 말하기를, "(우리를) 돌려보내주시는 것은 먼저 기쁘지만, 헤어지려고 하니 또한 슬픔이 밀려옵니다. 다시 만날 기약이 없으니 참으로 한스럽습니다"라고 하였다.

잠시 후에 태수가 왔다. 조계승曹繼承과 세 동자가 음식을 바쳤다. 태수가 글로써 말하기를, "한 낮에 대접한 것은, 곧 조정에서 하사한 것으로 차린 음식입니다. 저는 한 달 동안 주인 노릇을 하였는데, 그대들은 내일 떠나게 됩니다. 저의 마음은 매우 슬픕니다. 부족한 음식과 소박한 찬이지만 읍중의 관할구역[衙內]에서 준비해 왔습니다. 이곳은 읍내에서 40리나 멀리 떨어져 있어서, 가지고 오는 사이에 어느새 깊은 밤에 이르렀습니다. 만약 내일 아침까지 기다리면 음식이 쉬이 냄새나고 썩기 쉬워서 굳이 와서 주

무시는 데 깨웠으니 심히 불안합니다"라고 하였다. 내가 사례하기를,

"두터운 정이 지극하십니다. 참으로 존공께서 우리들을 사랑하는 것
이 깊고 무거움을 알았습니다. 40리나 떨어진 곳에서 음식들을 준비하
여 오셨으니, 내일 출발하더라도 감히 잠자는 것을 물리치지 않을 수 없
습니다. 그 작별하는 간절한 마음을 엎드려 받들겠습니다. 감사합니다!
감사합니다!"라고 하였다. (나의 이 글에는 빠진 부분과 잘못이 있다. 지금 그것
을 감히 보정하지 않는다.)

태수와 첨사, 절충장군과 마주앉았고 음식을 차렸다. 나물과 고기가
12가지였다. (사발같은 접시에 담았다), 하나는 반월병半月餅이고, 하나는 참
깨떡眞荏餅이고, 하나는 황청黃淸¹⁷이고, 하나는 설탕이고, 하나는 국수이
고, 하나는 소고기이고, 하나는 거위고기이고, 하나는 해파리설탕즙海月
糖汁이고, 하나는 쥐참외王瓜이고, 하나는 비오리알水鷄卵이고, 하나는 가
리고加里膏이고, 하나는 돼지고기이다. 맛이 한낮에 조정에서 하사한 음
식보다 훌륭했다. (나물과 고기 등의 이름을 몰라 모두 저들에게 물어서 적었다.)
향과 맛이 보통 날 음식의 10배나 되었다. 태수의 작별의 마음이 두터워
매우 감동하였다.

나는 새고기를 먹고 글로 거위이냐고 물었다. 태수가 그렇다고 하였다.
나는 글로써 "왕우군王右軍¹⁸이 좋아했던 것입니다"라고 하였다. 태수는
빙그레 웃었다. 태수가 글로 이르기를,

---

17 색이 누른 꿀로 상급품이다.
18 왕희지를 말한다. 거위를 좋아하여 도덕경을 통째로 써준 적도 있다고 전한다.

"남은 음식은 23명에게 나누어 주도록 마쯔모토松元에게 명하십시오"
라고 하였다. 나는 즉시 마쯔모토 등을 부르니, 태수가 그들에게 음식을
나누어 주었다.

　식사 후에 우리들은 다시 이별주를 권하였다. 태수는 평소에는 음주를
즐기지 않는데, 이날 저녁에는 감흥에 복받쳐서 여러 잔을 기울였다.
또 태수는 내가 전에 지은 절구를 써 달라고 하였다. 나는 술김에 글을
썼다.

　　비인태수 윤공께 이 자리에서 드립니다.

　　태수가 자애로움과 인자함으로 감싸줌을 이미 알았네
　　배로 온 손님들 그대를 우러러 어버이처럼 여기니
　　기자(箕子)의 은파(恩波)가 지금 우리까지 미치는 것이로다
　　이에 천하를 형제 사이로 보게 되었네
　　　　　　　　　　　　　일본국 사쯔마주 야스다 요시카타 드림

술에 취한 뒤 또 오언 율시 한 수를 읊어 작별하는 시로 삼았다.

　　소슬한 가을 강물 빛
　　나를 대하는 이별의 정
　　별은 기울고 잎새에 부는 바람 차가운데
　　구름 걷히고 펼친 돛은 가볍구나
　　은혜로 가득 찬 용산(龍山) 위 달은

위엄이 금천(錦川)과 금성(錦城)에 한결 같도다

고향으로 돌아가며 아침 해를 우러르더라도

돌아다보면 한스러운 것은 소식이 끊어짐이라

　　　　　　기묘년 7월 25일 사쯔마주 야스다 요시카타가 글을 드림

충청도 서천군에는 용수산龍垂山이 있는데 바로 비인현 마량진 동남쪽에 있다. 또 충청도[本道]의 군郡 중에서도 금천錦川이 있는데 또한 금성錦城[19]이라고도 부른다.

태수가 글을 쓰기를,

"이 시는 아주 잘 써졌습니다"라고 하였다.

남은 종이가 자리에 있었는데, 태수가 글을 쓰기를,

"남은 종이에 묵화 하나를 그려주십시오"라고 하였다.

태수가 그 종이를 펼쳐서 간곡히 부탁하였다. 히다카와 카와카미 또한 권유하였다. 이에 붓을 적셔 갈대와 게를 그렸다.[20] 태수가 글을 쓰기를,

"야스다는 달통한 인재라고 할 만합니다"라고 하였다. 태수가 그림을 가리키며 말하기를 게냐고 하였다. 나는 붓을 멈추고서 예라고 답하니, 태수가 말하기를,

"하나는 제대로고 하나는 엎어져 있습니다"라고 하고, 또 말하기를,

19　현재 비인면의 옛 지명인 '劒城'의 誤字로 보인다. 『서천군지』, 서천군, 1988, 1,194쪽.
20　갈대와 게의 그림은 과거시험에 갑과로 합격하라는 뜻을 담고 있다.

"한 쌍이 있어야 좌우의 자리에 붙일 수 있겠습니다"라고 하였다. 나는 미소를 지었을 뿐이다.

그림이 이미 완성되어 제목을 다음과 같이 붙였다.
기묘년 7월 25일 사쯔마주 야스다 요시카타가 그림

태수가 '그림[寫]'이라는 글자 아래를 가리키며, 다른 종이에 글을 쓰기를,
"그려서 윤 사군尹使君에게 드립니다"고 하였다.

나는 즉시 '윤 사군에 준다[贈尹使君]'는 네 자를 '그림寫'이라는 글자 아래에 더 써넣었다. 시와 그림에 모두 인수인[引首], 성명인[姓名], 표자인表字, 유인遊印을 찍어서 태수에게 주었다. 태수가 말하기를,
"존공의 서화書畫와 율시는 당연히 우리나라에서 이름을 남길 것입니다"라고 하고, 또 말하기를,
"존공은 그것을 나에게 주시니, 백붕[21] 보다 낫습니다." 또 말하기를,
"존공의 문체는 퇴지退之이고, 필법은 희지羲之이고, 그림은 개지凱之라 할 만합니다"[22]라고 하였다.

새벽 4시 쯤 태수 일행이 돌아가고 배 안은 모두 잠자리에 들었다.

이날 장천규를 통하여 글을 부친 자가 있었다.

---

21 많은 보배나 많은 친구를 뜻한다.
22 韓退之, 王羲之, 顧凱之를 말한다.

동자童子 이수李秀라고 합니다. 내일 출항하신다는 말을 듣고 슬픈 마음을 견딜 수 없어 몇 자의 글을 지어 부칩니다.

해지는 가을 끝 바다 빛 아득한데
차디 찬 바닷물이 세속의 정은 아닐지니
어디인지 알 수 없는 삼신산(三神山)을 향하여
하늘과 땅 사이를 떠돌게 되니 나는 가여움에 탄식하노라

하늘은 끝이 없고 바다는 광활하여 앞날 기약 없으나
배 안 모든 손님들은 깊은 시름을 거두시라
바람에 편 돛 어느 날인가 고국에 이를 것이니
사나이라면 일이 어렵다 하지 않을 것이라

김기방이 조명원의 시를 가지고 왔는데, 그 봉투 위에 '근정謹呈'이라 두 자가 쓰여 있었다. 그 시는 다음과 같았다.

만 리 밖에 터잡은 나라에 무슨 일로 왔는가
아득히 배 한 척 바다 서쪽 물가에 머무니
부초 같은 세상에 떠가는 나그네를 어찌 막을까
참으로 풍파에 시달려 길 잃은 자여
한 번 본 사나이에 마음이 흥분되니
몇 잔의 차와 술 그 맛은 너무 새로웠네
돌이켜 바라보니 고향 산은 멀기만 한데

몇 번이나 흰 구름을 바라보며 노친을 떠올리네

오언의 다른 시는 다음과 같았다.

그대 돌아가는 길 어디인가
동쪽 바다에 해뜨는 곳
푸른 파도 끝이 없지만
아무 탈 없이 잘 돌아가시길

　　　　　　　기묘년 7월 하순에 충청도 월산(月山) 조명원(曺冀遠)이 삼가 씀

또 짧은 편지가 있었다.

　지난번에는 잠시 뵈었는데, 멀리서 지금도 여전합니다. 가을 기운이 점점
더 합니다. 여행하는 동안 모든 것이 편안하시길 바랍니다.[23] 다만 배의 일이
여전히 다 결정되지 않았다고 들었습니다. 그것이 염려가 됩니다. 따로 보내
는 시는 또한 졸렬함을 잊고, 지난번의 칠언 율시와 아울러 써서 보내드리오
니 소람(笑覽)[24]해 주십시오. 하고 싶은 말은 비록 많지만, 필설(筆舌)로 다하
기는 어렵습니다. 오로지 돌아가는 여정이 평안하시길 바랍니다.
　조명원 드림

　7월 9일, 구응현丘應賢과 구응로丘應魯가 조명원에게 의뢰하여 시를 보

23　萬衛는 모든 일이 평안하다는 뜻으로 안부를 묻거나, 평안을 기원할 때 쓰는 표현이다.
24　자기 것을 남에게 보아 달라고 할 때의 겸손하게 하는 말이다.

냈는데, 구웅로의 시 중에 '태백'이란 두 글자가 있었다. 나는 기분이 아주 좋지 않았다. 세속에서 어떤 사람은 '태백泰伯'을 '천조황태신天照皇太神'으로 여기는데, 아마도 구웅로가 그 망령된 이야기를 풍문에 듣고 이를 언급하였을 것이다. 그래서 나는 지난번에 답하기를, 그 이유를 모르겠다고 한 바 있다. 이날 조명원이 김기방에게 의뢰하여 준 글에서 말하기를, (그 글은 웅로가 스스로 말한 바가 아닐지라도, 그 글은 기방이나 명원 등이 쓴 것이 아니고, 아마도 웅로가 쓴 것인 듯하다.)

"태백泰伯이란 두 글자에 대해서는, 그 시를 쓴 사람이 마침 왔으므로, 그 이유를 따져 물었습니다. 그랬더니 앞의 태백이라는 두 글자는 잘못 쓴 것이므로, 조운照云이라는 글자로 고쳐 써넣고자 하였습니다. 그 시를 보내주시면 어떠하겠습니까? 삼가 아룁니다"라고 하였다.

나는 일이 많았다. 또 서찰이 책상머리에 쌓여 있어서, 찾아낼 틈이 없었다. 그래서 글로 사실을 써서 김기방에게 보였다. (그 원고는 잃어 버렸다.) 김기방이 글로써 말하기를,

"조명원이 전달한 구 씨 성을 가진 사람의 시를 뽑아서 보낼 수 없는 이유를 조명원에게 보내는 답서 중에서 자세히 말씀해 주십시오"라고 하였다.

나는 자세하게 설명하여 조명원에게 답하였다. (나는 그 원고를 잃어버렸다.) 김기방이 글로써 말하기를,

"구 씨 성을 가진 사람의 시를 찾아서 보낼 수 없다는 내용을 조명원에게 전달해야겠지요?"라고 하였다.

배 아래 모래사장으로부터 직접 시문을 준 사람이 있었는데 그 성명을 알 수 없지만, 시문은 아래[25]와 같다.

> 그대가 일본국 사람임을 들었는데.
>
> 표류해 머무르게 된 것이 이미 봄부터였지요
>
> 준비를 다하여도 창파 속에서 험악함을 만나니
>
> 가련하게도 먼 바다위에 바람에 날리는 티끌일세
>
> 말소리가 각기 다르니 서로 만나는 것도 어렵지만
>
> 행동거지에 떳떳함이 있으니 진실됨을 볼 수 있네
>
> 먼 곳으로부터 돌아가는 길이 멀다고 한탄하지 마소서
>
> 온 세상이 형제라 오래도록 교린을 닦았으니

배에 오르는 것이 금지되어 배에 올라가 볼 수 없었습니다. 격조가 완성되지 못하였음을 개의치 않고, 삼가 율시 한 수를 지어서, 표류한 마음을 위로하려고 합니다. 혹시라도 배에 올라와 구경할 수 있도록 명을 내려주시겠습니까?

임시형이 모래밭에서 준 글에서 말하기를,

"선비 임시형이 배 아래에 와서 서있는데, 느낀 바를 쓴 글을 드리고자 할 따름입니다"라고 하였다. 나는 임시형과 그 시를 준 사람에게 글로 답하기를,

"내일 출항해야 합니다. 그러므로 오래 함께 하기가 어렵습니다. 하지

---

25 原文에는 '左'이지만, 해석은 가로쓰기이므로 '아래'로 번역하였다.

만 그 깊은 뜻에 감동하였습니다. 짧은 시간이나마 와서 서로 만날 수 있다면 다행이겠습니다"라고 하였다.

시형과 그 시를 준 사람이 배에 올라왔다. 시형이 봉서封書 한 통을 가지고 앉은 자리까지 왔다. 또 글로써 말하기를,

"그대의 귀환이 가까워졌다는 말을 듣고, 작별하고자 하여 찾아 왔습니다. 얼마 전에 글을 엮어서 보냈는데, 중간에 파도가 높아 전달되지 못하였습니다. 호박도 보냈는데 잃어버렸습니다"라고 하였다.

그리고 그 글을 보여주었는데, 겉봉 앞면에 제목을 쓰기를,
"조선의 임선비가 안부편지를 삼가 드립니다.
야스다가 표박하는 곳 책상 아래. 삼가 봉함"이라고 하였다.

겉봉의 뒷면에는.
"이 글은 우리 태수와 우리나라 사람이 알지 않는 것이 좋겠습니다"라고 썼다.

그 내용은 다음과 같았다.

어젯밤 배에서 헤어질 때를 생각하면서, 큰 슬픔에 빠졌습니다. 밤새 지내시는 데 편안하실 것을 생각하였습니다. 타향에 있는 마음은 또한 어떠하십니까? 그 마음을 가련히 여기고 위로 드립니다. 저는 별탈없이 돌아와서 전

과 다름없이 지내고 있으니, 다른 것은 어찌 말씀드리겠습니까?[26] 다만 서로 헤어진 후에 그대가 고향을 그리는 마음을 잊을 수 없습니다. 이에 몇 줄 글을 써서 위로하며 호박 3개를 보내어 잠시나마 채소로 쓰실 수 있도록 하고자 합니다. 부족하지만 정을 받아주시겠습니까? 하고 싶은 많은 말은 글이 미치지 못하니, 다 언급하지 않겠습니다. 다만 글을 읽어보시고 몇 글자를 아끼지 마시고 답을 해주시겠습니까? 그대가 귀국하기 전에 마땅히 다시 한번 힘써 회포를 풀고자 하나 혹시 직접 만나기가 힘들겠습니까?

기묘년 7월 23일 임시형 드림"

내가 답하기를,

글을 받게 되어 다행입니다. 헤어진 후에 다시는 볼 수 없음을 애석하게 여겼습니다. 오늘 아침에 귀하의 얼굴을 다시 볼 수 있을 것이라 생각하지 못했고, 전날 보내신 서신이 도중에 지체되었다니 매우 한스러울 따름입니다. 그 글을 받아 보고 생각하는 정의 깊고도 두터움을 갑절로 알게 되었습니다. 귀국 왕의 은택을 입어 내일 돌아가게 되었습니다. 여러모로 마음을 써 주셨는데 넉넉하게 이야기를 나누지 못하는 것이 진실로 섭섭합니다만, 오로지 짧은 글로써 은혜에 사례코자 합니다.

기묘년 7월 25일 일본 야스다 요시카타 드림.

임시형 족하께 받들어 돌려보냅니다.

라고 하였다. 임시형이 다시 글로써 말하기를,

---

26 원문은 仰瀆으로 윗어른께 말씀 드리는 일을 죄송하게 여긴다는 뜻이다.

"가을바람이 점점 차가워지고 찬 기운이 밀려들어오는데, 만경창파를 어찌 돌아가시렵니까? 부디 평안하게 돌아가시길 간절히 바랍니다. 내려가려니 마음이 아픕니다. 바야흐로 돛을 올려 떠난다고 하니, 오래 머물 수 없습니다. 해안가에서 내일 출항하는 것을 본 후에 나도 돌아가겠습니다"라고 하였다. 장천규가 또 몇 자 적어 말하기를,

공경하며 아룁니다. 그대와 여기에서 헤어지게 되니 다시 만날 인연을 기약하기는 어렵습니다. 가시는 길은 망망한데, 평안히 가시길 빌겠습니다.
조선국 장천규가 삼가 씀

이상의 내용은 문정文政 3년 경진년 4월 12일 히젠肥前 나가사키長崎 관에서 썼다.

26일, 아침에 조(명오)주부, 최화남, 이종길이 왔다. 주부는 여러 번 글을 써서 송환비용[舟價]을 달라고 요구하였다. 최화남이 이내 돌아 앉아 이따금 붓을 들어 글을 썼고, 이종길은 주부의 등 뒤에 있었는데, 주부가 과한 욕심을 부리는 말을 쓸 때마다, 이종길은 눈썹을 찌푸리고 이를 갈면서, 허물삼지 말라고 손짓으로 나를 타일렀다. 나는 뜻이 있어 수긍하지 않았다. 이종길은 주부의 말에 매우 불쾌해 하며 손가락으로 내 손바닥에 글을 쓰기를,

"문정관의 도리에 맞지 않는 말을 가지고 귀공은 허물삼지 마십시오"라고 하였다. 나는 다만 미소를 지었는데, 주부가 보고 이종길에게 글을 쓴 까닭을 물었다. 이종길은 이별시를 부탁했다고 답하였다. 동트기 전

부터 밥 먹을 시간까지 주부와 문답을 하였는데, 그가 마침내 그 일을 이룰 수 없음을 알고, 따로 글을 써서 표문標文27 약조約條에 관한 일에 대하여 말하였고, 그 전에 쓴 글은 종종 그것을 찢어버리든지 손으로 비벼버렸다. 그러나 문답하는 사이에 나는 그 글을 무릎 아래에 감추어두고 꺼내지 않은 것을 지금 기록한다.

그가 글로 뱃삯을 요구하므로, 나는 글로써 묻기를,

"귀공이 쓴 것은 귀공이 사사로이 말하는 겁니까? 귀 조정의 명령이나 귀 국법으로써 말하는 것입니까? 자세히 써서 보여주시면 좋겠습니다" 라고 하니, 주부가 글로써 답하기를,

"조정의 명령은 아니지만, 조선의 법으로써 하는 것입니다"라고 하였다. 내가 글로써 말하기를,

"그렇다면, 조선의 국법에 뱃삯을 내도록 하는 예가 있는 겁니까?"라고 하니, 주부가 글로써 답하기를,

"우리나라 사람이 귀국에 표착했을 때 배를 탄 값[駕船價]를 받아간 일은 당연히 도리에 맞지 않습니다. 그래서 수표手標를 작성하여 받아 두었습니다. 수표의 내용 중에 '복僕'자가 있습니다. 공적인 문서에서는 처음 들었지만 귀국은 모두 서표書標라 칭하는 가운데 '복僕'이라는 글자를 씁니다"라고 하였다. 내가 글로써 말하기를,

"감히 그 일은 알지 못하겠습니다. 조선의 법에 당연히 그 법례가 쓰여 있을 것입니다. 그 내용에 관해서 듣고자 합니다"라고 하였다.

---

27 관아에서 어떤 사실을 증명하면서 내어 준 문서를 말한다.

주부가 글로써 말하기를,

"우리가 묻고 답할 때, 우리를 아배我輩라고 쓰는데, 귀국의 글에서는 우리를 복僕이란 글자로 씁니다"라고 하였다. 내가 글로써 말하기를,

"우리 사쯔마주의 공을 받들 때는 곧 '신복臣僕'이라는 글자를 쓸 수 있습니다. 그렇지만, 따로 우리나라 글자가 있기 때문에 우리나라 글자로 씁니다. 한당漢唐의 예에 구애되지 않습니다. '복僕' 자는 감히 쓸 수 없습니다"라고 하니, 주부가 글로써 말하기를,

"다음부터는 그와 같은 일이 없도록 약조를 하면 어떠하겠습니까?"라고 하였다. 내가 글로써 말하기를,

"그것을 말하는 것이 아닙니다. 좀 전에 쓰신 귀하의 글에서 말한 것은 금과 은, 동이 배안에 없으면, 다른 물품으로써 배삯(송환비)을 지불해야 마땅하다는 내용이었습니다. 그래서 나는 왕명인지 사적인 말인지 구분하라고 한 것입니다. 그대는 왔다갔다하지 마십시오"라고 하였다. 주부가 글로써 말하기를,

"귀국 사람이 우리나라에 표착하면 가선가미(駕[28]船價米)를 요구하지 않습니다. 그런데 우리나라 사람이 귀국에 표착하면 바로 가선미駕船米를 요구하여 받아가니, 도무지 예의도 없고 도리도 없습니다. 차후에 혹시 우리나라 사람이 귀국에 표착하면 가선미 일체를 논하지 않기로, 서로 약조합시다"라고 하였다. 내가 글로써 말하기를,

"약조의 일을 말씀하시는데, 사적으로 말하는 것입니까? 귀국의 조정의 명이나 귀국의 법으로써 하는 말입니까?"라고 하였다. 주부가 글로써 말하기를,

28 원문에는 價로 되어 있으나 駕의 오자이다.

"이것은 임금의 명이 아닙니다. 피차가 약조하는 일입니다. 쓰십시오"
라고 하였다. 내가 글로써 말하기를,

"귀공은 왕명이 없고 사사로운 말이라고 하셨습니다. 이에 우리들은 돌아가더라도 감히 보고할 수 없습니다. 왕명이 아닌데 사사로이 표문으로 약조하고자 하십니다. 귀공은 벽에 구멍을 뚫고 담을 넘은[穿踰]²⁹ 도둑과 같습니다"라고 하였다. 주부가 글로써 말하기를,

"전에 듣건대, 일본 사람들이 조선인 표류인을 데리고 와서, 후에 가선가미駕船價米(환송비용) 50가마를 받았다고 합니다. (환송비용을) 받으러 오는 것은 지극히 예의도 없고 도리도 아닙니다. 이러한 뜻을 에도에서 전달하여, 훗날 다시 받아 가지 않겠다는 것을 서로 약조하는 것입니다"라고 하였다. 내가 글로써 말하기를, "내가 어찌 감히 약조를 할 수 있겠습니까? 귀국의 법에 의거하여, 귀국이 문서를 보내 에도에 전달하여, 도리에 맞지 않는 송환비용의 수수를 금지하는 것이 마땅합니다. 또 우리는 (지금) 주군의 명을 받을 수 없으므로 마음대로 표문標文 약조를 쓸 수 없습니다"라고 하였다.

주부와의 문답으로 이렇게 점점 시간이 가고 있을 때, 갑자기 포구에서 풍악소리가 들렸다. 이것은 태수가 오는 소리였다.

> 화문안식(花紋案息) : 골풀로 만들며, 풀가닥을 모은 양 끝에는 가죽을 사용하였다.
>
> 화문석(花紋席) : 테두리는 무명을 사용하였다. 꽃모양이 있는 천과

---

29 담을 뚫거나 넘어 들어가 하는 도둑질을 말한다.

비슷하다. (영인 15쪽)

비인태수가 매일 우리 배에 올 때의 행렬도 (영인 16쪽 상단)

긴 소매에 가운데가 불룩한 관을 머리에 쓴 사람은 계급이 낮은 관리이다. 공작새 꼬리 깃을 세우고 붉은 털을 드리운 사람은 보리(步吏)이다. 귀 위까지 늘어진 갓을 쓴 자는 노복과 가마꾼이다. (하단)

동자 4~5명이 가마 앞에서 수행한다. 한 동자의 어깨에 인장을 걸고 있고, 한 동자는 타호(唾壺)를 손에 들고 있고, 한 동자는 자리를 옆구리에 끼고 있고, 한 동자는 담뱃대와 담뱃갑을 가지고 있다. 행렬은 나발과 태평소를 분다. (영인 17쪽 상단)

인장함(圖書) 그림 : 함 안에 관인(官印)과 인주(印色)가 들어 있다. (영인 18쪽 상단)

인장 그림 : 도장 재질은 꽃돌(花石) 같다.

비인 현감의 인장 : 대체로 조선의 인주는 노랗고 옅은 적색이다. 아마도 인주가 최하품이라서 그런 것이 아닐까? (하단)

담뱃갑 그림 : 담뱃갑은 철로 만들고 금이나 은으로 선을 상감(絲嵌)하였다. 옆면에 단추(浮漚釘)[30]가 있어서 누르면 열린다.

담뱃대 그림 : 관은 대나무 화살 같고 풀과 꽃문양을 염색하거나 칠했다. (영인 19쪽 상단)

---

30 물에 뜬 거품 형태의 물건을 말한다. 여기서는 담뱃갑을 여는 단추 형태의 장치를 가리킨다.

교자 그림 : 나무로 만들고 검은색을 칠했다. 호랑이 가죽을 교자 전체에 걸쳐서 펼쳤다. 앞쪽에 발판이 하나 있다. 가는 줄로 그것을 매달았으며, 두 발을 이곳에 올려놓는다. (하단)

일산 그림[蓋圖] : 푸른색 종이를 사용하였는데, 그 끝에는 푸른 비단천을 둘렀다. 천 안쪽으로 보라색 네모난 조각 여러 장을 늘어뜨렸는데, 그 끝을 가죽으로 두른 것 같았다. 일산대는 등나무 껍질로 장식하였다. (영인 20쪽)

가죽신 그림 : 그림은 바로 비인태수가 신은 것이다. 대개 신의 코는 구멍이 뚫려있고, 버선코가 그곳으로 돌출된다.

하급 관인 이하는 모두 짚신을 신는다.

버선을 신고 짚신을 신은 그림 : 버선의 끝이 새부리 같다. 끈으로 발목을 묶으며, 버선의 목은 장딴지에 이른다.

침 뱉는 항아리 : 놋쇠로 만들었으며, 남색 모시 줄로 감쌌다. 요강을 겸한다. (영인 21쪽)

붓통[墨貯] : 대나무로 만들며 구리로 된 고리를 끼웠다. 속에 붓을 넣는다. 벼루는 없고, 먹에 침을 뱉어, 붓끝으로 비벼서 글을 쓴다.

유동나무기름 종이 주머니 : 조선인은 상하가 모두 차고 있다. 부싯돌 그릇, 쑥, 혹은 담배 등을 넣는다. (영인 22쪽)

주부의 답글은 처음부터 글이 오락가락하였는데, 풍악소리를 듣자마

자 크게 놀라서 안색이 변했다. 급히 붓을 들어 쓰기를,

"일이 본래 그런 것이 당연하지만, 출발이 임박하여 복잡하니 잠시 덮어 두는 것이 어떠하겠습니까?"라고 하였다.

나 역시 배의 일에 힘쓰느라 바빴는데, 옆에 있던 사람들이 앉은 자리의 물건들을 이미 거두었고 여장旅裝이 모두 갖추어졌다. 이에 주부의 뜻에 따라 필담을 그만두었다. 그 사이에 우후가 옆에 와서 글을 써 나에게 주었는데 다음과 같았다.

> 헤어지며 드립니다.[31]
> 그대는 본시 강동인(江東人)[32]
> 바람이 인연되어 중화(中華)에 이르렀네
> 여러 날 어려운 일이 많았으나
> 이제 은덕을 입어 집으로 돌아가네
> 해는 기묘년
> 날은 7월 27일
> 바람 일어 저녁 연기 흩날리는데
> 돌아갈 기약 어찌 아득하기만 한가
> 오늘 서로 송별을 마치면
> 멀리 바다 건너를 생각하리

---

31 원문은 贈別이다. 헤어질 때 시나 노래 등을 지어주는 것을 말한다.
32 일본 사람이라는 뜻이다.

내가 그 글을 보고 글로써 말하기를,

"글은 오언五言이니 이른바 한시와 비슷하나 평측平仄을 지키지 않고 운자韻字도 맞지 않으니, 이것은 어떤 글입니까?"라고 하니, 우후가 글로써 말하기를,

"장난으로 쓴 글이며 시가 아닙니다"라고 하였다.

잠시 후 태수가 와서 배 위에 앉았는데, 나에게 백지 부채 하나를 주었다. 저 번에 우연히 태수이 차고 있는 부채를 청하였는데, 태수가 말하기를,

"이것은 나의 관직 때문에 차는 것이고 또 이미 손상되었습니다. 다음에 다른 새 부채를 드리겠습니다"라고 하였다. 그래서 나는 곧 일본 부채 두 개를 선물하니, 태수가 받았다. 이에 오늘 선물을 이렇게 준 것이다. 나는 받고 사례하여 말하기를, (태수가 부채를 선물할 때 준 글과 우후와의 문답은 지금 잃어버렸다.)

"나의 보배로 삼아 영원히 집안에 보관하면서, 이 부채를 펼 때마다 존공과 글을 쓰며 놀던 정을 그리워하게 될 것입니다"라고 하였다.

태수가 서찰[尺牘] 1통, 백지 10첩을 꺼내고, 글로 써서 보여주기를,

"이것은 저번에 순찰종사 이공의 이별하는 글과 선물입니다. 뜻을 받아 주시고 답을 해 주시면 다행이겠습니다"라고 하였다.

그 봉투의 제목은 다음과 같았다.

"삼가 드립니다.

□귀수□龜壽[33] 주인에게."

그 글은 다음과 같았다.

"기묘년의 초가을 24일 금성錦城의 병든 손님이, 청령국蜻蛉國[34] 사쯔마
주 상관 세 분께 삼가 드립니다.

바다가 차가워지기 시작했습니다.

여러분 만사에 좋은 일만 있길 바랍니다. 한 번 헤어져 열흘이 지나면,
얼굴을 맞댈 기약이 없습니다. 제 마음이 서글프니, 구름도 근심하고 파
도도 우는 것 같습니다. 저는 멀고 험한 길을 순영으로 돌아가서, 귀인
께서 겪으신 어려운 일과 물이 스며든 일을 순찰사 합하閤下에게 자세히
아뢰었으며, 조정에 다시 보고하게 되었습니다. 다행히도 우리 성상께
서 하늘이 만물을 덮어주는 인자하심으로, 특별히 먼 나라에서 온 사람
을 편안케 하는 의로움을 생각하셔서, 이과 같이 물길을 따라 호송하라
는 명령을 하셨습니다. 순풍을 기다려서 돛을 올리면 동래는 우리나라
의 지경이라 금방 도착할 것입니다. 동래는 대마도에서 480리[35] 떨어져
있고, 대마도에서 잇키壹岐는 480리 떨어져있는데, 항해에 아무 탈 없고
천지신명도 말없이 도우셔서, 부젠豊前, 분고豊後, 지쿠젠筑前, 히고肥後를

---

33 야스다 일행이 타고 온 배의 이름이 龜壽丸이다.

34 일본의 옛 이름이다.: "蜻蛉은 일본의 옛 이름이다. 주나라 유왕 때 사노(狹野)라는 자가
와슈(和州: 지금의 나라현) 우네비(畝傍)산의 동남쪽에 있는 카시하라(橿原)에 나라를
세우고서 국호를 토요아키쯔시마(豊秋津洲)라고 하였다. 일본 사람들은 잠자리를 '아키
쯔'라고 하는데, 나라의 지형이 잠자리를 닮았기에 그런 이름을 붙인 것이다." 이덕무, 박
상휘 · 박희수 역, 『청령국지』, 아카넷, 2017, 191쪽.

35 192km에 해당하지만, 실제로는 50km 정도 떨어져 있다. 많은 기록에서 부산과 대마도 사
이가 480리라고 되어 있다.

차례대로 향하면, 휴가日向 산 앞의 가을빛을 보시기에 늦지 않을 것입니다. 카고시마 일대에는 돌아가는 배가 줄을 이었으니, 바다를 건너는 수고로움을 어찌 걱정할 필요가 있겠습니까? 종이 10폭으로 정을 표하며, 글 한 장을 올려서 하례 드립니다. 항해 중에 부디 몸조심하십시오."

내가 생각건대, 그가 말하는 청령국이란 무릇 황국皇國을 가리켜 말하는 것이다. 청령국은 곧 야마토국大和國의 옛 도읍지를 지칭하는 것이지 황국을 지칭하는 것은 아니다. 한스럽게도 그때 나는 매우 일이 많아서 그 사실을 밝혀서 그에게 알려줄 틈이 없었다.

배가 출항하려고 하여 급히 글을 써 사례하기를.
"조선 금성錦城의 이공께 삼가 답합니다. 귀하의 정을 받드니, 책상머리에 두 분이 오신 것 같고, 훈풍이 옷 위에 흩뿌립니다. 귀환의 길에 오르게 된 것은 귀공과 태수공의 넘치는 정 때문이고, 돌아갈 수 있게 된 것은 실로 귀국 왕의 인덕仁德입니다. 귀하의 글 중에 노정路程을 구체적으로 보여주셨는데, 귀국의 기약은 있으나 재회의 기약이 없으니, 한편으로는 기쁘기도 하고 한편으로는 한스럽습니다. 배를 타고 가서 동래에 도착하면, 큰 기러기 날개를 빌어서라도 도착을 알리고 싶습니다. 다행히 다시 볼 수 있게 된다면, 참으로 행복하고 즐거울 것입니다. 서찰과 종이 10폭으로 높은 뜻을 표해주시니, 사례를 드립니다. 처음부터 끝까지 천지신명의 도움이 있어서 고국으로 돌아가라고 하시니, 애련愛憐하고 두터운 정에 감개무량하여 글로써 말을 다할 수 없습니다. 야스다 요시카타가 삼가 드립니다"라고 하였다.

이에 태수를 통하여 이응호에게 답장을 보냈다.

선장 마쯔모토가 물건들을 급히 옮기고 싶어 하여 작은 배로 왕복하였다. 조선 관리 역시 배를 옮기라고 재촉하였다. 마쯔모토가 조선 선장에게 손짓으로 물품을 옮기라고 부탁하였다.

나는 글을 써 조선 관리에게 이르기를,

"지금 우리 배 선장이 말하는데, 귀국의 배 선장이 하는 말이 '지금 배가 아직 뜨지 않았기 때문에 밀물을 기다려서 싣는 것이 옳겠다. 그렇게 하지 않으면 짐을 다 싣고 나서 배가 뜨지 않는다'라고 말합니다. 그러므로 다시 그 말을 따라야 합니다"라고 하였다.

물품을 옮기려다가 잠시 중지하였다. 앉은 자리에 둥근 쟁반이 있어서, 그것을 태수 등에게 선물하고 싶었는데, 그것들은 전일에 불태울 물건으로 표시해 둔 것이었다. 문정관인 조주부가 매우 욕심을 내어, 지난번에 이미 그것을 청해서 살펴보았다. 지금 또 글을 써 묻기를,

"주황색 나무쟁반 10개는 태우지 않았습니까?"라고 하여, 내가 글로 써 말하기를,

"전에 보신 것과는 다릅니다"라고 하였다. 조주부가 글로써 말하기를,

"조금 전에 물건이 있었습니다"라고 하였다. 내가 글로써 말하기를,

"불로 태울 것입니다"라고 하였다. 조주부가 잠시 편안해 하는 것 같더니 욕심을 그치지 않았다. 또 글을 써 묻기를,

"옻 쟁반 10개는 어째서 태우지 않습니까?"라고 하여, 내가 답하여 말하기를,

"어떤 물건은 아직 불태우지 않았습니다. 어째서 다시 물으십니까?"라고 하니, 조주부가 글로써 말하기를,

"전날 불태우기로 한 물건입니다"라고 하였다. 내가 글로써 말하기를,

"불에 태울 것은 붉은 야식반夜食盤 10개입니다. 그 밖에 배의 도구가 많은데, 한결같이 불태우지 않았습니다. 옻 쟁반 하나를 가지고 어찌 불이 붙겠습니까? 모든 물건을 같이 불태울 것입니다"라고 하였다.

10시경에 서천舒川 호송사護送使 만호萬戶가 왔다. 글을 쓰는 관리로 하여금 어제의 물음에 대답하도록 하기를,

"귀공의 글을 받아 보고 평정平靜하심을 알 수 있었습니다. 어제 답글을 써서 사례하고 싶었지만, 날이 저물어 뜻을 이룰 수 없었습니다. 나는 우리 국사國事를 받들어 귀군의 귀환을 호송하게 되었습니다"라고 하였다.

배에 탄 사람들이 만호가 온 것을 보고 바로 바쁘게 배를 옮겨 타려고 하였고, 조선 배도 즉시 물품을 실었다. 서천 배로 옮겨 탈 때 조주부가 글로써 말하기를,

"지금 배를 떠나면 물이 얕아서 배가 뜨지 않습니다. 가진 것을 배에 나누어 실었다가, 물이 많아진 후에 옮겨 싣는 것이 어떻겠습니까?"라고 하였다. 내가 글로써 말하기를,

"귀국 배의 관장官長이 매우 급히 재촉하였기 때문에 이렇게 되었습니다. 우리들 또한 빨리하기를 바랍니다"라고 하였다.

만호가 글로써 말하기를, (만호의 글은 모두 그의 글 쓰는 일을 맡은 관리가 쓴 것이다.)

"나는 우리 국사를 받들어 귀공의 배에 적재된 물품을 지금 우리 배에 급히 실으려고 합니다. 바라건대 물건을 견고하게 포장하고 즉각 붉은 점을 찍어 우리 배에 실어 주십시오"라고 하였다. 내가 글로써 말하기를,

"지금 귀국의 배로 옮겨 싣는 일에 대해서 그 선장에게 명령해 주십시오. 그대들이 지시하여 배를 옮기라고 명하여 주시면 매우 다행이겠습니다"라고 하고, 내가 또 글로써 말하기를,

"견고하게 포장된 물건은 몇 점뿐입니다. 상자 안의 물건은 점을 찍지 않았습니다"라고 하니, 만호가 글로써 말하기를,

"지금 귀하의 글을 보니 견고하게 포장한 물건은 점을 찍지 않았다고 하는데, 물건을 싣고 내려가다가 다른 배에 옮겨 실을 때 제발 착오가 없도록 하시면 다행이겠습니다"라고 하였다. 내가 글로써 말하기를,

"감히 착오를 일으키지 않겠습니다"라고 하였다.

이에 작은 배들이 연이어 물품을 운송하였는데, 왁자지껄하며 왕래하였다. 만호가 글로써 말하기를,

"싣고 가는 공물公物은 자세히 살펴서 배 안에 잘 실었습니다. 후에 다시 뵙기를 바랍니다"라고 하였다.

만호도 작별하고 떠나고, 서천 배에 이르니 또 필담한 자가 있었는데, 그가 누구인지 알지 못하거니와 그 글 또한 아름답지 않았다. 지금 그것은 생략한다.

우후와 문정관 등이 배에서 내려 모래사장에 서 있었고 태수만 여전히 배에 있었다. 이때 배 위에서는 서까래를 헐고 자리를 제거하였고, 배에 탄 사람들은 각자 쓰는 물건을 들고 작은 배에 싣고 서천 배로 옮겼다. 서천사람이 곧 우리 배 위를 돌아다니면서, 물건들을 점검하였다. 우리들은 장복章服 차림으로 돛대 옆에 있었다. 태수가 또한 그곳으로 왔다. 뜯어낸 들보 재목 중에 삼나무 둥치가 몇 길이 되는 것이 있었다. 원래 상앗대로 쓰던 것인데, 앞서 임시로 들보 재목으로 쓴 것이다. 태수가 그것을 보고 글로써 말하기를,

　"이것도 불에 태울 것입니까?"라고 하였다. 내가 그렇다고 하니, 태수가 그것을 청하였다. 내가 마쯔모토에게 명령하니 마쯔모토가 즉시 두세 둥치를 모아오니, 태수가 손을 들어 모래밭 위로 던지라는 시늉을 하였다. 마쯔모토가 곧 그것을 던지니 태수가 직접 내려가서 그것을 거두도록 시켰다. 이전에 두 분과 함께 의논하기를,

　"태수가 아직 우리들의 선물을 받으려고 하지 않았고, 좋은 말을 하면서 주어도 역시 받지 않았습니다. 다행히 돼지고기 몇 항아리가 있으니, 물가에 놔두고 저들에게 주면 좋을 것 같습니다"라고 하였다. 이에 항아리 6개를 모래사장 위에 놓아두었다. 또 미리 정하기를 태수와 첨사 등에게 드린다는 글자를 항아리 위에 적어두고자 하였다. 그러나 배의 일이 바빠서 그렇게 하지 못했다. 그 밖의 다른 필담은 지금 잃어버렸다. 물품들이 이미 다 옮겨져서 나와 두 분도 활과 철포, 창과 극을 든 신종臣從들을 거느리고 우리의 원래 배를 내려와 저들의 작은 배에 올랐다. 태수와 첨사 또한 함께 올랐다. 막 노를 저으려고 하는데, 김달수가 쌀과 반찬을 가지고 왔는데, 그 기록에는,

쌀 1석, 소금 1말, 호박 2개, 가지 10개, 된장 1말, 땔감 6단.

7월 26일부터 27일까지

라고 되어 있었다.

이에 태수에게 사례하였다. 태수가 글로 알려주기를,

"전라도까지 100리(40km)이고 하루 일정이므로, 하루 양식을 더 지급하였습니다. 그 후는 차차 헤아려 지급할 것입니다"라고 하였다.

앞서 우리 뱃사람 중에서 나카스케仲助, 젠노죠오善之丞, 센죠仙助에게 불을 지르는 일을 맡겼다. 세 사람이 풀을 묶어서 불을 질렀다. 본선 곁에 있던 우리 거룻배를 타고, 이윽고 우리들은 태수·첨사와 함께 서천 배에 도착하였다.

본선을 되돌아보니 거리가 수 백보였는데, 이미 불을 붙여 엷은 연기가 가늘게 피어올랐고,[36] 마침내 배에 불이 붙었다. 세 사람은 나와서 모래밭 아래에 서 있었고, 이찌타로市太郎와 쇼지로庄次郎가 조선 배로 가서 맞이하였다. 나는 두 분과 상의하여 태수와 첨사에게 각각 둥근 쟁반 2장, 파초포 각각 2필, 우후에게는 둥근 쟁반 1장, 파초포 1필을 선물하기로 하고, 각각 봉지封紙 겉면에 표시를 하였고, 또 약간의 성의를 표시한다는 내용으로 글로 썼다.(그 문답한 글은 한두 개가 있다.) 태수가 말하기를,

"아름다운 마음은 참으로 감사하지만, 진실로 마음에 편하지 않습니다"라고 하였다. 내가 말하기를,

"여러분들께서 천 가지를 걱정하고 만 가지 일을 하시게 된 것은 오로

---

36 원문은 裊裊이다. 가늘게 피어오른다는 뜻이다.

지 우리들 때문이었습니다. 이를 사례하고자 하는데 어찌 작은 정성을 나타내는 물품이 없을 수 있겠습니까? 받아주신다면 참으로 다행이겠습니다. 강요하는 것은 우리 세 사람의 죄입니다"라고 하니, 태수가 말하기를,

"굳은 뜻과 주신 정을 받도록 하겠습니다"라고 하였다. 나는 바로 우후에게 줄 선물을 꺼내어 태수에게 맡기고 말하기를,

"원하옵건대 귀하의 하인에게 명하여 그것을 보내주십시오"라고 하였다.

태수, 첨사는 그들의 하인에게 선물을 들도록 하였다. 하직인사를 하려고 하는데, 태수가 글로써 말하기를,

"작별을 앞두니 서글퍼 작별의 말 한 마디 생각나지 않습니다. 만 번 바라나니 삼대관께서는 고국으로 편안히 돌아가십시오"라고 하였다. 내가 글로써 사례하여 말하기를,

"진실로 무어라 말씀드릴 수 없습니다. 바라건대 존공께서도 영원히 오래도록 평안하십시오. 세 사람은 아무 탈 없이 고국으로 돌아갈 것입니다"라고 하였다.

태수, 첨사가 떠나려고 하므로, 우리들은 일어나서 그들과 뱃전으로 갔다. 태수는 우리 세 사람의 손을 잡고, 애틋하게 헤어지기를 주저하였다. 이별을 앞두고 서로 함께 눈물을 줄줄 흘렸다. 나는 말없이 붕정棚頂에 서서 멀리를 바라보았다. 태수는 종종 돌아보고 손을 흔들었다. 잠시 후 검은 구름과 맹렬한 불길이 우리 본선을 감쌌다. 태수 등은 잠시 배를 멈추

고 멀리서 쳐다보았다. 한낮이 되자 돌풍이 차츰 변하여 서북풍이 되었고, 조선인들이 곧 닻을 올리고 안파포安波浦를 출발하였다. 그들이 닻을 올리는 기술을 보니, 배 앞쪽에 수레바퀴를 설치하였는데, 그 형태나 기능이 물레 같으며, 크기가 몇 아름이었다. 뱃사람 서너 명이 그 횡목橫木의 두세 개의 발판에 올라가서 소리에 맞춰서 밟았다. 그러자 수레바퀴가 돌면서 닻줄을 감았다. 물레가 도는 데 따라서 아래 발판을 밟은 자는 주판舟板에 내려서고, 그 가운데 있는 자는 발판을 계속 밟고, 위에 있는 사람은 발판 위에 서있다. 이미 내려선 사람은 다시 올라가며, 수레바퀴가 쉼 없이 돌아서 마침내 닻이 끌려 올라오면 선수船首에 걸어두었다.

조선 닻은 모두 나무로 만들었으며, 다른 줄은 없었다. 배를 세울 때도 역시 오직 이 닻줄뿐이었다. 바야흐로 돛을 올렸는데 그 돛은 두 개다. 뱃머리 쪽에 있는 돛대는 똑바로 세워져 있고 뒤쪽에 세워진 돛대는 기울어져 있다. 기울어진 돛대의 끝은 붕정棚頂 위에 있게 되는데, 뒷 돛대의 길이는 배보다 서너 척이 길었고, 앞의 돛대는 뒤의 돛대보다 역시 서너 척이 길었다. 석범席帆[37]은 9폭이며 대나무 장대로 횡으로 가로지르게 여러 칸을 질렀는데, 마치 괘효卦爻 같았다. 평소에는 겹쳐 접어서 거두어둔다. 밧줄을 당겨 돛을 반만 올릴 때는 두세 사람이 함께 돛 줄에 매달리고, 그 반에 이르면 아래에서 그 남은 돛 줄을 배 난간에 건다. 서로 소리 지르며 당기는데, 줄에 매달린 자는 소리에 맞춰 밧줄을 당기면서 바로 갑판[樓上]으로 떨어진다. 돛이 돛대의 끝과 맞춰져서 바람을 받게 되었으나, 돛이 충분히 부풀지 않으면, 돛을 돛대 앞쪽에 걸거나 혹은 돛대의 뒤에

---

37 돗자리로 만든 돛이다.

거는데, 그 기술이 보기에도 놀랍고, 그 소리는 대단히 시끄럽다.

서천만호는 따로 작은 배를 탔으며, 항로는 '비인 땅'을 따라 가는 것이었다. 함께 돛에 바람을 받으며 빠르게 가는데, 해수는 매우 얕았다. 주사舟師는 뱃머리에 앉아서 상앗대를 잡고 물길을 살펴보다가 때때로 무슨 말을 하였다. 나는 전혀 그 말을 이해할 수 없었다. 이미 서천에 가까워져서 5리 정도의 거리가 되었다. 작은 배 5척이 돛을 달고 빠르게 와서 우리 배를 맞았다. 마쯔모토가 말하기를 "저 조선인의 배는 바람을 타고 오고가는 것을 마음대로 합니다. 다만 바람의 한 방향만 피합니다"라고 하였다.

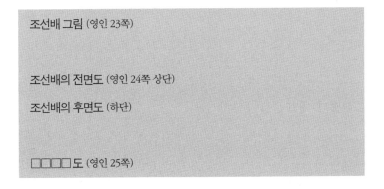

조선배 그림 (영인 23쪽)

조선배의 전면도 (영인 24쪽 상단)

조선배의 후면도 (하단)

□□□□도 (영인 25쪽)

그것을 바라보니 확실히 바람을 거슬러 운행하는 것 같았다. 해가 질 때 쯤 포구에 도착하였다. 만호가 먼저 포구에 도착해 있었다. 내가 탄 배가 닻을 내리자, 만호가 주악을 울리며, 그 속관屬官 서너 사람을 거느리고 나와서 맞이하였다. 만호가 글로써 말하기를,

"세 존공들께서는 배를 타고 이곳에 오시는 사이에 평안하셨습니까?"
라고 하여, 내가 글로써 말하기를,

"바다가 평온하여 무척 다행이었습니다. 혜은惠恩으로 말미암은 것입니다. 지금 이곳에 닻을 내린 것은 어떤 까닭이며 이곳은 어느 포구입니까? 그것을 자세히 기록해 주시면 좋겠습니다"라고 하였다. 만호가 글로써 말하기를,

"삼존공 등께서는 귀하의 배를 태우셨는데 어찌 마음에 슬프고 쓰라린 비통함이 없겠습니까? 이곳에 정박한 것은 적재한 귀하의 물건을 차례대로 옮겨 싣기 위한 것입니다. 여기는 서천 땅이며 '가야소도佳也召島'[38]입니다"라고 하였다. 내가 글로써 말하기를,

"전라도 서천의 땅입니까? 만약 이곳에서 물건을 옮겨 실으며, 다시 어디로 향해 가는 것입니까? 바닷길이 몇 리입니까?"라고 물었다. 만호가 글로써 말하기를,

"공청도 서천 땅입니다. 그리고 전라도 경계가 멀지 않습니다. 거리는 수로로 □[39]리입니다. 그러면 그곳은 만경萬頃 땅의 고군산古群山입니다"라고 하였다. 내가 글로써 말하기를,

"□□ 물품을 옮기는 일은 우리 뱃사람들에게 명령하십시오. 공들께서 마땅히 물품을 옮겨 싣는 일을 명하셔야 합니다"라고 하였다. 만호가 글로써 말하기를,

"이곳의 배는 선체가 작습니다. 그래서 배 두 척으로써 물품을 나누어 실으려고 하는데, 귀공들의 생각은 어떠하신지요?"라고 하였다. 내가 글로써 말하기를,

"비록 선체가 작더라도 작은 선체 중에서 큰 배를 선택하여 옮겨 싣는

---

38 지금의 開也(召)島로 추정된다.
39 개야도에서 고군산도까지 직선거리로 약 28km이다.

다면 배를 옮겨 탈 수 있을 것입니다. 물품이 많으니 헤아려 주십시오. 다시 한 번 부탁드립니다"라고 하였다. 만호가 글로써 말하기를,

"세 분 존공께서 귀국에서 오실 때 탄 배는 태워 버리고, 다른 배를 타시고 이곳에 오셨으니 비통하고 한스러운 마음을 어찌 말로 다 할 수 있겠습니까?"라고 하였다. 만호가 또 글로써 말하기를,

"바닷길에 마음과 배가 매우 목말랐으니 귀한 술 한 잔을 나누어 주신다면 아주 좋을 것입니다"라고 하였다.

나는 글로써 답하지 않고 바로 술을 가져 오라고 명령하였다. 언어가 원래 통하지 않아도 아마 그가 말하는 것은 우리가 배 밑바닥에 넣어둔 술통일 것이다. 그의 글에는, "깊숙이 들어있으면 그만 두셔도 괜찮습니다"라고 하였다. 내가 글로써 말하기를,

"깊숙이 들어있지 않습니다. 지금 바로 우리 선장에게 명하겠습니다"라고 하였다. 나는 이에 술을 꺼내어 마시게 하면서 글을 써서 말하기를,

"술은 있는데 안주가 없습니다. 매우 부끄럽습니다"라고 하였다.

그대가 만약 신선한 생선을 얻을 수 있는 방법이 있어서 주실 수 있다면 무척 다행이겠습니다"라고 하였다. 내가 또 글로써 말하기를,

"만호공께서 저를 배웅하려 다시 전라도 만경까지 가실 것입니까?"라고 하니, 만호가 글로써 말하기를,

"세 분 존공을 위하여 호송차 함께 전라도 만경에 가라는 명령을 받았습니다"라고 하였다.

이에 물건들을 저들의 배 두 척에 옮겼다. 우리들의 생각은 물건들을

옮기고 나면 바로 그 배로 출항하는 것이었다. 만호가 글로써 말하기를,

"지금 바로 물건들을 양 배에 나누어 실은 다음 배를 띄워 만경 땅 고 군산을 향하고 싶지만, 해가 져서 가기 어렵습니다. 그래서 내일 일어나 는 대로 바로 출항할 계획입니다. 귀하의 사람들을 양쪽 배에 나누어 재 우고자 합니다. 저는 곧 세 분과 함께 자면 좋겠습니다"라고 하였다. 내 가 글로써 답하여 말하기를,

"귀환하려는 생각은 진실로 일각이 여삼추입니다. 하루라도 빨리 동 래에 도착하고 싶은 것이 저의 마음입니다. 이 마음을 헤아려 주신다면 정말 다행이겠습니다"라고 하였다. 만호가 글로써 말하기를,

"귀공께서 속히 귀환하려는 뜻이야 어찌 없겠습니까마는 순풍에 따라 서 출항할 계획일 뿐입니다"라고 하였다. 그리고 갑자기 글을 써서 종이 를 나누어주기를 바란다고 하여, 나는 종이를 주었다. 또 글을 쓰기를,

"바람이 순조로운 것을 따르겠다는 뜻은 잘 알겠습니다. 그런데 고군 산으로 배를 운항할 때 어느 방향의 바람을 탑니까?"라고 물으니, 만호 가 글로써 말하기를,

"바람은 순풍입니다. 날이 저물었기 때문에 지금 출항할 수 없습니다 만, 바람의 방위가 서풍이면 곧 고군산으로 가는 물길이 좋을 것입니다" 라고 하였다. 내가 글로써 말하기를,

"오로지 귀환하려는 뜻이 절실하여 좀 전에 그렇게 말한 것입니다. 지 금 이 일로 우리 배의 선장 및 뱃사람과 의논하였습니다. 선장이 말하기 를 '날이 저물어 어두우므로 운항이 어렵다'고 합니다. 그러므로 귀하의 뜻과 같이 날이 밝고 동이 틀 무렵 배를 띄우는 것이 좋겠습니다. 공들께 서는 우리의 뜻을 가엾게 여겨 주시니 참으로 감사합니다"라고 하였다.

이미 배 위는 제법 편안해졌다. 이날 보려는 사람들이 몇 사람 왔다. 나는 전날부터 귀환과 배웅하는 문답으로 아주 힘들었다. 그래서 글을 쓰기를,

"우리는 오랫동안 대양의 풍파에 시달리다가 표류하여 귀국의 안파포에 도착하였습니다. 그 때부터 배안의 일이 셀 수 없이 많았습니다. 귀국의 관인들이 밤낮으로 와서 우리의 뜻을 물었고, 왼쪽으로 응대하고 오른쪽으로 답하였습니다. 붓을 들고 한 줄의 글을 쓰는 사이에, 또한 앞의 말에 대답하면 다른 질문이 이어졌습니다.

배 안의 신종과 격군 등의 일도 또한 홀로 그 일을 결정하느라, 무척 힘들고 피로하였습니다. 오늘 밤에는 다행히 교시가 있어서 이 포구에 정박하게 되었으니 다행입니다. 베개를 높이 베고 편안히 자고 싶습니다. 배의 일이 아니면 이 배에 오르는 사람들을 엄중히 단속하여 우리가 편안히 잠잘 수 있도록 명을 내려 주신다면 참으로 다행이겠습니다. 또한 이 사실을 알리고 미리 막아주실 것을 귀하께서 양해해 주신다면 정말 다행이겠습니다"라고 하였다. 만호가 글로써 말하기를,

"이 배는 이미 풍파에 시달렸으니 내버려두고, 다른 배를 골라 다른 배에 침소를 만드는 것이 좋겠습니다"라고 하였다.

이에 서천의 작은 배 두 척에 옮겨 탔는데, 한 척은 우리와 신종들이 타고, 한 척은 우리의 뱃사람들이 탔다. 만호가 바로 와서 글로써 말하기를,

"음식을 드리고 술을 권하고 싶은데, 그러지 못하니 정말 부끄럽습니다"라고 하였다. 내가 글로써 사례하기를,

"우리들의 피로를 위로하기 위하여 귀한 음식을 베풀고 싶다는 뜻을

보여주시니, 참으로 지극한 정입니다. 이미 그 마음을 받았으니, 어찌 부끄럽다 할 수가 있겠습니까? 그 두터운 마음에 감사드립니다. 정말 감사합니다. 염려하지 마십시오"라고 하였다. 만호가 글로써 말하기를, "해가 지는 시간이므로 저는 육지로 내려가서 밤을 지내고, 내일 새벽에, 만경 땅으로 함께 갈 계획입니다"라고 하였다.

조선인들은 각각 내려갔고, 배 안의 사람들은 편안하게 잠들었다. 삼경이 되었을 때, 풍랑이 일고 비가 올 것 같은 날씨가 되었다. 나는 일어나 앉아서, 뱃사람들을 지휘하여 비를 막을 대책을 세웠다. 그때 조선인 손님 세 사람이 와서 글로써 말하기를,

"그간 세 분 존공께서 편안히 주무셨습니까? 지금 이 밤중에 비가 오려고 합니다. 물건들이 물에 젖을까 걱정되어, 지금 막 이곳에 도착하였습니다. 강가에 닻을 내리면 안전하고 좋을 것입니다. 또 비를 방비하는 대책을 미리 갖추고 난 후에야 물건들이 젖을 염려가 없을 것입니다. 지금 귀공들의 선장과 격군들로 하여금 즉시 모두 덮도록 하십시오. 엎드려 빌 뿐입니다"라고 하여, 내가 글로써 말하기를,

"습한 구름과 어두운 하늘로 보아 곧 비가 오겠습니다. 배 안의 사람들은 각각 염려가 절실합니다. 이미 대책을 논의하고 있는데, 글을 보내주시니 참으로 깊은 정입니다. 교시하신 대로 닻을 들어 배를 물가로 옮기고자 합니다. 그대들 역시 이 일을 귀 격군들에게 명령하셔서 그 계획대로 할 수 있기를 바랍니다. 비를 방비하는 일은 곧 덮개를 덮는 데 있습니다. 돗자리 22장을 귀하의 사람들에게 남겨두라고 명령해주시면, 저는 뱃사람들을 시켜 덮도록 하겠습니다. 오로지 귀하가 염려해 주신 대

로 따를 뿐입니다. 그렇게 아십시오"라고 하였다.

> 서천군, 용수산, 안파포, 가야소도, 비인현, 군산은 군산 창사(倉使)가 머무는 곳이다. (영인 26쪽)

그 세 사람이 내 글을 보고, 배를 돌려 돗자리를 싣고 왔다. 또한 닻을 올리도록 지시하였다. 나는 신복들에게 명하여 선장 등의 배에 전하여 함께 닻을 올리고 포구에 가까이 가라고 하였다. 저들이 또 글로써 말하기를,

"물건을 덮는 일은 비가 오면 즉시 하십시오. 또한 우리 격군들의 말을 들으니 배의 닻줄이 부실하다 합니다. 귀하의 배에 닻과 닻줄을 나누어 주어서, 같이 내린다면 풍랑의 두려움이 없을 것입니다"라고 하였다. 내가 글로써 말하기를,

"날씨가 개려고 합니다. 잠시 비가 오는지 개는지를 보는 편이 좋겠습니다. 만약 비바람이 치면, 부탁하신 닻과 줄을 바다에 내리겠습니다"라고 하였다. 저들이 글로써 말하기를,

"날씨가 비가 오지 않고 개면 다행입니다. 그러나 닻과 줄을 나누어 주실 것을 기약해주신다면 피차에 좋을 것입니다"라고 하였다.

돗자리와 닻과 줄을 갖춘 후에 검은 구름이 남쪽으로 몰려가고, 북두성이 밝게 빛났다. 내 마음도 점점 편안해졌다. 손님 역시 편안히 생각하는 듯하였다. 저들이 글로써 말하기를,

"우리는 뭍으로 내려 돌아갑니다. 새벽을 기다려 올라올 작정입니다. 그때까지 세 분 존공께서 다시 평안히 지내십시오. 닻과 줄은 귀하의 말

씀대로, 만약 비바람이 심하고 거칠 때 즉시 우리 배의 격군에게 주시면. 곧 바다에 내리겠습니다"라고 하였다. (나는 답한 글을 잃어버렸다.)

『조선표류일기』 권5 끝

『조선표류일기』권6

7월 27일~8월 7일

7월 27일 아침, 서천 만호가 속관을 거느리고 음식 및 쌀가마니를 싣고 와서, 글로 말하기를,

"밤새 평안하셨습니까? 저는 비바람이 순조롭지 않았기 때문에 심히 염려 되어서 전혀 단잠을 잘 수 없었습니다"라고 하였다. 그는 또 글로 말하기를,

"제가 양미糧米를 가지고 왔는데 단지 다섯 말뿐입니다만, 확인하고 받으십시오[考捧]. 호박 세 개도 드립니다"라고 하였다.

또 글로 말하기를,

"이제 쌀가마니를 헤아려서 지급하니,[1] 배의 선장으로 하여금 확인하고 받도록 하는 것[考捧]이 어떻겠습니까?"라고 하였다.

---

1 원문은 給計料이다. 計料는 일정한 기준에 따라 지급하는 糧料이고, 給은 지급한다는 뜻이다. 『변례집요』등에 "而下船宴 鄕接慰官梁山郡守設行時 以無進上 不行肅拜 直往宴廳 以吊死致賻 一依差倭之言 不爲動樂 所呈書契二度 上送該曹 致賻物種 卽爲捧出 照檢單子 渰死各人屍親及生還各人處 分給計料事啓 無回下"등의 용례가 보인다.

내가 글로 답하기를,

"쌀 16가마니 중에서 2가마니는 안파포安波浦에서 받은 것입니다. 26일과 27일의 쌀은 이미 수령하였습니다. 금일 은혜롭게 주시니 너무 많이 주시는 것 같습니다. 그렇지 않습니까? (그의 답서는 지금은 잃어버렸다.)"라고 하였다.

서천 만호가 글로 말하기를,

"이제 출발하여 떠나려고 하시니 마음으로 몹시 얼굴을 마주하고 싶어서[面晤] 주안상을 차렸습니다. 음식이라고 할 것은 없으나 드셔보십시오"라고 하였다. (내가 사례한 글의 원고는 지금은 잃어버렸다.)

찬은 다섯 가지인데, 한 가지는 면이고, 한 가지는 돼지고기이고, 한 가지는 수박이고, 한 가지는 대추이고, 한 가지는 감이었다.

만경(萬頃)의 지도 : 그린 곳은 고군산에서 10리[2] 정도되는 곳이다.

고군산 (영인 27쪽)

식사가 끝나고 배가 떠나려고 하는데, 그가 글로 말하였다.

"우리 관장官長들은 각각 배를 타고 다음 장소까지 호송할 것인데, 다른 배는 돌아가는 것을 양해하여 주십시오."

만호 및 속관들은 다른 배를 탔으며, 3척의 배는 함께 닻줄을 풀고 돛

---

2 원문은 一里로 되어 있다. 『조선표류일기』에서는 조선의 里와 일본의 里가 함께 쓰이고 있다.

을 올렸다. 만호는 주악을 울리며 먼저 포구에서 출발하였다. 바람은 동북에서 불었고 배는 남쪽으로 항해하여, 해협을 지나자 서쪽은 곧 서천군이고 동쪽은 군산이었다. 양안 사이의 거리는 10리 정도이었는데, 군산 곧 군산 창사倉使가 머무는 곳이었다. 정북쪽은 비인 땅과 연결된다고 하였다. 배가 해협을 지나서 겨우 10리 정도 갔는데, 이미 서천 땅을 벗어났다. 군산의 동북쪽으로는 산줄기가 끊임없이 이어져 있고, 섬과 섬도 서로 이어져 있었다. 동남쪽은 바로 대양이며, 다만 작은 두 섬이 있었다. 돌아보니 서천 쪽에는 높은 산이 줄지어 있었는데, 구름을 두른 것은 서천군의 용수산龍垂山이었다. 배가 동남을 향하여 10리 남짓 가고 있는데, 내가 탄 배의 앞 돛의 밧줄이 끊어지고 자리가 떨어졌는데, 히다카日高의 양산凉傘이 파손되었다. 밧줄은 썩어서 다시 사용할 수 없었다. 뱃사공은 이내 뱃머리 위에 있던 흰 기를 들어 만호의 배를 불렀다. 우리 뱃사람이 배에 타자 곧 돛을 기울여 바람을 받지 못하게 하자 멈추었다. 만호도 곧 배를 돌렸다.

와서 내가 비축해 둔 밧줄로써 대신할 수 있게 해달라고 청하였다. 뱃사람舟子은 곧 밧줄을 허리에 묶고 돛대로 올라갔는데 가볍고 빠른 것이 輕捷 마치 원숭이 같았다. 마침내 돛을 걸고 항해하였다. 세 척의 배는 서로 앞서거니 뒤서거니 하면서 가는데, 드디어 만경 땅이 보였다. 포구는 서남쪽으로 열려 있었기 때문에 배를 돌려서 북쪽을 향하여 들어갔다. 미시未時가 지나서 고군산에 도착하여 닻을 내렸다. 서천으로부터 수로의 거리는 70리라고 하였다. 만호가 와서 글로 말하기를

"그 동안那間 이동하는 사이에 배멀미 없이 편안히 오셨습니까? 여기는 바로 만경 땅 고군산입니다. 잘 알아두십시오"라고 하였다.

포 내에 작은 배들이 노가 닿을 듯 많았고, 구경꾼이 구름같이 몰려 왔으며 또 배에 올라타기도 하였다. 내가 글로 말하였다.

"배의 밑 부분에 적재된 물품들이 스며든 물에 젖을까 염려됩니다. 용무가 없는 사람들이 배에 타는 것을 금지하는 것이 어떻겠습니까?"

만호는 바로 손을 흔들어 금지했다. 조금 있다가 포구에 관인 한 사람이 가마를 타고 왔는데, 푸른 일산은 펴고 깃발을 세우고 대열을 갖추고 주악을 울렸다.

보졸步卒은 무릇 오륙십 인이고 악인은 □인이었는데,

> 고군산 지도 : 포 내는 동서로 8정(町)[3] 정도이며, 남북으로는 10정 남짓이고 바닷물은 깊었다. (영인 28쪽)

□□ 공작 꼬리깃털을 세운 갓을 쓰고. 보졸은 채찍과 몽둥이를 들고 있었다. 그 관인은 몇 사람을 거느리고 우리 배 위舟上에 이르렀는데, 자리가 정해지자, 내가 글로 말하였다.

"여러분 처음 만나 뵙게 되어 반갑습니다. 평온하심을 기원합니다."

히다카日高와 카와카미川上는 병이 나서 옆에 누워있었으므로, 내가 히다카의 말을 글로 썼다.

"두 사람 중 한 사람은 습창濕瘡을 앓고 있어서 앉을 수 없고, 한 사람은 습리濕痢로 접견을 감당할 수가 없습니다. 삼가 마땅한 예를 갖추지

---

3 町은 60間으로 약 109m이다.

못함을 양해해 주시기바랍니다."

그가 글로 말하기를,

"의당 먼저 그대들이 평안한지를 물었어야 하는데, 와서 삼가 이 글을 보게 되니, 주인과 손님의 도리[主客之道]가 실로 크게 어긋났습니다. 그 대의 일행이 모두 평안하게 이곳에 도착하였음을 알게 되어 참으로 안심이 되고 기쁘게 생각합니다. 그런데 하물며 여러분들이 습리로 누워 계신다고 하니 참으로 놀랍고 염려스럽습니다. 금일 이후로는 함께 자고 함께 이동하여 정을 돈독하게 하겠습니다. 한 번의 글로 다 쓰기 어렵습니다"라고 하였다.

내가 글로 말하기를,

"저의 평안함을 기뻐해 주시니 참으로 감사합니다. 다른 두 사람의 병환에 대해서는 심려를 거두십시오. 여러 날 동안 비인태수공이 불쌍히 여겨서 은혜를 베풀어 주셔서, 증상도 완화되고 차도가 있습니다. 또한 금일 이후 같이 자고 같이 가시겠다는 말씀을 들었습니다. 우리들이 표류하다가 조선貴國에 이르렀고, 그 때문에 크게 은혜를 입었습니다. 창졸간이라 마음의 뜻을 다 전하지 못하겠습니다"라고 하였다.

내가 또 글로 말하였다.

"처음 뵙겠습니다. 우리의 성명을 자세히 알려 드리겠습니다. 히다카 요이치자에몬 요시모토日高與一左衛門義柄, 카와카미 히코쥬로 치카나카川上彦十朗親誅, 야스다 키토타 요시카타安田喜藤太義方, 선장 마츠모토 칸에몬松元勘右衛門 외 21인입니다. 감히 묻겠습니다. 귀공의 관직 및 성명은 어떻게 되는지 상세히 써주시면 좋겠습니다"라고 하였다.

그가 글로 말하였다.

"그대의 성과 본향을 묻고 싶었으나 감히 묻지 못하고 있을 때 알려주시니, 감사하고 고마워서 할 말이 없습니다. 나의 관직과 성명은 다음과 같습니다.

가선대부嘉善大夫 동지중추부사同知中樞府事 행고군산진수군첨절제사行古群山鎭水軍僉節制使 조대영趙大永."

내가 서천만호의 성명을 물었다. 만호가 글로 말하기를,

"공청도公淸道 서천진舒川鎭 만호 박태무朴泰茂입니다"라고 하였다.

내가 글로 말하였다.

"삼가 귀공들의 관직과 성명은 알게 되니 매우 반갑습니다. 매우 반갑습니다"라고 하였다.

조대영이 글로 말하였다.

"성명을 알아서 매우 다행한 것은 저도 마찬가지입니다."

내가 글로 조대영에게 말하였다.

"배가 출발을 하거나 출발하지 못하는 것은 오직 귀공의 뜻에 있을 달려있을 따름입니다. 서천진의 배 두 척에 적재된 물품이 매우 많습니다. 이곳에서 타야 할 배에 그것들을 옮겨야 한다면 또한 금방 끝나지 않을 것입니다. 빨리 옮기는 것이 어떻겠습니까? 이 또한 귀군의 교시를 간청할 뿐입니다."

조대영이 글로 말하였다.

"말씀하신 일은 당장 짐을 싣고 동행하고 싶지만, 귀공의 적재한 물품을 실을 배가 다른 고을에서 아직 오지 않아서 기다리고 있는 까닭에, 사람을 보내어, 마땅히 도착해야 할 그 고을에 독촉하였습니다. 잠시 기

다려 주십시오. 우리 진에 오셨으니 잘 호송해 드릴 것입니다. 잘 헤아려 주십시오."

내가 글로 말하였다.

"교시에 따르겠습니다. 오직 귀하의 뜻과 같다면 같습니다. 편안하게 생각하고 기다리겠습니다."

조대영이 글로 말하기를,

"만약 곧 출발할 수 있는 상황이라면 곧 귀공께서 어찌 한 시라도 우리 진에서 지체遲延할 수 있겠습니까? 또한 편안한 마음으로 기다리시겠다는 네 글자로 말씀하시니, 감사하기 그지없습니다"라고 하였다.

조금 있다가 건장한 사람이 두 시동을 거느리고 배 위로 올라왔다. 내가 설탕을 숟가락으로 떠서 주고 글로 말하기를,

> 조선인은 버선에 칼, 붓, 먹, 종이를 꽂았다. 높은 관인들은 그렇지 않으며 하급 관리, 지방의 관리 등 일반적인 선비는 종종 이와 같았다. (영인 29쪽 상단)
>
> 가선대부(嘉善大夫) 중추부사(中樞府事) 행고군산진(行古群山鎮) 수군 첨절제사(水軍僉節制使) 조대영(趙大永) 그림 : 대영은 오직 의복을 단장할 줄만 알았다. 이 그림은 처음 만났을 때의 의복이다. 속에 입은 옷은 평상시에 조선인들이 입는 난수(煖袖)[4]이며, 겉옷은 남색의 무

---

4 暖袖로도 표기하며, 솜을 넣어 방한성을 높인 옷이라는 뜻으로 생각된다. 그러나 계절적으로 솜으로 누빈 옷을 입었는지는 의문이다. 그림 속에서는 붉은 소매 안에 입은 흰 옷에 해당한다.

느가 있는 얇은 비단옷[5]을 입었고, 소매는 붉은 무늬의 비단이고, 패자[6]는 물색으로 가볍고 얇은 비단이다. 후일에 대마도[對州]의 관리에게 물어 보았는데, 말하기를 예복(禮服)이 아니고 아마도 야복(野服)이며, 또한 달복(韃服)[7]이라고 하였다. (하단)

"일본에서는 사탕[8]이라고 말합니다. 맛을 보라고 드리는 것입니다. 한 바다 가운데서 역풍으로 어려움을 겪으면서 적재된 많은 물품을 바다에 던졌고, 또한 타고 온 배는 불태워서 남아 있는 물품이 거의 없습니다. 이를 너그러이 헤아려주십시오"라고 하였다.

대영이 글로 말하였다.

"일찍이 귀국 설탕의 품질이 매우 좋다고 하는 것을 들은 적이 있습니다. 생각지도 못하게 오늘 그대가 주신 설탕을 맛보게 되었습니다. 입속에 조금 머금었는데 심신이 상쾌합니다. 대단히 감사합니다. 감사한 마음이 그치지 않습니다."

그 젊은 사람과 아이는 모두 용모가 매우 대영과 닮았기 때문에 글로 물었다.

"귀군貴君의 친족이 아닙니까? 용모가 귀군과 매우 닮아서 여쭈어 봅니다."

---

5 원문에서는 紋紗로 되어 있다. 紗는 속이 비쳐 보일 정도로 얇은 비단이고, 紋은 무늬가 있다는 뜻이다. 그림으로는 어떤 무늬가 있는지 확인할 수 없다. 활동하기에 편하도록 소매가 좁게 만든 무관들의 정장을 협수(挾袖)라고 한다. 협수는 종종 붉은 소매를 달았는데, 이 부분을 홍수(紅袖)라고 하며, 조대영의 그림에도 홍수가 보인다.
6 원문은 衿衣이다. 협수(狹袖)라는 붉은 소매가 달린 옷 위에 걸쳐 입은 소매없는 옷이다.
7 달리 용례가 보이지 않으나, 군복을 뜻하는 것으로 생각된다. 조선 관인의 정복을 융복(戎服)이라고 하였으므로, 그와 관련이 있는 것으로 보인다.
8 설탕을 일본에서는 현재도 사탕이라고 한다.

대영이 글로 답하기를

"그 아이들은 과연 제 아들입니다. 먼저 용모를 보면 인륜을 알 수 있지만, 기氣는 서로 다릅니다"라고 하였다.

대영은 또 옆에 있는 관리로 하여금 대신하여 글로 말하게 하였다.

"먼저 그대의 얼굴을 보고, 다시 그대의 글을 보니, 품은 뜻이 통하였습니다. 해외에서 상봉한 정의 교밀함이 옛 친구와 다르지 않다고 말할 수 있으니 이는 천만 다행입니다. 다른 두 분께서 고통을 겪는 것 같아서, 위로하며 가련하게 생각합니다. 그런데도 혜은을 보여주시니, 어찌 과연 말로 할 수 있겠습니까? 나는 현기증이 나고 손이 떨리는 병이 있어서, 다른 사람으로 하여금 말을 전하게 할 따름입니다.[9] 말하고자 하는 것을 모두 적을 수 없음을 대단히 한탄스럽게 생각합니다"라고 하였다.

대영이 술과 안주를 가지고 와서 주었다. 대영이 글로 말하기를(이 역시 다른 사람이 글을 쓴 것이다. 이하도 그와 같다.),

"변변치 않은 술이 몇 잔이 있으니, 함께 맛을 보았으면 합니다. 이르자면 옥과 같은 귀한 선물을 받고[10] 모과로 보답하는 꼴입니다"라고 하였다.

내가 글로 감사하기를,

"한 잔 술로 지극하신 정을 보여주시니, 맛과 향이 지극히 좋아서 비 갠 후의 달과 맑은 바람을 맞이한 것 같습니다"라고 하였다.

대영이 글로 말하였다.

---

9 원문은 口拈이다. 입으로 읊조린다는 뜻이다.
10 원문은 瓊琚이다. 모두 옥을 뜻한다.

"변변찮은 술과 산채로 그대의 맑은 속을 더럽힐까 걱정하였는데, 이렇게 과분한 칭찬을 해주시니, 도리어 참으로 부끄럽습니다. 또한 공무가 많아서 부득이 진으로 돌아가야 합니다. 타고 가실 배들이 도착하면, 다시 와서 출발하겠습니다. 밤 사이에 편안하게 지내십시오."

박태무가 글로 말하기를,

"나는 즉 서천本土으로 돌아가야 하지만, 물품을 옮기지 못했기 때문에 육지에 잠시 머무르기 위하여 배에서 내려가니 양지해 주십시오"라고 하였다.

내가 글로 말하였다.

"여러 가지로 그대의 마음을 수고롭게 하고 있습니다. 여러 모로 대단히 감사합니다. 그리고 물품을 옮기는 일을 해가 지기 전에 마칠 수 있도록 부탁드립니다. 귀군 또한 이 계획에 동의하신다면, 매우 다행입니다."

태무가 글로 말하기를,

"이미 이곳에 왔으니, 곧 물품을 옮기는 것을 빠르게 하거나 빠르게 하지 못하는 것은 모두 고군산 첨사의 처분에 달려있습니다. 저는 물건을 옮겨 실으면 돌아가게 되었음을 알려드리겠습니다"라고 하였다.

대영이 먼저 떠난다는 말을 하고 돌아간辭歸 후에 서천만호도 돌아갔다. 우리는 배를 나란히 붙여 놓았다. 한 조선 선비가 와서 필담을 하였다. 그는 전일에 서천으로부터 우리 배를 타려고 왔다고 하였다. 나는 이에 술을 권하였다.

그가 글로 말하기를,

"귀군은 불행하게 우리나라에 표류하였습니다. 대접이 좋지 않아도 책망하지 마십시오. 또한 귀국의 술을 마셨는데, 천일주天日酒[11]보다 훌륭하여 내 마음이 맑아져 신선이 된 것 같은 기분입니다. 어젯밤의 등촉은 무엇이기에 밤새 꺼지지 않았습니까?"라고 하였다.

내가 글로 답하여 말하기를

"촛불이 아니고 이것은 종자유種子油이기 때문에 꺼지지 않았습니다"라고 하였다(사실은 채유菜油이다. 그런데 내가 창졸간이라 우리말로 답하였다. 그리고 그는 아마도 종種이라는 글자에서 끊어 읽고, 자子라는 글자의 뜻을 물었을 것이다. 지금은 도리어 우스개 소리를 한 것처럼 느껴진다).

그가 글로 말하기를,

"자라는 글자의 뜻을 모르겠습니다"라고 하였다.

내가 글로 말하기를,

"아들 자는 이어간다는 뜻과 다음이라는 뜻을 가지고 있습니다"라고 하였다.

그가 글로 말하였다.

"자유子油는 우리나라에 없습니다. 혹시 귀인의 짐 속에 들어있는 것 중에 환국하실 때 남아 있는 것이 있어서 초 한 자루를 주신다면, 곧 저의 북당北堂 전에 가서 만수무강을 하례[12]드리고 싶습니다. 삼가 바랍니다. 삼가 바랍니다. 북당은 즉 저의 부모님이 계신 곳입니다."

내가 글로 말하기를,

"그대가 부모님 집에 자유子油,菜油 등촉을 가지고 밝히고자 하시니 진실로 그 뜻에 감동이 큽니다. 저에게 자유가 여분이 있습니다. 내일 그것

---

11 멥쌀을 흰무리 찌듯 쪄서 식힌 뒤에 누룩가루를 섞어 물을 넣어 익힌 술을 말한다.
12 원문에는 駕로 쓰여 있고, 주석으로 賀의 오자일 것이라고 하였다(駕蓋賀之訛).

을 아랫사람에게 명을 내려 가져오도록 하여 드리겠습니다"라고 하였다.

그가 글로 말하기를,

"귀하께서 다른 사람의 부모님에 대한 마음까지 헤아려, 자유를 내일 내려주시겠다고 하시니 마땅히 백번 은혜에 감사드립니다. 저는 귀인께서 순풍을 타고 귀국하셔서 군주에게 충성하고, 아버지에게 효도하여 만세에 전해지기를 하늘에 축원하겠습니다"라고 하였다. 나는 이에 충신 아래의 몇 자에 권점圈點을 찍었다. 그리고 또한 글로 쓰기를.

"군주에게 충성하고 아버지에게 효도하는 것은 신하와 자식의 본분입니다. 비록 나라와 지역이 다르다고 해도 천지의 지극한 이치의 근간입니다. 오로지 도를 지키기를 바랍니다. 길이길이 축원하겠습니다"라고 하였다.

내가 그의 성명을 물으니, 그가 "성은 송宋이고, 이름은 흠재欽載[13]입니다"라고 하였다. 나 역시 성명을 써서 보여주었다.

송흠재가 시를 썼는데 그 내용은 다음과 같았다.

까마귀를 노래하다(咏鳥)
서늘하고 상서로운 기운이 스쳐서 한 밤에 일어나니
도를 전하는 푸른 노새가 인주(釼州)에 이르렀네
백발의 신선이 학을 타고 재촉하여
강 위에 다리를 만들어 우마를 보냈는데

---

13 송흠재는 은진 송씨로 欽이 항렬자이다. 『錦谷集』·『立齋集』에 그의 이름이 보인다. 송흠재는 문집을 남기지 않았으나, 그가 교유한 사람은 宋來熙, 宋近洙 등이 있다.

남쪽에서 온 그림자는 밝고 따뜻한 해를 띠었으니

북으로 날아가서 가네 적벽의 배

목을 길게 빼고 올해는 선비를 사랑하리

고소(姑蘇)에서 씻기를 마치고 회계(會稽)에 이르네

조선 까치(鵲)도 : 안파포에서 가장 많이 보였다. 언덕 기슭이나 뜰의 나무 같은 데서 서식하고, 사람들을 무서워하지 않으며, 형상은 큰 할미새 큰 것과 같다. 소리는 마치 겨울날 꾀꼬리처럼 우는데, 꾀꼬리보다는 소리가 조금 크다. 안파포를 나서자 까치는 볼 수 없었고, 서천에 이르러 곧 까마귀를 볼 수 있다. 전라도 고군산에서도 역시 끝내 까치는 볼 수 없었고, 단지 까마귀만 있었다. 가슴은 희고, 목이 짧다. (영인 30쪽)

내가 말하기를,

"이 시는 진실로 인간 세상으로 내려온 신선의 재주인데 누가 지은 것입니까?"라고 하였다.

흠재가 말하기를,

"조선의 진사인 송익진宋益鎭[14]의 풍월입니다"라고 하였다.

내가 말하기를,

"훌륭합니다. 훌륭합니다. 대단한 시인입니다. 마음에 듭니다"라고 하였다.

흠재가 말하기를,

---

14 송익진은 1795년(정조 19년) 6월 30일 충청도 유생들이 올린 상소문에 이름이 보인다.

"귀국의 풍월 한 수를 듣고자 합니다"라고 하였다.

나는 즉시 글로 말하였다.

"내 친한 벗들 중에 문예에 능한 몇 사람이 있습니다. 그 작품을 다 기억할 수 없지만, 마침 한두 수를 기억합니다"라고 하였다.

> 달밤에 거문고 소리를 듣는다.
>
> 춘성(春城) 밝은 달은 화림(花林)을 비추고
>
> 어느 높은 누각에서 옥금을 타는가
>
> 가락 속에 속세를 떠난 이의 마음 들리고
>
> 산수의 맑은 소리를 더욱 깊게 하누나

이 시는 소노다 미노루園田實賓, 자는 자덕子德이라는 사람이 지은 것입니다. 자덕은 젊은 나이에 요절하였습니다.

> 전과 같다.
>
> 앳된 여자가 화장을 마치니 도리어 생각이 깊어지는 듯
>
> 목단화 아래에서 거문고를 안고
>
> 무단히 다시금 춘성(春城)의 달을 향하여
>
> 슬피 이별하는 학의 울음소리를 한없이 켜네

이것은 벗의 시이며, 무라 유키모토邨行本 자는 민덕敏德이라는 사람이 지은 것입니다.

내가 설탕을 맛보게 했더니, 흠재는 시로써 사례하였다.

산하는 비록 다르지만

약물(藥物)은 어찌 다르겠는가

먹는 것에는 귀천이 없으니

맛을 함께 나누는데 무얼 꺼리랴

이별시 서천 사람 송흠재(宋欽載)

계곡물 앞에 두고 헤어짐을 애석해 하니

대마도[15] 구름 만리

위의를 갖춘 일본인 세 사람

세상에서 빼어난 남자

귀인의 답을 듣기를 원합니다.

내가 바로 글로 말하였다.

조선국 서천인 송흠재가 준 시에 답하여 짓다

영원히 헤어지려니 바다와 산을 구별하기 어렵구나

높은 노래 소리에 고군산에도 점점이 구름

수심의 정으로 가을바람 부는 저녁에 나를 보내니

---

15 岱馬島로 되어 있다.

돛 달고 근심 없이[16] 일본으로 돌아가리

기묘년 7월 27일 사쯔마국 사무라이 야스다 요시카타(安田義方) 지음.

또한 차운次韻하여 시를 지어 주었다.

동북의 먼 곳에서 이별을 재촉하네
물안개 자욱한 길 실로 천리만리
기우로 만난 위엄과 의로움을 갖춘
문채 좋은 이 남자

송흠재가 글로 말하기를,
"만리 먼 길 평안히 돌아가시기를 기원하고 희망합니다"라고 하였다.
(나의 답서를 잃어버렸다.)

28일, 식전에 고군산 첨사僉使와 서천 만호萬戶가 함께 와서 만호가 글로 물었다.
"세 분께서는 지난밤에 평안하셨습니까?"라고 하였다. (나의 답서는 잃어버렸다.)
내가 첨사 조대영에게 말하기를,
"밤사이 귀공의 태평을 삼가 축하드립니다"라고 하였다.
대영이 말하기를,
"앞에 보낸 글에서 양진兩鎭의 수장과 함께 세 분께서 밤사이 태평하셨

---

16 원문에는 虫＋恙으로 되어 있으나 恙으로 해석하였다.

는지 여쭈어 보았습니다만, 혹시 일의 이치에 어긋남이 없었는지요? 오로지 여러분께서 편안하게 주무셨다면 기쁘겠습니다"라고 하였다.

내가 말하기를,

"두 분이 질문하신 것을 알지 못하겠습니다. 별도로 삼가 여쭤보겠습니다. 밤사이 세 사람은 별다른 일이 없었습니다. 기다리던 귀국의 배는 왔습니까?"라고 하였다.

조대영이 말하기를,

"어제 그대 일행이 무슨 일로 인하여 몇 월 며칠 몇 시에 어느 곳에 표류하여 도착하였는지 그리고 물 위에서 여러 날 고달프고 힘들지는 않았는지를 묻고 싶었습니다. 그래서 이제 실상實狀을 청합니다. 그간의 일을 일일이 소상하게 교시하여 주십시오. 배는 반드시 오래지 않아 도착할 것으로 생각합니다"라고 하였다.

나는 즉시 붓을 들어 표류한 과정을 급히 썼다.

대영이 말하기를,

"처음 답한 것과 지금 답하는 것에 터럭만큼이라도 착오가 있으면, 진의 장수가 그 죄를 덮어쓰니 정녕 오직 군께서 정신을 다하고 기운을 가다듬어 상세하게 기록하여 보여주시기만 삼가 바랍니다"라고 하였다. 내가 알았다고 하였다.

대영이 말하기를,

"귀하의 궤짝에 반드시 일기가 있을 것이니, 지금 서로 비교해가면서 기록하는 편이 좋을 것 같습니다"라고 하였다.

내가 말하기를,

"물론 일기가 있습니다만, 고생한 상황을 아직 잊지 않고 있습니다"라고 하였다. 대영이 말하였기를,

"기록한 후에 서너 번 자세히 살펴보시고, 만일 빠지고 누락된 글귀가 있으면 덧붙여 써넣어, 처음에 잊어버리고 나서 뒤에 후회하는 일이 없도록 하십시오"라고 하였다.

나는 답하는 글의 초고를 작성하지 않고, 직접 써서 보여 주었다.(그 글은 곧 히다카가 곁에서 그 내용을 필사하였다. 표류한 과정과 안파포에서 쓴 것의 내용이 거의 같으므로 여기에서는 생략한다.)

또 글로 말하기를,

"귀하의 요청에 따라 표류에 대하여 글을 썼으나, 그 내용이 전일에 안파포에서 쓴 것과 다르더라도 이를 허물하지 마십시오. 일의 정황에는 터럭 끝만큼도 다르거나 어김이 없습니다"라고 하였다.

잠시 후 조선인이 어린아이를 데리고 왔다. 대영이 말하기를,

"이 아이는 나의 다섯째 아들로 이곳에 아버지를 따라왔습니다. 학질로 피골이 상접하며, 마음이 딱하기 짝이 없습니다. 그대가 마땅한 약을 아신다면 가르쳐 주시기를 바랍니다"라고 하였다.

내가 말하기를,

"장수하시고 아들이 많은 것은 참으로 경하할 만합니다. 다만 학질虐疾을 귀군께서 염려하고 있는 것을 알겠습니다. 만약 학질에 듣는 약을 쓰는 방법을 안다면 알려드려서 만분의 일이라도 도와드리고 싶습니다. 그러나 그 약의 처방법을 알지 못하니, 참으로 스스로도 한스럽습니다.

비록 그렇지만 우리나라 민간에서는 일반적으로 학질에는 즉 하천에 있는 뱀장어를 불로 볶은 다음 인삼 가루를 조금 넣어서 간장으로 조리하여 먹거나 혹은 장어에 발라서 공복 때 계속 복용하면 효험이 있다고 합니다. 다만 마음이 간절해서 부족하지만 쓴 글입니다. 의가醫家에 속하는 사람들이 논하는 바는 아닙니다"라고 하였다. (나는 창졸간에 학질 학瘧을 허虛로 잘못 읽었기 때문에 답한 내용이 이와 같았다.) 나는 뱀장어의 형상을 그림으로 그려서 보여주었다.

대영이 말하기를,

"아버지에게 아들을 칭찬하면 아버지는 당연히 좋아하는 법입니다. 그대는 이 이야기를 꼭 실천해 보십시오. 또한 약물을 그리고 또 써주시는 것으로 오늘 밤을 마치고자 합니다. 그대의 소상함에 감탄하면서, 반드시 이것을 시험해 볼 것입니다. 아이의 병이 차도가 있으면 더욱 감사하여 끝이 없을 것입니다"라고 하였다:.

나는 또 도미, 말, 닭을 그려서 그 아이에게 주었더니 아이는 매우 좋아하였다. 또 조선인 한 사람이 있었는데, 글로 말하기를,

"아홉 살의 아이가 처음에는 경풍驚風을 앓고 있었는데, 지금은 경풍은 벗어났으나, 위태로워 죽음의 지경에 이르렀습니다. 혹시 귀군께서 약이 있으면 주셔서 사람의 목숨을 구해 주신다면, 매우 감사하겠습니다. 또 혹시 우황牛黃이 있습니까?"라고 하였다.(나는 답서를 잃어버렸다.)

내가 (대영에게) 말하기를,

"카와카미川上가 오랫동안 이질로 병환 중에 있습니다. 그러므로 뜸뜨는 약쑥을 청하는 바입니다. 만약 이미 법제를 해서 바로 사용할 수 있는 약쑥이 있으시다면 은혜로이 지급해 주시기 바랍니다. 저희들에게

매우 다행한 일이겠습니다"라고 하였다.

대영이 말하기를,

"배가 반드시 오래지 않아 도착할 것으로 생각합니다. 도착하면 무엇 때문에 한시라도 배로 이동하는 것을 지체하겠습니까? 이 일은 내가 임의로 주관[17]할 수 있는 것이 아닙니다. 양해하시고 잠시 기다리십시오. 청하신 약쑥은 이곳에서 생산되지 않기 때문에 드릴 수 없습니다. 한탄스러울 뿐만 아니라, 부끄럽기 그지 없습니다만 어찌 할 도리가 없습니다"라고 하였다.

또 말하기를,

"업무에 관한 것이 있어서 부득이 진으로 돌아갑니다. 업무를 마친 후 돌아오겠습니다. 오직 모두 편히 계시기만을 바랍니다"라고 하였다.

대영과 태무가 각각 돌아갔다. 잠시 후 작은 배 서너 척이 노를 저어 앞다투어 와서 우리 배에 붙었다. 조선인은 담장처럼 둘러서 있었고 언동은 시끄러웠다. 어떤 자는 우리 배로 올라왔다. 이에 하인들로 하여금 그들을 막게 하였는데, 멈추지 않아서 나는 종복인 곤자權左[18]에게 명령을 내리기를,

"노를 들고 저자들을 때려라"라고 하였다. 곤자는 이 소리를 듣고 노를 들고 강하고 씩씩한 기세로 휘둘렀더니, 조선인들은 그들의 배로 도망쳐 달아났다. 곤자는 그들을 좇아가서, 뱃전에 서서 노를 휘두르며 소리를 질렀다. 조선인은 청색 옷에 소매는 넓었는데, 모두 선미船尾에서

---

17 원문은 主章으로 되어 있다.
18 權佐의 잘못으로 생각된다.

두려워하며 위축되어 있었다. 조선인의 배가 모두 물러갔다.

12시 무렵에 태무가 대영의 글을 가지고 왔다. 그 글에서 말하기를,
"낮 동안 모두 별일 없으셨습니까? 위로하고 근심하는 마음이 적지 않습니다. 저(대영)는 점열해야 할 일이 있어서 이곳에 와 있습니다. 지척인 수륙水陸에 있으면서 배로 갈 수 없었습니다. 이에 저를 대신하여 몇 자 글을 보냅니다. 타고 가실 배가 여전히 도착하지 않고 있어서 이로 인하여 귀하의 출발이 밤을 지나야 하게 되었으니 걱정이 됩니다만 알아두시기 바랍니다. 여러분들께서 근심스럽고 혼란스러우시겠지만, 내가 간여할 수 있는 일이 아닙니다. 주인과 손님된 도리로, 어찌 마음이 편할 수 있겠습니까? 오로지 여러분들께서 편안히 쉬시기를 바랄 뿐입니다"라고 하였다.
태무가 말하기를,
"그 사이 평안하셨습니까? 귀공의 물품을 속히 옮겨 실으려 하였으나, 이곳 진의 첨사가 배가 준비되지 않았으므로, 아직 일을 주고받아 넘겨주지 못하였습니다. 한탄스러운 일입니다"라고 하였다.
또 말하기를,
"이곳 진의 수장이 배를 준비하여 오길 기다렸다가 옮겨 실을 계획입니다. 양지하여 주십시오. 만호인 저는 육지에 내려서 기다렸다가 배가 온 다음에 가겠습니다. 잠시나마 편안하시길 바랍니다"라고 하였다. (나는 답서를 잃어버렸다.)

만호가 돌아갔고, 밤이 되자 송흠재가 와서 은근하게 글로 말하였다.

"방금 첨사와 만호는 이 도의 옥구현沃溝縣에서 오는 배를 기다려 짐을 옮겨 실으려 하고 있으며, 이곳의 관인들이 바다 위에서 오래도록 분주합니다."

내가 글로 말하기를,

"그 말을 들으니 더욱 안심이 됩니다. 대단히 감사합니다"라고 하였다. (내가 필담을 나누었는데, 지금은 그 글을 잃어버렸다.)

흠재가 말하기를,

"저희 집은 가까우니 염려 하지 마십시오. 그리고 귀군들께서는 수로 만리를 평안하게 돌아가셔서 나라에 도착하여 영세천추토록 오래 사시길 바랍니다"라고 하였다.(나는 답서를 잃어버렸다.)

흠재가 돌아간 후에 나는 잠이 들었다.

29일, 밤새 비바람이 있었는데, 오늘 아침에는 점점 개였다. 땔나무를 다 썼기 때문에 첨사 조대영에게 편지를 쓰기를,

"제공의 평안하심을 하례 드립니다. 저희들은 별고 없으니 염려하지 마십시오. 염려하지 마십시오. 저희 부서진 배가 안파포安波泡에 있을 때 이미 밥을 지을 땔감이 없었는데, 오로지 귀국이 은혜롭게 주시는 것에 의지하였습니다. 어제 저녁에는 여분이 있었는데, 오늘 아침에 밥을 지을 땔나무가 없습니다. 간청합니다. 땔감을 지급해 주십시오"라고 하였다.

잠시 후 땔나무 한 단을 가지고 와서 주면서, 글로 말하기를,

"배에 계신 여러분이 평안하신 것을 하례합니다. 하례합니다. 땔감 한

단을 먼저 보냈습니다, 알아두십시오"라고 말하였다.

내가 사례하기를,

"땔감 한 단 지급해 주신 것을 뱃사람에게 수령하도록 명령을 내렸습니다. 대단히 감사합니다. 대단히 감사합니다. 우리는 배 두 척에 타고 있습니다. 하루 동안 배 한 척에 한 단을 사용해야 합니다. 다시 한 단을 더 주시기를 청합니다. 가련하게 여기셔서 살펴주시기를 바랍니다"라고 하였다.

대영이 다시 글로 말하기를,

"이 편지를 쓰고 있는 사이에, 귀하의 편지가 갑자기 책상 앞에 도착하였습니다. 봉한 것을 반도 열기 전에 먼저 기쁜 마음이 솟구쳤습니다. 여러분들의 안위를 자세히 알게 되어 기쁘기 한량 없습니다. 내 몸의 병은 어제와 같고 아이의 병세는 좋거나 나쁜 변화가 없습니다. 떠날 수 있다는 좋은 소식이 있습니까? 어떠합니까? 편지에서 말씀하신 땔나무를 먼저 보냅니다. 그 수량이 적은 점을 양지하여 주시겠습니까? 이곳은 큰 바다가 온 사방을 둘러싸고 있고 서너 개의 짧은 산기슭이 눈썹처럼 푸르게 서 있습니다. 얼마간의 소나무에 대해서는 관에서 법으로 벌채를 금하고 있는데[松禁], 서릿발같이 엄하고 혹독하여 범한 자는 참형에 처합니다. 백성들이 일상적으로 쓰는 땔감은 반드시 삼사백 리 밖에서 구해서 사용합니다. 그래서 귀하기가 (달에 있는) 계수나무와 같습니다. 앞서 적은 양을 보낸 것은 참으로 이와 같은 이유입니다. 양지하여 주시겠습니까? 일을 마치고 가서, 자세히 설명 드리겠습니다. 모두 다음으로 미루고 이만 줄입니다都留不備. 소나무 한 단은 더 청하신 일에 대해서는 차례차례 구해서 보낼 계획입니다"라고 하였다.

내가 다시 말하기를,

"모든 교시를 받들겠습니다. 귀군께서 상당히 힘들지 않으셨습니까? 땔나무가 계수나무와 같이 귀하다는 말을 듣고 답답하고 염려스러웠습니다. 비로소 어렵게 구하였음을 알게 되었습니다. 그렇지만 불을 때지 않으면 밥을 먹을 수 없으니, 다시 구하여 지급해주시면 다행이겠습니다. 감히 청합니다"라고 하였다.

날은 이미 한낮이 되었는데, 배의 이동에 관한 일은 아직 듣지 못했고 또한 태수는 어제 밤에 풍우가 있었는데도 안부를 묻지 않았다. 안파安波 나 서천舒川의 정황과는 매우 달랐다. 땔나무 역시 다 썼는데 여전히 더 지급되지 않고 있었다. 그 마음씀이 매우 소홀한 것 같았다. 또한 대저 대영은 의장을 꾸미고 행렬을 아름답게 하였고, 우리 배 위에서도 자주 품속의 거울을 꺼내어, 눈썹과 머리카락과 입술과 치아를 매만졌다. 이처럼 평상시에 오직 용모만을 꾸미므로, 배 안의 사람들이 모두 부녀관인婦女官人이라고 불렀다. 나는 (관인이 꾸미기만 하고) 일을 제대로 처리하지 못하는 것을 미워하였다. 그래서 다시 편지를 보내기를,

"어제 밤에 비바람이 조금 있었습니다. 비바람이 있을 때마다 매번 진의 수장이 염려하여 (안부를) 물어주었습니다. 비비람이 약했기 때문에 귀하의 마음을 번거롭게 하지 않았으니 다행입니다. 이틀 밤 동안 이곳에서 머물렀습니다. 우리들은 돌아갈 생각을 하면 정말로 하루가 천년 같습니다. 이미 귀국 왕의 성덕을 입고, 한나절 반시간이라도 빨리 동래에 도착해서 본국으로 돌아가고 싶습니다. 이웃나라끼리 수호하는 의리와 아래를 덮어주고 만물을 사랑하는 인으로써, 차례대로 옮겨 우리를

보내어, 지금 여기에 이르렀습니다. 그냥 날을 보낸 것이 이미 이틀 밤입니다. 진鎭의 결정과 배를 다음 장소로 보내줄 순풍을 기다리는 것이 우리들의 처지라고 생각하고 있습니다. 우리들이 강한 바람을 거스르자고 요구하는 것이 아닙니다. 다만 타고 갈 배가 도착하기를 기다릴 뿐입니다. 이미 전날에 귀하의 아랫사람을 보냈다는 이야기를 들었습니다. 배를 오라고 했는데 오지 않은 것입니까? 간청합니다. 고향을 생각하는 마음을 헤아려주시기 바랍니다.

기묘년 7월 29일 일본의 세 사람이 절하며

고군산첨사 족하에게 올립니다"라고 하였다.

잠시 후에 박태무가 왔는데, 무릇 태무의 용모는 너그러우며 또한 순박하고, 스스로 마을의 장로와 같은 풍모가 있었다. 비록 직접 붓으로 글을 쓰지는 못하지만, 그러나 우리 일에는 즉 정녕 진심이어서 우리들은 매우 감동하였다.

내가 글로 말하기를,

"만호공께서 여러 날 동안 저희들에 대한 염려[芳慮]로 걱정을 하시게 되었으니, 정말로 민망합니다. 이송할 배가 온다는 말은 없었는지요. 저희의 사정을 자세히 살펴주시고, 지극하게 생각해주셔서 대단히 감사합니다. 고군산진 첨사도 잘 알고 계시겠지만, 어찌 하기 힘들지 않겠습니까?"라고 하였다.

태무가 글로 말하기를,

"닭 및 생선 등의 물품과 청채는 필시 모두 다 떨어졌을 것으로 생각됩니다. 마땅히 다 떨어지기 전에 드려야 하지만 겨를이 없었습니다. 그리고 그러한 물건을 실은 배가 아직 도착하지 않았습니다. 이곳에서 사용할 물품을 실은 배가 도착하면, 즉시 지급하도록 하겠습니다. 이해해 주십시오"라고 하였다.

내가 감사하기를,

"귀군의 깊은 정과 지극한 마음에 고맙기 한량없습니다. 좀전에 고군산 첨사공에게 부탁하고자 하여 지금 글을 쓰고 있었습니다"라고 하였다. (나는 바야흐로 글의 반을 썼기 때문에 그것을 언급한 것이다.) (다음은 고군산첨사 조대영에게 보내는 글의 내용이다.)

간청합니다. 아래와 같이 지급해주시면 고맙겠습니다.

닭 세 마리, 생선 세 마리

위의 물품은 안파포에서는 곧 3일마다 지급해주셔서 수령했던 것입니다. 이미 4일이나 지났는데 이를 주시지 않았습니다. 그러므로 청합니다. 서천포에서도 또한 양미와 채소를 받았습니다.

채소 몇 가지

이는 날마다 안파포에서 수령하였습니다. 그리고 채소는 이미 다 떨어졌기 때문에 그러므로 청합니다.

기묘년 7월 29일, 일본인 3인 및 배 안에 있는 22인."

이렇게 글을 써서, 고군산첨사 조대영께 보냈다.

송흠재가 서천으로 돌아가고자 하였다. 태무의 속관이 글로 말하기를,

"서천인 송흠재를 무사히 호송하려고 지금 돌아가기 위하여 막 출발하려고 합니다. 어제 밤에 청한 자유種子油를 지급해주도록 명령하여 주시기를 부탁드립니다"라고 하였다. 나는 곧 뱃사람에게 명령하여 채유菜油를 그에게 주려고 하였는데, 담을 기물이 없었다.

그가 글로 말하기를,

"환유丸油가 아니고 곧 수유水油이므로 가지고 갈 수 없습니다. 매우 안타깝습니다"라고 하였다.

내가 말하기를,

"병에 넣어 가지고 돌아가십시오"라고 하였다. 곧 작은 병에 가득 채워서 주었다. 흠재는 기뻐하며 가지고 돌아갔다.

해가 지기 전에 첨사 조대영이 와서 내게 글로 말하기를,

"오늘 아침에 보내주신 땔감에 관한 글 중에 '하지야下知也'라는 말이 있었습니다. 그 말의 뜻을 알지 못하겠습니다. 상세히 설명해서 적어서 보여주시기 바랍니다"라고 하였다. (즉시 그의 글을 꺼내어 보여주었다.)

대영이 답하기를,

"먼저 알아 두라는先知 두 글자였는데 잘못하여 하지下知라고 썼습니다. 군께서 밝히 알려주시니 도리어 송구스럽습니다. 너그럽게 이해주시기 바랍니다"라고 하였다.

대영이 올 때는 반드시 시종陪從하는 자가 여러 명이 있다. 이 날은 시

종하는 사람 중에서 소매가 넓은 옷을 입은 자가 배의 뒤 선창後倉으로 올라가서 나의 칼을 엿보았다. 창은 배의 들보에 걸려있는데, 종이 주머니로 싸두었다. 그가 창을 싼 종이주머니를 찢으려고 하였다. 종복인 곤자權左는 바로 그를 제지하였고, 히다카日高가 그것을 보고 하지 못하도록 명령하였다. 나 역시 거듭 금지 명령을 내렸다. 곤자는 이내 몸짓과 말로 그에게 엄하게 금지 시켰으나, 그는 드디어 창의 주머니를 찢었고, 창집이 드러났다. 곤자는 분연히 목재를 집어 들고 그에게로 향하였고, 그 역시 목재를 들고 마주 향하였다. 곤자는 곧 바로 나아가 그의 머리를 때렸는데, 관이 반이나 부서졌다. 곤자는 더욱 흥분하여 앞으로 나아갔고, 카와카미의 종복인 헤이스케平助도 곤자를 도와서 싸우느라 시끄러웠다. 히다카가 제지하면서 말하기를,

"다시 그러지 말라"고 하였다. 조선인은 목재를 버렸고, 나의 종복 역시 싸움을 끝냈다. 그는 곧 첨사와 만호의 곁으로 왔다. 이 싸움에 대하여 첨사와 만호가 논쟁을 오랫동안 하였다. 만호의 분노는 그치질 않았다.

대영이 글로 말하기를,

"낮 동안 첨군께서는 안돈安頓하셨습니까? 심려가 깊었겠습니다. 큰 바다이지만 오직 물이 얕으나, 그 배는 멀지 않아서 올 것이니, 기뻐할만 합니다. 조금 전에 보았듯이 귀하의 종복이 내가 거느리는 사람을 구타하였으니 무례하기 짝이 없습니다. 이러한 뜻으로써 아랫사람을 잘 살펴서 엄하게 경계하여 타일러야 할 것입니다"라고 하였다.

내가 답하기를,

"염려하고 물어 주셔서 매우 감사합니다. 모두 별고 없습니다. 오직 카와가미 치카나카川上親誅가 오랫동안 설사병을 앓아서, 피로가 날마다 더

해지는 것이 보입니다. 저희들의 걱정이 절박합니다. 타고 갈 배가 곧 도착한다는 말씀을 하시니 행복합니다. 저희들은 근심을 하나 던 것 같습니다. 또한 종복이 싸움을 했다고 귀군께서 무례하다고 저를 책망하시는데, 조금 잘못된 것이 아니겠습니까? 귀하의 부하가 저의 창의 바깥집을 파손시켰습니다. 그래서 저의 종복이 제지하였는데도 귀하의 종복이 듣지 않아서, 이에 목재를 들고 때렸고, 귀졸 역시 목재를 들고 대항하였습니다. 이러한 연유로 지금과 같은 상황에 이르렀습니다. 귀하의 부하도 예가 있다고 말할 수 없습니다. 우리들의 창이란 것은 즉 우리를 나타내는 표상이어서 감히 가볍게 보고 업신여길 수 있는 것이 아닙니다. 이 일에 엄한 벌칙을 내린다면, 귀하의 부하를 먼저 다스려야 합니다. 그런 다음에 저의 종복 역시 예가 있어야 함을 보여줌이 마땅합니다"라고 하였다.

대영이 말하기를,

"글의 뜻을 모두 알겠습니다. 저의 부하가 무례했다고 말을 하셔서, 즉시 배에서 벌을 주고 싶어도 원래 그런 법이 없으므로 진으로 돌아간 후에 엄하게 다스리겠습니다. 그대의 종복에게 과오가 없다고 하시는 것은, 오직 그대의 판단일 따름입니다"라고 하였다.

내가 말하기를,

"저의 종복 역시 과오가 없다는 것은 아닙니다. 귀하의 부하가 먼저 잘못했다는 것입니다. 귀공께서 만약 엄하게 다스리신다면 저의 종복 역시 마땅히 훈계하겠습니다"라고 하였다.

대영이 말하기를

"일이 있어서 진으로 돌아갑니다. 오히려 그대와 함께 하는 자리가 그리워질 것입니다"라고 하였다. 조선인은 각각 돌아갔다.

8월 초하루, 어제 저녁부터 오늘 아침까지 비바람이 불었고, 파도가 높이 일어 배를 크게 요동시켰다. 자리를 덮어서 막느라고 고생이 막심하였다. 마침 칠언 율시를 지어서 조대영에게 보냈는데, 다음과 같았다.

기묘년 8월 초하루, 고군산진 주둔 조군에게 받들어 부칩니다

　　일찍이 듣건대 열흘만 지나면 동래에 이른다고 하였는데
　　사흘 저녁이나 배를 세워놓고 푸른 언덕과 마주하고 있으니
　　강위의 찬바람은 멀리서 온 나그네를 붙잡아 두고
　　나루 머리에 어두운 비가 내리니 층대를 닫았네
　　흐르는 구름 아래 누런 버드나무가 가을 기러기를 놀라게 하고
　　드문드문 서 있는 대나무 푸른 물결 굽이에 의지하는구나
　　가을 바닷가에 표류한 배가 묶였으니 스스로 한이 되네
　　이웃나라에서 멀리 바라보니, 일몰이 아득하구나

　　　　　　　　　　사쯔마국 야스다 요시카타(安田義方) 절하며 지음.

대영이 답하기를,
기묘년 8월 초하루 화답을 드립니다.

　　사쯔마국 학사(學士)의 내(來) 운에 붙여서

영지(靈芝)는 원래 봉래(蓬萊)에 있는데

연꽃[八葉]은 무슨 연유로 나의 책상에 쌓이는가

찬비는 돌아갈 손님 배를 붙잡아 머무르게 하고

좋은 바람이 불어 주인의 누대를 쓸어주는데

필부는 글재주를 먼지 쌓인 상자 속에 묵히나

고상한 선비의 시는 먼 바닷가에서도 두드러지네

지극한 뜻을 두 번 세 번 보았으나 오히려 이해할 수 없네

문미 위에 걸어놓고 하늘만 우러러 볼 수밖에

조선국 서계(西溪) 명월주인(明月主人)이 삼가 차운하다

답서[雅照]

또 서찰로 말하기를,

"보내주신 시편은 주옥처럼 영롱하여, 부족한 사람의 눈을 덮어 가립니다. 바야흐로 독서가 부족함을 탄식합니다. 어찌하겠습니까? 거칠어서 정미함을 헤아리지 못했습니다. 추후에 우러러 답하겠습니다. 밤사이 평온하셨는지요? 저는 진으로 돌아와서 밤새도록 병이 나서 고생하여 답답합니다. 이송할 배는 이제 겨우 와서 정박했습니다. 귀군의 물품을 곧 옮기려고 하는데 이렇게 비가 오는데 옮길 수 있을지 모르겠습니다. 회답하는 편에 자세히 알려주십시오"라고 하였다

내가 다시 글을 보내기를

"얼마 전에 귀하에게 부족한 저의 시[巴調] 한 수를 드렸는데, 칭찬해 주시니 도리어 부끄럽습니다. 곧 화답해 주시니 참으로 다행입니다. 귀

군께서 밤사이 병으로 고생하셨다고 들었습니다. 저희들은 오직 귀군에게 의뢰하며 의지하고 있습니다. 답답하고 걱정되는 마음을 감당하지 못하겠습니다. 요양을 잘 하셔서 빨리 병세가 감소되기를 바랍니다. 또한 타고 갈 배가 와서 정박해있다고 말씀하셔서 행복하고도 오히려 남음이 있습니다. 지금이라도 비가 그치면, 배를 옮기기를 바랍니다. 만약 비가 내린다면 사정이 좋을 때 편하게 옮기겠습니다. 배를 바꾸어 타는 일은 귀국의 배에 명하여 물품을 옮겨주실 것을 바랍니다"라고 하였다.

조선인 한 사람이 있었는데, 백지를 가지고 와서 또 글로 말하기를
"밤사이 비바람 있었는데 평안하셨습니까? 귀군께서 출발하기에 이르렀는데, 언제 다시 뵐 수 있겠습니까? 귀군의 그림과 글이 기묘합니다. 화법을 본받고 싶습니다. 이 종이에 매의 그림을 그려주시기 삼가 바랍니다"라고 하였다.
나는 바로 매의 그림을 그에게 주면서 글로 말하기를
"그림을 원했기 때문에 이것을 드립니다"라고 하였다. 그는 가슴에 품고 돌아갔다.

박태무가 와서 글로 말하기를,
"귀군의 하인은 어찌 그렇게 영악할 수 있습니까? (이번 일에 있어서) 무단히 각목을 가지고 때려서 저를 따라온 하인의 관을 보니 부서져서 쓸 수 없습니다. 한탄스럽습니다. 귀군의 하인 중에 그를 구타한 자를 다스리는 것이 어떻겠습니까?"라고 하였다.
내가 말하기를,

"어제 이미 첨사공에게 답을 하였습니다. 마땅히 훈계를 하였고, 이미 그의 과오를 다스렸습니다. 이 일에 대해서는 전일에 말한 것과 같습니다. 어제 제가 상세하게 말하였으니 여러 말 하지 않겠습니다"라고 하였다.

태무가 말하기를,

"지금 물품을 옮겨 싣지 못한 일이 나흘이나 지체되었기 때문에 귀군께서 운이 없으시고 저 또한 운이 없는 것이 한량없습니다"라고 하였다.

내가 말하기를,

"안파포에서 서천에 이르기까지 또 이곳에 도착해서 귀군께서 많은 염려를 해 주신 것은 진실로 두터운 정입니다. 오랫동안 이곳에서 지체되어 귀군과 저는 불행하기가 끝이 없는 것 같습니다. 이미 옮겨탈 배가 와서 정박해 있다고 들었습니다. 그러므로 어제 이미 첨사공께서 배를 옮기는 일에 대해서 알려주셨습니다. 자세히 말씀드리자면, 오래 지체되었기 때문에 비가 오더라도 피하지 않고 배를 옮기고자 합니다. 귀군 역시 이러한 생각이라면 참으로 다행이겠습니다"라고 하였다.

조선인 한사람이 있었는데 글로 말하기를,

"이와 같이 비가 내리는 데 삼공께서는 모두 평온하십니까? 물품을 속히 옮겨 싣는 일을 고군산진[19] 첨사에게 청하여 바로 옮겨 싣고자 합니다"라고 하였다.

그 고군산 첨사는 연약하여 부녀와 같은 병통이 있다. 그래서 일에는 과단성이 없어서, 서천사람도 또한 그를 답답하게 여겼다. 내가 배를 옮

---

19 원문에는 古群鎭으로 되어 있다.

기자고 청한 지, 이미 오래되었다. 그래서 글을 썼다.

"이곳에 지체한 지 오래 되었습니다. 배를 출항하고 싶은 마음이 진실로 간절합니다. 바로 오늘 배를 이동하고 싶습니다. 그렇게 하고자 원합니다. 엎드려 바랍니다.

일본 세 사람

첨사공께 드립니다"라고 하였다.

태무가 글을 쓰기를,

"오늘 배를 이동하다면 내일은 이별입니다. 여러 날 동안 품었던 정을 어느 날에 펼칠 수 있겠습니까?"라고 하였다.

내가 감사하기를,

"여러 날 동안 귀하께서 돈독한 정을 베풀어 주신 것에 감사드립니다. 이별이 오늘 아니면 내일인데, 재회를 기약할 수 없으니, 진실로 손을 놓기 어렵습니다"라고 하였다.

태무가 말하기를,

"귀군과 함께 타고 온 뱃사람들이 저에게 보고하기를 '배의 밧줄이 부실해서 돌아갈 길이 없습니다. 귀하의 밧줄 한 묶음을 얻고자 청합니다'라고 말하였습니다. 청한 것에 따라 은혜로이 지급해주시면 어떻겠습니까?"라고 하였다.

내가 답하여 말하기를,

"배에 있는 모든 물품은 관물입니다. 비록 불에 태울 수 있는 물품이었지만 쓸모가 있어서 가지고 왔습니다. 이러한 뜻을 용납해 주시기 바랍니다. 감히 물품을 아끼는 것이 아닙니다. 모두 헤아려주신다면 참으로 다행이겠습니다"라고 하였다.

오후 2시경에 첨사의 속관들이 왔다. 또 두 척의 배가 와서 우리 배에 가까이 붙었다. 그가 글로 말하기를,

"그대들의 물품을 옮겨 실을 때 어지럽게 하지 마십시오. 각각의 물건들을 차례차례 옮겨 신겠다는 뜻으로 단속하시는 것이 좋을 것 같습니다"라고 하였다.

내가 말하기를,

"그대들의 생각대로 하셔도 좋습니다"라고 하였다.

그가 말하기를,

"그대들의 물품과 기록된 문서[成冊]의 내용이 같습니까? 하나하나 자세히 살펴본 후에 옮겨 신는 편이 좋을 것 같습니다"라고 하였다.

내가 말하기를,

"그렇게 하겠으니 빨리 하시기를 바랍니다"라고 하였다. 또 비가 내리려고 하였다.

이에 물품을 빠르게 옮겼다. 그가 글로 말하기를,

"이 배의 물품을 옮겨 실었는데 하나라도 남거나 빠진 것이 없습니까? 만약 그렇다면 그러한 내용을 직접 써서 주시면 어떻겠습니까?"라고 하였다.

내가 말하기를,

"지난 번 배에 실었던 물품을 모두 이 배로 옮겼습니다. 남은 것도 없고, 또한 잃어버린 물품도 없습니다. 청하신 대로 이와 같이 알려드립니다.

기묘년 8월 초하루"라고 하였다.

그가 말하기를,

"배가 이동하게 되어서 저 역시 매우 다행으로 여깁니다. 내일부터 저와 함께 배를 나란히 하여 동행할 것입니다. 이것 역시 작은 연분이 아닙니다"라고 하였다.

태무가 말하기를

"여러 날 동안 바다를 항해하였는데, 이제 서로 이별하게 되었으니 매우 섭섭합니다. 짐을 옮기고 배를 옮겨 탔다는 글[尺文]을 써 주십시오"라고 하였다.(내가 써서 주었는데, 지금은 그 글을 잃어버렸다.)

내가 마침 시를 지어서 드렸다.

고군산에서 서천 만호군과 이별하며

그대와 함께 머무르다 떠나네

작은 배는 구름과 물 사이

이별의 정은 천만리인데

소식 또한 통하기 어려우리니

비단 돛은 서북으로 돌아가고

서리 맞은 기러기는 동남으로 돌아가네

아름다운 강산 볼 때마다

이곳의 바람을 생각하리라

사쯔마 야스다 요시카타(安田義方) 삼가 짓다

물품을 모두 옮기는 것을 마치고 우리는 고군산의 배로 옮겼다.

(8월) 2일, 날씨는 청량하였고 서풍이 서서히 불어 왔다. 몇 명의 조선인이 일찍 와서 글로 나의 묵, 붓, 부채, 작은 칼, 연적을 달라고 청하였고, 이내 주머니에서 쇠 부싯돌 및 작은 도구들을 꺼내어 놓고, 이것들을 가지고 교환하려고 했고 특히 그의 작은 칼과 나의 작은 칼을 바꾸자고 청하였다. 나는 끝내 따르지 않았다. 그는 계속해서 바꾸자며 그치지를 않았다. 나는 그에게 도자기 연적 하나를 주었다. 그는 매우 기뻐하며 품에 넣고 돌아갔다.

김석정이라는 자가 있었는데 글로 말하기를,

"여러 날 동안 정이 들었는데 오늘 이별하게 되니 매우 섭섭합니다. 그렇지만 가야하지 않을 수 없으니, 만리창파에 평안히 가십시오"라고 하였다.

조선인 손님들이 각각 돌아갔다. 잠시 후에 연적을 받은 자가 연적을 가지고 돌아왔는데, 연적은 이미 깨어져서 두 조각이 되었다. 그는 앞서 소매를 늘어뜨리고 뛰어서 배에서 내리는 모습을 취하였다. 아마도 하선할 때 잘못하여 떨어뜨렸을 것이다. 나는 다만 미소만 지었다. 진시(오전 7~9시)에 닻을 올리고 배를 띄웠다. 우리 뱃사람들이 탄 배는 돛을 반쯤 올리고, 이미 포구를 출발하였다. 첨사의 배도 출발하여 역시 포구에 이르러서 돛을 기울여 멈추었다. 우리들이 탄 배가 뒤에 출발하여, 첨사 배와 거의 나란히 하게 되었다. 그러자 첨사는 북을 치고 나팔을 불어, 돛을 바르게 하여 포구에서 출발하였다.

우리 배는 붕정棚頂 좌측에 깃발을 세웠는데, 그림은 청룡도를 든 관우가 말 위에 탄 형상이고, 오른쪽에 백기를 세웠다. 배 안에서는 큰 북을 울렸고, 그 배의 선장은 뱃머리에 그릇 두 개를 올려놓고 절을 하며 공경하였다. (그릇에는) 돼지고기와 면을 가득 담았다. 제사를 마친 후 음식을 내려서, 우리 세 사람 및 종복들에게 나누어주었다.

서쪽에서 동쪽으로는 높은 산이 이어져있고, 큰 바다는 남쪽으로 이어졌다. 팔구십 리를 항해하여 오시午時에 한 섬의 만에 이르렀다. 작은 섬 주위에는 수목은 없었고, 인가 역시 많지 않았다. 첨사의 배가 먼저 돛을 내렸고, 우리 뱃사람이 탄 배도 역시 이르렀고, 우리 배는 바로 뒤이어 도착하였다. 이에 첨사에게 편지로 말하기를,

"바다에서 평안하셨다면 참으로 다행이겠습니다. 그리고 오늘 수로는 몇 리입니까? 이곳은 무슨 도이며 섬의 이름과 포구의 이름은 어떻게 되는지요? 상세히 써서 알려주시기 바랍니다"라고 하였다.

첨사 역시 글을 보내어 말하기를,

"말하자면 배를 나란히 하여 동행하였다고 할 수 있으나, 앞서기도 하고 뒤에 가기도 하여 각각 항해한 것과 다름이 없다고도 말할 수 있습니다. 이에 탄식하며 묻겠습니다. 모든 분들이 평안하게 오셨습니까? 저는 물길[水行]이 세상에 태어나서 처음이기 때문에 배멀미가 너무 심하여 인사를 살필 수 없습니다. 이 때문에 직접 가서 뵙지 못하고 편지로 대신합니다"라고 하였다.

위도(蝟島) 그림 : 위도의 포구 안은 종횡이 6~7정(町) 정도였다. (영인 31쪽)

나는 다시 글로 말하기를,

"배를 나란히 하여 동행해주신 은혜가 특히 깊습니다. 선후는 굳이 묻지 않겠습니다. 저희의 안부를 간절히 물어주셔서 대단히 감사합니다. 또한 귀군께서 배멀미가 심하다고 들었습니다. 저희들의 염려가 간절합니다. 우러러 바라건대 보양을 잘 하시어 치료 하십시오. 오직 편안히 누워계시기를 바랍니다"라고 하였다.

첨사의 하급 관리 서너 명이 왔다. 내가 글로써 (이곳의) 지명과 거리를 물었다. 그들이 답하여 말하기를,

"이곳의 지명은 위도蝟島입니다. 우리 진(고군산)에서 이곳까지는 50리이며 전라도에 속합니다"라고 하였다.

그는 또 말하기를,

"저의 (첨)사공께서는[20] 뱃멀미가 심하게 나서 자리에 누워계시기 때문에 이곳으로 오실 수 없습니다"라고 하였다.

또 말하기를,

"저 역시 뱃멀미를 견디기 어렵습니다. 위를 보호할 수 있도록 감히 다약茶藥을 청합니다"라고 하였다.

나는 곧 설탕을 주어서 맛보게 하였고, 차를 부어 그에게 마시도록 하였다.

그가 말하기를,

"배 안에 양미와 찬거리가 떨어질 걱정은 없습니까?"라고 하였다.

내가 답하여 말하기를,

"양미가 떨어질 걱정은 없습니다. 오로지 청채 및 생선[生魚], 닭을 은

---

20 원문에는 使公으로 되어 있다. 僉가 누락된 것으로 생각된다.

혜로이 지급해주신다면 매우 다행이겠습니다"라고 하였다.

　그가 말하기를,

　"밤사이에 설사 병은 어떠셨습니까? 그리고 청채는 바다 가운데에서 구하기가 어렵습니다. 매우 민망합니다. 닭과 생선 역시 그러하여 뜻을 이루어 드릴 수 없어서 또한 민망합니다"라고 하였다.

　내가 말하기를,

　"고군산에서 이미 지급해 달라고 했는데 받지 못했습니다. 이곳에도 역시 생선, 닭, 채소가 없는 것입니까. 하　하　하"라고 하였다.

　조선인 손님이 돌아갔다. 내가 그들에게 답을 한 것은 이와 같았지만, 그러나 카와카미의 병은 날로 더해져서, 밥을 먹는 데 필요한 반찬이 없어서 음식을 먹지 못하였고, 약의 힘도 도움이 되지 않았다. 그 때문에 첨사에게 편지를 보내기를,

　"질병과 환난을 서로 도우는 일은 즉 인정으로서 그만 둘 수 없는 것입니다. 저희들은 여러 날 동안 물 위에서 기거하느라 고통을 겪었고, 카와카미川上가 설사병을 앓고 있다고 말씀드렸습니다. 그런데 배 안에는 약이라고는 없습니다. 다만 부추와 훈채, 마늘와 같은 푸른 채소 및 닭과 생선[魚](생어生魚이다)²¹ 이 약이 됩니다. 전날에 안파포에서 먹었을 뿐이고, 이러한 여러 가지 반찬거리들은 이미 5~6일 전에 다 떨어졌습니다. 바로 지금 인편으로 싣고 오시기를 간청합니다. 처음에 없다고 답하셨고, 후에는 육지에 내려서 구할 수 있다고 하였습니다. 이 물품을 지급해

21　당시 조선에서는 소금에 절이거나 건조한 물고기가 많았기 때문에 특히 생선이라고 말한 것으로 생각된다.

주시기를 엎드려 간청합니다"라고 하였다.

첨사는 즉시 부추와 마늘 두 가지 푸른 채소를 보냈다. 그 글에서 말하기를,

"그대의 편지를 보고 두 분께서는 평안하다고 하시니 대단히 기쁩니다. 그러나 한분은 설사병이 더 심해지고 낫지 않으시니 매우 염려가 됩니다. 말씀하신 세 종류 중에서 두 종류는 어렵게 구했습니다. 수량이 너무도 약소하나 마음으로 받아주시고, 나머지 한 종류의 푸른 채소는 이곳에서 생산되는 것이 아니기 때문에 구해서 보낼 수 없어서 안타깝습니다. 저는 뱃멀미가 아직 조금도 낫지 않아서 답답합니다. 이 병을 생각하지 않고, 바로 출항을 하고 싶어도, 바람과 파도가 그치지를 않습니다. 오늘은 이곳에서 숙박하고 내일 날이 밝으면 배를 출발해도 괜찮을지 모르겠습니다. 다시 알려주십시오"라고 하였다.

내가 감사하기를,

"삼가 마늘, 부추, 훈채를 지급해달라고 말씀드린 것은 곧 카와카미 치카나카川上親諕가 병환을 견딜 수 없고, 두 사람 역시 오랫동안 청채를 먹지 못했기 때문에 굳이 이들 물품을 지급해 달라고 간청했습니다. 귀군께서 깊이 사랑하고 근심하여 즉시 마늘과 부추 두 종류를 보내셨습니다. 그 청색만 보아도 병환이 조금은 차도가 있는 것 같습니다. 두터운 은혜에 많은 감사를 드립니다. 그 나머지 한 종류가 이곳에서 생산되지 않는다면 멀리서 구하지 않으셔도 됩니다. 그리고 귀군의 뱃멀미가 조금도 낫지 않았다고 들었습니다. 답답하고 염려가 되는 것을 머리카락 끝만큼도 다 나타낼 수 없습니다. 또 무릇 풍랑이 그치지 않으니 오늘밤

에는 이곳에서 정박하는 것이 마땅합니다, 내일 날이 밝으면 배를 출발할 수 있기를 바랍니다. 편안히 주무십시오"라고 하였다. 세 사람이 함께 공경하며 아룁니다"라고 하였다.

잠시 후에 쌀 및 생선과 야채를 싣고 와서 우리 배로 옮겼다. 조선인 선장이 모두 받아서 배 안에 저장하였다. 갑자기 첨사의 속관 2~3명이 와서 글로 말하기를,

"양미 두 가마니 중에서 한 가마니는 본선
학꽁치沉魚 60마리 중에서 30마리는 본선
미역 5줄 중에서 2줄은 본선
굴비 10마리 중에서 5마리는 본선
가지 25개 중에서 5개는 본선
새우젓 5말 중에서 2말은 본선
땔감 20단 중에서 10단은 본선
소금 3말
토장 한 단지, 이와 같이 나누면 좋을 것입니다"라고 하였다.

내가 마쯔모토松元을 불러서 물으니, (그가) 답하기를,
"저희들의 배에서는 이미 받았습니다"라고 하였다. 나는 이에 조선인에게 답하여 말하기를,
"한 배에서는 이미 수령하였다고 말했습니다. 이 배에서도 역시 방금 싣고 와서 귀하의 뱃사람들이 받았습니다. 한 배에서는 지금 받았고, 다

른 배에서는 지급 받지를 못했는데 어떻게 된 것입니까?"라고 하였다.

그가 말하기를,

"그 배 역시 지급하였다고 합니다. 그것은 선장에게 물어보십시오"라고 하였다.

내가 말하기를

"선장은 이미 수령하였습니다. 내가 타고 온 배는 비록 물품을 실었지만 귀하의 뱃사람들이 배안에 거두어들였습니다"라고 하였다.

그가 말하기를,

"지금 가는 배 세 척은 모두 받을 것이니 염려하지 마십시오"라고 하였다.

내가 말하기를

"모두 그대가 가지고 오실 것입니까?"라고 하였다.

그가 말하기를,

"우리 진에서 지급하는 것이 아니고, 우리나라가 직접 지급하는 사례입니다. 그러므로 상사上司에서 이미 마련하였으며, 인근의 읍인 옥구현에 나누어 지급하였고[劃給], 해당 현의 감관[22]과 색리[監色][23]가 지금 와서 지급하는 것입니다"라고 하였다

내가 말하기를,

"그렇다면 한 배에 지급된 물품과 선장이 받은 바에 대하여 상세히 그 인원수를 기록해 주십시오"라고 하였다.

---

22 감관(監官)은 조선 시대에, 각 관아나 궁방(宮房)에서 금전·곡식의 출납을 맡아보거나 중앙 정부를 대신하여 특정 업무의 진행을 감독하고 관리하던 벼슬아치를 말한다.
23 색리(色吏)는 감영(監營) 또는 군아(郡衙) 등의 아전을 말한다.

그가 말하기를,

"여러 말 하지 마십시오"라고 하였다.

조선 관인이 곧 선장을 불러서 따져 물었다[紲問]. 선장은 이에 넣어두었던 양미, 어물, 소금, 채소, 젓갈, 땔나무 등을 얼마간 내놓았다. 조선 관인은 몸짓으로 나의 종복들로 하여금 물품의 수를 헤아리게 하고, 그 문서에 맞추어서 지급해 주었다. 내가 감사하기를,

"오늘 주신 양미, 어물, 채소, 땔나무 등의 많은 물품을 선장 및 종복들로 하여금 수령하도록 했습니다. 은혜가 진실로 매우 깊고 두텁습니다. 다시 찾아뵙고 감사드리고 싶습니다만, 일단 글로 수고로우심에 감사드립니다. 삼가 아룁니다"라고 하였다.

3일, 이른 아침에 첨사에게 편지로 말하기를

"귀공의 뱃멀미가 차도가 있었다면 다행입니다. 저희는 밤에 편안하게 잤습니다. 오직 카와카미川上가 설사[痢泄]로 잠을 이루지 못하여 걱정입니다. 오늘 이곳에서 출발하면 수로 몇 리를 가서 어느 곳에 도착합니까? 써서 보여 주시기를 바랍니다"라고 하였다.

첨사가 답하여 말하기를

"알려오신 내용은 모두 다 잘 알았습니다. 모든 분들께서는 편안하시지만, 설사병은 차도가 없다고 하시니 기쁨과 슬픈 마음이 아울러 교차됩니다. 저는 비록 병에 차도가 없지만 그대들을 위하여 출발할 것입니다. 남쪽을 향하는데 바람을 타고 가서 머물 곳에 이른다는 말처럼 미리 예측하기가 어렵습니다"라고 하였다.

진시(오전 7~9시)에 첨사의 배가 과연 닻을 올리고 우리 배 옆을 지나갔다. 물을 사이에 두고 서로 얼굴을 마주하였다. 이윽고 3척의 배는 모두 돛을 올리고 위도에서 출발하였다. 나란히 바깥 바다에 이르렀으나, 바람은 미약하고 또한 순조롭지 않았고, 폭염은 혹독했다. 이에 종복인 곤자[權左]에게 양산을 펼치도록 하였다. 조선인 한 사람이 있었는데 오더니 종복 대신 양산을 들고 있었다. 나는 상으로 그에게 설탕을 조금 맛보게 하였다. 이 때문에 많은 조선인들이 바꿔가며 대신하여 양산을 드려는 자는 종일토록 서로 이어져 마침내 더위를 피할 수 있었다. 곤자는 곧 한가한 시간을 얻어서 편안한 잠을 오래 잘 수 있었다. 잠에서 깨어 돛대 주변을 거닐다가 발을 헛디뎌서 배안으로 떨어졌다. 배 전체[舳艫]²⁴를 울리는 굉음이 들리자 조선인이 놀라서 소동을 피웠다.

동자 지로[次郎]가 배 난간에 의지하여 용변을 보려고 하였는데, 조선인 병졸 중에 머리가 희고 푸른 옷을 입은 자가 지로를 보더니 급히 일어나 지로를 안았다. 지로는 진심으로 사양하였으나, 그는 지로를 잡아주었고 더욱 친절하였다.²⁵ 조금 있다가 그가 나의 자리의 주변을 지나가다가 가장자리를 조금 밟았다. 한 사람이 바로 부채를 집어 들고 병졸의 다리를 때리려고 하였다. 그는 눈을 흘기며 돌아보았다. 그 사람이 곧 일어나 양손으로 밀어서 병졸은 돛대 아래로 넘어졌다. 병졸은 분연히 일어나 서로 다투었는데, 조선인 병졸이 적수가 되지 않아서 싸움이 끝났다. 그 사람은 앉아서 다만 팔을 걷어 올리고 앉아있었고, 병졸은 난간에 기대어

---

24 舳은 선수이고 艫는 선미이다.
25 지로가 용변을 보는 위치가 위험하므로, 조선인 병졸이 도와주려고 한 것으로 보인다.

무릎을 끌어안고 있었는데 눈에 핏발이 서 있었다.

날은 이미 저물었고 바람은 없어서, 노를 저어서 첨사의 배를 쫓아서 갔다. 사방을 바라보니 점점 맑아졌으나, 첨사의 배가 간 곳을 분별할 수 없었다.

대안對岸 곳곳에는 횃불이 켜져 있었는데, 그 지명을 알 수 없었다. 이경二更이 되어도 끝내 첨사의 배가 어디에 있는지 알 수 없었다. 우리 뱃사람들이 탄 배 역시 있는 곳을 알 수 없었다. 우리 배는 갑자기 바다 위에서 닻을 내리고 머물렀다. 나는 몸짓으로 배를 나아가게 하라고 하였으나, 조선인은 그렇게 하지 않았다. 나는 바다 위에 정박할 수는 없다고 생각하여, 이내 등불을 돋우고 글을 써서 말하기를,

"귀군께서 탄 배는 포구 안에 도착하였습니까? 저희가 타고 온 배는 바깥 바다에 닻을 내렸습니다. 포구 안에 이르고자 했으나 갈 수 없었습니다. 저희 뱃사람들이 타고 온 배가 있는 곳은 이곳 바다의 서쪽 방향으로 멀리 있습니다. 아마도 썰물이 서남쪽으로 흐르고, 바람은 없고 조류가 빨라서 그 포구에 도착할 수 없었습니다. 속히 그 포구의 작은 배 두 척을 보내어 끌게 하면 포구 안에 배를 세울 수 있을 것입니다. 밤중에 만약 바람이 불어 파도가 쳐서 물이 넘친다면 비록 후회한다고 해도 어떻게 할 수 없을 것입니다. 심려를 견딜 수 없어 글로써 아룁니다. 포구 안으로 배를 끌어들이는 일을 헤아려주시기 바랍니다"라고 하였다.

위도에서 이곳까지 수로로 200리이다. 정박지의 이름을 고군산첨사

곧 조선인으로 하여금 배를 내어 첨사의 배가 정박하고 있는 곳으로 보내고자 하였더니, 조선인은 부득이 닻을 올리고 본선을 향하였고, 포구에 들어가서 닻을 내렸다. 조선인이 나의 편지를 가지고 작은 배를 타고 떠나니, 그때 벌써 닭이 울었다.

첨사가 답하기를,

"귀군의 편지를 보니 얼굴을 대면한 것보다 더 기쁩니다. 또 하물며 그대의 배가 무사히 포구 안에 이르러 정박하였다고 하니 기쁘기가 한량없습니다. 한 배는 아직 포구 안에 들어오지 못하여 애가 타며 매우 답답하기는 피차일반입니다. 바로 작은 배를 내보내서 끌어 오도록 하였으나, 여선히 올 때를 기약할 수 없습니다. 깊은 심려를 감당하지 못하겠습니다. 그렇기 때문에 연이어 작은 배를 보내놓고 산에 올라가서 횃불을 들고 (배가 돌아오기를) 기다리고 있었습니다. 잠시 모여 만날 것을 기다리고 있으면, 동쪽이 바야흐로 밝아질 것이고, 얼굴을 보고 배를 출발할 계획입니다. 다만 여러분들께서는 잠시 쉬시기를 바랄뿐입니다"라고 하였다.

밤이 지나고 날이 밝아지려고 할 때 답서를 볼 수 있었다. 내가 또 편지로 말하기를,

"귀군께서 탄 배는 포구 안에 신속하게 정박했다고 하였는데, 제가 탄 배는 전날 밤에 바깥 바다에 이미 닻을 내렸습니다. 그래서 앞의 글에서 그런 사실을 말씀드렸습니다. 그런데 귀하의 격군이 갑자기 닻을 올리고 돛을 펴서 새벽닭이 울 때 포구 안에 이르렀습니다. 매우 기쁩니다.

귀군의 뱃멀미는 어제보다는 나아졌는지요? 바다가 평온하니 아울러 하례 드립니다. 다만 저희 뱃사람들이 탄 배 한 척이 온다는 말이 없어서 답답합니다. 특히 배를 끌어 들인다는 말을 들으니 다행입니다. 이미 새벽 구름은 걷히고 밝아지고 있으니, 뱃사람들이 탄 배에서도 역시 답답하고 괴롭지는 않을 것입니다. 귀하께서는 번거롭게 염려하지 마십시오. 그리고 어제는 수로 몇 리를 와서 이곳에 도착했습니까? 이곳은 어느 도이며 지명은 어떻게 되는지요? 상세히 기록하여 알려주시기 바랍니다"라고 하였다.

첨사가 다시 글로 말하기를,

"보내주신 말씀은 모두 알겠습니다. 배는 서로 떨어져 있지만 소식은 이미 통했으니 매우 다행입니다. 귀하의 배 한 척은 먼저 바다에서 출발했다고 하니 염려하지 마십시오. 저의 뱃멀미는 차도가 없어서 답답합니다. 어제는 수로 몇 리 정도로 이곳에 도착했는지 질문하셨는데, 150리 혹은 200리라고 하는데 몇 리가 되는지 정확히 알 수가 없습니다. 지명은 이곳이 살고 있는 곳이 아니라서 어느 마을인지 알 수 없습니다. 오늘 역시 남쪽을 향하여 갈 것이며 정박할 곳은 예상하기가 어렵습니다"라고 하였다.

4일, 어제는 정박할 곳을 미리 정하지 않았기 때문에 종일토록 첨사의 배를 따라서 갔다. 나아가다가 갑자기 바다에 멈추었고, 우리 뱃사람이 탄 배 역시 그러하였다. 오늘은 어디를 향하는지 물어보지 않을 수 없었다.

이로 인하여 편지로 말하기를,

"어제는 도착해야 할 진이나 포를 미리 알려주지 않았기 때문에 우리의 두 배는 외롭고 두려웠으며 걱정이 많았습니다. 그래서 귀선이 머물 곳을 알고 항포港浦를 물어 서로 되돌아볼 수 있고자 합니다. 날은 이미 저물었는데 여전히 정박할 곳에 도착하지 못하고 밤이 깊어지니 답답하고 염려되는 마음이 막심하였습니다. 그러므로 여쭙겠습니다. 오늘의 수로는 몇 리이며 어디에 정박하는 것입니까? 배가 출발하기 전에 알려 주시면 좋겠습니다"라고 하였다.

첨사는 답이 없었다. 이미 첨사의 배는 포구를 출발하였고, 우리 배 역시 따라서 출발하였다. 우리 뱃사람이 탄 배는 곧 해상에서 5리 정도 서로 떨어져 있었다. 우리가 출발하는 것을 보고 그들 역시 돛을 펴고 따라서 항해하였다. 처음 포구를 출발할 때 바람은 동남쪽[辰巳]으로부터 불어와 배는 정남을 향하여 몇십 리를 갔는데, 한낮이 되자, 바람이 없었고 파도도 일지 않았다. 해상에는 작은 섬과 괴암怪巖이 연이어 나타났는데, 배 세 척은 이곳을 지나서 돛을 내리고 함께 배를 세웠다. 동남쪽 바닷가에 큰 배 한척이 있었는데 우리 배가 닻을 내리자 곧 그 배 역시 배를 대었다. 마치 수로를 지키는 것 같았다. 바닷물은 얕고 조류가 빠르게 배에 부딪쳤다.

미시未時(오후 1~3시) 무렵에 만조였다. 무릇 이곳은 바닷물이 차는 것이 일반적인 곳과 다른 것 같았다. 포시[哺, 오후 3~5시] 무렵 소나기가 서쪽으로부터 오기 시작했는데 바람도 함께 불었다. 곧 돛을 올렸다. 해가 질 무렵 한 섬에 닿았다. 섬 입구의 골짜기를 통과해서 수 백보를 갔더니 조류는 마치 강물 같았고 회오리 바람이 빠르게 불었다. 배가 기울어져서 오른쪽 뱃전으로 물이 들어와서 많은 사람들이 두려워했다. 선장은 키잡이에 명령하여 급히 키를 바깥으로 돌렸고 배는 곧 좌측으로 돌면서, 평형을 회복하였다. 그래서 골짜기를 지나서 만에 들어갈 수 있었는데, 만은 둥글고 마치 대야 속의 물 같았다. 세 척의 배가 함께 정박하였다. 우리 뱃사람들이 말하기를 앞에서 출발한 포구에서 이곳에 이르기까지의 수로는 일본의 이수로 7~8리[26] 정도 된다고 하였다.

내가 첨사에게 편지를 보내기를,

"바다 위에서 순풍이어서 다행이었습니다. 귀군께서는 오늘 뱃멀미는 없으셨습니까? 멀리서 귀군의 안색을 보니 씩씩해서 건강하신 것을 먼저 알 수 있었습니다. 하례 드립니다. 저희들은 평안합니다. 다만 카와카미는 여전하여 걱정입니다. 그리고 오늘 수로는 몇 리이며, 이곳은 어느 도이고, 지명은 어떻게 되는지요? 상세히 적어서 알려주시기 바랍니다"라고 하였다.

첨사 역시 편지를 보내기를,

"금일 피차가 함께 운행하여 순조롭게 도착했습니다, 다행스런 것을 어떻게 말로 다 할 수 있겠습니까? 저는 뱃멀미가 갈수록 더욱 견디기 어렵습니다. 스스로 가련합니다. 오늘 아침에 돼지고기를 보냈는데 받으셨습니까? 그대가 배를 세운 곳이 서로 제법 떨어져 있어서, 그냥 보내드렸습니다. 이 또한 양해주십시오"라고 하였다.

내가 답하여 말하기를,

"오늘 해상에서 평온한 것은 귀군의 마음과 같습니다. 순풍으로 모두 이곳에 이르러 행복합니다.

---

26 조선의 이수로는 70~80리이다.

> 수도(水島) 그림 : 전에 정박한 곳에서 출발하여 이곳에 이르기까지
> 수로로 50리 정도이며, 포구 안은 종횡으로 5~6정(町)이고 바다는
> 얕았다. (영인 33쪽)
>
> 수도 안의 마을 그림 : 8월 5일 이전 정박지를 출발하여 수로로 10리
> 정도 와서 이곳에 이르러 닻을 내렸다. (영인34쪽)

귀군의 뱃멀미가 견딜 수 없이 심하다고 들었습니다. 자중자애하십시오. 물 위에서 얻은 병은 술에 취한 것 같아서, 속히 육지에 내리면 나을 것입니다. 잘 조리하시기를 바랍니다. 또한 오늘 아침 돼지고기를 보내주신 일은 중간에 혹시 지체된 것으로 의심이 듭니다. 저희 배에서는 수령한 자가 없습니다. 저희 세 사람 역시 듣지 못했습니다. 후의에 진실로 대단히 감사드립니다. 저희들이 배를 세운 사실 또한 전달드립니다"라고 하였다.

카와카미의 병은 낫지를 않았고, 의원과 약이 없었다. 내가 가지고 있던 양산洋山[27] 인삼 5냥만을 처음부터 지금까지 오직 복용했는데 이 또한 거의 다 사용하였다. 일찍이 조선의 인삼이 좋다는 명성을 들은 바가 있어서 조선 인삼을 구해서 원기를 돕고 싶었다. 그래서 편지로 청하였다. (지금은 초고를 잃어버렸다.)

그가 답서에 말하기를,

"여러분들께서 별고 없으시다니 기쁩니다. 그러나 카와카미의 설사병

27 중국에서 생산된 인삼으로 생각된다.

이 오히려 쾌차하지 않았다고 하시니 답답하고 가련합니다. 제가 처음 얼굴을 볼 때보다 안색이 더욱 가련해 보입니다. 그렇지 않습니까? 돼지고기는 아마도 중간에서 없어진 듯합니다. 이것을 찾아서 다시 보내드리겠습니다. 그리고 만약 없으면 각별히 엄히 다스리겠습니다. 인삼은 서울에서도 매우 귀한 것인데 하물며 이와 같이 구석진 바닷가 천한 백성이 쉽게 먹을 수가 있겠습니까? 이러한 연유로 귀하의 뜻에 부응할 수 없어서 한탄스러울 뿐입니다. 오늘밤에 따뜻하게 주무신 후에 날이 밝으면 다시 뵙기를 바랍니다"라고 하였다.

이곳의 지명은 수도水島라고 한다. 후일에 조선인에게 들었다. 그 문답한 글은 모두 잃어버렸다.

5일, 날씨는 맑으며 파도는 잔잔했으나, 그는 배를 출발시키려는 기색을 보이지 않았다. 또한 카와카미가 기르는 양의 먹이가 이미 다 떨어졌다. 내가 글로 푸른 풀을 부탁하였다. 첨사가 답하기를,

"밤사이에 여러분께서는 편안히 주무셨습니까? 카와카미 씨의 설사병이 조금이라도 차도가 있습니까? 염려하는 마음이 매우 큽니다. 지금 말씀하신 푸른 풀은 구할 수 있는 만큼 보내드리오니 양지하시기 바랍니다. 저의 뱃멀미가 비록 조금은 감소되었지만 어지럽고 눈이 침침해서 긴말을 할 수 없습니다. 잠시 후에 식사를 하고 나서 가서 뵙겠습니다"라고 하였다.

내가 지명을 두세 번 물었지만 첨사는 끝내 답이 없었다. 위도蝟島, 수도水島라는 지명을 모두 다른 사람에게 들었다.

그래서 또 편지로 말하기를,

"지명과 노정을 객에게 알려주어 객으로 하여금 마음을 편안하게 해야 합니다. 이는 곧 주인된 예가 아니겠습니까? 만약 그를 사랑한다면 곧 이끌어주어, 아름다운 명산영장名山靈場을 알려줍니다. 중국사람[唐山시]28이 우리나라 사람에게 종종 그와 같이 하였습니다. 그리고 저희들은 가령 문장이나 문예를 배울 때 늘 이름다운 경치를 만나면 붓을 들고 시를 씁니다. 안파, 비인, 서천, 만경 등 아름다운 지명과 풍광을 사랑하여 시화詩畫로써 객의 수심을 달랬습니다. 어제부터 기이하고 빼어난 산수를 많이 보았는데, 아직 전날에 지명을 여쭈었으나 알려 주지 않으셨습니다. 무릇 귀국의 영토[地方]는 방대합니다. 바닷가의 크고 작은 섬이나 산과 골짜기를 비록 자세히 기록한다 해도 무엇을 염려할 것이 있겠습니까? 다만 객의 수심을 돕고자 시나 읊으며 쓸쓸함을 달래고자 할 뿐입니다. 글로써 알려주시기를 앙망합니다"라고 하였다.

그는 또 답이 없었다. 나는 또 글로써 배를 출발하기를 재촉하였고, 또 닭과 생선을 간청하였으나, 첨사는 즉시 답하지 않았다.

사시[巳時]에 조선 관인 4명이 우리 배에 왔다. 그중에 한 사람이 글로 말하기를,

"귀공께서 여러 날 동안 배에 계셨는데 평안하십니까? 저는 옥구현의 양미와 찬거리를 드리려고 가지고 온 감관監官입니다. 본래 두풍병頭風病

---

28 대만 지역에서 중국 본토의 사람을 지칭하는 용어이다. 이 말이 유구 쪽에서도 사용된 것으로 보인다.

으로 백약이 무효합니다. 무슨 약이 효험이 있겠습니까?"라고 하였다.

내가 글로 답하여 말하기를,

"찾아주시고 물어 주셔서 대단히 감사합니다. 우리들의 항해는 평안합니다. 다만 카와카미의 설사병이 오래 되어서 이를 걱정하고 있습니다. 귀군 감관께서(이 아래 다섯 글자가 있는데 읽을 수가 없다. 아마 그 당시 히다카日高가 옆에서 내가 쓰는 글을 잘못 옮겨 썼을 것이다. 지금은 생략하고 감히 보완하지 않는다.) 또한 두풍병으로 백약이 효험이 없다고 하시니 더욱 염려가 됩니다. 소반하가복령탕小半夏[29]加茯苓湯으로 치료하시면 효험이 없지 않을 것입니다. 여쭈어 보시니 알려 드립니다"라고 하였다.

또 한 사람이 글로 말하기를,

"귀공께서는 여러 날 동안 배에 계셨는데 평안하십니까? 저는 고군산의 군관으로서 귀군의 일행을 위하여 저희 첨사님[使爺]를 따라서 이곳에 왔습니다"라고 하였다.

내가 글로 답하여 말하기를,

"첨사께서 배를 나란히 동행해 주시면 해상에서 근심이 없을 것이니 매우 행복합니다. 귀공 역시 배행陪行하신다고 말씀하시니 평온하고 편안할 것이니 매우 기쁩니다. 카와카미의 설사병 때문에 저희들은 걱정입니다. 조금도 차도가 없습니다. 또한 의원과 약이 없음을 근심하고 있을 뿐입니다"라고 하였다.

또 푸른 풀을 가지고 온 자가 있었다. 그 사람이 글로 말하기를,

"현기증[眩暈]이 있다"라고 하였다.(그 글을 잃어버렸다.)

---

29 반하(半夏)는 반하라는 식물의 알줄기로서 담·구토·습증·해수 등의 치료에 쓰인다.

내가 감사하기를,

"귀군의 현기증이 걱정입니다. 조금 전에 푸른 풀을 부탁했는데 넉넉하게 주셔서 대단히 감사합니다"라고 하였다.

그 사람이 돌아가려고 할 때 내가 글을 써서 그 사람 편에 맡겨서 첨사에게 편지로 말하기를,

"저희들이 배에서 궁핍하게 생활한 지 이미 50여 일입니다. 정기精氣가 쇠약해져서 보양을 하고자 해도 육류가 없습니다. 닭을 몇 마리 지급해주시고 아울러 청채도 주십시오. 엎드려 간청합니다"라고 하였다. (그에게서 회답이 있었는데 그는 추후에 와서 주겠다고 하였다. 지금은 전체 내용을 생략한다.)

한 사람이 관에 백옥을 달았는데, 조용하고 침착하게 글로 말하였다.

"창파 만리에 허다한 고생을 하신 것이야 말할 필요도 없을 것입니다. 귀군께서 (고국으로) 돌아가시는 길에 이곳에 무사히 도착하셨으니 본인은 다행으로 여깁니다. 그러나 한 분이 병이 있다고 하니, 정리로 헤아려 보면 민망한 생각이 들지 않을 수 없으니, 참으로 걱정이 됩니다. 저는 어제 이 지역[地界]의 수변장守邊之將[30]으로서 호송한 후에 바로 돌아가야 했습니다. 그런데 마음이 슬퍼서 지금 비로소 내방하였으니, 이해해주셨으면 다행이겠습니다"라고 하였다.

내가 감사하여 말하기를,

"정처없이 표류하며 만리의 물길을 건너왔습니다. 방문해 주신 정에

30 첨사(僉使), 만호(萬戶)와 권관과 같이 변방을 지키는 무관직을 말한다.

지극한 감사를 드립니다. 귀국이 이웃나라와 수호修好하는 은의를 얻어서 저희들이 돌아가게 되었습니다. 진실로 큰 은혜와 큰 혜택입니다. 그리고 방금 귀군께서는 이 지역의 수변장인데 호송한 후에 서로 헤어지게 되었다는 이야기를 들었습니다. 슬프기는 피차일반입니다. 또한 카와카미의 질병을 가련하게 여기시니, 두터운 정을 잘 알겠습니다. 저희가 염려하는 것을 의당 잘 아실 것입니다. 다만 의원이 없고 약이 없는 것이 한스러울 뿐입니다"라고 하였다.

한 사람이 또 글로 말하였다.

"저는 새로 오신 대인의 종사리從事吏입니다. 내일 또 와서 기쁘게 인사드리도록 할 계획입니다"라고 하였다. 그 자리에서 관인에게 설탕을 주었다.

그리고 글로 말하기를,

"방금 드린 것은 일본의 설탕입니다"라고 하였다.

내가 다시 수변장에게 글을 쓰기를,

"처음 뵈었는데 귀군貴君의 성명을 알지 못합니다. 상세히 써 주시기를 바랍니다. 저의 성명은 전날 첨사님께 고하였기 때문에 기록하지 않았습니다"라고 하였다.

그가 글로 말하기를,

"성명을 알아서 후일의 기념으로 삼으려고 하시니, 이 또한 감사합니다. 저의 성은 이李이고 이름은 동은東殷[31]입니다. 알아 두십시오. 귀군의

---

31 이동은은 『조선왕조실록』 순조 12년(1812) 6월 9일 경술 1번째 기사에 변장(邊將)으로 제수한 기록이 보인다.

성명은 첨사님께 물어볼 겨를이 없었습니다. 알려주시면 다행이겠습니다. 오래도록 마음에 새기도록 하겠습니다"라고 하였다.

내가 글로 말하기를,

"성은 야스다安田 이름은 요시카타義方, 자字는 키토타喜藤太이며 또 다른 자는 모토카타元方입니다"라고 하였다.

한 낮에 첨사가 편지로 말하기를,

"어제 저녁 이곳에 배가 머물렀는데, 여러분들께서 피곤하시고 힘드셨기 때문입니다. 여기에서 머물러 밤을 보낸 것은 모두 그 때문입니다. 지금 활을 쏘면 닿을 거리[32]인데, 바야흐로 배를 운행하고자 합니다. 잘 헤아려주십시오"라고 하였다.

내가 답하기를,

"귀군 글의 뜻을 알겠습니다. 배가 출발하는 것을 본래 원하는 바입니다. 매우 다행입니다. 그리고 밤에 저희들을 아끼셔서 유숙하였다고 말씀하셨는데 은혜로움을 생각하니 감사하고도 남음이 있습니다"라고 하였다.

세 배는 동시에 서쪽을 향하여 출발하였다. 수 백보를 가서 북쪽을 향하여 배를 돌렸는데 마을이 하나 있었다. 갑자기 닻을 내렸다. 배가 항해한 거리는 한 사장射場도 되지 않았는데 첨사가 유약하여 다만 뱃멀미를 한 것인데 우리 때문이라고 변명하였을 따름이었다.

---

32 아래의 내용으로 보면, 배가 운행할 거리가 그 정도라는 뜻이다.

첨사가 편지로 말하기를,

"배가 이동하는 사이에 여러분께서는 잘 지내셨는지요[佳勝]? 멀리서 사모하는 마음을 멈출 수 없었습니다[馳念何弛]. 저는 병으로 배에 누워 있습니다. 기력을 수습하기 어려워 답답합니다. 귀군의 물품을 실어서 옮긴 후에는 임자도荏子島 첨사, 지도智島 만호가 마땅히 귀선의 호송관이 될 것입니다. 반찬거리 등은 때마다 두 관인께서 맡아서 처리하실 것입니다. 그리고 조금 전 닭과 청채를 방금 구했다고 들었습니다. (그것은) 일단 이곳에서 받으시면 어떻겠습니까? 저의 진에 있었다면 무슨 물품이든 무엇 때문에 그대에게 인색하게 하겠습니까? 피차 객지이기 때문이니 한탄스럽습니다"라고 하였다.

내가 답하기를,

"이곳에서 배를 이동해야 합니까? 두터운 생각을 늦추지 않으셨다고 말씀하시니 아름다운 마음이 매우 기쁩니다. 그리고 귀군께서 병으로 배에서 누워계신다고 말씀하셨습니다. 노고에 참으로 민망합니다. 가양加養을 게을리 하지 않으신다면 다행이겠습니다. 물품을 실어 옮기고, 반찬거리를 주재主宰하고 뱃길에서 호송하는 일이 임자도 첨사님과 지도 만호님에게 있다고 하시는 내용은 모두 그 뜻을 잘 알았습니다. 닭과 청채를 구하셨다고 하셨습니다. 모든 물품을 아끼는 것이 아니고 객지에서 임의로 하실 수 없어서 물품이 이와 같을 따름이라고 하셨습니다. 교시에 따라 잠시 기다리겠습니다. 편지를 주셔서 대단히 감사합니다"라고 하였다.

처음 닻을 내린 곳은 포구에서 멀었다. 후에 배를 전진시켜 첨사의 배와 나란히 세웠다. 누상에서 서로 바라보고 얼굴을 마주하였다. 첨사는 손을 들었고 나는 부채를 흔들어서 응답하였다. 잠시 후에 첨사가 편지로 말하기를,

"조금 전 배위에서 손을 들고 서로 응대하니 얼굴을 대한 것과 다름이 없습니다. 기뻐서 말로 다할 수 없습니다. 사리로는 직접 가는 것이 마땅하나 몸에 병이 있어서 그 뜻을 이룰 수가 없습니다. 섭섭한 마음이 바다와 같이 끝이 없습니다. 귀하께서 닭 두 마리와 청채 한 단을 달라고 하셨는데 본관本官에서 구해왔습니다. 여러분들께서 정으로 받아주십시오"라고 하였다.

내가 글로 감사하기를,

"손을 들어 (인사하고) 귀하의 얼굴을 뵈니 여유롭고 평온해 보여서 하례 드리는 정이 오히려 남음이 있습니다. 그린데 갑자기 편찮으시다는 말씀을 들으니 걱정되는 마음을 말로 다 표현할 수 없습니다. 가양하시기를 바랍니다. 저희가 청한 닭 두 마리와 청체 한 단은 고맙게도 빨리 지금 받았습니다. 은혜로운 정이 높은 산과 같고 아껴주시는 마음은 참으로 감사합니다"라고 하였다.

6일, 새벽 첨사에게 편지로 말하기를,

"밤사이 귀군께서는 편안히 주무셨습니까? 하례 드립니다. 저희들은 별고 없으니 조금도 염려하지 마십시오. 임자도, 지도의 두 분께서는 이곳에 도착하셨습니까? 일이 만약 준비되었다면 즉 배를 옮겨서 돛을 펼쳐야 마땅합니다. 회답 주시기를 간청합니다"라고 하였다.

동이 틀 때 필리筆吏가 와서 첨사의 말을 글로 전하였다.

"밤사이 귀공께서는 편안하셨습니까? 카와카미의 병환은 어떠한지 제가 근심하는 바입니다. 조금이라도 차도가 있다면 다행이겠습니다. 금일 오전에는 마땅히 배가 이동할 것입니다. 즉 임자도 첨사, 지도만호가 차원差員을 정하여 교체한 후에 작별하고 돌아갈 것입니다. 새록새록 그립다가 슬퍼질 것입니다. 생각은 반드시 피차일반일 것입니다"라고 하였다.

내가 감사하기를,

"염려하고 물어주셔서 대단히 감사합니다. 카와카미의 병환이 만약 조금이라도 차도가 있다면 마음으로 기뻐하실 것을 알 수 있었습니다. 그리고 오늘 낮에 배가 이동하는 것을 약속해주셔서 매우 행복하지만, 이별이 가까우니 다시 슬퍼집니다. (피차) 함께 해로에서 평안하기를 간절히 기도하겠습니다"라고 하였다.

그가 글로 말하기를,

"낮에 배가 이동할 때 첨사공과 함께 다시 오겠습니다. 귀국의 긴요한 서책이 있으면 한 권 얻어서 보기를 원합니다"라고 하였다.

내가 글을 써서 답하기를,

"첨사군과 다시 오신다니 기쁩니다. 그리고 우리나라 서책이 여러 권이 있습니다. 그렇지만 견고하게 포장되어 있어서 쉽게 열 수가 없습니다. 간청합니다. 저희가 희망하는 바를 허락해 주십시오"라고 하였다.

잠시 후에 조선인이 양미를 주려고 왔다. 내가 탄 배의 선장이 다시 배 안에 저장하였다. 전날과 같이 조선 관인이 뒤쫓아 와서 양미를 주는 것에 대하여 말하였다. 그와의 문답을 생략하고 다만 한 두 사례를 들어둔다.

그가 글로 말하기를,

"쌀에 이르러서는 곧 귀하의 아랫사람이 처음부터 받지 않는다고 말하지 않았습니까?"라고 하였다.

내가 글로 말하기를,

"그렇지 않습니다. 양미와 찬에 관한 일은 안파포에서 처음 지급 받았습니다. 이 때 저희의 양미는 오히려 여유가 있었습니다. 그렇기 때문에 사양을 했습니다. 그런데 비인 태수께서 말씀하시기를 조정에서 내리는 것인데, 사양한다면 예가 아니라고 하셨습니다. 이 때문에 받았습니다. 그 후로는 1일 1인 1끼니의 양미 한 되씩 선장으로 하여금 수령하도록 했습니다. 아랫사람이 전한 말은 잘못된 것입니다"라고 하였다.

그가 글로 말하기를,

"1일 1인 1끼니의 양미 1되 역시 조정으로부터 정하여 지급하는 뜻으로. 다른 읍에서도 문서와 장부[文蹟]에 따라 행합니다. 그렇기 때문에 차후에도 이와 같을 것입니다. 그대께서 반드시 아십시오. 오늘은 각각 1되의 양미를 먼저 지급할 생각입니다. 양지하시기 바랍니다. 이외에 만약 귀군께서 필요한 것을 청하신다면 어김없이 계속해서 지급하라고 호송관에게 누누이 말해 두었으니, 염려하지 마십시오. 그리고 만약 구할 수 있는 곳이 있으면, 즉시 준비하여 드리겠습니다. 이 또한 심려하지 마십시오"라고 하였다.

이 외의 필담은 생략한다. 곧 지급 받은 것은 양미 4말 5되, 미역 22단, 건어 15마리였다.

식사 때가 지나서 첨사 조대영이 와서 만났는데 시 칠언율시 1수 칠언 절구 1수를 받았다.

기묘년 중추 상한(上澣)에 시를 지어 보입니다.

사쓰마국의 여러 학사에게
(칠언율시)
자라 등에서 서로 만나니 그 뜻이 크도다
창명(滄溟) 만리에 배를 나란히 하여 가니
원기(元氣) 머금은 산세가 호위하네
넘실대는 파도는 세상의 정을 따르네
내가 돌아갈 길을 생각하니 더욱 험하구나
그대 귀국의 물길은 오히려 영화롭고
아직 따뜻하지 않은 자리에서 송별 하니
남아는 작별하기 위하여 술잔을 가득 채운다.

(칠언절구)
이제 이별하면 후일에 만나기 어려워
섭섭한 마음과 호수같은 바다는 끝이 없구나
뱃머리에 서서 칼을 짚고 정녕 하는 말
오직 세 분께서 함께 기거 하시기를 바랍니다.

보내는 사람과 이별할 때는 반드시 이별의 선물[贐物]이 있기 때문에 시를 지어 드립니다.

　조선국 서계西溪 명월주인明月主人 조선 사대부 풍류.

　시를 평해주십시오[雅評].

　대영이 또 글로 말하기를,

"이별에 임하여 스스로 느끼는 바가 있었기 때문에 시를 썼습니다. 혹시 꽉 막힌 글로 인하여 활달한 헤아림을 어지럽혀 드리는 것 같아 두렵습니다"라고 하였다.

　나는 즉시 글을 써서 차운하여 대영에게 주었다.

　수도(水島) 선상에서 조선국 명월주인께서 주신 시에 답합니다.

　끓는 물 같은 큰 파도를 헤치고

　표류하여 와서 배를 함께 항해하는 은택을 입고

　청풍 가득하여 영취(瀛趣)에 오르니

　시원한 가을바람에 집으로 돌아가는 학의 마음

　이별의 길에서 구름 걷히는 것을 함께 보니

　그대를 생각하며 바라보는 달빛 휘황하네

　만날 기약 다시하기 어려우나 아름다운 자리에서 술에 취하니

　잡은 손 은근히 놓으며 술잔만 권하네

　　　　　사쯔마국 야스다 키토타 요시카타(安田義方) 삼가 씁니다

대영이 글로 말하기를,

"전편이 모두 주옥같습니다. 비린鄙吝을 씻어주셔서 대단히 감사합니다"라고 하였다.

내가 글로 말하기를,

"귀하께서 칭찬하신 말씀을 감당할 수 없어 매우 두렵습니다"라고 하였다.

대영이 글로 말하기를,

"저의 집에 걸어 두고 그대의 얼굴을 보듯 하겠습니다"라고 하였다

나는 이에 대영에게 술잔을 권하였다.

대영이 글로 말하기를,

"이것은 이별주입니다"라고 하였다.

또 글로 말하기를,

"제가 전에 쓴 시를 다시 보고 싶습니다. 찾아서 꺼내주실 수 있습니까?"라고 하였다

내가 글로 답하기를,

"지난 번 배에서는 위에 두었는데, 이 배에서는 아래에 실었습니다. 방금 들으니 아주 배 밑에 있다고 합니다. 배를 옮길 때 찾아서 보여드리면 어떻겠습니까?"라고 하였다.

대영이 말하기를,

"만약 폐가 된다면 그냥 두셔도 무방합니다"라고 하였다.

내가 말하기를,

"어찌 감히 폐가 되겠습니까! 상자 속에 깊이 간직하여 배 아래에 실어 두었습니다"라고 하였다.

대영이 말하기를,

"'고상한 선비의 시는 먼 바닷가에서도 두드러지네雅士時章拔海隈'라는 문구에서 발拔 자가 매우 좋지 않았습니다"라고 하였다.

내가 말하기를,

"발 자를 무슨 글자로 바꾸면 좋겠습니까? 알려주시기를 청합니다. 그러면 배를 옮길 때 비록 번잡하여 꺼내 볼 수 없더라도, 후일에 별지에 기록해 둔 것으로 잘못된 내용을 보완하겠습니다. 글로 알려주시기 바랍니다"라고 하였다.

대영이 말하기를,

"발 자는 지나치니 병통이 많습니다. 가르쳐 주십시오"라고 하였다.

내가 말하기를,

"한 방울 물로 다시 큰 바다에 넣는 격이니 니무나 부끄럽습니다. 다만 저의 어리석은 생각을 마음대로 적습니다. 허물하지 않으시면 다행이겠습니다. 비출 조照, 뽑을 추抽, 놀랄 경警, 움직일 동動, 통할 투透와 같은 글자가 그 구절의 뜻으로 보아서 괜찮지 않겠습니까? 좋은지 그렇지 않은지 잘 알지 못하겠습니다"라고 하였다.

대영이 말하기를,

"지금 이렇게 가르쳐 주시니, 발 자를 투 자로 바꾸는 것이 어떻겠습니까?"라고 하였다.

내가 말하기를,

"제가 생각하기에는 투 자가 좋은 것 같습니다. 투로 고치는 것이 제일 좋지 않겠습니까?"라고 하였다.

대영이 말하기를,

"귀국 사람들이 보면 웃지 않겠습니까?"라고 하였다.

내가 말하기를,

"통할 투는 통할 철徹, 통할 통通과 같은 뜻입니다. 그 글자의 뜻을 잘 안다면 어떤 사람이 웃을 수 있겠습니까? 만약 그 글자의 뜻을 모른다면 비록 웃더라도 무슨 지장이 있겠습니까?"라고 하였다.

대영이 말하기를,

"그러시다면 투 자로 제가 쓴 시를 고쳐주십시오"라고 하였다.

내가 말하기를,

"알았습니다. 나중에 물품을 옮겨 실을 때, 시를 찾으면 시를 드리겠습니다. 만약 일이 번잡하여 드리지 못하게 된다면, 곧 제가 발 자를 삭제하고 투 자로 고치겠습니다. 생각을 편하게 하시기 바랄 뿐입니다"라고 하였다.

대영이 말하기를,

"투 자가 꼭 발 자보다 좋습니까?"라고 하였다.

내가 말하기를,

"발 자는 귀하의 생각과 같이 오히려 병통이 있습니다. 투 자가 지극히 좋습니다"라고 하였다.

대영이 말하기를,

"다시 자세히 설명하여 저의 의문을 깨우쳐 주시기를 청합니다"라고 하였다.

내가 말하기를,

"투 자는 비단 위에 미박지美薄紙를 두고 비단의 씨줄과 날줄을 보는 것과 같습니다"라고 하였다.

대영이 말하기를,

"자세히 알려주시니 꿈에서 깬 것 같습니다"라고 하였다.

또 말하기를,

"그렇다면 투 자로 바꾸는 것이 좋을 것 같습니다"라고 하였다.

내가 말하기를,

"그렇게 하겠습니다"라고 하였다.

대영이 말하기를,

"제 시를 그대의 귀한 손으로 고치게 되었으니, 그 행운이 마치 금과 옥을 얻은 것 같습니다"라고 하였다.

내가 말하기를,

"귀군께서 쓰신 글을 제가 평한 대로 투 자로 바꾸고 발[33] 자 위에 윤색을 하게 되었습니다. 후의에 오히려 부끄러운 생각이 듭니다"라고 하였다.

대영이 말하기를,

"그대의 문장이 갖추어졌으니 무슨 허물이 있겠습니까?"라고 하였다.

내가 말하기를

"과유불급過猶不及입니다. 저의 뜻이 아직 부족합니다"라고 하였다.

대영이 말하기를,

"시문에 이르러 논평을 자세히 할 줄 알면 스승이 됩니다"라고 하였다.

내가 말하기를,

"말씀하신 것을 알지 못하겠습니다"라고 하였다.

대영이 말하기를,

---

33 원문에는 透로 되어 있으나, 拔의 잘못으로 생각된다.

"앉는 자리에 제가 들어와서 매우 협소합니다. 그대가 앉거나 누울 때 편안하지 않을까 염려됩니다"라고 하였다.

내가 말하기를,

"전혀 염려하지 마십시오. 이 또한 배에서나 있는 흥취의 하나일 따름입니다"라고 하였다.

대영이 말하기를,

"시인이 기쁨과 걱정을 번갈아가며 참는 것이라고 일컬을 만합니다"라고 하였다.

조대영이 처음 왔을 때, 안에는 백난수(白煖袖)를 입었고, 그 위에 걸쳐 입은 옷은 남색의 무늬가 있는 얇은 비단이며[34] 소매 역시 붉은 무늬의 비단이고, 또 겹쳐 입은 옷(쾌자)은 청색의 무늬의 비단이다. 쾌자[褂衣][35]에는 금과 옥을 옷섶에 달았고, 홍색의 띠를 가슴 아래에 묶었다. 우리 배에 올 때마다 매번 의복이 달랐다. 이 날은 이에 갖옷을 입었는데 털은 흰 바탕에 검은 무늬이며 안도 털이었다. 겉감은 비단으로 여황(驪黃) 색이었다.

대영이 말하기를

"나의 갖옷의 겉감은 귀국에서 직조한 것이 아닙니까?"라고 하였다.

내가 말하기를

---

34 원문에서는 紋紗로 되어 있다. 紗는 속이 비쳐 보일 정도로 얇은 비단이고, 紋은 무늬가 있다는 뜻이다. 그림으로는 어떤 무늬가 있는지 확인할 수 없다. 활동하기에 편하도록 소매가 좁게 만든 무관들의 정장을 협수(挾袖)라고 한다. 협수는 종종 붉은 소매를 달았는데, 이 부분을 홍수(紅袖)라고 하며, 조대영의 그림에도 홍수가 보인다.

35 원문은 衿이다. 협수(狹袖)라는 붉은 소매가 달린 옷 위에 걸쳐 입은 소매없는 옷이다.

"저희 나라에서 또한 생산합니다. 이름은 호박직琥珀織[36]이라고 합니다. 그것과 비슷합니다"라고 하였다.

조선인 한사람이 있었는데 글로 말하기를,
"첨공께서는 밤사이 여전하십니다. 그리고 카와카미 공의 설사병은 또 어떠신지요? 매우 걱정이 됩니다. 여러 날 동안 해상에서 가까이 얼굴을 뵈니 원래 아는 사이인 것 같았습니다. 오늘은 이별의 날입니다. 매우 섭섭합니다. 장강 천만리를 잘 건너가서, 고국에서 부모를 봉양하고 처자와 즐겁게 지내시되 꼭 우리 첨사님[使爺]과 함께 고생한 일을 생각하십시오"라고 하였다.
내가 그의 성명을 물었다.
그가 답으로 말하기를,
"이낙순李洛淳입니다"라고 하였다
그도 또한 나의 성명을 물어서, 나는 곧 글로 써서 답하였다.
또 그에게 시[絶句]를 지어 주었다.

이른 아침 온 사방이 햇살 가득하고
참으로 흐드러진 갈대 벌판이 하늘 끝에 닿았네
어느 날 돛을 펴고 고국으로 돌아가서
부모님 공경하고 자식을 어루만져 쓸쓸함을 위로할까?

---

36 견직물의 한 종류로 날줄은 가는 실을 쓰고, 씨줄은 굵은 실을 써서 횡으로 골이 지게 만든 것이다. 두터운 것은 띠나 남자의 겉옷으로 쓰고, 얇은 것은 taffeta라고 하여 여성의 옷을 만드는 데 썼다.

내가 글로 말하기를,

"오늘 시각이 벌써 오전이 지났습니다. 임자도의 첨사님과 지도의 만호님께서는 도착하지 않으셨습니까? 배를 옮기는 일은 어떻게 되었는지요?"라고 하였다.

그가 글로 말하기를,

"방금 하인으로 하여금 양 진장鎭將께 말을 전하게 하였는데, 행장을 모두 갖추지 못하였다고 합니다. 탈 배는 도착하였으므로, 머지않아 배를 옮길 것입니다"라고 하였다.

미시[未牌]에 두 관인이 몇 사람을 거느리고 왔다.

한 관인이 글로 말하기를,

"저는 신임 영호사領護使[37]로서 이곳에 왔으며, 여러분들께서는 만리 바다에서 표류하여 여러 날 고생하셨는데, 다행히 질병은 없고, 먹고 자는 것은 편안하십니까?"라고 하였다.

내가 글로 말하기를,

"염려하여 물어주시니 매우 감사하고, 처음 뵙게 되니, 매우 기쁩니다. 저희들은 만리를 표류하여 다행히 귀국에 표류하여 도착하였습니다. 그리고 은혜는 산과 같고 바다와도 같습니다. 표류하여 지금에 이르기까지 50여 일 동안 땅을 밟지 못하여 세 사람 모두 습기로 인한 병이 있습니다. 그중에 카와카미의 설사병이 오래되어서 매우 염려가 됩니다. 살펴서 헤아려 주시기 바랍니다. 감히 귀군의 관직과 성명을 여쭙겠습니다. 저희들은 전에 여러 분께 알려드렸기 때문에 성명을 쓰지 않았습니

---

37 야스다 일행을 이끌고 호위하며 가는 관리라는 뜻이다.

다. 허물하지 마십시오"라고 하였다.

그가 글로 말하기를,

"두 분께서는 무양하시다니 매우 기쁩니다. 그리고 카와카미께서 설사병 때문에 평안하시지 않으니 매우 걱정입니다. 저의 관직은 절충장군 행수군 첨절제사, 성은 박朴, 이름은 국량國良입니다. 귀군들의 물품을 옮겨 싣고 싶습니다"라고 하였다.

내가 글로 말하기를,

"귀군의 관직 및 성명을 듣게 되어서 기쁩니다. 그리고 물품을 옮기게 되어서 지극히 다행입니다. 귀군의 격군格軍들에게 속히 명령하시면, 저희 뱃사람들에게도 또한 명하겠습니다. 감히 부탁드립니다"라고 하였고

한 관인이 또 글로 말하기를,

"저 역시 신임 영호사로서 이곳에 왔습니다. 그래서 여러분들께서 잘 오셨는지 묻고자 합니다"라고 하였다.

내가 글로 말하기를,

"비로소 귀군께서도 저희들을 도와서 항해를 하실 것이라고 들었습니다. 염려해주셔서 매우 감사합니다. 저희들은 별고 없습니다. 다만 뱃멀미를 앓고 있고, 카와카미가 오래도록 설사병이 있어서 매우 걱정입니다. 어려운 사정을 살펴서 헤아려 주시기 바랍니다. 배를 옮겨타는 일을 속히 해주시기 바랍니다. 타는 배는 한 척입니까? 아니면 두 척으로 이동할 것인지요? 글로 알려주시면 고맙겠습니다"라고 하였다.

그가 글로 말하기를,

"여러분 중에서 카와카미 치카나카川上親誐가 오랜 동안 병환을 앓고

있다고 하니, 그가 매우 염려됩니다. 그런데 무슨 병을 언제부터 앓기 시작했는지 알지 못하겠습니다. 병의 경중과 함께 모두 알려주시기 바랍니다. 저의 관직명은 수군만호입니다. 성명은 오자명吳子明입니다"라고 하였다.

나는 즉시 카와카미의 증세를 자세히 글로써서 알려주었다. 그 원고를 잃어버렸다.

잠시 후에 큰 배 한 척이 우리 배 주변으로 왔고 작은 배 또한 따라왔다. 우리 배에 조선인들이 많이 올라와서, 개미처럼 붙어서 시끄럽게 움직이면서 물품을 옮기려고 하였다. 우리 배 사람들이 쉬지 않고 금지시켰다. 선장 마쯔모토松元가 와서 말을 하였기 때문에 나는 즉시 박국량과 오자명에게 글로 써서 알리기를,

"용무가 없는 사람은 금지시켜 주십시오"라고 하였다.

그가 답하기를,

"쓸데없는 일을 하는 사람들을 말씀하신 대로 이미 금지시켰습니다. 염려하지 마십시오"라고 하였다.

여러 명의 조선인들은 즉시 물러갔다. 저녁 무렵[晡]이 지나서 큰 배로 물품을 옮겼고 우리들도 그 배로 함께 옮겨 탔다. 고군산에서 처음 출발할 때부터 우리는 배 사람들과 여러 날 떨어진 채로 이 곳에 이르렀다. 오늘은 다시 같은 배에 탈 수 있었다. 그래서 25인이 모두 기뻐했다.

조대영이 말하기를,

"상하를 모두 거느리고 한 척의 배로 함께 가시게 되어서 나의 마음도 기쁘고 다행스러운 것이 이와 같이 끝이 없는데, 하물며 그대들의 기쁜 마음은 어떠하겠습니까?"라고 하였다.

내가 감사하기를,

"진실로 지극한 은혜입니다. 기쁜 마음을 붓이 다 닳아도 (표현하기) 어렵습니다"라고 하였다. (내가 또 함께 배를 타게 된 일에 대해서 글을 써서 사례하였는데, 그 글은 생략한다.)

조선 관인들은 각각 돌아갔다. 밤에 바야흐로 초경初更이 되려고 할 때, 대영, 자명, 국량이 왔는데, 대영이 대접하는 것이었다. 음식을 차리는데 다만 오자명에게만 소반[盤]에다 주었고, 다른 사람들은 많은 음식들을 바구니 같은 그릇에 담아서, 자리 위[席上]에 그냥 깔아놓았다. 동자가 술잔에 술을 따라 주어서 각각 여러 잔의 술을 마셨다. 조대영이 몸짓으로 음식을 먹으라고 권하였지만 우리들은 먹지를 않았다. 단지 술만 마셨다. 그가 강경하게 음식 먹기를 권하자 히다카日高는 곧 오자명의 소반에 위에 있는 음식에 젓가락을 대어 몇 점의 계란과 고기를 먹었다. 히다카가 나에게도 음식을 먹으라고 하였지만 나는 받아들이지 않았다.

글로 조대영에게 이르기를,

"한 사람에게만 제대로 된 소반을 갖추어 주시고 다른 사람에게는 (음식을) 자리에 내려놓았기 때문에 음식을 먹지 않는 것입니다. 각자 제대로 된 소반이면 모두 제대로 된 소반에 주시고, 각자 자리 위라면 자리 위에 주십시오. 그리고 그대들께서 먼저 드신다면 저희들도 먹겠습니다"라고 하였다.

대영은 즉시 자명의 소반을 장막 밖에 내려놓았고, 우리는 곧 그와 마주하여 먹게 되었다.

이경二更이 될 즈음에 조선 관인들은 각각 돌아갔다.(내가 대영에게 글로 감사하였고, 또 술의 이름을 물었는데 그 글과 답서를 잃어버렸다.)

7일, 아침에 조선 선장과 필담으로 내가 지명을 물었는데 답하기를,

"이미 한 배로 동행하게 되었는데 피차 불순한 사람을 각별히 서로 금하는 것이 어떻겠습니까? 이곳의 지명은 수도水島라고 합니다"라고 하였다.

내가 글로 말하기를,

"지명을 알려주셔서 매우 기쁩니다. 그리고 피차에 순종하지 않는 사람에 대해서는 마땅히 사리로 가르치고 예의로써 가지런히 하여, 서로 금하는 것이 좋겠습니다. 저희 일본인은 곧 도의에 어긋나는 일이 있거나 만약 혹시 서로 업신여겨 분노하면 벌이 성난 것과 같습니다. 살펴서 알아두셔야 할 것입니다"라고 하였다.

식전에 비가 오려고 하였다. 나는 자명과 국량에게 편지로 말하기를,

"제공께서 평안하심을 하례 드립니다. 저희들은 편안하니 염려하지 마십시오. 지금 비가 내리려고 하는데 이 배에 돗자리가 부족하나, 자리를 마련할 수 있는 방법이 없습니다. 그러므로 돗자리 10매를 빌려주십시오. 그렇지 않으면 즉 물품이 젖게되고, 저희 배에 있는 모든 사람들이 취사도 할 수 없고 거처할 수가 없습니다. 속히 지급해주시기를 청합니다"라고 하였다.

조선인이 즉시 돗자리를 가지고 왔다. 그 글의 내용은 다음과 같았다.

"여러분께서는 밤사이 평안하셨습니까? 빗줄기가 급해지려고 하여 돗자리 10장을 조처하여 준비하여 가지고 왔습니다"라고 하였다.

이내 돗자리를 가지고 배 누상의 시령에 묶었다.

조선인 선장이 글로 말하기를,

"사람은 많은데 배가 작습니다. 끝이 없는 바다를 배로 가다가 중도에 만약 태풍을 만난다면 그 상황을 감당하기 어려울 것입니다. 그대께서는 배를 나누어 타는 것을 어떻게 생각하십니까? 그렇지 않다면 그대의 좌석이 평안하지 않을 것입니다"라고 하였다.

내가 글로 말하기를,

"사람은 많고 배도 작으니, 끝없는 큰 바다에서 만약 태풍을 만난다면 그 상황을 감당하기 어렵다는 뜻으로 알려주신 것을 들었습니다. 저는 수로와 행정行程을 알지 못합니다. 그렇기 때문에 그런 사려를 할 수 없었습니다. 좌석이 평안하지 않은데, 그대들이 염려해주시니, 대단히 감사합니다. 배를 나누어 타는 일에 대해서는 곧 저희들이 임의로 할 수 없습니다. 다시 양 첨사님 및 만호께 물어서 가부를 결정하셔야 할 것입니다. 그대들도 역시 이 일에 대해서 호송하는 여러분들과 상의하는 것이 좋을 듯합니다"라고 하였다.

잠시 후에 국량과 자명이 왔다. 나는 이에 선장의 말을 글로 써서 그들에게 알렸다. (지금은 그 글은 생략한다.)

그가 답하기를,

"우리나라 뱃사람들은 여러분께서 부리고 신칙할 수 있다고 말할 수 있습니다. 귀하 배의 격군들이 경박하게 굴지 않으면 다행이겠습니다. 혹시 난폭하게 구는 일이 있으면 알려주십시오. 우리는 법에 따라서 논죄를 할 것입니다. 그러니 잘 아시고 알려주십시오"라고 하였다.

한 관인이 글로 말하기를,

"당초에 배를 함께 타게 된 것은 군께서 좋다고 여기셨기 때문입니다. 본래 다른 뜻이 없습니다. 지금 듣기로는 위험한 상황이 걱정됩니다. 마땅한 방법을 헤아려서 처리하겠습니다. 군께서도 또한 상황을 살펴보십시오"라고 하였다.

내가 말하기를,

"고군산에서 이곳에 이르기까지 이미 8일이나 경과하였습니다. 노정이 겨우 300~400리가 아닙니까? 곳곳에서 머물렀기 때문에 매우 고생이 심했습니다. 그리고 하물며 카와카미의 병환이 오래되었는데도 그 무엇도 어찌할 수가 없습니다. 고군산첨사가 한 일이 아니면 누구이겠습니까? 저희들은 오래 동안 원망과 분노에 차있었습니다. 만약 풍파가 있다면 진실로 항해는 불가합니다. 그러나 의미 없이 여러 곳에서 지체하였기 때문입니다. 오늘 고군산 첨사께서는 이 배에 오실 것입니까?"라고 하였다.

그가 글로 말하기를,

"지체하여 머문 것은 바람으로 날씨가 좋지 않았고, 호송하는 관원이 서로 교체되었기 때문입니다. 무엇 때문에 함께 고생한 관원에게 화를 내십니까? 오로지 날씨가 좋아서 바람이 고요하기를 바랄뿐입니다. 여러분들의 고생스런 상황을 모든 사람이 슬프게 생각하며, 말을 하지 않아도 알 수 있습니다. 어찌 소홀히 할 수 있겠습니까?"라고 하였다.

한 관원이 역시 글로 말하기를,

"밤사이 평안하셨습니까? 병환이 중한 분은 차도가 좀 있습니까? 오늘 일기가 매우 좋지 않고 바람의 상황도 좋지 않습니다. 이에 닻을 올리지 못하여 이동하기는 어렵겠습니다. 생각건대 분명히 객수客愁를 견디기 어렵겠습니다"라고 하였다.

내가 두 관원에게 감사하기를,

"후의에 대단히 감사드립니다. 이전부터 오래 동안 여러 곳에 머무르며 지체하였으며, 카와카미가 병으로 누워 고생하는 것을 잘아실 것 입니다. 그리고 오늘 바람이 좋지 않기 때문에 배를 이동할 수 없다고 말씀하셨습니다. 이것은 사람이 하는 것이 아니고 하늘이 하는 일입니다. 비록 그렇다 하더라도 집을 생각하는 마음은 정말로 일각이 천추같습니다. 두 분께서는 헤아려 살펴주시기 바랍니다"라고 하였다.

오전 10시경에 작은 배가 양미와 땔나무를 싣고 와서 글로 말하기를,

"매일 제공하도록 명령받은 것을 가지고 왔습니다"라고 하였다.

내가 감사하기를,

"매일 제공되는 것을 가지고 오셔서 매우 감사합니다. 만약 도착하면 저희 배의 선장이 수령하도록 하겠습니다"라고 하였다.

그가 글로 말하기를,

"내일까지 이틀 간의 양미 15말을 합계하여 지급하는 것입니다"라고 하였다. 나는 곧 마쯔모토로 하여금 수령하게 하였다. 그리고 글로 감사하기를,

"내일까지의 양미 15말 및 염청어 10마리, 미역 4다발, 땔감 3단을 저희 선장이 수령하였습니다. 대단히 감사합니다"라고 하였다.

이윽고 조선 관인들이 돌아가려고 하였다. 그래서 분선分船에 대해서 이야기하였다. (그 글을 잃어버렸다.)

내가 말하기를,

"잘 논의하여 결정하십시오. 저희들은 결정을 강제하지 않겠습니다"라고 하였다.

조선 관인들은 돌아갔다. 한낮에 고군산 첨사는 닻줄을 풀고 출발하려던 참이었는데, 거룻배로 글로 보내왔다.

"어제 저녁 연회를 끝내고 돌아왔는데, 밤사이에 여러분들께서는 조섭을 잘 하셨는지 모르겠습니다. 우연히 이곳의 영호원領護員이 가지고 가는 귀하의 글은 청범淸範을 대한 것 같아서 매우 기뻤습니다. 저의 병은 전에 비교하면 열 배나 심합니다. 오늘 이제 돌아갑니다. 오직 그대의 일행에게 바라건대 마음의 흔들림 없이 영달하십시오.

서계 명월주인"이라고 하였다.

『조선표류일기』 권6 끝

『조선표류일기』 권7

8월 8일~다음해 정월 7일

8월 8일, 비가 조금 내렸다. 바람이 제법 순조로운 듯하여, 내가 두 관인에게 편지를 보내기를,

"밤새 두 분께서 평안히 주무셨기를 바랍니다. 우리들은 별일 없습니다. 카와카미의 병은 여전합니다. 오늘 배가 출발하는지요? 바람은 순조로운지요? 이곳을 출발하면 수로로 몇 리를 가서 어느 곳에 도착하는지, 자세히 써서 알려주시기 바랍니다"라고 하였다. 그가 답하기를,

"밤새 모두들 평안하셨다면 다행입니다. 그러나 카와카미의 병은 아직 회복되지 않았다니 걱정스럽습니다. 채소를 조금 가지고 왔습니다"라고 하였다. 내가 사례하기를,

"위로하고 또 염려해 주시고 아울러 채소도 주시니, 대단히 감사합니다. 오늘은 바람이 거꾸로 불어서 배가 출발할 수 없다고 하셨는데, 하늘이 하는 일이니 어찌 할 수 없습니다"라고 하였다.

10시경에 속관 두세 명이 와서 글을 써서 말하기를,

"여러분들이 한 배에 거처하니 좋겠습니다만, 돛을 올려 배가 운행할 때는 사람이 많아서 복잡할까 걱정스럽습니다. 그래서 편하려면 배 한 척을 더 정해서 나누어 가면 어떻겠습니까?"라고 하였다. (내가 답한 글을 지금 생략한다.) 그가 또한 글로 쓰기를,

"이 배는 규모가 크고 견고하여, 여러분과 물품을 함께 실었습니다. 지금 듣건대, 귀군들을 모시는 뱃사람들이 와서 말하기를, '이 배는 좌우에 힘이 없어서, 많은 사람이 배를 타면 배가 운행할 때 좋지 않다'고 합니다. 그래서 편의를 도모하고자 합니다. 오늘 배를 나누어 탈 것이니, 여러분 중에 몇 사람이 옮겨가실지 알려주십시오. 반으로 나누어 타는 것이 좋을 듯합니다. 또한 양해해 주십시오"라고 하였다. 내가 답하기를,

"보낸 글을 모두 다 잘 알았습니다. 배를 나누어 편리하게 해주신다니 다행입니다. 나와 아랫사람 그리고 뱃사람 12인이 각각 물품을 가지고 배를 옮겨 타겠습니다. 다만 속히 해주시기 바랍니다"라고 하였다.

새로운 배가 바로 왔고, 나와 선장 및 뱃사람과 아랫사람 11인이 물건을 들고 배를 옮겨 탔다. 잠시 후, 박국량과 오자명이 왔는데, 그들은 신발을 내 자리 옆에 두었다. 내가 글로,

"신발은 귀한 사람 곁에 가까이 두지 않습니다"라고 하였다. 그가 글로,

"그렇습니다, 그렇습니다" 하고 바로 아랫사람을 시켜 신발을 후창(後 艙)으로 내려 보냈다.

선장 마쯔모토가 와서 알리기를,

"지금 옮긴 배가 작아서 갑판 위에서 취사를 할 수 없습니다. 배안에 들어가서 취사했으면 좋겠는데 그들이 허락하지 않으니 어쩌면 좋겠습니까?"라고 하였다. 내가 오자명과 박국량에게 글로 이르기를,

"선체가 작아서 취사하기 어렵습니다. 지난번 배에서는 대개 배 안에서 취사하였는데, 저 배는 금하니 어찌된 까닭입니까? 먹지 못하면 하루도 목숨을 유지하기 어려우니, 실로 곤란한 일입니다. 헤아려 주시고, 방법을 마련해 주십시오. 만약 억지로 금한다면, 우리 뱃사람이 그대의 뱃사람들로 하여금 밥을 짓게 하고 살펴보도록 하는 방법도 괜찮을 것 같습니다"라고 하였다.

자명과 국량이 허락하니, 조선 사람들이 곧 우리 선장을 향해서 몸짓으로 배안에서 밥을 짓도록 하였다. 이때 자명과 국량이 청주를 가지고 와서 우리들과 마셨다. 내가 글로 사례하기를,

"맛있고 좋은 술입니다. 여당주가 아닙니까?(내가 전날 이 술을 마셔봤으므로 이렇게 물은 것이다.)"라고 하였다. 그가 글로 답하기를,

"이는 곧 찹쌀과 지초로 빚은 소주입니다"라고 하였다.

저녁 무렵에 자명과 국량 그리고 속관들이 돌아갔다. 이날 밤이 되자 비가 조금씩 내려 그치지 않았다.

9일, 날씨가 쾌청하였다. 새벽에 박국량과 오자명에게 편지를 쓰기를, "밤새 두 분께서는 편안하셨습니까? 우리들은 별일 없습니다. 오늘은 순풍입니까?"라고 하였다.

자명과 국량이 바로 우리 배로 와서 글로 쓰기를,

"모두들 편히 쉬셨습니까? 카와카미의 설사 증세는 차도가 있습니까?"라고 하였다. 내가 답하기를,

"카와카미는 조금 나아져서 일어나서 자리에 앉아 있습니다"라고 하였다. 그가 말하기를,

"지금 바람이 전혀 불지 않지만, 날씨가 좋으므로, 닻을 올리고, 출발할 것입니다. 양해해 주십시오"라고 하였다.

우리 배가 닻을 올리자 자명과 국량은 곧 돌아갔다. 10시가 되기 전에 세 배가 함께 돛을 올렸다. 이날 하늘은 맑고 바람도 잔잔하여 물결이 일지 않았고, 온화하여 마치 봄날 같았다. 호송선에서는 간혹 음악을 연주하였다. 처음에는 동남쪽을 향해서 10정町 쯤 가다가, 해협을 벗어나서는 정남쪽으로 나아가니, 육지가 없고 바다가 하늘에 이어져 있었다. 배는 똑바로 그 방향으로 5리쯤 가노라니 우안으로 두 마을이 있었다. 물 위에는 외딴 섬이 있었고, 마을은 10정 정도가 떨어져 있었다. 오른쪽 기슭 마을은 인가가 많았다. 소나무가 울창한 높은 산이 두 마을 사이에 있었다. 배 두 척이 좌안으로부터 와서 우리 배의 좌우에서 나란히 항행하였다. 양 기슭 사이는 3리[1] 쯤 떨어져 있었다. 배는 동남쪽을 향하여 나아갔는데, 동쪽 기슭은 아득하고, 백사장이 4리 정도 이어져 있었다. 많은 봉우리와 골짜기에서 구름이 일어나기도 하고 안개가 끼기도 하여, 배가 나아가는 대로 경치가 바뀌면서, 그 아름다운 경치를 다투는 듯하였다.

그곳을 지나 다시 해협으로 들어갔는데, 우안이 지도智島라고 하였다.

---

1   원문에 三里로 되어 있는데, 이 부분에서는 조선의 里數로 생각된다.

곧 오자명이 머무는 곳이다. 임자도 역시 이 주변에 있다. (나는 조선인 선장으로부터 들었다.) 해협은 대체로 동쪽을 향해서 통하였지만, 종종 남쪽이나 북쪽으로 굴곡을 이루었다. 좌우에는 구릉과 산이 중첩되어 있고, 기암괴석이 곳곳에서 아름다움을 다투니, 풍광이 빼어났다. 14리 정도를 가다가 해협을 빠져나와 남쪽으로 1리 정도를 가다가, 호송선이 북쪽 산기슭 아래 닻을 내렸고, 우리가 탄 두 배도 또한 따라 멈추었다. 그들이 작은 배로 먼저 띄웠는데, 무엇을 하는지 알 수 없었다. 바닷물이 얕고 암석이 드러나 있었다. 저녁 무렵 한 만에 이르러 닻을 내렸다. 만안은 물이 얕고, 사취가 바다 가운데로 멀리 뻗어 있었다.

내가 자명과 국량에게 편지를 쓰기를,

"오늘 바다가 평안하니 대단히 기쁩니다. 두 분께서는 편안하신지요? 우리들은 편안하게 기대고 누워 있습니다. 이곳이 어느 도이고 지명이 무엇인지 물어도 되겠습니까? 써서 알려주시기를 청합니다"라고 하였다. 자명이 답하기를,

"정박한 후에 먼저 보내주신 글을 보고 평안하심을 알았습니다. 직접 가고자 했으나, 또한 누워 계신 것을 알고 가지 못합니다. 그러나 내일은 만날 수 있을 것이니, 그리 아시고 편히 쉬십시오"라고 하였다. 국량이 또한 답하기를,

"카와카미의 설사 증세가 차도가 있다고 하시니 실로 큰 다행입니다. 지금은 바람이 좋지 않고 조수 또한 올라오고 있습니다. 다음 경유지는 바다 가운데 있어서 만약 좋은 바람이 없으면 쉽게 건너가기 어렵습니다. 그래서 이곳에 머무르면서 바람을 기다려 출발하려고 합니다. 여러 분께서는 모두 잘 헤아려주십시오"라고 하였다.

내가 지명을 물었으나 그는 답하지 않았다.

그래서 조선인 선장에게 묻기를,

"전라도입니까? 경상도입니까?"라고 하니, 선장이 답하기를,

"전라도 안입니다. 오늘 이미 100여 리를 항해하였습니다. 바람이 순조롭고 파도가 잔잔한 것이 매번 오늘 같다면, 나아가는 데 무슨 걱정이 있겠습니까?"라고 하였다. 내가 사례하며 말하기를,

"그 말을 들은 기쁜 마음이 내가 시를 짓는 데 도움이 될 것입니다"라고 하였다. 또한 글로 묻기를,

"이곳의 지명은 무엇입니까?"라고 하니, 선장이 답하기를, "나주羅州에 속한 여러 섬입니다"라고 하였다. 다시 섬 이름이 무엇이냐고 물으니, 팔금도八金島라고 답하였다.

내가 기쁜 나머지 설탕과 유구의 술을 내어 먹고 마시게 하였다. 이미 배안은 모두 잠이 들었다.

10일, 아침에 박국량이 글을 보내기를,

"밤새, 여러분께서는 모두 잘 주무셨습니까? 카와카미의 상태는 또한 조금 차도가 있습니까? 항상 염려됩니다. 저는 또한 편히 쉬었습니다. 지금 바람이 순조롭게 불고 있어서, 곧 돛을 올릴 것이니 그리 아십시오"라고 하였다. 자명이 또한 글을 보내기를,

"밤새 모두 잘 주무셨습니까? 문안을 드려야 하는데, 바람과 물때가 좋은 듯하여, 바로 배를 띄우게 되어 가지 못하였습니다"라고 하였다.

내가 다시 글을 쓰기를

"밤새 배가 머문 곳이 평온하여 잠자리도 또한 평온하였습니다. 두 분도 편히 주무셨다고 하니 다행입니다. 카와카미의 병환은 조금 차도가 있으니 기쁩니다. 돛을 올리는 것을 알려주셔서 감사드립니다"라고 하였다.

이 날 날씨가 맑고 온화하고 잔잔하며 또한 □□ 배 세 척이 닻을 올리고 돛을 펼쳐 팔금도를 나섰다. 한 쪽 물길은 동남쪽으로 통하는데 그 끝에 두 섬이 있고 수목과 암벽이 하늘이 조화를 부린 듯 기묘하였다. 배가 서남쪽으로 바다로 나섰다. 우안에 두 마을이 있었는데 그 주변에는 푸른 대나무가 숲을 이루고 있었고, 크고 작은 산봉우리가 이어졌다. 산허리에는 무덤이 많았는데, 흙으로 높지 않게 쌓았으며, 지름이 1장丈 정도였다. 그 위에는 가는 풀을 심었는데, 이끼처럼 푸르게 덮고 있었다. 무덤 바깥에는 종종 다복솔을 심어서, 둥글게 감쌌는데 경계로 삼은 듯 했다. 무덤 앞에는 돌을 세웠는데, 폭은 1척 정도이고 높이는 5~6척이었고, 흰 흙을 올렸다.

배가 1리 정도 가니, 땅이 동남쪽보다 더 컸다. 산세는 멀리까지 솟아 있고, 산 앞에는 마을 하나가 있었다. 집이 서로 이어져 있고, 폭이 1리이고 길이는 4리 정도였다. 갑자기 서남풍이 불어 배가 앞으로 나아갈 수 없었다. 작은 섬이 있었는데, 세 척의 배가 그 사이를 오락가락하였다. 마치 우리들에게 풍경을 구경시키는 것 같았다.

호송선이 갑자기 절벽 아래를 돌아가더니, 돛의 모습이 문득 보이지 않았다. 우리 두 배는 점점 해안가로 접근하였다. 작은 배 여러 척이 와서 맞이하고, 우리 두 배를 끌어주었고, 잠시 후에 작은 만에 닿아서 닻을 내렸다. 해는 이미 기울었는데, 자명과 국량은 먼저 도착해 있었다.

팔금도로부터 이곳까지 70~80리 정도였다. 자명과 국량이 곧 우리 배에 와서 글로 쓰기를,

"무사히 항해해서 이곳까지 왔습니다. 카와카미의 설사 증세는 요사이 어떠합니까?"라고 하였다. 내가 답하기를,

"조금 전에 부채를 들고 절하며 무사하신 모습을 보았고, 이제 직접 만나 평온하신 것을 보니 다행입니다. 오늘 바람이 또한 순조롭지 못하여, 비록 선후가 있었지만 이곳에 도착하였습니다. 우리 두 배는 모두 무사하고, 카와카미의 설사는 조금 차도가 있으니 염려하지 마십시오"라고 하였다.

이 만은 수면의 지름이 겨우 400~500보步이고 북쪽의 산이 높고 바위가 바닷가 절벽에 첩첩이 쌓여 있었다. 풀도 아직 마르지 않았고, 나무들이 곳곳에 붉은 단풍을 이루었다. 북서쪽 땅은 경사진데 모래톱이 넓고 나무 □ 몇 그루가 있으나, 집은 2채만 있었다. 구릉이 그 사이로 바다로 통해 있었다. 남쪽은 산과 만이 이어져 있었다. 내가 마침 틈을 봐서 절구絶句를 짓고자 하여 글로 지명을 물었더니, 속관인이 글로 답하기를,

"이 섬은 바다 가운데 동떨어진 섬이고, 우리들이 뱃사람이 아니기 때문에 알지 못합니다"라고 하였다. 내가 글로 "그대들 배의 뱃사람들에게 물어서 가르쳐 주시지 않겠습니까?"라고 하였다.

> 수도(水島)를 나와서 수로로 30리 정도 가서 해협으로 들어갔다. 해협 안은 지도였다. 해협 안은 120리 정도였다.[2] (영인 35쪽)

2　임자도 입구에서 지도를 완전히 벗어나는 거리를 가리키는 것으로 보인다.

팔금도(八金島) 및 이가도(二家島) : 내가 조선인에게 섬 이름을 물었
으니 조선인이 답하지 않았다. 집 2채가 보였으므로 임시로 이가도
라고 한 것이다.
팔금도를 출발해서 수로로 20리 정도였다. 이곳에서 사흘을 머물렀
다. 나는 병이 나서 이곳부터 태다포[3] 사이는 지리와 풍경을 그리지
못했다. (영인 36쪽)

조선 관리들이 내 글을 보고 바로 그 □□□를 힐문하였고, □□ 말다툼을
하였다. 아마 그가 답한 바가 옳지 않았던 것 같다. 그래서 글로 쓰기를,
"뱃사람에게 물어도 또 알지 못할 것이니, 억지로 청하지 않겠습니다"
라고 하였다. 이에 조선 관리가 붓을 내려놓았다. 해가 이미 기울었는데,
나도 마침 절구 3수를 썼다. 제목은 '8월 8일에 이가도에서 쓰다'였다. (그
들이 섬 이름을 말해주지 않았고, 포구에 집 두 채가 있어서 내가 이가도라고 하였다.)

머물다가도 떠나야 함을 의심치 않으나 감회는 지극하니
돛을 올려 날마다 구름 사이를 지나노라면
바람과 조수가 나를 머물게도 하지만 어찌 싫어하랴
천행으로 편안하게 돌아가는 길이라

고군산첨사를 그리며
순풍에 닻 올리니 위도(蝟島) 땅인데
넓고 넓은 바다에 손님이 탄 배를 몇 날이나 머물게 하였던가

---

3 원문에서 太多浦와 多太浦를 혼용하고 있다. 일본 한자음으로는 둘다 '타타'로 읽을 수 있다.

사람됨이 정도 있고 지혜로우니

교묘한 말과 꾸민 얼굴빛이 저절로 사라지네

비인태수를 그리며

경치를 볼 때마다 떠오르는 안파포(安波浦)

비인에는 유독 인과 의가 넘치니

예로써 어려움을 구하고 객을 엄격하면서도 아껴주니

다른 경치에도 발걸음 더디네

　조선 관리가 이가도二家島라는 글자를 보고 포구를 가리키면서 크게 웃었다. 내가 글로,

　"섬 이름이 빠졌으니 크게 아쉽습니다"고 하였다. 관인이 각각 시를 베껴 써서 돌아갔다. 배안은 모두 잠이 들어 있었다. 나 혼자 깨어 바다와 하늘과 달을 마주하고 있는데, 배 근처의 북쪽 단애 풀숲에서 귀뚜라미와 방울벌레 소리가 끊이질 않으니, 깊은 감회를 말로 다 할 수 없었다.

　11일, 남풍이 불어 풍랑이 일었고, 비가 내려 어둑어둑해서 이 섬에 머물게 되었다. 어젯밤에 닭과 채소를 요청하였는데, 새벽에 속관인이 닭 세 마리와 채소를 조금 가지고 왔다. 오자명이 글을 보내기를,

　"밤새, 모두들 편안히 잘 주무셨습니까? 저도 흔들리지 않고 밤을 지낼 수 있어서 다행이었습니다. 어제 보내주신 편지를 받고, 이제 닭 세 마리를 구해서 보내드립니다. 청채는 가뭄 때문에 싹이 나지를 않아서, 다른 채소를 보내드립니다. 밤사이에 카와카미의 설사는 차도가 있는지

걱정이 됩니다. 오늘 이렇게 비가 내려서 배를 띄울 수 없으니 걱정입니다"라고 하였다.

내가 사례하기를,

"초저녁부터 우리 세 사람과 배에 탄 사람들이 편안하게 잠을 잤습니다. 대단히 감사합니다. 청채가 가뭄으로 자라지 않아서 구할 수 없었는데 다른 채소로 바꾸어 주셨다고 하니, 두터운 배려에 기쁘기 그지없습니다. 카와카미공은 밤사이에도 어제와 마찬가지이니 걱정하지 마십시오. 오늘 비가 내려서 배가 출발할 수 없지만 사람이 어쩔 수 있는 일이 아닙니다. 우리들도 또한 편안하게 누워있습니다"라고 하였다.

박국량이 또한 글을 보내기를,

"밤새 모두들 편안히 주무셨습니까? 오늘 이렇게 비가 내리고 바람 또한 좋지 않아서 배를 띄우시 못하니 걱정이 큽니다. 어젯밤에 청하신 닭세 마리는 구해서 보내드렸습니다만, 채소는 이곳이 한 달 이상 비가 내리지 않아 구해드리지 못하여 한탄스럽습니다"라고 하였다. 내가 사례하기를,

"밤새 그대도 편히 주무셨다니 반갑습니다. 우리들도 잘 잤습니다. 오늘 비가 내리고 바람 또한 좋지 않아 배를 띄우지 못한다고 하셨으나, 이는 하늘이 하는 일입니다. 닭 세 마리를 구해서 보내주셔서 감사드립니다. 한 달 넘게 비가 오지 않았고 싹이 트지 않아 채소를 구할 수 없다고 하셨으니, 귀하의 뜻을 잘 알았습니다. 대단히 감사합니다"라고 하였다. 그 속관이 글로,

"양식과 반찬이 혹시 부족하거나 떨어지면 그때그때 말씀해 주시면, 주변에서 구해 오겠습니다"라고 하였다. 내가 답하기를,

"듣자하니 양식과 반찬은 머무는 곳에서 조달하여 국법에 따라서 지급한다고 합니다. 안파포에 있을 때부터 고군산에 이르기까지 털끝만큼도 어긋남이 없어서, 우리들은 양식을 많이 싣고 있습니다. 그래서 처음에는 고사하였습니다. 그런데도 안파포에서 일을 맡은 여러분들께서 허락하지 않아서, 주시는 것을 받아서 부족함이 없습니다. 찧고 빻아서 도정을 하면 며칠 동안 먹을 수 있는 분량입니다. 그래서 감히 청하지 않았을 뿐입니다. 다만 조선의 국법에 따르도록 하겠습니다"라고 하였다.

속관들이 돌아갔다. 이 날, 밤낮으로 바람이 불고 비가 내렸는데 특히 심했다.

12일, 비바람이 그치지 않았다, 박국량이 편지를 보내기를,
"어젯밤 비바람을 어찌 견디셨습니까? 아마도 편안히 주무시지 못하셨을 것 같습니다. 저도 또한 아침까지 염려가 되어 마음을 놓지 못했습니다. 어지러운 바람과 성난 파도가 이처럼 그치지 않아서, 오늘 배를 띄울 지를 아직 결정하지 못했습니다. 어찌하면 좋겠습니까? 8월 12일 절제사"라고 하였다.
내가 답하기를,
"알려오신 뜻은 충분히 잘 알았습니다. 밤새 비바람으로 배 위의 좁은 자리에서 자다 깨다 하였습니다. 귀군께서도 역시 걱정하면서 새벽을 맞이하셨군요. 깊은 배려에 감사드립니다. 오늘 심한 바람과 거친 파도로 배를 띄울지 결정하지 못하셨다고 하셨는데, 우리들이 생각할 때도 배를 운항할 수 없을 것 같습니다. 귀하의 뜻에 따를 뿐입니다"라고 하였다.

10시경에 날이 개고 바람이 조금 누그러졌다. 박국량과 오자명이 편지를 보내기를,

"밤새 바람과 파도가 아주 심해서 놀라고 걱정하였습니다. 이처럼 비바람이 그치지 않았는데, 여러분들은 어떻게 밤을 지내셨는지요? 지금은 바람과 파도가 조금 그쳐서 배를 띄우고자 합니다. 덮은 삿자리는 벗기는 것이 어떻겠습니까? 그리고 카와카미의 병세는 또한 어떠한지 알려주십시오.

행절제사

행만호"라고 하였다.

나는 사례하고, 곧 바로 뱃사람과 종복들로 하여금 덮었던 삿자리를 벗기도록 하였는데, 배는 이미 출발하였다. 나는 이날부터 열병이 나서 갑판 위에 누워 있었다. 해야 할 일을 하지 못하였고, 지형을 그리는 일도 그만두었다. 어두워질 무렵에 큰 섬에 닿아 닻을 내렸다. 이가도로부터 이곳까지 일본 단위로 20리(조선 200리) 정도였다. 비록 이런저런 일이 있어도 내가 필담을 나눌 수 없었다.

13일, 날씨가 온화하고 맑았다. 나는 아파서 식음을 전폐하였다. 아침에 조선 관리가 글을 보냈으므로 내가 사례하였다. (그 글은 지금 생략한다.) 이미 배를 띄웠는데, 해상의 바람이 맹렬하고 파도가 거칠었다. 해가 질 무렵 한 큰 섬에 닿아서 닻을 내렸다. 자명과 국량이 와서 내가 아파 누워 있는 것을 보고 위문하였다. (그 글은 지금 잃어버렸다.) 내가 사례하기를,

"거친 파도와 심한 바람 속에서도 평안하게 포구에 닿았으니 큰 다행

입니다. 제 병세를 자세히 알아주셨으면 좋겠습니다. 저는 아직 어떤 병인지 알지 못합니다만, 먹은 음식이 내려가지 않고 기침이 나면서 토할 것 같고, 번갈아 가면서 춥고 덥고, 모든 뼈마디가 아픕니다. 열기는 어제에 비하면 조금 줄어들었습니다"라고 하였다.

내가 조선인과 필담을 나눈 것은 여기까지다. 비가 온 후에 날마다 운항하여 이달 그믐에 다태포에 닿았다. 그 사이에는 내가 아파서 기록할 수가 없었다. 이제 마쯔모토의 일기에 의거해서, 날씨와 거리, 배에 있었던 일을 기록하고, 아울러 내가 기억하고 있는 내용을 다음과 같이 써보았다.

14일, 맑았다. 서북풍에 배를 띄워서 수로로 10리 정도를 가서 한 섬에 배를 세웠다. 바람이 없었기 때문이다. 작은 배 수 척이 밧줄로 당겨서 나아갔다. 밤 2경(9~11시)에 포구에 닿았다. 나는 아파서 바람을 쐴 수 없어서 갑판 아래 누워 있었는데, 좋은 경치가 있는 곳을 지날 때마다 종복들이 잠을 깨우므로, 때때로 머리를 들어 바라보았다. 그 기이한 경관이 지금도 내 눈앞에 선하다.

15일, 맑았다. 아침에 동북풍에 돛을 펼쳤는데, 바다 위에는 바람이 없었다. 작은 배 몇 척이 와서 우리 배를 끌어서 저녁 무렵에 항구에 닿았다. 조선인이 글로 마쯔모토에게 보이기를,
"이곳은 좌도左道라고 합니다"라고 하였다. 나는 병이 깊어서 며칠인지 알 수 없었다. 종복들이 와서 추석 보름달이 밝고 바다에 구름 한 점 없으니, 풍광을 보기를 청하였다. 두세 사람에게 부축을 받아 일어나 사

방을 보니 동쪽 바다로 물길이 열려 있고 온 바다가 흰 달빛을 품고 있었다. 서남쪽은 봉우리가 중첩되어 있고, 안개가 걷히고 서리가 내렸으며, 물 끝에는 흰 파도가 구슬처럼 부서졌다.

동북쪽으로는 바닷가에 마을이 이어져 있고, 숲은 푸르렀다. 잠시 돌아보고, 다시 누웠다.

16일, 다른 관인이 박국량과 오자명을 대신하였다. 그러나 배는 전날 타던 그대로였다. 동풍이 조금씩 불어서 배가 앞으로 나아가지 못하자, 작은 배 70여 척이 연달아 와서, 개미처럼 붙어서 끌어당겨 200리 정도를 가다가 작은 섬에 멈췄다.

17일, 아침에 동풍이 불어 배를 띄워 1리쯤 가다가 조류와 바람이 모두 불리하여 잠시 작은 섬에 의지하여 닻을 내렸다. 미시에 동풍이 불자 배를 띄우고 바람을 따랐다. 바다를 오르내리다가 20리 정도 가서 작은 섬의 만에 머물렀다.

18일, 동북쪽에서 바람이 불어서 작은 배들이 밧줄로 끌어서 20리 정도를 가서 포구를 얻어 머물렀다.

19일, 서풍이 불어서 새벽에 배를 띄워 10리 정도 가서 한 좁은 만에 닻을 내렸다.

미시에 조류가 맞아서 작은 배가 당겨 30리 정도를 가서 해가 질 무렵에 한 섬에 머물렀다. 닭 우는 소리가 들렸는데, 바람과 조류가 모두 순조로우므로, 곧 배를 띄웠다.

20일, 아침에 항구에 닿았는데, 마을이 넉넉하였다. 배가 이곳에서 머물렀다.

21일, 한낮에 동풍으로 배를 띄워 20리 정도 가서 작은 섬의 만에 닻을 내렸다. 밤에 비가 왔다. 호송관이 다시 바뀌었다. 탄 배는 전과 같았다. 조선인이 마쯔모토에게 전라도와 경상도의 경계라고 하였다.

23일, 사시에 동북풍에 돛을 펼쳤다. 수로로 80리를 갔고 밤에도 항해하였다. 2경에 포구에 닿았는데, 조선인이 글로 마쯔모토에게 이르기를, "경상도 순천입니다"라고 하였다.

24일, 물품을 다른 배 2척으로 옮기고 25인도 또한 옮겨 탔다. 나는 병이 배로 깊어져서 일어날 수 없었다. 뱃사람들이 부축해서 다른 배 안으로 옮겼다. 이날 배를 옮겨 타느라 출발하지 못했다.

25일, 동풍을 타고 순천을 출발하였으나 역풍이 불어 가지 못했다. 작은 배들이 끌어서 수로로 60리 정도를 가다가 해협 가운데 있는 한 만에서 머물렀다. 조선인들이 글로 마쯔모토에서 써서 알려주기를, "이곳은 옥포입니다"라고 하였다(옥포는 곧 카라시마唐島의 세토瀬門이다.[4] 후일, 나는 대마도의 쯔요시 씨로부터 들은 이야기이다).

---

4 거제도에 대하여 임진왜란 당시에 일본이 사용하였던 명칭이다.

26일, 옥포에 머물렀다.

27일, 역시 옥포에 머물렀다. 조선인들이 구름처럼 몰려 왔다. 그중에는 말이 통하는 자가 있었다.

28일, 새벽에 서풍을 타고 옥포를 출발하여 동쪽으로 20리 정도를 갔다. 해질 무렵 밧줄로 배를 방파제 안으로 끌어서 넣었다.

29일, 서풍을 타고 동쪽으로 약 100리를 항해하여 항구에 도착하였는데 가덕도였다. 배가 이곳에 머물렀다. 역시 다른 배로 옮겨 탔고, 관인도 바뀌었다.

그믐날, 일찍 서풍을 타고 배를 띄웠는데, 바다 가운데에서는 바람이 없어 작은 배 수 척이 밧줄로 끌어서 나아갔다. 수로로 80리 정도를 가서 포구 안에 닻을 내렸는데, 다대포였다.

> 다대포도(多太浦圖) : 8월 그믐에 이곳에 도착하였다. 조선 배를 떠나서 대마도 관선으로 옮겼다. 그리고 30일 동안 체류하였다. 대마도 사자와 상관 등이 탄 배는 그 막포(幕布)가 적색과 백색으로 되어 있고, 나머지는 청색과 백색으로 이루어져 있었다. (영인 37쪽)

일본으로 건너가는 곳인 부산포로부터 50리 떨어져 있다고 하며, 부산의 서쪽에 있다. 포구 안에는 마을이 수백 보에 걸쳐 이어져 있었다. 바닷가에는 성곽을 쌓았는데, 성벽은 높지 않으나 외곽은 서너 겹이었고, 각곽郭마다 문이 있고, 가옥이 서로 이어져 있었다. 이 포구는 과거에 일본으로 가는 통로 역할을 하는 항구였다고 한다.

9월 초하루, 다대포에 머물렀다. 일본 통사가 와서 마쯔모토에게 이르기를,

"대마도 배는 항상 부산포에 머물러 있으며, 그 관리들이 내일 이곳에 올 것이다"라고 하였다. 언어가 능통하여 마쯔모토가 크게 기뻐하였다.

2일, 10시 무렵, 대마도 왜관으로부터 비선飛船이 왔고, 관선官船 2척이 바로 따라 왔다. 각정脚艇으로 우리 배 선장 마쯔모토를 태우고 가서 상륙하였다. 대마도의 졸장卒長 두 사람이 장막 안에서 맞아들여, 표류한 사정을 물었고, 마쯔모토는 사실대로 답하였다. 또한 나는 마쯔모토로 하여금 카와카미와 나의 병에 대해서 알리고 의원을 청하도록 하였다.

3일, 여명에 카와카미의 종복인 헤이스케가 갑자기 와서 병이 위급하다고 알려주었다. 뱃사람들이 모두 뛰어가서 그 머리맡에 모였다. 나도 두 종복의 부축을 받아서 일어나 가보려고 했으나, 다리와 허리를 제대로 움직일 수 없었고, 한 걸음도 나아가지 못했다. 뱃사람이 와서 말하기를,

"호흡이 막 끊겼습니다. 무리해서 가려고 하지 마시고, 몸을 보중하십시오"라고 하였다. 나는 선청(船廳)을 부여잡고 멈추었다.(이때 나는 뱃머리에 있고 카와카미는 이물에 있었다.)

10시 무렵, 대마도 의원이 오므로, 즉시 각정脚艇으로 맞이하였다. 뱃

사람 서너 명이 나를 안고 부축하여 갑판에 올랐는데, 먼저 카와카미의 병을 살펴보도록 하였다. 의사가 카와카미의 □를 보고 나와서 말하기를, "웬만한 의원은 손을 댈 수 없습니다. 호흡이 이미 끊어졌고, 맥도 역시 끊어졌습니다"라고 하였다. 우리들은 억지로 약을 청했다. 의원이 어쩔 수 없이 약을 주었다. 그리고 나의 맥을 짚어보더니 말하기를, "이는 □증이니, 곧 풍토 때문에 생긴 것입니다. 고칠 수 있습니다"라고 하였다. 나는 사례하고, 또 그 이름을 물었더니, "무타 타카노리牟田隆敬이며, 곧 돌아가서 사람을 시켜 카와카미와 내가 먹을 약을 마련해서 오도록 하겠습니다"라고 하였다.

이날 아침에 포구 안의 북쪽 산꼭대기에 영막營幕을 지었다. 해질 무렵 대마도의 보졸이 와서 이르기를, 선장 마쯔모토와 뱃사람 대여섯 명은 영막으로 와도 좋다고 하였다. 마쯔모토와 뱃사람 네 명이 함께 갔다. 영막 안은 병풍으로 두 구역으로 나누었는데, 한 구역은 대마도 사관士官이 앉는 곳이고, 한 구역은 조선인 관리들이 앉는 곳이었다. 대마도 관리들이 표류한 상황과 배 안의 여러 사람들의 이름과 나이, 및 무기 등을 물었다. 마쯔모토가 사실대로 대답하였다. 해질 무렵 배로 돌아왔다.

밤에 대마도 관리들이 보졸을 보내어 이르기를, 대마도 배로 옮겨도 좋다고 하고, 또한 정중하게 알려주기를,

"카와카미가 이미 죽었는데, 일본인이 조선 배에서 죽으면 조선의 예법에 따라 도성에 보고해야 하므로 일이 매우 번잡합니다. 병을 앓고 있는 중이라고 하고 대마도 배로 옮기는 것이 마땅합니다"라고 하였다. 우리 배 선장 마쯔모토가 깊이 사례하고, 우리들은 대마도 배로 옮겨 탔다. 배의 이름은 정덕환正德丸이었는데, 일본 배로 옮긴 후에 중간 돛 옆에 머

물렀다. 이른바 쯔쯔노마簡5間라고 한다.

　내가 종복과 뱃사람의 부축을 받아 뒤로 옮겼는데, 앞칸에는 마루를 설치했는데, 야카타屋形라고 하는 것이다. 칸막이와 자리가 깨끗하고 넓었다. 조선 배와 비교하면 평온하여 큰 방에 앉아 있는 것 같았다. 에라부지마로부터 이때까지 100여 일간이었는데, 우리 세 사람은 늘 한 자리에 있었다. 이 날 저녁에 처음으로 다른 자리에 있게 되었다.

　또한 본국의 사람들과 응대하였으므로, 필담하는 수고가 필요없게 되었다. 선장 마쯔모토가 매우 말을 잘했으므로, 뱃일의 문답은 그에게 일임하여 나는 더더욱 편안히 누워 있게 되었다. 이후 대마도의 번졸番卒한 명이 밤마다 내가 탄 선박에서 시중들고, 대마도 관선[官舶] 또한 내가 탄 배와 나란히 있으면서 호위하였다. 내가 병으로 청 내에 누워 뱃일을 살피지 못하였다. 11월 중순에 이르러 병이 점점 나아졌다. 이에 다시 뱃일에 관여하여, 대마도의 여러 관인과 조선인을 만났는데, 그들이 조선인과 말을 하면, 통사가 그것을 통역해주어 필담할 필요가 없었다. 다만 동래부사와 부산 첨사와 주고받는 글만 썼을 뿐이다. 그러므로 대마도가 처분할 일에 대해서는 별도로 본국의 문자6로 그것을 기록하여 후편을 만들었다. 조선인과 더불어 접한 일은 이 편에 뽑아서 기록하였다. 아래와 같다.

　4일, (내용이 없음.)

5　원문에는 簡으로 되어 있으나, 筒의 오자로 생각된다.
6　가나를 말한다.

5일, 조선과 대마도 관인이 우리 선장인 마쯔모토를 불러서 말하기를,

"카와카미의 유골은 본국으로 돌아가 장례를 치루겠습니까? 장차 대마도 관내의 사지寺地에서 장례를 진행하시겠습니까?"라고 하였다. 마쯔모토가 돌아와서 그 일을 알려주므로, 곧 의논하여 답하기를,

"만리의 바다에서 관[柩]을 지킬 수 없으니, 대마도 관의 묘지[塋地]에 장례를 치를 수 있으면 다행이겠습니다. 청컨대 관곽을 만들어 주십시오"하니, 대마도 관이 허락하였다.

오시午時에 대마도 사관인 코쿠분 씨國分氏, 이시다 씨石田氏, 스야마 씨陶山氏, 시게다 씨重田氏가 왔다. 나와 히다카가 그들을 만났다. 그들은 막부의 법례로써 우리들의 칼과 창, 활, 총을 점검하였다. 땅거미가 지자 대마도 관에서 관곽과 의금衣衿을 준비해 보내주면서 말하기를, 카와카미의 관柩은 내일 마땅히 초량草梁으로 호송하겠습니다. (곧 대마도 왜관이 위치한 곳이다.) 이에 마쯔모토로 하여금 그것에 감사하도록 하였다.

6일, 동래부사가 첨지 이덕관을 시켜 조문을 왔다. 포 4필을 보내주었다.

7일, 대마도 사관인 시다 씨志田氏가 비선으로 급히 와서 말하기를,

"카와카미의 관을 호송하기 위하여 왔습니다." 내가 곧 병을 무릅쓰고 나가서 그를 맞이하여 말하기를,

"카와카미의 신종臣從 3명이 장례를 따르고, 7일 밤에 묘 옆에 추선하고자 합니다"라고 하였다. 시다씨가 말하기를,

"이치는 참으로 그렇습니다만, 법례로써 표류인의 상륙을 금지하고 있으니, 청컨대 그만두십시오"라고 하였다. 나는 억지를 부릴 수 없었

다. 이때 신종 3명이 여복旅服을 입고, 카와카미의 칼과 창을 들고 관을 따라서 배에 올라탔다. 시다씨가 출발하기에 이르러 인사를 하고 돌아갔다.(장례와 조문, 제사에 관련한 일은 곧 후편에 기록하였다.)

8일, (내용이 없음.)

9일, 동래부사가 이덕관을 시켜 편지를 가지고 왔다. 그 글은 다음과 같았다.

"배는 일본의 바다를 떠다니다가, 바람이 근역權鄉에 머무르게 하였습니다. 거처하는 곳이 제각齋閣처럼 불편할 것이지만, 어쩔 수 없다고 여겨주십시오. 표류로 고생하신 끝에, 기거는 편안하십니까? 성광聲光이 가까워 곧 만날 수 있을 듯합니다. 글로 말을 다 하지 못하여 대강 후의 候儀[7]를 갖추었습니다. 물건들이 변변치 못하여 부끄럽습니다만, 웃으며 받아주시기를 우러러 바랍니다. 이만 줄이겠습니다.

기묘년 9월 일, 동래(인장, 봉래선백蓬萊僊伯)

화화주禾花紬 1필, 대호지大好紙[8] 2속, 당필唐筆 1갑, 당묵唐墨 1자루, 자석연紫石硯 1면, 접첩선摺疊扇 3파, 단선團扇 2파, □향 1매, 우황청심환 5환, 용뇌안신환 3개, 화문안식花紋案息 2좌, 죽력주竹瀝酒 5선鐥, 포육脯 2점, 찹쌀[粘米] 5두, 팥 3두, 황률黃栗 2두, 대추大棗 2두, 호두 2두, 잣[柏子] 2말, 홍시

---

7   계절에 따라 보내는 선물이다.
8   품질이 조금 낮은 넓고 긴 한지의 종류이다.

紅柿 100개, 대구어 5마리."

내가 아팠으므로 이덕관을 접하고 또한 감사하다는 글을 쓸 수 없었다. 이덕관이 돌아갔다.

10일, (내용이 없음.)

11일, (내용이 없음.)

12일, (내용이 없음.)

13일, 병의 고통스러움이 조금 그쳐, 일어나 앉아서 안석에 기대어 감사하다는 글을 써서 대마도 관인으로 하여금 동래로 보냈다. 그 글에서 말하기를,

육두필(六頭筆) 그림 : 앞 뒤의 붓뚜껑을 빼면 붓대롱이 그 속에 있고 양쪽에 붓이 달려 있다. 또 작은 붓 대롱을 빼면, 양쪽 끝에 붓이 달려 있다. 머리와 꼬리에 모두 6개의 붓이 달려 있다. (영인 38쪽 상단)
접부채를 편 그림 : 부채살은 염색하거나 칠을 하였고, 변죽에 그림이 있다. 부채면에는 종이를 붙였고 부채살을 꿰어놓은 곳에는 하나의 작은 고리를 만들어서 상아 또는 호박을 붙여서 늘어뜨렸다. 이 그림은 향을 넣었다. (하단)

부채 손잡이 그림 : 말갈기로 집을 만들었고 속에서 향이 들어 있다.
조선인은 모두 부채향이라고 한다. (영인 39쪽 상단)

둥근 부채 그림 : 자루의 재질은 즉 나무에 검은색의 옻칠을 하였고
양면으로 기름을 먹인 종이를 발랐는데, 그 색은 황색이다. 양면에
그림을 똑같이 그렸다. 자루에는 놋쇠로 된 작은 고리가 있고 대부
분 선추가 있다. (하단)

"동래공 옥궤 하에 삼가 드립니다.

비록 찾아가서 뵙지는 못하였지만, 이미 보내주신 서간으로도 황송합
니다. 우리 표류의 어려움을 심히 가엽게 여기시니 마치 오래 전부터 알
고 지낸舊知 사이 같습니다. 아울러 명주, 종이, 붓, 먹, 벼루, 선향線香,[9] 약,
베개, 술, 말린 고기 및 진기한 과일, 생선, 모두 8가지[10]를 보내주셨습니
다. 후덕한 뜻에 사례할 바를 알지 못하겠습니다. 삼가 그것을 수령하였
습니다. 또한 우리 배가 부서지고 망가져서 사용하기 어려웠습니다. 그래
서 그것을 태워버렸는데, 삼가 귀왕께서 아랫사람에게 덮어주는 그 인자
함과 이웃나라가 사이좋게 지내는 의로움으로, 귀국 사람으로 하여금 수
고롭게 천리 먼 곳으로 배를 태워 호송하게 명하여, 이곳에 이르도록 하
셨습니다. 지금은 나를 일본 대마도의 배로 옮겨주었습니다. 혜택이 참으
로 막대합니다. 귀국의 배에서 내렸으나, 지금까지 그 빛나는 은혜에 사
례할 바를 얻지 못하였습니다. 동래공을 통하여 엎드려 사례드립니다. 많
은 죄를 허물삼지 않으시면 매우 다행이겠습니다. 머리 조아려 사룁니다.

---

9   線香의 오자로 보인다.
10   품목은 12종이다.

기묘년(1819년) 9월 13일 사쯔마국 에라부지마 대관

히다카 요이치자에몬 요시모토

사쯔마국 에라부지마 대관 부역

야스다 키토타 요시카타

야식반 5개(안은 붉고 바깥은 푸르다)로써 속으로 품은 작은 뜻을 부족하나마 표시하오니 그것을 받아 주십시오. 원하옵건대 웃으시며 받아 주십시오"라고 하였다.

14일, 부산 첨사 절제사가 그 관속 관인을 보내어 편지와 물품을 주었다. 그 글은 다음과 같았다.

험한 먼 바다를 건너야 하니

여행길이 안전하고 길하시기를.

귀한 분이 가까이에 와계시지만

만나 뵈올 기회가 없습니다.

글은 뜻을 다하지 못하고

물건은 변변치 않습니다.

밝게 헤아려 주십시오.

이만 줄입니다.

기묘년 9월 일 부산(인장 글자, 부진절제(釜鎭節制))

옥색 시전지(詩箋紙) 1속, 우황청심원 3알, 용뇌소합원(龍腦蘇合元) 20알, 자

금단(紫金丹) 4알, 귤병(橘餠) 5원, 별곽향(別藿香) 2량, 별황모필(別黃毛筆) 3자루, 참먹[眞玄] 2자루, 부채 1개, 소주 2병[鐥], 붉은 옥구슬 1개[貼], 찹쌀 3되, 팥 2되, 생청[11] 1되, 홍시 30개 끝"

나는 병으로 매일 피로하였다. 허리와 다리를 세우지 못하여 그 사람 얼굴을 보지 못하였다. 또 전날 동래부사에게 사례하는 글을 짓느라 무리하였더니, 고통과 상처가 더하여 첨절제사의 글에 사례할 수 없었다. 한스러워 탄식하다.

15일부터 24일까지의 일은 후편에 상세하므로 여기에서는 날마다 쓰지 않았다. 아래에서도 이와 같다.

25일. 동래부사가 또 이덕관으로 하여금 면포 몇 필을 주게 하였다. 덕관이 그 목록을 보여주고 또 그 수를 점열하니, 목록이 아래[12]와 같았다.

대관 백목[13] 3필,
부역 백목 3필,
시종과 사공, 격군 등 23인 각 백목 1필,
합하여 백목 27필. (이것은 조선왕이 전별로 주는 바이다. 한랭한 시기이기 때문에 먼저 그것을 준다고 하였다. 후일 대마주 관인에게서 들었다.)

---

11 벌집에서 떠낸 그대로의 꿀, 곧 가공(加工)하거나 가열(加熱)하지 않은 것이다.
12 본문에는 '左', 본문은 우에서 좌의 방향으로 글을 써 나간다.
13 솜을 자아 만든 실로 짠 베를 말한다.

그 편지에 이르기를,

"삼가 답장을 받으니, 하신 말씀이 간곡하며 해로를 통하여 보내어 준 것에 대하여 조정의 덕의를 감사하고 칭송하심에 진심을 갖추었으니, 참으로 경탄할 만합니다. 악풍[石尤風]으로 잠시 머물게 되셨는데, 비록 아직 잠시나마 이야기도 나누며 기쁜 마음을 표시하지 못하였습니다만, 짧은 글로 마음을 전합니다. 만남이란 기이한 인연이라 기쁨이 참으로 큽니다. 때는 5월[14]을 맞아 물길[15]에서 표류하였다가, 계절이 9월을 지나도록 물 위에 머물러 지체하시더니, 날씨는 춥고 북쪽 땅에서 여행길의 어려움을 어찌 견디고 계신지요? 해 뜨는 동쪽 산굽이로 필시 고국을 바라보시겠지요.

부관이 깊은 병에 걸리기에 이르러, 마침내 객지의 고혼이 되셨다고 하니, 남이 들어도 오히려 가슴이 아픈데, 같은 배를 타신 분은 어떤 마음이겠습니까? 얼마 전에 염하는 것을 도와드렸는데 자세히 아실 것으로 생각합니다.

모두 넉넉히 잘 지내시고 계신지 여쭈면서, 변변치 않은 물품을 보냈었는데, 마음을 표시할 뿐이고 본래 말할 만한 것이 아니었는데도, 답해주신 말씀이 정중하고 또한 목기 5점을 보내주셨는데, 모양이 아름답고 묘합니다. 받았다는 말씀과 함께 깊이 감사드립니다. 다만 고인이 이르기를, 예는 있는 데서 생긴다고 하였으나, 이제 막 긴 항해를 마친 뒤이신데, 비록 회례가 없어도 어찌 허물이 되겠습니까?

간단한 몇 가지 물품으로 이에 답하여 보냅니다. 이만 줄입니다.

---

14 야스다 일행이 표류하기 시작한 것은 6월 말이므로, 榴夏 즉 5월이라고 한 것은 잘못이다.
15 원문에서는 木道로 되어 있으나 水道로 생각된다.

기묘년 9월 일 동래 (인장 글자는 전과 같았다)

옥색면주玉色綿紬 52척, 씨를 뺀 면화綿花 2근, 약과藥果 70개
약료藥醪 1병, 닭 5마리, 계란 100개."

나는 병으로 이덕관을 만나지 못했다.

26일, 밤부터 29일까지 서풍이 크게 불었다.

29일, 대마도 관리가 우리 선장 마쯔모토에게 이르기를, 바람이 온화하고 날이 맑으니, 곧 부산포에 갈 수 있을 것이라고 하였다. 배 안이 모두 기뻐하였다.

그믐날, 하늘이 맑았다. 전날 저녁부터 조선배 여러 척이 우리 포내에 와서 머물고 있었다. 새벽에 포구 안에서 대포 쏘는 소리가 두 차례 들렸는데, 그 소리가 우레와 같았고, 남쪽 방향으로 20리까지 메아리쳤다. 해가 뜨고 나서 서북풍을 타고 다대포를 출발하였다. 뱃사람 센스케로 하여금 대마도 배에 물어보도록 하였다. 우리가 탄 배는 조선배 8척이 밧줄로 끌어서 운행하였다. 대마도 관인들이 탄 다른 배 2척은 돛을 올리고 운행하였다.

오후 4시경, 한 해협에 이르렀는데, 남쪽에 바위가 겹겹이 쌓여 있었다. 수백 보를 가서 큰 만에 이르렀는데, 곧 부산포였다. 부산은 곧 부산진성이 있는 곳이고, 첨절제사가 머무는 곳이다. 포구에는 섬이 있었는

데, 목도牧島(현재의 영도)로 둘레 10리라고 하였다. 섬의 왼쪽은 바닷물이 얕아서 큰 배가 지나다닐 수 없고, 오른쪽이 곧 큰 배가 다니는 통로였다. 만의 왼쪽으로 마을이 서로 이어져 있었는데, 일곡一谷, 초량草梁, 판하坂下, 고관古館, 소술篠戌. 부산釜山 등의 마을이었다.

부산성은 바다에 면해 있었고, 성첩이 수백 보였다. 언덕과 들이 서로 이어진 것이 10리 정도였다. 그리고 한 포구가 있었는데 우암牛巖이었다. 마을은 백여 가가 있었는데, 우리가 탄 배와 호송선이 함께 이 포에 정박하였다. 이날부터 다음해 정월 14일(즉 배가 출발한 날이다)까지 이곳에 머물렀다.

10월 초하루, 임진왜란 당시[文祿], 선대 주군께서 사천泗川에서 고전하다가 대승을 거둔 날이 실로 이백년 전의 오늘이었다. 우리들은 표류하여 부산포에 이르렀으나, 옛날의 전장이 또한 이곳에서 가까이 있다고 한다. 이에 우러러 보고 고개 숙여 생각하니, 감개가 비장하여 칼과 창을 어루만져보고, 눈물을 뿌리며 시를 지었다. 칠언율시 10수를 얻었다. □ 따로 기록하였다.

23일, 이덕관李德官이 동래부사의 명으로 대마도 통사와 함께 왔다. 통사가 그 말을 옮기기를,

"어제 왕의 사신이 동래에 이르러 말하기를, '귀인들께서는 이 추운 때를 당하여 □ 상은 없습니까? 또한 아침저녁으로 필요한 물품에는 부족함이 없습니까?'라고 하였습니다. 그래서 동래부사가 덕관을 보내어 굶주림과 추위가 없는지를 묻도록 하였습니다"라고 하였다. 그 말이 정중

하였다. 나의 병은 조금 나아져서 물로 목욕을 하였고, 히다카는 그것에 감사하였고 덕관은 돌아갔다.

부산포·부산진·동래산·우암포 (영인 40쪽)

우암포 그림 (영인 41쪽)

25일, 대마도 관인의 심부름꾼이 말하기를

"동래에서 사람이 방금 도착하였습니다"라고 하였다. 나는 즉시 장복
章服을 입었고 □□대마도 역관과 이덕관이 함께 왔다. 덕관은 통역을 통
하여 굶주림과 추위에 대하여 물었다. 나는 통역을 통하여 사례하였다.
전날부터 덕관이 자주 왔으나 나는 병 때문에 만나지 못했다. 그러므로
역시 그에 대해 사례하였고, 그는 또한 나의 병이 낫기를 하례하였다. 덕
관이 또한 통역을 통하여 말하기를,

조정의 명으로 쌀과 반찬을 가져왔는데, 그 내용은 이러합니다.

요미(料米) 13말,

반찬 및 물품 비용으로 쓸 쌀 세 섬 여섯 말 여덟 되,

합계 쌀은 네 섬 네 말 여덟 되,

요태(料太) 한 섬 다섯 말 여덟 되,

끝

기묘년 10월 일 인문(印文) 동래부사 겸 수이장(守夷將) 인.

별도로 히다카에 준 목록은 지금 생략한다.

통사가 또 말하기를 동래부사가 음식을 보낸 것이라고 하였다. 나는 즉시 감사하였다. 잠시 후, 조선의 동자가 음식을 잔뜩 올린 밥상 2개를 우리 두 사람에게 바쳤다.

술을 권하면서 술잔을 주고받는 사람이 일본어가 능숙하여, 내가 의아해하며 그 이유를 물으니, 통사가 말하기를 대마도 왜관에 늘 왕래하기 때문에 말을 잘 할 수 있다고 하였다.

음식상은 세로로는 두 자 정도, 가로가 석 자쯤 되고, 요리는 13가지 맛을 갖추었다. 하나는 떡인데 청색 황색 백색의 세 가지 색이며 참깨로 장식하였는데, 모양은 기이하고 정교하였다. 하나는 청밀이고, 하나는 찹쌀밥[16]으로, 밤과 대추 곶감을 섞었다. 위에는 잣을 올렸는데 색을 붉고 □□, 하나는 닭고기인데 얇게 썰어서 계란과 밀가루와 섞고, 마늘로 옷을 입혔다. 하나는 생선회, 전복, 얇은 계란전이었다. 하나는 채소와 과일로 생강과 꿀을 넣고 푹 끓인 것이다. 하나는 닭고기 국이고, 하나는 조린 전복에 잣을 뿌린 것이었다. 하나는 약과로서 쌀가루로 □□□ 만든 것이었다.

> 식탁 그림 : 붉은 쌀강정,[17] 생선회·해삼·얇은 계란전, 밤, 약과, 닭고기, 배, 채소와 과일죽, 감, 전복, 찹쌀밥, 닭고기, 청밀, 떡. (영인 42쪽)

---

16 약밥으로 추측된다.
17 유과일 가능성도 있으나, 사적으로 헌수(獻壽), 혼인(婚姻) 제사(祭祀) 이외에는 사용이 금지되기도 하였다(『경국대전』 형전 금제조).

유청밀을 끼얹은 것이다. 하나는 붉은 쌀강정, 하나는 생밤, 하나는 배인데 꿀즙으로 삶은 배에 잣을 뿌렸다. 하나는 생감이다. 우리 두 사람은 그것을 맛보면서 먹었다. 또한 통사와 이덕관에게 권하였으나, 두 사람은 먹지 않았고, 우리 두 사람은 그 대부분을 먹었다. 나는 참쌀밥을 많이 즐겼는데, 역관을 통해서 그 제조법을 덕관에게 물어보았다. 덕관이 말하기를 다음날 반드시 요리사에게 물어보고 그것을 기록하겠다고 하였다. 해질녘에 덕관은 물러간다고 하면서 남은 음식은 나의 그릇에 옮겨 주고서 돌아갔다.

내(야스다)가 선청 안으로 물러나니, 자리 위에 편지가 하나 있었는데, 바로 그것을 펼쳐 보니 그 글에서 말하기를,

"배 안의 일행은 이처럼 날로 추워지고 물 위의 냉기도 차가운 때를 당하여, 견디기 힘드실 것으로 생각됩니다. 비록 지금은 초겨울이어서, 날씨가 때로는 온화하기도 한데, 아직은 회복되지 않아서, 마치 한창 추운 겨울 대한 때를 만난 것 같습니다. 그래서 반드시 질병의 근심이 있을 뿐만 아니라, 바람의 기세도 심히 맹렬하니, 돛을 올려 (본국으로) 돌아가려고 해도 역시 불가합니다. 왜관에 체류하고 있는 사람들은 이런 사정을 생각하지 않고 다만 오래 머물게 하려고만 하니, 정말 답답합니다. 표류인을 돌려보내라는 서계가 오래지 않아 내려올 것이나, 반드시 이것을 헤아려서, 속히 돌아가는 것이 어떻겠습니까?"라고 하였다.

27일, 나는 글(글은 26일에 지은 것이다.)로, 동래부사에게 감사하며 말하기를,

"귀공께서 태평하심을 봉축하옵고, 표류한 나그네는 무사하오니, 걱

정하지 마십시오. 생각하건대 귀국의 조정에서 펴는 정치가 빠짐없이 미쳐서, 사람들이 은의를 입도록 해주었습니다. 또 앞날 명을 내려 추위와 굶주림을 물어주셨습니다. 삼가 들으니, 지난번에 이미 백목을 많이 허락하여 지급해주신 뜻은, 우리들과 뱃사람들이 미리 추위를 막을 수 있도록 한 것이라고 합니다. 전날 또한 춥고 굶주리던 때, 특별히 쌀과 콩을 주셔서 삼가 그것을 받았습니다.

게다가 감미로운 음식을 내려주시니, 풍성한 음식은 정성을 다하였고, 떡과 밥, 부침개, 과일은 제대로 맛이 나고, 좋은 술을 또한 맛보니 이미 취하고 배부릅니다. 감로수는 속의 열기를 식히고, 따뜻한 음식들은 밖의 한기를 물리칩니다. 그러고도 음식이 남아서 아직도 맛있게 먹고 있습니다. 아뢰자면, 크기가 여러 길 담장과 높은 산과 같아서 우러러 볼수록 겹겹이 쌓여 있으니, 단지 이를 연연해할 뿐입니다. 비록 운명이 기구하여 이곳저곳 떠다니게 되었습니다만, 그전에는 비인에서 자비를 입었고, 지금은 봉래의 덕을 입습니다. 이는 모두 은혜의 물결이 미친 것입니다. 고향 생각은 하루가 천추와 같지만, 은혜와 행운을 입어, 때로 궁색한 시름을 그칩니다. 조금 추운데도 점차 서리가 밟히니, 곧 한 겨울 맹렬한 바람이 부는 계절에 이를 것이 심히 걱정이 됩니다. 하물며 동쪽에 있는 일본에서 따뜻하게 살던 사람들이 북쪽 나라의 추위는 어찌 견딜 수 있겠습니까?

물 위에서 비좁게 지내지만, 질병이 없기를 바라며 빨리 돌아갈 생각만 하고 있습니다. 저희의 뜻을 잘 헤아려 주십시오. 베푸신 혜택에 말할 바를 알지 못하겠습니다. 부족하나마 감사의 뜻으로써 황송하게 삼가 아룁니다.

기묘년 10월 26일, 사쯔마국 히다카 요이찌자에몬 요시모토,

야스다 키토타 요시카타

동래부사 옥궤하에 바칩니다."

또 부산첨사(이 또한 26일에 지은 글이다)에게 다음과 같이 사례하였다.

겹겹이 쌓은 성벽처럼 위엄이 있으시니, 위명이 오래도록 떨칠 것입니다. 아직 범접할 수 없는 고귀한 얼굴을 직접 뵙지 못하였습니다만, 추운 날씨에 평안하시기를 엎드려 축원합니다.

전날 배가 다대포에 머물고 있을 때, 먼 곳에서 은혜를 베풀어 주셨습니다. 종이와 붓, 먹, 약, 귤, 술과 여러 가지 진귀한 과일을 보내 주셨습니다. 아름다운 마음에 감사하려고 하였는데, 날이 지나면서 이동하게 되었습니다. 지금은 이 포구에 배를 세우게 되어, 배 위에서 멀리 바라보게 되었으니, 스스로 게으름을 부끄러워하고 있습니다. 많은 죄를 너그럽게 용서해주십시오. 또한 주고받는 것을 마음대로 할 수 없습니다. 우러러 잘 헤아려주시기를 빕니다. 도리어 죄를 부정하는 것 같습니다만, 가만히 있을 수 없었습니다. 스스로 죄를 인정하고, 은혜로운 뜻에 감사드립니다. 머리를 조아려 삼가 아룁니다.

기묘년 10월 26일, 사쯔마국 히다카 요이찌자에몬 요시모토,

야스다 키토타 요시카타,

삼가 바칩니다

부산첨사 옥궤하.

11월 3일, 동래부사가 이덕관을 보내 왔다. 통사를 통하여 잘 지내고 있는지 물었다. 그리고 아울러 전날의 답서가 도착하였다고 말했다. 또한 지난번 답서를 누가 짓고 누가 썼는지를 물었다.

내가 통사를 통하여 답하여 말하기를,

"대마도 여러 관인들의 두터운 정과 귀국의 은혜로운 정, 이 두 가지 모두가 은의가 있어서, 사신은 마음과 몸이 함께 평안합니다. 감히 그 지극한 덕에 감사하기 위하여, 글을 짓고 붓을 잡는 것은 소생이 한 것입니다. 오랜 병으로 인하여 글이 매우 졸렬하여, 특히 답하여 보낸 것을 부끄럽게 여길 뿐입니다"라고 하였다. 덕관이 말하기를,

"글이 아주 좋습니다"라고 하였다.

이전에 내가 덕관에게 찹쌀 약밥 짓는 방법을 물었다. 이 날 덕관이 종이와 붓을 청하여 글을 써서 말하기를,

"찹쌀은 껍질을 여러 번 찧어 놓고, 생밤은 삶아서 껍질을 벗기고, 큰 대추를 찐 다음, 곶감과 함께 세 과일을 잘게 썰어, 시루에 넣어서 충분히 찝니다. 다시 시루에 담을 때 쌀을 한 층 깔고, 쌀 위에 삼색 과일을 덮습니다. 또 쌀을 한 층 간 다음. 다시 과일을 덮고 충분히 쪄서 다른 그릇에 담아 놓습니다.

청밀과 참기름을 뿌리고, 또 맑은 간장도 조금 뿌려서, 한 번 더 쪄서 먹습니다"라고 하였다.

내가 통사를 통하여 이에 사례하였다. 덕관이 또 붓을 잡고 글을 쓰려고 하였는데, 역관이 그것을 보고는 바로 빠르게 말을 하였는데, 못하도록 하는 것 같았다. 덕관은 이에 그만두었다. 조금 있다가 덕관은 돌아갔다.

14일, 나의 병이 조금 나아져서 걸어보고자 하여, 대마도 관인에게 육

지로 내려가기를 청하였다.

> 결혼한 여인이 물통을 이고 있는 그림 : 신분이 낮은 여자가 물건을 옮길 때는 반드시 머리에 이고, 시집가면 여자는 흰옷을 착용한다. (영인 43쪽 상단)
>
> 처녀 그림 : 처녀는 필히 푸른색 옷을 입는다. (하단)

통사 쯔요시 씨津吉氏가 바로 나를 인도하여 각정에 올랐다. 우암의 남포에 도착하니, 대마도의 위졸衛卒이 함께 배에 탔다. 나는 곧 신복 4명을 따르게 하였는데, 지로로 하여금 칼을 들게 하였다. 조선 통사가 포구로 마중하러 나왔다. 마을 바깥으로 수백 걸음 걸어가서, 보리밭에 자리를 마련하니, 신분이 낮은 아이들이 여러 명 왕래하였다. 쯔요시씨가 말하기를,

"저 사람들로 하여금 씨름을 시키겠습니다"라고 하였다.

내가 말하기를,

"실로 기이한 구경거리입니다"라고 하였다. 쯔요시씨는 곧 그들을 불러서 명하였다. 승부는 여러 번 났는데, 쯔요시씨는 매번 진 사람에게 돈을 주었다.[18] 동전에는 상평통보常平通寶라는 글이 쓰여 있었다.

12월 23일, 오후 4시경에 동래부사가 첨지 박유청을 보내왔다. 대마도 통사를 통하여, 추위에 오래 머물고 있음을 위로하였다. 동래부사의 편

---

18 이긴 사람에게 주었을 것으로 생각된다. 야스다가 씨름의 승부를 잘 이해하지 못했을 가능성이 있다.

지에 이르기를,

"지난번에 그대의 답장을 받아보니, 마음이 편안하신 듯하여, 한편으로 위안이 되고 한편으로는 짐이 됩니다. 좋은 비유를 하기 어려우나, 동장군이 계절을 늦추었으면 합니다.[19] 좋은 새해를 맞이하십시오.

나그네들이 이 경치가 아름다운 곳에 발을 디뎠으나, 우암포로 옮겨 정박하여 오래 되었고, 아직 대마도 귀향길에 오르지 못하셨습니다. 멀리 떨어져 있는 땅의 외로운 배는 객지에서 봄을 맞이하니, 생각건대 오로지 돌아가고픈 한 마음이 마치 물이 동쪽으로 흐르는 듯하겠습니다만, 상황이 순조롭지 않으니 또한 어찌하겠습니까? 지금 듣자 하니 비선飛船이 오른쪽 기슭에 떠 있다고 하니, 관館에 도착하는 날이 곧 올 것 같습니다. 보내신 글에 답하면서, 변변찮은 물품으로 안부를 여쭙니다. 이만 줄이겠습니다.

기묘년 12월 일, 동래 (인장)

소주 두 병,[20] 약포 한 봉지, 닭찜 한 그릇, 약밥 한 항아리, 약당 한 항아리, 곶감 네 접, 호두 세 말, 그림본 열 폭, 별장지 두 묶음, 잎담배 세 봉, 끝."

나는 통사를 통하여 감사의 뜻을 표했다. 유청惟淸이 통사를 통하여 말하기를, 반드시 답장을 써달라고 하였다. 내가 말하기를 오늘은 이미 저물었으니, 내일을 기다려 주면 사례의 글을 쓰겠다고 하였다. 유청이,

---

19 원문은 玄冥弭節이다.
20 술의 양을 재는 그릇이다.

"반드시 내일을 기약하겠습니다. 소망하는 바입니다"라고 말하고는 돌아갔다.

24일, 나는 글로 동래부사에게 감사하였다. 또한 그가 보낸 10폭의 그림에 대하여 노래를 읊었다. 오언절구 10수를 지어 감사의 표시로 주었다. 그 내용은 다음과 같다.

"답하신 글이 흰 눈을 따라 왔습니다. 봄의 양기가 책상머리에 비추니. 오래도록 베풀어주신 따뜻한 은혜같이 느껴집니다. 우암포의 경색이 표류해온 사람의 향수를 더하고, 연기와 구름이 비록 산을 가리나, 바람과 물결은 저절로 뱃전을 끌어당깁니다. 삼가 듣자오니 비선이 곧 당도한다고 하니, 마치 차디찬 물에 수레가 지나다닐 수 있는 다리를 얻어 건너는 듯합니다. 좋은 계절의 아름다운 경치에 기쁜 마음이 더욱 솟구칩니다. 술과 안주와 닭과 밥, 설탕과 곶감과 호두와 담배, 종이, 그리고 그림에 더하여 은혜로운 정을 베풀어주시니, 삼가 감사드리며, 변변치 않지만 보내주신 그림에 반딧불 같은 시를 지었습니다. 머리를 조아리며 삼가 아룁니다.

기묘년 12월 24일 히다카 요이찌자에몬 요시모토
야스다 키토타 요시카타

동래부사 옥궤하

그림을 노래한 시 10수

노자(老子)

함곡관을 나가 아득한 곳으로 가시는가

글을 열어보니 소리가 들리는 듯하네

붉고 푸른 빛깔들이 종이 위에서 나부끼고

신선의 기운이 들어오니 붓 끝이 가볍구나

매화나무에 깃든 매[梅樹宿鷹]

향은 추위의 괴로움을 겪고 피어오르고,

빛깔은 초봄을 맞이하여 생겨나는데,

시절도 또한 마음이 없지 않은 듯

꽃을 밟는 발걸음 가볍기만 하네

꼬리 긴 꿩[鷂雉]

꿩 한 마리 꽃나무에서 잠을 자니,

바람이 좋고 봄날이 따뜻한 때로다.

점점 해가 길어지더니,

해가 늦게 지는 것을 새삼스레 깨닫네.

술 취해 누운 그림[醉臥圖]

한 말의 술을 모두 비워내니,

백 편의 시가 저절로 만들어지는구나.

집 안 아이가 불러도 일어나지 않으니,

물 맑은 샘가에 술에 취해 누웠구나

목성[歲星]

맑은 기운이 동쪽에서 오는 날,

목성이 상서로운 봄을 틔우네.

천천히 백록을 이끄니,

미수(眉壽)는 청빈(靑蘋)을 비추네.

오리(鳬鴨)

가파른 바위에 목단꽃 피었는데

오리 두 마리만 물위에 떠다니네.

꽃과 새는 끝내 떠나가지 않으니,

몇 번의 봄을 함께하여 서로 친해졌는가.

암벽에 글을 쓰다[人書岩壁]

채호(彩毫)로 취벽(翠壁)에 글을 썼으니,

응당 이별의 정을 노래하였으리.

내가 또한 함께 이곳에서 노닐었으니,

반드시 초나라의 가락(楚聲)을 배우리라

왕모(王母)

우암포에 표박하였더니,

서왕모를 그려서 왔네.

요지(瑤池)에서 탈 것을 명하지 않으시니,

어떻게 금잔을 엎으시겠는가

달빛 속 매화[月梅]

봄 새가 새벽을 알지 못하니,

주살을 피하여 향기로운 바람 속에 깃들었네

선랑의 꿈뿐만이 아니라,

쌍쌍이 달빛 속에 있구나.

수리[皀鵰]

떠오르는 해가 조용히 아침을 비추니,

수리가 산 중턱에서 휴식을 취하는구나.

스스로 봄을 따라 왔으니,

아마도 동쪽 산모퉁이를 향해 나는 듯하구나.

　문정文政 3년 경진년 정월 3일, 크게 눈이 내렸다. 닻을 올릴 때가 바야흐로 가까워졌다. 그래서 대마도 왜관을 통해서 동래부사에게 보냈다. 붉은 옷칠을 한 다단 찬합 한 벌로써 이별을 알렸다. 그 글은 다음과 같았다.

　"새해의 상서로움이 드러나니, 산마다 풍요로운 조짐이 가득합니다. 귀국이 태평하심을 삼가 축원드립니다. 표류해온 객도 무사히 새해를 맞이하였습니다. 걱정하지 마십시오.

　대마도 공의 처분으로 근일 서둘러 돌아가게 될 것 같아서, 저희들은 대단히 기쁩니다. 지난 가을에 안파포에 도착한 이후 몇 달 동안, 크게 귀국 왕의 성덕을 입었으며, 귀국의 은의를 높이 우러러 보았습니다. 존공을 통하여 삼가 이에 감사드립니다. 끝내 잠시 만나서 이야기를 나눌 틈도 없었습니다만, 동쪽과 북쪽으로 이별하게 되었음을 한탄합니다.

한탄한들 또한 무슨 소용이 있겠습니까? 부족하나마 목기 1벌로 저희들의 마음을 표시합니다. 웃으면서 받아주신다면 다행이겠습니다. 자세히 쓰지 못하고 삼가 아룁니다.

경진년 정월 3일 야스타 키토타 요시카타
히다카 요이찌자에몬 요시모토

동래공 옥궤하."

5일, 오후 4시경, 대마도 관선이 각정을 보내와서 이르기를, "조선왕이 이덕관을 보내왔다"고 하였다. 우리 두 사람은 자리를 정돈하고 장복을 입고 기다렸다. 대마도 통사가 이덕관과 함께 왔다. 이덕관이 통사를 통하여 목록을 보여주었는데 다음과 같았다.

따로 지급하는 잡물가미 4석 12말 3되
요미 1석 3말
합 쌀 5석 14말 3되
요태 1석 13말 8되
경진년 정월 일

따로 히다카에게 준 것이 있었는데 지금은 생략하고 적지 않는다. 내가 통사를 통하여 사례하기를,
"거듭 은혜를 입으니, 실로 높은 산 같고 깊은 바다 같습니다. 지난 겨

울 10월, 지급해준 양식이 많아서, 저희들이 아직 간직하고 있습니다. 지금도 오히려 거의 그대로 가지고 있으면서, 바다를 건너는 데 쓰려고 하였습니다. 그런데 오늘 또 여러 석의 쌀을 주셨습니다. 양식으로 쓸 쌀이 모자란다면 어찌 말을 할 필요가 있겠습니까만, 가지고 있는 쌀도 오히려 충분합니다. 부디 사양하고자 합니다"라고 하였다. 통사가 이를 이덕관에게 통역하자, 통사를 통하여 이르기를,

"따로 드리는 양미는 조선의 오래된 관례입니다. 사양하지 말고 받아주십시오"라고 하였다. 통사 또한 관례를 어기는 것은 옳지 않다고 하였다. 우리 두 사람은 의논한 끝에 뱃사람으로 하여금 수량을 확인하고 받도록 하였다. 곧 통사를 통하여 삼가 은의에 사례하였다. 덕관은 또 봉서 하나를 꺼내서, 나에게 주려고 하였다. 통사가 제지하자 일단 그만두었다가, 결국 직접 나에게 주었다. 그 겉봉에는,

"사쯔마주 표류선 24인"이라고 하였고,

그 글에는,

"도해량미 16석. 끝.

경진년 정월 일(큰 인장이 찍혀 있었다)"이라고 적혀 있었다.

무릇 부산포는 일본으로 통하는 포구이고, 조선인들은 각각 일본어를 할 수 있었다. 그 양미 16석은 이미 다른 배로 가지고 왔다. 조선인 몇 사람이 우리 배에 서서, 우리 선장과 신종, 뱃사람들에게 말하기를, 빨리 배 안에 넣으라고 하였고, 대마도 사람들은 이를 제지하였다. 우리들은 진심으로 이를 사양하고자 하였다. 내가 그 목록을 살펴보고 통사를 통하

여 되돌려 주었다. 통사가 말하기를,

"이는 돌아가는 배를 타는 날에 지급하는 것입니다"라고 하였다. 내가 말하기를,

"이미 많이 있는데, 어찌 받겠습니까?"라고 하였다. 대마도 사람들이 곧 그 배를 지휘하여 양미를 대마도 관선으로 옮기게 하였다. 이때 배 안에서 떠들썩하였으나, 곧 그쳤다.

이덕관이 봉서와 두루마리 하나를 가지고 와서 손짓을 하면서 직접 나에게 주었다. 나 또한 손짓을 하면서 열어 보았더니, 동래부사가 보낸 것이었다. 그 내용은 다음과 같았다.

"지난해 보내주신 답장을 읽고 크게 위안이 되었습니다. 또한 그림에 대한 절구 10수를 보내주셨는데, 글과 생각이 빼어나서, 대단히 애지중 지하고 있습니다. 벽에 걸어두었을 뿐만 아니라, 거듭거듭 완상하고 있 습니다. 이제 시간이 흘러 새해가 되었습니다. 우러러 여러분들이 머무 는 곳에서 편안하시고 큰 복을 받으시기를 바랍니다. 전별연의 예를 행 하고 닻을 풀 때가 가까워졌습니다. 해를 넘겨 이국에 계셨으니 고국이 그리우셨을 것입니다. 고향을 그리며 태어난 마을의 소나무를 다시 찾 아, 함께 고향으로 돌아가시니 그 즐거움이 어떠하겠습니까? 이제 떠나 고 머무는 때를 돌아보니, 산에 오르고 물가에 가고 싶은 생각을 그칠 수 없습니다. 제 시를 보내드립니다. 범속하고 비루함을 면하지 못하여 답 시가 되지 못할 듯합니다만, 제 마음을 보여드릴 뿐입니다. 부디 뱃길[水 道]을 잘 건너서, 오래오래 복을 누리십시오. 갖추지 못하였습니다.

경진년 정월 일 동래 (인장 글자, 봉래선백)"

이에 그 두루마리를 펼쳐보니 그 시는 다음과 같았다.

삼가 바칩니다.
사쓰마주 대관공 첨사(僉詞) 안하(案下)

동쪽 푸른 바다로 이어졌으니 나라는 다르더라도
제도와 문물이 처음부터 다르지 않네
천년 만년 이웃 우의가 돈독하여
오로지 정성과 신의가 원래 약속이었네

바람이 불어 동쪽 산모퉁이로 멀리 온 손님이 탄 배를 보내니
이국에 머물면서 해를 넘겼네
올 때는 바다에 황매(黃梅) 비 내리더니
돌아갈 때는 아직 매화꽃이 떨어지지 않았네

위태로운 뱃길 다행히 잘 건너시기를
해로는 오로지 어렵다고만 알고 있지만
하물며 이 분들은 재와 덕을 갖추었으니
사쓰마에서 오래 백성을 다스리시기를
평소의 접대보다 더욱 예를 더하였으니
귀한 분들이 오셔서 예가 다름이라

조정이 은택을 두터이 하였다고 하네

하늘 높고 땅 두터운 가운데 무궁함을 칭송하리

명을 받아 바다 문을 지키는 신하 되었으니

손님을 접대하는 것은 모두 성조의 은혜라

편지는 때로 오락가락하였으나

술잔 들고 마주하여 즐거운 이야기는 나눌 수 없었으니

보석같은 글은 올 때마다 놀랍고

사물을 노래하는 말 운마다 새롭네

열 편 절구 모두 빼어나니

위씨의 수레를 비추는 보배도 말할 필요가 없네

서불(徐市) 사당 앞 옥색 바다 봄빛인데

푸른 바다를 건너는 배 사람을 돌려보내네

세상 어디에 장생하는 자가 있어

다른 산에서 선약을 구하는 진나라를 웃어줄 수 있을까

자라가 두 산을 짊어지니 땅이 높고

붕새가 만리를 나니 그 뜻이 얼마나 큰가

알겠도다 그대는 표류의 고통을 잊고

이 만남의 큰 의미를 살펴보리라는 것을

쿠마노는 멀고멀어 동쪽에서 또 동쪽

우암에서 돌아가는 손님은 좋은 바람을 타셨으니

돌아가는 때 길 잃을까 염려하지 마소서

뱃머리 부상을 향하니 아침해 더욱 붉도다

싸락눈 내리는 거친 겨울 바닷가

새봄 떠나는 날 공교롭게 원단이로다

구름낀 하늘에 돛을 올렸으나 무사히 돌아가소서

바람과 물이 돛대를 미니 쏜살같이 가리라

좋은 날 원단에 가까우니

푸른 바다를 한 줌 바람에 떠나네

넋 놓고 하늘을 보니 일색이 새롭지만

오직 두 나라는 생각만 해도 아득히 머니

바다를 앞에 두고 만날 기약 물으니

살아서 언제 다시 만날까

어찌 태고 적부터 사람들은 왕래하였을까

아름다운 덕과 밝은 지혜로 복을 누리소서

경진년 초봄 이탄재(履坦齋)[21] 인장 글자 동래선백

---

21 박기수(朴綺壽)의 호이다. 1774년에 태어나 1845년에 죽었으며, 1817년에 동래부사가 되
    었다. 1806년 별시 문과에 급제하였으며, 대사헌, 이조판서, 규장각 제학 등을 지냈다.

10일 새벽, 나는 대마도 관선의 여러 관인들을 통하여, 동래부사에게 다시 글을 쓰기를,

"삼가 보내주신 글월 받아보니, 귀조정이 접대하는 예로써 쌀과 콩 수석을 내려주신다 하여, 삼가 영수하였습니다. 엎드려 사례드립니다. 또한 지난 연말에 저의 시를 보내 드렸는데, 봄눈으로 화답하여 주옥과 같은 시를 보내주시니, 실로 귀향하는 길의 소중한 보배입니다. 특히 두터운 후의에 감사드립니다. 해를 넘기며 오래 머물렀는데 특별히 아끼고 가련히 여겨주셔서, 온전히 돌아갈 수 있는 길과 넉넉히 지급해 주심과 손님으로 대우하는 예를 얻었으니 오히려 술잔을 나누는 즐거움보다 낫습니다. 연석燕石이라서 일승一乘을 원망하는 것을 감당할 수 없고 오히려 진대의 영약을 구한다는 비방을 불러들일까 부끄럽습니다. 큰 자라와 큰 붕새의 구절을 보고 돌아가는 길이 어려움을 알게 되었으며, 뱃머리가 떠오르는 해를 향한다는 구절을 보고, 바야흐로 고국이 아주 가까운 곳에 있음을 알았습니다. 돌아가는 배가 무사히 순풍을 타리라고 한 구절을 보고, 두 나라의 기대를 알았습니다. 아름다운 덕으로, 복을 기원해주신 12수의 시는 서로 이어져 격조가 높고, 한결같은 뜻을 다하였습니다. 아울러 잘 건너가라고 위로하는 뜻까지 더하셨습니다. 특히 떠나고 머무르는 상황을 생각하니, 배가 마량진에 표류하여 도착하였을 때, 삼가 귀국이 법으로 양찬을 지급해 준다고 들었으며, 첫날부터 하루에 세 때, 한 때에 한 사람에게 한 되씩, 25인에게 하루에 7말 5되를 주셨습니다. 바다에서 위기에 처하여 비록 적재한 물품을 던져 버렸지만, 쌀포대는 버리지 않았고 그때도 많은 양미를 가지고 있었습니다. 그래서 굳이 사양하였습니다만, 교시가 있어서 이를 받았습니다. 이후 다

대포에 이를 때까지, 날마다 정해진 양식을 주셨습니다. 본래 버리다 남은 양식이 있었고 또한 정해진 양식을 지급해 주셨습니다. 더욱이 다대포부터는 5일에 1석씩 주셔서, 아침저녁의 음식으로 삼기에 충분하였습니다. 그런데 하물며 지난 겨울에는 쌀과 콩을 많이 주셨습니다. 그때이미 따로 주시는 은의를 입어 수령하여, 미리 바다를 건너는 비용으로 삼았습니다. 지금도 오히려 모두 남아 있습니다. 버리고 남은 것이 있고, 도와주신 것이 남아 있는데, 다시 지난 겨울에 주신 것이 있어서, 몇 달동안의 양식으로도 오히려 여유가 있습니다. 그런데 다시 오늘 따로 내려주시는 잡물가미雜物價米[22]와 요미料米 요태料太를 삼가 받았습니다. 뱃사람과 신종들이 이를 가지고 밥을 먹는다면, 비록 달을 넘기더라도 무슨 걱정이 있겠습니까? 지난달에 이미 이를 대마도 여러 관인들에게 양미가 충분하며 따로 바다를 건너는 데 필요한 식량을 주시지 않으실 것을 알렸습니다. 거기에 더해서 다시 오늘 내려주셨습니다만, 어찌 여유가 있는데 감히 받겠습니까? 이미 배부르고 □. 가지고 있는 것을 신종과 뱃사람에게 나누어주면 또한 충분합니다. 오늘 뱃사람 24인에게 나누어주신 글을 가만히 보니, 요미가 16석인데, 아마도 바다를 건너는 데필요한 양식으로 전별하는 날 지급한다고 들었습니다. 은의가 이미 큰데, 이와 같이 그 남은 양식이 있고, 또한 이와 같이 주시니, 어찌 감히과중하게 주시는 것을 받을 수 있겠습니까? 엎드려 바라옵건대 16석은지급하지 말아주십시오. □인의와 같이 하십시오. 이미 그 성덕에 오래오래 감사드리며, 내려주시지 말아서 저희들이 불안하도록 하지 마십시

---

22 여러 가지 물품을 마련하는 데 필요한 비용으로 지급하는 쌀이다. 대표적인 연향잡물가미와 일공잡물가미가 있다(邊例要集, 送使).

오. 진심이 참으로 이와 같습니다. 불공불경하다고 허물하지 않으시면 큰 다행이겠습니다. 전일에 비록 이별하는 뜻을 아뢰었으나, 다시 보내주신 글을 읽고, 삼가 고국으로 돌려보내주시는 은의에 감사드립니다. 진심으로 두려워하며 삼가 아룁니다.

정월 7일 야스다 키토타 요시카타
히다카 요이찌자에몬 요시모토

동래공 옥궤하

동래부사의 관인·사인 및 부산첨사 관인 그림(인장 글자)

동래부사 겸 수이장 인

동래선백 이는 동래부사의 사인이다.

부진절제(釜鎭節制) (영인 44쪽 상단)

조선도 그림 : 바깥 장식은 일본도와 같다. 상관인 등(태수, 첨사, 만호 등이다)은 보졸이 지도록 한다. 나의 동복이 몰래 뽑아 보았더니 안에 □□ 없었다. 쇠로 작은 칼 모양 만들었는데, 길이가 7~8척 정도였다. 칼자루부터 칼집 끝까지 금으로 수를 놓았다. 길이 2척 5~6촌 정도였다. 작은 칼은 큰 칼보다 조금 짧았다. (하단)

이날 대마도 관인들이 조선 국왕이 하사한 전별품을 점검하기 위하여 우리들을 상륙하게 하였다. 그래서 히다카와 더불어 두 사람이 우암촌 서북쪽 교외에 상륙하였다. 여러 개의 건물이 있었는데, 그 건물은 과거에 대마도 관리들이 지은 것이었다. 막사마다 색으로 구별하였다. 처음에 이른 한 건물은 휴식소라고 하였다. 대마도 관인 고야나기 씨小柳氏가 전일 이덕관이 가져온 도해량미渡海糧米 목록을 보여주고, 그 쌀을 주려고 하였다. 우리들은 함께 사양하였고, 고야나기씨는 받아야 한다고 하였다. 부득이 이를 받았다(이 일은 후편에 있다).

그리고 또 한 막사에 이르러, 대마도 재판 우찌야마 씨內山氏를 만났다. 그래서 조선에서 몇 달 동안 있었던 모든 은혜에 대하여 사례하였다. 우찌야마씨가 이르기를, "마땅히 조선 관인에 전할 것입니다"라고 하였다. 이에 하직하고 처음 막사로 돌아왔다. 대마도 관인 나카무라씨와 아무 개씨를 만났다. 조금 있다가 조선 관인 박유청과 이덕관이 오므로, 자리에서 일어났다. 대마도 관리들도 각각 서서 서로 인사를 나누고, 유청과 덕관이 앉았다. 우리들은 일본의 예법으로 인사하였다.

유청과 덕관이 통사를 통하여 1통의 편지를 나에게 주었다. 통사가 말하기를,

"두 조선 사람이 주는 것입니다"라고 하였다. 그 글은 다음과 같았다.

대구어 2마리.(다른 한 가지는 지금은 무슨 물품인지 잊어버렸다.)

경진년 정월 일(이 곳에 각각 4글자가 있었는데 잊어버렸다.) 덕관 유청 이첨지 박첨지(각각 인장 글자가 있었는데 지금은 잊어버렸다)

그래서 통사를 통하여 사례하였다. 동래부사가 또한 물품을 보냈다. 조선인들이 가지고 와서 자리에 준비하였다. 통사가 봉서 하나를 보여주었

는데 다음과 같았다.

떡 1봉, 곶감 3련, 대구어 10마리, 술 한 독

경진년 정월 3일

또한 통사를 통하여 사례하였다. (이전부터, 동래와 부산의 서간 여러 통이 있었는데, 지난 겨울 대마도 관리들이 말하기를, 동래와 부산이 준 글은 배가 가는 길에 준 물품과 관련이 있으니, 빌려달라고 하였다. 우리들이 베껴 써서 주려고 하자, 대마도 관인들이 말하기를 원본이 아니면 해관의 용도에 쓰기 어렵다고 하여 모두 주었다. 대마도 관리들이 말하기를, "배가 대마도에 도착하면 반드시 돌려주겠다"고 하였다. 이날 박유청 이덕관 동래부사가 준 글 또한 대마도 관리들에게 빌려주었다. 대마도에 당도하여 돌려줄 것을 요청하였으나, 대마도인들이 이유를 들어 돌려주지 않았다. 다만 동래부사가 보낸 시와 나에게 감사한 시와 글은 돌려주었다. 나는 그 시를 히다카에 주었다).

조금 있다가 조선 아이가 음식을 가지고 와서 우리 두 사람, 대마도 관리 두 사람, 통사 두 사람, 조선인 관인 두 사람에게 각각 한 상씩 차려 주었다. 음식은 16가지였는데, 사발 비슷한 접시에 담았다. 하나는 구운 찹쌀떡, 하나는 구운 보리떡, 하나는 국수, 하나는 생밤, 하나는 찐 밤과 감, 하나는 백거여,[23] 하나는 적거여, 하나는 생꿀, 하나는 장국, 하나는 반쯤 생것인 간, 하나는 콩나물, 하나는 돼지고기 수육, 하나는 계란을 입힌 돼지고기, 하나는 계란, 하나는 말린 대구였다. 그리고 고기에는 각

---

23 떡의 일종으로 꿀에 쌀가루를 섞어 고아 만든 것이다.

각 채화彩花를 꽂았는데, 청색 홍색 백색의 세 가지 색깔의 종이로 만들었다(마치 우리나라의 예식인 천정절이라는 것과 닮았다). 유청과 덕관이 통사를 통하여 말하기를,

"이는 국왕이 귀인에게 대접하는 것입니다. 술과 음식이 담박하지만 드셔 보십시오"라고 하였다. 내가 삼가 사례하였다. 통사가 내 말을 통역하였고, 동자가 술을 따랐다. 술잔은 비전요肥前窯를 사용하였는데, 이른바 전다완煎茶碗이라는 것이었다. 대마도 관리가 말하기를,

"비록 먹을 음식이 없더라도, 생밤과 계란은 하나씩 드십시오. 일본의 손님이 혹시라도 한 가지 음식을 먹으면 조선 사람들이 크게 기뻐합니다"라고 하였다. 우리 두 사람은 말하기를,

"우리 사쓰마는 산이 높은 곳이기 때문에 산돼지와 곰 고기를 늘 먹습니다. 또한 유구에서는 돼지와 소고기를 좋아하여, 우리들도 오래 그곳에 있다 보니 좋아하게 되었습니다. 하물며 조선 국왕이 하사한 음식인데, 다 먹지 않을 수 없습니다"라고 하였다. 나는 병이 비록 낫기는 했지만, 허리와 다리가 건실하지 못하여 신종의 부축을 받아, 자리에 이르렀다. 은덕에 깊이 감사하고 히다카에게 일러 말하기를,

"조선의 술을 마실 수 있는 날이 다시 없을 것입니다. 마땅히 몇 잔 마셔야 할 것입니다"라고 하였더니, 히다카가 옳게 여겼다. 그래서 통사를 통하여 말하기를, 좋은 술과 진귀한 음식은 나중에 마시고 먹으려 해도 다시 얻을 수 없습니다. 열심히 권하고 열심히 먹겠습니다. 내려주심에 감사드립니다"라고 하였다. 덕관이 통사를 통하여 말하기를,

"대단히 다행입니다. 술을 몇 잔 드시고, 고기와 야채를 모두 드셔주십시오"라고 하였다. 나는 6잔을 마셨고, 히다카는 7잔을 마셨다. 마실 때

마다 조선인 관인들이 무릎을 치며 대단히 기뻐하고 웃었다. 대마도 관리는 생밤 한 개를 먹었을 뿐이고, 술은 한 잔도 비우지 않았다. 음식 자리가 파하자, 나는 히다카와 의논하여 통사를 통하여, 조선 관인에게 사례하여 이르기를,

"귀국에 오래도록 머물렀을 뿐만 아니라, 도와주고 구원해주셨습니다. 마량진으로부터 이 포구에 와서 머무를 때까지, 쌀과 채소와 생선과 장작을 조정에서 내려주시는 것을 받았으니, 행운과 같은 은혜로움이 참으로 큽니다. 작년에 동래부사가 미곡 여러 석을 지급해주셔서, 받아서 미리 바다를 건너는 비용으로 준비하고 있었는데, 어제 조정에서 다시 따로 지급하는 물품을 내려주시고, 오늘 바다를 건너는 데 필요한 양미를 다시 내려주셨습니다. 전일에 내려주신 것이 아직 남아 있습니다. 그래서 오늘 내려주시는 것을 굳이 사양하였으나, 대마도 관리들이 귀국의 예법이라고 하여 받지 않을 수 없다고 하므로, 우리들이 또한 그 예법을 어길 수 없어서 받았습니다. 정중한 후의에 삼가 감사드립니다"라고 하였다. 통사가 이를 통역하였다. 우리 두 사람이 머리를 조아렸다. 조선 관인들이 돌아가려고 섰고, 대마도 관리들도 또한 섰다. 나카무라 아무개씨가 우리들에게 이르기를,

"그대들도 또한 서서, 우리들이 하는 것을 따라 하십시오"라고 하였다. 내가 답하기를,

"우리들은 일본의 예법에 따라서 절하겠습니다"라고 하였다. 그가 다시 요구하므로, 내가 이르기를,

"허락해주시기를 바랍니다"라고 하였다. 이에 대마도 관리들이 조선 관인들과 서로 의논하고 난 다음, 곧 대마도 관리들과 조선 관인들이 모

두 앉았다. 우리들은 일본의 예법에 따라 조선 관인들에게 예를 표하였고, 조선관인들 또한 우리들의 예에 따라서 예를 표하였다. 이윽고 그들이 다시 섰다. 나카무라씨가 이르기를,

"그대들의 뜻은 이미 다 반영되었고, 이와 같이 하지 않으면 조선 관인들이 만족하지 않을 것입니다"라고 하면서, 몇 차례나 재촉하였다.

이에 내가 히다카와 서로 상의하기를, 저들의 뜻대로 하는 것이 좋겠다고 하고, 마침내 서서 읍을 하였다. 유청과 덕관이 다가와서 우리 두 사람의 손을 잡았다. 내가 통사를 통하여 이르기를,

"오래도록 귀국에 머물러 있었으므로, 특히 헤어지는 것이 슬픕니다"라고 하였다. 그가 또한 통사를 통하여 이르기를,

"바닷길로 평안하게 귀국으로 돌아가십시오"라고 하였다. 조선 관인들이 하직하고 돌아갔다. 우리들도 또한 자리를 떠났다. 대마도 관리 세 사람이 우리를 전송하였고, 포구에서 이별하였다.

『조선표류일기』 권7 끝

전편의 대미이다.[24]

---

24 야스다가 남긴 기록 중에는 일본어로 쓴 후편이 있었다. 그러나 현재 그 후편은 확인되지 않는다.

『조선표류일기』 후서

　이 책은 사쯔마의 야스다 군이 에라부지마의 직역을 마치고 돌아오는 길에, 바다에서 태풍을 만나서 표류하다가 조선국에 도착하게 된 일을 기록한 일기이다. 글은 아름답고 말의 뜻은 쇠나 돌처럼 굳건하여, 읽은 사람은 누구라도 그 재주와 식견, 실행에 대하여 전율을 느끼지 않을 수 없을 것이다. 바야흐로 저 조선 사람들을 응대하는 일이 번잡할 때에도 오로지 문과 무를 겸비하였고, 다른 나라에 우리나라의 일을 욕되게 하지 않았다. 또한 시가와 같은 지엽적인 재주에 이르러서도 또한 아름다운 이름을 욕되게 하지 않았으니, 장하지 아니한가. 예로부터 우리나라 사람이 이웃나라에 표류한 예가 비록 많았으나, 모두 뱃사람이거나 장사치와 같은 부류였으며, 이처럼 문무를 겸비한 사무라이가 표류하였다는 사례는 들은 적이 없다. 이와 같은 일은 하늘이 그 재주를 다른 나라에 알리게 한 것일까? 그렇지 않으면, 다른 나라 사람들이 일본에 사람이 없다고 말하지 못하게 만든 것인가? 지금 야스다 군이 오오사카 (사쯔마번) 번저[1]의 감직監職인데, 나도 또한 번저의 일에 관계하고 있는 까닭으로 이 책을 보게 되어, 감히 느낀 바를 적었을 따름이다.

문정文政 7년 갑신년 초여름

나니와浪束 금량今梁 타카키 모토아쯔高元敦

1　사쯔마번이나 쵸오슈우 등 대부분의 번은 에도뿐만 아니라 오오사카에도 번저 즉 쿠라야시키(藏屋敷)를 두고 특산물을 판매하는 등 오오사카의 상인들과 거래하였다.

『朝鮮漂流日記』

(탈초본)

謄寫朝鮮漂流日記序

5B10-1003

高木元敦謄寫薩人安田義方歸自沖永

良部嶋役 値颶漂流至朝鮮日記 予由巨鐘待

撞之次得讀之 洒擊節嘆息曰 確乎不拔

哉 漂流日記也 始記所以懶眠失水路 以自

咎 終記 歷其其先公戰蹟 所以感慨述情以自

敬 而其間時月數徂歲亦云 改與朝鮮各

地諸官應對論議歷舉不遺圖以詳悉

焉 讀之未嘗不知其人 察其志也 若洒

於學識文藻也 雖有所未瞻而於臨厄

不知所畏 處急不誤所斷 則非所執維

厚所守維固 所不能也宜矣 元敦謄

5B10-1004

寫之曰 非視吾所不視 聞吾所不聞 喜而

備一夕之談資 但識官路世事 險岨

艱難有不可量而已矣 夫事也者 達於習

熟 情也者 安於尋常 亦猶漁者於水 獵者

於山 是以九萬里而鵬不以爲遠 一枝棲而

鷦鷯不以爲小 自他人視之以爲難而一旦
臨變處急造次顚沛而不失所守者 幾
許有之 由是視之 安田氏所寫實如 元敎
所感矣 予雖濫竽題一辭於卷端 贊其
志可而贊者 有人聞安田氏風乎 雖懦不可不以立志
故也 甲申孟秋

橫塘有則書

春田橫塘[1]

1 春田橫塘(1768~1828).

書漂流日記後

5B10-1005

浪華高木君章袖一冊子來示余 請敍其

首閱之 則吾薩安田元方洋亥漂流之日記

也 余蹴然曰吁 是何爲到乎此也 往日 元方

從役于沖永良部島 歸路遇颶風漂洋

數日遂到于朝鮮國 國人因法歸之長崎

其漂流之際 元方自謂今時

國家外國之禁殊嚴 吾輩幸而得歸于國

　有司驗問亦應嚴也 若所繼歷前後失答

恐誤 事迺自洋中艱難以至客地酬應

之事人物器財一一手錄之 已達于長崎

鎮臺前 陳說之應待 歷歷不失毫 有司感

服 事達

官廳賜 命而歸于國 吾國之有司又驗問之

5B10-1006

畢而再命曰, 外方有禁 其事不可洩也 所

錄悉焚之 於是火之 今高木氏所傳燼餘

之故紙 妄人剽竊到乎此者 若是何爲傳

焉 君章曰然 僕亦知其禁 雖然 安田氏此

役萬死一生天幸亦至矣 而其與韓人應

接酬答 雖倉卒顚沛不失其對 可謂其才

足使四方專對者也 今其事以秘之巾箱

以示兒孫 何不可之有 然而以其剽竊妄本

流傳示之 世上所謂不恐

官禁也 僕豈敢犯之 唯是吾儕長於都門中

浴昇平潤澤飽食暖衣 未知有也 如斯之

辛苦也 是以竊藏此書於家 令兒孫逸居

者 知彼侯國從役之士 有如斯之艱難 戒

諭吾子孫將莫規切焉 故珍藏之爾 豈敢

5B10-1007

洩之 人以供談論之用耶 余慨然曰 嗚呼君章

其志實篤矣 且夫高木氏 於吾藩 自祖考

臣役 我公 無有與二焉 我公亦世賓待之

籠禮不薄以比國臣 然則此書藏其家

以爲兒孫之驚喩不必可深咎歟唯時升不佞

有賤職知其法 知其禁 漫飾文辭冠篇首

所敢不爲也 暫記其所由附之卷端云爾

文政甲申夏六月薩摩新納時升伯剛

書於浪華客館

『朝鮮漂流日記』壹

5B10-1008

朝鮮漂流日記卷之一(自六月十四日/至七月五日)

文化十四年丁丑春, 爲沖永良部島代官附役, 奉職
之島. 島在薩摩南海三百里, 藩之附庸, 琉球之
屬也. 居三載職滿, 將歸越. 文政二年己卯六月, 與
代官日高義柄, 余之同僚川上親訣, 同駕官船龜壽
於伊延津. 津口狹小水淺石敷, 滿載行李輜重則船
不可維焉. 欲直至于大島之津而得順風以渡七島
大洋十四日午間得東南風開帆. 余問船長松元某
曰以誰爲船首望候雲物者耶 船長曰不必定某人
也而更代之 又問司鍼盤者誰某耶 船長曰是亦更
代之已而 余凭欄板而縱觀琉球在南如黛如雲 鳥
島在西, 髣髴如泛鷗, 德島在北, 隨舟進而奇勝出焉.
顧永良部如假山. 三島各相距十八里云. 過德之西
灘而日已沒, 終夜向大島 十五日朝, 近于大島可一
里, 黑雲忽起不辨咫尺. 風變正東驟雨來, 左帆向東
北, 常時東流之潮, 此日却西流, 不得至大島. 漸抵尾

神峼[1]之南洋, 終夜上下于此 十六日輕塵不飛纖羅
不動 潮水但西流 十七日, 如前日初距尾神可一里,
從潮流西三日于此 今將十里餘 十八日午閒南風
生舟中欣 卽向大島 海水猶逆 大島將四里許而日
沒風微 東海雲橫 赤氣經天 望之如月出光 少焉彩
雲吐月 月與赤氣相距可一里許 月上而詭暉隨銷

5B10-1009

自前夕至明宵如斯 未人定而就眠 夜將半, 覺省鍼
盤 燈微船人臥眠焉 乃上舵樓 人皆寐矣 唯舵工若
眠如醒 仰觀風雲則東風習習 大海无涯孤月高懸
碧霄寥寥 呼船長曰 風似異乎昏時 舟人悉眠 胡其
怠惰也 船長忽覺 攬傍人 遽轉左帆爲右帆 余見舟
人之覺焉而又就眠 爾後不知其所之也 災厄之端
始於此

5B10-1009~1010(그림)

5B10-1010

十九日 東風飄飄 四面水合天 余謂□□曰 夜來西
流 殆四五十里也 昨日大島將三里許而日沒矣 而
終夜揚帆行 若不謬風勢 則當至於大島也 食後南

---

1 峼의 통용자이다.

502 조선표류일기

風又至 卽䙡²帆覔大島而逝 遂不見前日之島洲 我
二人坐臥于船梢 烟霽月朗 夜將四更 船長來曰 風
復東來 不能向大島也 宜飛帆直到于山川港 衆議
如是云 我輩曰 不可也 宜碇于大島候順風而後開
帆也 船長退矣 少間又來曰 再議此事矣 風勢逆乎
大島 而順乎山川 其將如之何 我三人議而許焉 舟
直向北 於是乎嚴令而定司鍼柁工之更代乃以線
香一炬爲一更限 二十日天敞雲尽 不見島洲 月傾

5B10-1011

又變東風 側帆堅柁 猶向鄉國之方 將暮納日在舟
之咫尺 余立於船梢而觀之 雲氣如角之尖 如鞠之
圓 如玉之耀 如金之溶 如橐駝之屈 如龍蛇之蟠 如
洲島斷續 如樹木並植 其色或丹或墨 波瀾紫黃 漸
與天色變 心神悚然 恐近于所謂昧谷也乎 /二十一
日茫茫積流 風浪稍含怒 余謂應過七島大洋也 問
議舟人 舟人不悟所歷之東西 或曰七島之西也 或
曰東也 但以磁鍼 北向山川地方 既夜風濤漸震動
向明 風勢益怒 疾雨時來

2　布의 오자로 생각된다.

5B10-1012

二十二日 戕風將決帆 巨浪撞舟 不能向鄉國也 帆
不及檣半 而向西北 壯風飛沫 舟疾如箭 卒不能掛
帆 但堅柁 從風浪而西 向暮浪騰樓上 終夜驚濤雷
奔 打擊牖戶 舟中喧動防禦之 /二十三日 天地晦暝
猛風飛板 激浪破屋 殆將顚覆 相議剗載 乃令曰 投
私財 勿投貢物 將午 風愈起惡 岑嶺飛騰 所載於船
梢之脚艇 以三大索繫之 二索旣絶 一索亦危 艦板
在艇之側 長數十尺 飛揚過船尾 而墜于海 若飛一
羽也 舳艫碎裂 架棧毁零 以藺席防風浪 余懷神符
此是吾 家君之所賜 家君受諸大乘院義額法
印 元是出自

5B10-1013

禁闥云 曾聞遇水難 泛之海 則免其難也 乃泛之 盤水
以禱焉 而還納之 使船長投其盤水乎海 以禱矣 余
自天窓引領窺 則風勁於矢石 浪作萬丈之山 仰之
則船如在九泉之底 忽焉爲千仞之壑 臨之 則身 如
在九天之上 船長船夫五六人 執柁桿 揚聲號呼 風
濤難敵焉 旣而臣從船人皆截髻誓祈 且逡決意而
伐檣 怪風擊面怒濤倒人 無能起伐之者 且斧不利

日高藏斧數刃 卽柄之以伐之 檣動搖于左右 折聲
時徹耳 有知覽邑三四郎者 稱船夫中第一矣 來索
利刀 余有截骨短刀 乃出授之曰 汝慣斫帆頭索乎
答曰未也 而當此危急 去我其誰也 拜受挾之腰間
直往船梢出沒于水中 三四郎挺然卓立 仰察
其機 檣根斷將倒 拔刀斫帆頭索 檣應聲倒 破右欄
板直入海 鳴動三聲 人人銷魂 舳艫旣破裂 浪從而
殺入 柁羽動轉于左右 船將崩敗 因以索繫柁而放
之 若柁半脫受巨濤 則往往船破裂 是以舟人 皆立
柁樓 戰競爲此術 幸得濤間以放之 更以大綱繫之
于船梢 銕錠二 大綱一 同下諸船梢 爲船不盪也 爾
後船首受風 雖盡全舟之術如此 然怪風猶未止 層
浪騰天, 潮水溢船 衆人恐怖 或有如死屍者 或有欲
游者 或有唱佛名者 雖少有英氣者 張傘被席拱手
茫然焉 唯助勞更代汲滲水耳 俄頃壯濤折右檻 日

高自初駕船 不能起 此時遽起防之 川上之僕平助
年當力强 足以橫行于一舟中矣 同起防之 時船夫
三四郎 獨立于船梢 船長問之 三四郎曰 釣魚焉 船
長叱之 答曰 不食肉久矣 欲得魚以潤口腹也 其自
若可知也 少焉 汲滲壯者三四人 失色出曰 滲水已
及頸矣 汲之而不盡 精力不可及也 將奈之何 吾輩

揮臂叱怖伏者 曰 若欲生 則須汲滲水 不起者斬首
於是舟中人皆驚起 作勢汲之 然水猶不盡 乃慮有
缺隙 令舟人察之 舟人議赴于前倉 有秋月邑仙助
者船功絶倫 時在樓上 卽來曰 闖前倉不可也 怒濤
之所破 必船尾也 仙助魁首秉燭入船底 須臾揚聲

曰 板破滲漏如瀑水 卽裁布帆以茹船 滲水得稍減
雖然船逾破 風濤益烈 精力旣衰 余乃復出神符直
泛之海 以禱天祐 舟中咸曰
△天子之御符也 天地曷不有感應哉 夜將二更 風濤覺
少穩 二十四日 餘波猶時騰于船樓 漸而聞浪聲於
欄下 乃舟中喜可知也 風歇浪靜 始知船偏重 蓬庫[3]
欹側于左欄 而錠柁皆流失焉 是故復下鐵錠二枝
於船首 舟人曰 西流蓋數百里也 余登樓四望 海水
黃濁 靉靆雲布 日色朦朧 舳艫互不辨 水淺泥深 不
知何處之溟渤 皆曰 若晦朦不如此 則唐山應在眼
中也 旣夜無餘波 二十五日 南風徐來 波瀾不起 溟

3　蓬庫는 배 위에 만든 집을 말한다.

霧猶深 船人掛小帆於船尾 相與謀曰 無柁無檣 何
以濟涉 宜竭力而造之也 舟人議之 以柁桿爲柁幹
綴板爲柁羽 或索或鑿或斷或補 蟻附蠅聚 而造焉
形雖小 亦足以用矣. 卽以甲篙爲檣 其梢作縼升 能
通繞繩 巧工最妙 減布帆二十幅爲十一幅 舵之帆
之 信風向北 頗得生路 雖然遇颶時 流失水桶三 唯
存一桶. 是亦動轉, 水半減, 不可救三日之渴, 艱難已
迫矣. 焦米而食, 飲水亦限以小盞. 乃相議使炊人正
次郎守水桶, 護飲器矣. 而謀獲水之術於舟中 船長
曰 往歲遇如此之難 而煎潮以得水矣 其方一如煎
酎方也 使舟附(舟職名)仲助 鍛鍊(同上)善之丞者 造其器
輒以桶爲甑 桶底通一竅 桶中覆一釜 蒸氣無洩桶
底 傍以小管導蒸氣 以大釜煎海水 加甑於釜上 蒸
氣上到桶中之釜 爲水而自小管滴出 受之以一桶
山川邑 與兵衛者掌之 每夜不眠 晝夜而得水一斗
許 僅可炊飯而不足救其渴也 二十六日二十七日
廿八日 猶以南風向北 比日午間 密雲南起 雨忽及
船 擧船上咸喜 捧凹器受之 得水一斗餘 衆咸鯨飲
焉 自翌日 而爲之泄痢者過半 二十九日 日光始朗 海
色斯澄 衆欣然曰 卽是如 日本海 余初在永良部
時 安靈神於枕上矣 至駕船 藏諸刀筒中 船中混雜
未知其所在 此日探得之 復以安枕上 敢謝怠慢 壹

禱歸國 晦日午間南風漸西 船長卜之 以得東南吉
卽向東南 晡時上樓遠望 前西有如島者 余指示舟
人 舟人自始覓山也 晨夕不息 咸曰 窮海多日 眼勢
疲勞 山乎雲乎 未可辨也 余恃不疑焉 酌酒獨賀 七
月朔辛酉 平明舟人曰 有二島 將十里許 余登樓望
之 舟人曰 應 日本肥之五島也 人人見山 思得水
而不覺淚出 其欣躍不可言也 使舟直向彼島 船長
乃祭神獻酒 徹而賀飲 有魚躍船 平助投魚叉 得冰
魚二尾 長尺餘 以潮烹之 衆咸開顏食焉 味至美 此
日也 風微 從海水東流 而近于彼島 可一里 二島相
距數百步 徑各可一里 巖石峨峨 船人又曰 曾聞五
島西海四十八里 有男島女島 蓋是也 船老正右衛
門曰 不然也 異乎 日本山勢矣 漸近其島 而日沒
畏石瀨故 不得至焉 旣夜西北風生 終夜從風 二日
平明 樓上騷呼曰 昨日所見 恐非男島女島者 島嶼
許多 碁布于舟前 及未時 又曰東有二峰 如箭括 南
有大洲如黛色 南者 肥之五島而東者比時歸山也
其他巽位二島 大小不齊 坎位二島如兄弟. 頃刻遇
二三島之側 船長曰 肥之男鹿島也 或言 繪島也 而
船老弗敢言矣 晡時一山於東北高大衝天隆然
蟠雲 船老曰 日本西北海 未見大山如此 恐是朝
鮮國也 東北海涯皆山 微茫沒天末 衆人頤蹙懼怖

余爲之辭曰 不見山 日已久矣 歷艱難 且不寢 而況

晚霧晻曖 小亦如大 近亦如遠 雖漂流失據 然以磁

鍼向東南 三日于此 未聞朝鮮在東方也 且夫雖蠻

夷國 亦何憚焉 祇當直進 終夜猶東南 七日三日 曙

至巨洲之口 四顧山巒蒼茫 舟中且驚且疑 但欲救

數日之渴 而不忌戎狄之國 落帆下錠 備弓砲 泛脚

艇 設櫓棹 以候動靜 頃刻小舟出自東西之岸 舟皆

二席帆 連聯二十餘艘 近於我船 數百步 或向風行

或落帆而停 繞圍我船 見其船而卜其國船人曰 曾

聞朝鮮舟皆二帆 其檣則斜後 頗似釣鯉舟之檣云

蓋是也 舟中咸喜 頃間小舟二隻來焉

七月三日

曙 始到

巨洲之

口 下錠

波安

余自少小 不慣文辭 雖然 自出永良部以來 於舟中

聊效漢字 謾錄紀行 自顧堪捧腹矣 且漂到于此異

域也 不得已而與異邦人筆談 慚其文多顚倒 而不
成語 韓人蓋察余意 量事情而 解之也矣 漂到既二
日, 而後日高川上 而病不接客 故臆裁忖斷 與群客
筆鬪 强爲歸舟之計矣 若有過於筆語 則余之罪也
至若彼問國事 乃議於二子 而後敢答焉 夙夜勵身
心 按刀咬牙 勉不屈 薩士之膽焉 自初請 日本
通事再三 而京譯官來 譯官言語不少通 舟事隨多
韓官隨倍 左應右答 無暇立稿 或得間 便謄寫之 或
使人臨寫 是故闕文誤字亦多焉 歸路滯留於釜山

5B10-1020

浦數月 於是乎繼次往日筆談之書 以編入于日記
之間矣 閱余之書 則不可讀者過半 雖然其情旣通
事旣濟 故弗敢換一字云爾

彼小船已至竝我船 其人皆白衣 見其貌 則不問而
知朝鮮人也(我 本藩有朝鮮之遺種 卽豊太閤征/韓之日 我 先公擒韓人若干 歸而居
於苗代川村 今猶/不變其服飾鬂髮)中有長袖危冠者 以書示我 其書
曰
你們以何國何地之人 緣何事出海 漂到於此乎
　　余書答曰
大日本國舟 逢逆風 而多日苦於大洋 今日得天幸 以
漂到于貴國 不知貴邦何國也 舟中水盡將渴焉 伏乞

510　조선표류일기

慈惠 仰願垂愛憐 拜首敬白

　須臾韓舟多載水來 慇懃贈之 舟中頓見清水 如遇

　甘雨 人人喜躍 取器飲之 乃相稱爲天下第一之水

　水性亦極美 彼又書曰

此地朝鮮國 公清道 庇仁地也 然你們以何事出海耶

海人幾許 昭詳書告 余答書曰 辱所示此地朝鮮公清

道庇仁地也 始聞 貴邦之名 舟中開愁眉 多謝多謝

而見問小舟以何事出海耶 海人幾許也 小舟 日本

薩摩國之舟 而以順回附屬之支島 出本國, 以東方之

逆風西流 而今漂流到于 貴國也 海人二十五人也 大

5B10-1021

抵書以報酬 彼又書問曰 祇見書示 謹知居住而持舟

具人之由 出於商買耶 津船耶 詳示而自 貴國 何月

日離發 何月日向何地方耶 亦爲詳示焉 余書答曰 以

順察薩州屬支島 六月十四日 得辰巳之風而出州內

小島永良部島 而洋中無風三五日 二十一日 以東風

向子方飛帆 自二十二日 而東風暴逆 荒濤將壞舟故

向西方而漂流 伐檣而倒之 捨楫而流也 二十五日 得

午未之風 假掛帆 假造楫 至于二十九日 以同風向子

丑之間漂流 七月朔 得申酉之風 至昨夕 以戌亥之風

今朝到于此地

彼見我之書與船之破壞 而蓋知其無異 各上我船

樓中有衣冠殊於衆者 是馬梁鎭僉使李東馨者也
我輩在船內 彼以書示曰

以朝鮮小舟 繫貴舟 曳入安波之地爲計 貴意若何

　　余譯此書以議事於舟中 或曰 幸移舟於浦內 而憑

　　彼以造柁檣 修破壞 貯水聞 本邦方位 則不憑彼

　　而自當歸也 余乃書答曰

良久苦於洋中 海人疲勞甚矣 伏願繫小舟於津內 以

得休 則多幸 彼又書曰 今則以風水之俱逆 姑未行舟

而若當午未時 則水勢稍順 然後我以大索繫貴舟

入于安地 姑待如何 余答書曰 任貴意 宜待午未之

時

　　待風便潮順之間 船內船上來觀者若干人 喧囂甚

　　於市 半是奴隷舟子 彼等見余硯匣中有朱錠 形語

　　請得之 卽截而與三四人矣 後請者不得焉 硯匣中

　　有印色池 彼等竊取而爭嘗焉 余書毒字以示人人

　　驚而急返之 酒[4]肉旣盡其半 又有廣袖者 蓋下官人

　　也 余書問曰

公淸道庇仁之地 在貴國之西乎在東乎在北乎 自此

去王都 里數幾何乎 彼答書曰 在西南一隅 余書曰 是

此地之所在乎 王都如何 彼書答曰 距王都四百四十

4　원문에 朱로 되어 있으나 酒의 오자로 생각된다.

里 余書問曰 自此地到于 日本 則以何方之風 發舟

帆乎 彼書答曰 自此[5]地若向 日本 風勢未能詳知 余

書曰 貴國日本通辭之人無否 彼書答曰 通辭之人在

於都城而多矣 彼書問余之姓名(其書/失之) 余書示曰 姓源

氏安田 字喜藤太名義方 余亦問彼之姓名(其書/失之) 彼書

曰姓金 名始基 字子由

 我舟中有琉人六人 卽永良部島人也 曰田儀名 曰

 次朗金 曰也𪲔 曰中里 曰𪲔坐 曰蓑里 初韓舟之來

 君六人於船底 旣而韓人滿船 六人匿旣移時 不敢

 欬嗽唾洟 伏不動 屈不伸 前水至時聞他之飮 渴益

 迫 其辛苦可想也 欲使韓人盡出去 因託事沐浴 而

書以示官人曰

5B10-1023

舟中陜陋 無所安勝[6] 且多日水竭 今日以 貴惠 而得

水許多焉 故欲沐浴 乞 君等去櫓下 而上于樓上 暫

時希外出

 官人指揮 而韓人皆出去矣 於是乎嚴閉船窓 而出

 琉人田儀名也𪲔𪲔坐 變其縎髻 爲葆髻 次郎金者

 素琉球童子也 變作 本邦之童髻中里蓑里者猶

 在船底而剃髭鬚 出爲葆髮 韓人自間隙窺之 乃使

---

5 원문은 戊로 되어 있고 다시 此로 수정하였다.

6 원문은 藤으로 되어 있으나 勝의 오자로 보인다.

僕及舟人 擊窓欄而禁之 六琉人緘其簪 深藏焉 我

輩亦剃鬚髮 韓人復窺我 又禁之矣 事卒而開窓 韓

人復來船內 旣而過午時 彼書曰

時當午未 風雖逆水甚順 借 貴舟之完索 則繫於我

舟 曳入安地爲計 幸望可曳之索出給我等若何 余答

書曰 風雖逆水以甚順 所乞借小舟之完索 幸小舟有

完索出以須繫 貴舟 伏乞曳入安地 彼又書曰 貴舟

格軍與我等 幷力行船甚好 伏願完索及格軍 急爲筋

出若何 余書問曰 格軍之二字 未詳 起乞再釋彼書答曰

我國稱舟中之人 曰格軍 余書曰 小舟完索及格軍 可

急筋出而幷力 但專憑貴船之力耳未詳

少間韓小舟數艘來 牽紋於我船 我起錠應之 彼擧

手而形語似示揚帆 余乃書問曰

揚帆則舟流於風下 不能行 且舟楫不完 是故不能縱

橫也 彼書答曰 貴舟則 不爲揚帆 但起碇後以索繫于

5B10-1024

我船 則我船或帆或櫓勿慮勿慮

小舟挽我船而進 水路半里許而到浦 距村百步許

而下錠哺後 浦上有樂聲 因使舟人設席於船樓上

我三人裝旅服 使童子持佩刀 整威儀臨席而待焉

有間一隊出自村巷 頭蹈植矛 鹵簿 調樂 乘轎 張靑

蓋携弓箭 持佩刀 行列凡五六十人 而至水□涯 下轎

將駕舟有白衣者 立其舟尾 左右叱捕之 引伏于沙
上答之 旣而進舟 發鐵砲數聲 猶音樂而及我船 因
下梯禮迎 其人豊煩 微鬚暸眸端正 來坐 于席 溫恭
蕭雅綽綽然 有餘裕 是庇仁太守尹永圭者也 童子
立左右 太守書以使童子傳 其書曰

5B10-1024~1025(그림)

庇仁縣馬梁鎮內

安波浦圖

三日夜泊

從四日泊

于次

石步

屋舍六七

後泊于次

二十町餘

地卽 朝鮮國公淸道庇仁屬馬梁鎭也 你們以何

國之人 緣何到此而遠海水路多日艱苦 舟中之人得

無損傷 同騎者幾人 願聞其由 余乃書答曰 我小舟卽

日本薩摩國之舟也 以順察乎支島之于永良部島 交

代而歸之時 自六月二十一日 至同二十三日東風橫

逆 伐檣折楫 苦艱而西流者三日也 假造檣楫而自七

月一日 至三日之晨 得戌亥之風 而漂到于 貴國也

舟中之人 二十五人 無損傷也 依問尋聊書其大抵 太

守又書曰 屢日險海 舟中之人無所傷 甚可喜幸 而今

此舟泊處 灘險風逆 稍進沙邊穩泊爲好 余答書曰 辱

所示今小舟之所泊灘險也 須近沙邊也 雖然 前刻下

朝鮮官人抹頭圖

　抹頭以馬鬃造

　耳上者玉環卽

　庇仁太守取用

韓人紗帽

　官人上下皆戴諸抹頭上 耳上有金環

　卽古群山鎭嘉善太夫取用 其他 雖官人

　用眞鍮環　如戒指者

韓人戴冠圖

此所圖卽

庇仁太守

尹永圭之

眞像

也 朝

鮮人

皆抹頭

而加紗帽 而

戴竹皮冠 其

冠漆塗 其細

如織 其纓貫玉 其黃如琥珀

其文如玳瑁

上官人全圖

水營虞候 蓮幕

從事 折衝將軍

等 皆如此

而 纓繫

水

晶

繩而試其深淺 自是入于浦內 則深大凡三尋許也 不
知有深處乎否 若於潮退之時 深三尋則宜近于沙邊
伏乞敎示其淺深 彼又書曰 你們亦有長幼之別 二十
五人中 上而長者幾人 姓其名誰 俱是薩摩之人耶 抑
亦聚集各處之人歟 其年歲姓名 一一詳示焉 且今般
泊處 適値水退難進 明曉則潮水大張 恰遇三尋 待時
入去爲好 余答書曰 如貴問 有上下長幼也 二十五人
擧薩州之人也 非所聚會也 姓名年歲 待明日詳記 非
不好乎 彼又曰 你舟到泊事狀 登報 上司時急 燈下
暫記以示

舟事紛擾 日旣暮 韓人益責記年歲姓名 余倉卒串
號姓名年歲 船長松元以下 則松元縱言而余書之
且以蓑里爲三助 以中里爲中右衛門 以田儀名爲
田右衛門 以次郎金爲次郎 以也麻爲山助 以麻坐
爲政右衛門 皆是松元從意而變名也 如年歲亦然
妄誕可知也 其書曰

舟中人年歲及姓名記如左 上三人 日高與一左衛門
義柄二十五歲 川上彦十郎親誅二十八歲 安田喜藤
太義方三十歲 中三人 宋元勘右衛門四十歲 猶野仲
助二十歲 吉村善之丞十九歲 下十九人 正右衛門五
十歲 仙助三十歲 庄次郎十八歲 長次郎十八歲 覺兵
衛三十五歲 長市三十四歲 三四郎四十二歲 利助三

十歲 與兵衛五十一歲 安太郎三十一歲 五次右衛門

六十歲 權左衛門二十五歲 平助二十八歲 三助四十

歲 中右衛門二十八歲 田右衛門十七歲 次郎十三歲

山助十五歲 政右衛門十八歲 彼見此[7]書畢 而又書曰

與船中標文以示焉 余答書曰 標文之事 支島之順察

以義柄爲上司 身自以駕此舟 別無標文 彼書曰 二十

五人 欲爲計數 而更來願你們次第[8]聚會列坐爲好

　　余促之 人皆不欲聚會 彼又書曰

使[9]船人計數詳示也云云 余書曰 示何事 彼書曰 報上

司事

　　彼屢言聚會 其書不悉記之 輒令舟中人各出于樓

　　上 而余書示曰

土吐一言更何疑之有矣 況書以與之 雖不計數 如前

書也 然而以 貴國之規者乎 故不辭 速聚會以入鑒

覽

　　令二十五人列座于樓上 而余以前書 順呼姓名年

歲 人人應之 而拜焉 太守書曰

下坐三人 年幼兒耶(答書/失) 又曰 上三人 誰也 答書曰 日

高與一左衛門 川上彦十郎 安田喜藤太 又曰 指示也

7　원문은 比로 되어 있으나, 此의 오자로 보인다.

8　원문은 茅로 되어 있다. 第의 오자로 보인다.

9　便을 使로 교감하였다.

余指示之 又曰 中三人 指示也 余又如前 示之 而余書

曰 計數濟 則欲令去聚會之坐 若何(彼之答書失焉/ 旣而令退坐) 太

守書曰 日高誰也 有職名否 余答書曰 日高非職名也

姓也 太守曰 日高之爲姓已知之 有職名否 答書曰 職

名則曰永良部島代官也 太守又曰 川上安田 亦各有

職名否 答曰 有職名也 二人諸曰 代官附役也 又曰 代

官幾品職耶 答曰代官職大凡當第七品也 一品之內

職名有許多也 又曰 官是大坂**10**城所屬耶 馬島所屬耶

余答書曰 大坂城及馬島難解 故不知其所答 太守書

曰大坂卽皇帝所都也 馬島卽島主所居也 余乃答書

曰 薩州卽 薩州侯之封國也 故官職都屬於 薩

州侯也(大坂城馬島 余固不知其所指 故所問如此 而 彼所答亦如此 余以爲 韓人以

帝都通稱大板

城以諸侯之國 通稱馬島也 故余所答如此 他日見韓

人之書 則以對馬稱馬島 然則大板城者蓋謂大坂城

也 恨不審其所稱/而忽卒以答之) 屬官書曰 夜來好睡 明日再看 太守

亦書曰 明日更相見 余答書曰 仰待光來

 薄暮潮退 船膠沙 二更韓人已歸 而舟人咸曰 此處

不可維舟也 因相議 而待潮來焉 雞鳴潮滿 乃移船

---

10 원문에는 板으로 되어 있다. 이는 윤영규가 쓴 대로 그대로 옮겼기 때문으로 생각된다.

浦外數百步而錠[11]宿

　　右文政二年己卯十二月十六日 薩摩

　　　安田喜藤太義方 書於朝鮮釜山浦

七月四日 平明 韓人群集於浦上 直進小舟數隻而

來起我之錠 繫彼之索 而挽我舟 形語不通 無由禁

之 卒挽進到前日之處 而彼下我錠 且小舟環我船

而衛焉 太守尹永圭 僉使李東馨來 我 三人出而面

太守書曰

夜來太平 余謝曰 多謝多謝 同祝

　　日高曰 予病瘡不堪坐 欲安坐云 故余書以示口

日高義柄 見傷雨濕 而發小瘡 故箕踞 伏乞赦之 太守

書曰 貴疴奉慮 自便起居

　　昨日乞入浦內 夜來不告而出浦 今晨彼又挽復于

　　前處 松元曰 歷險船半壞 且居之沙上 則崩敗猶指

　　掌也 余固欲諭之 因書示曰

幸得天助 出十死而復蘇 小舟漂到于 貴國舟中二

十有五人 如置枕於泰山之安也 事無不 恩惠 而繫

舟於安波之沙邊 不謂浦內水淺 而舟底到于地 舟殆

危 大人在舟上而所知也 君不知乎 我小舟積載

---

11 닻은 원래 碇을 쓰지만 당시 일본은 쇠로 된 닻을 썼기 때문에 錠이라는 한자를 쓴 것으로
　　생각된다.

重物之日 若居于潮干之地 不日而破壞也 今也得

恩惠而就安 將焉爲逃遁乎 乞勿慮勿慮 昨夜以舟底到

于地 故今晩不告 而轉移錠於安舟之處焉 多罪而書

以欲故其故之處 貴舟來而擧我錠 又曳入沙邊之淺

處也 思舟又居于地上 乃神心實不安矣 伏願賜寬恕

之惠 繫舟於無難之處 以安我舟人 若事不可 則乞詳

其故而諭誨 太守答書曰 貴國之於我國 旣是修好之

間 則無論彼此 當此水難 豈可坐視不救乎 今晩轉移

之事畢 果出安舟之計 而我 國下隷不知本意 錯告所

致 何謝過之有 何疑慮之心 曳入沙邊 爲其灘險風

急 舟在地上 雖當潮退 不僥不盪 則破壞之慮 殆近於

5B10-1032

憂天之傾 安意自在焉

　舟中菜水乏 余欲乞之 而作書焉 書未終 小舟載水

　來 故倂謝之曰

我舟中 水菜魚肉俱竭 乞速贈當之 就中今朝水乏 加

令命 日日賜之 幸甚 旣而載水來也 喜歡 菜肉亦乞惠

投 彼書答曰 你們俄請水菜魚肉 而我 國法例 報

上司承題後許施 然而 水菜則暫時不可無者 故如于

菜物及井水先已送之 而魚肉難以擅便 姑俟 司處

分 爲好 余謝曰 以艱難故 急乞水菜 忘見惠 不報 上

司 而旣賜水菜也 芳情何以謝之乎 但仰慈憐多謝多謝

韓人以我稱你[12]們也 余甚不穩之矣 故書以問曰

你們之字 我國所常不用故 不知其訓義 品第如何

也 乞詳記而見示 爲好也 彼書答曰 你們卽對己之稱

也 稱吾則曰吾們 稱君則曰你們矣

　朝飯具焉 余書告喫飯 太守書曰 喫飯後更話 我三

　人退于舟內 飯終 而余又上樓 太守將飯而立在舷

　我席上有一封書 題簡帖字 開視之 其書

庇仁太守 敬以酒肴 聊表

薄禮于

日高

川上

安田三代官案右 幸乞

5B10-1033

笑留.

乾魚二尾

燒酒二罇

大鰕二級 適乏代以烏魚五箇

　己卯七月四日尹永圭頓首

　贈物四種 韓人備之席上 太守又坐 余形謝之 太守

　方歸 故余書 以謝於金始基曰

緩賞味之也 乞言於 太守 始基書曰 緩字徐徐飮之

---

12 원문에는 儞으로 되어 있다.

之意耶 余書答曰 然矣

　　太守歸 則其屬官來船内 而書以請酒(其書失焉) 余答曰
我不知酒有無也 舟人賄之乎 此亦不知也

　　余答雖如斯 然已使舟人出酒 且以太守之贐爲肴

　　金基昉 張天奎嗜 日本酒甚矣 天奎乃書曰
方思酒之際 多酒飲之 感謝不已 余書曰 飲如長鯨吸
百川 基昉書曰 肴 余答曰 肉菜俱盡矣 彼又曰 此魚肉
從何處出耶 余答書曰 庇仁太守所見惠

　午間太守又來 余出而接之 余書曰

貴國之下隷等 自昨日至今日 以觀遊之故 或傳舟楫
之繩而欲上舟 或依欄檻而欲上舟 或自舟尾漫投入
砂石也 君等光來而在舟上 則不然也 我小舟卽自
永良部島 所貢於我
薩州侯之品物 重荷載積之也 是故我輩太爲重之也

5B10-1034

而制之不可 形之不屑 漫乘舟上 我
日本船積重物 則不居于沙上 或如今日居砂上 則步
船上揚足不高蹈之 極輕踵 伏望以 貴國之尊威 制
止之 則多幸 前旣聞所加制止 雖然衆多之下隷 未盡
止 伏願有用人之外 乘舟之者嚴禁之 敬白 太守答書
曰 我國下隷 欲觀貴國舟楫之美人物之盛 輒致貽
惱 不安之 設無貢侯之物 豈敢不嚴禁耶 當爲加申

餝 安意安意

　　日高後而出來 太守乃書曰

踝疾奉愈(愚) 未卽奉接 中心鬱陶 亦旣見 我心卽降

　余書問 對馬及釜山浦 鴨綠江等 之方位及里數 (今失

　之稿) 太守答書曰

釜山卽我國地方 而未詳其里數 待問情官下來 更問

如何 鴨[13]綠江 初聞其名 未知居在何面地方 對馬在我

國東萊府相對之地 此去千有餘里耳 又曰 此地則有

石 有嶼之地 舟不安之地 稍入近浦如何

　　依太守之問 議之於船長松元 松元曰 宜近於沙邊

也 而請彼深掘沙地 舟半埋 沙中 則無損傷之憂, 於

　　是 余答書曰

恩惠多謝多謝 速擧錠 宜近浦邊也 我小舟殆苦逆風

事無不艱危也 故 欲近 貴浦之口而安心意 乞曳入

浦邊 彼曰 然則指揮船人 彼又曰 移錠卽爲便於出入

5B10-1035

汲水矣

　　乃起錠 而入于內浦繫舟 太守書曰

貴舟人依前下錠 此何事也 余書答曰 爲便於出入及

汲水 所移錠 實芳情矣 旦舟人依前下錠之事 非此舟

而已矣 日本船皆如此下錠 則依舟表而下之也 下

---

13 원문에는 鳩로 되어 있다.

錠於前 則風自東南 則船向東南 風自西北 則舟向西
北也 衆船皆然矣 且 我 國之船泊 則以艫向地 是亦
皆然也 非可尻也 今也 風自申酉 然舟不向申酉者 以
繫繩於艫之故也. 下錠之前者 是非異事 乞勿慮 太守
曰 下錠法其然 則亦不必進前退後 止於止處好矣

　　彼書曰 以國法 點檢舟中之物種(其書失焉) 余諾之矣 而
　　舟中異論終不合焉 余乃書曰

　　書非以不通也 然而有慈惠 而召 日本通辭 而辨應
對 我舟中之歡情 何以加之 伏乞召 日本通辭 快應
對 彼曰 船中什物點檢後 啓達 本朝 則通事又來
問情 如俟之如何 余曰 不點檢 則通事不來耶 如何 彼
曰 通事之來不來間 先爲點檢 卽我國法制也 若不爲
則 兩主官生事 余書曰 兩主官生事難解 乞詳 彼書答
曰 生事云者 卽獲罪於上司 然則 不可不點檢 幸卽許
施也 太守亦書曰 點閱後謄狀 上司 非但一時爲急
若或稽緩 則 吾們兩人之罪 不知止於何變 其不可悶
乎 爲看主客之情 卽速開示 至望之 余答書曰 從 貴

5B10-1036

意而開示也 松元勘右衛門 格軍之長也 令松元勘
右衛門應對也 太守書曰 非欲眙腦於 尊等 舟中所
在 物種詳細列錄數爻 然後可以告達
主上 我國法例從古 卽然 幸勿待難 俾卽閱示

余不省舟人之議論 直呼家僕 而命開示 且令船長

松元掌點閱焉 言語不通 彼不知之 屬官人 亦書曰

日已向暮 急急爲之 余答書曰 前已命之 君等閱之

家僕 船長誘金始基等 將往舟前倉 太守書曰

多荷 芳情 速命開示 日已向晚矣

屬官人 起往前倉 僕等開櫃箱 以點閱少焉 彼來而書曰,

有物不知名 有書不知字 伏願 尊 勿勞偕往 詳細教

示 又書曰 各其箱主名 亦示之 壹番卽人名耶

箱中物品 以國字記 而納之其櫃箱中 且以壹番貳

番 記其蓋 彼不解 故請余親教示 余不肯 但書曰 書

卽國字 壹番者卽其箱櫃之次第也 彼書曰

是故不知 彼又書曰 若不盡閱 而上官與卑等 皆抵重

罪 尊其不矜乎 余答書曰 旣承聞之 故從於意也

彼又往閱之 太守 僉使 及屬官人等 在樓上 日高書

以問太守曰

庇仁 上司所居里數 幾許有之耶 太守答書曰 書法

善也 庇仁上司所居 自此三十里 所居卽郡州也 日

5B10-1037

高又書曰 以志爲贈物 貴國非禁制耶否 彼書曰 此

中豈有盜乎

日高初書示余 余曰可也乎 日高卽示彼 彼書答焉

再書行草 以示余 余答如初 日高卽示于太守 太守

(不)[14]答 屬官人 卽書以咎之 書中贈字不正 彼蓋以贈字 /

爲賊字焉 余卽解書 以示于彼曰

麄書約語弗然矣 太守書曰 背屓暴陽 腹暑忽作 煎肌[15]

當副[16] 更圖筆語 余曰 日熱如此 雖裸體勿咎勿咎[17] 自便

也 太守曰 然則脫衣裳從意焉

　　太守減去表衣 以凭右欄板 主客俱吸烟耳 金達秀

書曰 我國卽尊前不敢吸草(上官人來坐 則屬/官人 不敢吸烟草) 余書答

曰 此禮也 我 國亦然矣 愚謂達又天下歟 達秀曰 君

中有吟詠耶 余曰 吟詠卽曰歌謠耶 達秀形容以示不

然 余又書曰 然則作詩賦者乎 達秀曰 然 余書曰 有吟

詠 小子有新著也 達秀書曰 願見之

　　余之永良部 紀行中詩文草稿之冊子在焉 出而示

　　之 金達秀觀之 少間而書曰

乘閑和答可也 余答書曰 伏乞和作 有和作則多幸多幸

　　太守又觀此冊子 書曰

雖無盛速 敢不早赴 成行應有排悶 又曰 佳作明 可奉韻耶

　　余所答今失其稿矣 太守有圖筆語之言而後從對

---

14 '不' 자가 추기되어 있다.
15 원문은 肌로 되어 있다.
16 원문 글자 옆에 劑가 쓰여 있다.
17 咎는 拘의 오자로 생각된다.

坐 暴暑殊甚 余命冷酒勸之 太守書曰

不敢承不敢承 只希穩睡

　金達秀席上書絶句以贈 余之冊子首 有江亭夜作

　之詩 彼次其韻

　謹次江亭韻

弄春花鳥暖 閑臥無塵累

撫釰雪霜寒 淸風入畫欄(韓人之書詩/ 往往如此)

　　　　庇仁人金達秀稿

　余賞而謝之(今失/其稿) 點檢物種之韓人來 而書曰

半開之箱 旣不知物名書字 下藏易知之物 先見如何

余答書曰 君等如意 彼問曰 我國則君子用卑幼 余答

書曰 我 日本則不然 用等輩 余又書問曰 自前日來

我舟之頭人 姓名如何耶 有官職 則官職品第如何耶

屬官人書答曰 一是庇仁太守 尹姓永圭 一是馬梁僉

使李姓東馨 俱是三品官也

　日將暮 點閱物種之官人等 自前倉來 而問藺席之

　數(其書失焉) 余答書曰

船中所積之風席(韓人以我藺席爲風/席 因我亦所答如此)九百束許也以

小船之故 於船中而不能數之也 伏乞 所有之風席 借

貴地 而下之於沙地(下于沙上之事 卽韓官/終不許之 今失其書) 彼書曰 未

盡閱者 明日更爲之 余書曰 伏乞如貴意 多謝多謝

　旣夜 歇點閱矣 韓官書以問曰

薩摩國自 日本 爲幾許里 而在於何方 支島永良部

島 自薩摩國 爲幾許里 而亦在何方也

　　所答之草稿失焉 雖然 國事則與二子相議 而答

　　之 是故臆記之 余答書曰

薩摩國卽 日本國內 距

帝都一千百九十餘里 而在西位 永良部島 距 薩摩

國 海路四百八十餘里 而在於 薩摩國之南(琉球屬/永良部

島 卽在薩之南海三百餘里 稱沖永良部 薩屬永良部/ 島 卽在薩之南海三十餘

里 稱口永良部 卽以次爲答)

　　彼又問 薩摩島之說(其書/失焉) 余答書曰

所傳聞 日本有 薩摩島者 實傳聞之大過也 夫

日本六十六國也 當西位而有西海道九國也 薩摩

大隅 日向 肥前 肥後 筑前 筑後 豊前 豊後 稱之 曰西海

道之九國也 薩摩 大隅 日向三國 卽我

薩摩侯之封國也 更勿疑矣 太守書曰 明朝更相見 余

書答曰 仰待光來

　　五日 太守早來焉 日高川上曰 我儕疾病 不能對樓

　　上之韓人 余出接焉 太守書曰

日高代官身病夜來如何 而一例穩睡 奉賀奉賀(謝稿/失焉)

　　今朝精米乏矣 拂箱包 纔得炊朝餐矣 而無可炊夕

　　餐 故欲使我舟人下陸舂米 而乞諸太守(其草稿/失焉)太

　　守書答曰

搜求而炊 可知其難苦 舂米事 待潮入 豫搗杵及米于

我船上 與貴舟人 同爲舂糧 爲好 貴舟人 下陸前

非上司關文 則不得擅便行耳 余又書曰 我 國之人

朝晝夕 三喫飯也 如前言 今朝搜求而飯焉 晝飯已無

白米之可炊也 雖不到于平沙上 而於舟下之海中干

渚之處 而欲舂精之 伏乞垂 慈惠 而許之 以救我之

晝食 以令無乏 則多幸 前以潮滿之語 雖蒙 敎示 然

復訴之 願寬容 太守答曰 旣乏晝炊 則亦不可無從權

之道 幸卽速舂 毋爲 上司摘奸执頉之地 爲好 余又問

曰 已以權道 辱見 恩許舂搗也 於舟下潮干之地 爲

之可耶 更復詳許之 太守書答曰 舟下潮干之地 舂精

好矣

　　於是下杵曰於舟下 使舟人舂米矣 余日日接韓官

　　必裝束旅服 而使次郞持刀於背後 太守書曰

背後奉刀者 姓甚名誰 年果幾歲 精詳不變 余乃因前

日之座位 疏名之 以答書曰 在日高義柄之背後奉刀

者 曰田右衛門也 卽日高義柄之家童也 生年十有七

歲 在川上親訣之背後奉刀者 曰山助 同家童也 生年

十有五歲 安田義方之背後 同然者 曰次郞 生年十三

歲也 由問聊書以奉告 童子皆無姓奴隷之類之故也

　　太守指次郞字 問其音 余以日本語 傳之 太守數效

之 而遂得之(爾後 太守來 而每及船梯 必以/日本聲 仰呼次郎 執手而上船) 席

上有

煙管 太守書曰

貴煙臺可得奉玩(韓人以煙管/爲煙臺)

　余出煙管三箇示焉 且盛國府煙草 以與之 因書曰

三管同小子所持

　太守玩煙管 吸其烟而返之 且與煙管於余 吸其烟

　草 管長三尺許 大概似唐山煙管 太守書曰

三管奉玩 烟茶承 惠淸香 鄙管及烟茶復上耳(韓人/以煙

草稱/ 烟茶)

　　太守使金達秀書詩 達秀書以示太守 太守塗抹下

　　次字 爲回次 以見贈余 其詩曰

　　　謹呈

縱有衣冠殊制度 杖釼侍童左右列

好將紙筆語詩書 大夫風彩鮮君如

　　　　次韻忘勞 回次如何也

　　余書謝曰

君達才詩則格調 英風流暢高渾也 達秀亦書曰 昨日

詩或答之乎(贈詩/見前) 余書答曰 多端勞傷 只心神如夢也

詩興終絶 太守書曰 飯已具 喫飯更話

　　余將辭下樓焉 太守歸矣 午牌 太守復將點檢物品

之數人來焉 乃余出接 我舟人以布帆 前晒諸彼沙

上矣 彼曰 還收之(其書/失焉) 余書以乞曰

多日布帆所濡于雨水 乞暫干乾而後上於船上 願赦

之 彼答書曰 非不爲從 而但我國之人煩多欲觀 爲之

君而然也 太守書曰 漂船點閱而 國法也 若遲緩則

必坐大段罪律 昨日點閱時 貴舟人 有難安之色 此

非相敬從法之義 今日只須依 例逐物 安意點示之意

申筋如何如何

韓人以國法 欲點閱 我舟中妄意拒之 太守之言如

斯 雖言語不通 然舟中破綻 甚可愧矣 且岸上水面

看人如市 奴隸鹵莽 或飮或狂 余乃從彼之言 悉點

閱下藏之箱筒 又應其需 而書衣裳布帛器財之名

以示之 開余之刀筒 彼閱之 余書曰

此人(我自謂) 無一寶物 只是書家詩家之具

有家簿在刀筒中 彼細見之 余書曰

我家人所贈於永良部島 品牒也 喜左衛門卽小子之

父也 喜次郞卽 小子之弟也

金基昉 張天奎 金始基 請見白刀 余書曰

禁

三人頻請脫刃 於是 余又書曰

禁 雖然懇望 則當拔之

先示其外餙 三人喜焉 余警童僕等曰 火災可畏 傍

人肅然 余從容執刀 起右膝迅拔之 霜刃電閃 右奉

在肩 鋒斜膝下 三人驚怖 天奎仰倒 始基失色張口

欹身 基肋縮頸叩頭合掌 形語速納 余卽納鞘 於是

三韓人始生顏色矣 太守在樓上 不相見半日于此

　太守以書 贈余曰

安安極惱 無半刻淸閑 萍水相逢[18] 業緣雖重 頓無俗趣

底[19] 意殊歎 然而法之所在柰何 欲翫 貴座左右文房

佳品 而今方點閱 未可得意耳 余答書曰 如芳意 無一

刻淸閑 無一刻淸閑者 公所見知乎 實多端 不暇閣

筆耳 欲近于芝蘭 而未可得也 但以點閱問答等之事

不任意 頗失佳境 事少鎭則更應 芳意耳 安田義方

頓首 太守復之曰 半日失晤 太覺鄙吝 無聊獨坐 一刻

三秋 指示問對 水難之後 又添人苦 厄運未盡 而然

耶 雖極專念慮 莫助之 余何之 只望速了 更承淸範

是須區區之卄 庇仁俾敢復

　　點閱旣終 而余上樓 太守猶在焉 日高 川上疾病 因

　　書以請醫曰

日高義柄 川上親訣 病疾也 舟中無醫 仰乞召良醫 而

18 원문에서는 逢 오른쪽에 達로 교정되어 있다.
19 백화문의 的과 같은 용법으로 쓰인 한자이다.

令施與藥 則於我幸甚 伏乞 屬官人書答曰 明日 良醫
請來飲藥 爲計矣 太守曰 日高代官 病未相穩 患能能■
欲爲躬慰 未知意下何如(余之答稿/失之)

　　晡時 浦上有樂聲行列 直到我船 官人上樓 其爲人
　　鷹眼白鬚 冠纓繫白玉 太守讓席 頗似長者 就坐採
　　筆 顔驕而輕忽 筆不成語 蓋凡俗也 余問其官職姓
名於傍人 傍人不詳姓名 但以官名虞候答 余書曰
謹告于 虞候君 我等小舟 遇于橫逆之暴風 而漂到

于貴國 自前日 已蒙 芳恩也 今日公亦光來 炎暑之
時 煩 尊慮 懇情實多謝 倂賀平安 敬白 虞候答曰 我
水營執事官也 而你們幾千里 海路漂到此處 可矜可
憐也 彼又問曰 大洋漂盪之餘 能無疾病 亦無溺死之
人耶 余答書曰 見傷多日之危難 日高義柄病臥床 川
上親誅亦同臥床也 故不能速出而拜謁 三公乞許
其失敬而寬宥之 多幸多幸 安田義方敬白

　　虞候卽李華男也 彼使屬人書 而問我漂流之次第
　　余書答焉 其書前日所答雷同 故不記之 彼書問曰
船中楫物 無損失耶 余答書曰 所載之積草[20] 多投之海
水色未知其所投捨之數也 如前言 伐帆柱而投捨 又
損楫而捨之 柱楫則乞貴國之惠 而更欲造之也 多

---

20 원문에서는 車를 草로 교정하였다.

端而未及此事也 彼書曰 依示爲之勿慮 余曰 ■多謝
多謝 彼又書問曰 此船官船耶 私船耶 余答書曰 薩
州侯之官船也 非私船也 彼又書問曰 侯何謂耶 余書
答曰 周世之製 有侯公伯子男也 以此例 日本稱之
也 薩州侯 卽薩摩大隅日向三國之封侯也 彼答書
問曰 船中所載何許物耶 余答書曰 有風席 第一是多
矣 永良部島所貢于 薩摩侯之物也 船中各所持亦
有之 其餘笥箱陶瓶之類亦有之 以多未詳之 太守僉
使之下職 半已閱之也 彼書問曰 帆一耶 二耶 三耶 余
答書曰 二也 前者小者也 今有之也 中央者大者耶 切

而投捨于海中 彼又問曰 你船長廣 左右於板 爲幾許
耶 余書答曰 我非舟人 不知也 宜問船長而答也 彼又
書曰 中央帆柱及楫 修改木 十三尋三尺 長材猝難覓
得 吾輩報于上官 以松木得給 意向何如 而舟中有能
造帆柱木工耶 松木外他木 果(無)稍長者故也 余答書曰
辱承諭 今夜論議 而明朝報之 多謝多謝

　　晒布帆於沙上矣 韓人蓋計其長 而所書如此 坐上
　　有砂鑵 前已勸茶 新來人未啜 見余之飲焉 彼問曰
多食無傷也 余答曰 多食卽曰 飲茶歟 彼曰 然 余曰雖
幾許飮之 無傷也 代于食 能養肝肺 彼指砂鑵 問之名
余答曰 云土瓶 所以煎茶也 俗曰 茶家 太守書問曰 喫

飯耶 余書答曰 船中多端 不能如平日果食也 但以其

成而食 太守書曰 飯如已具 勿以待客爲嫌 進饌後更

話好歟 遂逐尊請 得無困悴之端否 仰慮仰慮 余謝曰 貴

公之芳情 多謝多謝

　　燭淚數行 而太守及二官人歸去 問情官下之人尙

　　在焉 見余之所答於太守 而書問曰

以暑隔不喫飯云 此必他鄕鬱悇之故耶 余答書曰 不

以他鄕鬱悇之故 神精俱勞也 目眩而時暗[21] 鳴呼奈之

何 彼又書曰 今此吾輩來 問情卽我

國王前上達之事 不計晝夜 畢問情切急 此意言諭 船

中諸人也 下船喫飯後 惟我更來 夜內期於畢問情乃

5B10-1046

己 諒之諒之 余書答曰 諾 彼書曰 下去

　　夜將二更 問情行官人又來 余乃出接焉 余疲于累

　　日筆談 且向者太守等書曰 問情期明日 余厭下官

　　人之問 故書曰

多日之問對 唯我一人而已矣 本來勞大洋之艱苦焉

續之以多問多答也 人情亦有際 豈可堪乎 伏乞勿多

問 彼答曰 問情時急 以勿多問示之 我等之生事可畏

此將何爲 余書曰 不在上官三人之問 而卿等問之 而

事濟則雖勞 勉强而答之耳 嚮聽問情 則明日三人來

---

21 원문에는 暗으로 되어 있다.

問焉 故有此疑也 願今宵乃僵臥笑談 而期明焉 則多
幸 彼書曰 我輩不來前 煩多勞力 對擧無用 而今來消²²
詳問答 則更無勞力而 貴公必爲速歸之道 勿辭隨
詳答 爲好耳 又書曰 貴公來此後 多日煩問勞答 不
如我輩緊切問答 而後恨我輩未早來 余書答曰 久苦
於大洋 唯歸于本國之事 日夜望之也 乞君詳察
也 君等以問情之急 却是多幸 彼書問曰 前示中更代
二字 其義何也 余書答曰 更代 卽前職之人 以公事
及在聽之官舍 讓于後職之人 而後人代于前人之言 而
前人卽歸去後人司其職之言也 彼問曰 船隻公船耶
私船耶 余答曰 薩州侯之官府船也 私船 卽船長或無
姓也 又雖有 然不許佩二刀也 且有姓者 凡三人 姓松
本者 船長也 佩二刀 稱猶野者 此曰船附 佩二刀者也

稱吉村者 號曰鍛練 佩二刀者也 私船 則船長尚不佩
二刀 而況其下者也 是 公船之證也 彼問曰 此既官
船 則有可據標文耶 余答曰 一島之上官自乘此船也
標文何之有 彼問曰 何謂姓何謂名耶 余答曰 日高 川
上 安田 及松元 猶野 吉村 姓也 與一左衛門 彦十郎 喜
藤太 及勘右衛門 仲助 善之丞 卽通名也 如言字也 義
柄 親誅 義方 卽實名也 所謂名也 其他許多之人名 無

22 昭詳의 昭를 消로 오기한 것으로 생각된다.

姓 無實名 只通名已矣 以庶民之類 無姓無實名者 我
日本通例也 彼問我 國姓者(其書失焉) 余答書曰 日本
姓之大者四 曰源 曰平 曰藤 曰橘 其外次之者有許多
未詳知也 日高安田 卽源姓之流 川上卽藤姓之流也
余問曰 曾聞釜山浦 近對馬島也 朝鮮國去對馬島幾
里耶 彼答曰 自此去釜山 稍遠未詳 對馬島又遠 亦未
詳 余問曰 釜山浦在何之方位乎 彼答曰 在東南間 余
問曰 對馬島在何之方位乎 彼答曰 在東南間 余問
曰 貴國之紙 似日本國產稱半紙之紙 疑對馬島之
產耶 彼答曰 不然而我國產也 彼問曰 所傷帆柱 改造
則卽歸耶 余答曰 造帆柱造楫則欲速歸也 待此二物
之改造實一日三秋也 彼問曰 日高 川上 安田 同乘船
何故耶(余不足答) 彼又曰 安田以巡[23]察永良部島 而赴歸 則
日高川上 無故同乘船何也 余答曰 不然也 太過聞也
今詳書之如左 日高者 稱之曰永良部島代官職也 川

上 安田此二人 卽曰永良部島代官附役職也 三人同
經緯一島之事 執決一島之事者也 彼曰 如左上官之
稱附役亞官之謂耶 余答曰 然矣 彼又書問 順察之事
(其書/失焉) 余書答曰 勸百姓 以勤農事 令貢物無滯順察乎
島中 誠非常也 所謂以順路令島民向道也 有忠信孝

---

23 원문에는 順으로 되어 있으나 巡의 오자로 생각된다.

弟者 擧之告之 有惡逆者 懲戒之類也 彼又問曰 薩州

去對馬島 爲幾里而見之否

　余傳此事於松元 以議于二子 三人計之里數 書以

　示余 余以其里數 書而答曰

薩州去對馬島九百八十餘里 自對馬以北風揚帆三

日許而可見也 彼又問曰 二十五人 姓名 上中下 何

以別之也 余書答曰 有士農工商 而此中亦有品 以我

國之政法別之也 彼問曰 三人誰也 臣從姓名誰也

書答曰 日高與一左衛門義柄 臣從者 安太郎 三助 五

次右衛門 田右衛門 川上彦十郎親誄 臣從者 平助 政

右衛門 山助 安田喜藤太義方 臣從者 權左衛門 次郎

中右衛門

　　余指我輩三人之名 而書以問朝鮮字音(其稿/失焉) 彼言

　　之

(日高與一左衛門義柄 イルコウヤエルウウイモンヘイ(エン)ビヤン

川上彦十郎親誄 チヘンサンウンシンナンチンギヤル[24]

安田喜藤太義方アンチエンヱ(ヘ)テタイヱ(ヘ)ンヒヤン)[25] 吉村善之丞 在

余之側

請聞其讀 余問之 韓人讀其名曰

(吉村善之丞 /キッチヨンテンチエチヨウ) 次郎持余刀在背後 余

　　問次郎 彼讀之

次郎 /ッ(サ)アラン 彼書以問我

公封內廣袤里數(其書/失焉) 余書答曰

徐徐能按之 而後當書之

　　既而草稿成矣 余又書以示彼曰

廣長及里數 今既稿之 問曰高川上 則又增詳 須臾下

去

　　下樓議于二子 上而書答曰

薩州封疆 周圍五.[26]千里餘 薩摩國 南北長二百七十九

里程 東西百九十里程 大隅國 南北長一百五十五里

程 東西八十三里程 日向國封內 南北長二百八十五

里程 東西八十里程 彼書問曰 薩摩既屬於 日本國

則薩摩又稱國 豈不舛乖耶 余書答曰

日本 六十六箇國也 薩摩國卽其一也 彼又書問

我

　　公之尊號 余乃草答書 下樓以示二子 出而答之曰

薩州侯奉稱

松平豊後守正四位上中將源齊興公也 一人而所封

于三州 襲封六百有餘年 封三州 而少爲無間斷也 彼

26　원문은 五인데 실제 둘레는 약800km이므로 二가 옳다.

書曰 吾輩旣與 貴公 細細問答無遺 上達於上官爲

5B10-1050

計 則船中各人物種 不可不親開 故明日來訪勿厭 如

何 余書問曰 諾 旣自前日 太守及僉使之下職 點閱之

更再可點閱耶否 彼書答曰 各使其所持主開之 余答

書曰 諾 彼書曰 俄聞鷄鳴聲 能無睡耶 余答書曰 勞于

多日之苦也 雖然若有要用之問 則不厭睡眠之催也

船內人皆眠矣 唯次郎山助 更持余之佩刀 余書曰

我背後之童子 精勤[27] 甚强 彼書曰 奇哉 妙哉 彼人曰 吾

三人下去 安宿如何 余書答曰 直安寢

　　五更韓官歸矣 乃收晝夜之稿 而寢 將眠則 舟人早

起諠譁 竟不能眠 東方旣白[28]

---

27 원문은 根으로 되어 있다.
28 권1에는 권의 마지막임을 밝히는 내용이 보이지 않는다.

『朝鮮漂流日記』貳

5B10-2003

朝鮮漂流日記 卷之貳 (自七月六/日 至九日)

七月六日 夜來問答至五更 余將寢 潮水已滿 滲及

前倉 舟人騷動 而不得眠卽起 而相議將投私財 因

簡三官人曰

我小舟從于 貴國之意 不得已 而居潮干之處也 我

國之船 載積品物 則不居如此之淺潮之處也 已自前

日數回所言也 不敢違我之所言 而船大痛損 故水入

于舟中 將如潮之湧也 不堪防此大難 乃以所載積之

品物 投此於海 聊書以告也 七月六日 奉呈 三上官

人足下〇(船將損之患 則前日數言之[今失/其稿] 然韓官/

人不許使我舟遠浦 不得已 而居于此)

遂投私貨若干于海 坐來韓人大驚駭 金基昉書曰

所患加減如何 而舟中前無水入之患耶 舟中滿水過

入之患 始自何時耶 余書答曰 如卽今呈 三官人 自

前日唯是患之 此以居船制止人之多乘者 數十回也

始自大洋之難 而水入船中也 雖然一日一度汲之 則

又至于明也 居于沙上三日 人之多乘亦三日 已而船

大損 故自昨日 而水入增倍于前日也

　　數韓人來 慰問滲漏之苦狀 (口書雖多皆同意 但各/

異文字耳 因不悉錄焉)

　　　太守來而書曰

俄者辱書承 慰慰 貴舟之見傷 雖非人力所致 而爲主

人之心 極爲不安 夜間雜人之貽惱 亦在我過 愧怩

無已 余書答曰 事無不煩慈心 我等亦不得已 而從于

5B10-2004

貴國之情也 雜人之貽惱 何敢 公之罪也 但我輩之

微運耳 仰謝 芳情

　　　太守有贈如左

眞瓜二十箇

胡樸五箇

紫茄十箇

　　聊表微情」 余書以謝之 (今失/其稿)

太守書曰

日高

川上兩官人所愼 今日則何如 菲薄微物 何足 謝爲

　余書以言舟破米乏事 (失其/稿) 太守書答曰

舟板之破損也 糧米之春精也 俱是不可少緩之事 待

潮退 卽爲爲之 以便尊意

太守又書曰

貴國與我國 旣是修好之間 今又以水厄 做一時主

客 論心道情 交契不泛 則有事有難 必以相告 互相周

便 務從 寬恕 無至彼此葛藤 是丈夫心事 未知尊

意如何 余書答曰 以久修好之故 雖遇水厄 猶據泰山

之安也 一時主客心情如舊識[1]焉 安又危不可不告也

雖然今日之擧 則我輩已知有前日之機 鐵索尙不可

羈也 而況葛藤也 丈夫心情 從來從容不迫 乞 公不

深慮也

旣而太守歸矣 物品點檢諸官 來于船內 中有新來

人 木訥而顔深赤 其冠纓繫白玉 余書以問姓名 且

所以繫玉 金基昉書答曰

我國折衝將軍職號人所懸 余又問曰 折衝將軍之姓

名 願書示之多幸 基昉曰 折衝將軍 卽三品職號 姓李

名宗吉也

張天奎來 余又書曰

夜來不寢 頗心情勞 天奎書曰 我亦不寢也

天奎書問曰

日高持來箱數爲幾 余答曰 未知也 日高睡 悟則問而

記之 天奎問曰 川上所持箱數敢問 幸望敎示如何 余

---

1 원문에서는 講으로 썼다가 頭註로 識으로 수정하였다.

聞諸川上 而答曰 身邊衣裳等之類 即有之也 於洋中
投許多之品物 未知其餘數也 天奎曰 今日點閱 不必
逐物開見 欲爲大綱書記也 敢望勞力指示箱數 無至
使能人得戾於上司也 余聞諸川上之僕 而答曰 雖捨
于洋中也 即今召川上之家僕 問而知所存也 川上所
持之箱數大小四 天奎曰 各入何物 余又聞之 而答曰
二是衣類 一是牒簿布類器等物 一是陶器 天奎曰 日
高箱數敢乞指示也 日高睡寤 余聞之 而答書曰 日高
所持箱數八也 天奎曰 各入何物 謄示敢望 余又聞焉
而答曰 一是永良部島行役中之 公書同牒簿 二是
衣類 一是筆墨紙等也 一是尺素及日用之器也 二是

5B10-2006

陶器 一是書籍等也 以上八數也
天奎問船長及舟人之筒箱 余問其主 而書示之 今
省其稿
天奎指下倉 而書曰
此間雜物開示也 余答曰 宜開也 二點見之也 若有船
上之妨 而難積載置 則投下之也 故以此事 告于 尊
聽(彼點閱 則各記其數 余恐他日 若有/妨 而投海 則其數相違 因爲答如此) 天奎曰
然則書示前間所載之物 如何 余曰 不知其如何 今日如我所
書 則身邊之具 而不必捨 余又曰 問而示之 不問而不
可之也 天奎顏色怫然書曰 雖過千日 若不點閱 則不報

上司

　僮僕逆命 而太難乎開示物種 是以點閱不果 天奎
之言 至如此 余陰隱之恥 而陽設一意 以書曰
誰而有難點閱者耶 如意□開示也 若有故 而留我輩
於理當道 則不厭千萬日 前章難點閱之語 終無之也
何故及此語 更詳問其情也 天奎曰 船中諸人齊會 則
書容疤 余曰 容疤字 余未知之也 乞詳解釋 天奎曰 欲
詳察容兒之意 余曰 如所見 格軍臣從 無寸隙 天奎曰
今難齊會 昨日出示姓名記 更示之 又曰 各書姓名年
歲 余曰 有要用 而舟中各聚會于此 乞君等暫去此坐
余獨開示箱櫃 而無有子遺 佗則難乎點閱 昨日太
守旣咎之 而今日天奎之忿言如此 於是乎余中心

5B10-2007

激然 不顧舟中之乖戾 而壹尤天奎 直一擧 欲刺天
奎而悉屠韓人 先使天奎退席 以議事於二子及舟
中議未決焉 顧余不寢三日于玆 恐忿懷憂患不得
其正 乃躬避席上樓 而更詳思其來由 則悟事全非
關天奎 於是乎邃已矣 時虞候金基昉 來于樓上 問
舟滲之事 且聚舟人 書容疤(今失/其書)
自今朝至午時 擇私財以投之 李東馨遽奔走於我
船上 揮手制止之 然我舟人 則守我令而不止 東馨
太悶憂 更使佗人書以問曰

前間所在土器投棄 於其故何也 余卽書曰 此舟卽我

族之舟也 舟將破非吝財之時

於是 韓官不禁投財 數舟廻 而拾採之 以聚沙上 篷

葢焉 船長曰 投財 而雖爲全船之計 然貢物在上 非

剝之 則不能投下載 船太危 乃議而簡太守(朝來太/守來在

樓上 余以係物種點檢之事 在樓/下 不得相見 太守旣歸而余簡之) 曰

依積載重物於舟上 自今朝 私物乃投捨之於海也 雖

然永良部所貢之物 則不然矣 貢物自有目標也 於此

貢物亦於載積 則難居船于沙上也 伏乞貢物 則於海

邉之沙上 而許置之也耶 若許之 則我輩甚幸 願寬容

太守復書曰 半日孤舟 彷徨延佇 所懷伊人 亦未見 只

午飯告弊 悵惆而回 尊書■至 可敵面晤 良感 芳

情也 來醫待之 日晡不告回歸 可歎可歎 少間當更進 都

5B10-2008

留奉攄謹謝(以口醫 今朝太守伴醫來 而書曰 今方邀/來針醫 欲爲看症否 藥醫未

得邀來矣 然日高川上 口[2]不欲焉)

有頃 太守復來 此時海水方退 船膠沙 太守躬周視船

外 指點其朽腐破壞 而上船書曰

俄者周視 貴舟所傷之處 雖因年久朽敗 爲主人之

道心甚不安 且今此所泊處 地形傾仄 沙石太多 且四

面受風之地 若南風大吹 易致全破 此距西邊百餘步

---

2 禁으로 보았다.

之地 卽好箇停泊之所 山回而水洄 土沮而風蔽 雖屢

月停舟 少無傷破之慮 待午間潮張 移舟於此地 甚便

好 僉尊意如何 回示也

乃欲移舟於西邊 因請遣船長松元船老正右衛門

視其好否 太守諾焉 (今失/其稿) 輒令韓卒五人衛且導 船

長船老 乃往視西灣湊泊處 而反命曰 稍勝於此處

余卽書曰

旣及潮張之時 伏乞以貴國之船 曳到于安舟之地之

事 以尊令速之也 願乘慈惠 韓官書曰 此船浮耶 余曰

旣能浮也 韓官曰 浮則移去

太守輒命挽船 須臾 小舟十五隻競來 號呼爭挽 其

牽紋 或繫艫 或繫舳 船爲之回旋不能前 我舟人等

立樓上 擧手指揮 韓官人等 左右立 喧譁殊甚 韓官

書曰

慣水理 彼不如我 一任此鎭之人 而 貴舟船格 □□

煩挽也

　於是我舟人不指揮焉 彼中央之小舟奏樂而行 頃

　刻到于彼凹泊處 卽書以謝曰

以惠情 卽今 貴舟曳徙 移舟於安舟之處 繫纜安我

慮 欣喜欣喜 伏多謝 韓官書曰 水入比朝少耶 召問舡

格也 余答曰 卽今潮來 而舟浮也 故與今朝多少難明

察也 及舟居之時 可知也 按自今朝而見之 必可減少

也 舟長如此言 彼曰 少減極幸也 太守書曰 欲躬進問

病于

日高

川上兩官人座上 未知肯許否耶 余相伴到于船內

太守書問曰 有船號耶示 余書答曰 有也 號曰龜壽丸

太守曰 有妖象何也 余答曰 龜壽卽象僊界乎 雖未詳

之瀛海滄洲等之意乎 太守問曰 烟名云何 烟稱之曰

多葉苫邪 答曰 苦音之少過也 邊土之人 或如此云 或

多葉粉 或多葉古 如此音也 坐中有畫竹扇 太守問曰

畫竹自畫耶 答曰 不然 製扇者歟 不知其畫人也

　川上久病 而無服藥 余齎人參 日夜煎以服之 川上

　枕頭有其未煎者 太守見以問之名 余答曰

或稱廣東入參[3] 或稱洋山入參 皆一也 太守曰 甚麼東

西 切而服之耶 藥用邪 答曰 薄切 而煎 而服用之 太守

曰 船中入水 比前少減 答曰 水入殆減 如今 則與今日

桉之 當減三分之一 船長云 太守曰 多日左酬右應 得

無困否 余曰 勉雖勵精心 前夕不寢 今日少時安閑 卽

如夢如現 欲曰不勞 而不可得耳 極似失敬 雖然書實

情 乞 公等勿笑

3　參은 蔘의 오자이다.

日將傾 一官人新來 余與太守同上樓 官人將及席

太守讓席而坐 其人溫潤靜雅 頗有尹太守之風致

染筆從容而書 以示於余曰

本道巡察使閣下 委遣蓮幕從事 慰問上三人涉海之

勞 故俺之來 卽奉令也 (奉令 本作由此書/畢 而後自改奉令) 余書謝曰 蒸

炎之時 辱 光臨 恭得面于 尊顏 奉祝太平 幷奉謝

慈惠 彼曰 誼出隣國相濟 何謝之有 余曰 大人奉 巡

察使閣下之令 來駕而 見訪我輩三人之卑情 實 恩

惠也 巡察使閣下平靜奉祝 我輩經危難 幸而漂到

于 貴國 日日蒙數公之惠澤 天祐而已矣 日高義柄

川上親訣患疾病 日見快哉之色 公休意 不堪訪問

之辱 聊書以奉復 七月六日安田義方拜手 彼曰 非

但駕海之勞 似切陟屺之情也 余曰 實如 公之言 彼

曰 居住前已聞知矣 年歲幾何 官職何居 父母在堂

子女幾何耶 余曰 依見問訊奉告 小子年三十歲 以

永良部島代官附役職 日本文化十四年丁丑正月

出本國 三年職滿而赴歸也 我 家君存焉 慈母乃小

子五歲之時 已沒焉 雖然有繼母存焉 猶生母也 有一

男二女也 余供彼以烟茶 彼書曰 兩種茶 吸吸之香滿口

僕僕感於心 余曰 恐褒美之頗有餘 彼曰 冒炎疾馳 氣

甚不平 故登陸先歸 望須穩今宵耳 今朝當繼此來話

(今朝之今/ 明之誤歟) 余曰 芳意多謝多謝 仰待明日之光來

此卽忠淸道巡察使裨將李膺祜也 旣而太守僉使

裨將共歸矣 自今日 至本月二十五日 韓卒二人每

夜直於我船 是日金始基 次余之小冊子中詩韻 以

見贈

謹呈

看舡輕且完 依如天上坐

幾經風雪寒 何羨勝樓欄 (韓人之書詩/ 往往如此)

余謝曰 餘味長 妙趣 又曰 勞傷故不至忽報也 始基曰

若有餘暇 則願 下答也 余曰 君所知 餘暇何以得有

只欲睡也

七日 張天奎 及二三人早來 昨日余使彼退席 而後

自省 事之所由在我 而不在彼 彼則數日爲我情尤

厚 何關之有乎 因書以謝曰

一昨日不寢 昨日自晨 而盡日問對 千應萬酬心意甚

勞困也 將如夢如現也 今按昨日怒氣暴發 荒辭頗失

禮也 久蒙 慈惠之日 有此失敬 今恐入也 伏乞宥

實情寬恕也 安田義方頓首 天奎曰 失禮失敬之示 還

切不安 我輩遠地驅馳而來 連日不寢勞心修簿 神精

5B10-2012

未全 果有失禮之多 幸望 貴公諒情 而寬宥如何 張

天奎頓首

天奎等將歸 浦上忽有樂聲 彼等書曰

俄者 三人以太守之下臨故 未言歸 足歸耳 余曰 如意
而可也

卽時太守虞候裨將來 余出接焉 太守書曰
夜回 兩官人美疴何如而 安田官人亦太平否 俺
等爲奉穩來赴

虞候之屬官 書以問漂流之狀曰
西流者 必是漂入西海 遠過我國境 然後得戌風 漂到
于此也 不然 則日本距此爲南 自日本漂風者 戌亥之
風 何以得到于西北之境乎 更詳言之 余答曰 漂到事
事 在前日問答者 故不必更答云耳 彼詰問 余不肯答
乃謂金基昉曰 後刻則可答也 伏乞速以前書而告之
於 諸公 基昉曰諾 然彼猶不休 於是問船長松元 卽
書其口訣曰 六月十四日 以巳午之風 揚帆也 而向本
國 同十五日 比至于巳時 風同也 既而風歇潮不搖 而
舟在一所也 同十六日 同于前日 同十七日 同前日 十
八日 無風也 微自東方 夜東風 風不强也 潮流于西者
如河水之漲也 舟流于申酉之間 十九日 日出而不見
本國及小島小洲之所在也 夜按屋久島之方 而行舟
也 雖然不見屋久島也 及戌亥時 而風自寅卯之方也

不能到于屋久島之方 側帆指亥子之方 而行舟也 我

日本船 側帆則舟行不疾也 今此舟横帆則不行也 減

他舟行里之半也 夜如本也 潮流于西方甚疾矣 二十

日 如前日 二十一日 如前日 二十二日 自辰巳時 而風

浪漸漸强暴焉 故不能向舟於本國之方 從于東風之

吹 半掛帆向申酉戌之方 而漂盪 旣而大風危難 至于

二十三日 倍甚矣 驚濤幾回超過舟樓也 帆不能掛也

舟幾處破壞也 危急迫于此時 此日午末之時 伐帆柱

而投之於海也 柁亦損也 故放捨之也 至夜而如前也

二十四日 雖風少歇 浪高大而難奈何也 風由巳午之

方 任風而漂流也 二十五日 風穩而自南方 假作柁立

帆檣 而向丑寅之方也 是帆柁不全 難向 日本之方

位之故也 二十六日 如前日也 二十七日 如前日 二十

八日 無風也 二十九日 晦日 如前日之二十五六日也

七月一日 以戌亥之風 向寅卯之方而行舟 同二日 風

自子之方 向于寅卯辰之方間行舟 同三日 漂到于

貴國也

　　自初漂到于此地 卽以琉球屬永良部島 爲 薩州

　　屬 以答于彼 故向者言其里數 亦至近矣 而今爲此

　　答也 自十四日 至二十三日 洋上日久矣 則欲得大

　　島 而上下於德島大島尾神嶼之間 若直行則當不

　　日而得 本國也 船中且有琉人 余心不安 乃以大

島爲屋久島 自欺而筆端欺人也已 書未終虞矦卒

然而書曰

只當答今所問之事 何必張遑疊說耶 余輒書答曰 所

問之事 卽漂到于 貴國之一事而已 今所書之文中

未有漂流之語未及到于 貴國之言 更何事 只當答

所問之事 何必張遑疊說耶 更詳解釋乎此語也 虞矦

筆鋒殆吃不能答 却轉意書曰 與勘右衛門 何之問答

耶 余答曰 於書行舟之次第 勘右衛門曰 勘右衛門來

而却有妨乎 小子曰 不然也 行舟之事 則勘右衛門能

知之也 我過也 儞來而幸也 今暫可在此處云 虞矦黙

太守乃書曰 勘右衛卽掌舟之人 則行舟次第 專憑勘

右衛話指爲好

此問答罷 而書終前答 太守曰 首尾甚詳也 虞矦曰

此書答中西流者三日云 三日間留何處耶 余答曰在

大洋中不知何處也 四望不見島洲 水色黃濁 波浪淺薄

也 太守問曰 大洋漂盪 水天一色 則不辨東西南北 何

以知戌亥之風 余答曰 按方之針 太守曰 卽指南鉄 余

曰 然矣針尖所向于北 有二枝 所向于南 太守曰 飯後

可得奉玩否 余曰 諾 太守曰 喫飯後更來 余曰 仰待仰

待

三上官同歸 折衝將軍 及屬官猶留 折衝書曰

防水之術 何不飭之耶 急急爲之 余曰 嗚呼誰奈之何

5B10-2015 (그림)

竹皮冠圖

　纓用藍色

　小芋索

步吏冠

表如哆囉絨之篚

裏如倭緞植孔雀

尾垂赤毛 毛卽象

毛紅染之

5B10-2016(그림)

卒冠圖 每郡縣各異其形

同前

帽圖

用綿布或哆囉絨

山鼠毛皮類

5B10-2017

也 旣舟板破 幹材折 嗚呼無奈之何也 未□□諸公也

以君之問假言也

　米包多爲滲濡 因書謂折衝李宗吉 曰

我小舟所積載之米悉濡也 以此濡沾之米 如今而措

之 則朽糀也 願干乾也 於舟上 則此術難爲也 故布敷

風席於沙地 以欲干乾 伏乞許此事也 以此事速告于

數公則幸甚幸甚 伏乞敬曰 (折衝答書/ 今失焉) 折衝歸矣

　有頃 太守與巡察裨將來 余方飯不速出見 太守贈

　書于船內 曰

藥醫昨日來待 因不延接 還歸 故俄又請邀乎

　飯未終 不能速答 太守又書曰

醫來 有相議事 暫 來 余乃出答曰 辱醫來之告 以喫

飯遲延 乞聞所議也 太守曰 醫已來 請邀看症也 余曰

承命諾 乃下樓語二子 而出謝曰 卽今以 貴君之情

告二子 二子恭承 芳情 小子至船內之時 宜相邀也

少時待之也 爲甚好 太守曰 貴舟所濡米 使之布席

海干 潮入前 晒乾好矣 (前以此事告于/折衝 故有此言) 余曰 謹承

尊言 多謝多謝

　余命之松元 松元曰 今也潮將漲 余乃書曰

今日旣海水近于至滿也 明日爲之 乞如卑意 多幸 太

守曰 諾

　裨將 李膺祜書曰

5B10-2018

海濶東南一棹相見 做得兩日淸談 無乃浮世之緣耶

　余與太守誘醫 將下樓 膺祜請余之紀行中詩稿 余曰

下里之巴調 不成章 格調靡麗 但愧 諸君之光覽耳

乞徐徐見

日高川上請余迎醫 余書謂太守 曰乞召醫 則我亦

　　伴 尊公 同下船內也 尊意如何 太守諾 起誘醫

　　至樓下 太守書曰

兩官人病症如何 日高患瘡 川上患痢耶 余曰 然

乃書日高之所言曰 日高非久患之也 今此舟中 雨水

之濕傷耶 駕舟三五日 而發此小瘡也 體小暖 則以搔

之甚爲慊也 又厭當風 有時而痛也 含腦而其邊赤色

者 則痛患也 所謂濕氣之瘡耶 熟視而施藥 則多幸 太

守曰 醫在座 請指示瘡處 日高啓足示之 太守曰 醫言

疥瘡 果然否 余曰 果然 太守書醫言曰 小暖則搔 當風

則痛 非濕瘡也 卽疥瘡症云耳 余曰 醫如所言 實是當

疥瘡也 乞藥也 太守問曰 舟中有患疥瘡之他人乎 余

答曰 小小有患疥瘡之四人也 太守曰 然則 必傳染也

　　余有佗事 而上樓 膺祐書曰

覽詩雖好 獨坐未安 恐被從人之禁耳

　　韓人謾來我舟 卽使從僕舟人等禁之 而侵者則打

　　擲之 權左平助爲之魁 安太郎庄次郎亞之 故膺祐

　　之言及之

膺祐贈詩曰

問君那裏到 天送一帆風 交隣今有道 文語欲相通

　　余倉卒書答曰

隣好有道 只任水風 四海兄弟 文語情通

　　余又下樓 太守書曰

同症之瘡 同藥治之好矣

　　疥瘡藥

茱萸油二合

石硫黃末二錢

白礬 二錢(右二種 入于茱萸油 黑煎/ 徐徐溫塗 卽效)

余書曰 乞川上之按脈也 太守曰 川上使之按脈也 余

書川上之所言曰 川上患痢已一旬餘 雖催泄痢 而便

不快然 一晝夜便三十回許 所便血滑 而腰尻門張苦

也 久苦于舟中之故乎 心氣常如醉也 性嗜酒 雖然無

欲飲焉 不能久坐 坐則殆覺勞也 晝夜不能安眠也 乞

施藥則多幸 醫診脈 而不按腹 余曰 不按川上之腹中

乎 太守曰 旣診脉 則別無按腹之事 (川上之藥劑 地楡/湯 益元散 太守書

示之 其書/川上納之)

　　膺祜請至于樓下 余許之 膺祜至于船內 而書曰

兩上人美疴 奉慮奉慮 問醫服藥 安心調治 則豈無不日

差和之效耶

　　余語之二子 二子使余謝之 乃書曰 (卽以二子各所言 余書之)

尊情多謝多謝 痛雖似小增而無傷勞 乞安 貴意也

　　　　日高義柄敬白

謹承 高問 仰謝 惠思 伏多謝

川上親訣敬白

太守問藥品之有無 余答曰 唯有硫黃耳 他則無之

太守諾 余以國産菊水酒琉球泡盛酒砂糖 勸太守

及醫而書曰

曰高川上疾病故不飲 二子聊爲表寸情 小子試以奉

勸 太守曰 本不學飲 飲小輒醉 不得如 芳情 代勸醫

人 太守問琉球酒名 答曰琉球國所産 而此曰 泡盛酎

太守嘗一滴 而書曰 倍覺烈香 何謂泡盛 答曰 以小口

之物 滴之杯 則泡盛于杯中也 故稱 乃滴之杯 而不泡

余輒書曰 泡盛酒其品劣也 或盪于船中 以傷損之故

泡不盛也 赤面寒顔 太守曰 面既赤則顔豈寒乎 太守

微笑 余大笑而塗寒字以易汗字

太守出煙袋 與其鴬余 余書曰

前日所吸之草本美 今此草香味又倍于前日 太守曰

此是劣品 而味合 尊口 傾匣吸之好矣 余曰 極是 多

謝 更傾之當以吸也 若 尊情安 則更入日本烟 而易

之可乎 太守曰 彼此表情 何必以些少之物 相換爲也

余謂唯煙艸何易之爲 當併煙袋易之 乃起探國分煙

草 盈袋以贈太守 太守亦以其煙袋見酬 且書曰

我國稱之煙匣(今失其/本書) 太守且問我國之稱 余書曰 稱

煙入 而曰草匣 太守指之只稱煙 余書曰 日本別有

煙入 曰多葉古以禮 (日本/語) 太守口唱曰 多婆古衛利

座右有陣笠 李膺祐問曰

尊等常着之冠 皮耶 余曰 以牛皮鍛而造之

　　太守問曰

日高品是七等 川上 安田俱是幾品 (太守有此問/ 余謂當以七

品答也 而議於二子/日高曰 八品可乎) 余答曰 俱是八品 太守曰 貴國

品數 自一品 至幾品耶 答曰 有十五品

　　太守問曰

貴舟旣有火藥 又有鉛丸否 余答曰 俱有之也 支島備

于非常 以三人之職具之也 太守曰 然則舟中之銃 用

於何処〈時〉[4] (余問曰 何處卽何事同/耶 太守乃加時字其傍) 余答曰 船中無所

用之

定底也 是所備于非常也 或支島中之者 有橫逆歟 或

洋上有賊船歟 如此之非常之時 用之也 不敢輕用之

也 太守問曰 旣有九矢 而何以無鏃 亦有弓否 余答曰

九矢 曰藏于櫝中乎 以之稱的矢也 習弓術之矢 而非

戰陣之具 雖然用之 則可用也 有鏃也 非無也 稱彼之

鏃曰矢頭也 卽著于矢而有之也 此外有十有二本也

是則戰陣之具 而鏃亦有之也 太守問曰 九矢之外又

有十有二本耶 答曰 然矣 太守問曰 弓則幾張耶 角弓

耶 木弓耶 竹弓耶 答曰 弓有十張也 此內四張 或蟲蝕

4　処 오른쪽에 時를 적어놓았다.

而不足用也 六張能存也 非角弓 又非木弓也 我

日本弓合竹木 而造之也 太守曰 鉛丸有則 幾許耶 答

曰 不點數 則以不臆記 難知其數也 若有用于其數 則

數而可詳知也 彼屬官二三人數之 金基昉書曰 鉛丸

合爲九十三箇 以示余 余曰 君等所數之數 我未知也

太守曰 此是告達

主上之事 故雖知眙惱 不可不詳 太守指問曰 此名云

何 答曰 鋊砲蕈笥 (又曰玉藥蕈笥)

　　日將暮 李膺祜書曰

巡察使閤下 爲慮遠方之人 有朝夕粮饌繼給之命 而

官廚日傳 鹽梅之調 恐未合於貴人口 以生以乾 欲爲

陳排 未知貴意如何

　　　此間筆語不悉記焉 此日也 以迎醫故 太守來坐于

　　　船內矣 尋而數人來 既而向晚 船中人苦熱鬧 不能

　　　安居 避席於櫓後 而私語 余常有眩暈之病 是時忽

　　　發身心如醉 故不解膺祜之書

太守書曰 巡察閤下有命 則策應在我躬焉 詳示之

也 余不答 太守又曰 以乾粮送呈耶 以熟饌進供耶 指

一從便 示破也 余終不答 太守曰 日已暮 書不盡言

未詳其義 明日又當細陳其由 今姑告退

　　　太守乃與裨將歸去 余卽臥牀

八日 問情之韓官數人侵曉來 余猶在睡褥 而謂二

子曰 今朝不幸而患眩暈 不能接客也 遂被衾臥而

至食時猶不起 韓官皆惋然 余雖不肖 專思不辱

國名於異邦 且計速歸之道 夙夜勵心 弗敢厭勞也

不知者蓋謂好詞章誇翰墨 余豈好詞章哉 不得已

也 若徒事詞章 則當和酬於數韓人之贈詩矣 而無

一和酬焉 眼前客常滿 船中席不空 唯舟事是務 余

豈若彼奴隸人之漂流然乎 若非對于外國 則余遂

已筆談 疏放而甘心焉 雖然惡爲欲潔已而自辱哉

輒應之需 論其所答之文字如左

韓人書曰 夜來有患奉慮萬萬 問答事 不可不命他代

之 然後可免 上司之責 伏乞下諒 又曰 病症何如 日

高書曰 無醫不知也 韓人曰 昨來云 安田君之病 以

眼眩云云 又曰 過夜兩 尊病勢 更何如耶 日高曰 少

快 韓人曰 昨日所見有差 多喜多喜 又問船在米 出何

處乎 日高答曰 我國之所産也 韓人又問九州縣名耶

州爲九而 九州耶 日高答曰 九州謂所九國也 (余按謂/所疑是

轉/語) 韓人問 米旣所産則 又有他穀乎 日高答曰 舟中無

他穀 韓人曰 不問舟中物 問一國之所産也 日高曰 五

穀共産也 韓人問五名 日高書曰 一米 一粟 一大麥 一

小麥 一大豆 (余所口訣 卽米 粟 菽 麥/ 黍也 而日高何其誤之)

折衝將軍李宗吉 與張天奎 金基昉 早來 見余臥病

問曰 敬白

夜間臥病 不勝驚悶 何以則減差耶 折衝李宗吉拜

余臥答曰 今朝患疾眩暈 而不能答 貴情 願寬宥之

意 仰乞 有頃 宗吉又臨余枕上問曰 敬白 安田前 俄

間病勢有差減耶 未知悶鬱鬱耳 折衝李宗吉拜 余

謝曰 再回辱恩問也 芳情實厚重也 今朝眩甚矣 今少

減其患痛也 安 貴慮 伏多謝 安田義方拜

　比及食時 太守尹永圭來 而書曰

安田眩暈之症 奉慮奉慮 暫面告退

　　太守直至于枕頭 慇懃執余手 余雖托病臥 然所慍

　　卽在此 而不在於彼 彼固不知之 悶憂問之矣 余以

　　對于異邦人 故爲病態呻息 而面太守 余輒書曰

今朝手足共寒冷 卽今少暖 乞 公休深慮 多謝 太守

曰眩暈之症 似是傷勞所祟 又緣日日問答所苦 不勝

覺慮 第煎服人蔘茶如何 余答曰 旣以用獨蔘湯似效 太

守撫余手 余又曰 今朝脉微細而如無也 太守曰 手尙

寒冷 須 善攝也 余謝曰 伏多謝 不小怠

　　繼而裨將僉使來 余乃起坐 李宗吉 張天奎 金基昉

　　早來在坐 示余以上表一封 余以托病故 爲不能答

　　輒書曰

今日我患病也 卽今以有 三公之看 故起坐也 旣疲

勞甚矣 雖欲厚謝 而不可得也 更期明日而奉復 乞寬

恕也

　李膺祜請余之永良部詩稿 披之 便唱九月十三夜

　對月詩 指點數句 中有九月十三夜登臺之句 余語

　日九月之句未穩

太守曰 日高弓 請看 余以語日高 日高張以出之 余書

其言曰 雖不足用 依見請奉示 太守曰 何不執其中 而

用其兩端也 余曰 有術之妙 而射之 以其握所爲要 太

守曰 此幾石弓也 余曰 稱曰 三人張也 不以石稱也 太

守彎之曰 不强 太守問曰 貴國尚文乎 尚武乎 余答

曰 尚武也 余又曰

日本以孔孟之道爲文者亦有之 雖然

日本元來有 國學 以之爲文也 非但漢學也耳 (二子/不能

以漢字應對焉 余欲/使之無愧 因書如此) 太守曰 尊等三人 誰文誰武 余不

答 太守曰 安田不似武 余曰 小子非文人也 假學

　日高曰 我有强弓 欲張以示太守 川上曰 可也 二子

　起而欲弦之 弓反不能張 余亦起而助之 終不可張

　而止焉 余乃書曰

未漆又被潤于水氣 故不可張 太守輒書曰 此弓名

之曰 三人不張 李膺祜曰 弛而不張 非良弓也

　日高之弓 不能張 余甚慚焉 乃欲示之以佩刀 書曰

以我曹之刀 而示之耶 太守曰 好好 余曰 先示其外飾

太守爲拔之形 余曰 宜示眞鋒否 太守諾 余輒執刀謹

拔之 植而示之表裏 太守書曰 眞寶刀也 光射斗牛 余

乃納之(是我家寶豊後/行平之所鍛也) 日高又出刀 余書其言曰 日高

之刀示之也 太守諾 日高執刀拔之 瞠眼類齘 太守書

曰 撫劍疾視 是匹夫之勇也 余謂日高曰 足下今有俠

勇態 故如此云 日高曰 欲示之 以斬萬人之意文法云

何 余示諭之 日高卽書曰 我一刀當斬萬人 太守書曰

壯哉 太守曰 安田 文力精力 足當五石之弓

　　日將午 李膺祜書曰

我們明將還營矣 三日奉話 可謂浮世韵事 而臨別沖

悵 何論異國 猶願無恙布帆 順掛秋風 千萬千萬 飯後當

更來告退矣 (是時有贈詩/ 載于卷末) 太守曰 飯具告退

　　余辭而退于寢席 (此處曰/ 簡之間) 李宗吉 金基昉 張天奎 至

　　于枕頭 基昉書曰

今明日內 問情官奉

王命來臨 点閱船中載物 前已簡簡点閱之意銘心 言

及而事或差誤 則我等必有生事耳 余答曰 恭承

敎示 今明日內問情官奉

王命來臨云也 點閱之事 貴國之諸職 已點閱 而如

所記也 何差謬之有也 又如我三人身邊之品 安田義

方之所持 則一一示之也 日高川上之所持 則問情行

官中之人 前日聞以記之 此則其大數而不委也 且前

日投于海物品 則今無之也 皆 諸君所見知也 敢告

此由 敬白 彼曰 前日諸職 点閲船物時 安田所持之

物見之 其他 日高川上所持物 及各人所持物 開見

有難 但以箱子數及樻數上達 則問情官來臨 或更閲

之儀 太守僉使已爲点閲之意固執 一不開示 伏望耳

或有差措 則虞侯 太守 僉使 三人 必有大罪於身上 銘

心爲之如何

　　前彼示上表草於余曰 禁外見云 余固諾 不敢謄寫

　　之 其他問答數言今省之

　　午時太守 及裨將又來 余猶在寢席 太守問曰

午間 眩暈症加減 更如何 俺等爲問 病患更來 而

未卽奉可悵 益元散 今始製來 此是 川上所服之藥

耳 日高 川上 午間漸差耶幷 示之也 余答曰 幾

回奉 恩問 厚情不知所謝也 小子眩暈 今也頗減

公安慮也 但以問答之不果行患之耳 公計察之也

且川上所服散藥三貼賜之 川上奉謝其恩幸也 川上

病少減患也 日高亦似少快 實 恩惠也 伏多謝 安田

義方敬白 太守曰 貴舟到弊邑已六日矣 一器之饌

尙未表情 心甚愧歎 故今日以薄酒劣餠 欲伸微情於

三代官人 及諸船人 如强出 臨好矣 病未可風 俺等

當進去耳 余謝曰 以 尊情 承聞 賜酒饌之事 卽今

欲出而謁以奉謝之也 伏多謝多謝 太守曰 病且日熱

不必具服 (日日對客 則必嚴旅服/ 故太守云爾 然尙嚴服) 三人同出樓上 日高

川上以病不接客數日焉 是日俄出接 將供膳 韓人書

問曰 船中滲水比前如何耶 余答曰 滲水十倍于前日

也 於此事則更有可奉告之一儀也 爲詳乎舟人之論

議 故未及告之也 日高書曰 我國好男色 貴國如何

太守曰 好色之心 人之所同 童子進供膳 乃應彼之需

而使我舟人亦列下坐 因書曰 船中之人 非同席之者

也 雖然船上以席不具故 任 三公之情 令之列于下

坐也 故奉告之敬白

　　每人各供一膳 膳以高盤四足 陶器七箇(雜椀/缶皿) 一是

　　白餅 一是生蜜 一是䔃 一是牛水煎 一是牛菜羹 一

　　是紫茄 以土醬和之 一是西瓜 執著之前 燒酒一回

飮之 余曰

信識厚情之至矣 而我輩元自不知異邦之食禮也 但

食耳 不合 貴邦之禮者 非傲也 殊以奉告 太守曰 此

果 卽西瓜也 痢病多喫極效 幸多勸 川上如何 又曰

天涯相逢 這是樂事

　　太守問舟中歌者 余答曰 無 太守曰 不爲也 非不能

　　也 太守直使一童子歌 余乃促櫂野吉村 二人 出而

　　發櫂歌 裨[5]將 李膺祜明日將還營 余勸之酒而書曰

爲述一別之情 更奉勸酒 傾一杯 則多幸 膺祜謝曰 海

國見飮餞之禮 多謝多謝

5　원문은 '裨'이다. '裨'의 잘못인 듯 하다.

余與日高川上相議 而贐贗祜 以芭蕉布二匹 贗祜

5B10-2029

固辭曰

以主贐客 古之禮 而以客贐主 事反其禮 却雖不恭 惟
希 亮在 余曰 恭承示旨 我輩爲客 而以贐 則雖似非
禮而 貴君先我輩別焉 暫留此地者我輩也 無辭而
汲微意 則多幸 然而物固菲品 非强之也 但敢再述卑
情 伏願受用也 贗祜曰 禮云禮云 豈在玉帛哉
尊等芳情 已領受於無物之前 何必在物 願還收以安
此心 余曰 從 芳意還收也

言語雖不相通 素心共歡 靑眼同合 幸此夕片月照
大海 金波漾孤舟 佳興亦多 太守書曰
還家見此月 能念今日事 余曰 月是家鄉月 還家更爲
貴國之月 每見片月之色 當憶此淸談之夕 贗祜曰 既
醉爾酒 旣飽爾德 愛此情人不卽歸之詩 可謂今夕著
題語也 余曰 今夜吟詠成 則明晨當奉呈之 贗祜曰 我
行當在明朝 一別後更無相逢之期 海雲島樹 無非助
余悵懷 明日發行之路 當立馬船頭更伸無恨此意也
夜間幸湏安心調病 望望

二更 三士歸去 是日贗祜贈詩曰
水市逢君夕 天西火正流 同文箕子國 殊服薩摩舟 珠
玉毫譚話 刀圭病裏愁 神明隨處護 鮮日照心路

幾經鯨鰐窟 驚夢聽潮寒 碧海歸帆日 紅椒覆井欄

　　歲在黃兔七月八日

　　朝鮮國 錦城 蓮幕從事 駒城後人 李膺祜謹稿

　　題其封上曰

　　步 安田韵 奉別

　　薩州 三代官人

余問曰 同文 卽言同學周世比干箕子之文藝耶 殊服

卽言異衣服之製耶 膺祜曰 然 (余又問其所步韵之詩/ 膺祜曰 一卽江邊問行

應童子淸厚之乞口號者/ 一卽江亭夜作之韻也云)

　　九日余晨簡三官人曰

今日平安恭祝恭祝 前日所被點閱櫃箱 則無敢有差

誤也 貴屬之諸職等未問之 我臣從等未開示之櫃

箱 船中有許多也 皆投荷於海沙海水之後所見得 而

臣從等亦所未知前日危難之時投于海耶否也 以不

詳記故 公下之諸職等 未能知者 非諸職等之怠也

敢以此言奉告也 願以當然之計 如 貴意 則爲好 敬白

　　李宗吉 金達秀 張天奎等早來 達秀 天奎 同書曰

眼病快愈幸也 吾二人昨日未來者 爲 貴船檣楫新

造木請得事 作文報上官無暇不來也 休咎也 余曰 眩

癒也 但頭痛耳 無敢妨于問答也 彼問曰 船中水入如

前十倍云 不勝驚慮 終若此水入不減 則將何爲耶 余

曰 當以誠意而欲奉告于 諸公 後刻更宜詳言也 檣

5B10-2031

楫之事亦在此中 更詳記也 余問曰 巡察閤下之裨將

寄于我詩句之中 有紅椒覆井欄之句未解也 仰願解

示敎告 多幸多幸 達秀曰 椒花應開時云 余問椒花

貴國以何之月開綻耶 達秀曰 以 貴國云耳 我國不

有 中國亦有之 余曰 未知淸國以何之時開發也 達秀

曰 未詳 余又問有山楸花也 紅椒但疑耳 達秀曰 山椒

卽紅椒也 余曰 能解之 天奎曰 我同來虞候公病發 食

飮全廢臥不起 悶悶又悶 故更不來也 余曰 始聽 虞

侯公疾病之事也 廢飮食臥而不起者 實 尊君等之

深慮也 病症如何耶 我輩奉慮頗驚痛 欲徃問 而不可

得也 伏乞 二君以此書[6]奉告 則多幸 願當以加保養

急療治也 二人敬白 宗吉曰 舟中 入水加耶 第一我憂

此事也 余曰 辱 貴慮 水入手十倍于前日也 故欲以此

事之始終而奉告 諸公也 雖然以有議論未果也 今

日旣欲奉告也 宗吉曰 船體詳見 則傷處多焉 木板附

改 則有可救之道乎

　船居於沙上數日 曾以所傷於風波且載重物 舟板

　日裂 貫木日弛 自前日 潮大滲多 因議於船長 舟老

6　원문에는 言으로 수정되어 있다.

及舟中有功者 皆曰 初未嘗知舟板朽腐如此也 今
朝剝包板 則既不以可釘焉 且夫舟形素仰反也 而
今也 舳艫頹敗 却如俯覆 如此者 吾 邦之舟工尚
不可修也 況異邦之拙工耶 囊者投私財 又不得已

5B10-2032

而投貢物 然而船難保焉者 實我輩之不幸也 不若
火乎我船憑于彼舟而歸也矣 衆議已決焉 俄有李
宗吉之問 故答書曰
無以可救之道 舟體延直 而船形已崩 釘絶板破 貫木
脱去也 嗚呼無奈之何耳 本船小船及載積之物 則皆
燒火之 而更以 官物三箱 及 官廳之牒薄箱一 且
各身邊具物 從 貴國之國去 自陸或自水路 而欲得
大恩之送到也 仍如微細事 則往往欲奉告之也 伏敬
白宗吉曰 持言太守前
　潮旣漲船內 席板浮動 韓人亦見而失色 金基昉曰
上尊三人 夜間病勢更如何 余答曰 日高病勢 少減于
前日也 川上亦少減痛傷也 小子眩暈瘀也 但頭痛耳
貴悶多謝多謝 基昉曰 今見船中水入大加 驚駭無論
衣藏器 饌需器 醬器 使從人下隸一併移置上裝也 余
曰 令船人無濡也 貴情多謝多謝 乞安意
　是晨 李彦培者來 金基昉示余曰 太守之親族也 余
問官職 則曰 同李君 (謂宗吉也 蓋是/亦折衝將軍也) 余勸之酒彦培

告歸曰

吾以國事偶過此 多蒙厚賜 敢謝敢謝[7] 今作還歸 不勝趑

趄趑 幸望平安以歸 貴國 李彦培拜 (今失/答稿)

巡察裨將李膺祜 如前夕之吉 立馬於洲頭 上我舟

而告別曰

5B10-2033(그림)

卑夫圖

擔物荷物 則背負

其器卽竹造之

5B10-2034

今余將發矣 不勝悵然 望順好好在好好歸 奉別

三代官人

　此日舟事殊繁 恨不得酬二士之別惜矣 膺祜又曰

人之利害榮辱 無非天也 幸須順受安心 豈無苦盡甘

來之日耶 余不答 彼似訝不能讀 余卽點其句讀 謝曰

利害榮辱皆天也 宜安也

韓人曰 夜來 三位美痾如何 舟中水患亦如何 奉慮

萬萬 (此問今/忘其人) 余曰 滲水十倍于前日也 故今日更欲以

此事之始終奉告也 未爲其稿 稿成則恭當奉告也

　前日請而曝濡米 秋陽方熱 舟人不堪冒暑 沙上蔭

7　敢은 感의 오자로 생각된다.

以布帆 韓人書曰

前帆竹櫓來次 船格下陸云 不爲下去之 宜分附如何

　船長松元曰 粮米數爲滲水濡 不蒸則腐 前日置巨

　鍋於沙上 請持來而蒸之 余書曰

大鍋今在沙上 濡米不蒸 則朽腐 故用此鍋 而欲蒸 舟

格欲到則禁之 又 貴國人無持來 如之何則可乎 彼

曰沙上所置之帆 貴舟人將持來 何必費力 使我國

之人輸來耳 余曰 已以 諸公之言之許 而擔帆而至

于沙上 而更得 諸公之許 擔帆而置于舟 雖然卽今

又諸君之言 實以叮嚀反復也 嚴命舟人而當令無下

也 依乞以 貴國之人勢 擔大鍋 而令到于我舟上 則

幸甚 不然則 米[8]將朽也 韓人擔鍋來 彼書曰 官物四箱

5B10-2035

去納於

貴主薩摩侯之物耶 箱中之物 又何物耶 余答曰 官物

四箱之內 三箱卽年年以我

薩摩侯之命 官人調文之 而告之代官 代官令而所調

之芭蕉布也 一卽代官在島中 所治一島之諸書 及日

記等也 彼曰 四箱旣是官物 則今於報 司之際 不可

不點閱 願一一開示也

　於官物 則固與二子盟弗當開示矣 彼屢責之 不敢

8　원문에는 來와 비슷하게 쓰여 있으나 오른쪽에 米를 써놓았다.

開示焉 彼屢責之 不敢開示焉 因書曰

以其箱子 而當示之也 開封而示之 則不可爲也

　卽出其箱則五箱也 故又書曰

前書以箱四箱而記 今見其現物 則五箱也 一是島中

稅法之籾所入也 依忘失違其數多罪多罪 今以其箱

數而奉示 彼曰 旣示其箱 則何難開示耶 余答曰 我

侯之用物 而於永良部島 代官與監職同封之也 所以

難開也 雖然以此言 將不可 而强可令開之耶 以我

侯之用品難開 再奉告之 仰願察乎我輩情 則多幸多幸

彼曰 以 貴侯之所用 代官監職同封之 故有難開示

則五箱必各調文 逐一指示 以使報 司也 余乃議於

二子 槪書其品數以示之

　午間 太守僉使來 余書曰

嚮依折衝李君 而奉告我小舟旣破壞也 而恭得

公等之光臨 更述其事 久被傷荒濤暴風之故歟 浸常

而滲水增 今日正十倍于前日也 且舟體延直 而非本

之形 釘絶板破 貫木亦脫去二寸許 今晝舟中之水 已

溢于舟前間板席之上也 自前日至于今日 多煩 貴

情 此擧也 實是又知 貴國之煩也 雖然今也我此小

舟絶不能用也 故以本舟及所積載之物火之 但以官

物小箱四箇 及身邊之具 二十五人 同從 貴國之法

而陸行或水路 如其敎示 而送我輩 而令到于其可行
之地也 謹仰 慈惠也 且至于微細之事 則日日欲奉
告也 誠惶敬白 七月九日 屬官人乃書曰 今見書示 萬
萬驚駭 漂到之初 只以檣楫二物之改造爲言矣 今於
多日之後 有此破傷不可用之告 何其前後之相反耶
詳言其由也 余答曰 此擧也 尊等亦思 將有察職也
然而今以詳記焉 是故應 貴意也 (是故以下有闕誤/ 余問答繁多不暇/
脫稿 二子及松元等 從傍急謄寫之 故/多誤 余亦忘之 今不敢繕寫 以下效此) 夫我
小船多日
苦大洋之風波 辛苦而漂到于 貴國也 朝 船長勘右
衛門亦曰 正天助之強運也 今暫在洋中 而不能到于
此 則其災難計 始識舟之如此朽傷也 我輩本來不知
其破傷之多少也 船長猶初驚駭 但始終憑此舟 而思
歸于我 國也 豈謂捨舟而火之也 二十五人 每滲水
之人 胸痛而頗悲懷也 如但據此舟 而雖少許官物及
我物 載之 而還于國也 故但欲檣楫得 貴惠而改造

之 今又告燒火舟及積品也 實如 貴情 前後相反也
故思其煩 貴情 而議論此事者 二畫二夕也 今也不
得已 而奉告卑情如此 伏乞明察識此意 稽首謹言 太
守卽取筆書曰 俄聞李君之言 已悉 貴意 今又來路
詳察 貴舟 則造成已過十一年之久 付板改造 亦又

腐敗 大洋逢風 漂到此地 而幸免全沒之患 天幸天幸

事已至此 亦復奈何 從陸從水之事 此非自下擅便之

事 當以此意 脩報 上司 轉達

國王 以待 朝廷處分 尊等安意調病 毋用過慮也

余謝曰 謹奉 尊意實惠情 不知所謝也 我輩至此日

進退正如窮焉 雖然以有 諸公之惠憐故 二十五人

心身就安也 今又聞報于 上司轉達

貴國王之事 實是於我輩 天祐神助而已矣 安意而待

其裁許也 伏多謝謹言

此日朝鮮王賜饌 太守書曰 (今不記饌/之次第)

貴國之餅 舉皆甘香 而我 國之餅 味太淡 能適 貴

口否 (余所謝之/稿 今失之) 太守曰 不腆之物 何足 謝爲 還用愧

恧 又曰 舟中之人 或有剃髮者 或有不剃髮者 是何意

也 余答曰 剃髮者 曰二才也 不剃髮者曰合惣 又曰 惣

髮也 我

日本多有之也 又如醫人學道家之學者 皆惣髮也 又

十六七歲以下 皆惣髮 而稱若衆也 又曰知互也 (卽兒/字也)

5B10-2038

通俗如此也 舟中年長之三人 則我輩三人之從者也

如前夜所言也 太守曰 十六七歲之人 惣髮而謂之知

互 則舟中又有年近三十而不剃者 此則道家耶 醫人

耶 余曰 道家醫人皆惣髮也 或十人之內 一人有圓頭

而所謂如佛家者也 是則稀也 故擧□而言耳 今舟中

之童子外 二人卽非道家及醫人也 如我輩陪從之者

有三五人 則其內一人則大凡惣髪也 雖然以是非爲

例法也 通而大抵如此也

　　日沒 太守及屬官歸

　　此晨金基昉告余曰

有一士人 聞 尊公盛儀 來坐船頭 以禁入之故 不入

余答曰 君往而伴來 彼卽伴來 其人贈詩曰

謹呈

萬里基邦底事臻 渺然舟楫海南濱 何妨萍界浮家客

良苦風波失路人 數面男兒情似舊 一盃茶酒味多新

回瞻日下鄕山遠 幾向白雲憶老親　曺賨遠

余書曰答 曺君以七律詩被寄於我也 思若今過志

學之年 纔二三期乎 所作實有杜者之風也 長識當

貴國之寶也 遂將衣錦繡矣 謾評實多罪 但寬容也 賨

遠曰 不敢當盛奬 而年今二十四耳 又曰 鄙稿舛錯不

足掛眼 唱和之敎 仰感仰感 倘賜酬唱 當奉讀瓊篇 不啻

百朋 其感爲如何哉 酬之不計早晏 付之何便耶 念

曰 七言律體 諸家所爲難也 而今見王李之風骨焉 更

欣喜欣喜 次韻之事 則乞暫許之也 後日奉酬 貴情

也 願勿罪也

基昉又齎二詩示之 其詩曰

　敬呈

君家有父母 朝晡倚門看 安知箕子國 孤帆浮曾瀾

　　　　　　　　丘應賢

莫歎漂流千里身 天敎君我一相親 扶桑影下紅椒國

泰伯雲仍幾萬春　　　　丘應魯

　其人不來 基昉書曰

不來人二首詩 何以歸答耶 余乃謝曰 復二丘君 謹辱

懇厚之情意 但泰伯之字不知其所由也 有所謂吳國

有泰伯者也 未知形樣體之字耶 更以便宜 解之而得

見示 多幸 唯如其情 則多謝多謝 敢以却寄 己卯七月

九日　　　　　　日本安田義方敬白

　午間又有依李宗吉贈詩 曰

　敬呈

堯日檀君國 殷仁箕子居 休治先孝悌 正力得諸書 風

引三山下 客從萬里餘 童男成聚久 謠俗果何如

　七絶

卽今天下渾腥塵 一片靑邱禮樂新 知爾中原無去處

風帆來(故[彼所自改]) 泊馬梁津

5B10-2040

擊劍悲歌起 西南大海深 推善忠國意 慰爾憶君心

　　　鎭江居士趙澤

余因宗吉謝曰

辱 趙澤見寄韻事也 堯日腥塵擊劍之文章 俱流暢

高渾 不可敢不報也 然而今我舟中實千端萬緒 不暇

報于席上也 更得寸隙 則當奉復也 聊表微意 己卯七

月九日安田義方拜

　文政二年己卯十二月二十八日書於朝鮮釜山浦

　　　　　　薩摩　安田喜藤太源義方

朝鮮漂流日記卷之二終

『朝鮮漂流日記』參

5B10-3003

朝鮮漂流日記卷之三[自七月十日至十六日]

　七月十日朝 物種點閱諸官來 問答許多 今擧其一

　二 彼書曰

前日物種点[1]閱時 以大體記錄報司 不爲昭昭点閱 則

譯[2]官來到更爲点閱時 或有違錯 前日錄記[3]冊持來示

之 銘心見之 後以此昭詳答之 謹望謹望耳 余曰 仰願以

尊公等之所記 而辱被示 則幸甚幸甚 彼曰 昨日所示

棄船請歸 悵然矜[4]惻也 詣 貴公 萬里他國 歸思滿腔

一刻如三秋期 圖速歸之道 而舡[5]裝露置之物 收拾聚

盛一器 或二器 或三器 以風席堅封 終爲隨身領去爲

好 余曰 識察棄船而請歸之情 而辱矜惻之 貴情也

實一刻三秋 歸與之歎 如 貴公之所言也 順敎示收[6]

1　點(점)의 속자(俗字).
2　원문에 驛으로 되어 있으나, 譯의 오자이다.
3　錄記(록기) : 기록(記錄).
4　矜(긍)의 속자(俗字).
5　船(선)의 속자(俗字).
6　殺 오른쪽 에 작은 글씨로 收로 교정되어 있다.

聚而盛之 盡力而令減少之 而欲令 貴國之煩少也
伏乞萬事鄰國修好之厚情 何之幸福如之乎 謹多謝
彼曰 問答修報 各種調記持來 一一謄出以考 貴公
實數 比見京驛官下來問答時 將不違繼同生事之弊[7]
如何 余曰 以問答修報 各種調記 而聞被示之事也 多
謝多謝 京驛官下來臨之時 當令答辞[8] 不以違于前日
也矣 惟望 尊等安心也

　午時太守來問曰

三官人之次第減[9]症 多幸多幸 卑職逐日胃炎 中喝患
泄 悶苦悶苦 余問其症 太守曰 卽是朝夕禍福之症 過

5B10-3004

勿爲慮也 多謝 情念 余曰 以我之故 及于此乎 太守
曰 賤疾豈因 尊莘[10] 而作也 此是暑滯之症 煎服數貼
消滯滌暑之藥 自臻差可 幸勿過 念以安此心也

　　童子次郎 居恒勉侍側 太守特愛之 慇懃目之 而書
　　問曰

次郎之父母存乎 想切倚門之望 爲之憐悶 余答曰 次
郎父存焉 母乃生次郎 不月歿矣

　　太守曰

7　弊(폐)의 속자(俗字).
8　辭(사)의 속자(俗字).
9　減(감)의 속자(俗字).
10　等(등)의 속자(俗字).

松元之爲人通達鍊[11]熟 極甚可愛 余答曰 能通鍊于舟

事 勤勞于舟事 太守曰 非但通鍊于舟事 隨事熟解 又

能好飮[12]酒 人器不草草 太守問曰高[13]之年 余曰 二十五

太守曰 尊齡[14]二十五 賤齡則倍 尊矣 余問其詳 太

守曰 五十 余乃祝曰 壯健也 太守曰 白髮[15]星星 頭童齒[16]

豁 有何壯健也 太守乃傾冠開唇 見其齒髮

　　太守書曰

我 國法例 漂船到泊則收報 上司 後至承粮[17]饌助

給之題 則自當日計給粮饌 今番[18]則初六日 有給粮之

題 自初六至今日 爲五日 每日三時 每時一人一升式

合計二十五人 一日粮爲七斗五升 合五日 合爲二石

七斗五升 今日則 領受也

　　余乃諭二子 三人同出謝 余卽書曰

以 貴國之國法 給賜粮饌之事 謹奉承 尊意 拜[19]

5B10-3005

貴王慈恩之辱也 恩澤深千尋 高萬丈 不知所辭也

11　鍊(련)의 약자(略字).
12　飮(음)의 속자(俗字).
13　高(고)의 속자(俗字).
14　齡(령)의 약자(略字).
15　髮(발)의 약자(略字).
16　齒(치)의 약자(略字).
17　糧(량)의 속자(俗字).
18　番(번)의 속자(俗字).
19　拜(배)의 본자(本字).

宜拜受 而奉謝 國法之恩也 日高義柄 川上親訣 安
田義方 誠惶誠恐謹言

　　余又議于二子而書曰

既蒙 恩意 而辱賜粮饌之事也 雖似却失敬 然而偶
以表畀[20]情也 我小舟所藏之粮米 今猶存許多也 已識
國法之至矣也 雖然藏粮米 而又拜受今日之所給 則
實是重惠也 以是奉告也 我船藏之粮 乃小減 而更欲
奉告之 願至于其時 而賜之事 如何耶 未知其可否 若
以此言爲然也 則伏望自今日以往 待奉告 而又賜之
也 雖然唯從 貴意之所在而已矣 願敎示也 太守答
曰 今此給粮之事 乃 國朝交隣之盛德美義 則却之
不恭也 留之慢 命也 不敢自下擅便 更勿 辭領受
母使卑職不安也 余曰 恭承 貴意 我輩亦雖思不恭
之事 聊問 貴情 而欲從其當然也 今旣被示其義 但
是此從也 不敢擅我情也

　　少焉 金達秀小舟載粮饌來 以書捧于太守 太守以
　　之示余 其書曰

己卯七月初十日 粮米計給

醬二斗

胡椒三箇

石魚一束

---

20 畀(비)와 동자(同字).

自今月初六日 至初十日 五日粮饌

太守書曰 是也 今當斗量領付也 命出我小舟領受

  於是令船長松元領受之 松元將舟人出而領受焉

太守又書曰 已領付松元 而一石爲十五斗 二石七斗

五升 爲三十七斗五升

  松元曰 給米領畢 旣而載之我舟 我三人同拜謝 余

  且書曰

船長云 卽今拜受其賜也 而今在于此 伏奉謝 貴國

之恩給也 誠惶敬白

  太守曰

今日則病泄氣繭 未可穩[21]話 告退 明日再看 余曰 乞加

保養 太守曰 多感 厚念 太守歸矣

  十一日 太守早來 適乏薪 因請曰

前日繫舟之沙地 置我輩之楫及帆桁也 船中薪乏 移

之於此所 而欲用薪也 願以 貴國之格軍等 而移於

此所也 伏乞 (困厄以來 斷折殘檣 以薪之 一日/ 置之沙地 適爲滿潮流 因有此請)

太守曰

楫與帆桁 移之不難 而旣入於[22]搜[23]閱之中 則譯官下來

前 不可擅便用于火薪也 少俟之也

---

21 穩(온)의 속자(俗字).
22 於(어)의 속자(俗字).
23 搜(수)의 약자(略字).

此日 太守來安坐於船內 余所藏之画軸 適在坐右

便掛之舟壁 一是浪華狙仙所画 一是京師月岡[24]雪

齋所画[25]也 先展狙仙画 太守觀之書曰

此是猿猴耶 毛勢生動 機関奪真[26] 果是名畫[27] 好箇[28]簇子

也

便掛雪齋画 太守書曰

綽約嬋娟之態 望之若一幅觀音耳 又曰 盡極工矣 似

是女子之凝粧 而何皆散髮耶 游[29]於翰墨恐非女工耳

余失之答稿 太守曰

貴國大板城 有十九歲女子善畫楊柳黃鳥者 今忘

其名字知之否 (向者 太守書大板城 余不知其義 而乞/之解 太守曰 大板卽皇帝所

都也 余以

爲帝都之通称 已聞之説 故只以帝/

都答焉 雖噬臍無益也 愧恧甚矣) 余答曰

帝都有十九歲女子善画者 其名不知也 我 國女子

之善画者

帝都及武藏國等 許多有之也 其名一不臆記也 太守

---

24 崗(강)의 본자(本字).
25 畫(화)의 속자(俗字).
26 眞(진)의 약자(略字).
27 畫(화)의 속자(俗字).
28 個(개)와 통자(通字).
29 遊(유)의 속자(俗字).

日 許多盡□ 一不記名 則 安田之風流 可謂□□□也
奉呵奉呵 太守又曰 朝服 可以奉現之 余答曰 朝服之
具者 則不有之也 有冠服亦別種也 今也 以旅中之故
其畧者 各攜之也 輒示余之朝服 太守曰 色不同 意此
是下裳耶 余曰 色之不同 卽以時之禮不同也 彼卽
下裳也 太守曰 冠則無耶 余圖畫士冠 以示之曰 此卽
我輩之冠 朝拜所着 太守曰 尊亦工極盡否 答曰 余未
學畫 太守曰 飯已具 告退

　　太守歸 而品物點閱之諸官來 而數書以言物品勿

　　違於前日 余答曰

多者 則少出之 而無敢違于貴稿之數也 少者 則欲足

5B10-3008

之 而無其物也 更若何若何 雖然 我臆中有大術也 休
慮休慮 彼曰 不眞吐者 都 尊公之罪 我等亦有代防
之罪也 余曰 如意如意 又不詳者 又非無 尊公之罪
同防其罪 一人以當防萬人也 彼曰 任意爲之也

　　忽聞舟下喧嘩之聲 舟內舟外大騷動 金基昉書曰

昨日 我等下隷 以執梳罪 貴公下隷等 今方犭立欲

罪云 禁之何如

　　昨日 彼之下隷 竊我僕之梳 而匿於其煙匣 事露韓

　　書以□其罪 余書曰

非貴下隷之盜也 玩其梳 而梳隊入其煙匣也 何罪之

有□

笞撻罪人圖

　儉使萬戶等之官人

　往往糾問之 下官人伏

　于左右 告其狀 步吏

　笞其臀

　其□失物□□ 擧曰 彼盜梳者之所爲也 各□□□

　遂捕之于沙上 安太郎 平助 權左衛門 勢作疾雷 而

　逮捕之 儉使李東馨 在沙邊乞許之 三人不可 擒捉

　上我舟 束手髮縛之 余自舟窓望之 則罪人望余 而

　叩頭 基肪遽奔走乎両[30] 舟 而大憂懼 且書曰

卑等不淂禁茸下隷 吾等多罪多罪 吾等下隷 方欲嚴

罪 而　貴小舟人不捨 請令捨之 今又重治其罪計耳

　彼曳紲 而將逃 韓人進而將得去之 我僕三人遂捕

　之繫枻[31] 號呼喧動 余書曰

貴國下隷不動移 而宜置于我小舟也 而後更許示罪

亦許之也 但如貴意耳 余又書曰 自昨日 欲令無罪也

30　兩(량)의 속자(俗字).
31　枻(예)와 동자(同字).

雖然 我下隷等不可 而如今之事 已聞 貴情也 故令

捨之 而應于 貴意 小罪之則爲好 基昉曰 方欲打殺

計耳 吾輩[32]之憤 不可盡言 多愧多愧 余曰 多愧 實知

　貴君之憤 但休過怒 卽今令而令解捨之 又曰 殺不□

死也明矣 勿強[33]傷乞乞 唯休 貴慮爲好 基昉曰 此事

令李君治之耳

　　卽令解去之 韓卒直引之跪于沙上 僉使李東馨 紏[34]

　　問之 遂伏之于沙 彼卒左右立 脫其裳露臀 右者以

　　杖抑之 左者笞之三四 罪人出所盜之在 又笞三四

　　而出布二三幅 又笞三四而止矣 鞭以枝作之 長五

　　尺 厚五分 廣四寸五分 形如不開摺扇 其柄

　　方 全體小反 前日所鞭笞者三四人 爾後無□□□

　　此日之盜 卽李宗吉之下隷云 宗吉性素端正木訥

　　乃有大愧色 而書曰

羞愧無地 何面目見 貴公乎 余曰 下隷之過也 雖然

如 貴情 則實然矣然矣 今嚴治其罪 其罪治而後 又

何之慮耻之有乎 乞諸君安慮也 宗吉曰 憤心撑中 歸

而更嚴治計矣 然顏愧不敢擧頭也 余曰 我輩亦如

貴愧之深而有憤也 但慊 貴情 而可足焉也 宗吉曰

---

32 輩(배)의 속자(俗字).

33 強(강)의 본자(本字).

34 紏(규)의 속자(俗字)

厥隷罪不可畧治而止也 歸家告官而殺之乃已 下諒
下諒 余曰 不知 貴國之罪之所法也 雖殺活 非我所
知 然令不至殺 則却是爲好

韓官皆已歸 滲溢 舟人不勝炊且浴 因以小材架於
沙上 以布帆覆之 炊于其下 於是乎 舟人等不告我
三人 而竊飮酒於其下 且飮韓人 日將夕 下官人持
簡來 其書曰

何其無禮之特甚乎 不議我等 任意下陸者 極甚慨然
自明日爲始 無一人下陸 無至致責如何 余書曰 上三
官人之所言耶 彼書曰 然 余書曰 已禁下陸之事也 何
其無禮之一章 則明日接待 太守公及上官人 而詳
告其一二耳 故閣其答也

初更 李宗吉金基昉來 基昉書曰 敬白
俄間平安耶 貴舡人等下陸夜宿爲計云 聞不勝驚
慮萬萬耳 我國法 無如此下陸夜宿 卽今上船之意 嚴
飭舡人 而若或下陸夜宿 則後有大責於三官人 今速
上舡也 余答曰 船人等下陸之事 非敢夜宿之爲計也
船上陝陋 不堪浴且喫飯等之事 故於船邊之海沙上
爲之也 今已畢 故欲上舟也 而旣聞爲嚴飭之貴情也
速令而使各上船也 乞休深慮也 敬白
昨日 韓人有以書問治病之法者 余書以答焉 今日

又再請焉 (昨日 余答以不知/然今日復問如此) 昨日之來書曰

身爲獨身 只有一子 年過三十 又無継姓之一塊 而自

大昨年秋 乍寒乍熱 尋常呻吟 間有苦歇 至昨年九月

大寒戟痛 臥至今年三月 一樣[35]苦痛 至四月 滿身浮氣

5B10-3012

而亦有間歇 今則一身全浮 甚至於腎間[36] 食飲全廢[37] 語

音且不分明 見今一縷[38]殘命垂在喉間若不保時刻 其

中又以痢點至脫黃者 至七八日矣 蓋前後所用雜[39]藥

湯劑 無所不至 而一無動静 此何症病耶 居在大國 想

必有見於此等 四海之內皆是兄第 母惜一勞 指示良

劑 至望至望 余乃復書曰 有以我爲醫者也 呵呵 我非

醫也 何事耶 然愍慮其窮迫 鳴呼更加保養 得良醫而

治之 則爲宜 彼乃今日再請如左

　　謹復拜上

鄙之病出於無何之症 兩年叫痛遍身浮之 到今死外

無望 父母侍下 死不瞑目矣 其間遍醫論藥 非不微細

而未淂[40]分效 病轉益甚 前昨日書告 非徒識見超 凡

貴國藥方異於 朝鮮 多有奇效 故果爲仰告矣　示

35　樣(양)의 속자(俗字).
36　囊의 오자이거나 통용자로 생각된다
37　癈(폐)의 속자(俗字).
38　縷(루)의 속자(俗字).
39　襍(잡)의 본자(本字). 襍(잡)과 동자(同字).
40　得(득)의 속자(俗字).

中有我非醫也之敎 實絶所望 更加　諒症 名藥下

分 企望拜萬 病沉[41]不備

　　　　己卯七月十一日 病人趙揀國

　　　　　　　拜手

余復書曰 所復之書 熟視復讀 已識心情之切也 君病

而經年苦痛 正令我斷腸也 若知醫家萬分之一 欲盡

心而指示之也 雖然昨日如所言 醫事絶不知也 嗚呼

無奈之何 憂患生死 四海實爲兄第之思 涕屢滿把也

欲援之 而不知所治之法也 我非以所知之事而惜之

5B10-3013

也 唯愍慮之 察識其心 不知所言矣 我

日本醫法最勝于他邦也 若有我舟中達于仁術者 則

令君之齡當令壽[42]也 我舟中無知醫法者也 實可不歡

息[43]而悲乎哉　日本安田義方拜復

　十二日 夜來風雨 今朝天色非常 船長曰 風勢殊惡

　曩者放置鐵碇三枝於前泊處 請使彼運致之 因簡

　曰

奉告 三官人閣下 驚濤將催風氣 雲色變于佗日 危

舟殊慮慮焉 前日所繫船之海中 放置鐵碇三枝也 無

---

41 沈(침)의 속자(俗字).

42 壽(수)와 동자(同字).

43 嘆(탄)과 동자(同字).

碇則無維舟之術也 以　貴國舟及　貴國人 而以潮

漲之時 載三枝之銕碇 而速令到于此處否 乃我舟又

倍壤[44]崩也 伏乞 七月十二日 敬白 彼答曰 奉告

三尊公前 夜間病候快差否 日明卽欲往慰 而我等亦

是客地也 雨具爲難趁 未徍[45]見 可歎可歎 沙塲曝[46]晒米

乞不湿而以風席覆蓋耶 言䦿臣徒人着實爲之如何

我等待雨晴 卽徍計 而　貴舟什物中 所卸下者 雖微

微之物無遺 箇箇使此下隷等 收拾善置 勿慮焉 所示

鐵錠 依敎待潮進 運致于　貴船 下知之可也

　　　　　　　　　　見書與否 此便

七月十二日 李宗吉　　　囬[47]示爲好

　　　金基昉 拜手拜手

　　　張天奎

頃刻雨甚 韓人旣來 而苫覆沙上所曝之米及船具

　余復書曰

見復之書簡熟讀 三公夜來平靜[48]欣喜欣喜 暴雨更

無害 又幸甚 所曝晒之物 以　芳情 盖覆之也 多謝多謝

44　壤(양)의 본자(本字).

45　往(왕)의 속자(俗字).

46　暴(포)의 속자(俗字).

47　回(회)의 속자(俗字).

48　靜(정)의 약자(略字).

鐵碇之事 待潮進 運送之　貴意 我輩安慮 得面謁而

宜謝之也聊却呈　三人拜手 太守答前簡曰

　　奉覆

三代官旅榻 旱餘甘雨而 令人欲蘇 蓬窓　旅愁 想一倍

他時 爲之奉念 示鐵碇 當依　戒命我舟人使之運

到于　貴舟 而貴舟既[49]泊在海邊[50] 則雖有驚濤暴風 有

何更慮須　安意自便 勿用過慮 雨歇當進留奉 余謝

曰 旱餘甘雨似蘇　諸公洗旅榻之愁乎 更歡喜歡喜

舟客不□倍也 鐵碇之事 至謝　貴情焉 先是安慮屢

期雨餘之拜謁 安田義方拜手却復

　朝飯後 雨少歇 李宗吉 金基昉 張天奎 來而書曰

京[51]譯官方來數十里 未久抵到此處耳 余書曰 方知

貴國法 則其速也 各欣喜欣喜 彼曰　尊公之定[52]歸 在

驛官之問答 相對問答時 善言也 余曰 伏諾伏諾 彼曰

譯官迎見時 三公以章服見之也 余曰 元自章服而

欲見之也 諾諾 彼曰　貴公等　歸　貴國 更爲何官 余

曰 未知也 我輩歸國 而其賞又其貶 不預之 卽曰高川

上 安田 三人 同直于柳間及四節間者也 若有賞 則曰

49　既(기)의 약자(略字).
50　邊(변)의 와자(訛字).
51　京(경)의 속자(俗字).
52　定(정)의 약자(略字).

高者 爲　本國之代官 川上 安田行役之前 本是爲監

官職也 又復之也 然而其褒賞 或貶奪 未能知也 彼曰

諾諾 而幸望褒賞高職 我等午夜 祝　天顯望 千望

萬望 余問曰 京譯閤下之光臨 在明日耶 若在明日 則

乞飯後徐徐來也 彼答曰 姑未來到 而今日當來之耳

彼又曰 此等問答記 并藏[53]之勿煩 而我等之問答 專爲

尊公情厚 秘密情談 勿煩爲好 余答曰 我亦專憑　尊

二公之情厚 而秘密之談亦有　尊二公之心中 我則

能諾之也 乞　公等勿輕忽 多幸多幸 彼曰 歸鄉 欲從[54]

陸耶 從水耶 審愼大關之事也 不可泛言之也 爲　尊

公悶憐之意也 余答曰 旣蒙　貴國之惠澤是多也 今

也 我輩更無分望水且陸之情也 唯從　貴國少煩之

方 而欲赴歸也 無敢乞望也 以無煩　尊慮爲乞耳

尊意極多謝多謝 伏拜報 彼曰 由陸則諸物 勢當火之

將何爲耶 余答曰 若由陸 則當由陸也 由水 則當由水

也 更無所乞也 若由陸則身邊之具及官物而已矣 然

則火餘物何煩之有乎 雖若由水亦無許多之品物也

只所藏嗜之酒壺 及豬肉等 增于陸耳 仰願但如　貴

國無煩之方 而請歸而已 彼曰昨日　貴舟下人下地

故上船之意 言告矣 有不安之意 我　國法 外國人漂

53　并은 幷(병)의 약자(略字).

54　從(종)의 속자(俗字).

來⁵⁵ 任不得下陸 而前日不禁者 特有憐愛之情也 譯官

來此 更無令下陸爲好耳 余答曰 無敢不安意也 謹奉

5B10-3016

貴國之國法也 自今日不下陸也 而況譯官閣下來臨

之時 不敢下陸也

　　彼戲⁵⁶書以請酒曰

吾酒何不出乎 不毒者也 余曰 我物也不吝 乞之則有

不敬之意耶 彼曰 小無不敬不恭也 彼又曰 吾等爲

尊公 豈有小忽之情耶 余曰　尊情不知所謝也 伏諾

也 彼曰 好笑談也 余曰 二十五人內嗜酒 第一川上

第二曰高 三安田也 以疾患二子不飲也 故安田曰曰

曠言傲邁驕于二子也 彼曰　貴杯不吝 許張君 則猜

我無意耶 (行杯未及天奎/ 彼曰 我國殷國之末

　　　　　因彼之言如此) 箕子

都于我國平壤⁵⁷ 敎入⁵⁸禮義 衣冠文物皆遺制也 余曰 旣

知箕子之賢至于今也

　　午間 太守來問曰

三官人疾病 夜來漸差否乎 又曰　二官人之病 尚無

差效 悶然 待雨歇 更召前日看病之醫 更命藥以奉 姑

55　來(래)의 속자(俗字).

56　戲(희)의 속자(俗字).

57　壤(양)의 속자(俗字).

58　본문에는 入이라고 쓰고 오른쪽에 작은 글씨로 人을 써놓았다.

侯之也 醫在處此去二十里 又曰 問情官 今方入來云

自今以後 尊等通情 似便於筆[59]話 可幸可幸 [余都失/答稿]

太守又曰 下隷之下陸 禁令 而前日下之不禁 以其

或春米也 或汲水也 其間不無顔情 用以權道 而至於

下陸而宿 尤不可擅許 昨有送隷書告之事 問情官來

後 雖一人不可擅下 且前日我輩之問情 如或相左 生

事必矣 依前爲之可也 (亦失/答稿) 太守又書曰 松元以一船

之長 不能操制舟人之下陸 可憎可憎 可合罰飲一盃

飲而不知爲罰 以醉爲好 亦倍可憎也 呵呵 余答曰 好

如 貴公之言也 好如 貴公之言也 制不能操持者

以醉之故也

　乃呼松元飲之 太守欣然 余曰

見許其罰 多幸多幸 更罰之 則欲以金谷之數也 太守

曰 昨今兩日 粮饌領來 命松元領受 如何 松元今飲

罰盃[60] 不知爲戒 如欲飲酒之時 故犯其罪 則當用何罰

耶

　己卯七月十二日 糧饌所給物種

白米一石

　涼朴四介

---

59 筆(필)과 동자(同字).
60 杯(배)의 속자(俗字).

土醬一斗五升

　　自七月十一日 至十二日 糧饌

余謝曰 奉賜昨今兩日之糧饌事 謹奉謝　恩義也 卽

今命松元也 領受而更當伏謝也

　　每受糧饌 則船長出 而領受 入而告[61]焉 我三人則必

　　章服 拜謝于太守 是日亦同拜受之 余坐右有酒盃

　　示之太守 以書曰

此器稱鸚鵡杯 小子坐右之珍藏 而又備琴劍之二器

空則立 半則覆 滿又立 與所謂聖賢之有器變 是以又

有禁邪慎[62]戒之象也 以備于　尊玩 太守玩之 而書曰

無其臺乎 可謂之自警盃耳

　　余乃 盛水 過半而不覆 余甚愧 而盈之再三 終不覆

　　因書曰

猶如僞欺 實寒汗愧恧[63] 乞宥恕也

　　余藏之久矣 故知其能立覆也 而今日不立覆若此

　　顧察乃小水勢 而徐盛之 卽半而覆 滿則立 一如前

　　言也 余書曰

今如初之言 實幸甚 似欺而甚傷心神也 太守曰 雖是

---

61 告는 吿(고)와 동자(同字).

62 愼은 愼(신)의 약자(略字).

63 聏(뉵)과 동자(同字).

自已之事 自昨至今 如是用心用慮 可感可感

　童子三人有坐 太守問曰

此兒輩 卽通引也 余曰 通引之二字未知也 太守曰 卽

使令之任名

　日將斜 忽聞[64]浦上樂聲 韓人曰 京譯官來也 我舟人

　皆喜 有頃 靑衣人來 方至梯下 船長松元 扶之上船

　樓 其人以　日本語 謂曰 波自迷底 波自迷底 (謂始相見)

　直下樓至于舩內 其貌鄙俗輕浮 猿眼眸子眊 卒然

　坐于太守之側 太守及諸官人 皆肅然 我三人章服

　以國語 爲始相見之禮 彼亦曰 波自迷底 波自迷底

　余國語曰 我船 洋中遇颶 幸免其危難 而漂到于

　貴國 自初日至今日 辱恩幸 (余所國語 今以漢字/譯記之也 以下倣此) 彼

　對曰 左樣泥御座利麻湏 (謂然/也) 余國語曰 船經危險

　旣破傷故欲得貴國恩惠以還也 彼對曰 左樣泥御

5B10-3019

　座利麻湏 彼所答唯若此耳 其他之言語 則皆非我

　國語也 我輩雖傾耳聽之 然不一通焉 我又有言 則

　彼只答曰 左樣泥御座利麻湏云 我三人議 而更爲

　說辭 且使船長松元言之 京譯官亦屢言之 然彼此

　不相通矣 皆曰 非筆談 則不以可通 故余書曰

我小舟 旣伐柱而投于海 捨楫而漂流也 (此下六字不/詳松元見余

64　원문에는 間으로 되어 있으나, 聞의 오자로 생각된다.

手書 而自傍謄寫之 是故有不 /可讀 而今削之 不敢補正焉)

暴風荒濤 舟殆危 幸得

天助 而漂到于 貴國也 而蒙 恩惠 而繫船於此處

也 始舟人謂改造帆柱及楫 則以其 恩幸 方宜歸于

本國也 維舟者 已五六日 滲水浸漸 多入於舟中 旣而

舟破壞數所 貫木脱去 鐵釘[65]折 正始知洋上被傷風浪

之甚也 今也滲水溢於舟前間之板席上也 故前日更

乞蒙 貴國之太恩 而令我輩二十五人 各以身邊之

具物奉 官物 而送我輩以還 本國也 今也舟破崩

而無可用 故所載積之品物 則官物及身邊之外 大船

小船 悉火燒之 而徒憑 貴國之恩惠之外 更無他術

而已矣 我輩及舟人實情如此焉 伏願垂 慈澤也 二

十五人望之耳 拜手敬白 譯官書曰 貴國船到泊我

境 則觀其船之所傷 隨毀修甫[66] 卽例也 全船造送無例

也 更示也 余答書曰 卽今命于船長 而令論議其例也

委聞而當答也

　乃議之松元 松元曰 云云 余書曰

5B10-3020

或如帆柱及楫等之事 則有於異國亦乞而爲改造例

也 修造全舟 而歸自異國之例 未有之也 加之我小舟

---

65 원문은 針으로 되어 있으나 釘의 오자로 생각된다.
66 원문에는 甫로 되어 있으나 補의 오자로 생각된다.

破壞者 非些少之傷損也 船形延直 而如前言 板破而
貫木脫 鐵釘已斷也 欲修甫之 而恐不可爲也 實示大
破也 且如前言 修理乎全舟之例 無之也 但得 貴國
之恩慈 而願使以 貴國舟及格軍送我輩二十五人
得歸也 伏乞敬白

　　問情官 (譯官/也) 非惟言語不通也 筆談亦不能爲也 且
　　以不通之書 雜之以不通之辭 煩事可厭 彼書曰
或船有什物改處 或帆與楫物 有破傷則隨補 卽是厚
誼也 船無一箇傷口 則幸也 更示也 余答書曰 船所破
傷 許多也 詳錄[67]如左船前間第三區之貫木脫去 中間
底位之貫木脫也 船底一大竪體木 自艫至前位 凡十
尺餘破損 根板自前首至後尾 而俱委破而流失也 左
右之欄窓下 皆破壞也 四枚戶雙方 各崩破 艫棚後面
左右壞敗也 鐵[68]釘各方是疑折斷也 未能詳識 所見太
抵如此 檣楫旣言耳

　　問情官問答繁雜 不暇枚擧 彼懷中納一小冊 時出
　　之 秘見以爲問 我舟人等 自後覘之 則大河丸 (卽我/官船)
　　漂流數條之記也
彼書曰 洋中見何國島也 余答曰 七月一日 近見二島
自我舟在子位也 而離其二島 而當丑方有三小島也

___

67　錄(록)의 약자(略字).
68　鐵(철)의 고자(古字).

同二日 當子丑方 而小島點點者三四 至夕而丑寅卯

辰之方 島洲許多也 同三日晨 至此地之洋也 彼書曰

公居之地 所業何事 余書曰 我輩世祿之士 而有官務

也 服曰修武講文 以之爲業耳 彼書曰 漂風時 船中粮

米幾何 余書曰 漂風時 船中所藏糧米 思頗百包餘 以

舟危殆 故投下之於海水也 漂著[69] 貴國之後 點見則

米包惣計六十五包也 過半濡沾于水滲 而曝晒之 又

旣食之 故六十五包者 亦以濡沾之故 當減其半也 今

所存則未詳知也

　　問情官之問 固不貫事義 其言間有似我國語者 而

　　益不連續也 而況問情官之書手自裂之 或自懷之

　　或紙撚而棄之於海 故今存者少矣 此問答自暮至

　　初更 我輩慰之以飲酒 彼好酒 不辭而飲 醉顏大醜

　　矣 而太守特嚴然 不敢擧杯 余書曰

庇仁公不嗜酒 故以糖奉勸也

　　二更韓官皆歸去

　　　　　右文政三年 庚辰 正月九日 書於朝鮮國

　　　　　釜山浦

　　七月十三日朝 余簡曰

謹奉告 諸公 我小舟如前日之所言 板破 貫木脫 鐵

釘斷 故滲水日日倍焉 始我輩及舟人 有 貴國之敎

---

69 著(지)의 속자(俗字).

示之際 終始欲起臥于船中也 雖然舟旣壞毀 如前言

焉 且日高義柄 川上親訣 患病 若不耐舟樓之苦也 加
之以時節而考 則季已初秋 方大風揚波之時也 每事
雖奉煩 貴慮 願於海邊之空地 令假營一第舍 以得
下陸而居之 以安我心慮也 便是幸甚幸甚 何福加之
乎 若許我輩之所乞 則日高所臣從之內三人 川上臣
從內二人 安田臣從內二人 惣計十人 各以身邊之具
物 奉我 官物五箱 而移之於其營舍 而就于容膝之
易安 乃我輩雖屛弱 俯仰一環牆之間 以待 貴國送
我二十五人而歸之時也矣 若或風忽起波俄盪也 雖
悔豈奈之何乎 至其時 而乍乞下陸 或雖有許 然無營
舍 又無朝夕之具物 何以一朝得而堪之乎 又至風起
波盪之時 而若舟人等 以業水上之事故 縱令有大風
揚波 亦無隕命之畏也 我輩及童幼 乃實是一大難事
也 又當風波之時 而雖欲載品物而下舟 而不可得也
若有變 則惟坐而待亾[70]之外 豈有他乎 是故不顧此彼
而爲乞也 且舟陸有用 而往來 則一一告之以 貴國
人 衞其道路 而使來往 則可乎 匪啻患危舟悶風波也
二病人之憂苦 亦愍之觀之乎 仰望速造假營 而下陸
得居之也 伏願許之 七月十三日 日高義柄 川上親訣

---

70 亾(망)의 속자(俗字).

安田義方 敬白

　　自前日 風浪壯 加之以雨 此日午間 滿潮又溢 後倉
　　席板浮動 憂苦勿論 而韓人未報書 故重簡曰

已向潮大之日 是故今日亦晝分之漲水 大溢于板席
之上也 日日雨水淋漓 牀邊四潦 惡氣雜出 炎蒸徹髓
船中增痛懷 倍疲愁也 雖不識 貴國之國法 而援患
難 惠疾痛 則人心之所不可已 而況扵修好之久也 以
從于 貴國之法乎 造一第營 而令居之 若以勿外出
則假令無環牆 而於我輩 則畫其地方 而足也矣 前旣
雖以下陸之事奉告 不堪切迫 更不耐待 諸公之報
酬之久 爲詳今日之事奉再告 七月十三日 日高義柄
川上親訣 安田義方 頓首 太守復書曰 朝者 惠書 有
事未答 方以爲悵 卽又承 書 不敏不敏 示造幕下
陸事 當此天雨潮漲之時 旅榻之愁苦 想倍于前矣
非不知患難之相救 疾痛之相資 而
國有約条 不相違越 則情雖慽矣 愛莫助之 奈若之何
方以此事 有思所以好箇道理 須念竿頭進一步之義
處之危險 視以安樂 少俟之如何如何 盡不盡言 留在
奉悉

　　未牌潮漸退 滲亦從而涸 舟中頗得安居矣 病人每
　　苦痛 欲魚肉 屢責余 余書以乞曰

賜粮饌 而辱 恩義也 以其所給猶有餘也 聊非乞

餘計也 久在船中 而腹中損氣力劣 欲養之以肉也 伏

乞鮮魚鷄 更贈給之 則人人欲服用之以保精氣除疾痛

之機也 非希其多也 三日一隔應人數而賜之 則足矣

且上二病人 好青菜也 葷韮茄瓜 以其所在 給之 又是

辛甚 伏乞敬白

　　夜已二更 潮又漲 將及于寢席 故指揮舟人 而進船

　　于沙 沙斜船尾漸高 我三人便鞠躬于後倉 而不堪

　　其苦 夜中簡諸韓官曰

舟中之水 令夜溢我榻上 故身邊之品物 各移之於櫓

上 又移于沙地也 唯憤心自不休 患慮滿臆 降雨湧水

舟上不能居也 故明晨乃我輩下陸地矣 殊以奉告

　　余與日高川上 相議曰雖下陸 而無家 則不可居也

　　乃謀 而問造草舍之材 船長曰 云云 乃簡曰

草苫(貴小舟所覆/雨水之物也)百枚 長材五十本 乞宜被 恩貸也

借此二物 以使我格軍等造假營也 伏請借二物願速

以 恩貸也

　　又議曰望沙上 則似無曠地 且雖有之 而不告于彼

　而造之 則非禮也 於是又簡曰

我未知空地之所在也 尊等來 而宜被指示也 勿遲

緩以煩我心情也 伏乞

夜間三簡于彼 彼終不答 東方旣白 潮水已退 憤心

亦從歇 夜來且進船于沙 稍覺減艱苦

十四日朝 問情官趙主簿 有復簡曰

口上

秋雨支離

僉公連日 船上平安慰浣何極 僕屢日作行之餘 困憊

轉甚 再昨問情未淂穩叙 悵歎悵歎 下陸之示 本非約

条之誼 又此以 僉公船之隨毀修補事 昨呈

朝廷 修手本上送 以待

朝廷 處分 僉公雖有船中難堪之事 姑俟之如何

雨勢如此 霽後當進叙 不備

　　己卯七月十四日 問情官

　　　　明五

　　　　　趙主簿〈인영〉(印文 韓山趙氏)

趙主簿 自特其爲京畿人 而太甚允 韓官第一之凡

俗也 而姦黠多慾 殊設難事 且不解事 初諸官人 見

我船毀敗 而旣有送我陸水之問矣 而主簿却言補

我船 我輩甚不悅 余卽答書曰

　　貴酬

祝詞多謝多謝 我輩不平安也 疾痛憂苦 艱危逼迫 雨

水潮汐 屢濕襟衣 尊公憊行困云 慮悶實多矣 答情

未序尾 沖帳沖帳 下陸非約条之事 更何事也 言不必
信也 行不必果也 而況於天事人事之變易活潑底乎
當理義以權 而製正非此時乎 若或無悛之道 則大丈
夫何以眩惑乎 不虜撓 不目逃 而樂彼天而已 今日之
事 乃悛之有道也 爲之有理也 嗚呼奈之何 舟若或破

毀 徒駕木屑 在洋上 而待 貴朝之處分耶 晝潮張 則
借沙上一區 而下陸而當居之也 公等勿咎也 三人同
拜敬白

　　有頃 主簿來而書曰

來見船中 則天雨水入船中 僉公苦狀如此 心甚可
悵然 下陸一事 僕等不可任意自當 幸須姑俟 則不可
多日 而當有朝廷處分矣 姑俟姑俟如何如何
僉公深思之也 不然 則僕等當有死罪 諒之也(余失/答稿)
彼書以問江戶去薩州里數 余書答曰 不知也 彼又書
問關抄 余書答曰 不知也 又書問江戶之事情 余書答
曰 唯聞都會之地也 又書問江戶壯觀 余書答曰 有相
撲 有戲場 又書問曰 彼此筆談文書 皆出 余書答曰 問
答之書 舉在諸公之許 宜見其書也 余又書以請鷄魚
彼書答曰 所請細見矣 當分付下吏也 勿慮如何 彼又
書曰 可玩物出示之 余書答曰 可玩物少許藏之也 卽
今憂雨滲 而混雜也 更待他日如何

既而主簿歸 午間潮將滿 韓人簡曰

昨奉 貴示 如對 芳面 而思量 貴公之情狀 矜憐

之心 豈弛乎暫時之間乎 京譯官同往問情 下船後 凡

百文簿多端 眼鼻莫開 抽身無暇 客地雨具難借 數日

更不得往慰 恨歎恨歎 且同來虞侯公病患漸漸危重

食飲全廢多日 故我等暫不離側 救療奔遑 尤悶尤悶

5B10-3027

尊公下陸之事 我等決不可擅便 力不可聽施 恨奈何

此事 休咎我等 千萬千萬切仰切仰 此便或可回示耶

頓首謹告 余答書曰 恭披閱 尊簡也 反覆丁寧 已

知我輩之情狀 不堪舟中雨水滲濕也 實如所量察 艱

難自天 又自地也 一刻千秋百步一足 願速得 貴朝

之處分 下陸而免我心痛病傷之難也 以奉厚情 更

以欲凌艱苦堪危慮 未知可堪乎否 故不顧煩貴慮 投

品物於海水 是凌滲水之一計也 乞勿咎也 京譯官公

來問 下船之後 文簿莫開之事 銘心腑而諾之焉 休慮

休慮 虞侯公病患增危殆之條 尊公等憂悶多慮也 我

輩亦慮憂之耳 願保養也 由 貴簡奉復 敬白(文簿莫/開之數

語 非係本書 由彼/之而向者所禁 言之)

是日余閱舟底 則積財尙多矣 卽命舟人 虛舟底而

投之 日暮太守之屬官 來而書問曰

卽問長校之言 船中汚穢之物 盡投沙塲云 畢其病中

胃[71]害 而然耶 余答曰 汚穢之惡臭雜出 而病人各難堪

之 匪啻不堪之也 投之 則舟輕浮 欲滲入之少 故爲此

計 不得下陸 一日亦在舟上 則減滲水之計 不可不爲

之也 故投之也

　　夜 舟中皆眠鷄鳴 前倉忽騒動 余覺而視之 則滲水

　　及寝席 舟人僕等 各裸而或移品物於樓上 或載於

　　小舟 而到于海濱 桶樽流失席板浮動 不堪居船内

5B10-3028

　　携童登樓 則所移于樓上之品物 已覆以苫 風雨殊

　　甚 無所可居也 舟人秉燭來 探視苫覆間 曰有隙于

　　此 僅三四尺 可以居也 余匍匐入之 縮頭屈黎 童子

　　次郎 靮船於余側 日高亦來屈于此 共被以苫避風

　　雨 川上則在櫓後 爲是痢便也 余乃挑燈取筆 以簡

　　于韓官曰

爲除 尊公等之罪科 我輩甚苦危險也 卽今大難實

迫矣 上官人等各來 而臨覽也

　　而彼不來 艴然又書示曰

文宣王曰 志士仁人 無求生以害仁 有殺身以成仁

尊等於我等 奈何奈何 不可擅 亦當有義也 守法亦有

道也 背當然之道義 而令人將死者 人主之賞罰若何

71　원문의 胃는 危의 오자로 생각된다.

也 由道義而令人脫危 則人主之賞罰如何也 朝鮮國

之事 我未知也 更如何如何

　彼終不來 亦無答書 夜將明 雨亦微歇 欲更簡之 稿

　已成而未簡 主簿之書至

　十五日 其書曰 口上

　惠書迨慰 夜回

僉公平安 慰浣何極 示事 僕等豈有爲 公後然也

但不得任意爲之 卽待 朝廷 處分 公等勿責僕

等之虛數也 進叙不備

己卯七月十五日 問情官 明五 趙主簿

　余答書曰

伏惟所出役之官人 卽我漂到船之裁判 而隣國修好

之禮 則至哉 我輩乞下陸 而不許也 乞之三五回 三五

回從 尊公等之意 而不下陸者 乃我輩之禮 亦至矣

夜來以有大難故 乞諸公等遠駕于我舟 而不來也

今朝少時雨歇者 實天祐而已矣 若雨則居無地也 炊

無處也 伏乞 公等各速來而視我之苦難也 見之猶

無裁判下陸之事 則我等各自處有計也 當爲此計之

時而 公等勿指揮言論也 卽今告欲以此卑意也 已

而辱示簡 故倂謝之卑意如此 三人 同敬白 己卯 七月

十五日

雨歇潮退 余與日高 猶在苫覆之隙 如舟內 則席板

流盪 貫木縱橫 時僉使李東馨 折衝李宗吉 及金基

昉 張天奎等來 望見我船 而贈書曰

俄書見否 僕等來見舡中 則甚愧甚愧 廳板已毀 未得

登見 故書示耳 兩公今將來也

頃刻 太守 僉使 譯官 來于水涯 望我船 此日太守不

音樂 故余不知其來 忽見其在舟下 贈書曰

卽今 三公來視我舟之毀□ 幸甚 宜入舟內而熟覽

也

韓官等 熟視我船 酸鼻矣 時病人又苦痛 而欲魚肉

頻責余 因書曰

昨日乞鷄及生魚也 給之耶否 昨日以可給 而被答示

焉 未見二物之來于我舟也 若不可給 則直言不可與

而可也矣 可與則直給之而可也矣 更勿踟躕 太守答

曰糧饌此是地方官舉行 而□去邑治 爲四十里之遠

則不可卽令卽進也 昨令下隸使之待令 而姑未及來

也 不諒這箇事情 責之以吝 則豈非情外耶 葷與蒜 鷄

與魚肉 待來卽送 而菲茄瓜 未詳其名 奈何 余復書曰

不知地方官去此邑 故爲聞給否之情而安舟人 而及

卽今呈書也 更聞之 則非爲吝也 以所有而與之而足

焉 菲茄瓜後日可詳之也 敢却復

有頃 太守來[72]于我舟 我輩猶在苫覆間 便令人開苫

苫下卑 而不可擧頭 太守大有慽色 余卽書曰

窮居窮居

　太守進至余之側 自外執余之手 悶良久矣 而書曰

天雨潮張 三代官 舟中之愁慘 令人臭酸 而 病症

加減如何 (以上自趙主簿之書 至于此太守/之書 凡五章之正文 授以與日高) 余答

曰好

是如 尊公之言也 實多謝多謝 病憂與雨水滲水 同

是多愁疲傷 乞憐之也 乞愍之也 太守曰 雖楚越之人

當此患難 猶不坐視 況修好之間 其十餘日 主客情乎

非不憐之 非不愍之 國禁所拘 雖不得如意擅便 見此

光景 豈不心酸而悲慽乎

尊等不知這箇事情 徒念目前之苦 以情外之言 責之

5B10-3031

還爲愧歎愧歎 余曰 雖似以情外之言勿責之 然誠實

此我輩之心事也 已知 尊公等不可擅也 雖然不有

無非理法權之格論也 故乞以其權道 而所許之者乃

我輩之實情也 旣知 尊公等最憐之最愍之也 然而

未見其效也 嗚呼天哉 修好之義深也 厚也 欲堪艱危

而旣不可得也 嗚呼

　太守熟視焉 金基昉 張天奎 自側見此書 基昉卽書

---

72 본문에는 束자로 표기되었는데 후에 오기인 것을 알고 來로 표기한 것으로 보인다.

問曰

不得而堪 則當如何 余答曰 前已如奉告 我輩各有自

處之計也 更勿咎也

太守書曰

申勢如此 則朝鮮船數隻堅蓋 遷留如何 余答曰 堅蓋

遷留四字 更詳記之爲好 太守曰 船上堅蓋 雨水不入

而移坐朝鮮船故也 然則其間有 處分矣 (余不/卽報) 太守

曰 移船之意 果出不得已之權道 尊等之意何如耶

(余未/酬之) 太守曰 下陸之事 如可擅便 豈有此苟且移舟之

計耶 尊等明於事理 可以默諒矣 余答曰 尊情

多謝多謝 孟子所謂 五十步百步者乎 地是 貴國之

地 舟是 貴國之舟也 雖無雨水滲水 而病人不堪水

濕之氣舟上之窮棲耳 病日增也 正氣日衰也 太守曰

地是我 國之地 舟是我 國之舟 則五十步百步之

說 誠明矣 下陸之事 非 朝令則莫[73]可擅便也 然則移

5B10-3032

舟 此與下陸有間 故出於不得已之權道也 尊等之

病 雖緣水濕之症 捨此滲水之破舟 就彼乾淨之全舟

則必無添患之慮 又思我輩之不至罪科之地 是亦主

客俱便之道 深量焉

[73] 莫乎 즉 莫인가 라고 우측에 追記되어 있다.

庇仁太守尹永圭 蓋朝鮮之巨擘也 其爲人也 嚴毅
方正 以禮自謙 能恕以忠 能和以寬 厚情見面 余深
感之 今日問答之間 余偶成一絶 以草之 其詩曰
已知 太守庇慈仁 舟客仰 君思若親 天下久聞箕
子義 人間四海第兄身
　書以實之 於膝下 太守曰
今見 所書絶句 自愧乎庇仁官名之不稱其人也 自

拘於劃地之義 不能披肝瀝膽 是可歎也
　太守形語以請之 余塗之轉結 謂曰 未成語 更當草
　直出其稿見之 太守見而實之 少間太守書曰
天下萬事 無理外之事 則事不可難知也 若如 尊等
之意 而下陸 則雖便於養 病安於容膝 而以此之故
使我輩當其擅便不職科 死有餘罪 則是實由我也
尊等之心 安乎否耶 復 熟論詳議而爲俱便之道也
余答曰 熟論詳議於舟中 而後更當分處也 貴公慮
悶多謝多謝
　太守辭去 乃與日高川上及舟中議之 川上久病 故
不欲駕小舟 日高苦舟動搖 議論不一定焉 船長曰

彼陂塘中所繫之巨船 則不異我大船矣 且衆同乘
則便利也 宣以請焉云 因簡太守曰

下陸以不可擅便 而捨此滲水之破舟 而欲令就彼乾
淨之全舟之意 加之以主客俱便之道也 舟中議此事
乃出于不能已之權道者乎 不可不量察焉 更如 貴
情而舟中二十五人 各携物品許多 同欲移于 貴舟
也 初請下陸者 卽上人下人 十人也 雖然已如所見舟
日日破毀 物品且糧饌 各濡沾無可置之處也 夜來舟
上板席之上 第一淺水之處尺餘 其外涵腰至胸也 舟
窓四箇 在水底也 故二十五人 各請移于 貴舟也 以
違前言 而勿咎也 是乃所以舟滲違前日而其變異于
前也 且所移之 貴舟 未知何之舟也 仰願以陂塘間
所繫之巨船 而令得居之 則宣如 貴意而移舟也 不
然則 日高從來不能駕舟 少動搖則飲食俱廢 或嘔 或
吐 若醉若病也 如泛舟之小者 不可移乘也 彼巨船則
二十五人一處 而每事便利也 若許彼陂塘間所居之
巨船 則自卽今 而速使 貴國人以草苫覆蓋 舟梁飾
床 而事畢 則雖日沒迄夕 而速欲移駕也 由厚清之所
示 而奉復也 急速乞復告 三人及船中二十二人 同拜
手敬白
庇仁太守公机下
金基昉 張天奎 前來 且自船下 拾我所捨之一物 來

而書曰

此物名不知 故敢問[74] 余答曰 卽鬱金也 基昉曰 此是藥

材 而藥局罕用之物也 然水沈可惜也 又曰 夜間物品

多投海水云 不勝驚駭 而所黑糖器破[75]多之云 然耶 答

曰如 貴言也 不夜來也 昨日之畫也 未知何品多也

　　李宗吉 金達秀等 三五人來而書曰

今見 貴三公之狀 不如不見 涕淚塡咽 不勝形言 彼

此坐處 酬酢極難 未叙情懷 旋爲下去 下後以書字更

爲詳告 此盖身運之 不逮 可謂係關八字 苦狀豈無通

泰之運乎 甘耐苦狀 安心調處 如何如何

　　金基昉 張天奎等 旣歸矣 金達秀書曰

上雨下滲 何以堪耐 吾輩百事多端 種種未慰 多歎多歎

今始來問 反愧無言 幸乞諒勢休咎也 余答曰 問舟敗

多謝 達秀曰 貴人有大唐文章之風 故小子每接辭

也 雖未知音 情如故舊 公亦有知小子之心乎(余失/答稿)

　　太守使人 饋藥及粮饌 金達秀迎焉 而傳之 其太守

　　之書曰

俄奉未盡寸心 可恨少選天淸日朗 可想 貴舟愁苦

之情 倍覺淸新 爲之奉賀 不比尋常也 地楡湯 令始製

來 玆先奉呈 卽爲煎用 川上之患如何 白礬一夬重

---

74 원문에는 問으로 되어 있다.
75 원문에는 破로 되어 있으나 頗의 잘못으로 생각된다

亦送去耳 所請諸種隨來隨送 少俟之也 鷄三首及粮

饌錄紙幷覽 考領如何 呈

己卯七月十五日 粮饌計給記

米一石七斗五升

醬二斗二升五合

胡樸六介

　自十三日 至十五日 三日條

余謝曰 雨歇(歓)天霽 愁思似稍減 賀祝多謝多謝 地楡湯

五貼 辱見施也 川上親訣 領受之 幷明礬一戔 日高義

柄 同領掌 鷄三首 及粮饌錄紙 各使松元拜受 各多謝

多謝 聊由 芳情奉謝 敬白

　韓人指揮二舟 至於我船 而書曰

　敢告

連日風波 沈水夥多 尊公等辛苦 不可形言 今則風

波漸息 天色明朗 可喜可喜 而來夜或有如前風波之慮

我國船兩隻 左右泊置 修席待之 諒其來夜風之吹與

不吹 安心安身如何 余答曰 風歇波穩 少消愁也 賀言

多[76]謝 且以風波之慮 貴國之小舟兩隻 被繫于我舟

邊 而修席之事 雖有慮悶之辱 而我輩不敢可駕也矣

無此設而可也 却爲我舟之煩也 小舟不可乘之事則

76　夛는 多의 옛 글자

卽今詳書 而告于三官人机下 非彼書之答也明矣 宜
熟讀彼所告之書 而答示 則爲好 敢謝敬白

　彼韓人歸去 而其船猶在我船前

　余前簡以言移舟之事 今其報簡來 其書曰

今承 貴書 審念主客俱便之道 良感 貴情識我輩
之心事也 第所示陂塘間所繫之舟 此非常用之物 不
敢自下擅便 亦與下陸之事同然 則其不可許 推此可
知 如可擅許 旣許移舟 而何擇此船彼船乎 尊等旣
明事理 □□思默諒矣 且泛水之舟雖曰體小 兩船結
船 則可以大用 而進迫於海邊稍高之地 則無動搖盪
漾之患 日高代官 及隨童二人 雖不能駕舟 有何以
是爲病之理 已命我舟人 使之□船覆蓋 以爲移接之
計不須多言 待畢構移□駕 客有捨危就安之喜 主有
免罪無事之境 幸甚幸甚

　　　　三人頓首敬覆

　余謂船中曰 太守之情堪感 宜從基言而避水厄也
　矣 皆曰 雨歇起居頗安 但物種 則移于彼小舟 而使
　我舟人衛焉 斯可也己 余乃復書曰

今承　貴覆 陂塢中之舟 卽非尋常之所用之事 亦不
可擅哉 故小舟兩隻 結之而設席 所具于移席之計 更
厚情厚情 雖然如前言 日高義柄 及二童 不堪舟之動

轉 故今□試令舟人三四人 移於彼小舟 窺其居所及

覆構動搖之好否 而明日移之 亦不移 亦欲任其好惡

也 雖曰辱 貴慮 以前言之次第 今及此學也 大細期

明日 而不詳言 敢敬覆三人頓首

　太守手書復曰

連承 德音 無異面悉 幸如之何 移舟事 既知我輩之

心事荷此 依前言之厚情 可感 尊等之知事禮也 今

宵令 貴舟人二三人試其動搖云 如欲試之 試則試

矣 今夜潮張之時 命我舟人 更令曳泊於無水之濱 豈

有動搖爲慮之事 勿慮勿慮焉 草苫八枚 亦命助借 而

熟牛肉三斤敬呈 領受也

　樓上覆苫不柱 亦無障壁 因欲高檐 故先是請苫八

　枚 故太守之答及此 余書以謝曰(朝鮮苫細密廣長 八枚當 我五十枚)

連復合 貴情 更幸甚幸甚 欲使我舟人二三人試之

任卑情之事 且所恩貸之草苫八枚 速辱被惠 而熟牛

肉三斤 併恭領受也 事之厚情也 殊以潮張之時 更令

曳泊於無水之濱之義 正是知愛我輩之厚也 今也不

知所謝也 明日更須詳心事也 敢謹復

　夕潮已漲 雨又催 (安波浦 海潮滿干 不順時 望日潮滿 在申時也) 韓官數人

　來 指揮彼二舟 繫于我船之左右 余乃令臣從舟人

　等覘其結構 蓋覆頗佳 卽以品物 移于彼舟而舉船

中皆殆得安

十六日夙 余簡上官人曰

今日未謁見 三上官公 安康奉祝 我輩平安也 休慮
休慮 夜來舟滲倍于昨夜 而舟樓之右欄上 潮水滿滿
左欄及于板下 但艫邊少出自海水 消魂寒肝焉 雖然
以辱 貴意 全舟兩隻 維于我雙傍 此故身心特安矣

然而潮以大漲 品物在船前間者 半流失也 難坐于破
舟也 由厚情今日欲移于 貴舟也 夜來令舟人窺之
則結構雖好 然少少似不合意 且川上親訣 久患濕痢
之血泄 而便者日夜數十回也 故欲造便用之所 又次
第配乎上下之居也 我舟人三四人來于 貴船 而爲
之可乎 敢請許之也 且潮之漲大也 若小增于前夜 則
樓上之品物 亦悉入于水中耳 以此欲令品物各移于
貴船焉 然則舟人亦擧而不移舟 則人人不安也 載此
品物 是一船也 調進二十五人朝夕之食 且積品物之
餘 是一船也 以身邊之具物 我輩將臣從而所駕 是一
船也 雖由 惠澤 而似兒童之責慈母 伏願增給 貴
船一艘 則實無煩意 而無慮悶也 仰望垂 慈惠 更加
厚情也而移如 貴示 而使得曳泊於無水之濱 則待
貴朝之處分 亦是安矣 恩幸何以加之也 唯望 三
官公之憐愍 七月十六日 拜手敬白

自昨夕至今朝 移載物種於彼小舟 結縪架篙 而設

席 我船上亦高檣

太守來而書曰

日高瘡病 川上痢症 昨日服藥之後 加減何如 安

田昨聞語音 似有患感之症 夜不添傷耶 余答曰 語音

患感 卽以多事不任意 屢呻息已矣 失敬望勿咎

韓人贈魚等 其記曰

5B10-3039

鮮魚三介

蒜二十本

葱三丹

太守又書曰

今日則日氣非但清朗 貴座前簷之撑 高比諸昨日

之矮低縮頭時 光景大有勝焉 爲之奉賀 俄者三尾鮮

魚 盡記其名否 此非此海所産 貿來於六七十里之外

自然日改 休勿以稽緩爲咎也 余答曰 如 貴情 天氣

光朗 加之以高檣也 縮頭之難消 意氣勝于前日 尊

意被賀之 奉謝奉謝 且三尾之鱗 未詳其名 始聞自遠

境而來也 尊慮實厚重 伏願詳其名 多幸也 遲緩何

以有慮乎哉 實知其厚也 太守曰 三尾鱗中 大者我

國所謂民魚也 二小者曰巨口細鱗 其名鱸魚 卽松江

之遺種也 太守又曰 尊等之漂到我 國 今爲半月

之久 舟楫折傷 尚未修改 回棹故國 杳無期限 一日

二日 荏苒光陰 若過一月 則風高濤怒 難以駕海 當此

之時 稽緩之失 悔之晚矣 何不與舟人熟論爛議 思其所

以速還之策 以示我輩 轉達 朝廷 以待處分也 實爲 之泄泄也 余答曰

被 教示戇意也 多日唯眩惑慮悶

而大細失言也 且舟中之誼謹 亦以指不任意也 尊

示能銘骨髓諾焉 不敢輕忽也 伏奉謝 太守曰 覽 貴

書意 似未詳□書之旨也 余答曰 能通 貴書之意也

即今書大抵 而奉復也 以不詳書 實如疎 貴情也 不

然矣 更欲奉書告也

　家僕 烹巨口細鱗以供膳 余書以謝于 太守曰

烹松江之遺種也 實小子等風雅之一寶 藏□腹藏耳

太守曰 不掛冠東門 而何以淂此淸福也 余曰 以親老

之故 雖安吏職 然本寓山水琴書之趣也 尊意諒察

也 太守曰 以 親老之故 安於吏職 孝子之道也 不勝

欽歎 偶之山水之樂 而逢此水厄 則或智不足而然耶

偶之琴書 而書則有餘 琴無有 或琴是無絃琴耶 奉呵

奉呵 余答曰 不敢當也 雖然欲力行而爲之也

　余乃硏朱 點於琴無以下十字 太守曰

仁者樂山 智者樂水 則 尊之逢此水厄 是智不足也

余曰信然也 信然也

韓人益一小舟來 繫于我船 太守曰

既用不得已之權道 以便 尊等調養之意 則一船之

加助給 有何難吝也 當依 示意 勿慮安心 以待 朝

廷處分焉 (今失/答稿)

太守見日高步舟上 書示于余曰

見 日高代官□氣槩 富年力强 足以橫行於萬軍之

中 而曰不能駕一小舟云 則可謂爲長者折枝之類也

何其懟也 余曰 日高者可挾泰山以超北海 不能駕一

舟也 雖非折枝之類自疑耳

5B10-3041

日高自船內上樓 腰脚跛蹇 太守見之而書曰

今見 日高代官之乘船 如騎馬 其不能駕舟 誠過矣

余答曰 如所謂賀知章者 日高也 太守曰 海可超 而舟

不可駕 則是輿薪之不見也 不爲也 非不能也 余曰 强

酒於不嗜者 □猶曰勿醉乎 日高舟上 卽是也 太守曰

强酒於不嗜者 可謂太守□謂也 余曰 猶酒之不嗜於

貴腹也 今或有强酒於 尊公者 彼曰君勿醉也 是之

類也 太守曰 與 尊善談 娓娓難捨 而日已晚 飯已具

告退 余問娓娓之字 太守曰 娓娓不絶之意 太守將歸

余曰 前以所教示 達于船長也 後刻詳奉告 太守曰 待

書示乎 宜待我之書示也

太守歸矣 而後議於舟中 以贈曰

日本薩摩國永良部島代官 日高義柄 同代官附役 川

上親訣 安田義方 誠惶誠恐 頓首頓首 敬白 我

矣之官府船 久經大洋風波之難危 得天助 幸而漂到

于 貴國安波浦也 自卽□ 而當官職數公之助祐 而

辱 厚情 置枕於泰山之安也 而有大洋中暴風怒濤

之時 伐檣而投于海 損楫而放捨之 所載積之品物 多

投棄之 唯永良部島 所貢於我

矣存焉 荒浪超過於舟樓之時 悉濡沾也 及至泊于此

浦內 而舟滲追日饒矣 不得已而至投此貢物也 官舟

與貢物 其輕重不相當也 私物乃本自□捨之也 舟輕

則損亦少 故爲然矣 雖然 以損傷暴風怒濤 漸而舟板

破 貫木脫 鑄釘斷 右傍垂下 而舟體解開 體材延落 首

尾之幹木與體板支離焉 荏苒如此也 而初見木材 處

處腐朽也 今也 滲水溢于舟樓 諸公所光視也 初未知

如此 至不可□也 但以此舟歸于 本國 故乞得 貴

國之恩惠 而改造檣楫耳 前不吝私財捨之 齧牙而棄

貢物 而只存 官物五箱 各存有邊具品物而已矣 今

也 違于前日之言 甚愧之 議論數回不知所言也 伏乞

以寬仁之恩宥 諒前言之違約 而被恕之也 已捨貢

物 棄秘財 雖然 舟不可保者 天乎 命乎 我輩之微運也

涕泣不知所爲也 此故不得已 欲以大船小船及船具

索繩鉎錠等悉火之而爲灰燼也 不可以此破毀之舟
向大洋而行矣 雖曰改造檣楫 以父母之遺體報 國
之身 而不可駕之也 仰望以隣國修好之義 舟中俱二
十五人 奉 官物五箱 各以身邊之具物 而令 貴國
之舟及 貴國之格軍 送□到于 日本國內對馬島
非蒙此 恩義 則二十五人無歸生國 而再拜
君父之路也□歸實一刻千秋也 非有愛憐 則無再生
之道也 誠惶誠恐願 三上官公 愍察此情 而轉達于
貴朝 而蒙
貴王之恩許 令二十五人速送而到對馬島也 伏乞
己卯七月十六日

5B10-3043

書終而日將沒 依韓卒以贈之 太守卽復書曰
薄昏 辱書 折緘奉讀 足慰午間未盡底懷 蒲幅
貴意 多少領會 而事未可一書所可判決 日明後蒙躬
造面議 都留奉悉□希 三代官 夜來穩睡

朝鮮漂流日記卷之三終

『朝鮮漂流日記』㒰

5B10-4003

朝鮮漂流日記卷之四(自七月十七日/至二十四日)

七月十七日 川上泄痢日夜不休 今朝爲之請艾 (草/稿

失/焉) 余誤艾字作芥 然彼贈以艾 蓋是以余之書中用

灸之語 而知之也 午間 太守問情官來 太守曰

俄者所請白草芥 即 川上所灸之物耶 試之否

太守出艾示曰

此物 即我 國之藥艾也 所以用於灸者也 尊所謂

白草芥 即此物耶 一級奉呈耳 太守又曰 三代官病

症夜來無添損否 川上久未見面 甚悵 余答曰 夜來

我輩 日高 安田 無增疾也 唯川上痢泄無眠 甚悶之也

問情多謝多謝 余又曰 謹蒙 惠予 而以 貴船三隻

被維我舟邊 已移物品於二船也 而如 尊公等之所

視 我舟樓上 無物品 堪設席也 故以所辱 恩借之草

苫 上梁覆蓋也 如今無風波則能堪之也 且夜來亦令

舟人窺其動搖 動搖倍于我船 若有風波則此破舟不

可得而居 伏願以 貴船三隻 令在此舟邊 若無風波

則如此 而非駕于 貴舟 則無煩事 而思 貴公之如

意耶 樓上良遠于滲水也 若如此言宣 則如意耳 (此亦/船長

松元自傍見余之所草 而所寫之也 故往/往看錯簡闕誤 而不可讀也 今不敢補正) 太

守答曰

貴舟所載之物品 旣移之于我二舟 則此舟樓上空虛

也 覆蓋設席 足堪 尊三代官之居處也 何必移居也

我舟之動搖 倍于 貴舟 舟輕之致也 潮水至明日大

漲 其後則不然 可無風波之苦也 勿慮勿慮也 余曰 如

今見 貴書 無風波則宜居此舟樓也 如格軍及臣從

者三五人 爲物品之守衛 當駕于 貴舟二隻也 若有

風波 則我輩三人 亦須移 貴舟可耶 太守答曰 諾

太守曰 破船之修改以給 國有其例 而新改造 及以

船給之 國無其例 尊等何不思其所以速還之策

以請其區畫之方 而一次問答 輒費一晝夜 在我非忙

在 尊甚忙 何其恬嬉若此也 若如此 則日月如流 居

無何 自至風高波惡之節 其欲速歸 其可得乎 此是爲

楚 非爲趙之事 須熟思也 問情官趙主簿書曰 丙寅年

分 貴國薩摩州一隻 漂到于我國地境 □□雖如

此 改修檣楫 舡體傷處隨補 改還矣 今有 [貴]船之漂

到于此地 則與丙寅年事同 何爲則好耶 爛議船中人

卽示 則我等告達于

朝廷也」余弗答 彼又書曰 修補船事 追後更示也」亦弗

答 彼又曰 修船等事 舟楫修改後 發船等事 余終弗

答

　我自前日數乞依韓船而歸 譯官趙主簿 每見其書

　掉頭而不肯焉 惟言修補我船 太守曰

昨書中有請以我 國之舟及我舟之格軍 送到于

貴國之地方也 然此無其例 則不可叛始 我輩雖憐

尊等之情 而豈敢以無於例之事 擅達 朝廷耶 雖憐

其情 而擅達非徒無益於事 我輩反坐無例擅稟之罪

奈何奈何

　此一章 非太守居恒之語意 蓋以趙主簿不能解彼

　此之書 造言而妨之 故言[1]及此乎

余答曰 宜爛議于舟中各人而更奉復也

　韓官各冠凸笠 昨日我船雖稍高檐而架構猶低 彼

　皆傾笠而坐 太守書曰

貴舟覆檐甚矮淺 俄者我輩上徠之時 匍匐而行 此是

匍匐救之義耶 奉呵奉呵 余曰 匍匐亦大勝于前日之

縮頭也 但 尊公等之匍匐則更我情外也 却復□□

太守曰 尊等之縮額 天使之也 我輩之匍匐 人使之也

余曰 眞然矣眞然矣 太守曰 前日所製之絶句 何不書贈

1　원문에서는 故와 及 사이에 둥근 원을 그리고 오른쪽에 작은 글씨로 言을 써놓았다.

也 余曰 宜吟咏反復憬我意 而後可奉贈也 太守曰 以
好箇筆好箇紙 以眞草放意寫書 以爲寶藏珎覽之地
是所望也 余曰 如 貴意耳

　　川上服藥劑中 有石藥 余問之 太守曰
果是石藥 而性能利便也 作末膩滑如粉

　　太守常從童子四人皆美色 余曰
美童可愛可愛 太守曰 顔雖美 屁尻不美 余曰 顔美也
尻何不美 太守之言 我甚爲不快也 余大笑 太守亦大
笑 余曰 米包各濡沾也 乞於地上使 貴國人乾晒之
也 太守曰 當依 示耳 使松元出給米包于我舟人

　　松元出而指揮焉 太守曰
松元見我不拜 甚無禮也 可罰飮一盃也

　　余問酒有無 舟人曰 再昨潮水入樽 卽携其酒來 余
　　謂太守曰
酒桶中潮入也 故鹹而罰則好 太守曰 酒桶潮入 可惜
可惜 罰則好矣

　　晩飯已具 傍人方食 余未食 乃代傍人書曰
飯具也 雖知失敬 請食也 太守曰 主喫白飯 客飮淡茶
誰貪誰廉 呵呵呵呵 余曰 不在貪也 不在廉也 我舟客
似少任意 呵呵呵呵

　　旣而太守問情官等歸矣 我輩前已乞依韓船而歸

國 問情官以無例難之 太守亦有此言 余使船長考
其例 船長曰 例有焉 庚午歲七月 松村良右衞門 爲
船長 漂到于此地 船破 以韓船送到于對馬 十五六
年前 船長中村彥右衞門 駕官船永壽丸 漂到于此
地 船破 以韓船送到于對馬 是送我之近例也 二十
年前 朝鮮舟男女數人乘 而漂到于我屋久島 送之
于山川 而後使 本府士官花田源助船長榎並六
兵衞以官船送到于長崎 是送彼之近例也 今問情
官之所指言者 丙寅歲船長山本善藏 駕官船大川
丸 漂到于此地 是也 余曰 汝善臆記 卽筆之 以藏于
坐右 豫備于問情官之詰問焉」 更作書而乞歸曰

恭惟 貴王仁覆 貴國禮及於鄰國 其聲久轟我聾
聽也 我小舟辛苦 而凌危難 漂流而到于此洋 當此時
水渴數日也 始見有國焉 舟中舉云 仰願朝鮮國也 然
則以本船歸于我生國 眞莫疑也 亦雖舟破毀 而以有
修好之道 送以令到于對馬者 亦旣聞之也 朝鮮國舟
至于我國 亦送而令還之者 亦旣聞之也 實無慮也
水渴又無檣楫也 得 恩惠 而當還歸 旣而聞 貴國
也 二十五人更如蘇焉 泊數日漸漸而舟破毀如今也
雖加修補 而不可駕以渡大洋也 竊惟以不可擅達
貴朝 而敎示之者 卽 尊等諸公之意 旣重復 其旨趣

至也矣 盡也矣 不得已而訴之者 即不在我輩之罪 而

何 直以所乞 不及裁判處分 聽情而轉達之於 貴朝

者 蓋非 諸公之任乎 思被坐擅稟之罪 乃實難奈之

何也 今日雖爛議熟論 如我破舟 則我 國之船工而

不能修補之也 与 貴國舟異(倉卒稿之 因此前後/闕文 今不敢補之) 是

故知其難也 今也 若我輩 猶舟破而失之 遊而到于

貴國者也 舟雖猶存 而無其用 則非存也 故伏乞愛憐

也 日高義柄 川上親訣 安田義方 誠惶頓首敬白

　　此日 有贈詩者 曰

日下江山海東國 中有千里大洋橫 固天所以南北限

交隣自有弟兄盟 萍水相逢一奇會 藻鑑分照兩深情

扶桑下是 君歸路 何日金鷄報喜聲

5B10-4008

　　　　忠清道庇仁縣 士人曹喜遠稿

　　又有贈詩曰

鯨濤鰐浪遠相遇 賓主東南此會嘉 皈報我邦消息日

衣冠文物小中華 (此詩今忘/其姓名)

　　右二首各親贈之 余吟詠反復 日下詩初無後聯 余

　　訝其七律體而六句 曹喜遠即請其詩 添萍水藻鑑

　　之二句 余書曰

頗有盛唐人之風骨也 妙妙 曹喜遠書曰 盛獎過矣 何

敢當之 悚悚 余曰 本訝其六句也 然而非無其詩格也

添得二句 更好更好 余又曰 有二君之問 而辱被寄合韻

一章也 更厚情厚情 我漂到于 貴國 而舟破事饒 左

應右答 日夜勞疲手也 故非舟事問情之事 則以不答

已自誓也 欲直次韻以奉復 雖然以此言而答者 各人

二三回也 故雖似失敬 韻以不爲酬也 乞恕之也 他日

更終舟事之問答 則和 貴韻 當以復也 請詳識我卑

意爲好

　　彼頻乞席上和作 而不休 余不酬 彼乃訝贈詩事或

　　不可 余書曰

我唯不答耳 或以韻事 或以文章者 不厭也 千問萬答

故不和作之 詳察之乎 伏乞耳

　　余勸二客焉與酒 二客賞玩 乃臨歸而書曰

千里他國 多日滯留 客中情懷 此難堪抑 而且況 貴

5B10-4009

舟之日漸滲漏者乎 切爲 尊伏悶悶 返 國早晚 惟

在 朝家之處分之 伏望平安返旅 保重 貴體也 語

雖多而歸亦忙 未能以筆舌一一相通 可歎可歎耳 我亦

客中無物表情 只得貴草之佳味 一愧一感耳

　　以上 文政三年 庚辰春 正月十八日 書於對馬

　　島河內浦

　　十八日 牀席物品 悉爲霖雨滲水濡沾 因簡曰

前日所投下之風席 (韓人稱繭/席 曰風席) 無濡沾之席八束 願贈

給之也 物品各濡濕 甚慘之也 故改包之也 又床席皆
無乾處 更欲改布也 伏乞

　　前日晒米猶在沙上 今日天晴 船長曰 宜包收之 因
　　簡曰
前日或乾晒 或蒸而所置於 貴地上之米粮 欲改包
而還收之於舟上也 米粮或有腐 或有乾 或有蒸 或有
溫也 以腐乾蒸濕 而雖自我舟上指示之扵 貴國人
而不可能擇包也 是以伏願欲今日畫潮退之時 令我
舟人 下於海中之沙上 而點見其好否而收包也 若混
雜則不能食之也 仰望許之 我舟人非敢到于地上也
唯下於海中舟邊潮干之沙上耳 伏乞

　　午時太守來 余書曰
諸公太平奉祝 虞候公疾病如何耶 太守曰 我輩穩
睡 虞候公 病患一樣甚悶 多謝厚念 夜來 三代官身

上太平 川上痢症如何 奉慮切切 余曰 承聞 諸公穩
眠 奉賀奉賀 虞候公 病患一樣 我輩亦甚慮 日高少減
疾患也 川上病患一樣 夜來亦不能眠也 我輩各慮悶
厚念多謝

　　金達秀 小舟載糧饌來 太守曰
粮饌領來 命松元領受也 太守乃示計給記 曰
米一石七斗五升

醬二斗二升五合

胡樸六介

　自十六日至十七日

　令松元受納之 而□□□同拜謝□ 太守曰

川上痢疾爲慮不淺□□□草□□□否 月前卑職以

此症 月餘辛苦 竟以□□灸臍差 亟試之

　川上適在席 余傳語之 太守露臍以見示 灸痕滿臍

　川上拜謝 太守又書曰

藥艾煎而飲之腹中不痛甚安

　俄頃太守之侍童提小壺來 太守書曰

卑職通引一童 昨與 貴舟人 有私相與授之物 今朝

始覺 故先已畧治 而不可無警責 故今又 貴人所見

處 又欲撻笞耳 余答曰 始聞此事也 我輩亦大驚駭

　余直使傍人問諸舟中 報曰 日高子之從者安太郎

　昨日偶與砂糖一壺 余乃書曰

5B10-4011(그림)

茅屋圖

斧圖

米包圖

5B10-4012(그림)

小刀圖

朝鮮士人以上 腰□□佩 及無鋼鐵 鞘黑漆

　　□□赤銅類 有□鏤 此所圖□銅鏤蝙蝠

鉾圖

　　鐔下着旗章如圖

今有與砂糖者之告 我未知之 聞告而驚駭也 即今命

船長而糾問

　　船長松元 以安太郎之狀 告余 余書謂太守曰

舟人之內 有以壺糖與之於童子者也 賤者不意而爲

此事也 予之亦有罪也 雖出事於不意 當治其罪也 有

與者 而童幼亦不意而受之 聞已畧治也 因請以童幼

無知之故 被許其撻答也 伏乞之 而非欲弛其 貴法

也 由我輩之乞 而恩赦 而有其罪 則我輩心意安矣 太守

曰 以其童子無知之故 請赦其罪 實是好意也 雖有與

之者 不告官而受之 則其罪大也 勿以善少而不爲 勿

以惡少而爲之 古聖所訓 雖□□事 不可畧治而止

□勿止之也 余曰 漢昭烈帝之語眞當矣

　　余復召松元曰 太守不鞭撻則不肯息也 彼無故受

　　之耶 此無故與之耶 再詳之以示 松元諾而退 余書

　　曰

即今有令勘右衞門再問之事也 乞少時待之

　　太守已促答 韓卒即相呼至砂上 太守書曰

舟人之與之 即愛之而好之也之意 何紀之有也 幸勿
問

　余乃呼還松元 松元來 余書曰
無與者則童子何有所受之過哉 有與者而有童子之
過也 雖事同出不意 予之與受之 所其由來者 即在舟

人也 以 公勿問之言 余不紀問也 公亦以我乞 恩
赦而有免之 則多幸多幸 願不爲撻笞也
　太守於是乎諾 而遂不撻矣 太守曰
貴舟傷破不可駕海之由 今日已轉達
朝廷 安意以待 處分焉
　余即告二子及船長 而同拜謝焉 平日潮來時 小魚
　必浮遊 韓人臨磯釣之 我童子等見之 而垂釣於舟
　上 次郎獲小魚一尾 余書語太守曰
見彼 貴國人之釣 而童子等學之 奇妙而釣得一魚
也 太守曰 童子學之釣 而得□矣 可謂弟子不必不無
相師矣 好哂好哂
　次郎即在側 太守曰
此兒容貌 必不久爲人下□
　余乃使次郎拜太守 太守曰
今日有事還衙 明夕當來 明日失奉可悵 夜來穩眠
　余失答稿 太守又曰

尊等之事 我盡心爲之 尊其知之否 余答曰 尊公

之盡心也 仰觀俯察已似知之也 今見 貴筆能知之

也 實大恩曠澤 太守曰 今方向衙告退

　　太守歸矣」夫庇仁即縣也 然明日趙主簿之書 有太

　　守上郡之語 然則郡是巡察使所營也 蓋以譯官戾

　　事情故 太守o[2]還衙躬適郡營 而告狀 以轉達于朝廷矣

　　乎 李膺祐 亦應與之謀 故應祐之書亦云云 (今失/其書) 太

　　守之情實可感矣

　　十九日 天氣晴朗 舟人曰 昨請改包物品 且淨席 而

　　彼未遣席 鷄魚亦乏 因簡于譯官 (其稿/失焉) 譯官答書曰

　　回上

示物鷄與生魚 本邑太守上郡 故明日當入送矣

諒之好也 不備

　　　　　　即日問情官趙主簿拜

　　彼又簡曰

　　口上

辱札殆慰 所示日前所投下之風席中 乾者八束 如

示入送 水沉米之乾者 使船中人各別曝晒以給 幸須

勿念也 餘當飯後點進 不備

　　己卯七月十九日

2　守를 보완하였다.

明五

　　趙主簿 (印文在前)

　午間 譯官來問答 彼之書 則自裂之 或齧之 而捨之

　故鮮存者 余之答 稿[3]存一日

若不耐也 特以養氣而力之耳 而昨日已聞 上達也

欣情實有餘也 舟中把酒祝焉 今也殆易堪也 諸公

之厚情 多謝多謝

　曩者 贐[4]芭蕉布二匹李膺祜 膺祜固辭弗受 其布猶

　在坐 趙主簿請而見之再三 即有欲色 余與二子議

　而將與之 書曰

以芭蕉布 欲奉贈之也 尊公可領受耶否 主簿書答

曰 以 貴物表情 甚感謝然何以至過耶 余書曰 無妨

耶好耶 奉表寸情 而爲好耶 彼書曰 好好 即贈之 彼書

曰 以貴情多爲表情 多謝多謝

　趙主簿歸矣 張天奎 金基昉 金達秀 李宗吉等來 且

　有新來人 金基昉書曰 太守之親族也 其人書曰

　敬白

　我即

水閫節度營之佐幕 而我

<hr>

3　答稿가 옳은 것으로 생각된다.

4　원문에는 鱸으로 되어 있다.

節度公矜憐 貴公之多日滯留 送我慰問 其間能無
添苦之端耶 送賜糧饌 能無苟艱耶 余書謝曰 謹承
水閣節度閣下 使 尊公慰問我輩多日之滯留也 實
是辱 厚惠之情也 貴問之間 何敢添苦也 望安居
而問訪多幸也 三人同頓首敬白

　　天奎 基昉 達秀 宗吉等 書曰
二尊公病患加減何如也 余曰 日高減 川上一樣 多謝
彼曰 夜則以風席代屛 四面遮風 然後可無觸風感氣
之病患 果爲之耶 (余失/答稿)

　　彼等好 日本酒 基昉戲書曰

我酒尙有餘耶 余答曰 君之酒 今不知其所在也 彼曰
然則 尊公之酒亦無耶 答曰然矣

　　余乃命酒 童子携來勸之 達秀書曰
我等無所贈情之物 而飮酒煩請 極知無廉 羞愧又赧
然也 綏
尊公慰護之道 反不勝不安慊歎也

　　新來人書曰
頃日辭歸 不弛于中 其間爲日多 諸公何以勘耐耶
　　(余失/答稿) 基昉曰
尊公常飢 腹空而不肥 瘦瘠之甚弱耶 可憐可憐 余曰
非弱耶 是卽天授而所受也 厚念則多謝 於弱字 卽甚

憤 呵呵呵呵 基肪曰 非弱 而乃强骨快知 余一笑而止

　新來人書曰

　我

節度公 不知 公等之安否 送我而苦待 故今以辭歸

願 諸公平安行 平安歸 故國 則敢幸敢幸 余謝曰

水闞節度閣下 平安奉祝 恭奉 貴王之大澤 而 賜

粮饌也 舟中二十五人 每拜謝其慈恩也 今也 無苟艱

苦矣 伏奉謝 基肪曰 奉答納于節度公下 善書可也 余

即楷書之

　二十日 前日太守還衙矣 而昨夜山上 炬火相列 角

　聲遥聞 即是太守復來也 今日巳牌 來于我船 余曰

昨日不拜謁 夕聞管籥之音焉 舟中各欣欣然 炎暑之

時 長途無勞耶 貴容乾乾也 貴家人亦擧無恙也

併奉祝 太守答曰 昨日失奉 一般悵也 來往冒暑 朝不

早起 今始來問 多罪多罪 日間

日高瘡病 與 川上痢疾漸差耶 歸視其家 衙客患背

瘡 兒子患眼眚 愁慮多端 悶苦悶苦 三尾鮮又貿來奉

贈耳 余曰 日高瘡疾 追日有差也 川上亦灸治有差也

貴慮休也休也 尊公由我之滯舟 久役于此也 貴

衙之兒客患背眼 奉諒也 且三尾鱗 辱 恩給 伏奉謝

太守曰 兩官人之俱有差效 奉賀奉賀 我輩之久滯

國事也 有何貽慮也 又曰 旣以情貺 敢不領意 多謝多謝

　　余座右 有周易大全 太守見焉而書曰

武職之人非關於象曰象曰 余曰 卦爻象象 卽易之全

體也 非關之二字更不審 太守答曰 角弓木弓 分內事

也 象曰象曰 分外事也云 余曰 尊公之意 或可也 嘗聞

左文右武 曰之武也 若廢一 則非我 國之本意也 我

輩武職也 雖然 於國天下 亦或宜經緯 卽士之任也 故

坐右之也 太守曰 文武幷用 長久之術也 又曰 無不識

字英雄 然則書足記名之項羽 非英雄也 運籌帷幄之

中決勝千里之外 未聞子房之爲武也 經緯天下 卽士

之任 則士與武 卽相對之稱 不可相兼之名 則 尊之

言過矣 我亦武職也 故此等卦爻深奧之旨 不敢强究

也矣 余曰

日本畿外 公侯伯子男之國 唯士而已 是故士而兼用

二柄也 今聞 尊言卦爻深奧不敢强究也 信此好意

底 若我輩主文 而次之以武 則是我等之一罪人耳

尊意極好極好 太守曰 有稗官書否 余曰稗字未知也

太守曰 非聖經賢傳之書 卽家雜記古談之書也 余曰

許多藏之也 以國語國字 大半書之也 太守曰 我輩

則見而難解耶 答曰 未知其難否也 雖然恐是難解 太

守曰第看

余輒出二三冊 太守見之稍久矣 而書曰

皆是兵書 而間以 貴國書 不解不解 余曰 小子久學

兵 頗究其奧旨也 自謂之 呵呵 太守曰 不解 沒甚意味

余曰 唯以 國書 却似煩貴看

　時日高子 隔席獨飲泡盛酒 太守見而書曰

日高代官 獨酌 非酬酢之酒禮也

　　余愧而爲之辭曰

即今命 日本酒也 今此酌 則日高兼日之藥用 乞勿

咎也

　　太守問曰

貴國女人 漆齒何意也 余答曰 陰 故表其陰 而誡箴之

意 太守曰[5] 然則男子 何不紅齒耶 余曰 本是陽 故以陽不

重九也 太守曰 宿醉未醒 明日再看 告退 余曰 穩眠而

5B10-4020

待明日之光臨也 太守歸矣

　二十一日 朝 簡于太守曰

今日 諸公太平奉賀 日高病患有差 川上與昨一樣

舟中無異也 休慮休慮 我小舟所收之鹽 既盡竭也

乞贈給也 且前日所乞于問情官下之風席 贈給未也

且粮包改造之而還收于舟中之事 亦前日詳書 而同乞

之也 有許則幸甚 併請之 敬白

────
5　원문에서는 ○를 표시하고 오른쪽에 曰을 써놓았다.

太守復書曰

夜來 日高 川上 病症漸差云 不勝欣 幸我輩與昨一

樣 塩與風席事 飯後當進 可以奉悉 都留敬覆

　　食後 金 張 李等 來 基昉書問曰

近日樣子不好 何也 余答曰 念情多謝 但勞疲耳 非病

也 彼曰 思鄉之心過耶 余曰 眞然矣眞然矣 彼曰 日前苫

席八束 入給分付矣 入耶 乾米盡晒云 入分付耶 答曰

一束即十枚也 未領受之也 前日乾米之席六枚 昨日

收之耳 米即今當收之也 令舟人三人於舟下之海沙

上 而收之可耶 彼曰 今當我人入給事分付耳 余曰 或

乾 或朽 或前日蒸之 或不足用也 以此四者 若混雜 則

皆不堪食也 故令我舟人下海濱 而分選之 彼曰 好

彼又書曰 乾席給云云 不受云 何而分好耶 余曰 非乾

也 即內濡也 故不受也

　　即受其乾者八束 彼書曰

饌品 別無苟且耶 余曰 好意好意 鹽 醬 菜 魚 鷄 足也耳

彼曰 鹽醬日入耶 答曰 鹽隔日而入好

　　旣而太守來而書曰

貴舟中所入 自粮米至于饌物諸種 凡百所入 皆是主

管於我身上 如有所請 直請於我可也 我非問情官之

所管 則不可以其言奉行也 後勿如是也 鷄三首奉呈

領受也 (余失/答稿)

此日 太守書言朝廷賜饌事 (其書及所謝/草稿 今失之)

太守書曰

松元呼之則來 不呼則不來 見我[6]可憎其無情也 當罰

以一大觥 如何

余卽命酒 而酒方至焉 太守曰

松元爲人通鍊也 則非不知不呼而來見 見而卽拜之

禮 以其嗜飮也 故僥倖其罰觥 知而故犯 尤極可憎 呵

呵呵

松元欲飮 余書曰

松元猶大早[7]之得雨也 太守曰 得雨 猶歇後語也 卽謂

之逢甘雨 可也 太守曰 日高之沈重 川上之淳朴

安田之精明安詳 可欽 可愛 自忘累日疲勞之苦耳 余

曰 川上之淳朴實當矣 沈重以形容 恐似少違 太守曰

內無所守 則外不沈重 卽所謂粹面也 余曰 如 尊眼

太守曰 尊之精明安詳 目之何如也 余曰 唯是以貞

5B10-4022

直 而自力而不息耳 然而未能安之也 尊眼於我 乃

我猶有餘也 太守曰 平日 學不精明安詳 何能自力於

貞直耶 若如 尊公 不放復相天下士矣 余曰 始知

---

6 구두점이 잘못 찍힌 것으로 보인다. 見我 다음에 끊는 것이 문맥상 자연스럽다.
7 旱의 잘못으로 보인다.

尊眼大矣也 更力行勉强 而宜到于標地也 伏謝伏謝

　余側有刀子 太守玩之而書曰

此刀光利可畏 余乃藏之硏匣

　有頃 小舟載盤饌來 太守即書曰

饌已具 此舟甚窄 下十九人 命設饌於我舟 如何

　十九人乃設席於彼小舟 與我船有 我三人 則章服

　而拜受之 韓童供膳行觴 酒薄黃 味似琉球泡盛酒

　有香氣 余書曰

酒香味勝好 有酒名耶 太守答曰

桂糖酒 上品貴種 余曰 上品貴種 實於我輩 亦太爲重

之也 今也 奉此語 增是見 惠情之厚也 二病人曰 病

患若瘳也 奉謝奉謝(余以二子/之言 書云) 太守曰 厄酒安足謝也

　每人食卓各一 陶器八 一是餠 一是麪 一是牛脯 一

　是柿片 一是生蜜 一是酢 一是鰒 一是西瓜也 杯即

　唐山西洋製 乃食飲傾數盃 與最饒矣 太守書曰

一盃一盃復一杯 折花作籌無盡盃 未命何如也 余曰

小子若辭也 更給一盃 則幸甚 余玩其杯 而書曰 唐産

中即銅也 器惣名何 太守曰 盡杯 余食其肉曰 非蚫耶

太守曰 鰒 余曰 鰒我 國亦産之也 極珍味 太守曰

5B10-4023

貴國之中銅 如此器樣者 狀如魚鱗 余曰然也 有畵樣

即以吾之茶梡 酌其酒飮焉 曰 是即我 國産也 太守

曰 學酒白眼⁸望靑天 余曰 如左相之飮也

舟人善之丞 收其箱 箱中有戲場忠臣藏圖畵十二

枚 太守請而觀之 問其故事 余未嘗觀雜劇 故不知

其所以畵也 乃聞諸善之丞 以爲答 太守指其一以

書問 余書答曰 縛主之敵也 又問其佗 答曰 賊奪金

殺人 又問 答曰 子討賊 而輕女(卽金主/之女)賣身於傾城

坊中 又問 答曰 忠臣之婦及娘逐夫赴出 又問 答曰

奴隷也 又問 答曰 駕也 又問答曰 其兄欲殺輕女 亦

忠貞之婦也 以試其貞心之實否

船中畜一羔 欲贈之太守 余乃書曰

我輩飼一羔也 自前日滲入 而無所養之也 以無所養

而非奉贈也 玩翫之生物 爲慰多日之 厚情 奉贈之

也 莫以客而無贈防之也 不忍生類坐見將溺死也 又

不忍以所飼玩可殺之也 伏乞 受領也 若無所受 則放

於山野 而勿至死則幸甚 太守曰 厚意可感 亦可謂恩

及禽獸也 然羔雖畜物 今於風漂之時 萬頃蒼波 與之

同死生 則棄之他國 雖出於好生之意 亦不無相戀之

情 羔之所食 當繼給 幸爲善養 與之同還故國好矣

須臾 韓人刈靑草來 太守書曰

俄使我人刈給飼羔之蒿葉一束耳 又書曰明日再看⁹

8　원문에는 眼이 眼으로 교정되어 있다.
9　원문에는 耳가 再로 교정되어 있다.

告退

　太守歸矣 旣夜 而李宗吉 金基昉 金達秀 張天奎 曁

　林時亨者來 基昉等書言巡營上使將至之事 (其書/今失

　焉) 余書答曰

尊等丁寧示 巡營上司之來臨也 厚情厚情 方從敎

示 依問而宜詳答也 多謝多謝 彼曰 貴公必知他舡

借置物件之數積幾何 箱幾何 又他物幾何 歷歷箇箇

詳示之 伏乞也 余曰 諾矣諾矣 當以實情答之也 彼書

曰 都不失元數 不必深究 而我國舟移置之數 不甚夥

多 而何不指的 若是終夜詰亂 不較正乎 忍睡堪耐如

此者 夜內不畢 則我輩不免論貴[10]之端 豈不悶且悶乎

忘勞期於速速糾正下去 仰乞也 余答書曰 前日之所

草稿 卽今糾點之也 一不違也 當以之面對也 如何 彼

曰 今夜更問者 但我國舡暫時借置之物件 非元數照

點者也 不須多言 借他舡所置之稿 示之也 而左邊舡

所載數懸記主人 右邊舡所載物數懸記主人 詳示 夜

深前下去修文之地 仰乞 余曰 元自知之 雖然卽今又

令勘右衛門更點

　更已深 令舟人記左右韓舟與我船之物品 余書其

　全數 以示韓人 (其書/省之) 余書曰

盡宵奉勞 貴情 多謝 彼曰 彼此持難 極知相苦 而期

_____
10　責으로 교정되어 있다.

於糾正者 上司往復文簿 一不差違 專爲尊公之事

也 若是費精神 竭力深夜者 我輩此何苦狀耶 今旣了

事 大設飽喫之物 勿惜多出之也 不然則更不來也 此

意宣布 僉尊公前 可也

　　今日 朝廷所賜餅肉 猶有喫餘 因命煖酒 飲食之 余

　　陶然舒嘯 金基昉書曰

唱嘯何也 乃厭客之意耶 思故鄕之意耶 余曰 非思鄕

而亦何 余又曰 天令此疲瘦一人勞 何耶 張天奎曰 男

兒天地 莫嫌此

　　雞已鳴 更煖酒 共韓士飲 金達秀書曰

醉紅顏於論情 飛羽觴於缸上 余書曰 酒香餅甘口腹

已醉太守之酒 已飽太守之饌與德

　　天奎請煙草 基昉 達秀亦同請焉 各盛其管與之 天

　　奎 基昉 更將乎自盛之 余不與焉 而書曰

煙將盡也 基昉書曰 何其吝 余曰 我舟中人 煙竭已多

日也 小子唯有藏煙也 分配之 而予舟中人也 今也 我

煙亦將盡也 何吝之有乎 彼皆叩頭謝之

　　余書問曰

巡營閣下 官何品耶 明朝當來耶否 又今宵耶 彼不答

　　彼等書曰

我名知否 余曰我有眩忘之病 今也此病發 故立而忘

失也 多罪多罪 彼曰 無情可知也

　彼於是乎 援筆書其姓名 余聞其韓音 以國音隻

　字記之如左

キムギバン チヤンテヤンギウ イチヨンギリ キムタレスウ

金基昉 張天奎 李宗吉 金達秀

　舟人煙草 往[11]日既盡矣 余猶有焉 因分與之達秀 達

　秀秉筆詠烟[12]草曰

灵[13]草繇繇[14]出自南 非酸非淡亦非甘 炎帝嘗時何獨漏

蒼煙吸盡破喉痰　　伏乞一竹 惠賜也

　　　　　　　　金達秀謹稿

　林時亨贈詩曰

一風急悲秋毫 三憐 君千里客(朝鮮詩書法/ 見于前)

二雁[15]回憶弟原 四何日到鄉園

　　又

一羡君縫袖闊 三幸得雲山接

二愧我布衣寒 四不知月上欄

　時亨書曰

---

11 본문에는 徃으로 표기하였다.
12 본문에는 煙으로 표기하였다.
13 靈의 속자(俗字).
14 遙의 오자로 생각된다.
15 본문에는 鴈으로 표기하였다.

今夜□船後 以 太守之禁 更無接 顏之望 一別之

後 海水滄滄 雲山重重 又絶聲息之路 不勝悵然 幸須

無恙回帆也　　　　朝鮮士人林時亨

　　余謝曰

一別之後 海水滄滄 雲山重重 又絶聲息之路之數語

方令余惆悵凜然也 今方別」 水風吹鬢髮 生氣徹客衣

男兒剛腸絶 凉月入杯飛 是亦天壤之一會耳

5B10-4027(그림)

提燈圖

雨笠圖

摺之懷之 以油紙造之

而竹皮冠

上□

之非

上官

人則

不許

傘云

5B10-4028

　韓客等乘輿而飲 鷄已頻鳴 彼書曰

下去 安寢伏望

韓客皆歸去 余亦就睡 惟寤者 童子次郎與山助也
他皆眠熟

二十二日 朝 雷雨太甚 食後晴 太守來而書曰
朝者 雷電大作 驟雨暴至 三代官何以堪過 爲慮
不淺 而夜來病症加減 更如何 奉問

余謝之 太守又問前日問情官 何之問 何之答 余即
答曰

一昨二十日 於舟下沙地 而我舟人伐朽毀之材 而截
之以爲用薪木也 問情官下之下隷 告之於官下也 乃
曰當制止之也 故即止也 問情官下曰 火木乏耶 答曰
舟中薪乏也 官下曰 乃當給之也 雖小材勿伐也 謝曰
伏乞給之也 官下諾焉 前日之事如此也 依 貴問 奉
告復也 太守曰 然則 何不告我 當以一時一丹 每日三
丹計給 以此領受也 余謝曰 所以不告者 則多罪多罪
有寬恕 而還辱贈給之事 實厚情也 伏奉謝

頃刻 金達秀來 以書奉于太守 太守曰
粮饌領來 命松元領受也」其計給記如左

米二石 醬三斗 胡樸八介 炊木三丹

自十九日 至二十二日

太守又書曰 問于松元合計也 余曰 所記之品 領受之

也 太守書曰 貴舟左邊 品物所載之我舟 造成年久

舟底朽傷 而泊於海邊石沙上 將有裂破之患 幸望退

泊於 貴船頭下沮洳之地 如何 余呼船長而命其事

而答書曰 即今命船長也 如 貴意也」少焉 太守又書

曰 今之所泊處 比前稍下無害 且更下泊 則出入非便

依舊置之 太守又曰 疥瘡 眞油調火藥末 塗之數三次

神效神效 余書曰 火藥一種 曰高已一疥塗之 即瘳妙

妙 未用油也 當用油火藥也 被示神驗 多謝多謝 太守

曰 眞油有否 貴國別称火藥 何名 答曰 未聞眞油之

名也 疑是胡麻油耶 我國胡麻油 則産之 舟中不有

也 火藥曰鹽硝也

　坐上有方枕 紙封之 太守見之書曰

與我國南草封 一樣 余問曰 南艸 煙乎 太守問之名 余

曰 角枕 太守曰 我國謂之木枕 太守將歸 余曰 日日有

來臨之恩 厚情無所謝也 太守歸

　二十三日朝 簡於太守曰

今日未拜 貴容 夜來平穩奉祝 我輩各無恙[16]也 勿慮

勿慮 夫舟中吸煙人 各所藏之艸 或流失之 或滲沾之

餘吸之 而又已盡 舟中渴烟數日 唯安田義方 少許藏

之也 故分給之於舟中人 飯後一二管 令吸之而已矣

---

16 원문에는 蟜으로 되어 있다.

今也 安田之烟¹⁷ 亦將竭也 安田有吸煙癖 一刻不吸之

則精氣若衰焉 雖然今少許有之也 川上親訣 亦吸煙

5B10-4030

同乎安田 已而自徃日煙絶也 且癪病泄利每夜十餘

回 獨坐唯煙友之 而又惜安田之亦將竭 吸亦不任意

也 伏願以煙草惠賜之 則幸福何以加之乎 每事唯賴

貴慮也 且前日所乞之鹽 望隔日以一升三分之一 恩

賜之 前日已奉告 故安意而待之 然以有煙草之事故

更及此事 但非急責也 舟中鹽盡已多日 故倂奉告之

拜手敬白 七月二十三日

　　午間 問情官來 賀平安 而余書以問曰

不履地已四十日也 唯苦于水濕也 仰俟朝廷下陸

之處分也 未無下令耶 如何 問情官書以答曰 我輩爲

公等 究力周旋也 少待之如何 非久 朝廷處分有之

也 彼又書曰 米則昨日旣入來 柴則今來也

　　米¹⁸ 醬 鹽 柴 則太守之所繼饋矣 固非問情官所管也

　　而趙主簿自衒其惠負其功若斯 可憎之甚矣 旣而

　　炊木載來 其記曰

己卯 七月二十三日 炊木三丹 余謝曰 有芳恩 而今日

所炊之木三束 (即丹/也) 給之 即今令松元領受之也 多謝

---

17 원문에는 烟으로 되어 있다.

18 본문에는 來로 표기되어 있고, 옆에 작은 글씨로 米가 쓰여 있다.

多謝 己卯七月廿三日 三人同拜手敬白 安田義方 印

報

庇仁太守閤下」

　太守饋蔫與鹽 其書曰

　奉謝 三代官案右

5B10-4031

今日病未奉接 方切贍詠之思 獲承 情書 敬審夜回

僉起居安勝 慰喜没量 示煙與鹽 玆依奉副 而但我

煙比之 貴烟 味頗毒熏人 是可欠也 明日再看 留奉不

悉 己卯七月二十三日 庇仁倅頓首

　烟茶十兩（此二行字上 押/太守之官印）

　白鹽三升

　（彼所謂烟茶 即烟草也 如 本邦所謂絞烟草 而/

　草索編之）

　余書謝曰

奉却謝 庇仁太守尊前」鹽及烟 舟中盡竭 故告恩給

之事 卽時鹽三升 烟十兩辱贈給也 無事不由 貴慮

眞厚恩 且以烟味之不勝于我烟 而所慰焉 渴水不[19]擇

塵芥 而況 貴國煙與我煙 元牛角 更期明日之拜謝

又聞有採薪之病 願加養也 己卯七月二十三日 三人

同頓首敬白 安田義方執毫印

19　본문의 耳 위에 붉은 색으로 오자임을 표시하고 오른쪽에 不를 써넣었다.

趙主簿書問曰

貴州次何州耶 余書答曰 肥後國 大隅國 次之也 彼書

曰 肥後 大隅 所産何物耶 余書曰 多品未詳之 彼書曰

貴緞中與繒與紬 或有藍色縞 或有紅色縞 賣之則出

示 如何 余書曰 非賣物也 而出示也

出示紗綾紬之類 彼書問昨日太守問答之事 余書

答曰

所用之事少也 但賜米饌之事 及器財之名器 烟酒等

之事 問答之而已矣

薄暮 金基昉來 一童子從焉 此日雨 夜增甚矣 故欲

問下陸之事於太守及諸官人等 書曰

夜來諸公太平奉祝 我輩無恙也 但苦風雨耳 因問下

陸之事 久待 貴朝之往復也 處分如何耶 請之既有

日矣 伏願告示之 不堪將有艱苦危急 故敢問之也 且

夫所移積我品物之貴船 每波浪動轉 船底到于海沙

而繩斷纜絶 所駕之我舟人 繼續似得完也 舟人曰 甚

畏積舟之損傷也 處分若在許下陸 則兩全 幸福也多

三人同敬白 書終而呼舟下人 金基昉側見之而問焉

余書答曰 當持遣于貴國人也 基昉曰 使下隷送于太

守前也 余曰 多謝多謝

基昉即持余之書歸 俄頃而復來 余書問曰

虞候[20]公病患有差耶 彼答曰 一樣不得來見 尊公之
事 恨歎恨歎 余曰 實慮 厚情厚情 但望炎熱中勿煩貴
慮 所願所願 基昉曰 來此多日矣 子兒去夜欲見我來
之故 欲拜於 尊公前 方跪坐傍側也 余曰 眞是人子
之心情可感 容貌端正 基昉自懷出乾鰒一箇 而書曰
爲我欲喫 但三箇得來 故二箇 同來三人 分味喫之 一
箇 切欲奉味於 尊公持來 勿咎畧小 三公分味如
何 此是五百里外海島所産 而不可易得之物也 勿嫌

5B10-4033

爲小 將情分味 伏望耳 余乃進一片於日高 日高不好
食之 故以日高之言 書曰 日高曰 以珍味故 欲喫飯同
食之也 余又書曰 慈子欲 尊公之喫 而携來五百里
外産 而 尊公又賜于我輩三人 深情深情 非爲小也
爲大其心情也 基昉曰 但遠島所産 故謂貴物也 豈敢
曰珍味乎 味不惡耶 余曰 至香味 余勸酒於其兒 而問
曰 貴兒名何 基昉曰 洪彦也 日高酌酒勸之 基昉書曰
居常不飮酒矣 日高尊公親酌 受盡飮 奇也 余書曰 貴
兒不嗜酒也 已而紅顔 基昉曰 我不見飮酒

　　余贈洪彦 以唐筆二管 坐中有琉球製圓盤 基昉見
　　之書曰
我國所無也 此眞有價難貿也 若有賣買之道 則献價

20　원문에는 侯로 되어 있다.

一箇[21](坐字/基昉/自爲/改)買持 而元非賣買商資 則賣買二字 非所可論 但

切欽羨而已也 歸家後眼中森森也 恨之奈何

　　基昉數玩之 余語之二子(日高/川上) 而書曰

無敢論價也 尊公愛之 則當以一箇贈之也 幸無辭

而受 則多幸 聊以表寸志也 且如價乃貴品之小物 以

一箇 更欲請之也 諒之爲好爲好 基昉書曰 大有不然

者也 我受 尊公眷戀 今受此物 而人心不淑 或者猜

情覔疵 以我儕之爲言 則隨口發明之前 橫被不測之

過 十分可慮 以尊 公之親筆 贈情[22]此物之事 書給如

何 余曰 諾 基昉曰 太守前所請烟草 不知施不施 而我

下去 求貿此處 多少間烟草當献送耳

　　彼又有欲使兒求貿一品物以贈余之言 今省其書

余曰 以烟草 而辱可被送之事也 故前言貴品之小物

者不乞耳 止之可也 何煩貴兒乎 但烟小許給之而足

矣 基昉曰 僉使公使人急請我 故物置之而下去 見僉

使後 與子更來 姑俟之也

　　基昉下船 須臾提烟草一編來 而書曰

---

21 본문은 箇로 쓰고 옆에 작은 글씨로 坐를 썼으며, 위에는 坐는 기방이 스스로 고쳤다고 쓰여 있다.
22 물의 오자로 생각된다.

烟草只有此 故献之 三公以爲數日之資如何 張天

奎聞絶艸之事 見我持來 今方又求 明欲献之云耳 (余/失

答/稿) 基肪又書曰 俄托書置 果書之否 所贈品物無書

給情表 後有碍聽聞也 厥物以他外裹之 他人不知某

物受去似好也 余乃紙封之以贈之 且書曰

　　内紅外靑夜食盆一坐

　　右聊爲表寸志奉贈之 非敢賄賂之儀也 乞領受

　　之 己卯七月二十三日　薩州三人敬白

　　韓卒冠後垂赤毛 余問曰

下隷冠上之赤毛 則所染塗耶 又元赤毛耶 又非毛而

他物耶 基肪曰 象毛也 以染赤也 余問赤色久可保耶

赤色久不變耶 基肪曰 邦法表也 則改染

　　作六言四句 以贈金洪彦曰

有一別數行淚 無再會同心期 別後雲山千里 多情唯

在此時　　　　　　安田義方醉書

5B10-4035

　　此日金達秀見贈詩 (前日往往所贈 今日/改書於一紙 以贈之)

　　謹答江亭韻(江亭夜作之詩 則余在永/良部島所作 達秀次韻之)

一弄春花鳥暖 三閑臥無塵累 (朝鮮詩書法/見于前)

二撫釖雪霜寒 四清風入畫欄

　　詠墨 表情

一可愛爾身化栢油 三鳳味爲客楮君友

二玄香治政無毫州 四又是新榮卽墨侯

　　詠煙草 請得

一靈草緜緜出自南 三炎帝嘗時何獨漏

二非酸非淡亦非甘 四香煙吸盡破喉痰

　　謹呈

一來自扶桑日下云 三如何謠俗語音別 (律詩書/法亦如/此)

二遑場問答喜相聞 四大抵基邦東北分

五初進香醪恭致禮 七三公知有直臣節

六更將華筆細論文 八諫笏朝端幾輔 君

　　又

一酒榻人來今日面 三爺孃千里別離恨

二煙汀舟繫故園心 四靜夜分明淚不禁

　　今此五章詩 伏望回答 以太陽之光 壓此螢爛之

　　影 如何

　　朝鮮國 忠淸道 庇仁縣人 金達秀 謹稿

　　船頭望海色 拙搆謹呈

5B10-4036

一銀海景光問白鷗[23] 三片舟滿載江湖月

二一聲漁笛蘆花秋 四歸路茫茫雲水頭

　　　　金達秀稿

余書謝曰 陽春之高調六章 辱見寄之也 前日之稿乃

---

[23] 원문에는 鴎로 쓰고 오른쪽에 鷗와 같다고 하였다.

明日當復入也 且欲以螢火 而與霽月競光明也 期後

日 姑俟之多幸 安田義方拜

　　達秀書曰

謹呈詩六章 初不評品 而每以李杜風過尊 於小子之

心多愧 伏望別紙寫[24] 貴人所見 以開愚迷之心 如何

余答曰 却我自愧 達秀曰 他紙論示如何 余曰 如貴意

也耳 後日徐徐評論之 姑俟爲好 達秀曰 後日則小子

無暇 今日優劣間 以他紙論示也 每援筆作書也 詩體

庸澁 以龍門爲蛇戶 竹馬爲篠驂 如此而那能免斗筲

樸樕之木乎 伏望論示也 余答曰 尊乞評論 貴詩而

不息 我詩學固疎 不敢堪論貴韻之好否 雖然多日啓

心以相歡話 豈不謂千里之靑眼乎 不得辭 評鏡面主

之象 他日勿咎 安田義方

　　彼喜而切乞之 余乃書曰

答江亭韻之作 起句得其體 承句不貫意 轉句頗得其

眞 結[25]則有病也 以淸風 更用香風輕風好風等之字 則

爲好 畫欄則貴富 或婦女所居也 詩意全體隱逸或慷

慨之情 所謂比而興者也 少時推敲 而當得其趣 □□

24　寫의 오자로 생각된다.
25　원문에는 結로 되어 있다.

七絶一章 往日雖有此之解 而未詳其趣向 句韻格□

則非盛唐之風味也 詠煙草一章 妙手得東坡山谷之

氣象 而席上走筆也 但感其英才 來自扶桑之律詩意

興乃有餘 而吟詠未壓也 似得宋儒之詩體 酒榻人來

之一絶 眞情令人淚滿襟 克諒得浮客之心 船頭望海

色之一章卽氣象豪邁 句格流暢 太可賞可賞 但以窮

地盡之三字 (初此詩 轉句/有此三字) 再削之 易以正風雅體之字

則不可以愧於李杜之冊中也 金達秀乞評論而不休

席上聊謾評以贈之 後日勿咎某之不足

　　　　日本薩摩州 安田義方謾評

　　二十四日 朝來風起催雨 波濤稍壯 我所乘之韓舟

　　滲漏太甚 我舟人汲之 而韓人僅兩三人在舟 因簡

　　曰

貴舟滲水 增于前日也 我格軍等汲之 分處其積物也

有貴舟之格軍及舟長急來之命 以爲好

　　頃刻 彼舟人等來 且金達秀贈炊木來 其記曰

己卯七月二十四日

炊木三丹 (二行字上 加太守之官印)

　　余覆書曰

炊木三丹 令松元領受也

　　己卯七月二十四日 安田義方執毫 (束字下 □傍□/小印 每如□□)

　　金達秀書曰

此浦雖云平瀾穩泊之地 大風振作 怒濤不□□□□

過 爲慮萬萬

　　金達秀勞我船事 慇懃盡情 故每來見 余必勸酒慰

　　之 達秀書曰

小子來到 則

貴人特 命松元 每饋酒餅 慰賀無地也 以此見之

貴人有君子愛人之風 尤爲致賀耳 達秀又書曰 日日

與 貴人欲吟風月 而緣於公事 不得遂意耳 (余失/答稿)

　　未牌前 太守來 余接見焉 (船樓上素陜隘 乃分坐 以/箱篋爲界 太守以韓官等)

(來 則我二子又□□/於其後 以病□□) 太守書曰

以 貴舟之朽敗 朝廷處分以我 國船我格軍 沿

海 各邑各道 次次替送 送于 貴國地方 交隣之

聖德 迥出尋常 萬萬 尊等 果知其感祝否 今則我輩

爲 尊等 幸喜萬千 聊携一壺薄酒 以賀其欣忭之心

　　余書謝曰

忽奉 德恩 伏攸喜攸喜 千幸萬福 偏因 尊公之懇

情 殊得還歸之道 奉謝無地也 以芳酒見賀 三人頓首

謹奉謝其 恩義 敬白

　　余書謝之 曰高川上亦出拜 飲其賀酒 我輩亦以酒

　　祝賀 余乃書曰

我輩亦奉謝 恩幸 奉勸一杯酒 又書曰 奉□還

國之 恩言 歡喜有餘 而更有別離之憂 將奈之何

太守書曰 速還故國 賀則賀矣 悵別之懷 彼此一般

也 瞻望海雲 我思當悠悠矣

　　太守平生不嗜酒 此日傾四五盃 日高在坐 太守勸

　　飮 日高不欲 乞余書 余爲之書曰

日高患雨濕 亦含腦云飮即搔 故辭

　　川上固以痢泄之患 自愼矣 余獨傾數杯 而書曰

飮川上鯨 日高鯢 安田所謂小魚之類也 今也 二子病

故小子安田義方爲第一驕之耳 太守書曰 可謂無虎

洞裏狸作虎也

　　童子次郎行觴 太守常愛之 太守書曰

次郎 置之而去 我欲使之也 余書答曰 微軀則可置之

也 於次郎則一刻不可離也 乞辭 又書曰 小子見次郎

猶子也 太守曰 視之猶子則次郎名不虛得也

　　太守之侍童五人 容貌各可愛 其一童偶至余傍 余

　　書曰

童子姓名何 太守書曰 姓曺 名繼承 余書曰 爲示名之

實稱 太守曰 繼繼承承之意也

　　已聞送歸之事 即裝包笥箱 揀擇用舍 舟中殆煩亂

　　舟事無大小 各問決於余 余右手揮筆 對韓客且銜

　　盃賀此歸 左手指揮船長臣僕 太守見余之拮据 書

　　曰

尊所謂一沐三握髮耳

　酒數行 而太守等歸矣 有頃 太守贈書曰

俄奉歸 有餘帳 胡椒二十一分 玆奉呈領之 受用如何

我之日用茶鑵見破 無以煎茶 玆奉告貴用土茶家

一件 惠之否 如無副件 置之無妨耳 明日再[26]看

　　　　　　　　　　　庇仁佺頓首

　我之茶家 (即砂鑵/之俗稱) 新者 或破 或傷□者唯一 而無蓋

　所日用之茶家 適完 濯之蓋于其新者 贈之 且我向

　者請胡椒故有此饋 余失答草

　申前 譯官趙主簿來而書曰

昨晚 朝廷處分下來 □□期□貴國二隻 載□船物種

分定差使員 次次運船□事□于□故國事 □□矣 (余失/答稿)

　主簿又書曰

相考前例 則 朝鮮船歸故國 則有目錄出 何爲分好

耶 余答書曰 我以當出耶 又 貴公以可出耶 主簿書

曰 我 國漂民 到泊江戶 漂民船不破 則以其舡護送

還歸 若其船破 則 貴國船 領來我 國地境 則駕船

價米五十俵 受去 貴國人故依此例 以示目錄也 彼

又書曰 貴國目錄法 以金銀或銅屬出之 而今則有異

以船中各色 出之好也 余書答曰 熟論可以答也

　趙主簿以非禮言 數責於余若斯 乃與二子議曰 前

---

26 원문에는 身에 획을 더해 再처럼 썼다가, 다시 붉은 원을 그리고 오른쪽에 再를 써넣었다.

日所投之繭席若于在彼地 雖所投下 然我之所固

有也 別無一財 金錢亦固弗所貯也 宜以此席與主

簿 主簿不可焉(彼此之書/今失焉) 明日余示主簿之書太守

太守見而書問曰

誰某之書耶 余書答曰 問情官之書也

明日主簿來 奪其書去 余寫其一二 以備他日異問

之證 是日主簿歸 而太守之屬官 問情行官人等來

余書問曰

此地以何方之風 而發帆耶 彼書曰 毋論東西北南 風

俱好 又曳船而行 余又問 凡幾次宿 而宜到于對馬之

渡口耶 彼曰 凡十宿而可到也 彼又曰 次次轉運 則不

待風之好否 日落 則□□出船耶

余議之乎舟中 衆咸曰 明日不可得移船 迄二十六

日發船可也 余即書此言 以爲答 (今失/其稿) 彼又出一冊

子 是往日點閱物種記也 彼書曰

此稿上持去物 以朱點以示 而報 司時急 即速示之

幸望幸望 余答書曰 三人及松元 同點之也 彼又書曰

可携去者携去 可火者火之 一從品物件記中逐条打

點 余曰諾 彼又曰 携去者以朱墨上圈之〇 火者以朱

墨下點之可也

於是与二子及船長 定論而圈點之 至三更而終 其

間問答 不悉記也

朝鮮漂流日記卷之四終

『朝鮮漂流日記』伍

朝鮮漂流日記 卷之五 (自七月二十五/日至二十六日)

　七月二十五日 朝 林時亨來 (其贈答則記/於此日之末) 且小舟載

　薪肉來 其記曰

己卯七月二十五日 炊木三丹 生鷄三首

鮮魚三介 太守副書曰

夜來 三代官 太平 昨惠茶家 多謝厚意 生鷄三首 鮮

魚三尾 炊木三丹 奉呈 領受如何 飯後奉悉

　余書謝曰

辱問訊多謝多謝 夜來 尊公太平 奉祝 我輩無恙 休

慮休慮 炊木三束 生鷄三羽 鮮魚三鱗 今松元領受也

己卯七月二十五日 安田義方 揮毫印

　食時 金達秀 領米 菜 魚 來 其記曰

米一石七斗五升 胡樸六介 乾石魚二束五介

　自二十三日 至二十五日

　巳[1]後 太守虞侯[2]來 大[3]守書曰

1　巳時.

三代官夜來平穩 可賀 第[4]束裝 多眙惱[5]擾奉慮 虞侯公

病尙未瘳 爲別 尊等 今日强疾来會也 余答書曰 二

人平眠 佀川上病患不休 勞傷追日而甚矣 我輩太悶

慮也 且虞侯公病未瘳 强來爲別云 厚情 太守書曰

川上之病 實悶念 其或亦好男色 以此添損耶 余書曰

昔日所給之藥艾 已用盡之也 更願恩給之也 伏乞伏乞

　太守使人來艾給之 余受之 以與於川上子

5B10-5004

　日高此日始見虞侯 余應日高之需 書曰

日高與一左衛門義抦也 有疾病而未能面[6]也 失敬

　日高示之虞侯 虞侯書曰

你们舡隻 年久破傷 不淂[7]駕海 我國舡隻廻還 而萬里

滄海難進也 舡中什物間多闊失云 其亦浪目極矣

　金始基亦來 余書曰

三日不相見 太平祝賀祝賀 始基書曰 我則其間無恙

而但 君之起居珎[8]重耶 余書曰 我亦平靜 余問虞侯

曰 未知 尊公之姓名也 伏乞記之 虞侯書曰 公淸水

2　候의 잘못이다. 이하에서도 같다.
3　太의 잘못이다.
4　第와 통용된다.
5　원문 憛로 되어 있다
6　原文에는 面으로 되어 있다.
7　得과 통용된다.
8　珍과 통용된다.

軍虞侯 崔華男 余問 崔姓 華男名 虞侯曰 然

　　有此頁韓童來而供膳 太守書曰

尊等明當發舡 聊具餞饌 此是

朝廷優恤之德意也 幸 領受也 余書謝曰 以

貴王優恤之德 賜餞饌 奉謝 恩幸

　　前日所投之藺席 韓人以茅茨覆于沙上 是前夜所

　　下點之物品也 而彼運送以積疊於我船下 斯爲火

　　之也 余書曰

草席揔計 所移此地也 眞是念情至厚

　　彼所覆藺席之地 相距可二百餘步 斂使李東馨 誘

　　船長松元 至其地 以示其無遺品矣

太守書曰 俄者 日高呼 尊 以國士老 余書曰 不然

也

5B10-5005

　　日高常呼余 曰喜藤殿 (倭名登乃) 其音響 蓋以韓音國士

　　老 而云爾乎

李華男書曰 自漂到此地 今至回去 肯槩詳書示之 以

報 上司如何 (余不解/故不答) 太守書曰 自 貴舟漂到時始

米 何月何日 漂到此地 留幾日 騎 我國 生還故國 皆

是貴國恩德之意 書之 余卽草稿曰

我 官府舟 辛凌大洋之逆風 漂流者多日 而己卯七

月三日 漂到于 貴國之洋 有敎示 而繫舟於安波浦

口焉 又有指示 而曳入同浦之泊內 而至于今日七月

二十五日 凡二十三日 萬事千態 有 貴國之 恩幸

矣 舟中二十五人 一日一人一飯 以米一升醬許多 菜

魚 鷄 及炊木 賜之舟中 各安意休慮 而至今日也 且

舟破毀 而難駕也 以故有鄰國修好之義 而令 貴國

舟送之 而得歸 國也 明日方發舟 終始實是 聖恩

之厚也 仁德之深也 臨書而不知所言 但是俯仰奉

其幸福 誠恐頓首敬白 己卯七月二十五日 日高義柄

川上親訣 安田義方 余示諸太守曰 如此而可耶 太守

曰 好 太守曰 當押印也 余獨有石印 而二子則無之 余

乃書曰 安田義方 一人印之 而可乎 二人之印已深藏

而裝包之也 太守曰好矣

　　我三人共欲作 倭歌以留別太守 稿已成 余語之

　　太守 太守欣甚 余輒書短冊贈之

5B10-5006

ししくものやへたつをちにかへりみは

きみかなさけのふかきゆゑかも 義方

　　太守見之曰

可謂龍蛇飛騰善書也 此是國[9]書耶 余書曰 即國書也

褒美似過 太守乞解 余書曰 白雲十萬里 貴國送我

---

9 原文에는 圍으로 되어 있다.

而得歸也 得歸者 實 尊公之情 深厚之所爲也 かも

之二字 味深語勢有餘意[10]也

　　日高亦書短冊

わかれてハともに見しよのつきかけに

よせてそきミをしのひやハせん　　　義柄

　　太守又乞解 余書曰

別後無再會之期 唯所俱見之月 須以戀思今日之至

情也 ヤハせん之四字 語聲意思 猶有餘情也

　　余不學 倭歌 故他人之詠歌 固不能解焉 問其意

　　於日高 而書以示太守矣

　　川上亦書其歌

いつのよにそこひもなけのやまの井の

ふかきなさけをわすれはてゝん 親訣

　　余爲之解曰

生涯焉忘[11]乎 其深如千仞之水 眞厚情也 何之時何之

世 豈得而忘而其厚情

　　太守更乞ヤハせん與かも之解 余重釋以示之(今失/其稿)

<hr>

10　餘意는 말 끝에 함축되어 있는 속뜻을 말한다.

11　原文에는 㤀으로 되어 있다.

太守書曰 宜圖書也 余書曰

日本歌可圖書之例無之也 余又書曰 書姓名耶 太守

書曰 刻姓名於角與玉石者 以朱紅墨 塗以押之 日昨

物標中所印之物

　　余應其需 押姓名 表字 屋扁(即引首印也/刻文拾翠亭) 及遊印於

　　短冊上下 太守見而書曰

何不刻田字 答曰 二字姓 脫下一字 是通例也 太守曰

拾翠亭 卽 尊之堂號[12]耶 余曰 然 太守曰 佳名也 又曰

贈人之歌與書詠 卽不相忘之意也 印其姓名居住 或

堂號[13] 然後見其印 而思其人 貴國則何無印給之例

耶 日高川上之二歌無印 甚可欠也 余曰 如 貴意

也 貴意也 無印甚念惜 雖然如前言 國歌無印者 卽國

歌之例也 不忘之意 則實然矣 又曰 書古人之詠歌 則

二行之歌 字頭後行一字下而書也 如自所詠 則雙頭

書 而其下書名如此也 是其例也

　　於是太守悅焉 余偶書語太守曰 我

日本國人 有菅丞相道眞公也 我 國稱此人 而曰聖

也 已薨而一千有餘歲也 所述作之書 多存于今焉 歌

詠亦存 德厚遺書亦顯然也 放勳玄德 我輩之國學 汲

其流派 而國書亦同私淑之於人 今日卽菅公月祭之

12　원문에는 鴞로 되어 있다.
13　원문에는 鴞로 되어 있다.

殯日 而以詠歌故 今思其人 尋及此日也 太守問其姓

名之分 答曰 菅姓 丞相官 道眞名

崔華男 年將耳順且病尙未瘳 務坐于舟上 顏色稍

衰 余書曰

虞侯公 力病强來 實厚情也 慮切矣 無强而歸假營[14] 而

安臥 加養如何耶 (彼答書/今失焉)

明日所駕船 自舒川郡出之云 昨日旣來 繫于浦外

護送官人 即舒川萬戶 (官名)也 韓人書曰

舒川浦萬戶 (官長也) 同船領去 次次遞[15]付 余書曰 今方以

品物 欲移于 貴舟也 乞以此事 命 貴國人也 貴

國人不許積也 故命舒川之人 而令許之如何 韓人書

曰 舒川萬戶 今方到來 余書曰 未來耶 來則命之爲好

余又書謂太守曰 今夜待潮張之時 方欲火舟及席也

更畏近邊之 貴舟 有火炎之及也 故奉告之 太守答

曰 可感厚情也 火之時與我人同火也 又曰 可移者 次

次收聚 余曰 今命於松元 又曰 萬戶未來耶 來此處 則

移品物於 貴舟 命速來幸甚

余收坐右箱 箱中有吾友竹太寧之画[16]數紙 余出之

---

14 임시로 만든 군영을 말한다.
15 遞의 속자(俗字).
16 畵의 속자(俗字).

示太守而書曰

我友人竹下義岳字太寧 所画也 義岳號17青溪也 諸公

有意 則携歸爲好 太守曰 画是名画也 旣是尊友人所

贈 則不可奪人之情也 不敢有意也 太守曰 就中不忍

別者 曺繼承也 余曰誠實然矣

日將余時 舒川萬戶來 余書示萬戶曰

初見平靜可賀 舟行千慮 多謝多謝(萬戶答書在/明日記中)

日旣沒 不可移舟也 余書謂韓人曰

日已沒也 舟中暗 品物不可積也 明晨夜明 而載積 則

如何 彼答書曰 日暮不載 明日早早始載 而此冊所記

物種 一不違錯乎 符合違錯與否 詳示之也 此言稿給

受請 余乃書曰 移于 貴船 而所携之物品 則昨日以

圈而記也 所圈則一不違錯也 雖然已箱之櫃之 且堅

包之也 箱櫃之所納 則其主亦一一不能識之矣 唯以

箱數物數而記 多幸爲好 願如此也

萬戶下去 太守虞侯亦辭去 金基昉 張天奎 獨在舟

上 基昉書曰

喫口 明日更來而即今無月昏暗 下舟時 使臣從借燈

下舟後 燈還掛如何 余答書曰 諾

終日竟夕 揮毫不止 心身甚疲勞 時二客如將有言

---

17 원문에는 羆로 되어 있다.

余乃撫枕而書曰

勞勞免許

　遂假臥 基昉書曰

明日多事紛擾 無暇書答 故今以忍喫如是 而 尊臥

答[18]不咎也 臥以見臥以書答可也 余答曰 臥已失敬甚

多 且臥而書答事 我不忍爲也 若有問則不厭也 起坐

可以答也 基昉書曰 日日勞勞旣知也 伏乞臥見臥答

也 一書太守公事 一書僉使公事 一書虞侯公事 忘却

5B10-5010

耶(彼向者曰 須分贈夜食盆於/太守及僉使虞侯 今失其書) 答曰 不敢忘却也 表

志

之事 何敢用他人之指敎乎 其事則卽答之也 不苟多

言 基昉曰 然則以 貴公之筆 書之給我 則同與品物

卽今持去傳納之也 答曰 卽今勞倦甚矣 二人亦[19]大勞

不堪擇包書納也 幸期明朝 則令我復蘇也 不敬之甚

望勿咎也

　余卽臥 基昉 天奎 勃[20]如也 基昉書曰[21]

我奉 貴言 進告太守公前事未免虛誑[22] 慨然也 答曰

---

18 答의 속자(俗字). 김기방이 쓴 한자를 그대로 옮겼을 가능성이 있다. 야스다가 쓴 부분에
   서는 정자인 答으로 되어 있다.
19 原文에는 赤으로 썼다가 亦으로 수정하였다.
20 원문에는 敎로 되어 있다. 勃과 통용되는 것으로 보인다.
21 해석편 참조
22 誑의 본자(本字).

君進告太守公者幸也 何是虛說 何是實談 君宜看取

(昨在贈彼以夜食盆 彼獨/受之 故甚畏而强及他也)

天奎則默坐 余書語天奎曰

欲表志以贈物也, 然已如前言 今夜不堪爲之也 唯是

怳然 天奎曰 此則不欲請也 余曰 拊辟難奈之何 空有

我志 而不果耶 嗚呼 天奎曰 非此之謂也 還切瞿然 勿

咎勿咎 又曰 夜深告歸 明朝難相逢 三尊公平安行

今作永別矣 余曰 至悵然 乞勸一盃 天奎曰 食前腹空

不堪飲 余曰 我輩亦甚勞 唯不强耳

二客歸矣 余亦眠 夜將半 舟下忽有呼安田安田者

余眠覺而應焉 則李東馨 李宗吉 既來在枕頭 日高

川上 熟眠未覺 宗吉請紙筆 而書曰

太守公爲 尊公等別 飲食設備 今方來計 而我等先

來也 此亦情厚之致也 余謝曰 爲別之故 太守公設

5B10-5011

飲食之事 實是厚情之至也 雖已眠臥 而起坐相迎 而

宜拜其恩給也

余即呼起二子 語之[23] 設席待太守 宗吉又書曰

我等多日與 尊公等 相語相樂矣 明日則當舡頭相

別 其情不可形言 何時更相逢乎 余書曰 辱所送歸而

---

[23] 원문에는 '設'자 위에 검은색으로 '동그라미'를 표기하고 '語之'를 기입하였다. 문맥상 설 자 위에 추가하는 형태이다.

先喜 欲別而又悵悵 實恨無再會之期

　頃刻而太守來 曹繼承及三童子供饌 太守書曰

午間饌饋 即朝廷之賜饋之饌也 我爲一月之主人

尊等明將發行 我情甚悵 聊餞菲薄之饌 而自邑中庫

內備來 則此去邑中爲四十里之遠 輸來之際 自至深

夜 若待明朝 則餞物易致臭敗 故來攪睡心 甚不安不安

余謝曰 至是厚情 眞知 尊公愛我輩之深重也 自四

十里遠 而備來饌物 明日之發行 無敢厭睡眠也 伏奉

其別情之切矣 多謝多謝(余之此稿有闕誤/ 今不敢補正之)

　太守僉使折衝 對坐進饌[24] 菜肉十二品(盛于碟/若碗) 一是

牛月餅 一是眞荏餅 一是黃淸 一是雪糖 一是麪 一

是牛肉 一是鶩肉 一是海月糖汁 一是王瓜 一是水

鷄卵 一是加里膏 一是猪肉也 味勝於午間朝廷所

賜(菜肉等之名 所不識/ 者皆問于彼 而記之)

香味十倍自常日之饌 太守之別意厚堪感

　余食鳥肉 而書曰

鶩耶 太守書曰 然 余書曰 王右軍之所愛 太守莞爾而笑

5B10-5012

　太守書曰

餘饌 命松元 分給二十三人 余卽呼松元等 太守分與

之饌

---

24 원문에는 饌로 되어 있다.

旣食而我輩更勸別酒 太守平日不嗜飲 此夕乘興

傾數杯 且太守乞余書前日之絶句 余乃乘醉書曰

席上贈

庇仁太守尹公

已知 太守庇慈仁 舟客仰君思若親 箕子恩波今及

我 仍看四海弟兄身

　　　日本薩州　　　　安田義方拜

醉後又賦五律一首 以留別

蕭瑟秋江色 對吾離別情 星移風葉冷 雲盡布帆輕

恩滿龍山月 威同錦水城 還鄉仰旭日 顧恨絶音聲

　　　己卯七月二十五　　薩摩　安田義方拜稿

　　忠淸道 舒川郡 有龍垂山 卽在庇仁縣馬

　　梁鎭東南 又本道郡中 有錦川 亦稱錦城[25]

　太守書曰

此樣善書

　　餘紙在坐 太守書曰

餘幅畫一墨畫

　　太守舖其紙 强乞之 曰高川上亦强之 於是乎染毫

　　寫蘆蠏 太守書曰

---

25 현재 비인면의 옛 지명인 '劒城'의 誤字로 보인다. 『서천군지』, 서천군, 1988, 1,194쪽.

安田可謂通材 太守指畫曰 蟹 余逗筆而唯 太守曰 一

仰一覆 又曰 有雙然後可以付座左右 余微笑而已

　畫既成而題曰

己卯七月二十五日 薩摩安田義方寫

　太守指寫字下 而書于他紙曰

寫贈尹使君

　余卽加贈尹使君四字扵寫字下 詩畫共押引首姓

　名表字及遊印 以贈太守 太守曰

尊之書畫與律 當留名我國 又曰 尊之賜我 不啻百

朋 又曰 尊可謂文之退之[26] 筆之羲之[27] 畫之凱之[28]也

　五更 太守等歸矣 舟中就眠

　此日有依張天奎而寄書者

　童子李秀 聞明日發行 不勝悲憐之心 作書數字

　以寄之

日暮秋邊海色冥　冷冷海水非世情

不知何處向三山　飄泊乾坤余嗟憐

天長海活無前期　舟中諸客莫深愁

風帆何日繫故園　男兒人間非事難

26　왼쪽에 작은 글씨로 韓退之라고 쓰여 있다.
27　왼쪽에 작은 글씨로 王羲之라고 쓰여 있다.
28　왼쪽에 작은 글씨로 顧凱之라고 쓰여 있다.

金基昉持曹褧遠之詩來 其封上書謹呈二字 其詩

萬里基邦底事臻 渺然舟楫海西濱 何妨萍界浮家客

良苦風波失路人 一面男兒情似舊 數盃茶酒味多新

回瞻日下鄉山遠 幾向白雲憶老親

　　五言別章

何處 君歸路 扶桑日出邊 滄波千萬頃 無恙好回船

　　歲在己卯 七月下旬[29] 忠淸道 月山曹褧遠謹稿

　　又有尺牘

曩時雲奉 迨今依 秋氣漸生

旅中起居萬衛淸仰淸仰 第聞舟事尙未了斷云 爲之

奉念 別章又爲忘拙搆 得並書前七律 以呈

笑覽如何 語雖多而難以筆舌可旣 唯望

返旅平安

　　　　曹褧遠拜

　本月九日 丘應賢 丘應魯 依曹褧遠贈詩 而丘應魯詩

　中有泰伯二字 余甚不悅焉 世俗或以泰伯 爲

天照皇太神 蓋應魯風聞其妄說 而言及此矣 故余向

　者答書曰 不知其所由也云 此日褧遠依基昉而贈

　書曰 (其文則雖非應魯自所言 然其書 則/非基昉褧遠等之筆 蓋應魯所書也)

泰伯二字 其詩主方來到 而詰問其由 則右二字誤書

---

29 원문의 筍은 旬의 잘못으로 생각된다.

而將改書入照云 其詩出送如何 敬白

　余多事 且書牘堆案頭 不暇簡拔 因書以事實 示基

　肪(其稿/失焉) 基肪書曰

曺蒙遠所傳 丘姓人詩 不得擇送之由 蒙遠許 答書中

詳言也

5B10-5015

　余詳言 而答蒙遠(余失/其稿) 基肪書曰

丘姓人之詩 不得擇送之意 曺蒙遠許 當傳奇[30]乎

　有自舟下沙上贈詩文者 不知其姓名 詩文如左

聞君日本國朝人 漂泊行裝已自春 備盡滄波中險

惡 可憐窮[31]海上風塵 語音各異難相合 動止有常得見

眞 莫恨殊方歸路遠 弟兄天地久修隣

　　以登舟之禁 不得登覽 而不嫌調格之未成 謹作

　　一律 以慰漂泊之懷 或賜登覽之 令耶

　林時亨 自沙上贈書曰

士人林時亨來立舟下 欲上叙懷耳 余書答時亨及彼

贈詩者曰 明日當發帆也 故不能久接也 然而感其深

志焉 少時來相見 多幸

　時亨與彼贈詩者 來上船 時亨携一封書 至于坐且

　書曰

---

30 寄의 오자로 생각된다.
31 원문에서는 窘를 窮으로 수정하였다.

得聞 君之回帆在邇 欲爲作別而來矣 頃者修書以

送矣 中間沈滯不傳 所送好朴 闕失耳

　　乃見示其書 題封紙表曰

　　　奉呈　　朝鮮林士人候狀

安田　漂泊所　案下　謹封

　　書其裏曰

此書不及知於我之太守及我國之人 可之

　　其書曰

昨夜船上 分手之懷 殆有耽悵 仰惟漢回[32]

起居動止 連得珎重 而 客中之懷 更如何哉 爲之眷

眷 且慰之 至時亨 無擾還捿 而姑依昨樣 他何足仰瀆

耶 第相別之後 不能忘 君之思鄕之懷 慈以數行書

仰慰 而好朴[33]三介奉呈 以助一時之菜用 而領此逼逼

之情耶 餘萬匪書可及 姑不宣狀例 仰惟

尊照 而或不吝數字 答書耶 君之回船之前 當復

一進叙懷爲計 或 傷[34]接顔耶

　　　己卯七月二十三日 林時亨拜

　　余書答曰

---

32 原文에는 囬이다.
33 胡朴을 말한다.
34 원문에는 觴으로 되어 있다.

承諭多幸分手後更慘無再見 不謂今朝復接 貴顔

而前日之贈書 滯於中途 深恨深恨 得見其書 倍知念

情之深且厚矣 辱 貴王之恩澤 而回[35]帆在明日 千慮

萬端 不得寬話 眞是多恨 唯草率書以報謝

　　　　己卯七月二十五日　　日本安田義方拜

奉復　林時亨足下

　　時亨又書曰

秋風漸緊 寒氣侵入 萬頃蒼波 何以回帆耶 幸湏 平

安回帆 千萬切企 下去悵然 而方爲 擧帆云 故不得

久留之 當留於岸邊 以見明日 發船 後我亦歸去矣

　　張天奎亦有數語曰

　　　敬白

5B10-5017

與 君從此別 難期更逢緣 去路茫茫遠 幸祝平安行

　　　　朝鮮國 張天奎謹稿

　　右文政三年庚辰 四月十二日 書於肥前長崎館

　　二十六日 朝 趙主簿 崔華男 李宗吉 來 主簿屢書以

　　責出舟價 華男乃背席 往往探筆而書 宗吉在主簿

　　之背後 主簿每書多慾之語 則宗吉嚬眉切齒 形語

　　諭余以使勿咎 余有意不肯 宗吉太甚不快於主簿

35　原文에는 囬으로 되어 있다.

之言 乃以指頭書于余之掌 曰 問情官以無理之言
尊公勿答 余唯微笑 主簿見而問其所以書於宗吉
宗吉答以乞別離詩 自黎明至食時 主簿問答 彼遂
知其事不成 而別書言標文約條之事 其前所書者
則往往裂之 或撚之 然問答之間 余膝下藏其書 而
不出者今記之

彼書以責出舟價 余書問曰
貴公所書 貴公之私而所言耶 以 貴朝廷之命或貴
國法 而所言耶 詳記以示爲好 主簿書答曰 非朝廷之
命令 而以朝鮮之法也 余書曰 然則朝鮮國法 有令舟
價出之例耶 主簿書曰 我國人漂到貴國 則駕船價
受去事 當無理 故以成手標受置之事也 手標書有僕
字也 亦本初聞 而 貴國皆称書 標中書僕字也 余
書曰 非敢此事也 朝鮮之法則當有其法例書也 爲聞

其事也 主簿書曰 我等問答之時 以我輩書之 而公體
文頭以僕字 書之也 余書曰 於奉我
薩州公 則臣僕之字可書也 雖然別有國字 有國書而
爲之也 不苟漢唐之禮也 僕字不敢書也 主簿書曰 後
勿如是之意 約条如何 余書曰 非此之謂也 前刻貴書
曰 金銀銅不有之於舟中 則以他物宜出舟價之目錄
也 是故我言及 王命與私言之分 君勿彷徨 主簿書

曰 貴國人漂到我國 則無儒[36]船價米 而我國人漂到貴

國 則價[37]船價米受去事 當萬萬無義 無理 此後或有我

國人漂到 貴國 價船米一切勿論事 相約 余書曰 所

示約條之事 則以私而所言耶 以 貴朝之命 或貴國

法 而所言耶 主簿書曰 此非 君命也 彼此約条之事

也 書之也 余書曰 貴公無 王命 而言也私言 乃我輩

歸而不可敢上[38]言也 非 王命 而私欲爲標文約條 貴

公是 猶穿踰之盜乎 主簿書曰 一聞我國人 領去 朝

鮮漂人 後受駕船價米五十俵 受來事極無義無理 以

此意 轉報于

江戶 日後則更勿受去事 相約條者 余書曰 我豈足敢

約條也 以 貴國法 貴國呈書 而傳達于 江戶 而

無理之舟價 受與授當以止也矣 且我輩不得 君命

而漫書標文約條 決不爲也

　　主簿問答 至此稍移時 忽聞浦上鈸吹之聲 是太守

(右上) 花紋案息 以繭

席造

焉蔍

---

36 需의 오자로 생각된다.
37 駕의 오자로 생각된다.
38 원문에는 土를 上으로 수정하였다.

藁両

端用

革

(右下) 花紋席 緣用木綿/ 似印花布

(左) 庇仁太守

每日行來于

我船

綴行

圖

(右) 長袖戴凸冠者

下官人也 植孔雀

尾 垂赤毛者 步吏也

其笠垂耳上者 奴僕 輿丁也

(左) 童子四五人陪扈

于轎前 一童肩掛

印綬 一童提唾

壺 一童挾席 一

童持烟管与烟

匣 鹵簿吹喇叭

嗩吶

5B10-5021(그림)

圖書画

中藏官印

及印色

5B10-5022(그림)

(右上) 印章圖

印材如

花石

(右下左) 凡朝鮮印色黃薄赤

疑朱最下品者而然

耶

(右下中) 庇仁縣

監之印

(左上) 蒿匣圖

蒿匣銕製

絲[39]嵌以金

或銀 其傍

有浮漚釘 推之則啓

(左下) 烟管圖 管似箭篗 而

染塗草花紋

---

39 원문에는 絲로 되어 있다.

5B10-5023(그림)

(右) 轎圖

以木材

墨塗 以

虎皮全

掛布之/

前有一

級 以小索掛

之 雙脚垂于

此

(左) 蓋圖

用青紙 其端長青絹

裏垂紫札若干枚 如

革以環其端 竿飾以

藤

5B10-5024(그림)

(右上) 革履

所圖卽

庇仁太

守之履

大抵履

鼻通竅

而襪觜

出之

(右中) 下官人以下

皆着藁履

(右下右) 足衣着履圖

襪之指頭加觜 襪帶

結脚腕 足衣及肭

脈

(右下左) 唾壺

以鍮造之 以藍色小苧索紐之

兼爲便器

(左上) 墨貯

竹製 銅環 中藏筆 無墨斗唯

堆墨唾之 筆鋒磨而書

(左下) 桐油紙袋

韓人上下皆佩之 燧具[40]

艾 或烟草類納之

---

40 具의 속자(俗字). 원문에는 目의 하단에 大를 붙여 썼다.

之來也 主簿之答書自初甚吃 聞樂聲至 卽愕然失

色 援筆書曰

事當固然 而臨發紛然 姑置如何

余亦務舟事多端 傍人已收坐右之物種 旅裝旣成

乃應主簿之意 息筆談 此間虞矦[41]在傍 書以贈余曰

贈別

一爾本江東人　三累日多辛苦

二風緣到中塼　四今恩蒙還去

五年号己卯年　七風起夕烟險

六日之七廿七　八歸期何杳茫

九今日相送罷

十遙想駕海波

余見之書曰 語是五言 似所謂詩者 漫平仄 混韻字 斯

是何物耶 虞矦書曰 戲書之非詩也

俄頃 太守來坐于舟上 而見贈白紙扇一柄於余 曩

者偶請太守之佩扇 太守曰 此是因我職所佩 且旣

損傷 更可贈他之新箇扇也 余乃贈 日本扇二握

太守受之 於是今日有此贈也 余受焉而謝曰(太守贈扇

書 及虞矦之問答 今失焉)

爲我珍玩[42]以永爲家藏 每開此扇 當戀思 尊公文遊之

---

41 矦의 속자(俗字). 虞矦는 虞候의 오자이다.

42 珍 아래 오른편에 작은 글씨로 '玩'字가 있다.

情也

太守出尺牘一封白紙十帖 而書示曰

此是向日 巡察從事李公別書 及贈物也 幸 領情

而修荅[43]也

題其封曰

敬呈

□龜壽主人

其書曰

己之初秋 廿四 錦城病客 敬呈蜻蛉國 薩摩州

上三人

水國涼生

僉位萬吉 一別經旬 會面無期 瞻悵余懷雲如[44]愁波如[45]鳴 俺

間關[46]歸營 備陳 貴人經艱之狀 滲水之事 於 巡察

閣下 以爲轉達

朝廷 幸以我

聖上天覆之仁 特念綏遠[47]人之義 有此從水護送之 命

候風擧舡 東萊我境 不日可到 自東萊 距馬島四百八

---

43 荅의 속자(俗字)..
44 원문에 오른쪽에 작은 글씨로 쓰여 있다.
45 원문에 오른쪽에 작은 글씨로 쓰여 있다.
46 멀고 험한 길을 간다는 뜻이다.
47 遠의 속자(俗字).

十里 自馬島 距一岐 四百八十里 布帆無恙 神明黙佑[48]

豊前 豊後 筑前 肥後 曆曆[49]相指 日向 山前秋色未晩 鹿

兒島中歸舟相繫 何患乎駕海之勞 十幅表情 一書奉

賀 早晩解纜 行李愼旃

余謂彼之所謂蜻蛉國者 蓋指言 皇國也 是卽

大和國舊都之稱 而非 皇國之稱矣 恨當時余甚

多事 不暇辨之以示于彼

5B10-5027

舟將發 乃倉卒書謝曰

謹復 朝鮮國錦城李公

承 貴情 机邊轉連璧 衣上濺薰風 歸還之首途 在

尊公及太守公幾許之情 而得歸者實

貴王之仁德也 貴書中見具路程 有歸國之期 而無再

會期者一喜一恨 駕船到于東萊 則欲以鴻雁翼告其

到也 幸令得再見 則千幸萬喜 封紙十幅辱表 高志

謝之 終始欲有天神之祐助以歸故國 愛憐厚情 餘感

筆不盡言 安田義方 敬白

乃依太守 復李膺祜

船長松元 欲急移物種 而小舟往復 韓官亦促移舟

松元形語于韓船長 以諭移物種 余書謂韓官曰

---

48 黙祐와 같은 뜻이다.
49 歷歷의 오자로 생각된다.

卽今我舟長曰 貴船之官長曰 卽今船未浮也 故待潮

漲而可載 不然則載終之後 船不能浮云也 故更如其

言也

　　將移物種而姑止焉 坐中有環盆 欲以贈太守等 卽

　　前日所下點于火物中也 問情官趙主簿 太有欲色

　　向者旣請而觀之 今又書以問曰

朱黃木錚盘⁵⁰十立 火■⁵¹ 余書曰 前之与所見別耶 主簿

書曰 俄者在物也 余書曰 火也 主簿暫時如安 而欲心

遂不休 又書以問曰 漆盘十立 何去火 余書答曰 何物

未火也 此問更何事 主簿書曰 前日所火物也 余書曰

5B10-5028

所火卽紅夜食盆十 其外舟具許多也 一未火也 漆盤

抽一豈可火乎 萬種同火也

　　巳時 舒川護送使萬戶來 令筆吏報昨日之問曰

卽見貴公書 平靜可知也 昨欲答書謝 日暮未遂意 我

奉我國事 領護貴君歸⁵²

　　舟中見萬戶來 直拮据欲以移舟 韓艇卽載物品 以

　　移舒川船時 主簿書曰

今去船 水淺⁵³舟不浮 攝船分載 水多後移載如何 余書

---

50 錚盤. 오른쪽에 작은 글씨로 盤臺라고 쓰여 있다.
51 원문에는 輕처럼 쓰여 있다.
52 원문에는 故으로 되어 있다.
53 淺의 오자로 생각된다.

曰 貴船之官長 甚急促 故如此也 我輩亦所速 則所欲
也

　萬戶書(萬戶之書皆其/筆吏之所書也)曰
我是奉我 國事 貴公船載之物 今欲急載扵我船 願
如此也 而堅包物件 卽刻打朱点 載之我船焉 余書曰
卽今以載于貴舟之事 而命舟長也 君等指示而令移
舟也 幸甚 余又書曰 堅包之物件 數點之耳 不點箱櫃
中之品物也 萬戶書曰 見今貴書 則堅包之物不點云
載之下去 移載他舟時 幸勿誤錯焉 余書曰 不敢錯謬
也

　於是 小舟聯綿 運送物品 往來紛紜 萬戶書曰
載去公物 詳察執 船中詳載 後更謁 企望也
　萬戶辭去 如于舒川船 又有筆語者 不知誰某 其文
亦不佳 今省之

5B10-5029

虞侯及問情官等 下船立于沙上 太守猶在船 時船
上毀棟除席 舟人各提用器 載小舟以移于舒川船
舒川人乃周旋乎我船上 數點物件 我輩章服在檣
側 太守亦來于此 所毀梁材中 有杉幹長數尋 舊是
所爲櫂也 而向者假爲梁材矣 太守見之書曰 此是
所火耶 余曰然 太守請之 余命諸松元 松元卽聚二
三幹 太守擧手爲投沙上形 松元乃投之 太守直臨

而使取之 先是與二子議曰 太守未肯受我之贈 雖

善說辭以贈之 亦應不受焉 幸有豚肉數甕 宜置諸

水濱以贈于彼 於是乎陳六甕於沙上 且前定欲題

贈太守及僉使等之字於甕上 然舟事忙 而遂不果

焉 其佗筆語今失之 物種既移終 而余與二子率臣

從陳弓砲槍戟 下我本船 而乘彼小舟 太守僉使亦

同乘之 將發棹 金達秀領米饌來 其記曰

米一石　鹽一斗　胡樸二介　加芝十介

土醬一斗　炊木六丹

　　　　自七月二十六日 至二十七日

乃謝太守 太守書示曰

至于全羅道 一百里 一日程而加給一日粮 其後次次

計給

　　前命我舟人仲助 善之丞 仙助 掌火 三人束草執火

　　乘我艇于本船傍 既而我輩與太守僉使等 同至于

5B10-5030

舒川船 回顧本船則相去數百步 既放火 微煙裊裊

尋燒其艇 三人下立于沙上 市太郎 庄次郎 迎之於

韓艇來 余與二子議 而贈太守及僉使 環盆各二枚

芭蕉布各二匹 虞侯環盆一枚 芭蕉布一匹 各表題

封紙 且書所以表寸志矣 太守固辭[54] 余強之(其問答/存一二)

---

54 원문에는 辤로 되어 있다.

太守曰

芳情可感 實不安乎心也 余曰 諸公千慮萬端 是我輩
之故也 欲謝之 而無表寸志之物 幸領掌 强者我三人
之罪也 太守曰 堅意贈情 可領之也 余卽出所贈于虞
侯之品物 而託太守曰 願令 貴下隷遺之也

太守 僉使 令其僕持贈物 將辭[55] 太守書曰
臨別悵悵無別語 萬望 三代官太平歸故國 余書謝
曰 實無語 望 尊公永長平安也 三人無恙歸于故
國也

太守 僉使 將辭[56] 我輩起送之于舷 太守握我三人之
手 戀戀躅躇[57] 臨別相共涕淚潸然 余黯然立棚頂遙
望 太守往往回看擧手 少頃 黑煙猛火擁我本船 太
守等 暫駐舟遠望之矣 日午東風漸變西北 韓人卽
起碇 發安波浦 彼起碇之術 船梢搆一車 形機如籠
大數圍 舟子三四人 升其橫木二三級 應聲踏之 則
籠轉而絡碇纜 從其轉 而下級者卽降于舟板 其中
者卽憑級 上者立于級 旣下者還升 輪轉無端 遂上

55 원문에는 辤로 되어 있다.
56 원문에는 辤로 되어 있다.
57 躊躇의 오자로 생각된다.

碇 掛于船首 韓碇都用木 而無他綱索矣 維舟亦唯

此一纜耳 方揚帆 其帆二 前檣直立 後檣欹 其梢在

棚頂上 檣長於舟 三四尺 前檣長於後檣 又三四尺

席帆九幅 以竹竿橫格之 重重如卦爻 常日摺疊以

收之 牽綱揚帆牛 而二三人同攀上帆綱 至其牛時

自下掛其綱餘於檻 相聲而挽 上者應聲牽綱 直墜

于樓上 卽帆合檣梢 其帆受風而不飽 或掛檣面 或

掛檣背 其術驚目 其聲喧耳 舒川萬戶 別乘小舟 舟

路緣庇仁地 共飛帆行 海水甚淺 舟師坐于船首 把

篙相水道 而時時有言 我固不鮮其語 已近于舒川

牛里程 小舟五艘飛帆來 迎我舟 松元曰彼韓舟乘

朝鮮船圖

(右) (닻을 올리는 모습)

(左) 前面圖

(右) 後面圖

(左) □□圖

風往還縱橫 但避風之一□□也 見之宛如逆風行

斜日到于浦口 萬戶先已到于浦 我駕船下碇 卽萬

戶奏樂 率其屬官三五人而來迎 萬戶書曰

三尊公等 騎船到此處 其間幸望平安耶 余書曰 海上

平穩 多幸多幸 由惠恩耳 今下錠於此處 何故耶 而此地

何浦耶 更詳記之 爲好 萬戶書曰 三尊公等 燒火貴舟

於心豈無悲傷耶 下錠此處事 所載之貴物次次貿載

也 此地舒川地 佳也召島也 余書曰 全羅道舒川之地

耶 □此處移載 而更向去何之地耶 海路幾里耶 萬戶

書曰 自公淸道舒川地也 而全羅道初境不遠 而里數水

□□十里也 而萬頃地古群山也 余書曰 □□□□品

龍垂山 (舒川郡 安波浦)

(右) 佳也召島

(中) 群山 卽群山倉使所居

(下) 庇仁縣

物之事 命之於我格軍等也 公等宜命移載之事也 萬

戶書曰 此處舟體小 故以兩舟分載品物 貴公等之

意何如 余書曰 雖舟體小 然擇小體中之大舟 而移載

之 則宜移舟也 品物許多也 宜諒計之也 更乞 萬戶書

曰 三尊公等貴國乘來之舟 燒火而騎於他舟 到此處

悲悔之心何可盡諭也 萬戶又書曰 海中心腹甚渴

貴酒一盃惠[58]給 則爲好爲好

　　余不書答 而直命酒 言語固不通 蓋彼謂我藏樽於

　　船底 彼書曰

深藏則姑置 至可至可 余書曰 非深藏也 卽今命之於

我船長也 余乃出酒飲之而書曰 有酒而無肴 甚愧甚愧

5B10-5036

君若有得鮮魚之術 而給之則幸甚 余又書曰 萬戶公

送我 而更到于全羅道萬頃之地耶 萬戶書曰 爲三尊

公領護次 偕往于全羅道萬頃[59]地也

　　乃移物種彼二舟 我輩意者 移物品終 則彼應發舟

　　萬戶書曰

卽今品物分載兩舟後發船 欲向萬頃地古群山也 而

日暮難行 明日開寢 卽時發行計料 而貴下人分載兩

船 宿之焉 我則與貴三公 同宿爲好 余書答曰 思歸實

一刻千秋也 雖一日速到于東萊地 是我之情也 諒察

此情 則多幸多幸 萬戶書曰 貴公思歸之情 其何無耶

58　원문에는 惠로 되어 있다.

59　원문에는 傾으로 되어 있다.

從其風順 發行爲計耳 俄而書示紙割給企望 余與之

紙 且書曰 從風順之意則然矣 未知古群山行舟 以何

方之風耶 萬戶書曰 風則順也 而日盡 故今不得發行

而風之方位西風 則古群山水路爲好耶 余書曰 唯以

思歸情之切 故及前言也 今以此事 論于我舟長及格

軍也 舟長云 日暮昧暗不可行也 此故如貴意 而明晨

東雲 發船爲好耳 公等愛我輩情可感可感

　　旣而船上稍得安佚 是日看人若干來 余自前日 甚

　　勞於送歸之問答 因書曰

我輩久苦大洋風波 漂流而到于 貴國安波浦也 自

卽時 而舟中之事百端千慮 貴國之官職等 日夜來

問我輩之情 左應右答 探筆書一行之際 又前酬後問

舟中臣從格軍等事 亦獨裁判之 辛苦倦勞 今夜幸有

敎示 泊此浦內 今也多幸 欲高枕安眠也 幸望非舟事

而登此舟之人等嚴禁之 而令我輩得安眠 則幸甚 更

前防以此事告示 有 貴諒 則多幸多幸 萬戶書曰 此

船旣而受勞 故捨而執他船 設寢席於他舡 爲好

　　乃移于舒川小舟二艘 一是我輩及臣從所乘 一是

　　我舟人所乘也 萬戶卽來而書曰

欲供饌物勸酒 未逮甚愧也 余書謝曰 爲慰我輩之疲

勞 辱給貴饌物之意 眞是至情 已辱其志 何愧之有乎

感其志厚 多謝多謝 休慮乞乞 萬戶書曰 時當日暮 故

我下陸 過夜 明晨 偕往萬頃地 爲計

　　韓人各下去 舟中安眠 夜將三更 風浪起雨色催 余

　　起坐 指揮舟人 爲防雨之計 適有韓客三人來 而書

　　曰

其間 三尊公等幸爲安寢耶 今夜天將欲雨 可慮品物

之爲水濕 今方到此也 擧椗於江邊 則太平爲好也 又

爲預備防雨之策 然後可無濕[60]物之端 命令貴舟長及

格軍 卽爲盖覆之地伏望耳 余書曰 濕雲冥暗將雨

也 舟中之各慮思甚切矣 已論計之處 辱諭簡 厚情厚情

任敎示而欲擧碇移舟於濱邊[61]也 君等亦以此事 令命

貴格軍等 爲其計爲望 而防雨則在覆盖也 草苫二十

二杖 宜令貴人遺之 則使我格軍以盖覆也 但據貴慮

耳 宜計之也

　　彼三人見之 回舟載苫來 且敎擧碇 余命臣僕 傳之

　　於船長等之舟 同擧碇 近于浦口 彼又書曰

盖覆從雨來 卽爲之 而聞此我舡格軍之言 則舡錠艺(艺ハ韓人索ノ俗字)[62]

不實云 貴舡錠與錠艺惠[63]給 同下則無風浪之懼也

60　原文에는 湿으로 되어 있다.
61　原文에는 邉으로 되어 있다.
62　이 부분은 세주가 아니고 원문 오른쪽에 작은 글씨로 써 넣은 것이다.
63　원문에는 恵로 되어 있다.

余書曰 天將晴也 少時宜見其雨晴也 若風雨則所乞
之碇及索宜下海也 彼書曰 天晴不雨則多幸 然錠与
垡期於惠[64]給 則彼此爲好

    具苫錠索 而後黑雲南去 星斗耿耿 我心稍安 客亦
    似安慮 彼書曰

我輩還爲下陸 待晨上來伏[65]計 而伊時 三尊公更爲
平靜焉 錠及索依 貴敎 若風雨甚惡則惠[66]給于我舡
格 卽爲下海(余失/答稿)

---

64 원문에는 恵로 되어 있다.
65 원문에는 伏으로 되어 있다.
66 원문에는 恵로 되어 있다.

『朝鮮漂流日記』陸

5B10-6003

朝鮮漂流日記 卷之六 (自七月 二十七/至八月七日)

　　七月二十七日 朝 舒川萬戶率屬官 載饌物及米包

　　來而書曰

夜間平靜耶 我以風雨不順 慮思甚切 眠不甘也 彼又

書曰 我持來糧米 只是五斗也 考捧焉 胡樸三介亦給

又書曰 今欲糧米俵給計料 使其貴舟長考捧如何 余

答書曰 米俵十六包內二包於安波浦所給也 自二十

六日 至二十七日之粮米 則已領受之也 今日之惠給

若有餘給也 如何(彼答書/今失焉) 彼書曰 今欲發行 而情甚面

晤 以酒肴進之 無可飲之物 下箸焉(余謝稿/今失爲)

　　饌五品 一是麵 一是豚肉 一是西瓜 一是棗 一是柿

5B10-6003(그림)

萬頃地圖

所圖距古群山

一里許

古群山

　　□□□終 而將發□□書曰

我官長各騎船 護送次下往他船 諒之如何

　　萬戶及屬官等乘佗舟 三舟共解纜揚帆 萬戶奏樂

　　先出浦 風自東北 舟南行過峽 西卽舒川郡 東是群

　　山也 兩岸相距可一里 群山卽群山倉使所居也 直

　　北連庇仁地云 舟出峽僅可一里 旣離舒川地 羣山

　　東北山巒綿綿 島洲相連 東南卽大洋 唯有二小嶼

　　回望舒川 則巨嶽疊疊帶雲者郡之龍垂山也 舟向

　　東南行一里餘 我乘舟前帆綱斷席墜 破日高之凉

　　傘 綱朽不可復用 舟子乃以艫上之白幟 招萬戶之

　　船 我舟人之乘舟卽側帆不受風而止 萬戶卽回舟

　　來請我所貯綱 以代之 舟子乃結綱腰升檣 其輕捷

　　□宛猿猴 遂掛帆而行 三艘互相先後 已見萬頃[1]之

　　地 浦口通西南 故轉帆向北入 未牌後到于古群山

　　下碇 自舒川水路相距七十里云 萬戶來而書曰

那間移涉之際幸無水疾平妲耶 此地乃萬頃地古群

山也 詳知如何

1　頃의 오자이다.

浦內 小舟連櫂 看人如雲來且乘船 余書曰

船底所積載之品物 慮滲水之濡也 無用之人令禁駕

此船 如何

　　萬戶卽揮手禁之 頃刻 浦上一官人乘轎 張靑蓋 建

　　□□整行伍奏樂來 列卒凡五六十人 樂人□□□

5B10－6005(그림)

萬頃
古群山 圖
浦內東西
八町餘
南北十町
許海水潔

5B10－6006

　　□□孔雀尾 步卒持鞭苔 官人將數人 至于我舟上

　　而坐已定 余書曰

諸君初見 多幸 賀平穩

　　日高 川上 病臥于傍 余以日高之言 書曰

二子 一患濕瘡不能坐也 一病濕痢不堪接也 乞許其

失敬 彼書曰 事宜先問君安平 而來辱此書示 主客之

道 實甚不安 孰知君之一行平安到此 慰欣 而況令胤

以濕痢委臥 驚慮萬萬 自今日以後 同宿同行 其情之

敦篤一筆難記[2] 余書曰 所賀小子之平安 多謝多謝 二

子之病患 休深慮也 多日有庇仁太守公之惠憐 而向

小減差也 且承今日已後同宿同行 我輩以漂到于

貴國 故大辱惠恩也 忽卒不盡意 余又書曰 初見也 不詳

我輩之姓名 今書以示 日高與一左衛門 義柄 川上彦

十郎親訣 安田喜藤太義方 船長松元勘右衛門 其小

二十一人也 敢問 貴君官職 及姓名如何 詳記之爲

好 彼書曰 欲問君姓鄉 而不敢之際 辱示 感幸何言 吾

之官唧 姓[3]名記于左

嘉善大夫 同知中樞府事行古羣山鎭 水軍僉節制使

趙大永

余問舒川萬戶之姓名 萬戶書曰

公淸道 舒川鎭 萬戶 朴泰茂 余書曰 敬承 貴君等

之官職姓名 幸甚幸甚 趙太永書曰 知姓名幸甚一般

耳 余書謂太永曰 發帆與不發帆 乃唯在貴君之意而

已矣 舒川鎭之二隻 載積之品物 許多也 移之於此

地可駕之船 亦不啻一刻 速移之如何 是亦乞貴君之

敎示耳 太永書曰 示事 非不欲卽爲裝載同行 而 貴

君載積之品物 移裝船隻 自他邑尙不來 待故送隷 督

2　記의 오자로 생각된다.

3　姓의 이체자로 생각된다.

促於當着厥邑 姑俟之 至於此鎭 則善爲護送而已 詳

諒如何 余書曰 承敎示也 唯余貴意而是矣 安意俟之

耳矣[4] 太永書曰 如有[5]卽發之勢 則 貴君何爲一時遲延於

鄙鎭乎 敎以安意俟之四字尤極感謝不已

　　少焉 壯者携乃二童來 上舟而坐 余匙砂糖以與之 而

　　書曰

朝鮮人 挾刀筆墨紙於

襪也 如口則不然 下

吏 地官等 平士

往往如此

嘉善大夫 中樞府事行[6] 古群山鎭水軍

僉節制使趙太永圖

　　太永唯知妝衣服 是此初來見之衣服也 裏衣

　　則常日韓人所服之煖袖 而表衣着藍色紋紗

　　而袖卽紅紋紗 衿衣水色紋輕羅 後日以之問

　　對州官 則曰非禮服 蓋野服而且褻服也

4　본문 안에 작은 동그라미를 그려넣고 그 옆에 작은 글씨로 矣를 써놓았다.

5　본문 안에 작은 동그라미를 그려넣고 그 오른쪽에 작은 글씨로 有를 써놓았다.

6　行은 고군산진 수군첨절제사에 붙는 것이 옳다.

日本曰砂糖也 聊供之耳 大洋中苦逆風 積品多投海

且火駕船 而無餘品 諒察之 太永書曰 曾聞 貴國砂

糖之品佳 計外今日逢 君惠賜嘗之 纔沾唇齒 心神

爽快 多感多謝無已

　　彼壯者 童子 共容貌頗似大永 因書問曰

非 貴君之親族耶 容貌甚似 貴君 故問 大永書答

曰 厥兒果是吾子 先見容貌[7]知其倫 氣異也 大永又吏

傍人代書曰 先見君顔 再看君書 通其情懷 可謂海外

相逢情之交密無異舊親 此則萬幸 而第二胤之所若

慰憐慰憐 惠恩之示 何其果言也 吾亦病在眼眩手搖 但

口拈於他人 所欲言者 不能盡記 可歎可歎

　　彼贈酒肴來 大永書曰（是亦使人書之/也 以下倣之）

有薄酒數盃 欲共嘗之 可謂受瓊琚而報木瓜也 余書

謝曰 辱杯酒給之 至情 味香極美 猶迎霽月迓清風也

太永書曰 以薄酒山菜 恐汚 貴君之淸胃 有此過獎

還切着[8]愧 且多有公務事 不得已還鎭 船隻來到 則更

爲來發 夜來安過也 朴泰茂書曰 吾則還攸本土 而品

物不移載 故姑爲留於陸地次下去 諒知焉 余書曰 萬

萬勞貴情也 千慮多謝多謝 而移品物之事 以不至日暮

爲乞 貴君亦爲此計 則同幸甚 泰茂書曰 旣而來此 則

7　본문에는 皃의 글자인데 현재 통용하는 貌로 바꾸었다.
8　羞의 오자로 생각된다.

移載之速不速 都在於古群山僉使之處分 而吾則移

載後告之耳

5B10-6010

大永先辭歸 而後萬戶歸矣 我輩竝舟而治 有一韓

士出而筆語 是前日自舒川駕我船來云 余乃勸酒

彼書曰

貴君不幸 漂到鄙國 對接不美勿責焉 且飲貴國酒 勝

於千日酒 我心清欲仙 昨夜燈燭何物 終夜不煎何也

余書答曰 非燭 是種子油 故不煎也 (實是菜油也 而余/倉卒答以我國語

而彼蓋句于種子 以問子/字之意 今却似作一笑話) 彼書曰 不知子字之意 余書

曰 子繼也 次也 彼書曰 子油我國無之 或有貴人行裝

中還國後餘存者 一柄燭惠授 則進我之北堂前以駕(駕蓋賀之訛)

萬世壽 伏望伏望 北堂卽我之父母堂 余書曰 君欲以子

油燈而挑貴父母堂前也 實其情 可感可感 我子油有

餘計 明日當命下隷出之而贈之也 彼書曰 貴人感其

他人父母之情 子油明日當有下贈之意 百番謝恩謝恩

貴人順風故國 忠君 孝父 傳之萬歲 我當祝天 余乃圈

點於忠臣己下數字 且書曰 忠君 孝父 臣子之分也 雖

異國州 天地至理之經 但冀有道 萬歲祝賀祝賀 余問

其姓名 彼書曰 姓宋 名 欽載 余亦書示姓名 欽載書詩

曰

咏烏

寒靜半夜起追樞(機)傳道青騾到釖州 頭白祭中催鶴駕

橋成河上送牟牛 南來影帶昭陽日 北去飛過赤壁舟

長頸當年能愛士 姑蘇終洗會稽着

5B10-6011(그림)

朝鮮鵲圖

安波浦最多所見也 棲

岸頭若庭樹 不畏人形如鴝

鴿大聲 如冬日鶯吃 稍大也

出安波浦 而不見之 至舒川

乃見鳥 至于全羅道古群山

亦終不見鵲 但有烏耳

胸白頸短

5B10-6011

余曰 是實謫仙之才 作者何人耶 欽載曰 朝鮮進士人

宋益鎭風月 余曰 妙妙 極是詩人也 可愛 欽載曰 願聞

貴國風月一首 余卽書曰 我親友能文藝者若干人 所

作不臆記之 偶記得一二 月夜聞琴 春城明月照花

林 何處高樓彈玉琴 聽得幽人曲中意 更深山水響淸

音 此是園田實賓 字子德 所作 子德弱年已歿矣

同前 少婦粧[9]成情轉深 牡丹花下抱瑤琴 無端更向

---

9 妝의 오자로 생각된다.

春城月 彈盡哀哀別鶴音 此是友人 邨行本 字敏德

所作

　余嘗之砂糖 欽載以詩謝曰

山河雖不同 藥物何有異 所食無貴賤 何妨共分味

难[10]別時　　　　　舒川人 宋欽載

臨溪水惜別 岱馬島雲萬里 日本人上三儀 字[11]宙間

奇男子　　　願聞貴人答

　　余卽書曰

　　答朝鮮國舒川人宋欽載所贈作

永別難分海岱間 高歌雲點古群山 愁情送我秋風夕

無蟋[12]布帆懸日還

　　己卯 七月二十七日　　薩摩國士 安田義方稿

　　又次韻却贈

東北遠促別離 水烟實千萬里 奇偶俱有威儀 好文彩

此男子

　　欽載書曰

萬里之路 平安還國企望 (余失/答稿)

　二十八日 食前 古群山僉使 與舒川萬戶同來 萬戶

10　오른쪽 옆에 작은 글씨로 離를 써놓았다.

11　원문에는 字로 되어 있고 오른쪽 옆에 작은 글씨로 宇를 써 놓았다.

12　문맥상 恙으로 보아야 한다.

書問曰

三尊公過夜幸爲平靜耶（余失/答稿） 余謂歛使趙太永曰 夜

來 貴公太平恐祝 太永曰 前書與兩鎭守 共問 貴

三君夜間太平 或違於事體否 唯喜 諸公穩宿耳 余

曰 不知二君之問 別敬問也 夜來三人無違事也 所俟

之貴舟來否 太永曰 昨日 欲問 君之一行 緣何事 何

月何日何時 漂到何處 而水上多日憊勞之不無 故今

玆敢請實狀 這間事事 昭詳敎示 船隻想必不久來到

矣

　余卽隨筆 速書漂流之次第 大永曰

與初問 今問 毫釐有錯 則鎭將蒙罪 丁寧唯 君致神

勵氣 詳細錄示是望是望 余曰 諾 太永曰 貴篋 必有日記

今錄相準似好耳 余曰 固有日記 然苦狀不忘心 大永

曰 錄後數三孰[13]看 如有闕漏之句添書 母至先忘後失

之歎也

　余之答書不設稿 直書示之 (其書則日高自側寫之 /其漂流之次第 與所書

　於安波文辭雷/同 因今省之)　且書曰

由貴問書漂流 其文辭異于前日書於安波者 乃勿咎

也 事情卽毫末無異違也

　少焉 韓人携幼兒來 大永曰

此兒 吾之第五子 隨父于此 以瘧疾皮骨相連 情理可

悶 君 知當藥 指示爲望 余曰 長生多子 可實以慶賀

但瘧疾知 貴君之悶慮也 若知其藥方 則欲示之以

助萬分之一也 但不知其藥法也 實自可恨也 雖然 我

國庸俗於瘧疾 卽火焦川鰻 而少加人參末[14] 以醬汁調

之 或塗之鰻 空腹之時 平常用之 而有效驗也 但以意

切聊書之 非醫家者流之所論也 (余倉卒誤讀瘧疾以/爲虛 因所答如此)

余圖繪鰻形以示 大永曰 對父獎子 其父喜之 君必用

此言 且藥物畫之 書之以罷其晦 歎君昭詳 必欲試之

得差兒病 尤感無涯 余又繪鯛 馬 鷄 與其兒 兒甚喜 又

5B10-6014

有一韓人 書曰 九歲兒 初以驚風呻苦 而至今以脫驚

風 危至死境 或貴君急有用藥則給之 以求人命 多謝

多謝 又或有牛黃乎 (余失/答稿) 余曰 川上久患痢病也 故請

所灸藥艾 若有製法而直可用者 願惠給之 我輩甚幸

福 大永曰 船隻想必非久來到 到則何以一時遲滯移

船耶 此非吾任意主章之事 諒悉少俟也 所請藥艾本

非土產 故末由施之 歎恨之外羞惻荐疊 奈何 又曰 有

所干事 不獲已歸鎭 事畢後還來 唯望 僉君吉居

　大永泰茂各歸 俄頃 小舟三四艘發棹競來 附于我

　船 韓人墻立 言動喧嘩 或上我舟 乃使僕隷等拒之

14　人參末은 문맥상 人蔘抹의 뜻으로 인삼의 가루를 뜻한다.

而不息 余命僕權左 曰 把彼棹打之 權左應聲 舉棹

奮勢强壯 韓人逃奔于其船 權左逐之 立舳振棹發

聲 韓人靑衣廣袖者 咸竦縮於其船尾 韓舟盡退去

午時 泰茂持大永之書來 其書曰

未知午問 僉君無恙 慰慮不淺 吾有点閱事 到此咫

尺水陸 不得舫往 玆以替身 寄数語字 悵歎厥船尚不

來到 君之啓程 因此經夜可慮 須認 僉君愁亂 而

非吾所干事 其與主客之道 豈無不安之心乎 唯望

僉君之安休耳 泰茂曰 其間幸爲平靜也 貴公物品

速爲移載 然而此鎭僉使 以船隻不備 事姑未傳受交

付 可歎可歎 又曰 待此處鎭船隻備來 移載爲計 諒

知 而萬戶吾下陸俟之 船隻來 次下去耳 小間平靜爲

望爲望 (余失/答稿)

萬戶歸 旣夜宋欽載出來 慇懃書曰

今方僉使 萬戶 卽待此道沃溝縣船隻 移載次 此地官

人 水上長奔走也 余書曰 聞之心意更安也 多謝多謝

(余有筆語/ 今失稿) 欽載曰 我家不遠勿慮 而貴君等 水路萬里

平安還國 永歲千秋 伏望伏望 (余失/答稿) 欽載退 余就眠

二十九日 夜來風雨 今朝漸晴 薪木已乏 因簡僉使

趙大永曰

諸公太平 可賀 我輩無恙 休慮休慮 我破船在安波 旣

無炊木 唯由 貴國之惠給耳 至于昨夕 其餘存焉 而
今朝無可炊之薪也 伏乞 贈給炊木也

俄頃 贈薪一束來 其書曰

船上諸人 平居 幸賀幸賀 炊木一束 先爲送去 下知也

余謝曰 炊木一束 贈給之 令舟人領受之也 多謝多謝 我
所駕舟二隻也 一日一隻以一束 可足其用也 更可贈
一束爲請 願有憐諒也 大永復書曰 修書之際 惠札
忽隆几前 開緘未半 喜氣先聳 備認 僉君之安 慰欣
沒量 吾身病如昨 児故如一 無減是非 離閩之嘉狀
奈何 示中柴木先以付送 其數零小 諒耶否耶 大
海圍天 數三短麓 眉髮蒼立 如于松木 自官禁法 如霜
嚴酷 犯者斬之 民日用 必由於三四百里之外 貴如桂
樹零小俄送 良由此也 諒也否耶 掃事出往 多小說話

5B10-6016

都留不備 松木一束 加請條 鱗次覓送計耳 余復之曰
具承 敎示 貴君少有不豫耶 悶慮 聞炊木如桂樹 始
識其辛求也 雖然 不炊難食 更覓得而贈給 則多幸 敢
請

日旣午 未聞移舟之事 且太永不問夜來風雨之安
否 大異於安波舒川之情狀 炊木亦盡 尙不加給焉
其情甚似疎 且夫大永飾衣裝 麗行列 於我舟上 往
往出懷鏡 撫眉髮唇齒 平常唯容之爲 擧船上咸呼

稱婦女官人 余憎其事之不果 而又簡曰

昨夜 少雨少風 每風雨 其鎮長慮問之也 以少雨少風

故不煩貴慮者乃幸也 二宵留滯於此處也 我輩思歸

實一日千秋 已蒙 貴王之聖德 而欲一日半時速到

于東萊而歸于 本國也 以隣國好修之義覆下愛物

之仁 而次治運傳而送我輩 今到于此 徒然送日 既二

夜 唯以其鎮之裁判與相送之順風 爲我之分焉 我非

以風逆強之 但俟駕船之來到也 已聞前日遣貴下隷

而召其船 未來耶否 乞諒思鄕之情

　　己卯七月二十九日　　　日本三人拜

　　呈 古群山僉使足下

少頃 朴泰茂來 夫泰茂容貌 寬且淳朴 自有邑老之

態 雖不手自筆語 然於我事 則丁寧盡心 我輩甚感

余書曰

5B10-6017

萬戶公 多日煩芳慮 自眞悶悶 移舟未言來 我輩之情

諒詳 多謝其厚念 古群山緩[15]僉使 情應知 難奈何也 泰

茂書曰鷄及生魚等物 靑菜想必盡竭 而事當盡竭之

前 贈之不暇 而此等物所載船隻尙不來到致也 此物

所載船來到 卽時給之爲許[16]耳 余謝曰 貴君深情厚念

---

15 鎭의 오자로 생각된다.
16 計의 오자로 생각된다.

感之 謝無地也 俄者欲請于古群山僉使公也 故卽今

書之耳 (余方作書之/半 故言及之)

　　伏乞 惠贈如左

鷄三羽　生魚三尾

　　右於安波浦 則三日間 給之而所領受也 已而四日

　　無此贈 故請之於舒川浦 亦糧米菜受之也

靑菜受品

　　右日日 於安波浦所領受也 菜旣竭 故請之

己卯七月二十九日　日本三人 及舟中二十二人

　　　書之 以贈古群山僉使趙大永

　　宋欽載將歸于舒川 泰茂之屬官書曰

舒川人宋欽載無事護送 今方還歸次發行 昨夜所請

子油 命給伏望 余卽命舟人 出菜油欲予之 而無可盛

之器 彼書曰非丸油卽水油 故不得持去 可歎可歎 余

曰 壺而歸也 卽盈小壺以與之 欽載喜携歸

　　　日昳前 僉使趙大永來 余書曰

今朝 惠給炊木之書中 有下知也之字 未知其訓詁文

義也 願詳解 以記示之(卽出其書/以示之) 大永答曰 先知二字

誤以下知 致 君照亮 還可悚也 恕諒

　　大永之來也 必陪從數人 此日也從人廣袖者 上

後倉 覘余之槍 槍掛于船梁 紙袋韜之 彼將裂之 僕

權左輒制之 日高見而令禁之 余亦申令禁之 權左

乃形語 嚴禁之 而彼逐破之 槍鞘露 權左奮然執材

木向彼 彼亦執材木相向 權左直進 打其頭 冠半破

碎 權左益奮進 川上之僕平助 援權左鬪[17]爭喧譁 日

高止之曰 勿再三 彼捨其材木 我僕亦罷彼輒來于

僉使萬戶之側 於是乎萬戶與僉使爭論良久 萬戶

憤怒不息 大永書曰

書間 僉君安頓否 用慮之深 大海唯淺 厥舟不遠而

來 可欣 卽見貴隷驅打我率 無禮莫甚 以此意 下諒

嚴飭也 余答曰 念問多謝多謝 各無恙也 唯川上親訣

久患痢泄 疲勞追日見 我輩悶慮切 所駕之船 亦不遠

而來到云 幸福如我輩除一患焉 且下隷喧嘩 貴君以

無禮責于我 亦非少違乎 貴卒破我之槍外家 故我下

隷制止之 貴卒不用 於是乎取擲焉 貴卒亦揚材對之

也 故及卽今之事也 不可謂貴下隷有禮也 我輩之槍

者卽我輩之目標 而非可敢輕慢者也 於嚴飭之事 則

貴卒先治之 我下隷亦宜示有禮也 大永曰 書意知悉

而以我率無禮爲言 卽欲船中打罰 元無此法 故還鎭

後嚴治 君率無過 則唯在 君之主章 余曰 我下隷

亦非無過也 貴卒先過也 貴公若嚴治 則我下隷亦宜

---

17 원문에는 門 안에 斯이 들어있는 글자로 되어 있다.

誠之也 大永曰 有事還鎮 猶戀 君席 韓人各歸矣

　八月朔日 自前夕 至今朝 風雨漲濤盪舟 覆苫防之

　辛苦太甚 偶賦七律 寄趙大永如左

　　己卯八月朔 奉寄古群山鎮趙君

嘗聞十宿到東萊 三夕維舟對翠堆 江上寒風留遠客

津頭冥雨鎖層臺 飛雲黃柳驚霜雁 疎竹碧瀾依水隈

自恨漂槎滯秋渚 異邦眺望日悠哉

　　　　薩摩國 安田義方 拜稿

　大永答曰

　　己卯八月朔 奉和

　薩摩國　學士寄來韻

靈芝元是在蓬萊 八葉何由鄙案堆 寒雨挽留歸客帆

好風吹掃主人臺 庸夫釰述埋塵匣 雅士詩章拔海隈

看至再三猶未解 揭于楣上仰瞻哉

　　　朝鮮國 西溪明月主人 謹次

　雅照

　又有牘曰

惠來詩篇 珠玉玲瓏 掩遮鄙人之眼 方歎讀書之不足

奈何不計精麁 欲爲追後仰答 仍問 僉君夜來安穩否

吾歸鎮通宵病苦悶悶 厥船今纔來泊　貴君物品

卽欲移載 如此雨中未知其可也 回便詳 示焉

余復書曰

俄者敬呈巴調一章 褒當却愧也 卽賜和韻 幸甚幸甚
聞貴君夜來有病苦也 我輩唯倚賴于貴君 悶慮不勝
情 願加養速減 且駕船來泊云 幸福猶有餘也 卽今雨
歇 故欲移舟也 若雨則便其時之宜耳 以移舟之事 命
于貴舟 移品物爲望

有一韓人 持白紙來 且書曰

夜來風雨中 平安否 貴君臨發 何時更見 貴君畵
筆奇妙矣 畵法欲效 畵鷹移於此紙 伏望 余輒畵一鷹
與之 而書曰 應需畵以予之 彼懷而歸矣

朴泰茂來 而書曰

貴君下人 其何撻惡耶 以無端之事 持椊打之 我下人
隨陪 着冠破碎不用 可歎 貴君下人中 打之者治之
如何 余曰 昨日已答斂使君 以當誡 故已治其過也 事
卽如前日之言矣 前日我所言詳之 不敢多言 泰茂曰
今以品物不卽移載事 遇四日遲滯 貴君不幸 我不
幸 不幸莫甚 余曰 自安波浦 至舒川 而又到于此 貴
君萬慮 實是厚情也 久滯于此處者 同是不幸莫甚焉
已聞移舟來泊 故前已告可移舟之事於 斂使君也
諒知 以久滯 故不避雨而欲移舟也 貴君亦爲此計
則多幸多幸 有一韓人書曰 雨下如此 三公皆爲

平穩也 品物速載之事 請於古群山鎭僉使 卽移載爲

計耳

　　彼古群山僉使 輭弱若婦女之病 然事無苟果斷 舒

　　川人亦悶之 余請遷舟日旣久矣 因簡曰

久滯此處進舟之情 實切矣 卽今欲移舟也 願爲此計

也 伏爲望　　　　日本三人

呈 僉使公前

　　泰茂書曰

今日移舟 則明日別 累日情懷何日叙也 余謝曰 多日

我輩敬感 貴情之厚 別離已在今明 再會無期 實難

分手 泰茂曰 貴君騎來舡人 告稟于我曰 舡芰不實 還

歸無路 貴芰 一代 請得云 依請惠給如何 余答曰 船具

各是官物也 雖可火之物 有用而携來 幸望容此意 非

敢吝也 諒悉多幸多幸

　未牌 僉使屬官等來 且二船來 近于我船 彼書曰

君之什物移載時 勿爲眩亂 各其物件 次第移載之意

團束似好也 余曰 君等如意而可也 彼曰 君之什物 與

成冊同也 一一考見後 移載似好也 余曰 諾 以速爲望

又將雨

　　於是速移物品 彼書曰

此船移載之物 無一遺漏耶 若然則以此意手標成給

如何 余書曰 前船所載之品物 擧移之於此船也 無遺

物 亦無失物也 依請示告如此 己卯八月朔 彼曰 移船

吾亦幸甚 自明日與吾並舟同行 是亦不少緣分耳

泰茂曰 累日駕海 今當相別 悶然悶然 移卜移船尺文

成給也 (余書與之/今失其稿)

　　余偶作詩贈之

　　　古群山 別舒川萬戶君

留去與君同 扁舟雲水中 離情千萬里 音信又難通 錦

帆歸西北 霜雁返南東 每見江山勝 應思此地風

　　　　　薩摩安田義方拜稿

　　物品悉移終 而我輩遷于古群山船

　　二日 天氣淸朗 西風徐來 數韓人早來 而書以請我

　　墨筆扇小刀硯滴 乃自其橐 出鐵燧及細具 欲以易

　　之 特請以彼小刀換我小刀 余遂不肯矣 彼頻請而

　　不息 余與之以磁硯滴一 彼大喜懷之而歸 有金錫鼎

　　者書曰

累日情熟 今日相別 可歎可歎 雖然不可不行路 萬里

滄波 平安下去也

　　韓客各歸矣 少頃 彼受硯滴者 還持來反之 硯滴旣

　　破爲二片 彼卽垂袖躍爲下船之形 蓋下船時誤墜

　　焉 余唯微笑 辰時 起碇艤船 我舟人之駕船半帆 已

　　出浦口 僉使船亦發至浦口 側帆而止焉 我輩船則

後發 比並僉使船 僉使鼓吹 方船而出浦 我船棚頂

左建旗 畫關羽馬上挾青龍刀像 右建白幟 船內鳴

大鼓 彼船長供二盤於船首 拜禮恭敬 盛之以䖝與

豚肉 旣祭徹之 饋我三人及臣從等 西東山䑛䑛峩峩

南連大洋 行八九里 午時 抵一島灣 小嶼環而無樹

木 人家亦不饒 僉使船先落帆 我舟人之船 亦尋至

我船則後至 乃簡于僉使曰

海洋平安 幸賀幸賀 而今日水路幾里耶 此地何道而

島名浦名何如耶 伏望詳記示也 僉使亦贈書曰 名曰

並槎同行 或先後 無異各行 悵歎仍問 僉君平安來

耶 吾水行出世爲初 水疾轉甚 不省人事 玆以替伸也

蝟島圖

蝟島

浦內

縱橫六

七町

古群山

余復書曰 並槎同行 恩惠殊深 先後不苟問也 我輩平

安懇問 伏謝伏謝 更聞 貴君水疾甚 我輩悶慮切矣

仰望保治也 唯安臥爲望

　劍使之下官 三四人來 余書以問地名里數 彼答曰

此地名蝟島也 自吾鎭來此 爲五十里也 全羅道中 彼

且曰吾之　使公水疾大發 委席痛臥 故未得來此

又曰 吾亦水疾難堪 補胃次 敢請茶藥也 余乃出砂糖

嘗之 酌茶飮之 彼曰 船中無絶糧饌之歎乎 余答曰 無

絶糧之歎也 唯是靑菜及生魚鷄恩給之 則幸甚 彼曰

夜間痢患何如 而靑菜海中難求 甚可悶也 鷄魚亦然

未得遂意 亦悶也 余曰 於古群山已乞之 未贈也 此地

亦無魚鷄菜耶 呵呵呵呵

　韓客歸矣 余所答于彼 雖如此 而川上疾日病 無味

　可助食 故飮食不進 藥方無助 因簡于劍使曰

疾病患難 相扶持則人情之不可已也 我輩多日苦水

居 申之川上在痢泄之患 舟中無藥種 唯以韭葷蒜靑

菜及鷄魚(生魚/也) 爲藥也 前日於安波浦食之耳 絶此數

品已五六日 卽今亦乞來駕之人也 初答以無 後答下

陸可求也 伏願贈給之也

　劍使卽饋韭蒜靑菜 其書曰

卽見 君書 兩君平吉 此則欣欣 而一君之痾病有加

無減 慮念萬萬 所示三種中 二種艱辛求得 其數零星

以情受之 其餘一種 非此處所産 故難以得送 歎也 吾

水疾尙無少愈 悶然 不計此病 卽欲前進 而風濤不止

今宿於此 明曉發船 未知爲可 回示也 余謝曰 敬告蒜

韮葷贈給之事 是卽川上親訣不堪病患 而二人亦久

絶靑菜 故强乞之 貴君深愛愍之 卽時賜蒜韮之二

種見此靑色而病患如少差 多謝惠恩之厚也 此餘一

種不産此地 則勿遠求爲望焉 且聞 貴君水疾無少

瘳也 悶慮不能盡於毫頭 且夫風浪未止 今夜宜泊此

處 明曉行舟爲望耳 望穩眠也 三人同敬白

少焉 載米及魚菜來 移之我舟 韓船長悉取之 以藏

於舟內 俄頃僉使之屬官二三人來 而書曰

米二苞 內一苞本船

沈魚六十介 內三十介本船

藿五迲 內二注之本船

乾石魚十介 內五介本船

胡樸五介 內二介本船

茄芝二十五介 內五介本船

小蝦醢五斗 內二斗本船

火木二十束 內十束本船

鹽三斗

土醬一器 如此分之好也

余召松元問之 答曰 臣等之舟旣受之 余乃答于韓

人曰

一舟已領受之云也 此舟亦卽今載之 貴舟人收之也

一舟卽贈之 一舟不贈何乎 彼曰 一舟亦贈之云 此

則問于船長 余曰 船長已領受也 我駕船卽雖載之 而

貴舟人收之於舟內也 彼曰 今去三舟盡受之 勿慮也

余曰 更君携來耶 彼曰 非吾鎭之所贈 本國自有饋給

之事例 故自上司 已爲磨鍊 劃給於我隣邑沃溝縣該

縣監色 今來分給也 余曰 然則一舟所給 舟長所受詳

記其員數 彼曰 勿多言

韓官卽召其船長糾問之 船長乃其出所藏米魚鹽

菜醢醬薪等若干許 韓官卽形語 而使我僕隷等數

5B10-6027

之 合于其記 而後與之 余謝之曰

卽今贈賜米魚菜薪等許多之品 使船長及臣從領受

之也 恩惠實深厚深厚 更欲拜謁以伏謝 聊書謝其忞

敬白[18]

三日早朝 簡于僉使曰

貴公水疾有減耶 祝慶 我輩夜來穩眠 唯川上痢泄不

---

18 曰로 되어 있으나 白의 잘못으로 보인다.

得寢悶耳 今日發此處 而水路幾里而到何地耶 請記
示也 彼答曰 示意謹悉 而 僉君安穩 痢患則不差 欣
念交幷 吾雖不差病 爲君發行耳 向南可謂得風 至於
所住處 預難料度也

辰時 僉使船將起碇 而過我船傍 隔水相面唔 旣而
三船共揚帆 發蝟島 比至于洋上 風微且不順 炎威
酷矣 乃使僕權左張涼傘 有一韓人來代僕 執傘 余
賞以嘗砂糖少許 是以衆韓人更代持傘者 終日相
續 遂得避暑 權左便得閒暇安眠 良久矣 睡起 步過
檣邊 誤蹈空處 而隕于船內 響轟舳艫 韓人驚駭騷
動 童子次郎凭船檻將便 韓卒白髮靑衣者 見之 遽
起抱次郎 次郎固辭 彼扶之盆叮嚀 少焉彼過我席
邊 纔履席 一人直執扇 將打其脚 彼白眼顧焉 其人
卽起 兩手撞之到檣下 彼奮起爭推 卒不能敵而罷
焉 此人坐猶攘臂 彼據檻抱膝眼含血 日已沒無風
搖櫓逐僉使船而行 四望漸暗[19] 不辨僉使船之行處

對岸處處擧火 不知其地名 將二更 卒不得僉使船
我舟人之駕船 亦不知其所在 我船輒碇宿于洋上
余形語欲以進船 韓人不可焉 余謂不宜泊于洋上
乃挑燈作書曰

19 원문에는 晴으로 되어 있으나, 暗의 잘못으로 생각된다.

貴君駕船能到于浦内乎否 我所駕之船 則下碇於洋
中 欲到于浦内而不可得 我舟人等所駕之船 則遠在
此洋之西方 蓋退潮流于西南 風絶潮瘀 而不可得到
其浦 宜速使其浦之小舟兩隻曳之而得繫于浦内也
夜中若風起波盪 則雖悔然不可及矣 不堪深慮 敢書
以告 望爲其計也
　卽使韓人促艇遣之歛使船泊處 韓人不得已 而起

自蝟島至此

水路二百里

問泊處名

於古群山

歛使

歛

使不言

蓋沃溝

縣内也

蝟島

　　碇進本船 遂入于浦下碇 韓人持余之書乘去時

　　方鷄鳴 僉使復書曰

卽見 貴君書 其欣勝於對顔 且況 君船無事 到泊

於浦內 慰喜萬萬 一船之尙不入浦 悶迫彼此一般 卽

令小舟出送以爲曳入 而尙無來期 不勝深慮 故連送

小舟 登山擧火 立待之 少俟聚會 東方快曙 面看發船

計耳 唯望 僉君少憩也

　　夜將明 見此復書 余又簡曰

貴君駕舟 疾泊于浦內云 我駕船前宵 旣下碇於洋中

故前書告之 貴格軍忽擧碇揚帆 晨鷄到于浦內也 欣

喜欣喜 貴君水疾昨日有減耶 海洋平穩 祝賀祝賀 但

我舟人等所駕一隻 未言來悶悶 殊承聞曳入之事 多

幸 旣而曉雲向明 舟人之船亦當憩悶苦也 勿煩貴慮

也 而昨日水路幾里 而到于此處耶 此地何道 地名何

耶 願詳記示之也 僉使復書曰 示辭[20]悉之 舟楫相隔 言

語旣通 幸甚 貴船一隻 前洋唯發勿慮也 吾水疾不

差悶然 昨日到此 水路里數 或云一百五十里 或云二

百里 未知其爲幾 地名此非立住之處 未知何村 今日

20　원문에는 辝로 되어 있는데 통용되는 辭로 기록하였다.

亦向南而往[21] 宿處預難料度也

四日 昨日不前定泊處 故終日徒逐僉使之船 進止
而卒□津 我舟人之船亦然矣 今日乃不得不問 其
所向也 因簡曰

昨日不預當到之津浦 故我兩艘狐疑多端□□而不
知貴船之所泊 問港浦相反顧 日已沒 尙不□泊處 夜
暗悶慮莫甚也 故問今日水路幾里 而到泊于何之地
耶 船未發前 告示之爲好

僉使不答 旣而僉使船發浦 我船亦從發 我舟人之
駕船 乃在洋上相去半里程 見我發而彼亦開帆從
行 初出浦風自辰巳 舟向正南行數里 日午 風絶波
瀾不搖 洋上小嶼怪巖連出 三船過此落帆同駐 東
南之涯有一巨船 隨我船行 我下碇卽彼亦駐 若護
水路者 海水淺潮流急激于船 未時 潮滿 蓋此地干
滿異常 將哺驟雨西來 風隨之 卽揚帆 日暮得一

5B10-6031

島 島口通峽 行數百步 潮流如川 回風疾至 船傾涵
右檻衆怖 船長戒柁工 急外柁 船卽左旋而復平 過
峽得灣 圓如盥水 三船共泊 我舟人云自前湊至于
此水路 本邦水量可七八里 余簡于僉使曰

海洋順風幸福 貴君今日得無水疾否 遙見 貴顏

---

21 원문은 住로 되어 있으나, 往의 잘못으로 생각된다.

先知壯健也 賀祝賀祝 我輩平穩 唯川上一樣悶焉 而

今日水路幾里 而此處何道 地名何耶 幸望詳記示也

僉使亦有簡曰 今日彼此一行 俱爲利達 幸何可言 吾

之水疾去益難堪 自憐 今朝猪肉送之 領情耶 貴

之下船□相去稍遠 卽便饋之 此亦諒之如何 余答書

曰 今日洋上平穩 如 貴意 順風俱到于此幸福 承聞

5B10-6031(그림)

水島圖

發前泊

至于此

水路五

十里許

浦內從

橫 五六

町 海水

淺

5B10-6032(그림)

水島內一

村圖

八月五日發

前泊 水路

一里許 到

于此下錠

貴君水疾不堪自愛也 水上之疾如醉 速下陸卽得瘳之

望加養也 且今朝猪肉給之事 疑中間爲淹滯者歟 我

船中無領受之者 我三人亦未聞之也 厚志實多謝多

謝 我下船亦宜傳達也

川上病未愈而無醫藥 余藏洋山人蔘[22]五兩 自初至

今 唯斯之用 亦將盡 曾聞朝鮮人蔘之名 欲得之以

補其元氣 因簡以請之 (今失/其稿) 彼答書曰

僉君無恙 慰喜而 川上貴君痢疾尙不快 悶憐 吾以

初見之顔 更看憐耶否耶 猪肉必中間闊失 此則搜得

還送 而若無則各別嚴治也 人蔘京中絶貴 況如此海

隅殘民 容易得食乎 以此之故 未副 貴敎耳 歎耳 今

夜溫宿後 明曉更見爲望

此地曰水島 後日余聞之于韓人 其問答書幷失焉

五日 天朗波穩 然彼無發船之色 且川上所畜之羔

---

22 본문에는 人參으로 되어 있는데 문맥상 人蔘으로 표기하였다.

餘[23]草已竭 余書以乞青草 斂使答曰

夜間 斂君安宿 川上貴君 痢疾有差勝 用慮不淺

今示青草依數得 送諒之也 吾之水疾 雖有少減 氣眩

眼昏 不能長語 姑此而飯後 往見之

　余問地名已再三 斂使終不答 蝟島水島之名 皆聞

　諸他人 因又簡曰

以其地名與路程 示之於客 令客安心焉 是卽非爲主

之禮乎 若愛之則誘之 而指示明山靈場[24]也 唐山人之

於我國人 往往如此焉 而我小子假學詞章文藝 每逢

佳景 採筆敍韻 安波 馬梁 庇仁 舒川 萬傾[25]等 愛其佳名

與其光景 詩畫以慰其客愁也 自昨日而多見奇絶之

山水 欲記之而未得也 自前日而問地名 未見報 夫貴

國地方莫大矣 海隅之島嶼 山壑 雖詳記之 何慮之有

乎 但爲吟咏以消客愁之助耳 仰望書以予之也

　彼又不答 余又書以促發船 且乞鷄魚 斂使不卽答

　已牌 韓官人四人 來于我船 其一人書曰

貴公連日船上平安耶 吾以沃溝糧饌持來供饋 監官

也 本以頭風病 百藥無效 何藥有效也 余書答曰 問訊

23　본문에는 餘로 되어 있다.
24　塲은 場의 古字이므로 현재 통용되는 것으로 표기하였다.
25　원문에는 傾으로 되어 있으나, 頃의 잘못으로 생각된다.

多謝多謝 我輩舟行平安也 但川上親訣 久患濕痢 爲

之悶悶 聞貴君監官 (此下有五字不可讀 蓋當時日高/自側誤寫余之稿 今省之不

敢補)

且以頭風病 百藥無驗 更可慮也 以小半夏加茯笭湯

治之無不有效也 依有問尋告示 一人亦書曰

貴公連日 船上平安耶 吾以古群山軍官 爲貴公一

行陪吾 使爺到此也 余書答曰 僉使君並舟同行 洋

上無恙 幸福幸福 貴公亦陪行云 穩恭欣喜欣喜 川上

泄痢 我輩悶患也 無少減差 但患無醫藥耳

　　又有贈靑草來者 其人書曰 病眩暈(其書/失之) 余謝曰

貴君眩暈之病 慮悶慮悶 俄請靑草 多賜之伏謝

　　其人將歸 余書以憑彼 簡于僉使曰

我輩舟上窮棲 旣五十餘日也 精氣將衰 養之無如肉

也 鷄數羽贈給 幷靑菜給之也 伏乞 (彼有復書 其言云/ 追後來呈耳 今略

其全/文)

　　一人冠繫白玉 從容書曰

蒼波萬里 許多喫苦 不須提焉 僉君返旆[26] 無事至此

令人欣幸 然一君有病 揆以情理 想必悶然 爲念爲念

吾則昨日 地界守邊之將 護送後所當卽還 而於意悵

然 今始來訪 幸或領知也 余謝曰 吸喫乎雲水 濟涉乎

萬里 訪問情念 至感至感 得 貴國隣國好修之恩義

---

26 旅의 오자로 생각된다.

而我輩得還焉 實大恩曠澤 而今聞 貴君地界守邊

之將也 護送後當相別 悵悵一般 且憐川上疾病 情厚

悉諒 宜識我輩之悶慮也 但恨無醫無藥耳 一人亦書

曰 我以新來大人從事吏也 明日更來 喜拜爲計爲計

　　余予官人砂糖 而書曰

卽今所予 日本砂糖也 余又書 謂於守邊將曰

初見未知 貴君姓名 幸望詳記之 我姓 卽前日告

斂使君 故不記也 彼書曰 欲知姓名後日 記念 是亦

感也 吾之姓李 名東殷也 諒之也 貴君姓名 斂使

許未暇問焉 幸示之 長日心記之地 如何 余書曰 姓安

田 名義方 字喜藤太 一字元方

　　日午 斂使簡曰

昨夕留船於此 皆因 斂君之困憊 住宿悉由此也 卽

今一帳之場 方欲行船 諒之如何也 余答書曰 悉知

貴書也 行舟本所願 多幸多幸 而夜來愛我輩 而留宿

云 恩念餘感

　　三舟 同發向西 數百步 轉向北得一村 輒下碇 行舟

　　之間 不足一射場 斂使懦弱徒搖舟 而免我之責耳

　　斂使簡曰

移船之間 斂君佳勝 馳念何弛 吾病伏船上 氣力難

以收拾 悶悶 貴之品物 移載之後 荏子島斂使 智島

萬戶 當爲 貴船護送官 至於饌物等節 兩官主章 而

俄示鷄菜二種 方求得云 姑得此間 如何在吾鎭 則凡

物 何以吝惜於君 彼此客地之致 歎恨也 余答書曰 於

此地 當移船耶 厚念不弛云 芳意欣喜 而 貴君病臥

於船中云 勞苦悶諒 加養幸勿忽也 品物移載 饌物主

宰 船路護送 在荏子島斂使君智島萬戶君前之條 悉

領其意也 鷄菜二種 求得云云 凡物非爲吝 客地不任

意 東西如此而已矣 由敎示 姑俟之 來書多謝多謝

　　初下碇 遠于浦 後進船並斂使船 樓上相望互面 斂

　　使擧手 余揚扇應之 俄頃 斂使簡曰

俄者船上擧手相應 無異相面 喜不勝言 事當躬往 百

骸俱痛 未遂此意 恨懷與海無涯 貴求二首鷄一束

菜 自本官搜得而來 斂君情嘗焉 余書謝曰 擧手謁

貴顔 裕色平穩 賀情猶有餘 忽聞病痛悶念不勝言 幸

望加養也 所請求之鷄二尾 菜一束 辱速贈給也 惠情

與山高 愛念多謝多謝

　　六日 夙簡于斂使曰

夜來 貴君穩眠 賀祝賀祝 我輩無恙休慮也休慮也

荏子島 智島二君 到來于此處耶否 事若具 則宜移舟

發帆也 回報伏乞

　　平旦 筆吏來 以斂使之言 書曰

夜間 貴公安穩 而川上病患何如 吾之所患 少有差

效幸幸 今午當爲移船 則茌子僉使 智島萬戶 定差員

交付後 作別還歸 薪薪悵缸之懷 想必彼此一般也 余

謝曰 念問多謝 川上病患若少有差 欣情可知耳 而今

5B10-6038

午約移舟也 幸甚幸甚 別離在近 更悵然 俱是海路 平

安至禱至禱 彼書曰 午間移舟時 與僉使公更來耳

貴國有緊要書冊 願一得見也 余書答曰 聞與僉使君

更同來 欣然也 而我 國之書冊 多藏焉 雖然堅封裝

不可容易開也 幸乞許其所望也

　　少焉 韓人饋粮來 我所駕之船長 又藏之船內 如前

　　日 韓官踵而來矣 書以言贈粮米 其問答省之 唯擧

　　其一二 彼書曰

至於米則 貴下人初不受云耶 余答書曰 弗敢然也

初於安波浦承給米饌之事也 此時我米猶有餘也 故

辭之也 庇仁太守曰 朝廷之賜也 辭之則非禮也 是故

受之也 而後一日一人 一飯以米一升 令船長領受之

也 下人之傳聲則過矣 彼書曰 一日一人 一飯以米一升

亦自朝廷定給之意 行文蹟於外邑 故以此次次如此

君須知之 今日各人各一升米 果是先給之意諒之也

此外如有 貴君求請 則無違連惠之言 屢屢護送員

許勿慮 而如有求得發卽速備呈 此亦少無深慮焉

此外筆語省之 卽所贈則米四斗五升 藿二十二把

乾魚十五尾也

食時後 斂使趙大永來 見贈七律一首七絶一首

歲在己卯 中秋上瀚 詠示

薩摩國諸 學士

鰲背相逢意趣宏 蒼溟萬里並槎行 護圍山勢含元氣

翻覆浪花頹世情 計我還州途益險 念 君歸 國水

猶縈 未燧氍羝因送別 男兒贐物酒盈舷

此別宜難後日逢 悵懷湖海與無窮 船頭杖劍丁寧語

唯望三君起踞同

開悵送人必有贐物 以詩贈之 我國士大夫風流

朝鮮國 西溪明月主人妄寫

雅評

大永又書曰

臨別自有所感 以詩記之 恐或因阻狹之詞 溷瀆於濶

達之量也

余卽走筆 次韻以酬之

水島船上 酬朝鮮國明月主人見贈

魚眼射波積水宏 漂來蒙澤共舟行 風淸天地登瀛趣

秋敞家園歸鶴情 別路同看雲影霽 懷君爲望月輝縈

佳期難再芳莚醉 分手慇懃侑兕舷

薩摩國 安田義方謹稿

大永書曰

全篇皆珠玉 以洗鄙吝 感謝感謝 余書曰 太畏貴賞之
不可荷也 大永書曰 掛吾堂如看君面矣 余乃酌酒勸
大永 大永書曰 是別酒也 又書曰 吾之前詩更欲見搜
出也 余書答曰 前舟之上裝 此舟爲下載 今聞頗在船

5B10-6040

底也 移舟之時 搜出示之 如何 大永曰 若爲弊則置之
無妨 余曰 不敢爲弊也 深藏于箱內 而下裝也 大永曰
雅士詩章拔海隈 拔字多病也 余曰 當以何字代拔字
而爲好耶 請見示之 則移舟之時 雖繁雜不可出得 而
後日記之於別紙 以補其病耳 願書示也 大永曰 拔字
過是多病耶 指敎也 余曰 更以一滴納于大海 可愧之
甚也 但愚見漫書 幸勿咎 照 抽驚 動 透 一句之意 如此
之字 可乎 不知其好否也 大永曰 今敎若此 以透字改
之耶 余曰 愚按以透字 爲善也 改透字而至好耶 大永
曰 貴國人看之 免笑耶 余曰 透卽徹也 通也 詳乎此字
義 則何人笑之有乎 若不知其字義 則雖笑何妨乎 大
永曰 然則以透字 改于鄙詩中 余曰諾 後刻移品物之
時 得之則當以遺之也 若事用繁襍不及遺之 則小子
刪除拔字 而爲透字也 幸安貴慮 爲望耳 大永曰 透字
必勝於拔字乎 余曰 拔字如貴意 猶有病也 透字極勝

也 大永曰 更請詳示 以破吾疑 余曰 透字若置美薄紙
於絹上而見其絹之經緯也 大永曰 詳示以爲夢覺也
又曰 然則以透字改似好矣 余曰 諾 大永曰 我詩以君
高手改潤 其幸當得如金玉 余曰 以 貴君所書 小子
所評 以透字易之 潤色在透字上也 厚意猶愧惡也 大
永曰 君之文具 何其過也 余曰 過猶不及也 我情未足
也 大永曰 至於詩章 論評詳示爲師 余曰 不知其所

辭也 大永曰 犯坐甚窄 爲慮君之坐臥不安 余曰 休慮
也休慮也 是亦船中之一興而已 大永曰 可謂詩人之
喜憂交耐

　　初趙大永來也 膚著白煖袖 襲之以藍色紋羅 其
　　袖亦紋紗 又複之以靑紋紗衿衣 以金玉紐其衵 紅
　　帶結胸下 每來于我船 衣服日變 此日乃衣毛裘 其
　　毛白質黑文 裏毛表絹 其色鸞黃 大永曰
吾之毛裘外非 貴國之織耶 余曰 吾國亦産之也 名
曰琥珀織也 能似之

　　有一韓人 書曰
僉公夜間一向 而 川上公痢患 又如何 深慮不已 累
日海上親面如舊 今當分別之日 伏歎伏歎 好向長江
千萬里 故國奉父母 樂妻子 後必思我 使爺同苦之
事也 余問其姓名 彼答曰 李洛淳 彼亦問余姓名 余乃

書答焉 且賦絶句 贈之曰

朝朝俯仰日華懸 正是豊蘆原上天 何日布帆還故國

拜親撫子慰凄然

余書曰 今日時刻已過午也 荏子島僉使君 智島萬戶

君 未來到耶 移舟之事如何 彼書曰 卽令下人傳唱於

兩鎮將 而稱以行裝未具也 所載船來到 不久移舟耳

　　未牌 二官人率數人來焉 一官人書曰

問我以新任領護使到此尓 僉君萬里漂海 多日辛

苦 幸無疾病而眠食安穩耶 余書曰 念問多謝多謝 初

見欣喜 我輩漂流萬里 幸漂到 貴國 而 惠恩如山

如海矣 漂流至于今 足不履地五十餘日 三人同有水

濕之患也 就中川上親訣久病泄痢 悶慮諒察也 敢問

貴君官職姓名也 我輩則前告之於諸君 故不書姓名

也 勿咎 彼書曰 貴兩君俱無恙慰喜不淺 而 川上君

以泄痢不平 慮念慮念 吾之職名 折衝將軍行水軍僉

節制使姓朴名國良也 貴品物欲爲移載也 余書曰

聞 貴君之職名及姓名 歡情 而移品物之事 至幸至幸

速命 貴格軍 我船人亦當命之也 敢請

　　一官人亦書曰

我亦以新任領護使到此耳 因問 僉君好來耶 余書

曰 始聞 貴君亦護我輩而行舟也 慮慮多謝多謝 我

輩無恙 但患水疾 而川上親訣久病 悶情察諒之也 移
舟之事 以速爲望也 載舟一隻耶 又兩艘耶 書示爲好
彼書曰 僉君中 川上親央久病云 爲之悶悶 而未知何
病 而何日始痛耶 病之輕重 幷示之也 我之職名 水軍
萬戶 姓名吳子明也

　余乃詳書川上之病症 以示之 其稿失焉

　須臾 巨船一隻來於我舟邊 小舟亦從來 韓人多乘
　我舟 蟻附喧動 方將移物糧 我舟人等禁之不息 我
　船長松元來曰 云云 余卽書示朴國良吳子明曰

禁無用人 彼答曰 無用之人 依示已禁矣 勿慮也

　彼數韓人卽退去 晡後移物品於彼巨船 我輩同遷
　之 自初發古群山 與我舟人分離 數日于此 今日復
　得同船 而二十五人共欣喜焉 趙大永曰

上下多率 一隻同去 吾意喜幸 若此不已 況 君意之
欣欣如也 余謝曰 眞是 恩惠之至矣也 喜情難盡禿
筆也 (余又書謝同船之/事 其稿今省之)

　韓官人各歸矣 夜方初更 大永 子明 國良來 大永乃
　爲主 而供饌惟供子明以盤 其佗則許多饌物盛之
　碗若籠 而陳於席上 童子行觴 各傾數盃 大永形語
　進食 我輩弗食 唯飲其酒 彼强進食 日高卽下箸於
　子明之盤上 而食其鷄卵若肉少許 日高欲使余亦

食之 余不肯矣 書謂大永曰

一人供之於正盤 他各下於席上 故不食也 各正盤則

正盤 各席上則席上 而君等各先喫 則我輩亦可食也

大永卽下子明之盤於帳外 我輩輒與彼對食 將二

更 韓官各歸（余書謝於大永且問/其酒名之稿 及答書失焉）

七日朝 与韓船長筆語 余問地名答曰

已爲一船同行 彼此不順之人 各別相禁如何 此處地

名水島也 余書曰 所示地名 欣喜欣喜 而如此不順

底之人 宜以理諭之 以禮齊之 相禁而可也 我

日本人 乃戾乎理義之事 若或相加則憤怒如蜂怒也

諒知而可也

食前將雨 余簡于子明國良曰

諸公平居賀祝 我輩穩泰休慮也 卽今將雨 而此舟草

苫不足也 無由設席 故請草苫十枚 貸給之也 不然則

物品濡 我舟人臣從無可炊 無可居也 請速贈給之

韓人卽饋苫 其書曰

問僉君宵間安穩否 雨勢將急 故草苫十卷 措備來

也

乃以草苫結架舟樓上 韓船長書曰

人多船小 無邊大海行船 於中路 若逢大風則其勢可

難也 君意分船何也 不然則君之坐席未安平也 余書

曰 聞人多船小 無邊大海若逢大風 則其勢可難之旨
示也 我未知其水路行程 故無此慮思也 坐席不安
平 儞們慮之 可感可感 於分船之事 則我輩不任意 更
問于兩僉使君及萬戶君 而可定其可否也 儞們亦以
此事 語護送之諸君 爲好

少焉 國良子明來 余乃書船長之言 以語于彼 (余省/其稿)
彼書答曰

我國船人 則可謂 僉君之使嗅申飭 貴船格幸勿
輕薄也 或有所憚之事告之 我當如法論罪 諒悉示之
一官人書曰 當初合船者 爲君所宜 本非他慮 今聞危
境可歎 諒宜區處 君亦察勢以示也 余書曰 自古羣山

5B10-6045

至此地 已經八日也 路程纔是三四百里也歟 以處處
淹留 故太甚苦之也 而況川上親訣 病患日久 無奈之
何也 非古群山僉使所爲而誰也 我輩久憤然之 若有
風波 則固不可行矣 唯以無意滯在于諸處也 今日古
群山僉使君 到于此舟耶否 彼書曰 滯留或風日之不
好 領護之相替故也 何憤同苦之官員也 唯冀日朗風
靜 僉君苦狀 諸人悲懷 不言可想 豈可歇後耶 一官
人亦書曰 夜間平安 而沉病之人有小差否 今日日氣
不精 風勢不好 趍不移椗 客愁想必難堪也 余謝于二
官人曰 厚念多謝多謝 自前日而久留滯于諸處也 川

上病臥其苦可知耳 而今日以無好風不移碇云 是非
人爲也天也 雖然思家實一刻千秋也 貴二君請諒
察

　　巳牌 小舟載米薪來 而書曰
日供申飭持來也 余謝曰 日供持來 伏謝伏謝 若到來
則令我船長宜領受也 彼書曰 明至二日 糧十五斗 當
計給也 余乃使松元受之 而書謝曰 至明日之粮米十
五斗 及鹽鯖魚十尾 藿四把 炊木三束 令我船長領受
之也 伏謝

　　旣而韓官將歸 而言分船之事 (其書/失焉) 余書曰
請熟論而宜決之 我輩 則無强所致也

　　韓官歸矣 午牌 古群山僉使 解其纜將發 以遊艇贈

5B10-6046

　　書曰
昨昏宴罷而歸 所未知夜間 僉君善攝矣 偶見此處
領護員所去 貴書 如對淸範 欣欣 吾病比前十層今
玆歸去 唯望 君之一行 無撓利達也

　　　　　　　　　　西溪明月主人

朝鮮漂流日記卷之六終

朝鮮漂流日記 質

5B10-7003

朝鮮漂流日記卷之七(自八月八日至/明年正月七日)

　　八月八日 小雨 風稍似順 余簡于二官人曰

夜來 二君平眠 賀祝賀祝 我輩無恙 川上病患一樣也

今日發船如何 風順耶否 出此地而水路幾里 到何處

耶 伏乞詳記示之也 彼復書曰 漢回 僉君平安 慰喜

而川上君病未蘇云 不勝悶慮 今日風勢可謂遞吹 不

利發船 一般 悶慮悶慮 靑菜小許持來佘[1] 余謝曰 辱慰

喜之意 且承悶慮之情 更有靑菜之給 多謝多謝 今日

風勢逆 是以不發船云 於天爲 則無奈之何耳

　　巳牌 屬官二三人來 筆語曰

諸君共處一船爲好焉矣 擧帆行船之日 多人或恐紛

擾 故欲爲便好 又定一船分處以去 如何 來之也

(余答稿/今省之) 彼又書曰 此船外兒體大完固 故僉君與品物

同載矣 到今聞 貴君侍船人所告 則此船左右無力

1　옆에 佘로 교정되어 있다.

況多人共舟不利於行船之時云云 故欲以便宜爲之

耳 今日分船爲計 僉君中幾人移去耶 并示之 而分

半處之似好 亦諒之也 余答曰 貴書悉知諒察也 便宜

之道 分船之事 多幸多幸 而我下人舟人合十二人 各携

品物 而宜移舟分處也 但[2]以速爲望耳

其舟卽來 我船長及舟人下隷十一人載物種而移

于其舟 頃刻 朴國良吳子明來 彼之履在我席頭 余

書曰

履勿近于貴人也 彼書曰 是是是

直使其隷執履下後倉

船長松元來告曰 今所移之舟小 樓上不可炊 乃欲

入舟內炊 而彼不許 將奈之何 余書謂子明國良曰

以船體小故 難爲炊飯 前船大凡於船內炊矣 彼一船

禁何耶 不食則一朝難保生也 實一難事矣 諸君宜諒

之 而爲此計爲好 若强禁之 則我舟人檢見之令貴船

人而炊之 亦似可也矣

子明國良諾焉 韓人輒向我船長等 形語令炊於舟

內 時 子明國良載淸酒來 飮我曹 余書謝曰

可謂美且好酒也 非藜糖酒耶(余前日飮此/酒 因爲此問) 彼答書曰

此乃粘米芝燒酒也

---

2 但의 의미로 쓰였다.

晡時 子明國良及屬官歸矣 此日迨夜微雨不歇

九日 天氣快晴 夙簡于朴國良吳子明曰

夜來二君太平賀祝 我輩無恙也 今日順風耶否

子明國良直來于我船而書曰

僉君安息否 川上泄症有差效耶否 余答曰 川上少有

差效 敢起坐于席上也 彼曰 卽今風雖無勢 日氣和故

擧椗離發也諒知也

我船起碇 子明國良乃歸 巳時前 三船同揚帆 是日

也天朗風微 水波不起 溫和宛如春 護送船往往奏

樂 初向卯辰行僅十町許 出峽正南山圻水連天 船

直向于此行 半里許 右岸得二村 水面有孤嶼 距村

十町餘 右岸得一村 人家饒 有高山松樹鬱蔥 跨二

村之際 又有二船自左岸來 並行於我左右 兩岸相

距三里許 船向辰巳行 東涯杳渺 白沙相續四里許

千峯萬壑[3] 雲興霞蔚 景象隨行舟轉變 爭奇競勝 過

此又入峽 右岸曰智島 卽吳子明之所居也 荏子島

亦鄰于此邊去(余聞諸/韓船長) 峽大抵向東通 然往往回曲

或南或北 左右邱山重疊 怪巖奇石處處競秀 風光

絶勝 行已可十四里 而出峽南行 一里許 護送船下

碇於北崖下 我二船亦從而止 彼使小舟先發 不知

---

3 壑으로 적혀 있다. 谷이나 壑의 이체자로 보인다.

其所以爲如何也 海水淺 巖石出 晡時得一灣而下

碇 灣中水淺 沙觜遠出⁴于海中 余簡子明國良曰

今日海洋平安 欣喜賀祝 二君安靜否 我輩安意偃臥

敢問此處何道 而地名何耶 請記示之也 子明答曰 駕

海後 先見 貴書乃知平安 而欲爲躬往矣 亦知偃臥

故不進 然明日相逢爲計 諒悉安息也 國良亦答曰

川上痢症有差云 實爲萬幸 而今則風勢不利潮水亦

登 此前站乃是大洋 若無利風則猝難越涉 故留此地

待風放船爲計 僉君 諒悉也

　余問地名 彼不答 因問韓船長曰

全羅道耶 慶尙道耶 船長答曰 乃全羅道內 而今日行

舟已百餘里矣 風順波平每如今日 則何患前進乎 余

5B10-7006

謝曰 聞之歡情爲吾詩章之一助耳 又書問曰 此地名

何 船長答曰 羅州諸島 又問島名何 答曰 八金島

　余欣喜有餘 乃出砂糖琉球酒食飮之 旣而舟中就

眠矣

　十日 夙朴國良贈書曰

夜來 僉君共得穩眠 而 川上君調節亦得漸差耶

恒念不已矣 吾亦安息耳 卽今風又順來 方此擧帆

諒悉也 子明亦簡曰 漢回 僉君安宿耶 當爲慰問而

────────
4　出 오른쪽에 작은 글씨로 遠이 쓰여 있다.

風水似好 行船在即 未邃 諒悉焉 余復書曰 夜來泊
處穩 而臥眠亦穩 二君平寢云 賀祝賀祝 川上病患
小差 欣情可知耳 示揚帆 多謝好意

　　是日也 天氣清和 平且□□ 三船解纜開颿 發八金
　　島 一口通東南其際有二嶋 樹木巖壁 天工奇絶 船
　　西南出于洋上 右岸得二村 其際綠竹靑靑 岡巒相
　　連 山腰多墳墓 土塚不高 徑丈許 其上植細草 舗靑
　　如苔 塚外往往 植矮松 遠環之以爲界 塚前或建石
　　方可尺餘 高五六尺 堊以白土 舟行一里許 地大于
　　東南 山勢迂回遠聳 山前一村 屋舍相連 方可一里
　　行四里許 風忽西南來 船不得前 有小島 三船徘徊
　　於其間 似使我觀風景 護送船輒廻崖下去 而颿影
　　忽不見 我二船漸抵岸邊 小舟數艘迎來 挽我二船
　　頃刻 抵小灣下碇 日已斜 子明國良先至焉 自八金

5B10-7007

　　島至于此七八里許 子明國良即來于我船 而書曰
駕海之際 無恙到此 而 川上痢症 近如何 余答書曰 前
刻揚扇而拜 貴貌無恙 已面親相見 平穩可賀可賀
今日風勢 有亦不順 雖先後而到此 我二艘各無恙 川
上痢症 有小差 休悶休悶
　　此灣 水面徑僅四五百步 北山峩峩 巖石□疊于海
　　崖 茅茨未枯 樹木處處點紅 西北地斜 沙洲繞 樹□

數株 唯有二家 邱盡海通於其閒 其南山縊鬱斷續 余

偶乘閒 欲賦絶句 因書以問地名 屬官人書答曰

此島落在海中 我輩亦非船人 故未知也 余書曰 伏願

問貴船人 而書示也

5B10-7008(그림)

出水島水
路三十里
許 入峽 峽
□卽智島
也 峽中百
二十里許

八金島及
二家島
余問島名
於韓人 韓
人不言 唯
見二屋
乃假名爲
二家島

發八金島

水路二十

里許 至于

此泊三日

余病故自

此至于太

多浦之際

不圖地理

風景

5B10-7009

韓官等見余書 卽詰問彼□□□而爭論□□蓋彼

之所答 不是矣 因書曰

按船人亦當不知也 不强請耳

韓官乃閣筆 日旣暮 余偶下筆賦得絶句三首 題曰

八月十日 偶成於二家島(彼不言島名 浦上有/二家 因余書如此)

留本不疑情至哉 揚帆日日過雲隁 風潮留我留何厭

天幸自安歸去來

懷古群山僉使

順風維纜蝸州天 迂闊幾宵留客船 人物有情又有智

巧言令色自昭然

懷庇仁太守

每見風月憶安波 唯是庇仁仁義多 以禮救艱嚴愛客
別來光景獨蹉跎

　韓官見二家島字 乃指浦上而大笑焉 余書曰 欠其
　地名可惜可惜 官人各寫詩而歸 舟中各就眠 余獨
　覺而對海天月 船近北崖蟋蟀金鐘兒聲聲鳴于草
　露 幽懷不可言

　十一日 南風盪浪 雨色溟濛 乃滯于此島 昨夜乞鷄
　菜 夙屬官人領鷄三頭菜若干來 吳子明贈書曰
漢回 僉君共無恙安眠耶 我亦無撓過夜幸也 昨承
貴書 今始覓得三首鷄入送 而靑菜則因其乾旱初無
苗長處 故以他菜送之 而夜間川上親誮泄痢□加得
差耶 爲念耳 今日雨勢如此 不能放船 亦爲悶爲悶也
余謝曰 宵來 我三人及舟客安眠也 貴君不撓 過五
更云 幸甚幸甚 所請鷄三首給之 多謝多謝 如靑菜則
聞乾旱不毛不能覓也 易之以他菜 厚意欣然欣然 而
川上子夜間與昨一樣也 憩悶憩悶 今日雨下 故曰不
發船也 非人力所爲 我輩亦安居偃臥耳 朴國良亦贈
書曰 夜來 僉君俱得穩眠耶 今日雨下如此 風又不
利 未得發船 悶慮悶慮 昨暮 貴請鷄三尾 玆以搜呈
諒悉 而菜蔬則此地跨月不雨 故未得酬應 還嘆耳
余謝曰 夜間 貴君穩寢 賀也賀也 我輩平眠 今日雨
零 風水不利 不發船云 是亦天也 鷄三尾搜得所贈 欣

喜欣喜 越月不雨不毛以故菜蔬不能惠給云 諒悉

貴意 多謝多謝 其屬官書曰 糧饌或乏絕 時自請也 自

鄙邊申飭載來也 余答曰 嘗聞糧饌 乃次宿運轉 以

貴國法給之也 自在安波 以及到古群山 未違毫末也

我輩糧米 許多載之也 是以初固辭之 雖然安波在役

之諸公不許之 故受其賜也 無乏絕矣 搗之舂之精白

則可食之糧當數日之飯 故不敢告請也已矣 但如

貴國法而當可也

　　屬官等歸矣 是日也 竟日徹夜風雨殊壯

　　十二日 朝風雨不歇 朴國良簡曰

昨夜風雨何以堪耐 想未得穩眠也 我亦達宵 悶慮尙

不安心耳 擰風怒濤猶此未已 今日發船姑未決定 奈

何奈何 八月十二日 節制使　　　　余答曰

來諭悉諒 夜來風雨船上窮棲 半睡半覺 貴君亦慮

悶達曉云 皆是厚意厚意 今日以暴風荒濤 未決發船

云 我輩亦思不可行船也 但如 貴情耳

　　巳牌 天晴風稍穩 朴國良吳子明簡曰

夜間風波尤甚 驚心悶慮 尙氏[5]不已 僉君何以經宿

耶 卽今風波少息 故發船爲計 所蓋草苫使也[6]解脫如

何 而川上君病勢復何如 亦示之也

5　此로 교정되어 있다.
6　之로 교정되어 있다.

行節制使

行萬戶

余謝之 直指揮我舟人僕隷 解蓋苫 船已發矣 余自

今日而病熱 臥於樓上 懺省人事 故圖寫地形亦已

矣 薄暮抵巨島下碇 自二家島至此以 日本數量

爲二十里許 雖有彼此之事 余不能筆語矣

十三日 天氣和朗 余病而食飲俱廢 朝韓官人贈書

余謝之(其書稿/今省之) 既發船 海上風猛浪壯 斜日抵一巨

島下碇 子明國良來 見余臥病 慰問(其書則/今失焉) 余謝曰

雖怒濤猛風 平安得津 多幸多幸 吾病勢以詳知所請

至念至念 身自未知其何症病也 飲食不下 痰氣如嘔

寒熱往來 百骸痛傷也 熱氣比之昨日 則如少減

余與韓人筆語止于此矣 爾後日日舟行 而本月晦

日 到于多太浦 其際余病不能紀行 今因松元之日

記 以書雨晴行程及舟事 倂筆余之所臆記如左

十四日 晴以西北風發船 水路十里許 而船頓於一島

以無風勢也 小舟數艘牽紋而行 夜方二更 得津泊

余疾病 以不可風 乃臥于樓下 每逢佳境 僕等驚眠

時擧頭望之 其奇觀今猶宛然予眼中

十五日晴 朝[7] 以東北風開颿 洋上無風 小舟數艘來挽

7　晴 오른쪽 아래에 朝가 쓰여 있다.

我船 晡時得港 韓人書示松元曰 此地左道云 余病

厚 不辨何日 僕等來曰 中秋月明 海天無雲 請見此

風光 余扶於二三人 起而四望 東洋海門開 萬里烟

波涵素影 西南重嶂 烟收霜橫 水涯白波散珠 東北

水村相連 林木蒼蒼 暫時回顧而還臥

十六日 他官人代 朴國良吳子明 而船卽自前日所

駕也 東風徐吹 船不前 小舟七十餘艘相聯而來 蟻

附挽之 行二里許 頓于小島

十七日 夙以東風發船 行可一里 潮流風勢共不利

暫時依小島而下碇 未時 東風來 發船隨風 上下洋

上 漸前二里許 而泊于小島灣

十八日 風自東北 小舟牽紖 行二里餘 得津而泊

十九日 風西來 晨發船行可一里而得一峽灣下碇

未牌 潮順 小舟挽而行三里許 日暮頓于一島 雞鳴

風潮共順 卽發船

二十日 朝得一港 村落饒矣 船滯于此處

二十一日 午間 以東風發船行 二里許 下碇于小島

灣 夜雨

二十二日 晴 巳牌 得西風揚帆 水路三里程 得一島

下碇 護送官人又更代矣 駕船則依舊 韓人書示松

元曰 全羅慶尚二道之界也

二十三日 巳牌 以東北風揚帆 水路可八里 夜猶行

二更得津 韓人書示松元曰 慶尙道順天也

二十四日 移品物於佗船二隻 而二十五人亦遷之

余病倍厚不能起 舟人抱扶而移彼船內 此日以移

船 故不發船

二十五日 以東風發順天 風逆不可行矣 小舟牽絞

水路六里許 峽中得一灣而泊 韓人書示松元曰 此

地王浦(王浦卽所謂唐島迫門也/ 後日 余聞諸對州津吉氏)

二十六日 滯于王浦

二十七日 亦滯于此 韓人如雲來 中有言語通者

二十八日 夙以四風發王浦 向東二十里許 晡時維

舟於陂塘中

二十九日 以西風又向東行可十里 得港曰 加德島

船頓于此 而又移于他船 官人亦代焉

晦日 夙以西風發船 洋中無風 小舟數艘牽絞而行

水路八里許 下碇於浦內曰 太多浦 距

多太浦圖

八月晦日

至于此矣

辭朝鮮
船移于對州官舟 而
滯留三十
日 對州使
者上官等
所乘之船
其幕布
交赤白
其他則
交靑白

7015

日本渡口釜山浦 可五里云 而在釜山之西浦□□
落 相連數百步 臨海構城郭 城壁不高 外郭三四重
每郭有門 屋舍相續 此津往昔爲
日本之通港云
九月朔日 滯于太多浦 日本通事來 謂松元曰 對州
船恒在釜山浦 其諸官 明日當來于此也 言語能通
松元太喜焉
二日 巳牌 自對州館飛船來 官船二艘踵來 以脚艇
迎我船長 松元駕之而上陸 對州之卒長二人 在帳
內 迎而入 問漂流之狀 松元以實對焉 且余使松元
告川上及余之疾病而請醫

三日 黎明 川上之僕平助遽來 告病危急 舟人皆走

至其枕頭 余扶於二僕 而起將往 腰脚不能動 無力

進一步 舟人來曰 呼吸方切 請勿强往 宜保貴體 余

撫船廳而止矣(時余在船頭/川上在船後) 巳牌 對州醫來 卽迎之

脚艇 舟人三四人抱扶余上樓 先使看川上之病 醫

往川上之口 出而語曰 庸醫不能執匕 呼吸已絶 脈

亦斷矣 我輩强乞之藥 醫枉應需焉 乃尋診余脈曰

此是虐症 卽風土之流布也 斯可治也 余謝之 且問

其姓名曰 牟田隆敬 旣歸矣 而使人齎川上及余之

服藥而來 今朝構營幕於浦上北山頂 晡時對州步

卒來曰 船長松元及船人五六人宜來于營 松元輒

與舟人四人同往 營中以屛風界爲二區 一區卽對

州士官所坐 一區卽韓官所坐 對州士官問漂流之

狀 船中各人姓名年歲 及武器等 松元以實代答焉 薄

暮還于船 夜對州士官遣步卒謂曰 宜遷于對州舶

又叮嚀諭曰 川上子已沒矣 日本人沒於韓船則

韓之例法 都城之往復 事甚煩擾 當爲病患之形以

遷船也 我使船長厚謝之 我輩乃遷于對州舶 曰正

德丸 日本船遷而居于中間檣側 俗曰簡間 余乃扶

於僕及舟人等 後遷焉 前間設廳 俗稱曰屋形 障席

淸且廣 比之韓船則其平穩 若坐于巨室 然自出永

良部 百有餘日于此 我三人共一席 此夕始得異居

焉 且与 本邦之人應對而無筆語之勞矣 船長
松元最善說辭 故舟事之問答 則壹委於彼 而余特
得安臥矣 爾後對州番卒一人 每夜直于我駕舶 對
州官舶亦並于我舶而衛護焉 余病臥于廳內 不顧
舟事 至十一月半 病漸癒 於是乎復係舟事 而接對
州諸官及韓人 然其与韓人言也 逆[8]事譯之而無用
筆語 但有東萊府使釜山僉使之贈答文章也 故對
州處分之事 則別以國字記之 而爲後篇 其与韓人
所接者 則擧記于此篇如左

四日

五日 朝 對州官召我船長松元曰 川上子之遺骸歸
葬于國乎 將葬于對州舘內之寺地乎 松元還而告
之 卽議而答曰 萬里之蒼海 不能護柩 幸葬于對舘
之塋地 請爲造棺槨 對州官諾 午時對州士官 國分
氏 石田氏 陶山氏 重田氏來 余与日高接之 彼以
幕府之法例 點檢我輩之刀槍弓銃 薄暮對州官備
棺槨衣衿 以餽之曰 川上子之柩 明日當護送于草
梁(卽對州/館所置) 乃令松元謝之

六日 東萊府使 使僉知李德官來弔 餽布四匹

七日 對州士官 志田氏飛船來曰 以護送川上子柩
來 余卽力病出而接之 乃謂曰 欲使川上臣從三人

8　通으로 교정되어 있다.

從葬 而七日夜直于墓側 志田氏曰 理固然矣 然以

法例禁漂人上陸矣 請止之 余不能强焉 於是乎臣

從三人旅服 而持川上之刀槍 從棺而乘其船 及志

田氏之發 而辭還(葬禮弔祭之/事卽記後篇)

八日

九日 東萊府使使李德官持簡來 其文曰

舟泛桑溟風泊槿鄉 處若齋閣 所存宜然 而漂蕩之餘

啓居安迪

聲光載近 若將可接 書不盡言 聊修候儀 物愧菲薄 仰

希笑領 不備」

己卯九月 日 東萊 (印文)(蓬萊/僊伯)

禾花紬壹疋 大好紙貳束 唐筆壹匣 唐墨壹笏

紫石硯壹面 摺疊扇參把 團扇貳把 □香壹枚

牛黃淸心元伍丸 龍腦安神丸參箇 花紋案息

貳坐 竹瀝酒伍鐥 脯貳貼 粘米伍斗 小豆

參斗 黃栗貳斗 大棗貳斗 胡桃貳斗 柏子

貳斗 紅柿壹百箇 大口魚伍尾

余疾病故 不能接李德官且作謝書 李德官歸矣

十日

十一日

十二日

十三日 病苦少息 起坐凭几 作謝書 因對州官人 贈
之東萊 其書曰

5B10－7019(그림)

六頭筆圖

脱首尾之

筆帽 卽筆管在

中□卽兩頭筆

也 又□之 卽筆 又脱其小筆管 卽兩頭

筆也 首尾六筆具

摺疊扇伸□圖

扇股

染塗 竹

爲文竹面

着紙扇攠設一

小環□着墜或象牙

玳瑁 或琥珀也 今所圖者 香也

5B10－7020(그림)

扇墜圖

　以馬鬣爲家 中有香

　朝鮮人諸曰 扇香

團扇圖

柄材卽木黑漆

兩面紙注油 其

色黃 以□畫表

裏如一 柄有鑰

小環 蓋有扇隊

5B10-7021

　　敬奉酬 東萊公玉几下

雖未拜謁 而旣忝示簡 甚憐我輩漂流之艱苦 丁寧猶

舊知 加之油紙 筆 墨 硯 扇香 藥 枕 酒脯 及珍果 魚 共八

種給之 厚志不知所謝也 謹領受之焉 且夫我舟敗壞

不以可用 是故火之 恭浴

貴王覆下之仁 隣國修好之義 貴國人千里傳

舟護送而得到于此 今也以移於我

日本對州之舶也 惠澤實莫大焉 辭 貴舟後 未得

所謝從來之 光恩也 仰由 玉几下 伏謝之 多罪無

咎 幸甚 頓首敬白」

己卯九月十三日 薩摩國 永良部島代官

　　　　　　　日高與一左衛門義柄

　　　　同代官附役

　　　　　　安田喜藤太義方

夜食盆五坐(內朱/外靑) 聊表寸情奉贈之 願笑領也

十四日 釜山僉節制使 使其屬官人來贈書簡及物

種 其書曰

重溟涉險

旅履安吉

聲光載邇 奉接末由 書不盡意 物愧菲品

照亮不備

　己卯 九月 日 釜山 (印文) 釜鎭節制

5B10-7022

玉色詩箋紙壹束 牛黃淸心元參丸 龍腦蘇合元

貳拾丸 紫金丹肆錠 橘餠伍圓 別藿香貳兩

別黃毛筆參枝 眞玄貳笏 團扇壹柄 燒酒貳鐥

紅瑤珠壹貼 粘米參斗 赤豆貳斗 生淸壹升

紅柿參拾箇 際

　余病日疲勞 腰脚不起 不能面其人 且前日强作書

　以謝于東萊府使 增痛傷 故不能謝僉節制使之書 可

　恨可歎

　自十五日至二十四日 事詳于後篇 因不次日于此

　以下倣之

　二十五日 東萊府使 又使李德官來 贈綿布數疋 德

　官示其目錄 且點閱其數 目錄如左

代官白木參疋

附役白木貳疋

從人及沙格等二十二人 各白木壹疋

合白木貳拾漆疋(此是朝鮮王所贖也 以寒冷時/先贈之云 後日聞語諸對州官人矣)

其簡曰

承拜 覆札 辭語懇縷 乃以海路津送感頌

朝廷德意 甚得體段 良用敬歎 石尤風借便

芝字載近 雖未傾蓋欽懽 猶折簡通情 邂逅奇事 忻魁

實多 時當榴夏 木道漂流 節過菊秋 水宿淹滯 天寒北

陸 回耐旅次之苦 日出東嵎 定勤鄉

國之望 至於副官沈病 竟爲客地孤魂 他人聞猶怛中 同

舟當作何心 頃有助殮 相應照悉 卽候

僉起居淸裕 菲品修儀 事出表情 本不足稱道 而答語

鄭重 又以木器五面 投贈 製樣華妙 受言珍謝 但古人

云 禮生於有 今夫檣摧慨傾之餘 雖無回禮 庸何傷也

數種些略 復此甪好不備

己卯 九月 日 東萊 (印文/同前)

玉色綿紬伍拾貳尺 去核綿花貳斤 藥果漆拾立

藥醪壹瓶 鷄伍首 鷄卵壹百箇

余以病不接李德官

自二十六日夜 二十九日 西風大吹

二十九日 對州官 謂我船長松元曰 風和天晴 卽當

到于釜山浦 船中皆喜焉

晦日 天氣清朗 自前夕韓舟數隻來泊于此浦內 吻

爽 浦上發大銃二回 其聲如雷 響轟南天可二里 平

旦以西北風 發太多浦 令舟人仙助者 質於對州船

我駕船 則韓舟八艘 牽綯而行 其他對州官所駕二

三艘 乃揚颿而行 晡時得一峽 南巖疊疊 數百步 得

大灣 卽釜山浦也 釜山卽鎭城也 而僉節制使所居

焉 浦口有島 曰牧島 周回一里云 島之左 海水淺 而

大船不可通 其右卽巨船之通口也 灣左村落相連

曰一谷 曰草梁 曰坂下 曰古館 曰筬成 曰釜山 釜山

城枕海 堞壁數百步 而邱野相連一里許 而有浦口

牛巖 村居百有餘家 我駕船護送船共下碇于此浦

自今日 至明年正月十四日(卽發歸舟/之日也) 留于此

十月朔日 文祿中 征韓之役

先公苦戰泗川 大勝之日 實當今日二百年後 臣等漂

流 而得至於釜山浦 其古戰場 亦在近云 於是乎 仰

望俯懷 感慨悲壯 拭刀拂槍 揮淚作詠 得七言律十

首□別錄之

二十三日 李德官以東萊府使之命 與對州通事同

來 通事譯其言曰 昨日 王使至于東萊曰 貴人當此

寒冷 得無痛傷 且旦夕之用 無乏耶 東萊府使 乃使

東萊山

釜山鎭

釜山浦

牛巖浦

釜山灣

草梁

牛巖浦之圖

　□待之

　□寒□

北　東
　×
西　南

德官問饑寒云 語□叮嚀 余病少愈 木沐浴 日高□

之謝之 德官歸矣

二十五日 對州官使人言曰 東萊使者方至 余卽章

服而□□對州通事 伴李德官而來 德官因通事而

問饑寒 余因通事謝之 自前日 德官屢來 余以病未

面接 故亦謝之 彼亦賀余之病愈 德官又因通事曰

□來以朝廷之命 饋糧米 其記曰

料米拾參斗

　饌物價米 參石陸斗捌升

合米肆石肆斗捌升

　料太壹石伍斗捌升

　際

己卯年十月 日」(印文) 東萊府使兼守夷將印

　別有所贈于日高之目祿[9] 今省之」通事亦曰 東萊府

　使餽云 余卽謝之 少頃 韓童子供豊膳二卓於我二

　人 □勸酒行觴者能 日本語 余訝問之 通事曰 常

　來住[10]於對州館 故能言爾 卓子縱二尺許 橫三尺許

　饌具十三味 一是餠 靑黃白三色 飾胡麻 形奇工 一

　是淸蜜 一是糯米飯 雜之以栗棗乾柿 上著柏子 色

　赤味甘 一是鷄肉 薄切雜卵與麥粉 蒜以衣之 一是

　魚軒海鼠 薄焦卵 一是菜菓. 薑以蜜熟羹之 一是鳥

9　錄의 오자로 생각된다.

10　원문에 住로 되어 있으나 往의 오자로 생각된다.

肉羹 一是煎鰒 著柏子 一是藥菓以米粉作□□□

食卓圖

赤焦米 魚鮏 海鼠 薄焦卵

栗 藥菓 鷄肉

梨 菜菓薑

柿 前[11]鰒 糯米飯

　鳥肉 淸蜜

　　　餠

食卓圖

油淸蜜注之 一是赤焦米 一是生栗 一是 梨以蜜汁

烹之 著柏子 一是生柿也 我二人賞之食之. 且進之

通事与李德官 二人不食 我二人大牛食之 余太賞

其糯米飯 因通事而問其製法於德官 德官曰 後日

當問庖人而記之 薄暮德官將辭 使移喫餘物于我

器而歸矣 余退于船廳內 席上有一簡 卽取開之其

書曰

11　煎의 오자로 생각된다.

船中一行 當此日寒 水上冷處 想多難耐 雖然此時猶

是初冬 日氣或多溫和 趂此未歸 若値隆冬大寒之節

則必有疾病之患 且風勢甚猛 雖欲回帆 亦不可得

矣 留官人則不念事情 徒欲使之久留 甚可悶也 漂人

5B10-7029

送還書契 匪久當下來 須 諒此意爲速歸之計 如何

如何」

　　二十七日 余以書(書則二十六日所作) 謝於東萊府使曰

尊公太平奉祝 漂客無恙 望休 尊慮 夫惟

貴朝敷政不遺 使人能蒙其 恩義 且前日次 命問

寒饑 恭拜聞之 往日旣給白木許多 使臣隷舟人豫得

防寒 昔日亦禾寒饑之間[12] 殊米太之饋 敬受領之 加之

香味之給 盛膳正割 餅 飯 炙 果 得漿 醇乎美酒旣醉 又

飽 甘露消內熱 溫鼎退外寒 有餘置之 尙喜腸 申大仍

墻 高山仰疊疊 徒是戀戀耳 雖微運久吸喫雲水 然前

沐庇仁之慈 今浴蓬萊之德 擧是恩波之及也 鄕思一

日千秋 但因 恩幸 時息窮愁 輕陰漸履霜 將至隆冬

猛風之節 甚悶慮之 況 日東之暖 斗北之寒 水居陋

棲 庶幾無疾病 急欲促歸計 高諒卑情 惠澤不知

所言 聊以奉謝恐惶敬白

己卯十月廿六日 薩摩國 日高與一左衛門義柄

---

12 問으로 교정되어 있다.

奉呈

東萊府使玉机下」

　又謝釜山僉使(此亦二十六日/所作之書也)曰

嚴然疊壁 威名久轟 未得接 高貌 寒冷平靜 伏賀祝

前日舟次于太多浦之日 恩幸遠至 紙筆墨藥橘酒

5B10-7030

及數種珍果 贈給之 欲謝 芳情之際 盈缺見移 今也

繫舟於此津 舟表望視 自愧怠惰 多罪伏乞寬恕 贈答

亦不任意 仰 高諒耳 雖却似拒其罪 而不忍默 自負

罪 奉謝 惠志 頓首敬白

己卯十月廿六日 薩摩國 日高與一左衛門義柄

安田喜藤太　義方

奉呈

釜山僉使玉几下

　十一月三日 東萊府使使李德官來因通事問饑寒

　且曰前日之報書至焉 而府使謝之云 又問報書 誰

　作誰筆 余因通事答曰 對州諸官之厚情 與貴國之

　惠情 兩是有恩義 槎客身心共安 敢謝其至德 作文

　執毫 卽鄙生之所爲也 以久病故書亦甚拙劣 特自

　愧呈酬耳 德官曰 書殊善矣. 向者余問[13]德官 以糯米

13 問의 오자로 생각된다.

飯之製方 此日德官請紙筆而書曰

糯米屢舂簸糠 生栗烹之去皮 大棗亦蒸 乾柿合三種
果 並細切 盛於甑 爛蒸 而盛於甑時布米一層 米上
色果鋪之 又布米一層 又鋪果 爛蒸後出盛他器 淸蜜
眞油注之 又以淸醬少許注之 更蒸食之」

　余因通事謝之」德官又執筆將書 通事見之 卽疾言
　似禁之 德官乃已矣
　十四日 余疾微愈 欲試步行 而請下陸於對州官 通

婦人戴水桶圖
　賤女持物必戴 已
　嫁者着白衣

處女圖
　處女必着
　靑衿衣

事津吉氏 卽誘余乘脚艇 到於牛巖之南浦 對州衛
卒亦同舟 余則從臣僕四人 使次郞持刀 朝鮮通事
出迎于浦上 郊行數百步 設席於麥田 有賤子數人
往來 津吉氏曰 使彼相撲 余曰 實是一奇觀也 津吉

氏 乃呼彼而命之 勝負數回 津吉氏每以錢予其負

者 錢文曰 常平通寶

十二月二十三日 晡時 東萊府使 使僉知朴惟清來

因對州通事 慰問寒時滯留 東萊府使之簡曰

頃承 覆札 情款[14]藹然 且慰且荷 難以名喩 玄冥弸節

靑陽載回

僉旅況履玆佳勝 久已牛巖之移泊 尙未馬島之經歸

孤舟絶域 客裏逢春 相應 思歸一心 如水東注 勢有

牽碍 亦將奈何 卽聞飛船漂在右沿 到館日似當得 向

報回奇[15]也 玆將菲品 庸伸候儀 不備」

己卯十二月 日 東萊 (印)

燒酒拾鐥 藥脯壹封 鷄煎壹器 藥飯壹缸

藥饎壹缸 乾柿肆貼 胡桃參斗 畫本拾幅

別壯紙貳束 西草參封　　 際」

余因通事謝之 惟清因通事曰 請必復書也 余曰 今日

已暮 請待明日 爲謝書 惟清曰 固期明日 是所望也

惟清歸矣

二十四日 余書以謝于東萊府使 且詠其所贈之十

---

14 원문에는 欵로 쓰여 있다.
15 원문에는 奇로 되어 있지만 寄의 잘못으로 생각된다.

　幅畫圖 作五絶十首 以贈之爲謝 其書曰

回寄逐白雪 春陽照案頭 久荷藹藹之 恩 牛巖之氣

色 漂客增鄉思 煙雲雖碍山岺 風水自牽舳艫 恭聞飛

船將到 猶洹寒之水得興梁以濟也 歡喜頗添佳節之

景勝 申之以酒脯鷄飯餹柿桃炳紙及画 復加惠情 謹

奉謝 聊題其画以螢燿 頓首敬白

己卯十二月 二十四日　　　日高與一左衛門義柄

　　　　　　　　　安田喜藤太　　義方

東莱府使玉几下

　題画十首

　　老子

出去函關否 開書似有聲 丹青翩地上 仙氣入毫輕

　梅樹宿鶯

香經寒苦發 色迓首春生 鶯亦非無意 踏花雙足輕

　鶺雉

鶺雉眠花樹 好風春暖時 添來長日永 偏覺日行遲

　醉臥圖

斗酒應傾盡 百篇詩自成 家童呼未起 醉臥石泉清

　歲星

佳氣東來日 歲星芽淑春 徐徐携白鹿 眉壽映青蘋

　鳧鴨

垂巖牡丹發 顧泛兩鳧鴨 花鳥終無去 幾春共相狎

人書岩壁

彩毫題翠壁 應賦別離情 我亦同遊此 唸心學楚聲

　王母

漂泊牛巖浦 畵成王母來 瑤池非命駕 安得盪金盃

　月梅

春禽未知曙 免弋宿香風 非啻仙郎夢 雙雙在月中

　皂鵰

浴景靜朝暉 皂鵰休翠微 自乘春節到 應向東嵎飛

文政三年 歲次庚辰 正月三日 大雪 開颿之期方近 乃

　因對州官 贈于東萊府使 以朱漆層橦一具而告別

　其書曰

新歲瑞表 萬壑豊兆

貴國太平 恭祝恭祝 漂客無恙加年 亡休 尊慮

對州公處分 近日促歸帆 卑情戴歡 伏以自去秋到于

安波浦 數月于此深浴

貴王之盛德高仰

貴國之恩義 因 尊公謹奉謝之 遂無傾蓋之期 長恨

東北之別 悵懷亦奈何 聊以木器一層 表寸情 仰冀笑

領多幸 不備敬白

庚辰正月三日　　　安田喜藤太　　　義方

　　　　　　　　　日高與一左衛門義柄

東萊公玉机下

　五日晡時 對州官舶遣脚艇曰 朝鮮王使李德官來

　我二人清席 章服待之 乃對州通事伴德官來 德官

　因通事 示目祿[16]如左

別贈雜物價米肆石拾壹斗三升

　料米壹石三斗

合米伍石拾肆斗三升

　料太壹石拾參斗捌升

庚辰正月 日

　別有贈于日高 今省而不記焉 余乃因通事謝曰 屢

　辱 恩惠 實高山深海 去冬十月 給糧許多 我輩藏

　之 而今猶全存矣 豫所備涉海之用也 而今日亦

　賜數石米焉 糧米若乏則何辭之有 藏米猶有餘矣

　請辭之焉 通事譯以語之 德官因通事 答曰 別贈之

　粮 卽朝鮮之舊例也 勿辭受之 通事亦諭以不宜戾

　其例 我二人議而令舟人點檢而受之 卽因通事 謹

　謝恩義 德官又一封書 將贈諸余 通事制止之 德

　官姑已焉 而遂親贈之 題其封紙曰

薩摩州漂流二十四人

　其書曰

渡海糧米拾陸石／際

16　錄의 오자로 생각된다.

庚辰正月 日」(有大印)

　夫釜山浦 卽

日本通港而韓人各能 倭語 彼糧米拾陸石 旣以別

　　舟餽來 韓人數人立于我船 說我船長及臣從舟人

　　等曰 疾藏諸船內 對州人制止之 我輩固欲辭之 余

　　閱此目錄 而因通事返之 通事曰 此是乘歸舟之日

　　當贈之也 余曰 旣有餘矣 焉爲可受乎 對州人卽指

　　揮其船 而使移彼米于官舶 於是船內誼譁亦從罷

　　焉 德官齎一封書一軸卷 形語而親贈諸余 余亦形

　　語而開之 卽東萊府使之所贈也 其書曰

歲前 覆牘深慰 且以畵題十絶投示 藻思穎發 甚可

愛重 不啻拱璧 奉玩再三 居然玉衡東指 歲篇載新 仰

惟

僉旅次啓居 茂應休福 禮行飮餞 期臻解纜 經年殊域

久咏旄丘之葛 逢春故園 復尋栗里之松 作伴還鄉 其

樂如何 顧此去留之際 登山臨水之懷 不能自已也 拙

句呈似而未免凡陋 不成報章 示以爲好而已 千萬惟

冀利涉木道 永享蔓祉 不備」

　　　　　　(印文)

庚辰正月 日 東萊　　(蓬萊/儇伯)

　乃披其卷 有詩如左

　　奉呈

薩摩州代官公 僉詞案下

東連蒼海 國分區 同軌同文未始殊 萬有千年隣誼
篤 惟誠與信乃元符

風送東嵎遠客船 殊方淹泊此經年 來時水國黃梅雨
歸趁梅花未落前

危舟極濟幸全完 海路偏知行路難 況復吾人才德備

薩摩州內長民官

尋常餼廩有加禮 貴貴從來豊不同 口道
朝廷優恤澤 天高地厚頌無窮」

受 命邊臣鎭海門 禮賓終始 聖朝恩 顜顜尺牘時
還往 猶阻盃延接笑言」

瓊詞寄到足驚人 因物形言韻各新 十絕篇篇皆絕調
不論魏氏照車珍」

徐市祠前碧海春 滄渡舟楫送歸人 世間豈有長生者
求藥他山解笑秦」

鼇戴二山特地高 鵬搏萬里意何豪 知
君忘却漂流苦 觀覽玆行壯所遭」

熊野芒芒東復東 牛巖歸客駕長風 歸時不患迷方向
鷁首扶桑曉旭紅」

霰雪經冬蓬海濱 新春裝發簡元辰 雲天掛帆歸無恙
風水開檣捷有神」

佳辰行近上元宵 人去滄溟一葉飄 悵望中天新月色

祇應兩地思迢迢」

滄海前頭問後期 人生邂逅復何時 奚曾太古民來往
令德昭明保壽祺」

　　庚辰上春 履坦齋 (印文) (蓬萊傴伯)

　十日曉 余因對州官舶諸官 復書東萊府使曰
恭拜承說辭

貴朝以餽贐之禮 賜米菽數石 謹領受也¹⁷ 伏奉謝之 且
舊臘奉呈巴調 和之以春雪 暗投珠玉 實歸鄕之珍
寶也 殊感□誼厚 經年淹泊 特蒙愛憐 得全完之道 稟
給之豊 待賓之禮 尙勝盃□之樂 自愧燕石 不堪怨一
乘 猶邀秦代求藥之誹也 □其巨鼈觀其大鵬□□遺
路難 鷁首仰旭日 方在至近 歸帆無恙 而掛順風 兩地
之□望 戴令德 以禱壽祺 十有二絶 聯環高調 善盡終
始之意 倂忝利涉之慰情 特思去留之事 則舟漂到于
馬梁鎭 承聞 貴國法助給糧饌 自初日而一日三時
每時一人一升式 二十五人一日糧而 七斗五升賜
之 夫大洋厄難雖投棄積載之物種 然不捨米包 此時
尙存許多之糧米□ 故固辭之焉 雖然有敎示而恭拜
受之 爾來到于太多浦之際 日日以其斗升賜之也 固
有棄餘之糧 且有斗升之餘 加之自太多浦而以五日
一石式之糧 賜 以足爲朝夕之飯 而況去冬 以米太許

17 之로 교정되어 있다.

東萊府使 官私印幷

釜山僉使官印圖

  (인영)

東萊府

使兼守

夷將印

  (인영)

蓬萊

僱伯

此東萊

府使之

■印也

  (인영)

釜鎭節制

朝鮮刀圖

 外飾同 日本刀 而上官人等 (太守僉使/萬戶等也)

 使步卒負之 我童僕竊拔見之 內無

 □□ 以銕作小刀形 長七八寸許 金繡而

 自柄頭至鞘尾 長二尺五六寸許 小刀稍短於大

多給之 此時旣邀別贈之恩而受領之 豫以爲涉滄溟
之備 今猶全存焉 抑有投棄之餘 有助給之餘 且有去
冬之給也 數月之飯猶有餘矣 而今日又敬拜受別贈
雜物價米及料米□ 舟人臣從等以之飯之 則雖踰月
何患焉 前月已以告于對州諸公 糧米足矣 勿別以涉
海之糧與之也 以益之有今日之賜 豈有以餘而可貪
取乎 旣飽又□ 以之分配之於臣從舟人 亦足矣 今日
竊視賜於舟人二十四人之題書 料米拾六石者也 蓋
爲涉海之糧者乎 而聞餞飮之日給之也 恩義旣不
矣 如斯而存其餘 亦如斯 何敢忍受其過重之給乎 伏
乞勿以其拾陸石者□給□ □如仁義 則已永感服其
盛德 仰乞勿賜之 冀毋使鄙生不安也 實情眞如此 以
不恭不敬而無咎幸甚 前日雖奉告別情 更拜承貴簡
謹奉謝 貴朝之恩義 誠恐敬白

正月七日　　　　　安田喜藤太　　義方
　　　　　　　　　日高與一左衛門義柄
東萊公玉机下」

　此日對州官以點檢之朝鮮王賜餞之事 使我輩上
　陸 乃與日高□二人上陸牛巖村西北郊 有數營 營
　卽往日對州官所構也 而以幕色定差等 初至一營
　舍 曰休息所 對州官小柳氏示前日李德官所齋之
　渡海糧米目錄 將饋其米 我輩同辭焉 小柳氏强之

不得已而受之(事即見/于後篇) 而又至一營舍 見對州裁判

內山氏 因謝朝鮮數月萬事之恩 內山氏曰 當以傳

於朝鮮官也 乃辭而還于初營 對州官中村氏 及某

氏接焉 少頃韓官朴惟淸李德官來 立于席 對州官

各立而相揖 惟淸德官坐焉 我輩拜以吾 國禮矣

惟淸德官因通事示一封書於余 通事曰 二韓人所

贈也 其書曰

大口魚三尾(其他有一種/ 今忘其何物)

庚辰正月 日(此處各育[18]四/字今忘之)德官惟淸 李僉知

  ‥‥‥‥朴僉知(各有印文/今忘/之)

乃因通事謝之 東萊府使亦有贐 韓人持來備席上

通事以一封書 示之如左

餠一封 乾柿三連 大口魚十尾 酒一陶

庚辰正月三日」

亦因通事謝之(自前日 東萊釜山之書簡數封有焉/而去冬對州官曰 東萊釜山之

贈書

則於船路有□于其贈品 請借之 我輩欲臨寫而與

之 對州官曰 非本書則難辨海關之用也 因悉遣之

對州官曰 船到于對府而後當返之也 此日朴惟淸

李德官 東萊府使所贈之書 亦對州官借之 迨到于

對府而請返之 對人有故而不返焉 但東萊府使之

---

18 有의 오자로 생각된다.

贈詩 並謝余之詩書牘返之 余其詩則與之日高)

有頃韓童供饌於我二人 對州官二人 通事二人 韓

官二人 每人各一卓 十六味 盛之以碟若碗 一是焦

糯餅 一是焦麥餅 一是索麵 一是生栗 一是烹栗柿

一是白粗粉 一是赤粗粉 一是生清 一是醬汁 一是

生牛肝 一是鰜 一是水烹豚肉 一是卵衣豚肉 一是

鷄卵 一是乾大口魚也 而其肉各植彩花 以靑紅白

三色紙造之(似傚 本邦禮飾/所謂天井折者) 惟淸德官因通事曰

斯是國王爲饑貴人也 酒食淡薄乞下箸 余謹謝之

通事譯余言 童子行觴 杯用肥前窰所謂煎茶碗者

也 對州官曰 雖無可食物 生栗若卵 食其一箇 倭客

或食之一味 韓人太喜之 我二人曰 固欲食之 吾薩

摩山塹之國也 猪熊之肉 常食之 且琉球 嗜豚牛

之肉 我輩久在彼地 而所嗜也 況朝鮮王所賜飲饌

不可不盡也矣 余病雖瘳 腰脚未健 扶於從人 而到

于此筵 深感恩德 而謂日高曰 飲朝鮮酒 無復他日

宜傾數杯 日高以爲然 乃因通事曰 美酒珍味 他日

欲飲食之 而不可復得也 自進自强 謝其賜 德官因

通事曰 幸甚幸甚 乞傾數杯 乃悉食肉菜 余傾六杯

日高飲七杯 每飲韓官叩膝大歡笑 對州官卽食生

栗一箇 酒卽不過一杯 飲食旣終矣 余議日高 而因

通事 謝韓官曰 淹滯 貴國 而忝助救 自馬梁鎮迄
此津泊 米菜魚薪 受朝廷之賜 恩幸英太 去歲 東
菜[19]府使 給米穀數石 領受而豫備渡海之料 前日
朝廷更賜別贈 今日申賜渡海糧米 前日之給旣有
餘計 故今日之賜則固辭之 然對州官人以 貴國例
法 强之而不可矣 我輩亦不可乖其例法也 而領受

5B10-7043

之丁寧厚誼 謹奉謝之 通事卽譯之 我二人頓首 韓
官將歸而立 對州諸官亦立 中村某氏謂我輩曰 請
貴君等亦立 而效我輩之所爲也 我答曰 我輩則以
日本禮拜矣 彼又强之 余曰 請許之 於是乎對州官與
韓官相論 俄頃對官韓官 皆坐於是乎 我輩以國禮
拜韓官 韓官亦傚吾禮而拜矣 旣而彼又立 中村氏
曰 貴君等之意已盡矣 不如斯則韓官不壓也 促之
再三 余與日高相謂曰 好如彼之意 乃立而如揖 惟
淸德官 進握我二人之手 余因通事曰 久在貴國 殊
悵別 彼亦因通事曰 海上平安 歸貴國 韓官辭歸矣
我輩亦辭席 對州官三人 送我輩而別於浦上

朝鮮漂流日記卷之七 終
前篇大尾

---

19 菜의 오자로 생각된다.

此書也 薩安田君歸自永良部島
役 洋中遭大風 漂搖到于朝鮮國
日記也 文辭麗藻語意金石 讀之
者 誰不能戰慄感其才識與實行
乎 方彼韓人應對繁雜之時 專不
外右文左武 不辱國家之事於他
國之念 且至詩歌之末枝 亦不所
損令名 不亦壯乎 古來 我邦人漂
着于異邦者雖多 皆是船子商夫
之類 而未聞如是有文武士而例
也 今如此則天使此才知於殊域
乎 抑亦使彼國人不謂秦無人者
歟 今安田君爲大坂邸鹽職 予亦
有抵邸事以故視此書敢識所以

感之焉耳

文政七年[20]歲次甲申首夏

浪束今梁高元敦

(인영)(인영)

---

[20] 1824년이다.

역자 후기

 짧은 시간 동안 『조선표류일기』를 번역하는 과정에서 적지 않은 분들이 수고와 조언을 아끼지 않았다. 후기를 빌려서 감사의 뜻을 표하고자 한다. 먼저 역자에게 『조선표류일기』를 번역하도록 주선해주신 정성일 교수님께 감사드린다. 전공분야로 보나 한문 해독력으로 보나, 정 교수님이 역자보다 훨씬 잘 옮길 수 있는 문헌임에도 불구하고, 굳이 사양하셔서 역자가 과분하게도 이 책을 번역하게 되었다. 출간하기 전에 정 교수님의 교열을 받아야 마땅하였으나, 부경대 HK+사업단의 일정 때문에 그런 기회를 갖지 못한 점을 아쉽게 생각한다. 또한 초서로 된 서문을 탈초하는 작업은 부산대의 이진오 교수님이 맡아주셨다. 오랜만에 연락해서 초서를 풀어달라고 불쑥 내밀었는데도, 기꺼이 도와주셨다. 술이라도 사겠다는 제안도 마다하시고, 노래나 한 곡 들으라고 음원을 보내주셨다. 더불어 한문학을 전공하신 이진오 교수님이 역자에게 "한문을 곧잘 옮긴다"라고 한 말씀하셨다. 대학원 동문이라는 인연이 소중하게 여겨졌다. 옆방에 계신 박화진 교수님께도 가끔 알 수 없는 초서를 읽어달라고 부탁드렸다. 일본 초서의 대가이시기도 하지만, 지척에 계신 까닭에 신세를 졌다. 세 분께 깊이 감사드린다.
 부경대 HK+사업단과 아시아문화원의 요청으로 이 책을 번역하게 되었으나 시일이 촉박하여, 부경대 사학과 대학원에서 두 학기에 걸쳐서 원본을 탈초하는 작업과 번역하는 작업을 대학원생들과 함께 진행하였다. 원본의 일부는 초서로 되어 있고, 군데군데 좀을 먹어서 글자를 판독할 수 없는 곳도 있었다. 온전히 글자가 보여도 번역하기 어려웠을 터인데, 보이지 않는 글자들 때문에 쉽지 않은 작업이었다. 한임선, 백진재, 정해선, 김재천, 윤영숙, 이윤정, 장혜정, 조윤솔, 김진영 등의 대학원생들이 탈초와 번역의 초벌 작업을 하느라 많은 애를 썼다. 물론 대학원생들의 한자·한문 실력이 서로 다르고, 본인들의 사정으로 집중할 수 있는 시간이 충분하지 않은 탓도 있어서, 초벌 작업의 결과는 대단히 편차가 심했다. 그 결과물을 다시 윤독하면서 수정하였으나, 여전히 초서로 된 부분에서는 잘못된 곳이 많았다. 3교까지도 읽어내지 못한 한자들이 있었고, 결국 이 글자들은 ■로 남겨두었다. 현명한 독자들이 원본을 보고 글자를 가르쳐주시면 큰 다행이겠다.

소명출판에서 출간하게 되어 이 책의 교정을 맡게 된 이정빈 선생님도 적지 않은 고생을 하셨을 것이다. 초교보다 재교가 더 수정할 내용이 많았기 때문이다. 수많은 글자를 교정하고 또 미려한 체재를 만들어주신 것에 감사드린다. 교정하는 과정에서 대마도연구센터의 심민정 선생과 대학원생 정해선이 번역문 전체를 읽고 많은 오류를 잡아주었다. 심민정 선생은 왜관의 연향접대를 전공하고 있으므로, 음식물에 대해서도 적절한 조언을 해주었다. 또한 근로학생 문희경도 원본과 탈초본의 한자를 하나하나 대조하여 수정해 주었다. 역자를 포함해서 대학원생들까지 키보드를 통한 한자 변환의 함정에 빠진 경우가 너무나 많았다. 같은 음의 다른 한자를 입력한 경우가 적지 않았던 것이다. 그밖에도 범할 만한 오류는 모두 범했다고 해도 과언이 아닐 정도로 많은 오류가 있었다. 이들의 노력이 없었다면, 이 책은 오자로 넘쳐났을 것이다.

책을 번역하는 과정에서 야스다 일행이 표류한 현장을 가보자는 이야

기가 나왔다. 대학원생 중 한 분인 김재천 선생님이 먼저 서천을 다녀왔
고, 서천문화원과도 연락이 닿았다. 그래서 그 후 두 차례에 걸쳐서 서
천, 비인, 마량진을 다녀왔다. 처음 서천문화원 부원장이며 서천군의 역
사에 해박하신 박수환 선생님을 만나자, 『조선표류일기』에 큰 관심을
가지고, 이 책과 관련된 학술회의를 제안하셨다. 다음번에 서천문화원
으로 찾아갔을 때는 이관우 관장님께서 이미 서천군 의회에 학술회의
를 개최할 예산을 신청한 상태라고 말씀해 주셨고, 구체적인 발표내용
과 일정을 논의하였다. 원래 4월경에 개최하기로 한 학술회의는 코로나
19 사태로 연기된 상황이지만, 곧 개최될 예정이다.

　서천군의 학술회의와 관련하여 대학원생들도 『조선표류일기』와 관
련된 발표문을 준비하였다. 직접 『조선표류일기』의 원문과 번역본을 보
면서 여러 가지 주제를 잡아서 글을 썼다. 준비한 발표문을 학술회의에
서 다 발표할 수 있을지 모르겠지만, 대학원생들이 각각 준비한 내용을
밝혀둔다. 학술지에 실을 수 있을 정도는 아니라고 하더라도, 다양한 관
점에서 접근하였기 때문에 『조선표류일기』를 개관하는 데는 유용한 글
이 될 것이다. 다음의 글을 모아서 따로 책으로 출간하고자 한다.

> 김재천, 「『조선표류일기』의 형식과 내용에 대한 고찰」
> 정해선, 「『조선표류일기』 속의 詩의 贈答에 대하여」
> 윤영숙, 「야스다의 조선 인식 – 태수 윤영규를 중심으로」
> 이윤정, 「『조선표류일기』 삽화를 통해 본 19세기 초 조선의 복식문화 연구」
> 조윤솔, 「『조선표류일기』의 지리정보에 대하여」
> 장혜정, 「『조선표류일기』 내 표류인들의 선상 집물(什物)」
> 김진영, 「『조선표류일기』 속의 송환해로」

1819년에 야스다 일행이 표류해온 마량진은 1419년 5월에 대마도 왜구들이 침입한 곳이다. 이 사건으로 상왕 태종이 기해동정을 단행하게 된다. 이런 사정에 대하여 역자는 부산의 국제신문에 기해동정의 발단과 관련하여 글을 기고한 적이 있었다. 마량진은 우리나라에 최초로 성경이 전래된 곳으로도 유명하다. 1816년에 영국의 암허스트경이 중국에 사절로 파견되었다가 돌아가는 길에 조선의 서해안에 대한 해도를 작성하게 되었고, 그때 마량진 어귀에 영국 배 두 척이 정박하였다. 이때 전래된 성경의 전말에 관해서는 서천문화원의 박수환 부원장님이 쓰신 글이 참고가 된다. 갈고리처럼 바다를 향해 뻗어있는 특이한 지형 때문에, 오고가는 배들이 머무는 장소가 되었을 것이다. 안흥량, 백령도와 함께 서해안 항해의 요충지로 다시 한 번 눈여겨 보아야 할 곳이다.

　　한 권의 책을 번역하면서 많은 분들의 도움을 받았고 많은 생각을 하게 되었다. 『조선표류일기』 원본 자료를 제공해 주신 광주 아시아문화원 아시아문화연구소, 『조선표류일기』의 번역을 추진해 주신 부경대 HK+사업단의 손동주 단장님과 서광덕 교수님께도 좋은 기회를 마련해 주신 점에 깊이 감사드린다.

2020년 5월

이근우(대표 번역)